# 2022 中国大连国际海事论坛论文集

## PROCEEDINGS OF THE INTERNATIONAL MARINE-TECH FORUM DALIAN, CHINA, 2022

主 编 吴 术

副主编 戴淮波

哈尔滨工程大学出版社

Harbin Engineering University Press

## 内 容 简 介

本书以 2022 中国大连国际海事论坛为主线,以专业学术论文为基础,包括高端论坛、特约文稿、专题论坛和技术交流四个板块。本书内容涵盖绿色船舶、双碳、新能源动力、智能制造等相关技术。

本书是众多船舶与海洋工程行业及其配套产业科技工作者、行业技术专家、学者,在设计、建造、工艺、材料、设备等各方面科研、生产实践中产生的最新成果的汇集,具有较高的推广价值和借鉴作用。

**图书在版编目(CIP)数据**

2022 中国大连国际海事论坛论文集 / 吴术主编. ——
哈尔滨：哈尔滨工程大学出版社，2023.6
　　ISBN 978-7-5661-3967-2

　　Ⅰ.①2… Ⅱ.①吴… Ⅲ.①船舶工程–国际学术会
议–文集②海洋工程–国际学术会议–文集 Ⅳ.
①U66-53②P75-53

中国国家版本馆 CIP 数据核字(2023)第 097636 号

**2022 中国大连国际海事论坛论文集**

2022 ZHONGGUO DALIAN GUOJI HAISHI LUNTAN LUNWENJI

**选题策划** 雷　霞
**责任编辑** 史大伟
**封面设计** 李海波

**出版发行** 哈尔滨工程大学出版社
**社　　址** 哈尔滨市南岗区南通大街 145 号
**邮政编码** 150001
**发行电话** 0451-82519328
**传　　真** 0451-82519699
**经　　销** 新华书店
**印　　刷** 哈尔滨午阳印刷有限公司
**开　　本** 880 mm×1 230 mm　1/16
**印　　张** 23.25
**字　　数** 775 千字
**版　　次** 2023 年 6 月第 1 版
**印　　次** 2023 年 6 月第 1 次印刷
**定　　价** 158.00 元
http://www.hrbeupress.com
E-mail:heupress@hrbeu.edu.cn

# 目　录

## 高端论坛

## 特约文稿

## 专题论坛

## 技术交流

# 大型 LNG 运输船技术发展历程及展望

## 马应斌

## （大连船舶重工集团有限公司）

---

**CSSC** 大连船舶重工集团有限公司
DALIAN SHIPBUILDING INDUSTRY CO.,LTD.

**大型LNG运输船技术发展历程及展望**

2022年11月9日 大连

---

**目录**

---

**一、LNG船市场发展现状和未来预期**

**1.1 全球能源格局转型及海上LNG能源贸易**

□ 世界能源转型趋势
- 至2050年化石能源需求虽逐渐减少，但仍然占主导地位
- 短期内，受俄乌冲突影响，全球石油和天然气供需缺口将持续加剧，导致欧洲天然气价格持续在离位，欧洲天然气进口将转向中东和美国
- 碳中和目标下，LNG作为低碳能源，需求旺盛

□ 海上LNG能源贸易
- 2021年，全球共有44个LNG能源进口国，52个LNG能源供应国，累计开通308条营运航线
- LNG主要出口国（Top3）：澳大利亚、卡塔尔、美国
- LNG主要进口国（Top3）：中国、日本、韩国

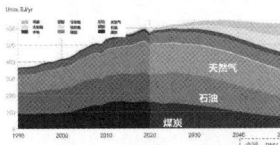

---

**一、LNG船市场发展现状和未来预期**

**1.2 全球和中国LNG贸易量及未来趋势**

□ 2010年-2021年期间，全球LNG贸易量从2.2亿吨增长到3.88亿吨，涨幅约76%。根据预测，未来10年按照年复增长率5-6%测算，到2030年全球LNG总需求量将达到6~6.5亿吨/年。

□ 2021年中国LNG进口量已经达到8000万吨水平，首次成为全球最大的LNG进口国家。中国"碳达峰、碳中和"背景下，中国LNG进口不断加大，预计到2030年，中国LNG进口量约1.5亿吨。

**未来LNG船需求的主要来源**

2010-2030全球LNG贸易量

**中国因素越来越明显**

2010-2030中国LNG贸易量

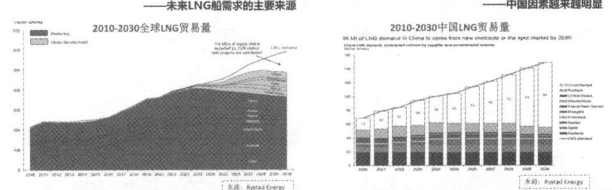

---

**一、LNG船市场发展现状和未来预期**

**1.3 LNG新造船市场和未来预期**

□ 全球LNG新造船市场
- 近10年大型LNG船新签订单量均在高位，平均40艘/年，2021年大型LNG新造船订单达到了创纪录的76艘。
- 截止到10月份，2022年的全球订单已达141艘，已经远超去年全年订单的水平，今年全年LNG船订单预计会超过160艘，相比2021年翻倍。
- 2025年-2030年期间全球LNG贸易量保持持续增长，LNG船运力需求将会保持在高位

2012-2022年大型LNG船订单情况

2012-2022年大型LNG船队增长情况

Orderbook as % of Fleet (cbm)

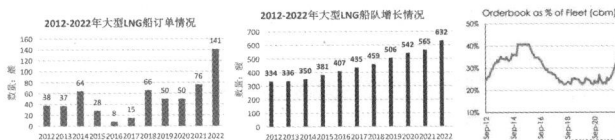

---

**一、LNG船市场发展现状和未来预期**

**1.3 LNG新造船市场和未来预期**

□ 全球LNG造船市场份额发展趋势
- 2000年以前，LNG运输船主要是由日韩和欧洲船厂建造；2001年至2010年，我国LNG船经历从无到有的发展过程，逐步提升LNG市场份额；2011年以后，逐渐成为世界第二大LNG船制造国家，产能仍然不足
- 我国先后有多家船厂进入LNG船领域，LNG造船市场份额逐步提升

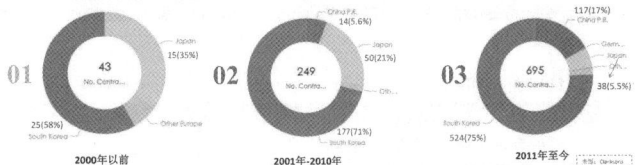

01 2000年以前　02 2001年-2010年　03 2011年至今

## 二、LNG运输船发展历程

### 2.1 LNG运输船发展历程

☐ **LNG运输船发展历程及趋势**
- LNG运输船整体来看平均船容呈现大型化发展趋势，远距离运输，**经济性好**
- 世界主流LNG进出口岸站船长限制一般在**290米-300米**之间
- LNG进口岸站储罐一般在**16万立方米至20万立方米级别**
- 主流大型LNG船舱容**17.4万至18万立方米级别**

**FUTURE**

➢ 目前主流大型LNG船
- 174,000-180,000m3

➢ 2000年-2005年
- 140,000m3

➢ 2005年-2010年
- Q-Flex: 210,000m3
- Q-Max: 266,000m3

➢ 1959年
- 世界首艘LNG运输船（Methane Pioneer）在美国诞生：5,500m3 (BV)

➢ 1964年-1969年
- 27,000m3和71,500m3

➢ 1970年-1999年
- 120,000-130,000m3

## 二、LNG运输船发展历程

### 2.2 LNG运输船舱容及主尺度（Loa）

| 船型 | Loa |
| --- | --- |
| 3万方LNG船 | ~176m |
| 8万方LNG船 | ~230m |
| 9万方LNG船 | ~242m |
| 13万方LNG船 | ~288m |
| 17.5万方LNG船 | ~295-300m |
| 18万方LNG船 | ~300m |
| 20万方LNG船 | ~300m |
| 26万方LNG船 | ~345m |

**LNG船队**
- 20万方以上，6.7%到以下，8.5%
- 1万方，1.2%
- 10万方~14万方，14.1%
- 16万方~20万方，45.1%
- 14万方~16万方
- 20万方以上 对半，10.4%
- 5万方~10万方，2.7%

**LNG船订单**
- 16万方~20万方，83.6%

## 二、LNG运输船发展历程

### 2.3 17.5万立方米LNG船

- 2019年开始研发，历时2年完成基本设计
- 2022年获得招商轮船 4 艘实船订单

☐ 简述：采用Mark III Flex型货物围护系统，货物总容积达到17.5万立方米，蒸发率低至0.085% 配置再液化装置，其运处速率较发气

☐ 灵活：通过优化设计的船型主尺度，可以停靠全球绝大多数的大型LNG岸站，具有极佳的适泊性及岸容性

☐ 环保：安装WinGD低压双燃料低速主机，低成CER系统，在降低能耗的同时，满足部严格的海事排放标准

☐ 节能：应用新型双相锁风，双机双架集成，并配置高频湿流器和能同，提升水动力性能的同时，也增强了推进系统的安全冗余模能槽泵要求适配空气调用系统

## 二、LNG运输船发展历程

### 2.3 17.5万立方米LNG船

| Main Particulars | | Cargo Containment System | | Main Engine & Generators | |
| --- | --- | --- | --- | --- | --- |
| Length overall | approx. 295.0 m | Type | GTT Mark III Flex | Main Engine | WinGD 6X72DF-2.2 (ICER Diesel) |
| Breadth | 46.4 m | No. of cargo tanks | Four | CMCR | 2 × 12,940 kW@71.4 r/min |
| Depth | 26.2 m | BOR | 0.085% per day | CSR(85%CMCR) | 2 × 11,000 kW@67.6 r/min |
| Design draft | 11.5 m | Cargo Capacity | 175,000m³ | D.F.O.C at CSR (Tier II) | 87.5 t/day |
| Scantling draft | 12.5 m | **Cargo Handling System** | | D.F.G.C at CSR (Tier III) | 69.4 t/day |
| Deadweight at Td | 83,300 t | Cargo pump | 8×1,800 m³/h×165mLC | Diesel Generators | 2 × 2,770 + 2 × 3,690 kWe |
| Service speed | 19.5 knots | Emergency Cargo pump | 1×550 m³/h×165mLC | Emergency Generator | 1 × 850 kWe |
| Cruising Range | 20,000 nm | Re-liquefaction Unit (Option) | One set | **Energy saving system** | |
| Complement | 42+6P | | | ALS (Silver Stream) (Option) | One set |

## 三、LNG船货物围护系统

### 3.1 GTT薄膜型LNG船货物围护系统

Mark III系统    NO96系统

☐ **设计原则**
- 两层薄膜
- 两层绝缘保温材料
- 固定在船体内壳上的货物围护系统

- 主层薄膜
- 主层绝缘材料
- 次层薄膜
- 次层绝缘材料
- 船体内壳

## 三、LNG船货物围护系统

### 3.1 GTT薄膜型LNG船货物围护系统

☐ **GTT NO96型货物围护系统**

扩展和优化所有泡沫级标准箱

3段概念

NO96 GW → NO96 L03 → NO96 L03+ → NO96 Super+ → GTT Next1（研发中）

Optimized strength
Optimized ball off
用于LNG岸站海报版角区优化

| | NO96 GW | NO96 L03 | NO96 L03+ | NO96 Super+ | GTT NEXT1 |
| --- | --- | --- | --- | --- | --- |
| BOR | 0.125% | 0.11% | 0.1% | 0.085% | 0.07% |

## 三、LNG船货物围护系统

### 3.1 GTT薄膜型LNG船货物围护系统

☐ **GTT Mark III 型货物围护系统**
- GTT研发新货物围护系统Mark III Flex+
  ✓ BOR降低至0.07%/天
  ✓ 增加次屏蔽薄膜厚度进一步提升安全系数
  ✓ 整体厚度提升至480mm

| | Mark III | Mark III Flex | Mark III Flex+ |
| --- | --- | --- | --- |
| BOR（17万立方米级） | 0.15% | 0.085% | 0.07% |
| 投入市场时间 | 1969年（Mark I） | 2011年 | 2017年 |
| 绝缘材料 | Foam 130kg/m3 | | |
| 薄膜 | 304L-1.2mm+复合材料 | | |
| 支撑 | Foam and Plywood | | |
| 主+次绝缘层厚度 | 270mm=100+170 | 400mm=100+300 | 480mm=100+380 |

**BOR**
- Mark III: 0.15%
- Mark III Flex: 0.085%
- Mark III Flex+: 0.07%

Mark III Flex+

## 三、LNG船货物围护系统

### 3.1 GTT薄膜型LNG船货物围护系统

☐ **结构特点**
- 采用了完整的双层屏蔽系统，包括舱底、舷肋、甲板、横舱壁；
- 货舱之间及货舱与其他处之间设置横隔舱；
- 保冷的围护系统固定在船体内壳上（粘接和机械连接）；
- 采用双层密闭的屏蔽层；
- 采用双层保冷绝缘系统
  ✓ 仅需次层就能够满足在最严苛的破损工况下保证船体结构的安全。
- 绝缘层空间采用氮气保护，避免腐蚀。

薄膜层
绝缘层

**在过去60年的运营中，GTT薄膜技术表现出了良好的可靠性和优越的经济性**

## 三、LNG船货物围护系统

### 3.2 GTT薄膜型LNG船货物围护系统发展方向

☐ **GTT未来薄膜舱技术发展方向**
- 更高性能的复合材料取代自然材料，如采用高性能纤维增强聚氨酯泡沫，取代发泡珍珠岩和玻璃棉等；
- 优化结构、延长热桥，降低通过支撑作用的高导材料的传热；
- 进一步提高屏壁层材料和制造、安装工艺的水平，提高屏壁层的可靠性；
- 引入数字化、信息化管理技术，增强对运行围护系统的监控，提高全生命期的系统安全性。

GTT NO96 Super+    GTT Mark III Flex+

GTT Next+

## 四、动力系统

### 4.1 大型LNG船动力系统

☐ **大型LNG船动力系统类型**

| 蒸汽轮机 | 双燃料四冲程机(DFDE) | 双燃料低速柴油机 | 燃气轮机(COGES) |
| --- | --- | --- | --- |
| ● 主燃料采用HFO/LNG微燃料，利用主锅炉产生的蒸汽驱动蒸汽透平（汽轮机），进而带动螺旋桨 | ● 双燃料中速柴油发电机 ● 变频器 ● 推进电机 ● 减速箱 ● 螺旋桨 ● 双燃料发电机 | ● 双燃料低速柴油机 ● 推进轴系 ● 螺旋桨 | ● 燃气轮机驱动发电机，电力部分为本体和透平 ● 本体包括压气机、燃烧室和透平 ● 辅助包括余热锅炉和燃气系统等 |

2006年    2010年

## 四、动力系统

### 4.1 大型LNG船动力系统

□ 推进效率
- 双燃料低速机热效率最高
- 考虑蒸汽轮机热能转换率最低，总推进效率最低
- 燃气/蒸汽联合循环效率略高于双燃料四冲程机

□ 市场份额

其他 1%
双燃料低速机 32%
蒸汽轮机 33%
四冲程柴油机 34%

□ 排放

| 类别 | | IMO排放 | | 燃气轮机 |
|---|---|---|---|---|
| LNG | - | IMO Tier III | IMO Tier III | IMO Tier III |
| MGO | - | IMO Tier II | IMO Tier II | IMO Tier III |

## 四、动力系统

### 4.2 双燃料低速柴油机

□ 双燃料低速二冲程柴油机

**WinGD X-DF iCER**
- 降低燃气消耗
- 提高压缩比，同时在燃油模式下降低燃油消耗
- CH4排放（甲烷逃逸）降低50%

**MAN ME-GA**
- 标准配置EGR，温室气体排放低
- 低压FGSS，CAPEX & OPEX优势明显

**MAN ME-GI**

## 四、动力系统

### 4.3 燃气轮机动力

□ 燃气轮机动力LNG船

| 主尺度 | |
|---|---|
| 总长 | 292.00m |
| 型宽 | 45.80m |
| 设计吃水 | 11.80m |
| 设计航速 | 19.5kt |
| 货物围护系统 | GTT NO96 |
| 货舱数量 | 4 |
| 货舱舱容 | 174,200m3 |
| 推进系统 | |
| COGES-Electric Drive | 2 shaft |
| Generator Rating | 1xGTG 24,000kW 1xSTG 8,530kW 2xDG 5,650kW |

## 四、动力系统

### 4.3 燃气轮机动力

□ 优点
- 低排放，环保性能好，NOx排放满足IMO Tier III及美国环保法案（EPA）
- 高可靠性，低维护成本
- 清洁高效燃烧，运营成本相对低
- 更换发动机24-48小时内完成
- 功率密度大体积小重量轻，可适当增加载货量

□ 缺点
- 燃气轮机输出功率对环境温度的敏感性较大，环境温度升高输出功率降低
- 低负荷阶段效率差
- 电站系统冗余性小，燃气轮机故障停机后电站影响较大
- 机组选型不能对标柴油机灵活（燃气轮机型少）
- 燃气蒸汽联合循环工作间增加了系统操作使用的复杂性
- 燃料灵活性不好，燃气轮机不能烧HFO只能烧MGO（燃料价格贵）
- 燃气轮机初始投资成本（偏）高

## 五、创新技术应用

### 5.1 空气润滑技术

□ 空气润滑技术
- 气泡释放单元（ARUs）布置在船舶平底外缘，一台压缩机连接两个ARU，气流量根据压缩机转速调整
- 压缩机与ARU管路连接形式采用Y型分离模式，配备自动控制程序，调节气流量等参数
- 减少船舶摩擦阻力，空气润滑系统可以设置开启和关闭的状态

## 五、创新技术应用

### 5.2 再液化设备技术

□ 再液化装置配置选型
- 大型LNG船再液化装置选型（两种配置模式）
  - ✓ 满载低速航行（12kn）：主机和发电机消耗BOG，配置再液化，大约需要1.5t/h的再液化能力
  - ✓ 满载停泊：仅发电，配置再液化，大约需要2.0t/h的再液化能力

逆布雷顿循环液化技术　WARTSILA
透平布雷顿循环深冷技术　Air Liquide
EcoCHILL　Crystar

## 五、创新技术应用

### 5.3 船上CO2捕集技术

□ 大型LNG运输船有望率先成为CCS示范项目及核心市场
- 为提高海上CCS的技术准备水平，需要开展示范和试点项目来解决实船实施障碍。
- 碳捕获技术对废气的纯度很敏感，捕捉和储存CO2需要大量的能源，因此更适合燃烧更清洁燃料的船舶；
- CCS的安装和储存对船上的空间要求很高；
- 大型LNG运输船具有实施CCS技术的合适特性，并且可能是早期全面示范项目的候选；
- 技术成熟度（TRL）水平估计为5：相关环境下的技术验证。

韩国大宇造船，今年10月份宣布，已将二氧化碳捕集、储存设备（OCCS）安装在实际运营的大型LNG运输船上，并成功完成了性能验证

For technology readiness level (TRL), the following definitions apply (EU):
TRL 1- basic principles observed
TRL 2- technology concept formulated
TRL 3- experimental proof of concept
TRL 4- technology validated in lab
TRL 5- technology validated in relevant environment (industrially relevant environment in the case of key enabling technologies)
TRL 6- technology demonstrated in relevant environment (industrially relevant environment in the case of key enabling technologies)
TRL 7- system prototype demonstration in operational environment
TRL 8- system complete and qualified
TRL 9- actual system proven in operational environment (competitive manufacturing in the case of key enabling technologies; or in space)

来源：DNV MARITIME FORECAST TO 2050

## 五、创新技术应用

### 5.4 轴带发电机技术

□ 双燃料低速二冲程柴油机驱动螺旋桨+轴带发电机
- 17万-18万立方米级别LNG运输船
  - ✓ 功率范围1900kw~2200kw，抱轴式轴带发电机，永磁式或励磁式
  - ✓ 轴带发电机全功率最低转速~56rpm，船舶操作更加灵活
  - ✓ 减少发电机运行小时数，降低发电机维护保养费用
  - ✓ 船舶营运5年左右可回收轴带发电机初始投资
  - ✓ 理论上，可以减少一台双燃料柴油机发电机

轴带发电机
典型电力单线图

## 五、创新技术应用

### 5.5 GTT-大型LNG船3货舱设计技术

**DNV，BV 原则性认可**

- **降低施工成本**
  通过减少一个隔离舱、一个泵塔和所有相关的低温设备（液体和气体穹顶、阀门、管道、雷达等），可降低施工成本。
- **降低建造成本**
  围护系统的总表面积将减少约2000m²，从而降低材料和容器建造成本。
- **降低日蒸发率**
  液化天然气运量与低温衬里表面积之间的比率提高，将有可能降低日蒸发率。
- **优化施工**
  为造船厂节省时间，优化其施工进度。
- 减少船厂的专利费支出（约75万欧元）

## 五、创新技术应用

### 5.6 清洁能源新应用技术

● 风能
➢ 降低船舶排放，提升效能

● 太阳能
➢ 太阳能光伏布置于露天甲板

● 氢燃料电池
➢ 实现船舶零碳排放

谢 谢 ！

# 智能船舶行业发展现状及展望

## 曹　林

（中国造船工程学会）

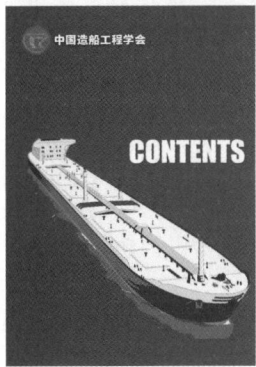

### 一、概述

**1、智能船舶是船舶发展的必然趋势，是未来船舶产业竞争的制高点**

◆ 智能船舶作为数字与智能技术时代的新兴领域，已成为船舶领域的趋势性发展方向，关系到整个船舶行业的发展和技术升级。

| 技术 | 信息 | 功能 |
|---|---|---|
| 传感器 | 船舶自身 | 智能系统 |
| 大数据 | 航行环境 | 智能航行 |
| 物联网互联网 | 物流 | 远程驾控 |
| 人工智能 | 港口 | 编队航行 |

（感知采集 → 自主决策）

### 一、概述

**2、公约、标准与智能船舶相互促进发展**

近年来，海上自主水面船舶（MASS）一直是国际海事组织（IMO）讨论的重点、热点议题。

2017年，MASS法规监管范围界定工作在MSC 98次会议上开启，2021年5月MSC 103次会议上完成。

■一是面向立法评估的需求，讨论明确了MASS的定义和船舶自主水平等级划分标准，使IMO相关立法工作能够有效适应技术发展阶段不同自主水平船舶共存的情况；

■二是系统分析了现有IMO法规对不同自主水平MASS的适用性，评估MASS发展对现有海事监管体系的影响，明确了立法需求和优先级，提出下一步工作计划。

| MASS文件或实施 | IMO现有公约规范 | 相关性或影响范围 |
|---|---|---|
| MASS临时指南 | | 定义4层自动化等级 |
| MASS实施 | SOLAS第V章 | 最低安全配员要求、船桥设计、海上人命救助 |
| | SOLAS第II-1章 | 船舶结构、分船与稳性、机电设备 |
| | SOLAS第II-2章 | 防火、探火和灭火 |
| | SOLAS第III章 | 救生设备 |
| | SOLAS第IV章 | 无线电通信 |
| MASS无人操作或远程操作 | COLREGS基本规则 | 良好船艺 |
| | | 正规瞭望 |

### 一、概述

**2、公约、标准与智能船舶相互促进发展**

■ 国际标准化组织船舶与海洋技术委员会（ISO/TC8）自2016年起开始针对智能船舶和智能船运领域开展标准研发工作，目前已经取得了一系列进展。

■ 国际电工委员会（IEC）在与智能船舶相关的海洋无线通信信息、船载电子设备安全操作等方面也正在进行标准开发工作。

■ 国际海洋电子联盟（IMEA）、国际海事无线电委员会（CIRM）、波罗的海航运公会（BIMCO）等国际组织基于自身利益密切关注智能船舶标准研发工作，并通过多种渠道积极参与工作。

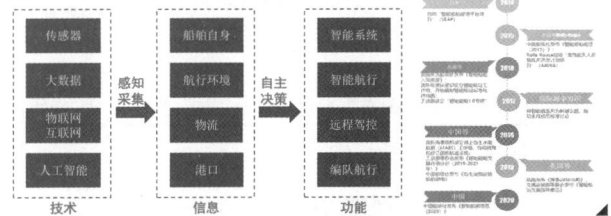

| 序号 | 标准组织 | 标准名称 | 主导国别 |
|---|---|---|---|
| 1 | ISO/TC8 | ISO 16425-2013船舶设备和系统用船舶通信网络配置导则 | 日本 |
| 2 | ISO/TC8、IEC/TC80、IMEA | OneNet标准，IEC 61162，基于IPv6的船载网络系统技术规范 | 韩国 |
| 3 | ISO/TC8 | ISO 19847用于现场数据共享的船舶数据服务器 | 日本 |
| 4 | ISO/TC8 | ISO 19848船舶机械设备的标准数据 | 日本 |
| 5 | BIMCO、CIRM | 船载设备软件维护标准 | 挪威 |
| 6 | ISO/TC8 | 船载网络安全风险评估方法 | 中国 |

## 一、概述 · 中国造船工程学会

### 3、智能船舶典型分级/评定方式

◆ 国际主流智能船舶等级划分（以人和系统、船基和岸基关系为依据）

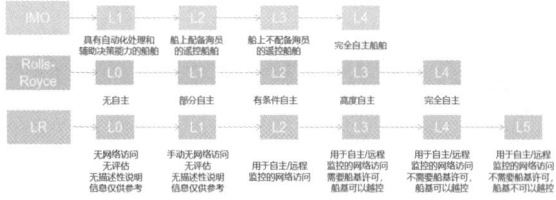

IMO — L1: 具有自动化处理和辅助决策的少数功能 — L2: 船上配备海员的遥控船舶 — L3: 船上不配备海员的遥控船舶 — L4: 完全自主船舶

Rolls-Royce — L0: 无自主 — L1: 部分自主 — L2: 有条件自主 — L3: 高度自主 — L4: 完全自主

LR — L0: 无网络访问 无评估 信息仅供参考 — L1: 手动无网络访问 无描述性说明 信息仅供参考 — L2: 用于自主监控的网络访问 — L3: 用于自主/远程监控的网络访问 需要船舶航行，船舶可以越控 — L4: 用于自主/远程监控的网络访问 不需要船舶航行，船舶可以越控 — L5: 用于自主/远程监控的网络访问 不需要船舶航行，船舶不可以越控

## 一、概述 · 中国造船工程学会

### 3、智能船舶典型分级/评定方式

■ 2016年2月，英国劳氏船级社（LR）发布了《智能船舶入级指导文件》（Cyber-enabled ships），后期 LR 结合其在全球范围智能船舶工程实践中积累的相关经验对其进行了两次修订，于 2018 年 9 月发布其最新修订版本《数字船舶》（Digital ships），涵盖船舶自动化程度、业务需求、设计概念、远程控制、网络安全等智能船舶入级的各方面。

■ 2017 年 12 月，法国船级社（BV）发布《无人航运规则》，2019 年 4 月，在吸收采纳了来自设备制造商、航运公司等意见后，又发布了其修订版本《智能航运规则》。

■ 2018 年，挪威船级社（DNV）发布了《自动化及遥控船舶则》（Autonomous and remotely operated ships）和《智能船舶描述性船级符号》（Smartship-descriptivenotation）以保障感知、网络互联、数据分析、自动控制等新技术在智能船舶中的安全应用。

■ 2019年5月，美国船级社（ABS）发布其第一版《船舶和海上设施智能功能指南》；2022年，美国船级社（ABS）发布《船舶与海工设施智能功能指南》2022版。符合指南要求的船舶可以获得相应的船级符号，包括数据基础设施符号SMART INF、结构健康监测符号SMART SHM、机械健康监测符号SMART MHM。

## 一、概述 · 中国造船工程学会

### 3、智能船舶典型分级/评定方式

◆2015年，中国船级社发布《智能船舶规范》，对智能船舶应具备的各项功能提出了具体要求。

◆2017年，中国船级社发布了与《智能船舶规范》配套的《智能集成平台检验指南》《船舶智能机舱检验指南》《船舶智能效能管理检验指南》《船舶网络系统要求与安全评估指南》等系列技术标准文件。

◆2019年底，中国船级社发布更新版《智能船舶规范（2020）》。

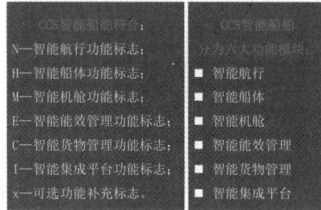

CCS智能船舶符合：

N—智能航行功能标志；
H—智能船体功能标志；
M—智能机舱功能标志；
E—智能能效管理功能标志；
C—智能货物管理功能标志；
I—智能集成平台功能标志；
x—可选功能补充标志。

（CCS智能船舶）分为六大功能模块：

■ 智能航行
■ 智能船体
■ 智能机舱
■ 智能能效管理
■ 智能货物管理
■ 智能集成平台

中国造船工程学会

**CONTENTS**

**PART 01** 概述

**PART 02** 国外智能船舶发展现状

**PART 03** 中国智能船舶发展现状分析

**PART 04** 中国船舶智能化关键技术

**PART 05** 展望

## 二、国外智能船舶发展现状 · 中国造船工程学会

### 1、日本模式——聚焦基础技术开发

◆日本近年来不断加大在智能船舶领域的研发投入，国内船舶行业各相关方积极致力于物联网和人工智能等先进技术研究，大力推进智能船舶技术开发与基础设施建设。

◆日本先后开展一系列重点研究项目，并注重开展船舶标准化立项工作，以期全方位提升其智能船舶技术的国际核心竞争力。日本船舶机械与设备协会（JSMEA）牵头，包括其27家造船、配套、航运和检验单位共同参与的"智能船舶应用平台项目"（SSAP），通过建立船舶及岸上获取船舶设备数据的标准化方法，帮助日本在数据联通技术和标准方面抢占先机。

**技术层面**
■ 船舶信息管理系统（SIMS）项目
■ 智能船舶应用平台研制项目（SSAP）
■ 成立了海事业大数据中心
■ 与NAPA合作研发了航路优化支持系统
■ 日本牵头并发布的国际标准共计15项

**政策法规层面**
■ 《自动操作船概念设计指南》
■ 《海洋基本计划》
■ 《数字智能船舶指南》
■ 《船载设备和系统通信网络布设指南》

## 二、国外智能船舶发展现状 · 中国造船工程学会

### 1、日本模式——聚焦基础技术开发

| 时间 | 机构 | 内容 |
|---|---|---|
| 2012年 | 日本船用配套协会 | "智能船舶应用平台"项目研究，旨在开发智能船舶信息与控制系统，并向船舶各种应用系统提供接口统一的数据交互平台，达到能效监测、能效管理、远程维护等功能。 |
| 2016年 | 日本东京计器株式会社 | 船舶自主导航规避风险的确定研究，该项目为"先进安全船舶技术开发支持项目"中的一个子项。 |
| 2016年 | 日本古野电气株式会社 | 开发可应用在无人驾驶船舶上的防碰撞技术。 |
| 2017年 | 商船三井 | 自主远洋运输系统技术概念项目，多家研发机构联合项目，商船三井主要承担通过船舶运营分析，提高船舶操作性能的任务。 |
| 2017年 | | 船舶大数据项目，与三井造船就本项目基于实时数据的下一代船舶监测和支持系统达成合作，数据源包括导航信息和设备机械信息。 |
| 2017年 | | 通过深入人工智能（AI）技术验证船舶在海上运营性能评估技术的准确性。 |
| 2017年 | | 利用AR技术开发航行信息显示系统，可以在电脑上显示船舶运营信息，为船员提供视觉支持和监视功能。 |
| 2017年 | | 智能感知系统，通过为船员提供对船舶周围环境的感知，从而使船舶能够更安全、轻松、高效运行。 |
| 2017年 | | 与旭化成株式会社合作进行振动传感器预测测测则设备异常情况的验证研究。 |
| 2018年 | 日本邮船 | 船舶故障诊断平台，该系统将对数据根据发生动机事查数据，探测其潜在的故障。船舶物联网平台，实现在岸基中心对船上应用程序的远程分发和管理。 |
| 2018年 | | 针对无人船的概念设计，该规划包括自动驾驶系统概念设计安全性的基本要素。 |
| 2018年 | 日本船级社 | NK船级社发布实施规划，该规划包括自动驾驶系统概念设计安全性的基本要素。 |

## 二、国外智能船舶发展现状 · 中国造船工程学会

### 1、日本模式——聚焦基础技术开发

◆2022年以来，在"MEGURI 2040"项目支持下，日本在无人船领域已经完成了6次探索性试验。

◆休闲游船、水陆两栖船、大型客滚船、集装箱船、汽车渡轮5类船舶6种船型。

◆涵盖自主避碰、自主靠泊航、自主导航、应急监测以及路径跟踪等内容，对智能船舶进行了较为深入的测试验证。

◆为日本在2025年实现无人船商业化的目标迈出重要一步。

## 二、国外智能船舶发展现状 · 中国造船工程学会

### 2、韩国模式——应用带动研发

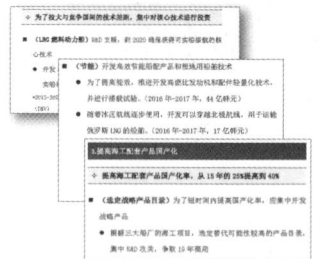

◆2016年，韩国政府发布《造船产业竞争力强化方案》，提出投资350亿韩元支持智能船舶相关研究与开发，随后又宣布投资7万亿韩元支持智能船舶等新产业。

◆2021年，《K-造船再腾飞战略》提出抢占绿色智能领域的国际标准"制高点"加快制定国家认证制度，通过国内先期积累的数据基础主动制定国际技术标准。

## 二、国外智能船舶发展现状 · 中国造船工程学会

### 2、韩国模式——应用带动研发

◆韩国现已形成以三大船厂智能船舶解决方案为牵引的发展模式

◆积极开拓商业化市场，在市场应用过程中不断推进智能船舶的技术迭代

◆积极联合其他国家的相关企业和组织进行技术研发和攻关

三星重工研发的远程自主航行系统
SAS

## 二、国外智能船舶发展现状 · 中国造船工程学会

### 2、韩国模式——应用带动研发

➢ 2015年，现代重工与韩国电子通信研究院（ETRI）共同开发智能船舶1.0

➢ 2016年，现代重工推出Ocean Link智能船舶系统。该系统整合了现代重工开发的基于船舶数据模型的船舶数据平台与埃森哲的互联服务平台

➢ 2017年，现代重工推出了综合智能船舶解决方案（Integrated Smart Ship Solution，ISSS）

➢ 2018年，现代重工将WinGD的发动机诊断系统整合入其智能船舶平台

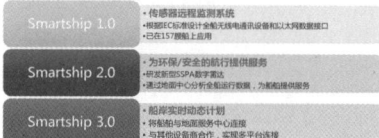

**Smartship 1.0**
• 传感器远程监测系统
• 根据ECD标准设计船无线电通讯设备和以太网数据接口
• 已在157艘船上应用

**Smartship 2.0**
• 为环保/安全的航行提供服务
• 研究采用SSPA进行优化功能
• 通过地面中心分析安全运行信息，为船舶提供服务

**Smartship 3.0**
• 船舶实时动态计划
• 与岸基地图服务中心连接
• 与其他设备合作，实现多平台连接

**◆ 二、国外智能船舶发展现状**　中国造船工程学会

**2、韩国模式——应用带动研发**

- 2022年，韩国现代集团旗下智能船舶研发子公司Avikus与SK Shipping合作，进行了全球首艘LNG运输船的自主跨洋航行。船配备了Avikus的2级自主导航解决方案HiNAS 2.0，航行历时33天，航程近1.1万海里。在整个航行期间，有一半航程使用了自主导航技术。在自主航行状态下，"Prism Courage"号成功识别了附近的其它船舶并规划航线，避免了约100次潜在碰撞事故。HiNAS 2.0将逐步交付23艘船舶，包括LNG船和集装箱船。
- 2022年，Avikus推出了用于小型休闲艇、工作船的自主航行船舶技术。NeuBoat二级自主导航解决方案，将传感器与人工智能（AI）相结合，以识别危险并做出安全航行的导航决策。

**◆ 二、国外智能船舶发展现状**　中国造船工程学会

**2、韩国模式——应用带动研发**

- KASS项目旨在通过研究自主船舶技术，以在未来的船舶与航运市场份额和国际标准方面处于领先地位。
- 目标包括高等级自主航行系统研发、全球水平可靠性、标准国际化和高级别赛程安全，共设置了自主船舶系统研发、自主监控系统研发以及海上测试场和验证方法3项操控技术和标准化子项目，以及10项细分关键技术子项目。

| 项目名称 | 自主船舶技术研发 |
|---|---|
| 资助部门 | 海洋与渔业部&贸易工业和能源部 |
| 项目周期 | 2020-2025（第1-4年：系统开发与集成/第5-6年：示范） |
| 项目预算 | 1603亿韩元（1.333亿美元） |
| 项目目标 | 自主船舶核心技术研发，通过阶段性示范奠定商业化基础 |
| 自主船舶核心技术 | 1. 智能航行系统　2. 机械自动化系统　3. 测试演示中心和示范系统　4. 操作技术和标准化 |
| 技术概述 | （1）自主船舶虚拟测试场系统（S-TAS: Simulation-based Test-bed for Autonomous Ship）研发；（2）自主航行系统实际海域测试的实时监控系统研发；（3）自主航行系统关键海域性能验证测试装备研发（4）MASS（Maritime Autonomous Surface Ships）演示性能验证流程制定；MASS系统性能评估。 |
| 商业化目标 | KASS致力于国际航行船舶（中尺度商船）<br>远洋 IMO等级3<br>沿海 IMO等级2 |

**◆ 二、国外智能船舶发展现状**　中国造船工程学会

**3、欧洲模式——高技术企业引领**

- 欧洲智能船舶的发展始于2006年欧洲开发的内河航运综合信息系统（RIS），该系统最先将信息技术、等集成应用于传统的内河航运系统，引起了航运界对于船舶智能化的关注。
- 丹麦启动无人船研发项目，挪威开辟无人船试验区，荷兰正研发利用"浮动自驾无人船"实现载人和货运。欧洲的智能船舶发展主要以高技术企业引领为主要发展模式。

欧洲主要智能船舶研发项目情况

**◆ 二、国外智能船舶发展现状**　中国造船工程学会

**3、欧洲模式——高技术企业引领**

**◆ 二、国外智能船舶发展现状**　中国造船工程学会

**3、欧洲模式——高技术企业引领**

◆技术层面

（1）欧洲多国长期致力于保持智能船舶技术的先进性、稳定性与可靠性，同时注重推动新兴技术与市场需求相结合。

（2）由欧洲各大船企联手打造的全球首艘零排放"无人"集装箱船"Yara Birkeland"号已于2022年5月正式投入运营，标志着欧洲多国在智能船舶发展取得了重要的阶段性进展，也进一步验证了欧洲在智能船舶领域的高技术水准。

欧洲"Yara Birkeland"号集装　　马士基的无人拖轮

**◆ 二、国外智能船舶发展现状**　中国造船工程学会

**3、欧洲模式——高技术企业引领**

◆政策与科研项目支持

- Leadership 2020 是欧洲船舶工业为了应对金融危机对其带来的负面影响，确保其在世界船舶工业中的领导地位，而做出的一系列政策调整，该战略由SEA Europe主导制定。
- 作为欧盟最大的科研支持项目，从《HORIZON 2020》到《HORIZON Europe》，支持了众多智能船舶有关项目，大量欧洲海事企业参与其中。长期的稳定的科研投入，为欧洲智能船舶的发展提供了有力支撑。

**CONTENTS**

**◆ 三、中国智能船舶发展现状分析**　中国造船工程学会

**1、发展现状和形势**

2016年，我国部署了"智能船舶1.0研发专项"，规划了智能船舶发展的三个阶段：

第一阶段：实现数据集合应用；实现决策辅助等船舶1.0——"智能示范船舶"

第二阶段：实现远程控制、部分自主的智能船舶2.0——"智能互联船舶"

第三阶段：实现完全自主的智能船舶3.0——"无人自主船舶"

- 2018年《船舶自动靠泊和甲板装卸系统智能技术研究》
- 2018年《船舶行业态势智能感知系统研制》
- 2018年《智能船舶综合测试与验证研究》
- 2018年《船体型线智能化设计技术研究》
- 2017年《船用机电设备虚拟设计与试验应用研究》
- 2016年《智能船舶1.0研发专项》
- 2017年《船舶智能制造关键共性技术研究》
- 2017年《舱室辅机智能管控系统研制》
- 2015年《船用透平货油系统智能化技术研究与应用示范》
- 2015年《智能船舶顶层设计及部分智能系统应用示范》
- 2014年《船舶智能化综合管理系统关键技术研究》

**◆ 三、中国智能船舶发展现状分析**　中国造船工程学会

**1、发展现状和形势**

◆国内智能船舶的发展尚处于起步阶段，其研究和技术的发展与海外相比还有一定差距，市场应用也比较有限。

◆世界各地的智能船已经完成了第一阶段的开发，并进入了第二阶段，结合国内的实际，国内智能船舶处于一、二期共同发展时期。

iDolphin38800吨智能散货船

30.8万吨智能超大型油船（VLCC）

**◆ 三、中国智能船舶发展现状分析**　中国造船工程学会

**1、发展现状和形势**

珠海航展水面安保巡逻　　广东应急测绘保障及安全生产演练　　海南大广坝深坑水下地形测量

广东清远大型水上综合应急救援联合演练　　广东省丰收节无人船光影秀　　陕西南沟门水库地形测绘

**三、中国智能船舶发展现状分析**　中国造船工程学会

**2、政策环境**

**智能船舶发展行动计划（2019-2021年）**
- 形成我国智能船舶发展顶层规划
- 初步建立智能船舶规范标准体系
- 突破航行态势智能感知、自动靠离泊等核心技术，完成相关重点智能设备系统研制
- 实现远程控、自主航行等功能的典型场景试点示范，扩大典型智能船舶"一个平台＋N个智能应用"的示范推广

**交通强国建设纲要**
- 强化大中型邮轮、大型液化天然气船、极地航行船舶、智能船舶、新能源船舶等自主设计建造能力。
- 推广新能源、清洁能源、智能化、数字化、轻量化、环保型交通装备及成套技术装备。
- 广泛应用智能高铁、智能道路、智能航运、自动化码头、数字管网、智能仓储和分拣系统等新型装备设施，开发新一代智能交通管理系统。

---

**三、中国智能船舶发展现状分析**　中国造船工程学会

**2、政策环境**

**智能航运发展指导意见**
- 到2020年底，我国将基本完成智能航运发展顶层设计；
- 到2025年，突破一批制约智能航运发展的关键技术，成为全球智能航运创新中心；
- 到2035年，较为全面地掌握智能航运核心技术，智能航运技术标准体系较为完善；
- 到2050年，形成高质量智能航运体系，为建设交通强国发挥关键作用。

2020年5月，工业和信息化部组织有关单位编制完成了《智能船舶标准体系建设指南（征求意见稿）》。该《指南》旨在建立智能船舶标准体系，为相关标准的制定和管理提供依据。

征求意见稿明确标准体系建设的原则、范围、方向和重点，构建智能船舶标准体系，为智能船舶核心技术攻关、智能系统设备研制、典型示范应用、测试验证能力提升等提供标准化技术支撑与保障，引领智能船舶、智能航运、智能服务与监管等产业发展。

---

**三、中国智能船舶发展现状分析**　中国造船工程学会

**3、产业发展有利因素**

- **我国发展进入新阶段**
  2035年，经济实力、科技实力、综合国力大幅跃升，人均国内生产总值迈上新台阶，达到中等发达国家水平。

- **我国制造业进入智能化时代**
  构建绿色制造体系，推动智能化、绿色化、高端化、服务化，发展先进制造业、绿色制造业。

- **国家产业政策扶持**
  船舶是以水上交通、海洋资源开发利用以及国防提供技术支撑的产业，是海洋强国、制造强国等国家战略的基础和重要支撑。

- **国际海运市场潜力大**

- **技术进步及国产化替代进程加快**
  业内正集中力量加快突破关键软件、关键工艺、关键材料等核心技术。

---

**三、中国智能船舶发展现状分析**　中国造船工程学会

**4、国内智能船舶的重点任务**

| 突破关键智能技术 | 推动船用设备智能化升级 | 提升网络和信息安全防护能力 | 加强测试与验证能力建设 | 促进各领域深度融合 |
|---|---|---|---|---|

---

**中国造船工程学会**

## CONTENTS

---

**四、中国船舶智能化关键技术**　中国造船工程学会

**1、智能航行技术**

- 围绕船舶智能航行的人工智能系统，为其提供全航程支持、全周期规划和全周期维护，为驾驶员航行决策提供支撑，从而保障驾驶安全。
- 从人机共融、人机共生入手，减少误操作，将重复、单一的航运活动和操作交给智能系统，加强感知决策、运动控制和远程运维。

---

**四、中国船舶智能化关键技术**　中国造船工程学会

**2、环境感知技术**

- 信息感知技术指船舶借助于一定的传感系统、设备等对周围环境进行感知，收集船舶周边各种信息，帮助船舶更安全、更稳定地运行。

---

**四、中国船舶智能化关键技术**　中国造船工程学会

**3、智能船用设备技术**

船用系统与设备的智能化是智能船舶发展的重要基础，其发展路径包括自动化、数字化、网联化和智能化。

主机　锚机　辅机　锅炉　舵机　其他

---

**四、中国船舶智能化关键技术**　中国造船工程学会

**4、智能船舶测试**

**万山测试场**
全球最大、亚洲首个无人船海上测试场，旨在打造粤港澳大湾区人工智能产业高地，在广东省形成以自主船舶为代表的新一代海洋智能装备示范基地。

**武汉理工**
武汉理工大学从2015年起，开展了智能船舶功能测试技术和方法研究，研制了由数字孪生虚拟船、大尺度物理模型船和虚实融合平台等构成的智能船舶功能测试与验证平台。

**上海交大**
上海交通大学拥有600公里海上试验场，1000平方米岸基指挥中心（含信息传输基站），构成的智能船舶/无人船测试场服务供方可认证中心，是中国高校唯一获认可单位。

**江苏科技**
通过"海韵湖"湖试指标与科目体系构建问题，建立完善的无人艇湖试测试和评价的平台；发展"海韵湖"湖上试验。

---

**四、中国船舶智能化关键技术**　中国造船工程学会

**4、智能船舶测试**

- 实海域测试环境观测与重构问题
- 测试指标与科目体系构建问题
- 实时测试数据存储与传输问题
- 海上测试过程安全保障问题
- 资本投入产出的费效比问题

|  | 模型在环 | 软件在环 | 硬件在环 | 实船验证 |
|---|---|---|---|---|
| 对应开发阶段 | 模型开发 | 软件开发 | 硬件开发 | 总体集成开发 |
| 测试资源 | 船艇系统模型 | 基于数据驱动的测试验证平台 | 基于物联数据环境或试验台环境的测试验证平台 | 实船及实海域测试场 |
| 适用测试类型 | 白盒测试 | 黑盒测试 |  |  |
| 测试覆盖性 | 算法逻辑 | 编码实现 | 硬件实现 | 系统兼容 |
| 测试角色 | 研发人员 | 研发人员、测试服务供方、装备使用部门 |  |  |
| 责任划分 | 研发人员 | 软件系统公司 | 软硬件设备供应商 | 总体集成单位 |

## ◆ 四、中国船舶智能化关键技术　　⊕ 中国造船工程学会

### 5、高通量数据传输技术

◆ 通信技术的目的是实现船舶上各系统之间的信息交互，保证船舶与船舶、船舶与航标、船舶与岸站之间的有效交流，避免因信息交流不及时造成运行故障。

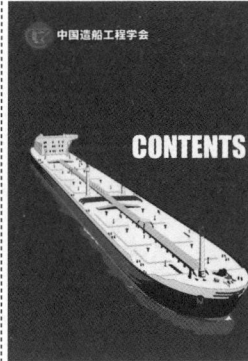

### CONTENTS

## ◆ 五、智能船舶展望　　⊕ 中国造船工程学会

### 1、智能船舶未来发展展望

◆ 智能船舶多项关键性核心技术将取得重要突破，船舶自主化智能化程度获得进一步提升

尽管部分技术目前依旧存在理论支撑薄弱、开发阶段较早、应用化程度不足等问题，但随着各大海运强国投入力度的提升，以及同类型技术在其他工业领域的深入发展，智能船舶的关键性核心技术的发展速度将获得进一步加快，一系列重要技术突破也将随之而来。

◆ 智能船舶将突破商业经济性临界点，商业应用模式将更为明确，有望开辟出独特的市场运行机制

智能船舶产业近年来已逐步开始由技术导向和政策导向转变为市场导向，以欧洲的"Yara Birkeland"号集装箱船和我国的"智飞"号集装箱船为代表的智能船舶项目已经开始在商业应用方面进行前沿性探索，未来有望开辟出独特的智能船舶市场运行机制。

◆ 相关国际标准制定领域的争夺将更加激烈，世界造船强国、海运强国将持续聚焦智能船舶标准化制定工作

自2017年6月ISO/TC8/WG10智能航运工作组第一次会议以来，各大海运强国对智能航运标准化工作的关注与参与力度持续升温。除持续聚焦于标准制定工作的日本外，韩国、挪威与丹麦等国也纷纷加强在智能船舶国际标准制定领域的关注度，相继在多个领域提交标准化提案，加快国际标准化领域的谋篇布局。

### 2、我国智能船舶发展的相关建议

通过对国内外智能船舶发展的对比研究发现，目前我国的智能船舶发展还处于初级阶段，相对于欧洲、日本、韩国等国家和地区还处于落后地位。因此，大力发展智能船舶将成为未来我国船舶行业的重要任务之一。

- ■ 以重大科研专项牵引行业发展
- ■ 加强研发与市场应用的结合
- ■ 建设完善陆海测试设施与条件
- ■ 推进智能船舶关键技术与设备的国际标准化
- ■ 加大产学研用合作广度，优势互补推动智能船舶发展

# 深海采矿行业发展现状及展望

## 于宗冰

（大连理工大学）

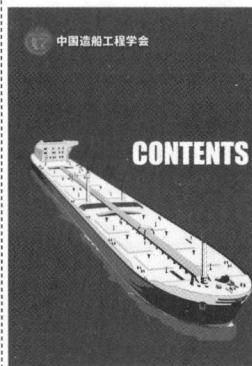

PART 01
**深海采矿发展驱动因素**

PART 02
深海采矿行业新态势

PART 03
深海采矿业态展望

---

### 一、深海采矿发展驱动因素

**矿产安全战略成为构建国家安全格局的重要组成部分（国家安全驱动）**

2021年11月，中央政治局会议在审议国家安全战略时提出，确保能源矿产安全，首次把矿产安全和能源安全并列，意味着矿产安全上升到国家战略。

在二十大报告中指出：维护海洋权益，发展海洋经济，保护海洋生态环境，加快建设海洋强国。

| | 钴 | 镍 | 锰 | 铜 |
|---|---|---|---|---|
| 年消费量/万吨 | 6.5 | 119 | 1246 | 1117 |
| 对外依存度 | 96% | 91% | 90% | 75% |

中国主要战略性金属矿产年消费量和对外依存度

---

### 一、深海采矿发展驱动因素

**深海矿产资源储量丰富，拥有比陆地矿产更高丰度（资源需求驱动）**

◆ 多金属结核、富钴结壳、多金属硫化物稀贵矿产资源品位具有显著优势

**多金属结核**
主要分布在海底4000-6000m水深的海底沉积物表层，其中Mn、Cu、Co、Ni的平均含量分别为25.00%、1.00%、0.22%和1.30%。CC区多金属结核预估的储量约21×10⁹t，其中含有Mn约6×10⁹t，这一储量

**富钴结壳**
分布在水深800～3500m的海岭、海山等地区，富含Co、Ni、Cu、Pb等金属元素和稀土元素、铂族元素。富钴结壳的平均Co含量为0.33%～0.67%，最高可达2%品位。

**多金属硫化物**
多金属硫化物与洋底的火山有关，广泛出现在洋底年轻的火山活动区。产出水深在800至4200m之间，主要有用组分为铜、锌、金和银伴生组分为硒、碲、砷、铟，其较高的金属品位具有很大吸引力

---

### 一、深海采矿发展驱动因素

**国际海底"圈地运动"蓬勃兴起，对国际海底资源的争夺日趋激烈（海洋权益驱动）**

◆ 国际海底管理局签订合同数显著增长，中国拥有其中5份

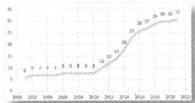
大洋协会（2001）+五矿集团（2015）+先驱公司（2019）

| 国家 | 合同数 | 矿物种类 |
|---|---|---|
| 中国 | 5 | 多金属结核*3、硫化物*1、富钴结壳*1 |
| 韩国 | 3 | 多金属结核*1、硫化物*1、富钴结壳*1 |
| 俄罗斯 | 3 | 多金属结核*1、硫化物*1、富钴结壳*1 |
| 英国 | 2 | 多金属结核 |
| 德国 | 2 | 多金属结核*1、硫化物*1 |
| 印度 | 2 | 多金属结核*1、硫化物*1 |
| 法国 | 2 | 多金属结核*1、硫化物*1 |
| 日本 | 2 | 多金属结核*1、富钴结壳*1 |
| 库克群岛 | 1 | 多金属结核 |
| 新加坡 | 1 | 多金属结核 |
| 比利时 | 1 | 多金属结核 |
| 基里巴斯 | 1 | 多金属结核 |
| 汤加 | 1 | 多金属结核 |
| 瑙鲁 | 1 | 多金属结核 |
| 波兰 | 1 | 硫化物 |
| 欧洲5国联合 | 1 | 多金属结核 |
| 巴西 | 1 | 富钴结壳 |
| 牙买加 | 1 | 多金属结核 |
| 合计 | 31 | |

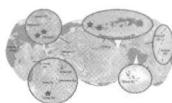
**3块**
多金属结核矿区
**221,797 km²**
专属勘探开发面积

**1块**
多金属硫化物矿区
**10,000 km²**
专属勘探开发面积

**1块**
富钴结壳矿区
**3,000 km²**
专属勘探开发面积

---

### 一、深海采矿发展驱动因素

**深海战略地位日益突出，各大国抢占深海采矿技术国际话语权高地（政策法规驱动）**

◆ 世界各国针对深海领域制定法律、指南、规划图，以期服务未来商业化开发

| 美国 | 1980 | 《深海底硬固体矿物资源法》 |
|---|---|---|
| 中国 | 2016 | 《中华人民共和国深海海底区域资源勘探开发法》 |
| 日本 | 2019 | 《海洋能源和矿产资源开发计划》 |
| 国际 | 2019 | 《区域环境管理计划指南》 |
| 美国 | 2020 | 《海底采矿指南》 |
| 中国 | 2021 | 《深海采矿设施指南》 |

欧洲也颁布了相关法律，此外还有：斐济2013年颁布《国际海底矿物管理法》，汤加2014年颁布《海底矿产资源法》以及新加坡2015年颁布《深海海底采矿法》

## 一、深海采矿发展驱动因素

深海采矿系统海试验证经验积累，初步完成全链条作业技术积累（技术发展驱动）

水面支持平台　矿产转运
海底勘探　水下输运
海底集矿

## 一、深海采矿发展驱动因素

深海采矿系统海试验证经验积累，初步完成全链条作业技术积累（技术发展驱动）

◆ 深海采矿作业模式

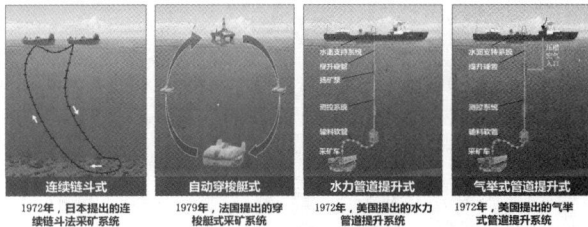

| 连续链斗式 | 自动穿梭艇式 | 水力管道提升式 | 气举式管道提升式 |
|---|---|---|---|
| 1972年，日本提出的连续链斗法采矿系统 | 1979年，法国提出的穿梭艇式采矿系统 | 1972年，美国提出的水力管道提升系统 | 1972年，美国提出的气举式管道提升系统 |

## 一、深海采矿发展驱动因素

深海采矿系统有望成为人类开发海洋资源过程中最复杂的系统工程

◆ 水力管道提升式采矿系统

| 海底集矿系统 | 集矿车-软管-中继仓输运系统 | 中继仓-泵管-水面平台输运系统 |
|---|---|---|
| ➢ 海底复杂地形 | ➢ 多系统协同控制系统研究与设计 | ➢ 复杂的剖面流对管道安全带来风险 |
| ➢ 海底高压力、高腐蚀、无自然光 | ➢ 采矿系统复杂内外流耦合动力学 | ➢ 高效率甲板矿石预处理系统研究 |
| ➢ 水下电磁波通信困难 | ➢ 深海采矿数字孪生技术 | ➢ 采矿平台全海况全天候作业能力 |
| ➢ 绿色环保开采要求高 | ➢ 水下综合定位误差大 | ➢ 深海采矿能源供给与多能互补技术 |
| ➢ ……… | ➢ ……… | ➢ ……… |

## 一、深海采矿发展驱动因素

基础理论与学科发展（科学发展驱动）

◆ 系统工程带动多基础学科交叉发展

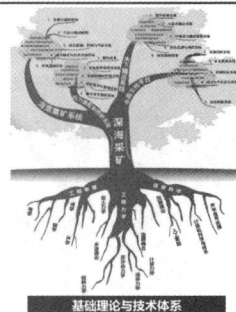

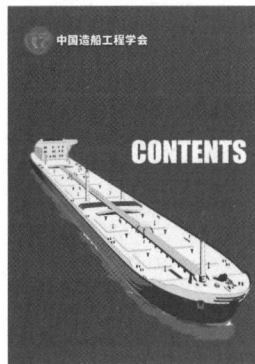

| ➢ 水波理论 | 泵管装备 |
|---|---|
| ➢ 流固耦合 | 海洋测量仪器 |
| ➢ 计算力学 | 配电设备 |
| ➢ 人工智能 | 数字孪生 |
| ➢ 控制理论 | 转运存储技术 |
| ➢ 流体力学 | 矿石处理系统 |
| ➢ 水声学 | 船舶建造 |
| ➢ 材料学 | 平台动力定位 |
| ➢ 岩土力学 | 水下通信 |
| ➢ 泥沙动力学 | 高效拆装技术 |
| ➢ 物理海洋 | 环境监测技术 |

（中间：深海采矿）

**基础理论与技术体系**

## CONTENTS

**PART 01**
深海采矿发展驱动因素

**PART 02**
深海采矿行业新态势

**PART 03**
深海采矿业态展望

## 二、深海采矿行业新态势

**国外发展现状（美国）**

◆ 自20世纪中期开始，欧美日等发达国家和地区就开始针对深海矿产资源开采技术进行投资和研究，并通过各种陆上试验和海洋试验完成了技术储备，静待商业开采良机。

1978年美国OMI公司，5200m水深，800吨结核

## 二、深海采矿行业新态势

**国外发展现状（加拿大）**

◆ 2011年，鹦鹉螺矿产公司获得俾斯麦海开采许可，采矿区位于深度1600米海底

| 海底采矿装备 | 加拿大鹦鹉螺矿产公司（Nautilus Minerals） |
|---|---|
| 鹦鹉螺公司采矿系统设计 | ➢ 索瓦拉1号项目（Solwara 1） |
| 世界首艘深海采矿船 | ➢ 制定了商业采矿路线图 |
| | ➢ 资金链断裂，折戟沉沙 |

（中华人民共和国自然资源部）

## 二、深海采矿行业新态势

**国外发展现状（加拿大）**

◆ 2022年9月至今，加拿大金属公司TMC在东太平洋4500米级深海开展采矿整体联动试验

加拿大金属公司（The Metals Company: TMC）

DEEPGREEN → the metals company

| TMC国际海底矿区 | ➢ 拥有三个多金属结核国际海底矿区 |
|---|---|
| TMC商采时间路线图 | ➢ 制定了商采时间线路 |
| 4500米采矿整体联动试验 | ➢ 制定了深海采矿总体方案和规划 |
| 采集到的多金属结核 | ➢ 正在进行4500米级深海采矿整体联动海上试验 |
| | ➢ 计划于2024年实现小规模商业化开采、2025年实现大规模商业化开采 |

## 二、深海采矿行业新态势

**国外发展现状（欧洲）**

◆ "蓝色采矿"（Blue Mining）（2014-2018），有6个国家19个合作伙伴，目标是将深海采矿变成一个可行的产业，欧盟资助1000万欧元
◆ "蓝色结核"（Blue Nodules）（2016-2020），有9个国家14个合作伙伴，为进一步发展用于深海采矿的海底开采技术，欧盟资助800万欧元
◆ "蓝色收获"（Blue Harvesting）（2019-2022），有9个欧洲合作伙伴合作，涉及建造和测试结核开发和改进收集器，同时减少对环境影响

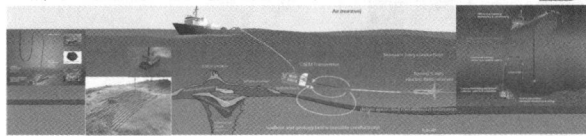

blue mining　bluenodules　BLUE

## 二、深海采矿行业新态势

**国外发展现状（欧洲）**

◆ 2021年4月，比利时全球海洋矿产资源公司GSR在CC区完成了4500米级采矿车单体海试

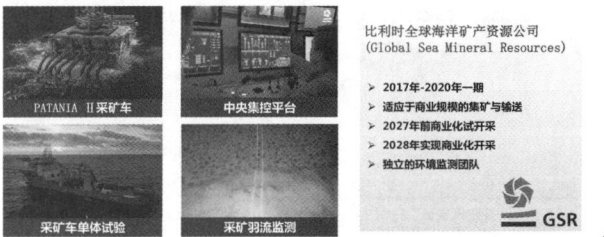

比利时全球海洋矿产资源公司（Global Sea Mineral Resources）

| PATANIA II 采矿车 | 中央集控平台 |
|---|---|
| 采矿车单体试验 | 采矿羽流监测 |

➢ 2017年-2020年一期
➢ 适应于商业规模的集矿与输送
➢ 2027年前商业化试开采
➢ 2028年实现商业化开采
➢ 独立的环境监测团队

GSR

## 二、深海采矿行业新态势 中国造船工程学会

**国外发展现状（日本）**

◆ 2020年7月，日本国家石油天然气和金属公司（JOGMEC）取得深海富钴结壳成功试采

日本国家石油天然气和金属公司
(Japan Oil, Gas and Metals National Corporation)
➢ 2017年完成硫化物管道提升海试
➢ 2021年发布世界首个深海采矿国际标准
➢ 稀土勘探开发，加速"脱中国化"

"白岭号" 海洋资源调查船

海底采矿现场

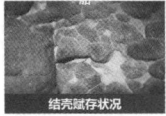
结壳赋存状况

采集的结壳碎块

## 二、深海采矿行业新态势 中国造船工程学会

**国外发展现状（其他）**

◆ 荷兰Royal IHC、德国KSB、韩国KRISO、印度NIOT等

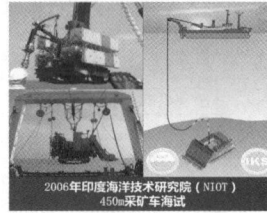
2006年印度海洋技术研究院（NIOT）450m采矿车海试

2015年韩国船舶与海洋工程研究院（KRISO）1200m水混输系统海试

## 二、深海采矿行业新态势 中国造船工程学会

**国内发展现状**

◆ 中国五矿集团是国内较早从事深海采矿研究单位，是领域内里程碑式进展奠基者

中国五矿集团
长沙矿冶研究院
长沙矿山研究院
中国五矿
➢ 1995年完成集车实验室试验
➢ 2004年完成我国1000m水深开采系统设计
➢ 2016年完成扬矿管系统300m海试
➢ 2018年完成鲲龙500海底采矿车试验
➢ 2021年完成深海采矿千米级联动海试
➢ 2021年完成深海采矿智能混输系统海试

长沙矿冶院采矿车

抚仙湖135m湖试

南海300m扬矿海试

南海500m集矿海试

## 二、深海采矿行业新态势 中国造船工程学会

**国内发展现状**

◆ 中国大洋矿产资源研究开发协会主持完成南海1000m级采矿系统整体联动海试

中国大洋矿产资源研究开发协会
➢ 国际海底开发先驱者
➢ 三种资源、三块矿区
➢ "蛟龙"、"海龙"和"潜龙"装备
➢ 多航次资源勘探
➢ 标准、指南、政策制定

大洋一号勘探科考

1000m整体联动海试

海底集矿车

获批海底矿区

## 二、深海采矿行业新态势 中国造船工程学会

**国内发展现状**

2019年，中科院深海所采矿车2490米深海取样海试成功

2020年，招商局、中科院深海所深海采矿车与载人潜水器的首次联合作业

2021年，上海交通大学采矿车"开拓一号"完成1300米深海试验

## 二、深海采矿行业新态势 中国造船工程学会

**国内发展现状**

◆ 中船集团在深海矿产资源勘探、集矿、提升、水面支持平台等核心装备研制方面

CSSC
中国船舶集团有限公司
CHINA STATE SHIPBUILDING CORPORATION LIMITED
➢ 701所：深海采矿装备布放回收系统
➢ 702所：载人深潜器、水下中继站、采矿车
➢ 704所：重载升沉补偿
➢ 708所：水面支持平台改造论证
➢ 715所：水下定位系统

载人深潜器

深海多金属硫化物采矿样机

深海矿产混输泵系统

水面支持平台改造

## 二、深海采矿行业新态势 中国造船工程学会

**国内发展现状**

◆ 大连理工大学主持研制我国首套深海矿产智能混输装备系统"长远"号并海试成功

大连理工大学
深海采矿装备技术研发团队
➢ 深海矿区海洋环境预报分析数据库
➢ 复杂环境载荷下深海矿产混输装备性能预报与总体设计关键技术
➢ 智能化的状态监测和损伤预警技术
➢ 2021年完成我国3000m开采系统设计
➢ 2021年完成我国首次深海矿产智能混输装备系统500m海试
2021年中国十大海洋科技进展

"长远"号智能混输系统

海试扬管系统

海试作业现场

海试团队

## 二、深海采矿行业新态势 中国造船工程学会

**国内发展现状**

◆ 中南大学、哈尔滨工程大学、中国海洋大学、湖南科技大学、湘潭大学、江苏大学、浙江理工大学、沈阳自动化所、先驱公司等高校及科研院所也在深海采矿领域开展了多方面研究工作。

"潜龙"系列深海资源勘查

深海采矿健康监测系统

深海采矿系统快速组拆装系统

## 二、深海采矿行业新态势 中国造船工程学会

**深海矿产资源开发总体研发国内外差距**

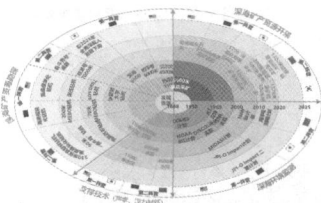
勘探·开采·环境·装备技术全球研发态势（来源：长沙矿冶院）

面临挑战：
■ 缺乏高质量核心元器件
■ 缺乏成熟的深海采矿工程实践和实际区海试验证
■ 缺少完整的环境监测方案等保障性措施
■ 采矿作业模式难以满足商业化开采需求
■ 缺少完善的深海采矿经济与社会影响系统性研究
■ 缺乏针对深海采矿的商业化开采战略研究和顶层设计

我国与先进国家处在迈向开发的同一起跑线上，但我国基础实力处于第二阵营，亟需实现我国深海采矿事业从"并跑"到"领跑"的跨越

---

中国造船工程学会

**CONTENTS**

**PART 01**
深海采矿发展驱动因素

**PART 02**
深海采矿行业新态势

**PART 03**
深海采矿业态展望

### ◆ 三、深海采矿业态展望    中国造船工程学会

**采矿方案综合评价模型**

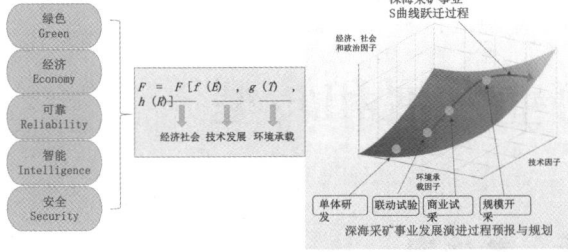

### ◆ 三、深海采矿业态展望    中国造船工程学会

**国内技术发展要点**

加快深海矿产资源探测　高质量元器件自主可控　系统全生命周期可靠度　人工智能相结合

积极探索新型采矿模式　海底环境管理和修复　运维保障技术　完成矿区海试

### ◆ 三、深海采矿业态展望    中国造船工程学会

**国内技术发展展望**

◆ 2030年实现领域内技术同步，完成商业试采

◆ 2035年实现部分技术反超，实现商业化，成为海洋战略新兴产业增长的新爆发点

◆ 2050年，全面掌握深海采矿关键技术，产业生产规模位居世界前列，产业创新能力和发展水平达到世界领先水平

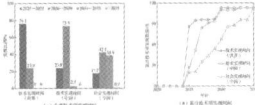

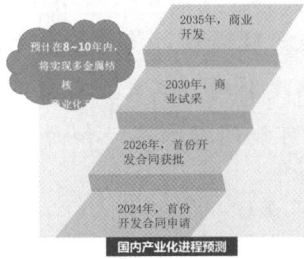

预计在8～10年内，将实现多金属结核矿试

2035年，商业开发

2030年，商业试采

2026年，首份开发合同获批

2024年，首份开发合同申请

**国内产业化进程预测**

来源：李家海等. 深海矿产资源开发与技术发展现状与展望[J]. 船舶科技, 2022, 1(2): 92-102

### ◆ 三、深海采矿业态展望    中国造船工程学会

**国内行业发展思考**

◆ 确保独立自主研发能力

◆ 整合国内优势资源组成国家队，参与国际竞争

◆ 吸引民间资本加入深海采矿队伍，提高行业活力

◆ 针对自身技术积极构建国际标准体系

◆ 拓展国际合作渠道

### ◆ 三、深海采矿业态展望    中国造船工程学会

**国际合作思考**

◆ 积极参与国际海底管理局（ISA）事物

◆ 借鉴国际大洋钻探计划，开展广泛合作

◆ 利用"一带一路"、"金砖五国"，同发展中国家开展合作

◆ 利用"中国—太平洋岛国合作论坛"开展合作

谢　谢！

# "双碳"背景下船海业发展和转型

## 胡可一　王　冰　黄诗羽

**摘　要**:近年来,随着气候变暖等环境问题愈来愈严峻,对环保的诉求越来越强烈,温室气体(GHG)的排放成为各个国家、各个行业严控的重点。随着国际海事组织的环保要求愈发严格和国家的"双碳"目标的实施,近年来"双碳"目标热度渐增。本文主要聚焦于"双碳"背景下中国船海业的发展和转型,重点分析了我国船海工业可能的减排路径和面临的挑战,并提出了一些政策建议。

**关键词**:"双碳"目标;船海工业;减排路径;创新

## 1　前言

2020 年 9 月 22 日,国家主席习近平在第七十五届联合国大会一般性辩论上发表重要讲话,宣布:"中国将提高国家自主贡献力度,采取更加有力的政策和措施,二氧化碳排放力争于 2030 年前达到峰值,努力争取 2060 年前实现碳中和。"我国力争 2030 年前实现碳达峰,2060 年前实现碳中和,是党中央经过深思熟虑做出的重大战略决策,事关中华民族永续发展和构建人类命运共同体。这项决定对于我国的发展和国际地位而言具有重要意义。一方面,实现"碳达峰·碳中和"能够推动我国经济结构、能源结构、产业结构的转型升级,转变我国经济增长方式,实现高质量发展,将我国建设成为人与自然和谐共生的现代化国家。另一方面,体现我国作为负责任大国的担当,为建设全球生态文明,构建人类命运共同体做出中国贡献。

## 2　我国在"双碳"背景下面临的挑战

不经一番寒彻骨,怎得梅花扑鼻香。《京都议定书》的签订使气候变化成为世界范围内的重要议题,减少温室气体的排放以应对气候变暖成为世界范围内的共识,各大经济体均提出"碳减排""碳中和"的目标,如美国、日本和欧盟均提出 2050 年达到碳中和的减排目标。同上面所提到的发达国家和经济体相比,我国能源低碳转型起步较晚。因此,对于我国而言,实现"双碳"目标是一场经济社会的系统性变革,在这个过程中我国面临着多种挑战。

挑战一:我国作为世界上最大的发展中国家,发展不平衡不充分的问题仍较为突出

除了发展不均衡的问题外,我国还面临着发展经济、改善民生等一系列艰巨的任务。同时,我国能源需求也在不断增加,碳排放仍处于上升阶段,距离实现碳达峰的目标还存在一定距离。

挑战二:我国能源消费总量世界第一

除了总量第一外,从能源消费结构来看,化石能源消耗占总能源消耗的 85% 左右;从我国发电类型来看,火电占到整个发电量的 70% 左右(图 2)。相比欧美国家,中国需要用更短的时间将 85% 的化石能源变成净零碳排放能源。

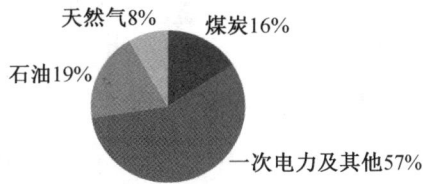

图1 2020年中国各类能源消费占比

表1 2015—2020年中国发电量、水力及火力发电量

| 发电量 | 2015年 | 2016年 | 2017年 | 2018年 | 2019年 | 2020年 |
| --- | --- | --- | --- | --- | --- | --- |
| 发电量/亿千瓦小时 | 58 146 | 61 332 | 66 044 | 71 661 | 75 034 | 77 791 |
| 水力发电量/亿千瓦小时 | 11 303 | 11 840 | 11 979 | 12 318 | 13 044 | 13 552 |
| 火力发电量/亿千瓦小时 | 42 842 | 44 371 | 47 546 | 50 963 | 52 201 | 53 302 |

资料来源:国家统计局

挑战三:社会意识相对落后

从全社会的角度来看,在气候变化和温室气体控制等方面,我国在百姓意愿、企业认同、技术储备、市场机制、法律法规等方面与发达国家相比明显滞后。

## 3 中国船海业的发展现状

### 3.1 中国船海业的基础设施建设

党的十八大以来,国家对船舶工业提出了新的发展要求。船舶工业要不断提升原始创新能力,打好关键核心技术攻坚战;补齐产业发展短板弱项,解决发展不平衡不充分的问题;加快发展绿色装备和绿色制造,推动产业绿色化转型;提高开放发展水平,深度参与全球海洋治理;建立高效协同的产业新生态,协同建设造船强国。中国船舶和海工装备在国际市场份额保持领先地位,世界造船大国地位持续稳固。从2010年开始,我国新船订单量、造船完工量和手持订单量保持世界首位。如图2、图3所示。

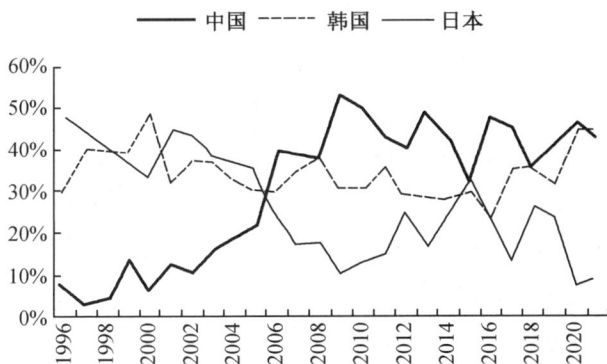

图2 船舶竞争格局图(订单载重吨计)

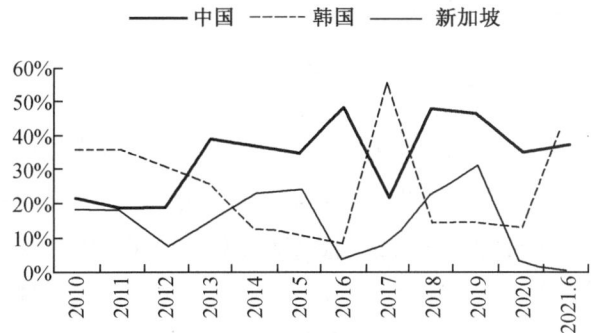

图3 海工整备竞争格局图(订单金额计)

中国目前已经建立完整的现代造船产业体系,产业基础十分雄厚。中国船舶集团及其子公司、亚星锚链、玉柴动力、潍柴控股等规模以上企业370家,动力系统、甲板机械和舾装等配套能力较好。舟山鑫亚、华润大东、舟山长宏、万邦永跃等规模以上企业上百家,具备全谱系船舶海工装备修理能力。此外,扬子江船业、新时代造船等家船企,具备全谱系船舶海洋装备建造能力。中船604所、701所、708所、719所等一批科研院所,加快系统集成、工艺革新、配套设备等装备研发,具备大部分船舶海工装备研发设计能力。同时,我国还有一批包括上海交通大学、哈尔滨工程大学、天津大学等在内的一批高校,依托创新平台,协助船企开展前沿技术的研究。

我国船企结构性重组稳步推进,落后产能逐步淘汰,由"多极化"进入"一超多强"的新阶段。中国船舶集团三大指标国内平均市场份额超过 40%，全球份额超过 20%，与中远海运重工有限公司、扬子江船业集团公司、新时代造船有限公司和招商工业集团有限公司成为国内五大造船集团。我国船企产业机构的进一步优化，促使我国培养出一批具有较强国际竞争力的企业集团。

此外，我国打造了长三角、环渤海、珠三角三大世界级造船基地，围绕这三大造船基地和长江流域初步形成了研发、设计、建造、修理和配套集群发展的产业空间布局，区位发展优势日趋明显。

### 3.2 航运业减排的难度

航运业和航空业是公认减碳最困难的两大行业。

国际海事组织（International Maritime Organization，IMO）为推动国际航运业尽快实现减排目标，于 2011 年通过了船舶能效设计指数，将其作为控制船舶温室气体排放的主要手段。2018 年 IMO 通过了《减少船舶温室气体排放的初步战略》，从愿景目标、减排力度、指导原则、不同阶段的减排措施和影响等方面对航运业应对气候变化的行动做出总体安排，力求从 2023 年到 2030 年至少减排 40%，到 2050 年至少减排 50%，争取减排 70%，并且对所有的船舶都采取强制性措施。这不仅是全球航运业首次为应付气候变化制定的温室气体减排战略，还是 IMO 在航运温室气体减排谈判进程中的重要里程碑。经过各方利益的博弈与平衡，关于船舶碳减排的初步战略将于 2023 年正式转为最终战略，相关国际规则的变化也决定着航运业未来的发展方向。

IMO 的报告指出，航运业二氧化碳排放量由 2012 年的 9.62 亿 t 增加到 2018 年的 10.56 亿 t，在全球二氧化碳排放量中所占的份额从 2012 年的 2.76% 增加到 2018 年的 2.89%。如果不加以控制，到 2050 年，来自海上运输的二氧化碳排放量可能将比 2012 年的水平增加超过 50%。尽管在此期间全球贸易量增长了 37%，船队运力扩大了 74%，但得益于绿色环保船型的换代和平均航速的下降，2018 年的碳排放总量还是出现了 19% 的下降。

随着全球海运贸易增速，如果平均航速和船队燃料结构在 2020 年后不发生改变，到 2050 年，航运业碳排放量可能会达到 15 亿 t，这些排放很大程度上会阻碍全球遏制气候变化目标的实现。但是对比其他运输模式，航运业的"碳效率"最佳，当考虑到海运在国际贸易运输中所占比重高达 85% 时，实现 IMO 2050 年的减排目标依旧道阻且长。

## 4 航运业的减排路径

### 4.1 能源变革

从国际形势来看，欧洲天然气、电力、油品短缺形势越来越严峻，全球能源价格上涨速度加快，我国部分区域的局部时段也出现了能源供需偏紧的问题，全球水平上的能源供应危机逐渐显现，能源供应的紧张状态加剧了能源转型升级的紧迫性，同时对实现能源的转型质量提出了新的要求。我国的能源自给率虽远高于欧盟，但石油和天然气对外依存度较高，寻找替代能源是保障能源安全的根本办法。

从国内发展来看，能源是经济和社会发展的基础，我国保持高质量发展需要有高质量能源体系的有力支撑，通过能源转型建立高质量能源体系是中国实现更高质量发展的必经之路。我国提出到 2030 年，经济社会发展全面绿色转型取得显著成效，重点耗能行业能源利用效率达到国际先进水平。到 2060 年，绿色低碳循环发展的经济体系和清洁低碳安全高效的能源体系全面建立，能源利用效率达到国际先进水平，碳中和目标顺利达成。因此，进行能源体系的低碳转型是 2030 年前碳达峰、2060 年前碳中和的根本途径，在高质量发展和减排目标的双重压力下，中国必须进行能源变革。面向碳中和的能源变革需要航运业进行能源转型和调整产品结构，从而实现航运业的高质量发展。当前世界船舶科技加快向绿色化发展，围绕氢燃料、氨燃料、锂电池等新兴零碳燃料科技的竞争日趋激烈。

船舶的节能环保水平成为船东订船的重要考虑因素，船舶市场竞争的焦点将集中在低碳排放甚至零碳排放船舶。"双碳"目标的政策也导向三种清洁能源，包括低碳能源［液化天然气（liquefied natural gas，LNG）、液化石油气（liquefied petroleum gas，LPG）、液化乙烯气体（liquefied ethylene gas，LEG）、甲醇等］、碳中和能源（生物燃料、合成燃料和碳中和的甲醇和 LNG 等)以及零碳能源(氢、氨和核能)。

(1)低碳能源

LNG 综合优势明显,在国际、国内船舶上均有良好的应用前景,将成为近期最主要的船舶清洁能源。前三季度全球新成交 LNG 运输船订单已达 130 艘,1057.3 万修正总吨,均居历史最高水平。其中 17.4 万方的标准大型 LNG 运输船占据绝对主要地位。目前主要船厂的船位已满,排期基本都在 26 年甚至 27 年,这为新介入该领域的船厂提供了极佳的机会。采用 LNG 作为燃料的运输船无论是在订造数量和总吨占比都在新能源船型的首位。

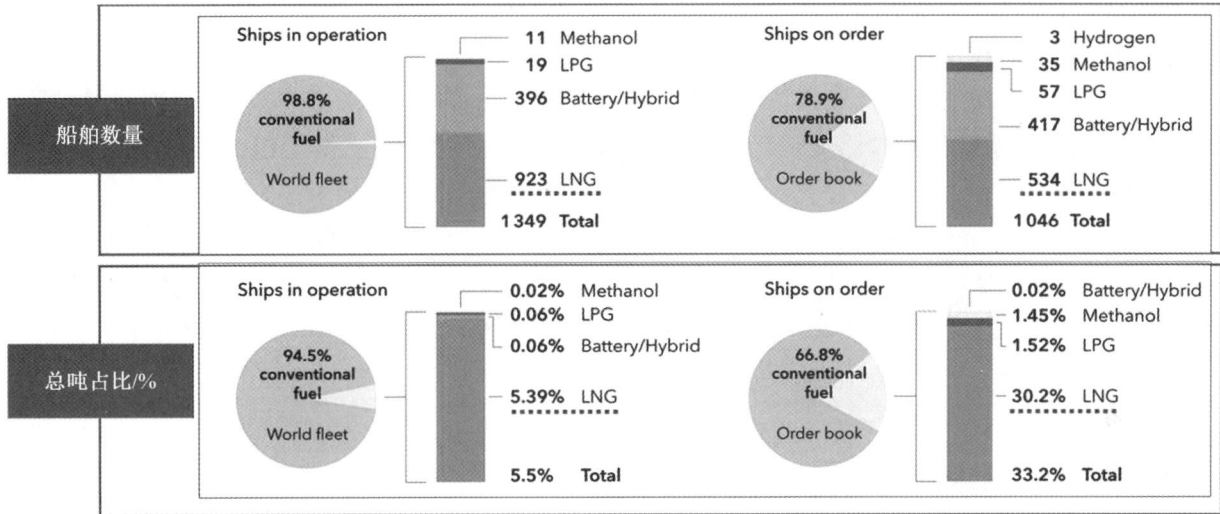

**图 4 全球船舶可替代燃料的使用情况(按船舶数量和总吨占比划分)**

资料来源:DNV Maritime Forecast to 2050,Energy Transition Outlook 2022

(2)碳中和能源

碳中和的甲醇、LNG 和氨目前已经受到了市场的重视,特别是碳中和的甲醇,受到了马士基和达飞的追捧,已成为继 LNG 之后的大型集装箱船的次选燃料。

甲醇燃料具有良好的应用前景,内燃机技术成熟度较高,使用过程安全系数高,燃料价格与传统燃料油相差不大,单位体积的能量密度显著高于氢,燃料容易储运,容易获取,适用于短、中、远各种航线的船舶。如果未来大规模应用,降低甲醇的制备成本,再辅以碳捕捉技术,甲醇燃料将能更好地满足未来零碳的发展要求,实现更为广泛的应用。

但是,目前甲醇、LNG 和氨实现完全的全寿命周期碳中和难度仍然较大。

(3)零碳能源

氢、氨燃料是未来零排放解决方案的重点发展方向。

氢可以作为燃料电池的燃料,氨可以直接作为发动机的燃料,也可以作为氢的运输和储存载体。从技术的可行性和经济可接受性角度出发,相较氢燃料而言,氨燃料更易在船上应用。

美国、欧洲、日本、韩国的一些企业和机构也积极开展零碳船舶、零碳燃料的研发。亚洲是最重要的零碳燃料市场,高收入国家将成为零碳船舶燃料的生产国,预计会有更多国家参与到船舶燃料市场中。

(4)碳捕捉技术

作为一项有望实现化石能源大规模低碳利用的战略性技术,碳捕捉、利用和封存(以下简称 CCUS)技术是世界公认的最有前景的碳减排技术之一,主要是在不改变能源结构的前提下,实现碳的有效封存。在国际能源署的可持续发展情景中,2019—2070 年,欧洲利用 CCUS 技术捕集的二氧化碳中,42%来自电力行业。2050 年起,将在化石燃料的使用中大规模进行碳捕捉。

我国 CCUS 技术的发展在 2000 年后正式启动。CCUS 技术是解决我国煤炭能源系统低碳发展的重要战略技术之一。经过近 20 年的发展，我国已初步形成了 CCUS 开发的技术体系。

CCUS 具有大幅度减少传统能源密集型产业在整个生命周期内温室气体排放的潜力，是未来减少二氧化碳排放、保障能源安全、构建生态文明和实现可持续发展的重要手段，其大规模产业化的实施主要取决于技术成熟度、经济可承受性、自然条件承载力及其与产业发展相结合的可行性。一旦该技术在船舶上得到成熟应用，将会对航运业低碳发展产生深刻影响。但 CCUS 技术在船舶应用方面的安全性、技术性、经济性等方面存在诸多调整，如装置占用空间大、二氧化碳存储安全性有待提升、设备投资及运行成本较高、配套岸基设施建设不足等。

船舶燃料低碳转型是一项长期而复杂的系统工程。研究和判断清洁燃料的应用前景需要综合考虑多个因素：(1)航运业处于能源产业链的末端，依赖上游能源行业的供应能力；(2)清洁燃料在船舶上的应用与燃料加注、储存和供应以及动力的技术成熟度有关；(3)清洁燃料的温室气体取决于碳含量和制备过程中的不同，减排潜力和环境适应性存在差异；(4)发展清洁船用燃料要有比较完善的技术法规的支持，严格控制好风险，确保燃料使用安全；(5)船舶燃料的低碳转化的经济成本应该是可接受的，主要还包括初始投资成本和营运成本。

综合上述五要素，当前优选的船用清洁燃料为 LNG、甲醇、氢和氨燃料。绿色能源转型的高质量发展促进绿色船舶在行业和产业链层面以"内外双循环"的模式协同发展。未来随着绿色燃料制备技术和清洁燃料船上应用技术的逐步成熟，碳中和的甲醇由于其更为优异的环保特性，预计将超过 LNG 成为最具竞争力的清洁燃料。待技术逐渐成熟和产业链配套逐步完善，各项成本将进一步降低，绿氢和绿氨的潜力逐步被释放后，预计将会大规模推广应用。

## 4.2 创新推动可持续的低碳化

船海工业创新和转型是实现船舶行业可持续发展的重要举措。船舶行业的一个十分突出的特点是单个小批量按订单建造，这个特点就注定了船舶行业必须不断地创新技术、注入活力、鼓舞激情、开发一代代新船型去适应不断变化的航运需求和规范法规的更新。船舶行业的创新仅仅依靠船厂自身的力量是远远不够的，也不能单单依靠外部资源来弥补局部的短板。除了在低碳、零碳燃料和船型设计上的创新应用以外，能效措施的优化也不容忽视。能效措施主要包括技术能效措施和营运能效措施两大类。

技术能效措施要求航运业通过降低船舶阻力、提高推进装置效率等方面的技术创新，提高船舶整体能效水平、减少燃料消耗和排放，主要包括型线优化、船舶轻量化、气膜减阻、涂层减阻、高效推进装置、水动力节能装置等创新技术。其中，船舶轻量化是诸多技术能效措施中的重要技术，主要可从结构设计、制造工艺、轻质材料等三方面综合考虑。结构设计方面，需要在保证船体结构安全的前提下尽量减轻船体重量，做到"材尽其用"。制造工艺方面，利用先进焊接技术、冲压成型等技术工艺。轻质材料方面，选取高强度合金或高性能轻质材料在船舶建造中的应用。

技术能效措施具有相对较高的减排潜力，但投资成本也较高，应用的对象主要是新造船，且不同技术能效措施适用的船型也存在差异。目前，型线优化、高效螺旋桨等已成为常规技术手段，但不能保证中大型散货船和油船能满足船舶能效设计指数(energy efficiency design index，EEDI)第三阶段的要求。因此，应用气膜减阻、风力助推等具有显著节能减排效果的创新能效技术是可行的解决方案之一。

在航运推进能源低碳转型过程中，航运业可继续深入开展技术能效与营运能效创新措施的研究，通过技术能效措施与营运能效措施应用相结合的方式，进一步强化温室气体减排效果。

## 5 政策层面如何推动

从国家、行业和航运造船产业链层面针对未来发展制定结构性绿色能源转型的顶层规划。以三种清洁能源在不同阶段的可行性、实用性、成熟度、使用成本和为整体减排目标实现的贡献度，建立一个长期的、可持续的绿色船舶能源转型路线图。通过合理的政策引导促进企业的积极参与是加速绿色船舶发展、降低营运成本的关键因素，能够帮助企业主体减少由于船舶绿色化革新带来的成本增量负担。

许多国家都开始通过发布相关政策规定的行政手段,提高船舶能源效率、寻找高效代替燃料等技术手段来达到 IMO 的要求。2021 年 9 月 22 日,中共中央、国务院印发了《关于完整准确全面贯彻新发展理念做好碳达峰碳中和工作的意见》(简称《意见》),《意见》对"碳达峰·碳中和"这项重大工作进行了系统谋划、总体部署,为国内航运碳减排指明了方向,将能效技术措施贯穿始终。2022 年 9 月 27 日,为深入贯彻党中央、国务院关于碳达峰、碳中和重大战略部署,全面落实长江经济带生态优先绿色发展有关要求,加快内河船舶绿色智能发展,根据国家"十四五"船舶工业、交通运输等规划要求,工业和信息化部、发展改革委、财政部、生态环境部和交通运输部联合发布《关于加快内河船舶绿色智能发展的实施意见》。

政府已经为海事业提供清晰明确政策并发出了可以预见的信号,但仍然需要为零排放航运发展吸引源源不断的商业投资,促进供应链各方之间的协作。在制定相关法规时,将确保任何新的法规都具有充分的依据,并向利益相关方进行详细的咨询,确保法规公平、可行。政府可以通过资金和税收激励支持绿色船舶的购买和注册,为购买环境友好型船舶制定长期补贴和税收激励计划。同时设立专项基金,用于支持引进高速客船的低排放和零排放项目,供地方政府用于购买环保型高速船,鼓励船东在中国注册零排放和低排放船舶,用来提高我国航运业的国际竞争力。LNG 目前发展得如火如荼,因此在顶层规划中对船舶 LNG 替代燃料进行重点分析,将生物和合成甲烷燃料作为实现"碳中和"战略目标的过渡替代作用落到实处。重点超前规划氨、氢燃料发动机的研发、运行的安全性法规,以及推进氨、氢燃料的生产、运输、存储等技术发展和加注网点的布局。

## 6 结语

IMO 通过的 EEDI、船舶能效评估验证(energy efficiency operational indicator,EEOI)、CII 等强制性法规推动航运业实现温室气体减排,最终实现零排放。在这一背景下,船舶工业只能主动应对,在相关减排法规生效之前推出满足减排要求的船舶设计,优化船舶性能,加快推进船型绿色化。同时,绿色造船也是船企转型的必由之路。针对船舶建造过程中产生的二氧化碳的排放环节,开展低碳排放和零碳排放工艺替代研究,综合考虑技术成熟度、投入成本、减排效果等因素,逐渐降低生产制造环节的碳排放,推动造船过程绿色化,是未来发展的必然趋势。海洋运输装备营运和建造领域"双碳"应同步行动,低碳化转型是船舶行业高质量发展的必由之路。

碳达峰是量变、碳中和是质变。如果没有颠覆性技术、没有系统性社会变革、没有一场绿色革命,不可能实现碳中和。实现"双碳"特别是碳中和与经济社会发展不是对立关系,不是弯道超车,而是换赛道,是重新定义人类社会的资源利用方式,是挑战更是机遇。

## 参考文献

[1] 钟少芬.浅论我国污染减排的现状及对策[J].资源节约与环保,2021(3):4-5.
[2] 辛济民,王昌玉.企业在减排中的责任和行动.第十届中国科协年会环境保护与生态文明建设论坛论文集[C]//中国科学技术学会,2008:114-116.
[3] 张真.对我国未来碳减排推进模式的思考.2010 中国环境科学学会学术年会论文集(第二卷)[C]//中国环境科学学会,2010:1476-1479.

作者简介:胡可一,男,汉族,1962 年 9 月生于上海,江苏无锡人,1993 年 4 月加入中国民主建国会,工学学士,研究员级高级工程师,中国造船工程学会船舶设计大师。现任全国政协委员,民建中央委员,民建上海市委副主委,江南造船(集团)有限责任公司总工程师。

# 对船海配套产业和技术发展的思考

## 焦　侬

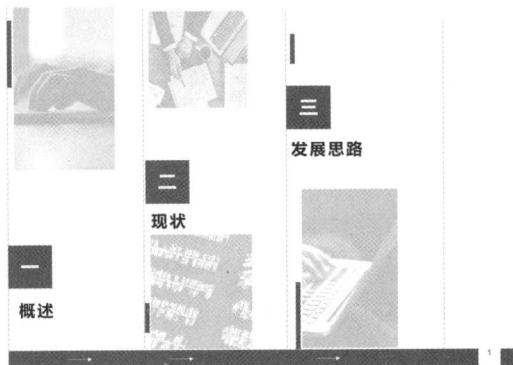

### 船海配套产品定义

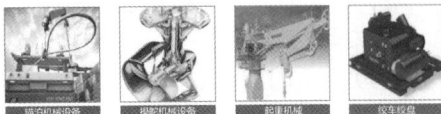

**船海配套产品定义**

特种装置

特种装置，是常规船体设备以外的各种船体装置的总称，其外延没有明确的界定，随着各种船体新装置的使用将不断扩大其范围。目前一般可包括侧向推力装置、减摇装置、货物补给装置等。

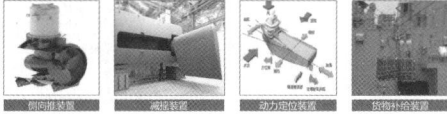

侧向推进装置　减摇装置　动力定位装置　货物补给装置

---

**船海配套产品定义**

舾装设备

舾装设备，是继船舶主机、辅机后的一大类重要设备的总称，广义上是除了船舶动力装置和船体以外的船上所有设备，狭义上主要包括救生设备、导缆器、带缆桩、舱盖等。

救生设备　导缆器　带缆桩　舱盖

---

**船海配套产业作用**

**1**

船海配套产业是我国船舶工业由大转强的重要体现

**30%~40%**　船海配套产业是船舶工业发展的重要组成部分。船海配套设备在整个船舶交易额中占有相当高的比例，一般占总价的30~40%。

**< 70%**　船舶配套设备本土化装船率是衡量国家船舶工业能力强弱的重要指标。相比日韩90%以上的本土化装船率，我国船海配套设备配套率不足70%，距离"造船强国"还有差距。

---

**船海配套产业作用**

**2**

船海配套产业是我国船舶工业提质增效的重要支撑

● 高品质的船舶，需要高品质的机电设备。绿色航运、智能航运、海洋开发、海洋生态保护等，将牵引船舶与海洋工程装备产品转型和技术发展，催生对新装备、新技术的需求，推动船舶工业向高端化发展。

● 我国船舶工业供给侧结构性改革已进入深水区，智能化、绿色化、数字化和极地化等，正推动船舶工业转型升级。

---

**船海配套产业作用**

**3**

船海配套产业是我国船舶工业创新发展的重要领域

● 本世纪船舶与海洋技术的发展方向将聚焦在"绿色、智能"，并以"深海、极地"为两个新增长点。我国船舶工业迎来了聚势发力的关键时期。

● 绿色与智能化的船舶高端产品、深海探测与资源开发重大装备与系统、关键配套设备与系统等，是船海配套产业赶超国外先进国家的重要方向，也是船舶工业创新发展的重要领域。

---

**二 现状**

· 国外发展现状
· 国内发展现状

---

**国外发展现状**

国外船海配套产业发展现状

欧洲在全球船海配套产业中占据领先地位

---

**国外发展现状**

国外船海配套产业发展现状

行业巨头兼并重组深度调整，力推产业整合升级

高端、特种应用市场需求上升，开启市场竞争新格局

新一轮产业变革深入发展，加快行业数字化转型

---

**国外发展现状**

国外船海配套产业发展现状

1. 行业巨头兼并重组深度调整，力推产业整合升级

**KONGSBERG** ● 挪威Kongsberg公司采用并购策略、出售非核心业务，实现战略业务重组
-2018年，收购英国Rolls Royce公司商船业务

**WÄRTSILÄ** ● 芬兰Wartsila公司采用并购策略、精简业务范围，优化产业链布局
-2017-2018年，先后收购英国、瑞典、英国、荷兰等公司，实现在无人自主船舶领域的布局，加速打造高端智能海事生态系统

**MacGregor** ● 芬兰Cargotec集团旗下的MacGregor公司通过兼并收购，已经成为甲板机械领域的领头羊
-2019年，收购挪威TTS公司船舶、海工业务

**Alfa laval** ● 芬兰Alfa laval 公司通过兼并收购，在船室机械领域处于市场领先地位
-2022年，芬兰瑞典船舶制造商收购船舶清洁设备供应商Scanjet公司，增加了其货物处理的产品组合，并向智能航运船舶布局

---

**国外发展现状**

国外船海配套产业发展现状

2. 高端、特种应用市场需求上升，开启市场竞争新格局

海水养殖　　海上风电

● 2014-2018年，海水养殖产量从2280万吨增至3280万吨。2018年，全球海水养殖产量实现总产值1065亿美元，海洋牧场建设成为海水养殖发展的主要方向。　深海养殖配套设备

● 2016-2020年，全球海上风电市场规模不断扩大，海上风电新增装机容量从2.2GW/年增至6.1GW/年；累计装机容量从14GW增至35GW。　海上风电安装船/平台配套设备

**国外发展现状**
国外船海配套产业发展现状

2. 高端、特种应用市场需求上升，开启市场竞争新格局

极地运输

- 2013年极地运输船舶1298艘，2019年达到1628艘，增长25%。

深海开发

728.142亿美元

8.119亿美元

- 2020年，全球SHCK设备和技术市场价值为8.119亿美元，预计到2030年将达到728.142亿美元。

➡ 极地船舶配套设备
➡ 深海矿产开发配套设备

---

**国外发展现状**
国外船海配套产业发展现状

3. 新一轮产业变革深入发展，加快行业数字化转型

- 新加坡出台了《海事数字化行动手册》，搭建数字基础设施（建立了数字港口生态系统、海事数据中心等）。
- 挪威Kongsberg公司重视开放创新平台建设，构建海事商业生态系统
- 瑞典Alfa Laval公司与微软合作，为其框式换热器开发数字服务工具

---

**国外发展现状**
国外船海配套产品技术发展现状

当前，船舶制造及配套企业加快技术创新和新产品研发，国外舰船装备技术发展主要呈现如下特点

➡ 船海配套产品设计向轻量化、模块化发展
➡ 船海配套产品功能向特种化、智能化发展
➡ 船海配套产品材料向复合型、自适应发展
➡ 船海配套产品运行向一体化、网络化发展

---

**国外发展现状**
国外船海配套产品技术发展现状

船海配套产品设计向轻量化、模块化发展

- 芬兰MacGregor公司推出主动升沉补偿FibreTrac海上起重机，基于DM20材料开发的传感技术和算法，对绳索健康进行监测和反馈；
- 将拥有世界上第一个基于DNV-ST-E407标准的DNV-DRS等级符号。

---

**国外发展现状**
国外船海配套产品技术发展现状

船海配套产品设计向轻量化、模块化发展

- 德国SCHOTTEL公司研制的可伸缩轮缘推进器凭借其紧凑的设计，将电机定子安装在外部，螺旋桨叶片侧安装在转子的内部，减轻了重量，能将电能直接转换为推进力。
- 德国Voith公司研制的无轴推进器、电动推进器eVSP等新型组合式电力推进器，采用模块化集成，实现了电机和螺旋桨的一体化。

---

**国外发展现状**
国外船海配套产品技术发展现状

船海配套产品功能向特种化、智能化发展

- 荷兰Seatools公司推出HeaveMate主动升沉补偿系统，易于集成，适用于海上和水下硬件设备（如绞车、起重机和LARS系统）。
- 德国ZF公司推出船用推进器智能态监测系统，配有一体化传感器和智能评估装置，能测量各种振动指标。

---

**国外发展现状**
国外船海配套产品技术发展现状

船海配套产品材料向复合化发展

- 英国Axiom Propellers公司、法国Loiretech公司研制了复合材料型螺旋桨，相比传统金属螺旋桨，节省燃料，减少空化现象，提高螺旋桨效率。

---

**国外发展现状**
国外船海配套产品技术发展现状

船海配套产品材料向复合化发展

- 芬兰Norsepower公司推出的旋翼帆，采用马格纳斯效应（Magnus）来利用风力推动船舶。其中，转子采用碳纤维（CFRP）、玻璃纤维（GFRP）混合材料。

---

**国外发展现状**
国外船海配套产品技术发展现状

船海配套产品运行向一体化、网络化发展

- 芬兰Wartsila公司为邮轮市场提供完整、完全集成的干湿废物处理，提出智能水/废物处理系统，采用共同的控制系统，并连接到船舶综合自动化系统（IAS），可节省成本并且无故障地自动操作。

---

**国外发展现状**
国外船海配套产品技术发展现状

船海配套产品运行向一体化、网络化发展

德国SCHOTTEL公司研制的MariHub平台，收集和分析来自传感器、机器和其他组件的信号，并传输到MariNet物联网平台，可为船上的技术人员提供实时设备、船舶数据查询，并自动发送数据（需要互联网连接）到MariNet云平台，供岸基使用。

## 国内发展现状
### 我国船海配套产业现状

从地域分布看，形成了长江三角洲地区、重庆湖北地区、环渤海地区、珠江三角洲地区四大配套集群。

## 国内发展现状
### 我国船海配套产业现状

- 近年来，我国船舶配套市场占比未有提升，说明配套率变化不大；利润率比较低（3%-7%）
- 2020年，规模以上船舶配套企业主营业务收入占船舶工业企业总营业收入的比例为11.3%；规模以上船舶配套企业利润占船舶工业企业利润总额的比例为36.4%。

## 国内发展现状
### 我国船海配套产业现状

| 产品 | 主要制造企业 | 产品 | 主要制造企业 |
|---|---|---|---|
| 舵机 | 武汉船用机械有限责任公司、南京中船绿洲机器有限公司、浙江万通重工有限公司 | 舱口盖 | 上海德瑞斯华海船用设备有限公司、南通中远船舶钢结构有限公司、浙江鹰鹏船舶设备制造有限公司 |
| 锚泊机械 | 704研究所、武汉船用机械有限责任公司、南京中船绿洲机器有限公司、中船华南船舶机械有限公司、港宏远航船用设备有限公司 | 船用空调 | 704研究所、江苏松盛空调有限公司、合肥天鹅制冷科技有限公司、上海希奇冷冻机有限公司 |
| 船用吊机 | 中船华南船舶机械有限公司、武汉船用机械有限责任公司、南京中船绿洲机器有限公司、中铁武桥重工股份有限公司 | 污水处理装置 | 704研究所、南京中船绿洲机器有限公司、江苏南极机械有限公司、舟山亿波普生消防设备有限公司、武汉兴大机电设备有限公司 |
| 船用电梯 | 704研究所、海神电梯公司、上海德圣来船电梯有限公司、苏州东远电梯有限公司 | 海水淡化装置 | 704研究所、浙江大学、江苏南极机械有限责任公司、常州市毛华陆用设备有限公司 |
| | | 减摇装置 | 704研究所、哈尔滨工程大学 |

从竞争格局来看，基本形成了国有企业、民营企业、合资企业共同发展、共同竞争的产业格局。

## 国内发展现状
### 我国船海配套产业的不足

- 国内产业大而不强，市场竞争能力不足
- 中高端产品占比少，产品结构调整缓慢
- 精益生产水平不高，产品质量亟待提升
- 保障体系建设滞后，中国品牌影响力小

## 国内发展现状
### 我国船海配套产业的不足

国内产业大而不强，市场竞争能力不足

- 国内企业同质化竞争严重，差异化竞争意识不足
- 对产业变化的敏感度不强，缺乏对深海、极地装备等新产业方向的研究
- 核心零部件、特种材料等高度依赖国外厂商，严重制约产业链价值提升
- "重总装、轻配套"的发展方式，导致关键配套能力弱小。

## 国内发展现状
### 我国船海配套产业的不足

中高端产品占比少，产品结构调整缓慢

- 我国船舶工业产品结构以散货船、油船、自升式钻井平台等产品为主，高技术船舶与海工装备、特种作业设备与系统等产品占比少。
- 决定产品核心性能或功能、影响产品竞争力的基础元器件、软件、检测与验证设备等在我国全产业链中基本缺失，产业调整升级受阻。
- 船海配套产业低端过剩、高端不足的局面仍未得到根本改变。

船海配套产业链
- 散货船
- 油轮
- 自升式钻井平台
- 集装箱船
- 豪华邮轮
- LNG船

## 国内发展现状
### 我国船海配套产业的不足

精益生产水平不高，产品质量亟待提升

| 能耗大 | 数字化能力低 | 工业软件不自控 |
|---|---|---|
| 材耗大 | 智能化水平低 | 管理粗放 |
| 时耗大 | 核心装备不自控 | …… |

- 高端产品制造周期长、成本难以控制，缺乏制造成本优势；
- 产品质量与建造效率亟待提升；
- 生产管理体制机制存在改革提升的极大空间。

## 国内发展现状
### 我国船海配套产业的不足

保障体系建设滞后，中国品牌影响力小

中国品牌很少走出国门，国外客户对中国品牌认可度低

- 全寿命维保技术弱
- 全球维保队伍缺乏
- 全球维保支撑不足

## 国内发展现状
### 我国船海配套产品技术发展不足

- 可靠性技术水平低，产品故障频次多
- 核心零部件不自主，产品受控风险大
- 新材料技术发展慢，产品创新能力弱
- 产品研发手段滞后，基础建设待加强

## 国内发展现状
### 我国船海配套产品技术发展不足

可靠性技术水平低，产品故障频次多

- 产品使用寿命短
- 材料易锈、易腐、易磨
- 部件易卡、易断、易损
- 装备"跑、冒、滴、漏、响"

## 国内发展现状
### 我国船海配套产品技术发展不足

**核心零部件不自主，产品受控风险大**

- 我国船海配套设备与系统的发展严重滞后于船舶总体。核心零部件依靠从国外购买，导致国内船海配套设备对国外技术产品的产生了较高的"依赖性"。
- 随着我国船海产业的壮大，机电产品进入国际市场时容易"受制于人"。

## 国内发展现状
### 我国船海配套产品技术发展不足

**新材料技术发展慢，产品创新能力弱**

船海配套产品材料研究投入不足，具备优良耐腐耐温耐压性能的海洋环境适用的新材料存在空缺，导致国产产品性能得不到实质性提升。

船海配套产品长期"跟跑"国外产品，创新积极性不足，产品自主发展能力受到制约。

## 国内发展现状
### 我国船海配套产品技术发展不足

**产品研发手段滞后，基础建设待加强**

- 国内大部分产品研制单位的研发和测试手段较国外滞后，缺乏先进的数字化设计与仿真验证平台。
- 缺少产品基础数据库，对产品可靠性、维修性等基础数据的积累和验证较国外领先国家有显著差距。
- 主要工业软件严重依赖国外厂商，国内产业发展受限严重。

## 国内发展现状
### 我国船海配套产业发展SWOT分析

| 优势 STRENGTHS | 劣势 WEAKNESSES | 机遇 OPPORTUNITIES | 挑战 THREATS |
|---|---|---|---|
| 我国年度造船量位居世界前列，为船海配套产业发展提供了有利条件。船海配套产业格局不尽优化，已形成了长江三角洲、环渤海区域、重庆湖北地区和珠江三角洲四大产业集群。我国船海配套产业链相对完善，大部分产品具有国产化能力。我国船海配套产业规模持续扩大，初步形成了一批具有较强竞争力的研制骨干企业。 | 船海配套产品本土化装船率较低，日船达95%以上，我国不到70%。产业链条主要集中在中低端，且产品同质性强，国内竞争激烈，高端产品核心技术仍有待攻破。我国船海配套产业自主创新能力弱，国内技术多以"引进-吸收-再创新"模式为主，对基础性技术的研究薄弱。缺乏自主品牌。全球性服务网络，国际竞争力不强。 | 船海配套行业发展日益获得国家和地方政府重视和支持，例如《船舶工业中长期发展规划》《船舶配套产业能力提升行动计划(2016-2020)》等，都对配套产业发展做出了安排。自主技术研究掌握为国家发展的重要战略，基础研究薄弱，对基础性技术的研究掌握和产品的快速发展提出了有利机遇。国内外船海高端市场需求旺盛，为船海配套产业高质量发展提供了巨大的市场需求。 | 国外产品可靠性稳定、智能化水平高，质量和品牌认可度强，严重挤压了我国产品的市场空间。国外对华政策收紧，技术封锁，造成我国产品短期难突破"卡脖子"技术的被动局面。国外知名船海配套产品企业均建构全球服务保障体系，为市场后进入者设置了很高的"门槛"。 |

## 三 发展思路

- 产业发展思路
- 技术发展思路

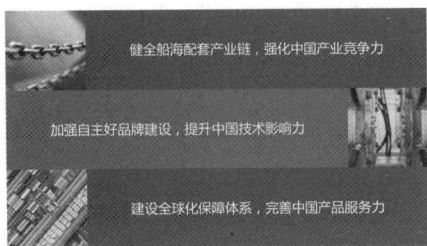

## 国内发展现状
### 我国船海配套产品技术发展SWOT分析

**优势 STRENGTHS**
- 我国已具备较为完整的船海配套技术的研发能力，也形成了较强的船海配套产品系列制造能力。
- 已有一批产品具有了自主知识产权，如船用平台甲板机械、作动式舵机、大型低压拖缆机、锚绞机等。
- 已掌握了超大型油轮、矿砂船及集装箱船的甲板机械自主制造关键技术。
- 自主研发的污水处理装置、船海废水分离机、遥控舱阀、压载水处理装置、渔船尾气制冷机等产品达到国际先进水平。
- 船舶机舱自动化技术研究取得了一定突破。

**劣势 WEAKNESSES**
- 自主技术研发能力仍然较弱，自主产品集中在中低端，高技术高附加值的机电产品仍被国外厂商垄断。
- 产品智能化技术水平仍较低，国内研制的船海配套产品大部分停留于机械化和部分自动化阶段，与国外主流产品已呈集成化、模块化、智能化特点相比存在很大差距。
- 产品研发和测试平台建设不足，国内大部分产品研制单位的研发和测试手段仍旧，缺乏先进的数字化设计与仿真验证平台，缺乏产品可靠性、维修性等基础数据的积累和验证。

**机遇 OPPORTUNITIES**
- 作为船舶技术的重要组成部分，船海配套技术在智能化、绿色环保、特殊环境应用方面的发展得到了国家高度重视和大力支持。
- 国家对科技自立自强提出了明确要求，为船海配套产品实现独立、自强带来了良好的发展机遇。

**挑战 THREATS**
- 国外产品具有可靠性稳定、接受度高、智能化水平高等特点，其质量和品牌在市场中有很高的认可度强。
- 高端产品多依赖进口，"卡脖子"现象突出，国产替代度大。
- 日益严苛的国际规范与规范，要求船海配套产品向快向安全、环保、舒适、智能方向进行升级换代。

## 产业发展思路

健全船海配套产业链，强化中国产业竞争力

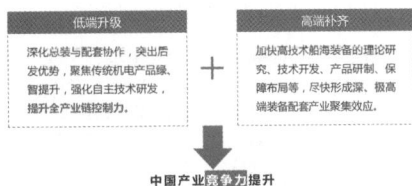

加强自主好品牌建设，提升中国技术影响力

建设全球化保障体系，完善中国产品服务力

## 产业发展思路

**健全船海配套产业链，强化中国产业竞争力**

针对我国船海配套产业"低端过剩、高端不足"的局面，应坚持专业化、规模化、集群化、高效益，瞄准高端、智能、基础产业方向，通过"抓龙头、强骨干、带小微"，推进船海配套技术"产、学、研、用"密切结合，加快推进产业结构调整，减少"同质化竞争"，倡导"差异化补位"，尽快实现"低端升级、高端补齐"。

## 产业发展思路

**健全船海配套产业链，强化中国产业竞争力**

**低端升级**
深化总装与配套协作，突出后发优势，聚集传统机电产品绿、智提升，提升全产业链管控制力。

**+**

**高端补齐**
加快高技术船海装备的理论研究、技术开发、产品研制、保障体系成建，极高端装备配套产业聚集效应。

↓

**中国产业竞争力提升**

## 产业发展思路

**加强自主好品牌建设，提升中国技术影响力**

**甲板机械方面**
开展船用起重设备、锚泊装置等自主品牌建设。

突出发挥传统技术优势，做强已有自主品牌建设。

**特种装置方面**
开展推进系统、减摇系统、货物补给装置等自主品牌建设。

## 产业发展思路

**加强自主好品牌建设，提升中国技术影响力**

把握新技术发展需求，加快新兴品牌自主建设。

**舱室机械方面**
加快开展智能辅机、综合能量管理系统等智能化舱室机械品牌建设。

**舾装设备方面**
加快开展新型耐腐蚀材料、高环境适应力材料品牌建设。

## 产业发展思路

**建设全球化保障体系，完善中国产品服务力**

从线上、线下同步开展中国产品的全球保障体系，强化中国产品服务品质，提升客户对中国产品的使用体验。

**线上**
开展远程故障排查、云上保障支持等，缩短保障服务的时间响应。

**线下**
强化国际合作，布局全球主要港口或国家的保障服务点，缩短保障服务的空间响应。

→ 中国产品服务力提升

## 技术发展思路

- 提升船海配套产品质量与可靠性
- 提高船海配套设备综合性能品质
- 加强船海配套前沿技术自主研发
- 加强船海配套数字转型基础建设

## 技术发展思路

**提升船海配套产品质量与可靠性**

围绕改进船海配套产品质量与可靠性水平，加大"四基"研究：

- 故障基本机理研究与验证
- 产品运行基础数据运用
- 基础材料研发
- 基础通用机电产品研发

质量与可靠性：故障基本机理、基础数据、基础产品、基础材料

## 技术发展思路

**提升船海配套产品质量与可靠性**

**故障基本机理**
重点围绕机电产品"跑"、"冒"、"滴"、"漏"等故障开展基本机理、故障重现、整治措施、替代方案、整改验证以及验证手段等研究。

**基础数据**
重点构建泵、阀、轴承、密封件、紧固件等通用基础机电产品全寿命周期数据库，完善标准规范体系。

**基础材料**
重点开展高性能特殊钢、极地和深海用金属材料、碳纤维复合材料、防污减阻材料、高效长期防腐防污涂层材料、特殊工艺材料等基础材料研发，尤其是具有高环境适应力的基础产品。

**基础产品**
重点开展船用感知器件、传动器件、特辅机电器件、海洋传感器、关重检测仪设备等，尤其具有高环境适应力的基础产品。

## 技术发展思路

**提升船海配套设备综合性能品质**

**品种"减量"**
开展系列化和规范工作，减少产品品种，优化产品线。

**结构"化简"**
开展组合化和通用化工作，简化产品结构，优化产品结构。

**重量消肿**
应用新材料，采用新结构，减轻产品重量，为总体"腾出"更多载荷空间。

**功能"扩容"**
运用集成化和一体化手段，整合产品单一功能，实现"一机多能"、"一键多用"。

**控制"增智"**
运用云计算、大数据、物联网及人工智能等技术，推动机电产品智能化发展，实现产品运行"自我监控、自我诊断、自我调整、自我管理"。

## 技术发展思路

**加强船海配套前沿技术自主研发**

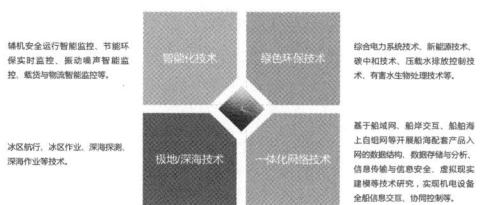

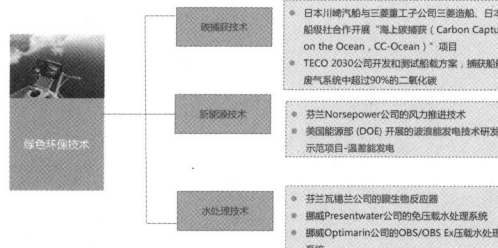

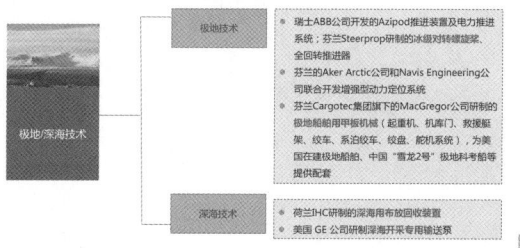

**智能化技术**
辅机安全运行智能监控、节能环保实时监控、振动噪声智能监控、载货与物流智能监控等。

**绿色环保技术**
综合电力系统技术、新能源技术、硬10技术、压载水技术控制技术、有害生物处理技术等。

**极地/深海技术**
冰区航行、冰区作业、深海探测、深海作业等技术。

**一体化网络技术**
基于船域网、船岸交互，船舶海上组网等开展船海配套产品接入网的数据结构、数据接口等开发及配套产品信息传输与信息安全、虚拟现实增强等技术研发，实现机电设备全息信息交互、协同控制等。

## 技术发展思路

**加强船海配套前沿技术自主研发**

**智能化技术**

- 智能/自主航行技术：芬兰Warsia公司自动驾驶远洋技术；韩国现代重工旗下Avikus公司HiNAS（智能航行辅助系统和船舶岸靠支援系统）
- 智能电力管理/推进监测/废物处理/空调技术：瑞士ABB公司PEMS电力能源管理系统；德国ZF公司推进智能监测系统；法国Schneider Electric公司的船舶智能通空调装置；芬兰Warsia公司智能水/废物处理系统
- 智能甲板/水下操纵技术：瑞典Trelleborg公司"AutoMoor"自动化系泊系统；荷兰Seatools公司智能HeaveMate主动升沉补偿器；英国的Oasis Marine Power公司Oasis Power Buoy海上系泊和充电站

## 技术发展思路

**加强船海配套前沿技术自主研发**

**碳捕获技术**
- 日本川崎汽船与三菱重工子公司三菱造船、日本船级社合作开展"海上碳捕获（Carbon Capture on the Ocean，CC-Ocean）"项目
- TECO 2030公司开发的测试船舶方案，捕获船舶废气系统中超过90%的二氧化碳

**新能源技术**
- 芬兰Norsepower公司的风力推进技术
- 美国能源部（DOE）开发的波浪能发电技术研发和示范项目-温差能发电

**水处理技术**
- 芬兰瓦锡兰公司的膜生物反应器
- 挪威Presentwater公司的免压载水处理系统
- 挪威Optimarin公司的OBS/OBS Ex压载水处理系统

## 技术发展思路

**加强船海配套前沿技术自主研发**

**极地技术**
- 瑞士ABB公司开发的Azipod推进装置及电力推进系统；芬兰Steerprop研制的冰级可转碳推进器、全回转推进器
- 芬兰的Aker Arctic公司和Navis Engineering公司联合开发增强型动力定位系统
- 芬兰Cargotec集团旗下的MacGregor公司研制的极地船舶甲板机械（起重机、舱门、救援艇架、绞车、拖绞机、绞盘、舵机系统），为美国在建极地船舶、中国"雪龙2号"极地科考船等提供配套

**深海技术**
- 荷兰IHC研制的深海海平布放回收装置
- 美国GE公司研制深海开采专用隔离泵

## 技术发展思路

### 加强船海配套前沿技术自主研发

一体化网络技术

船联网技术
- 日本开展"智能船舶应用平台"项目，探索船上设备、岸上协同等，建立船岸开发平台；
- 日本I公司Future Corporation推出"船舶物联网（IoT）平台"，旨在实现船岸一体化的数据协作和运营
- 美国KVH公司通过新的云连接服务扩展了其KVH Watch海事物联网平台，旨在利用边缘计算和基于云的海事物联网以及与船上数据集成的数字服务

大数据技术
- 德国汉堡港利用大数据分析工具SmartPort Logistcis对港口货物装卸进行优化；

---

## 技术发展思路

### 加强船海配套数字转型基础建设

数字研发、设计 | 数字加工、制造 | 数字化运营、维护

船舶行业工业互联网建设、国产船舶工业设计软件、船舶工业数据库、船海配套设备虚拟验证技术。

船海配套设备三维建模与标注、虚拟装配仿真技术、厂所协同研制技术等。

采用数字孪生技术等针对配套设备进行故障预测、健康管理。

---

## 技术发展思路

### 加强船海配套数字转型基础建设

数字研发、设计

- 围绕工业软件设计、知识管理平台等开展船海配套数字研发平台建设

---

## 技术发展思路

### 加强船海配套数字转型基础建设

数字加工、制造

- 跟踪挪威船级社（DNV）、挪威Kongsberg Maritime公司等最佳实践，开展开放仿真平台建设

---

## 技术发展思路

### 提升船海配套产品数字研发能力

数字运营、维护

- 跟踪日本船级社CMAXS LC-A诊断平台最佳实践，开展数字运营与维护平台建设

---

感谢聆听

---

作者简介：

焦侬，工信部高技术船舶科研计划专家委员会委员、科工局科技委船舶领域专家、中国船舶集团深海装备开发重大科技专项副总设计师，享受国务院政府特殊津贴。焦总长期从事船海配套产业规划和产品研发，擅长船舶动力系统和特种装备的研究。

# 极地船舶冰阻力预报研究

**张桂勇**

（大连理工大学）

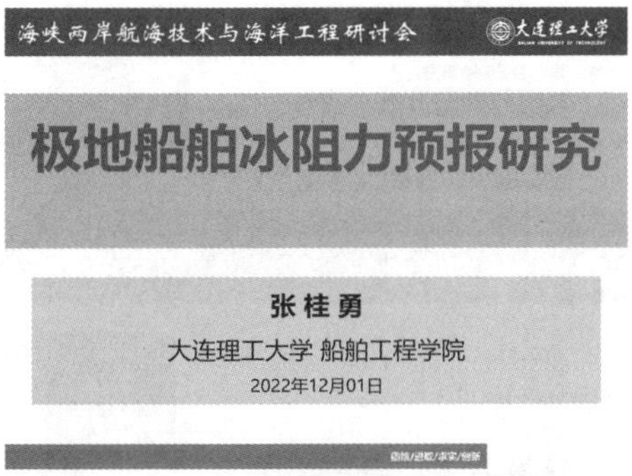


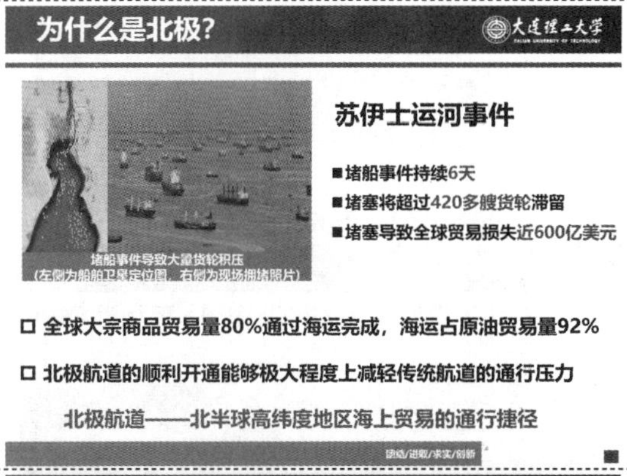


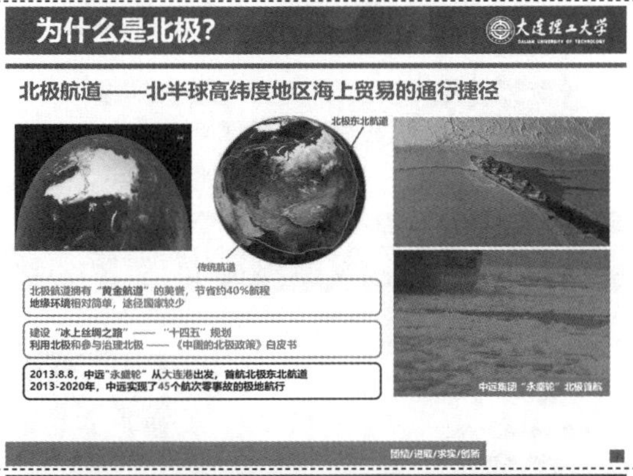


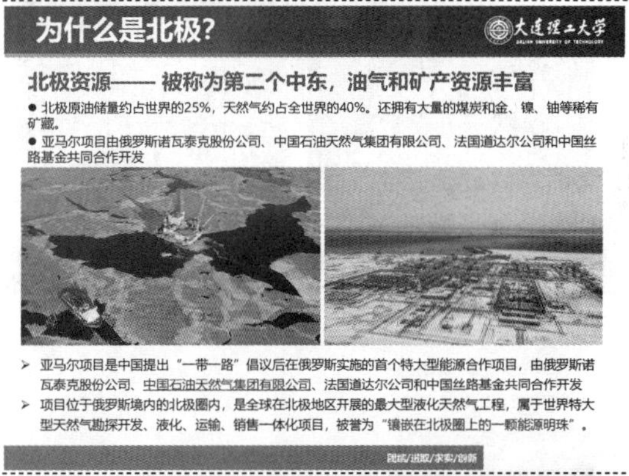


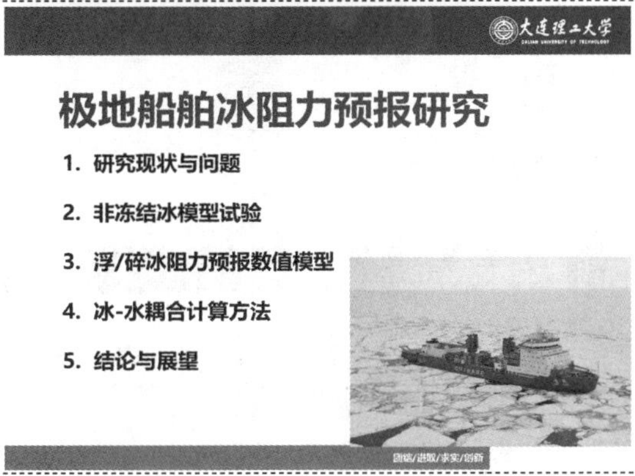


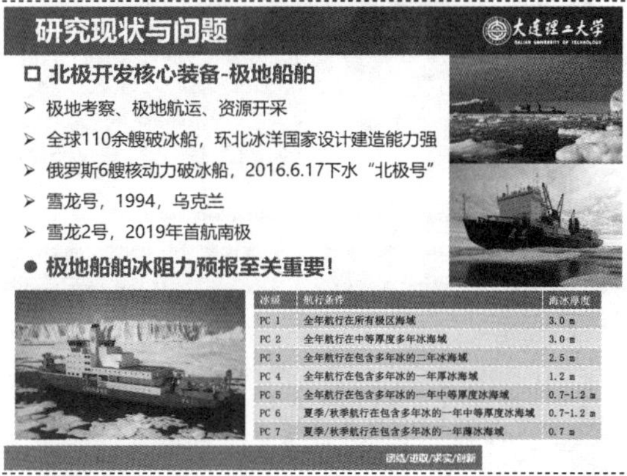

## 研究现状与问题　　大连理工大学

### □ 研究现状

■ 经验公式与理论分析
Lindquist公式、Riska公式、Kashitelijan公式、瑞典-芬兰冰级规范...

■ 模型试验

(Jeong et.al, 2021)　　(Kjerstad et.al, 2015)　　(Huang et.al, 2016)

■ 数值模拟
有限元方法（Gürtner et al. 2010, Kim et al. 2019）；
离散元方法（Løset 1994, Hopkins 1999, Ji et al. 2013）；
近场动力学方法（Xue et al. 2019）、环向裂纹法（Zhou et al. 2013）、SPH方法
（Zhang et al. 2019）等其他数值方法；

## 研究现状与问题　　大连理工大学

### □ 关键问题

■ 北极海冰表征参数及模型化研究
海冰分布及特征参数：浮冰形态、大小、密集度、温度、漂流速度、海冰组构、冰晶大小、密度、盐度、杂质及空隙等；材料模型：断裂、蠕变、粘弹塑性、尺度效应、破坏模式等工程设计参数
缺乏第一手北极海冰资料，模型没有针对性；航道海冰时空分布概率模型；三维海冰力学模型

■ 结构物-冰相互作用及冰载荷
海冰本身物理/力学特性因时间、空间不同，过程中包含众多随机因素；断裂模型复杂，受力不均产生翻转力矩，模强度问题；冰载荷及最大冰力确定原则
缺乏海冰概率分布模型；船冰碰撞未充分考虑水的影响；海冰断裂模型不成熟

■ 船-冰-水相互作用与船舶运动性能
冰水动力学：波浪对水有扰动，冰对自由水面构成约束，低密集度碎冰情况下水的影响更加突出，不可忽略；破冰能力与操纵性：非线性动力学问题，受力不对称，推进器与冰相互作用，强度与振动问题；船-冰-水三者相互约束、相互影响
缺乏综合考虑船冰水的系统耦合建模，考虑流固耦合的非线性船冰碰撞模型

## 大连理工大学

### 极地船舶冰阻力研究

1. 研究现状与问题
2. 非冻结冰模型试验
3. 浮/碎冰阻力预报数值模型
4. 冰-水耦合计算方法
5. 结论与展望

## 非冻结冰模型试验　　大连理工大学

### □ 碎冰阻力试验中的模型冰

■ 冻结冰
◆ 常见冻结模型冰类型：
　盐水冰（德国汉堡水池）
　尿素冰（天津大学水池）
　EG/AD/S冰（加拿大、韩国冰池）
◆ 特点：
　在一定尺度范围内，可以再现真实海冰的物理性质；
　模型冰的物理性质不稳定，受到冻凝配比和制备时间的影响；
　需要低温冰水池，冰场造价昂贵，操作性和重复性差；

■ 非冻结冰
◆ 常见非冻结模型冰类型：
　考虑海冰强度等物理性质：DUT-1型模型冰；
　仅考虑海冰密度、摩擦等物理性质：石蜡、PP板、PE板等；
◆ 特点：
　常规拖曳水池中就可以进行试验，造价便宜，可重复性高；
　对海冰的强度等相关物理性质模拟效果不好；

德国汉堡水池 HSVA

加拿大国家海洋实验室的冰水池 NRC

天津大学水池

## 非冻结冰模型试验　　大连理工大学

### ■ 设计并开展了基于非冻结冰的船舶碎冰阻力模型试验

拖曳系统示意图

## 非冻结冰模型试验　　大连理工大学

■ 非冻结人工冰块
◆ 材料：聚丙烯（PP）
◆ 属性对比

| 材料 | $\rho(kg/m^3)$ | $\rho_{ice/ice}$ | $\mu_{ice-ship}$ |
| --- | --- | --- | --- |
| PP板 | 890-930 | 0.76 | 0.44 | 0.3 | 0.21-0.28 |
| 海冰 | 917 | 0.4-1.0 | 0.14-0.5 | 0.27-0.62 | 0.05-0.4 |

◆ 尺寸假设

碎冰特征长度
根据位于弹性基础上的薄板弯曲理论定义浮冰临界特征尺寸$L_c$

$$L_c = \sqrt[4]{\frac{D}{k}} \quad 其中：\quad D = \frac{Eh^3}{12(1-\nu^2)} \quad k = \rho_w g$$

试验所用的非冻结人工冰块

## 非冻结冰模型试验　　大连理工大学

### □ 试验装置

■ 大连理工大学船舶拖曳水池
■ 测量装置：四自由度适航仪
■ 试验船模：某一型号FPSO

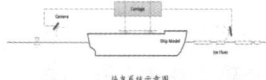

拖曳系统示意图

船模主尺度（λ=50）

| 主尺度参数 | 实尺度 | 模型尺度 |
| --- | --- | --- |
| 总长（m） | 218.15 | 4.3 |
| 型宽（m） | 32.8 | 0.656 |
| 吃水（m） | 10 | 0.19 |
| 排水量（t） | 50490 | 0.344 |

试验场

## 非冻结冰模型试验　　大连理工大学

### □ 试验工况

■ 模型冰的尺寸分布
幂函数分布
■ 模型冰的形状特征
　圆度：多边形与圆之间的差异
　最大/最小卡直径比
■ 设计了6种不同形状的碎冰
■ 拖曳工况
　拖曳速度：0.3、0.5、0.7、0.9m/s；
　碎冰密集度：40%、50%、60%；
　形状和尺寸分布：5种不同的形状和尺寸分布；

碎冰尺寸分布　　碎冰形状

| 分布1 | 各种形状均匀分布 |
| --- | --- |
| 分布2 | 椭圆形；六边形；五边形 |
| 分布3 | 粗形；梯形 |
| 分布4 | 形状尺寸30cm，25cm |
| 分布5 | 形状尺寸20cm，15cm |

## 非冻结冰模型试验　　大连理工大学

### □ 试验工况

■ 5种不同的形状和大小比例（密集度为60%）

分布1　　分布2　　分布3

分布4　　分布5

## 非冻结冰模型试验　　大连理工大学

### □ 阻力数据处理

分段方法*（Segment principle）
· 每次拖行以1-1.5倍船长为单位分解成若干段，排除首尾段的影响；
· 每种工况拖行3到5次，对应12到20个分段；
· 一共60组工况，200多组拖行试验
*ITTC, Experimental Uncertainty Analysis for Ship Resistance in Ice Tank Testing, in 24th ITTC Committee

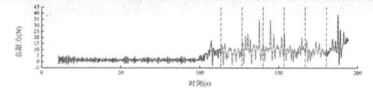

时间（s）

✓ Chauvenet法则：

$$(Chauv\#)_{Mean} = \left|\frac{F_{x\_mean} - Mean\_F_{x\_mean}}{STD\_F_{x\_mean}}\right|$$

✓ 不确定度计算：

$$U(F_{x\_mean}) = \frac{t^*(STD\_F_{x\_mean})}{\sqrt{N}}$$

✓ 净冰阻力不确定度：

$$u_c^2 = u_1^2 + u_2^2 - 2ru_1u_2$$

**非冻结冰模型试验** 大连理工大学

□ 试验结果

■ 试验现象　　　　■ 阻力-速度曲线

✓ Kashtelian公式：

✓ Zong公式：

---

**非冻结冰模型试验** 大连理工大学

□ 试验结果

■ 碎冰形状对于阻力值的影响

| 分布1 | 各种形状均匀分布 |
| 分布2 | 椭圆形；六边形；五边形 |
| 分布3 | 矩形；楔形 |

40%密集度　　50%密集度　　60%密集度

在低密集度的情况下，形状的影响不明显，但是在高密集度的情况下，较方形碎冰会比较圆形碎冰导致更大的碎冰阻力。

---

**非冻结冰模型试验** 大连理工大学

□ 试验结果

■ 碎冰形状对于阻力值的影响

◆ 力链

力链短，仅围绕在船体周围　　力链长，向边界辐射

分布2，航速0.7m/s，密集度60%　　分布3，航速0.7m/s，密集度60%

船舶在较高密集度下与碎冰碰撞时会形成力链，具有较多平行对边的四边形会形成比较稳定的力链，而椭圆等多边形形成的力链比较脆弱。

---

**非冻结冰模型试验** 大连理工大学

□ 试验结果

■ 碎冰尺寸对于阻力的影响

| 分布4 | 形状尺寸30cm、25cm |
| 分布5 | 形状尺寸20cm、15cm |

40%密集度　　50%密集度　　60%密集度

船舶与较大碎冰碰撞一般会产生较大的碰撞力；但是在低密集度时，水阻力在总阻力中占据较大比例，较大碎冰会抑制兴波阻力，而且较小碎冰的低密集度下的翻转较多，使得小尺寸碎冰产生大阻力。

---

**非冻结冰模型试验** 大连理工大学

□ 试验结果

■ 碎冰尺寸对于阻力的影响

◆ 顶冰前行现象

a) Initiation　　c) Initial attaching
b) Rotation　　d) Attaching >3s

在船舶的推力、船-冰摩擦力以及流体力的共同作用下，会使得冰块达到一种平衡状态，贴在船体表面，这就相当于在船首部增加了一个附体；只有发生明显扰动时这种平衡态才会被打破；当顶冰前行的持续时间较长时，平均阻力会明显增大。

---

**非冻结冰模型试验** 大连理工大学

□ 试验结果

■ 碎冰尺寸对于阻力的影响

· 高速
· 低密集度
· 较大碎冰

◆ 顶冰前行现象

全尺度观测：　　　模型尺度试验：

顶冰前行出现　　　顶冰前行出现

持续时间超过13s　　持续时间超过3s

---

**非冻结冰模型试验** 大连理工大学

□ 试验结果

■ 密集度对于阻力的影响

(a) 总阻力　　(b) 净阻力　　分布3
(a) 总阻力　　(b) 净阻力　　分布5

碎冰阻力一般是随着密集度的增高而增加，较高密集度就意味着更大的碰撞几率，更容易形成力链。

---

**非冻结冰模型试验** 大连理工大学

□ 试验结果

■ 密集度对于阻力的影响

◆ 碎冰翻转

常见的碎冰翻转　　新的碎冰翻转

试验中的"逆向"翻转

· 碎冰与船体发生碰撞，从而沿着碰撞法线方向运动，由于碎冰的吃水较浅，所以他的运动非常容易发生类似甲板上浪的现象，在船体周围兴波以及甲板上浪的影响，碎冰的翻转会与前面的翻转方向相反，远离碰撞的一端会被压入水下。
· 这种翻转形式常见于低覆盖率的情况，具体对于阻力的影响有多大，还需要进一步的试验研究

---

大连理工大学

**极地船舶冰阻力研究**

1. 研究现状与问题
2. 非冻结冰模型试验
3. 浮/碎冰阻力预报数值模型
4. 冰-水耦合计算方法
5. 结论与展望

---

**浮/碎冰阻力预报数值模型** 大连理工大学

□ 建立了基于非光滑离散单元法的船舶碎冰阻力高效数值预报模型

◆ 非光滑离散单元法（Non-smooth discrete element method, NDEM）

接触动力学方法、基于物理引擎模拟、隐式离散单元法等

· 光滑离散单元法
优点：
✓ 发展较早，相关理论完善，大量的相关研究工作；
✓ 更适于处理颗粒体之间的碰撞；
✓ 程序值入方便；
缺点：
✓ 时间补分步严格受到碰撞刚度的约束；
✓ 碰撞刚度和阻尼的取值较为困难；

· 非光滑离散单元法
优点：
✓ 无详细的时间步长，不受到碰撞刚度的制约；
✓ 更便于处理物体的运动，碰撞模型涉及的参数较少；
缺点：
✓ 整体方程较间题，对于过多的碰撞物体意味着求解大型耦合问题；
✓ 高效处理物体之间的碰撞；

计算多体之间的碰撞与摩擦问题
→ 基于罚函数数值模拟 → 光滑离散单元法
→ 基于系列问题描述 → 非光滑离散单元法

---

**浮/碎冰阻力预报数值模型** 　大连理工大学

□ 数值模型

■ 非光滑离散单元法 (NDEM)

◆算法基本流程

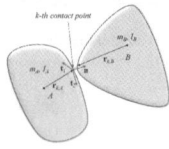
碰撞对示意图

✓ 碰撞搜索
- 宽段搜索：SAP算法；
- 窄段搜索：GJK算法；

✓ 约束求解
  □ 第k个碰撞点：
$$P_{con,k}^n = \frac{(\Delta u_{eq} \cdot n)}{1/m_A + 1/m_B + (r_{A,k} \times n / I_A) \cdot n + (r_{B,k} \times n / I_B) \cdot n}$$
$$P_{con,k}^t = \frac{(\Delta u_{eq} \cdot t)}{1/m_A + 1/m_B + (r_{A,k} \times n / I_A) \cdot t + (r_{B,k} \times n / I_B) \cdot t}$$

  □ 整个碰撞系统：
$$0 \le (J_{con} M^{-1} J_{con}^T)P_n + [J_{con} V^n + (J_{con} M^{-1} F_{ext}) \Delta t]_n \perp P_n \ge 0$$

✓ 时间步推进
$$u_i^{n+1} = u_i^n + \Delta u_i$$
$$x_i^{n+1} = x_i^n + u_i^{n+1} \Delta t$$
线性互补问题

---

**浮/碎冰阻力预报数值模型** 　大连理工大学

□ 数值模型

■ 流体模型

◆静水力模型

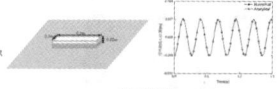

Cano算法：计算切割后多面体体积

静水力模型验证

◆水动力模型

Morison公式计算阻力
$$F_{drag} = -0.5C_d \rho_w A_{drag} U_{rel} |U_{rel}|$$
$$\tau_{drag} = -0.5C_d \rho_w I_{drag} \Omega |\Omega|$$

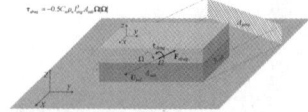

水动力模型示意图

---

**浮/碎冰阻力预报数值模型** 　大连理工大学

□ 数值模型

■ 冰场生成算法

◆ 单块浮冰多边形的生成

✓ 碎冰尺寸分布
$$N(d) = \beta d^{-\alpha}, \alpha > 0$$
反变化法
$$D_e = \left[ u(D_{e,max}^{-\alpha} - D_{e,min}^{-\alpha}) + D_{e,min}^{-\alpha} \right]^{-\frac{1}{\alpha}}$$

✓ 碎冰形状分布
  □ 随机多边形
    切割多边形算法
  □ 最大/最小卡尺直径比
    旋转卡壳算法
  □ 圆度
  间接调整

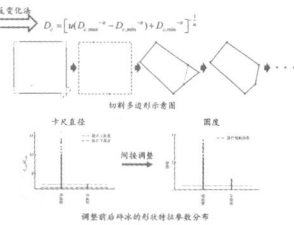

切割多边形示意图

卡尺直径　　圆度

间接调整

调整前后碎冰的形状特征参数分布

---

**浮/碎冰阻力预报数值模型** 　大连理工大学

□ 数值模型

■ 冰场生成算法

◆多块浮冰的分布

✓ 随机分布
$$r_{x,i} = r_m \cos \alpha + r_{c,x} \sin \alpha + r_{ini,x}$$
$$r_{y,i} = r_m \sin \alpha + r_{c,y} \cos \alpha + r_{ini,y}$$

✓ 接触监测+二分法调整

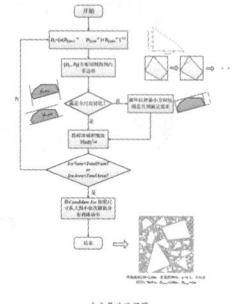

试验

数值

再现统计规律的碎冰场

生成算法流程图

---

**浮/碎冰阻力预报数值模型** 　大连理工大学

□ 与模型试验对比

■ 碎冰与船模的相互作用过程

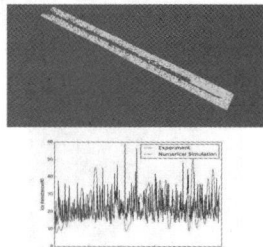

时程曲线对比(60%密集度，0.9米/秒)
阻力均值：试验26.60998 N；数值29.45128 N

---

**浮/碎冰阻力预报数值模型** 　大连理工大学

□ 与模型试验对比

■ 阻力均值的比较

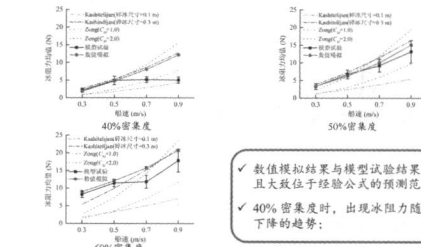

40%密集度　　50%密集度

60%密集度

✓ 数值模拟结果与模型试验结果基本吻合，且大致位于经验公式的预测范围内；

✓ 40%密集度时，出现冰阻力随航速增加而下降的趋势；

---

**浮/碎冰阻力预报数值模型** 　大连理工大学

□ 与模型试验对比

■ 碎冰形状的影响

试验中观察到的碎冰形状的影响也在数值模型中有所体现，方形碎冰（分布3）要比圆形碎冰（分布2）导致更大的冰阻力，且这种现象在高密集度下比较明显。

碎冰速度场：

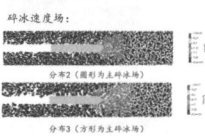

分布2（圆形为主碎冰场）

分布3（方形为主碎冰场）

试验结果　　数值结果

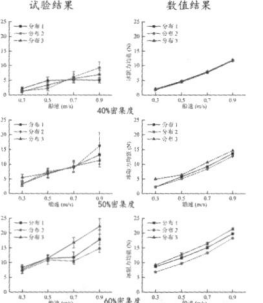

40%密集度

50%密集度

60%密集度

---

**浮/碎冰阻力预报数值模型** 　大连理工大学

□ 浮冰的特征对于碎冰阻力的影响

■ 碎冰形状的影响

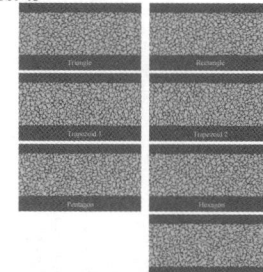

Triangle　Rectangle

Trapezoid 1　Trapezoid 2

Pentagon　Hexagon

Ellipse

✓ 较圆的碎冰会导致更小的碎冰阻力；
✓ 具有较多平行对边的形状，导致的碎冰阻力较大；

碎冰形状

---

**浮/碎冰阻力预报数值模型** 　大连理工大学

□ 浮冰的特征对于碎冰阻力的影响

■ 卡尺直径比的影响

卡尺直径比是海冰观测领域中浮冰的一个重要形状特征；根据Toyota等人的观测$d_{max}/d_{min}$大致位于[1.2, 2.4]。

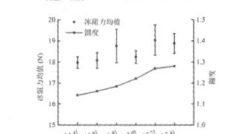

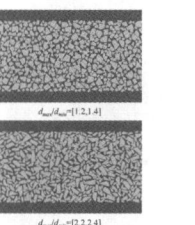

$d_{max}/d_{min}=[1.2,1.4]$

$d_{max}/d_{min}=[2.2,2.4]$

✓ 卡尺直径比的影响不明显，模型中还需要引入复杂的破坏模式来研究其影响。

---

**浮/碎冰阻力预报数值模型** 　大连理工大学

□ 浮冰的特征对于碎冰阻力的影响

■ 碎冰厚度的影响

王庆凯等人对北极航道内海冰厚度进行实地测量，这近似满足正态分布。

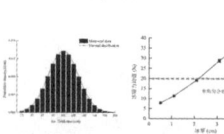

北极航道内的冰厚分布　　不同冰厚下的碎冰阻力均值

碎冰速度场：

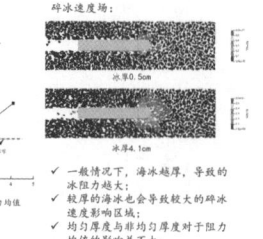

冰厚0.5cm

冰厚4.1cm

✓ 一般情况下，海冰越厚，导致的冰阻力越大；
✓ 较厚的海冰也会导致较大的碎冰速度影响区域；
✓ 均匀厚度与非均匀厚度对于阻力均值的影响并不大；

---

## 浮/碎冰阻力预报数值模型 — 大连理工大学

**□ 浮冰破坏模型**

■ 挤压破坏

$$F_{cr} = \sigma_c A_c$$

$$0 \le \lambda \le \lambda_{crushing} = \frac{\Delta ty\sigma A_{polygon}}{max(0.05, n_{polygon,z} N_{contact}^{contact})}$$

■ 弯曲破坏

✓ 弯曲破坏临界力：位于半无限大平板上的薄板弯曲理论。

■ 剪裂破坏

✓ 线弹性断裂力学：

$$F_z = \frac{tK_{lc}\sqrt{L}}{H(a,0)}$$

✓ 弯曲破坏长度：位于弹性基底上的楔形梁模型。

$$D\nabla^4 w + k_s w = q \quad [x^2 + y^2 \le r^2]$$
$$D\nabla^4 w + k_s w = 0 \quad [x^2 + y^2 > r^2]$$

## 浮/碎冰阻力预报数值模型 — 大连理工大学

**□ 浮冰破坏模型**

■ 锥体与层冰的相互作用过程

模型试验　　数值模拟

✓ 锥形体与层冰的相互作用情形以弯曲破坏为主
✓ 在相互作用位置易形成环向裂纹，且破碎的碎冰大多呈楔形

## 浮/碎冰阻力预报数值模型 — 大连理工大学

**□ 浮冰破坏模型**

■ 锥体与层冰的相互作用过程　■ 船舶在层冰中直线航行

✓ 数值模型已经能够基本实现船舶或者海洋结构物在层冰或者大块浮冰中运动的物理过程，即破坏形式以挤压破坏和弯曲破坏为主
✓ 对于小尺寸浮碎冰的破坏模型还有待进一步研究提高

## 浮/碎冰阻力预报数值模型 — 大连理工大学

**□ 浮冰破坏模型**

■ 船舶在大尺寸碎冰、高密度碎冰区中运动

在船舶运动过程中捕捉到多种浮冰破坏形式

考虑破坏的冰阻力与未考虑破坏冰阻力之间的差别

## 极地船舶冰阻力研究 — 大连理工大学

1. 研究现状与问题
2. 非冻结冰模型试验
3. 浮/碎冰阻力预报数值模型
4. 冰-水耦合计算方法
5. 结论与展望

## 冰-水耦合计算方法 — 大连理工大学

**□ 基于MPS-NDEM的冰-水耦合计算模型**

■ MPS方法基本理论

MPS方法（Moving Particle Semi-implicit method）是一种拉格朗日粒子类方法，在处理流体大变形以及自由液面问题上很有优势。

✓ 控制方程
$$\frac{1}{\rho}\frac{d\rho}{dt} + \nabla\cdot\mathbf{u} = 0;$$
$$\frac{d\mathbf{u}}{dt} = -\frac{1}{\rho}\nabla P + \nu\nabla^2\mathbf{u} + \mathbf{g};$$

✓ 粒子关系模型
□ 粒子密度模型 $n_i = \sum_{j\ne i}\omega(r_{ij})$
□ 梯度算子模型 $\nabla\varphi(\mathbf{r}_i) = \frac{dim}{n^0}\sum_{j\ne i}\frac{\varphi(\mathbf{r}_j)-\varphi(\mathbf{r}_i)}{\|\mathbf{r}_{ij}\|^2}(\mathbf{r}_j-\mathbf{r}_i)\omega(r_{ij})$
□ 拉普拉斯算子模型 $\nabla^2\varphi(\mathbf{r}_i) = \frac{2dim}{n^0\lambda}\sum_{j\ne i}(\varphi(\mathbf{r}_j)-\varphi(\mathbf{r}_i))\omega(r_{ij})$

✓ 算法流程
投影法 → 质量力和粘性力的显式预测步 / 压力的隐式修正步

原始MPS方法的基本流程

## 冰-水耦合计算方法 — 大连理工大学

**□ 基于MPS-NDEM的冰-水耦合计算模型**

■ MPS方法改进模型

✓ 压力Poisson方程源项修正
✓ 压力梯度算子修正
✓ 固体边界粒子修正
✓ 自由液面捕捉

2D流体粒子　2D固体粒子　3D粒子

## 冰-水耦合计算方法 — 大连理工大学

**□ 基于MPS-NDEM的冰-水耦合计算模型**

■ MPS-NDEM耦合模型

✓ 作用在浮体上的流体力和力矩：

MPS-NDEM
· 快速求解大量刚体之间的碰撞
· 粒子类方法在自由液面相关问题上有天然优势
· 粒子类方法处理浮体运动方便
· 同为隐式方法对时间步长的要求低
· 同为拉格朗日描述方法，耦合过程直接，无需网格特殊处理

MPS-PF耦合流程图

## 冰-水耦合计算方法 — 大连理工大学

**□ 基于MPS-NDEM的冰-水耦合计算模型**

■ 数值算例验证
■ 溃坝问题　■ 波浪运动问题

计算模型
波面高度与解析解的对比

## 冰-水耦合计算方法 — 大连理工大学

**□ 基于MPS-NDEM的冰-水耦合计算模型**

■ 数值算例验证
■ 浮冰在波浪中的运动问题

计算模型　浮体运动轨迹　浮体漂移速度

## 冰-水耦合计算方法 〔大连理工大学〕

□ 基于MPS-NDEM的冰-水耦合计算模型

- 数值算例验证
- 溃坝冲击箱体

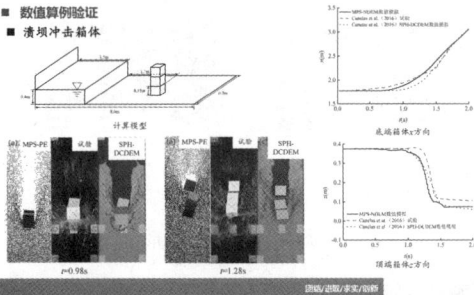

计算模型

$t=0.98s$    $t=1.28s$

团结/进取/求实/创新

---

## 冰-水耦合计算方法 〔大连理工大学〕

□ 基于MPS-NDEM的冰-水耦合计算模型

- 船舶在低密度碎冰区（40%）中运动

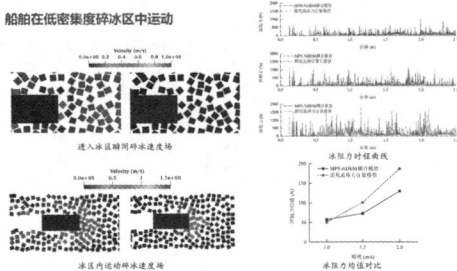

| 数值模型中的参数 | |
|---|---|
| 参数 | 数值 |
| 冰厚（m） | 0.05 |
| 碎冰尺寸（m） | 0.15×0.15 |
| 冰密度（kg/m3） | 917 |
| 结构物-冰摩擦系数 | 0.25 |
| 结构物-冰恢复系数、冰-冰碰系数 | 0.1 |
| 密集度 | 40% |
| 粒子间距（m） | 0.0125 |

船速为1m/s

船速为2 m/s（液面扰动较为剧烈）

团结/进取/求实/创新

---

## 冰-水耦合计算方法 〔大连理工大学〕

□ 基于MPS-NDEM的冰-水耦合计算模型

- 船舶在低密集度碎冰区中运动

进入冰区瞬间周围冰速度场

冰区内流动冰速度场

冰阻力时程曲线

团结/进取/求实/创新

---

## 极地船舶冰阻力研究 〔大连理工大学〕

1. 研究现状与问题
2. 非冻结冰模型试验
3. 浮/碎冰阻力预报数值模型
4. 冰-水耦合计算方法
5. **结论与展望**

团结/进取/求实/创新

---

## 结论与展望 〔大连理工大学〕

- 采用**聚丙烯材料**制备了适用于常温拖曳水池的人工冰块，并提出了相应的船舶碎冰阻力模型试验方案。给出了碎冰尺寸、形状以及密集度等冰特性对碎冰阻力的影响规律，分析了"**顶冰前行**"、"**逆向翻转**"等船-碎冰相互作用中的特殊物理现象。

- 基于**非光滑离散单元法**，建立了船舶与碎冰的相互作用模型，并将该数值模型的计算结果与模型试验和经验公式的预报结果进行了对比。基于该数值模型重点开展了**碎冰的形状、尺寸、厚度**等参数对于碎冰阻力影响规律的研究。

- 搭建了**MPS方法与NDEM方法的耦合模型**，用以计算冰-水耦合的相关问题。对MPS方法的算法精度和稳定性进行改进，通过一系列数值算例验证了模型的可行性与准确性，并分析了耦合模型与简化流体模型之间的差异。

团结/进取/求实/创新

---

## 参考文献 〔大连理工大学〕

[1] Zhi Zong, Biye Yang, Zhe Sun, Guiyong Zhang. Experimental study of ship resistance in artificial ice floes, *Cold Regions Science and Technology*, 2020, 176(2020): 103102.

[2] Biye Yang, Zhe Sun, Guiyong Zhang, Qingkai Wang, Zhi Zong, Zhijun Li. Numerical estimation of ship resistance in broken ice and investigation on the effect of floe geometry, *Marine Structures*, 2021,75(2021): 102867.

[3] Biye Yang, Guiyong Zhang, Zhigang Huang, Zhe Sun, Zhi Zong. Numerical simulation of the ice resistance in pack ice conditions, *International Journal of Computational Methods*, 2020, 17(1): 1844005.

[4] Biye Yang, Guiyong Zhang, Zhe Sun, Zhi Zong. Numerical simulation of ice-water interaction based on the MPS-NDEM coupled model, *SPHERIC Xi'an 2022*, Shanxi, China.

[5] Guiyong Zhang, Yu Zhao, Biye Yang, Zhe Sun. Experimental and Numerical Investigation of the Hydrodynamic Effect during the Ice Floe-structure Interaction, *ISOPE 2022*, Shanghai, China.

团结/进取/求实/创新

---

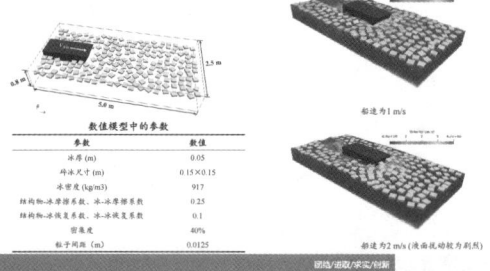

谢 谢！

# 双燃料散货船 LNG 罐区域船体结构强度计算研究

## 孙秋霞　王吉强

（中船重工船舶设计研究中心有限公司）

**摘　要**：液化天然气(LNG)作为一种新型环保、绿色、高效的能源用于船舶推进的新燃料可以大大降低污染排放。采用燃油和 LNG 双燃料混合驱动的船舶可以结合两者优势,摒除劣势,同时达到使用性及节能环保的目的。本文对一艘双燃料 210 000 DWT 散货船的 LNG 罐区域船体结构强度计算进行研究,本船 LNG 罐位于开敞甲板上。本文相关研究是在 LNG 罐温度场计算已完成后确认了相关结构材料等级的情况下进行的。本文参照《使用气体或其他低闪点燃料船舶国际安全规则》(简称 IGF 规则)及中国船级社《散装运输液化气体船舶构造与设备规范》的相关要求,借助有限元计算软件 MSC/PATRAN&NASTRAN 对 LNG 罐区域船体结构强度进行计算分析。

**关键词**：液化天然气;IGF 规则;LNG 罐;结构强度

## 0　前言

航运业的发展可以推动国家经济的进步,但是随之而来的排放污染却给全球环境带来了极大的负面影响。我国一直在积极行动,采取各种减排措施以降低对环境的污染。液化天然气(LNG)作为一种新型环保、绿色、高效的能源,在全球能源结构占比越来越大,发展以 LNG 为能源驱动的船舶可以降低污染排放,而采用燃油和 LNG 双燃料混合驱动的船舶可以结合两者优势,摒除劣势,输出功率大,燃料燃烧产生的有害物质少,减少对海洋的污染。

本文研究的双燃料散货船的 LNG 罐为 C 型单圆筒型液罐,其纵向轴线沿船舶纵向方向布置,该罐位于船舶艉部机舱区域上甲板处,LNG 罐与船体结构不会直接接触,是由支撑鞍座与船体相连。本船左、右两舷对称设置两个 LNG 罐,每个 LNG 罐由首尾两个鞍座支撑。每个鞍座结构都是由鞍座腹板、鞍座面板及鞍座腹板上沿径向分布的纵向肘板组成,可以有效地把鞍座受力传递给船体结构。本船尾部鞍坐落在 FR14 横舱壁上,首部鞍坐落在 FR34 强框架上。船体结构强度校核需要考虑支撑鞍座与船体结构之间的相互作用。目前对于液罐的研究主要是对舱内液罐的分析研究,并没有开敞甲板上 LNG 罐的相关研究论文,且现有的规范没有针对 LNG 罐区域船体结构强度计算的具体规范要求,本文研究的计算方法是参照 IGF 规则及中国船级社《散装运输液化气体船舶构造与设备规范》,其中针对舱内液罐的计算要求,同时增加甲板上浪工况的校核,借助有限元计算软件 MSC/PATRAN&NASTRAN 对 LNG 罐区域船体结构强度进行计算分析,并对高应力结构区域进行细网格计算分析。

## 1　船型及 LNG 罐基本参数

本文研究船基本参数:总长 300 m,型宽 50 m,型深 25.2 m,设计吃水 16.1 m,结构吃水 18.4 m,载重量

210 000 t,该船总布置图见图 1、图 2。

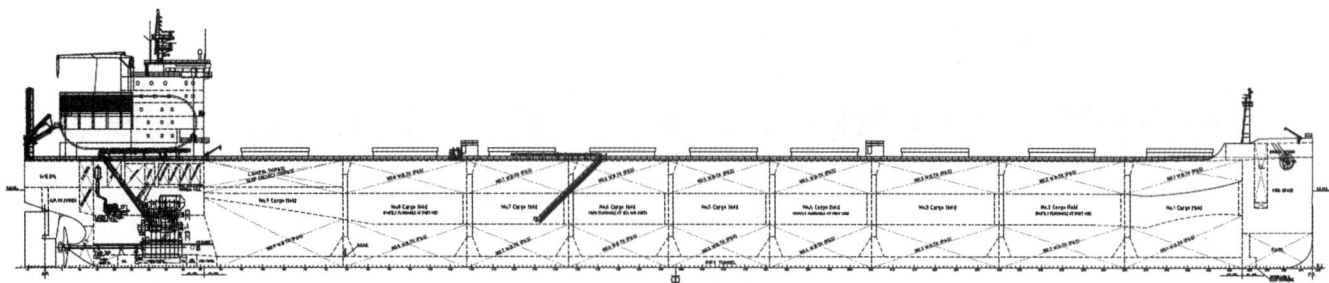

图 1　总布置侧视图

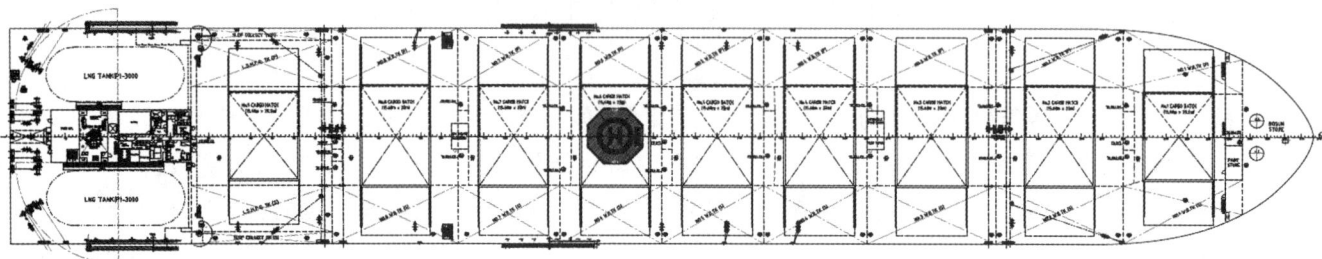

图 2　总布置俯视图

LNG 罐基本参数见表 1：

表 1　LNG 罐基本参数

| 参数 | 值 | 单位 |
| --- | --- | --- |
| LNG 液货密度 | 500 | kg/m³ |
| LNG 罐质量 | 约 220 | t/罐 |
| LNG 罐鞍座质量 | 约 50 | t/罐 |
| LNG 罐表面积 | 约 1 190 | m²/罐 |
| LNG 罐体积 | 约 3 045 | m³/罐 |

## 2　有限元计算模型

### 2.1　有限元模型

坐标系：模型坐标系与船体坐标系一致,即 $X$ 为船长方向,向首为正;$Y$ 为船宽方向,左舷为正;$Z$ 为型深方向,向上为正。

有限元模型：原点为船中纵剖面处基线与艉垂线交点。计算厚度取建造厚度。船体主要构件等板及高腹板的结构用板来模拟,承受压力的各类板上的扶强材用梁单元模拟并考虑偏心的影响,型材面板及高腹板上加强筋(包括大肘板加强筋)可用梁单元模拟。计算有限元模型包括艉部结构、机舱结构、艉部两个货舱结构、上层建筑结构及 LNG 罐鞍座结构,其中船体结构为粗网格,网格尺寸取纵骨间距×肋距,LNG 罐鞍座以及鞍座前、后各一个强档结构范围内细化成 200 mm×200 mm 的网格,有限元计算模型见图 2。依据该模型计算结果选取高应力结构区域进行细网格计算分析,网格尺寸取 50 mm×50 mm。

MPC 点模拟：每个 LNG 罐由固定鞍座和滑动鞍座两个鞍座支撑,同时由于船舶运动而产生相应的惯性力,设置止移装置限制罐的纵向运动,设置止浮装置限制罐的上浮,保证罐体与鞍座始终保持接触状态。本船首端支撑鞍座设置为滑动形式,纵向方向可以允许产生一定的位移,尾端支撑鞍座设置为固定形式,首、尾端鞍座分别建立多点约束,鞍座面板节点设置为从节点,LNG 罐中心高度点设置为主节点,节点约束情况见表 2。

**表 2　鞍座节点约束**

| 位置 | UX | UY | UZ | RX | RY | RZ |
|------|------|------|------|------|------|------|
| 首端鞍座 | 自由 | 固定 | 固定 | 固定 | 固定 | 固定 |
| 尾端鞍座 | 固定 | 固定 | 固定 | 固定 | 固定 | 固定 |

以首、尾端鞍座的主节点为从节点,LNG 罐的重心点作为主节点建立新的 MPC 点,该主节点为各工况载荷的加载点,MPC 点模拟结果见图 3。

### 2.2　边界条件

在有限元计算模型首端面设置三个位移约束及三个转动约束,详见图 4。

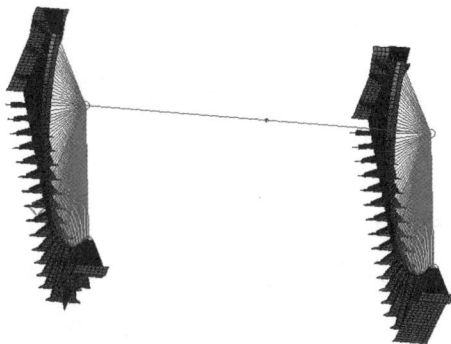

图 3　鞍座 MPC 点模拟

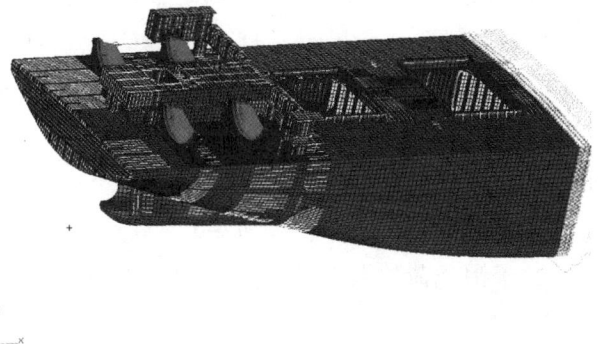

图 4　有限元计算模型及其边界

## 3　计算工况

本文研究的是布置于开敞甲板上的 LNG 罐对区域船体结构强度的影响,故不考虑 LNG 罐内液体的动静压力及蒸汽压力。本计算研究考虑船舶运动惯性力、LNG 罐的自重以及甲板上浪压力的影响。计算时载荷包括以下五个分项:(1)货物载荷:LNG 罐自身结构质量及液货质量,应计及船舶运动引起的惯性力,船舶运动考虑纵摇、横摇、垂荡的不同组合工况;(2)LNG 罐体及液货质量的 0.5g 向前冲力和 0.25g 向后冲力;(3)船体静横倾角 30° 姿态时,取有效质量的 0.5g;(4)压力试验时所施加的载荷;(5)甲板上浪载荷。载荷的组合工况见表 2 和表 3。

**表 2　极限载荷工况**

| 极限载荷工况 | $a_x$ | $a_y$ | $a_z$ | $F_X(N)$ | $F_y(N)$ | $F_z(N)$ |
|------|------|------|------|------|------|------|
| LC1(纵摇+垂荡) | 1 | 0 | 1 | 2 142 038 | 0 | −26 885 708 |
| LC2(横摇+垂荡) | 0 | 1 | 1 | 0 | 10 131 210 | −26 885 708 |
| LC3(横摇+垂荡) | 0 | −1 | 1 | 0 | −10 131 210 | −26 885 708 |
| LC4(纵摇+横摇+垂荡) | 0.8 | 0.8 | 0.9 | 1 713 630 | 8 104 968 | −25 955 579 |
| LC5(纵摇+横摇+垂荡) | 0.8 | −0.8 | 0.9 | 1 713 630 | −8 104 968 | −25 955 579 |

表3 独立工况

| 独立工况 | 重力 | 纵向惯性力 | 纵向惯性力 | 横向惯性力 | 压力试验载荷 |
|---|---|---|---|---|---|
| LC6(碰撞) | $g$ | $0.5g$ | | | |
| LC7(碰撞) | $g$ | | $-0.25g$ | | |
| LC8(静横倾) | $0.87g$ | | | $0.5g$ | |
| LC9(静横倾) | $0.87g$ | | | $-0.5g$ | |
| LC10(试验) | $g$ | | | | 1.0 |
| LC11(上浪载荷) | 以集中力形式加载于作用点 | | | | |

其中:(1)加速度数据由规范计算(CSR_2020)[3]得到。任意位置惯性载荷加速度基于船舶固定坐标系定义,加速度值包含由瞬时的横摇角和纵摇角而产生的重力加速度分量。动载荷工况下加速度计算公式如下:

纵向加速度:$a_X = -C_{XG}g\sin\varphi + C_{XS}a_{surge} + C_{XP}a_{pitch}(z-R)$

横向加速度:$a_Y = C_{YG}g\sin\theta + C_{YS}a_{sway} - C_{YR}a_{roll}(z-R)$

垂向加速度:$a_Z = C_{ZH}a_{heave} + C_{ZR}a_{roll}y - C_{ZP}a_{pitch}(x-0.45L)$

式中,$C_{XG}$、$C_{XS}$、$C_{XP}$、$C_{YG}$、$C_{YS}$、$C_{YR}$、$C_{ZH}$、$C_{ZR}$、$C_{ZP}$ 为载荷组合系数,$a_{surge}$ 为纵荡产生的纵向加速度,$a_{sway}$ 为横荡产生的横向加速度,$a_{heave}$ 为垂荡产生的垂向加速度,$a_{roll}$ 为横摇加速度,$a_{pitch}$ 为纵摇加速度。本文研究船在 LNG 罐重心位置处加速度分量计算结果如下:

$$a_x = 1.195 \text{ m/s}^2, a_y = 5.652 \text{ m/s}^2, a_z = 5.189 \text{ m/s}^2$$

(2)上浪载荷数据由规范计算得到,上浪载荷 $P_d = 24.805 \text{ kN/mm}^2$,$F = P_d S$,上浪载荷以集中力形式加载于载荷加载点。

(3)压力试验时所施加的载荷,采用 LNG 罐装满水的压力,水密度取 $1.025 \text{ t/m}^3$。

## 4 校核衡准

杨氏模量:$E = 2.06 \times 10^5 \text{ N/mm}^2$;

泊松比:$\nu = 0.3$;

许用应力见表4。

表4 许用应力

| 许用应力 | 极限承载工况/静横倾工况 | 碰撞工况/试验工况 |
|---|---|---|
| 许用相当应力($\text{N/mm}^2$) | 220/K | 235/K |
| 许用剪应力($\text{N/mm}^2$) | 115/K | — |

$K$:材料系数,对屈服强度为 235 MPa 的普通钢为 1.0,对屈服强度为 355 MPa 的高强钢为 0.72。

对于碰撞工况和试验工况不必考虑对剪应力的校核。

## 5 计算结果及分析

利用有限元模型计算得到 LNG 罐鞍座及其作用区域船体结构的 von Mises 应力值及剪应力值,各工况计算结果汇总见表5。

表5 不同工况下计算结果汇总

| 工况 | 船体结构 | | | | LNG 罐鞍座 | |
|---|---|---|---|---|---|---|
| | Von Mises 应力/MPa | | 剪应力/MPa | | Von Mises 应力/MPa | 剪应力/MPa |
| | Material_235 | Material_355 | Material_235 | Material_355 | Material_355 | Material_355 |
| LC1 | 168 | 225 | 87.4 | 115 | 224 | 113 |
| LC2 | 199 | 290 | 104 | 153 | 221 | 116 |
| LC3 | 207 | 266 | 112 | 139 | 240 | 125 |
| LC4 | 187 | 272 | 97.2 | 144 | 208 | 116 |
| LC5 | 199 | 249 | 108 | 130 | 258 | 131 |
| LC6 | 198 | 223 | — | — | 316 | — |
| LC7 | 166 | 126 | — | — | 244 | — |
| LC8 | 135 | 192 | 75.8 | 101 | 148 | 77.4 |
| LC9 | 138 | 181 | 75.2 | 94.5 | 172 | 94.1 |
| LC10 | 197 | 262 | — | — | 248 | — |
| LC11 | 123 | 90.8 | 64.3 | 47.3 | 104 | 55.4 |

通过计算结果可看出满足规范要求的校核衡准,船体结构最大应力值出现在极限载荷工况 LC2(横摇+垂荡),船体结构高应力原因主要由于船体运动时产生的惯性力在结构突变处产生应力集中现象,LNG 罐鞍座高应力出现在工况 LC6(LNG 罐体及液货 0.5g 向前冲作用的惯性力),通过以上工况计算结果,分析 LNG 罐区域船体结构受力特点。

主要结构 von Mises 应力计算结果截图见图 5 至图 7,从计算结果 von Mises 应力云图可以看出:船体结构应力集中主要出现在鞍座端部以下附近位置,甲板受力情况较好,无须做额外加强措施,FR14 横舱壁受力情况相较 FR34 强框架要好些,最大应力值出现在 FR34 强框架左舷靠内,在鞍座端部位置附近,在 FR34 强框架应力集中位置细化网格 50×50 做进一步结构强度计算,细网格区域范围应由校核区域向各个方向延伸不少于 10 个单元,计算方法相同,校核许用应力为其粗网格下许用应力的 1.6 倍,此处不做赘述。

通过计算分析可得出在 LNG 罐区域船体结构加强设计时主要可选择三种方式来提高结构强度:(1)鞍座肘板位置与甲板纵骨位置一一对应,利于将力传递给船体结构;(2)可在应力集中位置设置插入板,合理加厚板格厚度;(3)在鞍座肘板对应的甲板下位置设置单面或双面肘板,根据实际计算结果调整肘板形状;(4)加强横舱壁上的垂向加强筋。

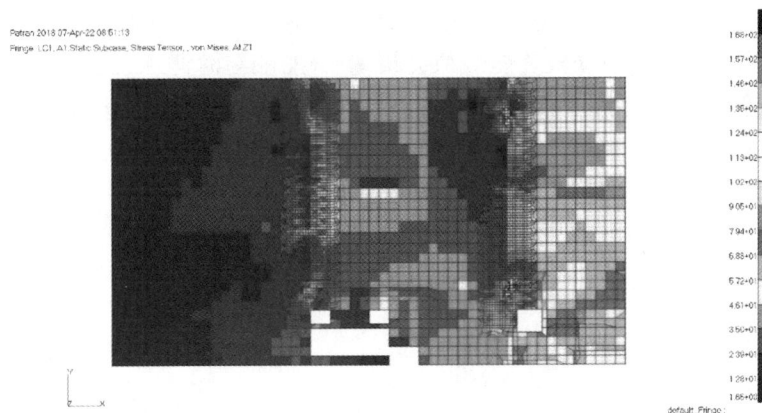

图5 甲板板 von Mises 应力云图(PS)

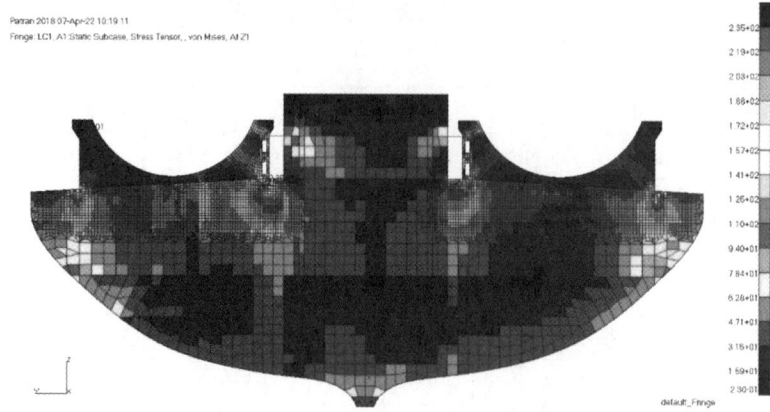

**图 6  FR14 剖面 von Mises 应力云图**

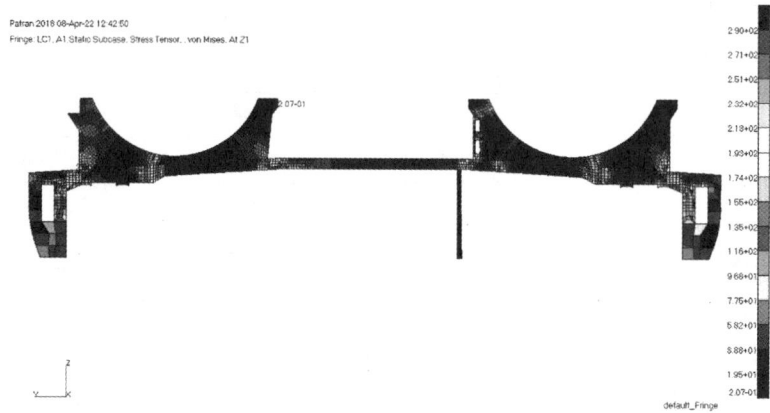

**图 7  FR34 剖面 von Mises 应力云图**

## 6  结语

本文针对一艘双燃料 210 000 DWT 散货船,参照 IGF 规则及中国船级社《散装运输液化气体船舶构造与设备规范》相关要求,对 LNG 罐区域船体结构强度进行有限元分析计算,分析总结了计算的各项载荷并选取了合理的计算工况,并根据对计算结果的分析对结构加强提出合理的优化方案,为以后相似类型的结构计算及设计提供一定的参考数据。

### 参考文献

[1]  庄科挺,赵寅,刘文华. C 型 LNG 液罐与船体的连接结构研究[J]. 船舶设计通讯,2015(z2):20-25.

[2]  刘文华. 中小型 LNG 船 C 型独立液货舱载荷分析[J]. 船舶与海洋工程,2012(2):1-6.

[3]  中国船级社. 钢质海船入级规范  第 9 篇[M]. 北京:人民交通出版社,2020.

# LNG 双燃料主机对船舶振动的影响分析

## 张　倩　陈　立　张　祺　毛海波

（大连船舶重工集团有限公司）

**摘　要**：本文针对船舶使用 LNG 双燃料主机时，由于不同于常规燃料主机，它本身产生的振动激励的激励频率与激励幅值会有所变化，会对船舶结构设计产生影响。通过对船舶总体振动、局部振动以及附属设备管系的振动等研究内容进行分析，确定 LNG 双燃料主机对船舶振动的影响，降低船舶振动风险，为日后设计进行指导。

**关键词**：LNG 双燃料主机；振动响应；双燃料辅助单元模块振动

## 0　引言

国际海事组织为积极应对环境挑战，制定或修改了公约法规。随着这些公约或法规逐步生效，全球航运界将面临更加严格的污染排放限制。在液化天然气（LNG）成为最有前景的替代燃料的背景下，发展以及使用 LNG 双燃料主机受到各国船东的青睐。

LNG 双燃料主机同样为二冲程发动机，核心概念基于奥托循环原理，通过喷射少量的液体引燃油来点燃压缩的稀薄燃气混合物。目前 MAN 和 WINGD 都有 LNG 双燃料主机的产品，WinGD 的 LNG 双燃料低速机在燃气模式采用的是低压供气系统，按照奥拓循环原理，燃气的喷射在行程的中间位置，燃气喷射压力约为 16 bar（1 bar＝100 kPa）；MAN 的 LNG 双燃料低速机采用的是迪塞尔循环工作原理，在行程接近顶端位置进行燃气的喷射，此时压缩空气的压力已经非常高，燃气充分混合就需要更高的燃气喷射压力，达到 300 bar，被称为高压燃气喷射，所配备的供气系统为高压供气系统。LNG 双燃料主机在燃气模式下无须附加任何减排措施，就能在船舶排放控制区以明显低于国际海事组织 Tier Ⅲ 排放标准的状态运行。

LNG 双燃料主机存在两种运行模式，由于其工作原理的不同，带来了不同振动激励幅值；同时在燃气模式下增加了附属设备，该设备同样存在对振动激励的影响。

在使 LNG 双燃料主机运行时，势必增加辅助单元模块，包括相关设备及管路，其固有频率是否与主机激励频率耦合也是需要关注的问题。

## 1　LNG 双燃料主机

### 1.1　LNG 双燃料主机激励频率与激励幅值

主机有的单纯使用燃油，有的燃油与 LNG 都可使用，虽然使用的燃料有所不同，但是不改变主机燃烧的工作流程。主机不平衡力和力矩是由主机的气体力与主机惯性力以及这些力产生的力矩引起的。

标准活塞机构的惯性力系形式与气体力系一致。惯性力系中的切向惯性力是引起轴系扭转振动的激励力之一，径向惯性力是引起轴系纵向振动的激励力之一。往复惯性力是往复运动部件及连杆往复运动部分质量产生的惯性力,它们的作用线重合。多缸机往复惯性力系为平面力系,包括由 1 次和 2 次往复惯性力在柴油机长度方向产生的 1 次和 2 次不平衡力矩。

回转质量惯性力,就是曲柄离心力。多缸机的回转惯性力产生 1 次回转惯性力矩。回转质量惯性力矩垂直分量与 1 次往复惯性力矩的代数和为柴油机 1 次垂向不平衡力矩;回转惯性力矩在水平面的分量为柴油机 1 次水平不平衡力矩。

主机的激励频率是由主机自身结构与工作原理决定的,只与主机的转速有关,与燃料无关。

通过与 MAN 和 WINGD 主机厂沟通交流,以某超大型油船(VLCC)为背景,获取了双燃料主机与常规主机的激励频率及激励幅值,以 WINGD 的 7 缸机为例,数据如表 1 所示。

表 1  LNG 双燃料主机与常规主机的激励频率及激励幅值

| 项目 | 7X82-DF LNG 双燃料主机 | 7G80ME 常规主机 | LNG 双燃料与常规主机激励幅值之比 | 激励频率 |
| --- | --- | --- | --- | --- |
| 转速 | 84 r/min | 84 r/min | — | |
| 主机二阶 | 1 487 kN·m | 810 kN·m | 1.83 | 2.8 Hz |
| 主机七阶 | 1 642 kN·m | 2 997 kN·m | 0.54 | 9.8 Hz |

可以看出,LNG 双燃料主机与常规主机在相同转数下,激励频率是一致的,没有变化,而激励幅值之比在主机二阶为 1.83,在主机七阶为 0.54,由于主机二阶的激励对于实船的影响很小,而 VLCC 甲板室的振动主要由主机七阶影响。那么在主机转数相同时,基于振动考虑,可优选双燃料主机,以降低振动响应。

## 1.2 WINGD 6X82、6X82DF、7X82 与 7X82DF 的对比分析

通过计算,甲板室的频率储备满足要求,WINGD 7X82DF、7X82、6X82DF 以及 6X82 的合同最大持续功率点(CMCR)转速与甲板室固有频率的频率储备见表 2 至表 4。

(1)CMCR 频率储备评估

表 2  WINGD 7X82DF、7X82 主机 CMCR 频率储备评估(22 500 kW,62.5 r/min)

| 方向 | 甲板室固有频率/Hz | | 激励频率/Hz | 频率储备/% | | 评估结果 |
| --- | --- | --- | --- | --- | --- | --- |
| | 压载 | 满载 | | 压载 | 满载 | |
| 纵向 | 7.117 | 6.778 | 2.083 | 241.6 | 225.3 | OK |
| 横向 | 11.506 | 11.033 | 7.292 | 57.8 | 51.3 | OK |

表 3  WINGD 6X82、6X82DF 主机 CMCR 频率储备评估(22 500 kW,61 r/min)

| 方向 | 甲板室固有频率/Hz | | 激励频率/Hz | 频率储备/% | | 评估结果 |
| --- | --- | --- | --- | --- | --- | --- |
| | 压载 | 满载 | | 压载 | 满载 | |
| 纵向 | 7.117 | 6.778 | 2.033 | 250.0 | 233.3 | OK |
| 横向 | 11.506 | 11.033 | 6.100 | 88.6 | 80.9 | OK |

表 4  WINGD 6X82、6X82DF 主机 CMCR 频率储备评估(20 020 kW,58 r/min)

| 方向 | 甲板室固有频率/Hz | | 激励频率/Hz | 频率储备/% | | 评估结果 |
| --- | --- | --- | --- | --- | --- | --- |
| | 压载 | 满载 | | 压载 | 满载 | |
| 纵向 | 7.117 | 6.778 | 1.933 | 268.1 | 250.6 | OK |
| 横向 | 11.506 | 11.033 | 5.800 | 98.4 | 90.2 | OK |

（2）常用持续功率（CSR）频率储备评估

WINGD 7X82DF、7X82、6X82DF 以及 6X82 的 CSR 转速与甲板室固有频率的频率储备见表5至表7。

表5　WINGD 7X82DF、7X82 主机 CSR 频率储备评估（22 500 kW，57.8 r/min）

| 方向 | 甲板室固有频率/Hz | | 激励频率/Hz | 频率储备/% | | 评估结果 |
|---|---|---|---|---|---|---|
| | 压载 | 满载 | | 压载 | 满载 | |
| 纵向 | 7.117 | 6.778 | 1.927 | 269.4 | 251.8 | OK |
| 横向 | 11.506 | 11.033 | 6.743 | 70.6 | 63.6 | OK |

表6　WINGD 6X82、6X82DF 主机 CSR 频率储备评估（22 500 kW，55.7 r/min）

| 方向 | 甲板室固有频率/Hz | | 激励频率/Hz | 频率储备/% | | 评估结果 |
|---|---|---|---|---|---|---|
| | 压载 | 满载 | | 压载 | 满载 | |
| 纵向 | 7.117 | 6.778 | 1.857 | 283.3 | 265.1 | OK |
| 横向 | 11.506 | 11.033 | 5.570 | 106.6 | 98.1 | OK |

表7　WINGD 6X82、6X82DF 主机 CSR 频率储备评估（20 020 kW，54.9 r/min）

| 方向 | 甲板室固有频率/Hz | | 激励频率/Hz | 频率储备/% | | 评估结果 |
|---|---|---|---|---|---|---|
| | 压载 | 满载 | | 压载 | 满载 | |
| 纵向 | 7.117 | 6.778 | 1.830 | 288.9 | 270.4 | OK |
| 横向 | 11.506 | 11.033 | 5.490 | 109.6 | 101.0 | OK |

（3）满载工况频响曲线

经响应分析，满载工况下的横向和纵向的频响曲线如图1、图2所示。

（4）压载工况频响曲线

压载工况下的横向和纵向的频响曲线如图3、图4所示。

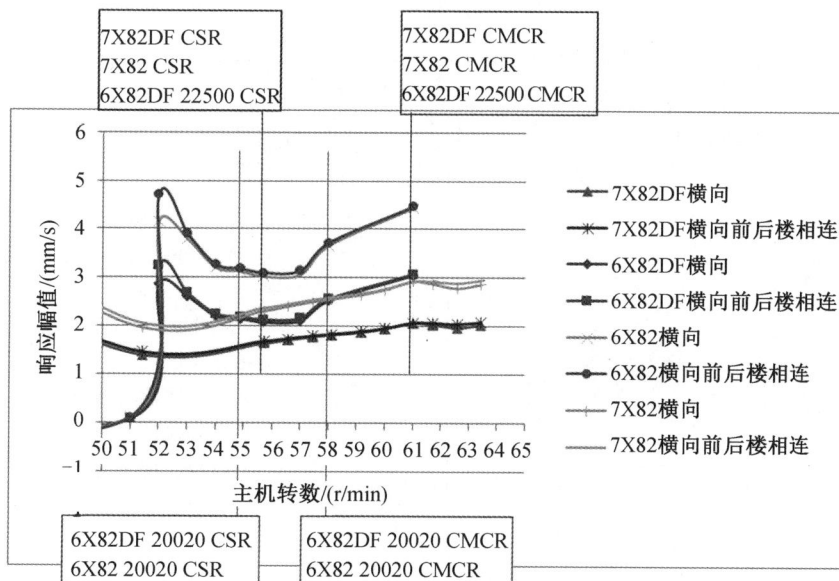

图1　满载工况甲板室横向振动频响曲线

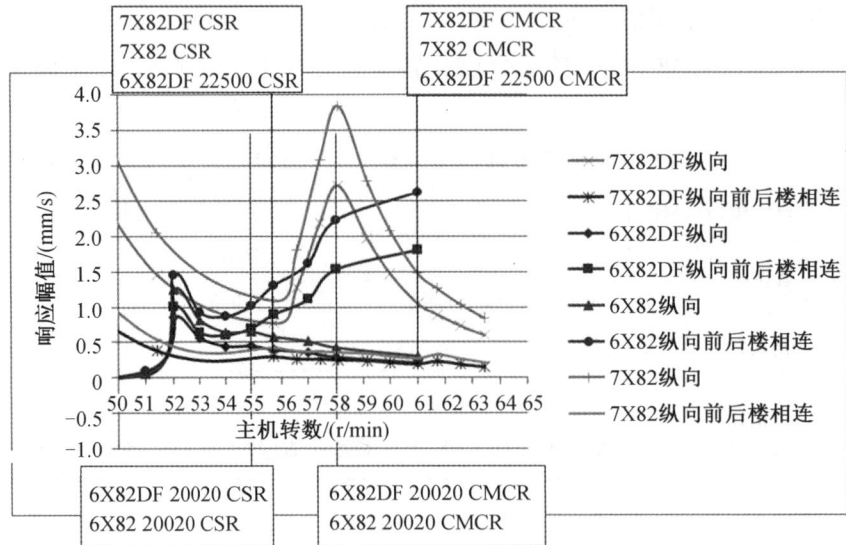

图 2　满载工况甲板室纵向振动频响曲线

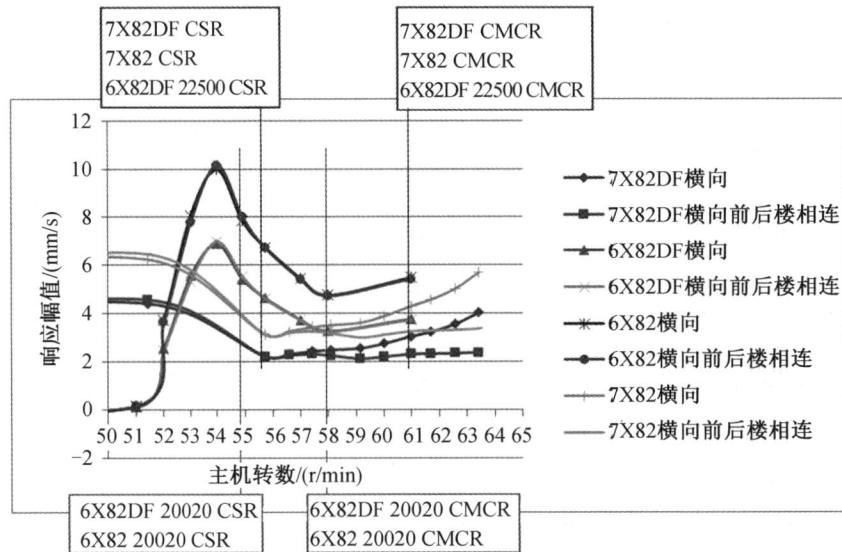

图 3　压载工况甲板室横向振动频响曲线

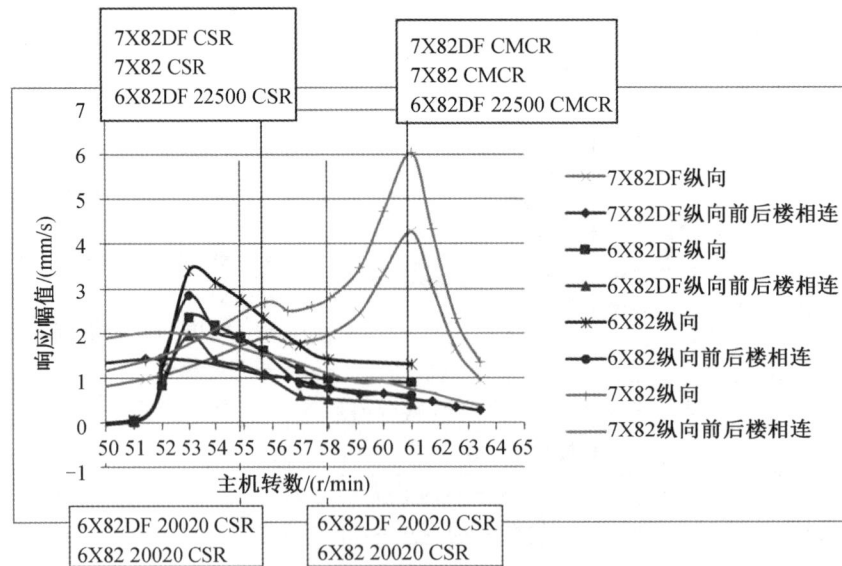

图 4　压载工况甲板室纵向振动频响曲线

(5)各主机的 CSR 与 CMCR 的响应值如表 8 至表 13 所示。

**表 8  WINGD 7X82DF 的 CSR 与 CMCR 响应值(22 500 kW)**

| 方案 | | 满载 | | | | 压载 | | | | 备注 |
| --- | --- | --- | --- | --- | --- | --- | --- | --- | --- | --- |
| | | CSR | | CMCR | | CSR | | CMCR | | |
| | | 转速/(r/min) | 响应值/(mm/s) | 转速/(r/min) | 响应值/(mm/s) | 转速/(r/min) | 响应值/(mm/s) | 转速/(r/min) | 响应值/(mm/s) | |
| 横向 | 原方案 | 55.7 | 1.63 | 61 | 2.07 | 55.7 | 2.21 | 61 | 3.24 | 预报值 |
| | 前后连接 | 55.7 | 1.67 | 61 | 2.07 | 55.7 | 2.22 | 61 | 2.34 | |
| 纵向 | 原方案 | 55.7 | 0.77 | 61 | 1.05 | 55.7 | 1.90 | 61 | 3.07 | |
| | 前后连接 | 55.7 | 0.30 | 61 | 0.19 | 55.7 | 1.08 | 61 | 0.47 | |

**表 9  WINGD 7X82 的 CSR 与 CMCR 响应值(22 500 kW)**

| 方案 | | 满载 | | | | 压载 | | | | 备注 |
| --- | --- | --- | --- | --- | --- | --- | --- | --- | --- | --- |
| | | CSR | | CMCR | | CSR | | CMCR | | |
| | | 转速/(r/min) | 响应值/(mm/s) | 转速/(r/min) | 响应值/(mm/s) | 转速/(r/min) | 响应值/(mm/s) | 转速/(r/min) | 响应值/(mm/s) | |
| 横向 | 原方案 | 55.7 | 2.30 | 61 | 2.92 | 55.7 | 3.12 | 61 | 4.57 | 预报值 |
| | 前后连接 | 55.7 | 2.36 | 61 | 2.92 | 55.7 | 3.13 | 61 | 3.30 | |
| 纵向 | 原方案 | 55.7 | 1.09 | 61 | 1.48 | 55.7 | 2.68 | 61 | 4.33 | |
| | 前后连接 | 55.7 | 0.42 | 61 | 0.27 | 55.7 | 1.52 | 61 | 0.66 | |

**表 10  WINGD 6X82DF 的 CSR 与 CMCR 响应值(22 500 kW)**

| 方案 | | 满载 | | | | 压载 | | | | 备注 |
| --- | --- | --- | --- | --- | --- | --- | --- | --- | --- | --- |
| | | CSR | | CMCR | | CSR | | CMCR | | |
| | | 转速/(r/min) | 响应值/(mm/s) | 转速/(r/min) | 响应值/(mm/s) | 转速/(r/min) | 响应值/(mm/s) | 转速/(r/min) | 响应值/(mm/s) | |
| 横向 | 原方案 | 55.7 | 2.07 | 61 | 3.05 | 55.7 | 4.64 | 61 | 3.77 | 预报值 |
| | 前后连接 | 55.7 | 2.13 | 61 | 3.07 | 55.7 | 4.62 | 61 | 3.74 | |
| 纵向 | 原方案 | 55.7 | 0.39 | 61 | 0.21 | 55.7 | 1.61 | 61 | 0.90 | |
| | 前后连接 | 55.7 | 0.89 | 61 | 1.80 | 55.7 | 1.08 | 61 | 0.42 | |

**表 11  WINGD 6X82 的 CSR 与 CMCR 响应值(22 500 kW)**

| 方案 | | 满载 | | | | 压载 | | | | 备注 |
| --- | --- | --- | --- | --- | --- | --- | --- | --- | --- | --- |
| | | CSR | | CMCR | | CSR | | CMCR | | |
| | | 转速/(r/min) | 响应值/(mm/s) | 转速/(r/min) | 响应值/(mm/s) | 转速/(r/min) | 响应值/(mm/s) | 转速/(r/min) | 响应值/(mm/s) | |
| 横向 | 原方案 | 55.7 | 3.01 | 61 | 4.43 | 55.7 | 6.74 | 61 | 5.48 | 预报值 |
| | 前后连接 | 55.7 | 3.09 | 61 | 4.46 | 55.7 | 6.71 | 61 | 5.43 | |
| 纵向 | 原方案 | 55.7 | 0.57 | 61 | 0.31 | 55.7 | 2.34 | 61 | 1.31 | |
| | 前后连接 | 55.7 | 1.29 | 61 | 2.61 | 55.7 | 1.57 | 61 | 0.61 | |

表 12　WINGD 6X82DF 的 CSR 与 CMCR 响应值(20 020 kW)

| 方案 | | 满载 | | | | 压载 | | | | 备注 |
|---|---|---|---|---|---|---|---|---|---|---|
| | | CSR | | CMCR | | CSR | | CMCR | | |
| | | 转速 /(r/min) | 响应值 /(mm/s) | 转速 /(r/min) | 响应值 /(mm/s) | 转速 /(r/min) | 响应值 /(mm/s) | 转速 /(r/min) | 响应值 /(mm/s) | |
| 横向 | 原方案 | 54.9 | 2.15 | 58.0 | 2.51 | 54.9 | 5.42 | 58.0 | 3.28 | 预报值 |
| | 前后连接 | 54.9 | 2.19 | 58.0 | 2.55 | 54.9 | 5.30 | 58.0 | 3.25 | |
| 纵向 | 原方案 | 54.9 | 0.45 | 58.0 | 0.29 | 54.9 | 1.90 | 58.0 | 0.97 | |
| | 前后连接 | 54.9 | 0.70 | 58.0 | 1.52 | 54.9 | 1.28 | 58.0 | 0.52 | |

表 13　WINGD 6X82 的 CSR 与 CMCR 响应值(20 020 kW)

| 方案 | | 满载 | | | | 压载 | | | | 备注 |
|---|---|---|---|---|---|---|---|---|---|---|
| | | CSR | | CMCR | | CSR | | CMCR | | |
| | | 转速 /(r/min) | 响应值 /(mm/s) | 转速 /(r/min) | 响应值 /(mm/s) | 转速 /(r/min) | 响应值 /(mm/s) | 转速 /(r/min) | 响应值 /(mm/s) | |
| 横向 | 原方案 | 54.9 | 3.12 | 58.0 | 3.65 | 54.9 | 7.87 | 58.0 | 4.76 | 预报值 |
| | 前后连接 | 54.9 | 3.18 | 58.0 | 3.70 | 54.9 | 7.70 | 58.0 | 4.72 | |
| 纵向 | 原方案 | 54.9 | 0.65 | 58.0 | 0.42 | 54.9 | 2.76 | 58.0 | 1.41 | |
| | 前后连接 | 54.9 | 1.02 | 58.0 | 2.21 | 54.9 | 1.86 | 58.0 | 0.76 | |

①双燃料主机

a. 满载工况下 CSR 点,7X82DF 横向响应值最小,为 1.67 mm/s;7X82DF 纵向响应值最小,为 0.30 mm/s。满载工况下 CMCR 点,7X82DF 横向响应值最小,为 2.07 mm/s;7X82DF 纵向响应值最小,为 0.19 mm/s。

b. 压载工况下 CSR 点,7X82DF 横向响应值最小,为 2.22 mm/s;7X82DF 纵向响应值最小,为 1.08 mm/s。压载工况下 CMCR 点,7X82DF 横向响应值最小,为 2.34 mm/s;6X82DF(22 500 kW)纵向响应值最小,为 0.42 mm/s。

值得注意的是,压载工况下 CSR 点,6X82DF(22 500 kW)与 6X82DF(20 020 kW)的横向响应分别达到 4.62 mm/s 和 5.30 mm/s。

②常规主机

a. 满载工况下 CSR 点,7X82 横向响应值最小,为 2.36 mm/s;7X82 纵向响应值最小,为 0.42 mm/s。满载工况下 CMCR 点,7X82 横向响应值最小,为 2.92 mm/s;7X82 纵向响应值最小,为 0.27 mm/s。

b. 压载工况下 CSR 点,7X82 横向响应值最小,为 3.13 mm/s;7X82 纵向响应值最小,为 1.52 mm/s。压载工况下 CMCR 点,7X82 横向响应值最小,为 3.30 mm/s;6X82(22 500 kW)纵向响应值最小,为 0.61 mm/s。

值得注意的是,压载工况下 CSR 点,6X82(22 500 kW)与 6X82(20 020 kW)的横向响应分别达到 6.71 mm/s 和 7.70 mm/s。

## 2　LNG 双燃料辅助单元模块振动分析

LNG 双燃料主机辅助单元模块为 LNG 燃料供气系统(FGSS)模块,布置在主甲板右舷 FR61~FR70,L8-L26 设备间的振动分析主要有两个方面:一是该房间的板架固有频率与本船主要激励源的频率储备分析;二是该房间的 BOG 设备的基座在其自身激励下的振动响应分析。

## 2.1 BOG设备基座振动响应分析

由于供气设备间布置了BOG,该设备为了满足气体稳定供给,对其基座的振动响应有所要求。BOG设备布置位置如图5所示,其激励与衡准见表14。

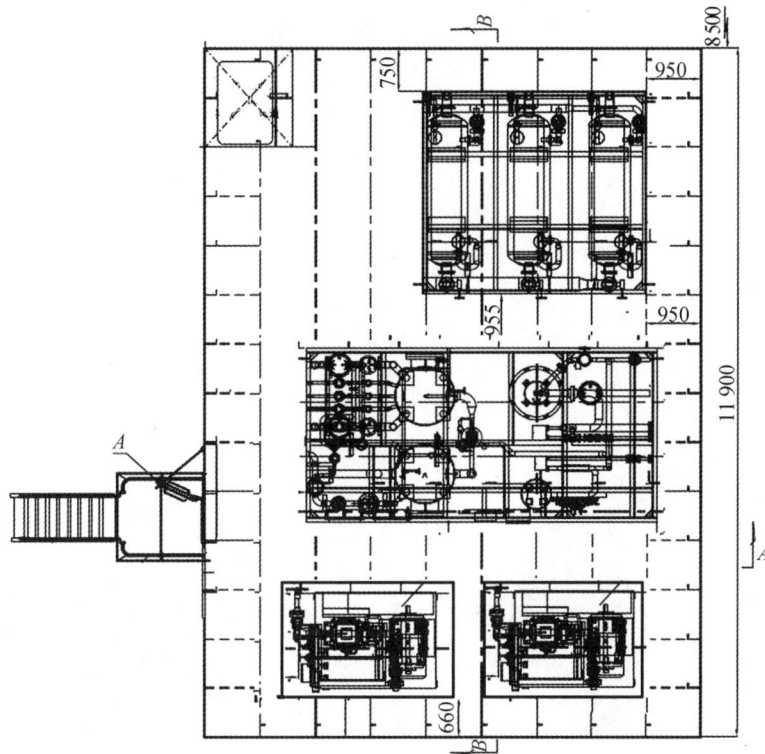

图5 FGSS供气设备间布置图

表14 BOG设备激励与衡准

| 激励幅值与方向 | | 激励频率/Hz | 振动响应衡准/mm |
| --- | --- | --- | --- |
| 横向(船长方向)/t | 纵向(船宽方向)/t | | |
| 0.99 | 2.25 | 10(600 r/min) | 0.05 |

BOG设备不是全部工作,两个设备只开一个,在计算时要考虑两个设备分别开启的工况。

通过对初始方案进行分析,基座所有考察点的最大振动响应见表15,考察点如图6所示。

表15 基座最大振动响应(初始方案)

| 激励方向 | | X方向(船长方向) | Y方向(船宽方向) | Z方向(型深方向) |
| --- | --- | --- | --- | --- |
| 横向激励 | 振动响应/mm | 0.11 | 0.06 | 0.23 |
| | 振动响应衡准/mm | 0.05 | 0.05 | 0.05 |
| | 是否满足要求 | NO | NO | NO |
| 纵向激励 | 振动响应/mm | 0.06 | 0.03 | 0.89 |
| | 振动响应衡准/mm | 0.05 | 0.05 | 0.05 |
| | 是否满足要求 | NO | OK | NO |

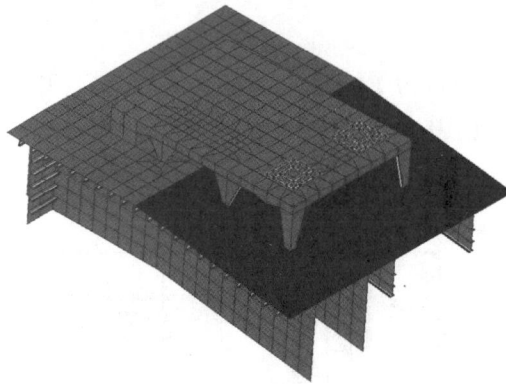

图 6　考察点示意图

由表 15 可以看出,基座的最大振动响应只有在纵向激励下的船宽方向满足衡准要求,其余激励和各方向下与衡准的差距较大。

为此,增加基座下对位结构,并在主甲板下增加对位加强结构,如图 7 中所示。

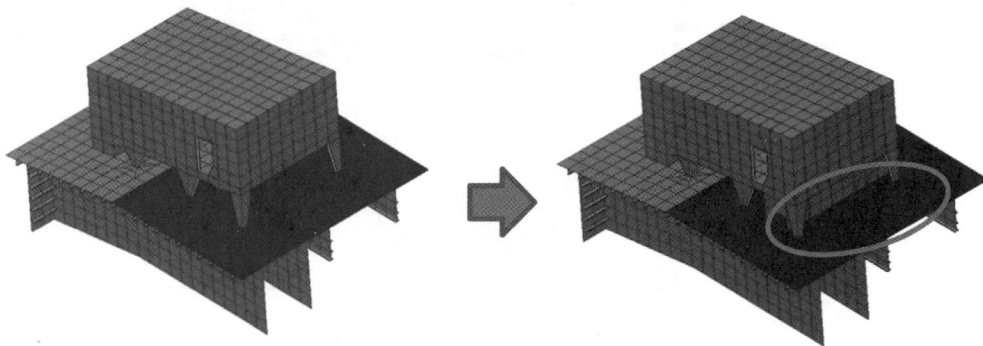

图 7　增加对位结构

通过对修改方案进行分析,得到基座所有考察点的最大振动响应见表 16。

表 16　基座最大振动响应(修改方案)

| 激励方向 | | X 方向(船长方向) | Y 方向(船宽方向) | Z 方向(型深方向) |
|---|---|---|---|---|
| 横向激励 | 振动响应/mm | 0.03 | 0.03 | 0.04 |
| | 振动响应衡准/mm | 0.05 | 0.05 | 0.05 |
| | 是否满足要求 | OK | OK | OK |
| 纵向激励 | 振动响应/mm | 0.03 | 0.02 | 0.04 |
| | 振动响应衡准/mm | 0.05 | 0.05 | 0.05 |
| | 是否满足要求 | OK | OK | OK |

由表 16 可以看出,基座的最大振动响应在各个工况下的各个方向上的振动响应全部满足衡准要求。

## 2.2　FGSS 板架固有频率分析

本船的激励频率主要来自主机、螺旋桨,为了避免 FGSS 设备间的甲板板架与主要激励发生,通过避频手段,考察该甲板板架的 1 阶固有频率是否满足规范要求,其中主要激励频率见表 17。

表 17  本船主要激励

| 项目 | CSR | CMCR |
|---|---|---|
| 转速/(r/min) | 57.8 | 62.5 |
| 主机二阶/Hz | 1.93 | 2.08 |
| 主机七阶/Hz | 6.74 | 7.29 |
| 螺旋桨叶频/Hz | 3.85 | 4.17 |
| 螺旋桨倍叶频/Hz | 7.71 | 8.33 |

按照修改前后结构所示,考察两种结构形式下的 FGSS 设备间的甲板板架固有频率,见表18,修改前后的固有频率及振型如图8、图9所示。

表 18  两种结构形式的板架固有频率

| 方案 | 固有频率/Hz |
|---|---|
| 初始方案 | 10.942 |
| 修改方案 | 11.717 |

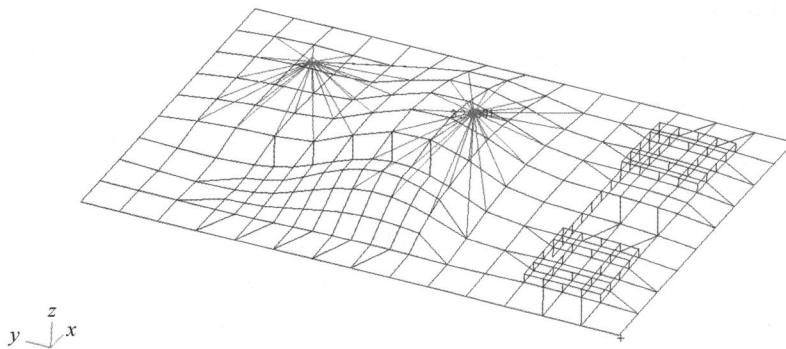

图 8  初始方案板架固有频率及振型

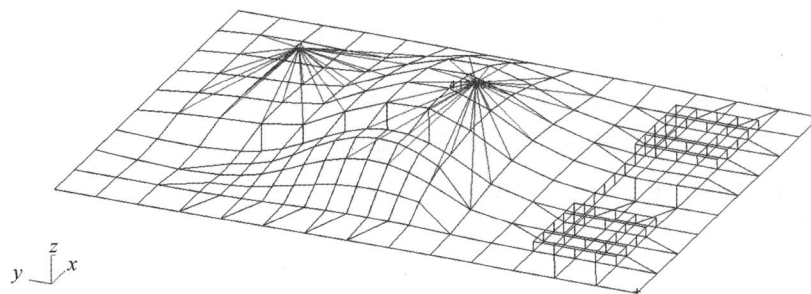

图 9  修改方案板架固有频率及振型

两种方案的频率储备见表19、表20。

表 19  初始方案固有频率与 CSR 下激励频率的频率储备及评估

| CSR | | 固有频率/Hz | 频率储备/% | 衡准/% | 是否满足 |
|---|---|---|---|---|---|
| 主机二阶 | 1.93 Hz | 10.942 | 466.9 | 15 | OK |
| 主机七阶 | 6.74 Hz | 10.942 | 62.3 | 15 | OK |
| 螺旋桨叶频 | 3.85 Hz | 10.942 | 184.2 | 15 | OK |
| 螺旋桨倍叶频 | 7.71 Hz | 10.942 | 41.9 | 15 | OK |

表 20　修改方案固有频率与 CSR 下激励频率的频率储备及评估

| CSR | | 固有频率/Hz | 频率储备/% | 衡准/% | 是否满足 |
|---|---|---|---|---|---|
| 主机二阶 | 1.93 Hz | 11.717 | 507.1 | 15 | OK |
| 主机七阶 | 6.74 Hz | 11.717 | 73.8 | 15 | OK |
| 螺旋桨叶频 | 3.85 Hz | 11.717 | 204.3 | 15 | OK |
| 螺旋桨倍叶频 | 7.71 Hz | 11.717 | 52.0 | 15 | OK |

按照增加对位结构的修改方案,基座的响应分析可以满足规范要求;修改前后的板架固有频率的频率储备满足规范要求。

# 3　结论

①考察甲板室与主机激励的频率储备,满足 15% 频率储备的要求。

②考察甲板室振动响应,双燃料主机较常规主机振动水平更好。

③在双燃料主机中,7X82DF 引起的振动响应大部分为三种方案中最小的(除压载工况下 CMCR 点纵向,7X82DF 为 0.47 mm/s,6X82DF 为 0.42 mm/s);压载工况下 CSR 点,6X82DF(22 500 kW)与 6X82DF(20 020 kW)的横向响应分别达到 4.62 mm/s 和 5.30 mm/s。

④常规主机中,7X82 引起的振动响应大部分为三种方案中最小的(除压载工况下 CMCR 点纵向,7X82DF 为 0.66 mm/s,6X82DF 为 0.61 mm/s);压载工况下 CSR 点,6X82DF(22 500 kW)与 6X82DF(20 020 kW)的横向响应分别达到 6.71 mm/s 和 7.70 mm/s,已接近 ISO6954—2000 的上限值。

⑤双燃料主机较常规主机振动水平更好,同时在双燃料主机中 7 缸机的振动水平更好,6 缸机的横向响应已超过近年来交付的 VLCC 振动响应;对于常规主机,7 缸机的振动水平较 6 缸机更好,振动响应最高在压载工况下 CMCR 点,为 4.5 mm/s 左右,其余都在 3.5 mm/s 以下,与近年来已交付的 VLCC 振动响应在同一量级。

⑥建议在缸数相同情况下,尽量使用双燃料主机;同种类主机中,选择 7 缸机。双燃料 6 缸机较常规 7 缸机振动水平略高。LNG 双燃料主机实船的甲板室与主机激励的频率储备满足 15% 频率储备的要求。

⑦LNG 双燃料主机实船的甲板室振动响应,LNG 双燃料主机较常规主机振动水平更好。

## 参考文献

[1]　中国船级社.天然气燃料动力船舶规范[M].北京:人民教育出版社,2017.

[2]　郭一鸣.发动机曲轴橡胶扭转减振器动力学建模及性能匹配的研究[D].广州:华南理工大学,2016.

[3]　李渤仲.内燃机动力装置的扭转振动[J].华中科技大学学报,1979(4):263-279.

# 某型 FPSO 内转塔通风系统设计及数值模拟

## 臧 戈 李冬梅 王 硕 熊炳旭 穆建树 姜福洪

（大连船舶重工集团有限公司）

**摘 要**：内转塔是 FPSO 的常用系泊方案和核心部分，其通风系统需要重点关注。目前少数国外公司掌握内转塔的大部分技术和专利，对国内长期进行技术封锁。采用 CFD 数值模拟的方法，较详细地提出一种 FPSO 内转塔通风系统设计方案。该设计方案创新性地利用轴承滚轮空隙和内转塔自身开口进行强制通风，实现了内转塔空间的有效通风。设计方案和分析方法对中国自主设计 FPSO 内转塔有重要意义并积累了宝贵经验。

**关键词**：FPSO；内转塔；通风系统；数值模拟

## 0 引言

内转塔式浮式生产储卸装置（floating production storage offloading，FPSO）是目前常用的海上油田开发手段，内转塔是整个 FPSO 最核心的部分。内转塔区域的通风系统能防止烟气或易燃有毒气体进入、稀释驱散异味和 $CO_2$ 浓度、保持区域防火等级完整性、改善人员和设备的工作环境，对内转塔的正常工作具有重要意义，因此在 FPSO 通风设计中往往需要重点关注。

现代船舶的通风设计已经不仅仅停留在传统的换气率计算及风管设计与布置上，随着计算流体动力学（computational fluid dynamic，CFD）数值模拟技术的发展与应用，该项技术在船舶通风设计中也得到了越来越多的应用。CFD 可模拟预测气流分布特征，验证通风效果，检验通风口布置的合理性，在一定程度上弥补了通风系统设计中单凭经验设计造成的不足，减少建造时的修改，为通风设计提供了参考依据，对于优化通风布置，改善通风环境具有指导意义。

本文以某型 FPSO 内转塔通风系统为研究目标，创新性地设计通风系统，同时采用 CFD 方法对设计的通风效果进行数值模拟，通过数值模拟得到流场分布情况，分析转塔内部的通风状况，检验通风系统是否满足内转塔运行需要。

## 1 FPSO 内转塔概况

本文所研究的目标 FPSO 内转塔为船体集成顶部嵌入型永久单点系泊式，主体是圆柱形钢结构，通过主轴承和下轴承与船体相连，下部由系泊系统连接海底，使 FPSO 可以绕内转塔旋转。整个内转塔由系泊层、下轴承、塔筒、锚链甲板、主轴承甲板、塔架、管汇系统、滑环堆栈等组成。主轴承为分布式双排轴向滚轮轴承，配合径向滚轮轴承和刹车系统，直径为 25 m。下轴承为滑动轴承，浸没在海水中，采用自润滑设计。

## 2 内转塔通风系统设计

正常工况下，内转塔的系泊层、下轴承、塔筒、锚链甲板等浸没在海水中，无须通风系统；塔架、管汇系统、滑环等处于室外环境,也无须通风系统。因此,目标内转塔需要通风的区域为主轴承甲板。内转塔的主轴承由 110 对滚轮组成,主轴承甲板被滚轮分为外轴承区域和内轴承区域,中间由滚轮空隙连通。滚轮直径为 0.6 m,滚轮空隙总面积约为 5.4 m²。

目标 FPSO 内转塔室外空气温度为 21~35 ℃,室内无较大散热设备,该区域通风系统主要用于稀释驱散危险气体,改善维修人员的工作环境。根据业主要求,维修人员进入内转塔之前至少通风 10 h,因此通风区域的换气率最小要求为 0.1 次/h。

该区域通风原理为机械供风,自然排风,通风系统设计创新性地利用轴承滚轮空隙和内转塔自身开口。供风风管布置在内转塔外部,6 个供风口均匀环绕布置在外轴承区域,空气流入外轴承区域并通过滚轮空隙进入内轴承区域。主轴承甲板顶部与船体主甲板之间的环形空隙作为外轴承区域排风口,主轴承甲板内部 6 个锚链舱口和塔筒进出口作为内轴承区域排风口。另外,主轴承甲板底部与船体月池之间的空隙导致少量空气流入下方区域,此下方区域无通风要求。

## 3 通风效果数值模拟

### 3.1 数值模型

将主轴承甲板内空气流动视为一般室内气流组织的模型进行研究,做如下假设:

(1)低流速下可认定气体为不可压缩流体;

(2)空间密闭性良好,模拟计算区域内的送排风平衡;

(3)湍流模型假设,采用 $k$-$\omega$ 湍流方程进行求解。

### 3.2 几何模型的建立和简化

主轴承甲板设备众多,结构复杂,需要对模型进行适当简化。本文中的模型主要做了以下简化:

(1)模型中省略了滚轮部分,采用等面积梯形孔代替滚轮空隙;

(2)模型中转塔主体结构采用光滑壁面代替实际结构,对转塔内结构遮蔽效应采用等效方法进行简化;

(3)对通风系统的简化主要省略了风机与进出风管模型,采用速度入口和压力出口边界条件进行数值模拟。

最终建立数值模型及表面网格分布如图 1 所示。

### 3.3 边界条件的设定

入口边界:设定供风口为速度入口边界条件。

出口边界:设定排风口为压力出口边界条件。

### 3.4 模拟结果及分析

图 2 是气流速度场矢量图,图 3 是气流速度场流线图,图 4 是气流通过滚轮空隙矢量图,由图可以看到气流自外向内传播并排出的过程。供风口出来的气流速度较大,气流冲击滚轮后部分通过空隙进入内轴承区域,其余部分折回到外轴承区域,经过扩散速度逐渐变小,在气压作用下循环流动直至从环形空隙排出。内轴承区域的气流通过空隙后继续高速向前流动,直到冲击中心塔筒后折回,经过扩散速度逐渐变小,在气压作用下循环流动直至从锚链舱口和塔筒进出口排出。少量空气流入主轴承甲板下方区域。外轴承区域和内轴承区域气流平稳,分布均匀,通风效果较好。

为了优化通风效果,供风口高度调整到与滚轮空隙高度一致,便于空气通过空隙。模拟计算出空气流量约 60% 进入内轴承区域,约 40% 留在外轴承区域,满足换气率要求。

图 5 至图 8 是不同高度截面的气流速度场分布云图。从图中可以看出,由于供风口较低,气体流速随着高度的方向逐渐减小。在双排滚轮维修高度(1 m)、人员高度(1.8 m)、刹车系统维修高度(2.25 m)、径向滚轮轴承维修高度(5 m),除少量涡流存在外,气流速度分布较均匀,能有效改善维修人员的工作环境。

双排滚轮周围区域个别处气流略稀薄,是离供风口较远导致。为了优化通风效果,可以考虑增加供风口数量,对供风口位置进行调整,使其更均匀地环绕外轴承区域分布。

　　模拟计算出外轴承区域排风口风量约 1 500 m³/h,内轴承区域排风口风量约 2 440 m³/h。结合两区域体积为 1 263 m³ 和 15 67 m³,计算出外轴承区域换气率约为 1.2 次/h,内轴承区域换气率约为 1.6 次/h。换气率远大于最小要求,通风系统满足内转塔运行需要。为了优化通风效果,可以考虑增加供风量,适当提高换气率。

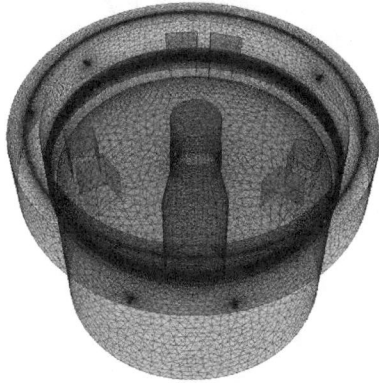

图 1　数值模型及表面网格分布

图 2　气流速度场矢量图

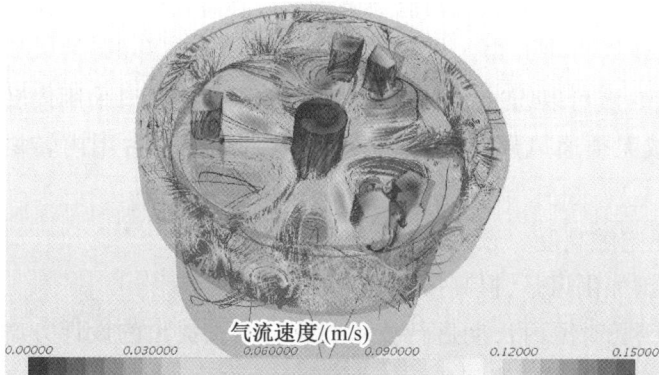

图 3　气流速度场流线图

图 4　气流通过滚轮空隙矢量图

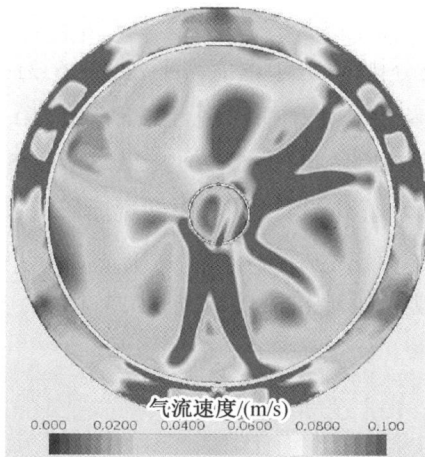

图 5　1 m 处气流速度场分布云图

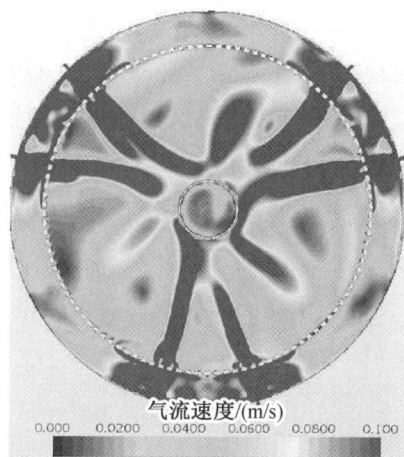

图 6　1.8 m 处气流速度场分布云图

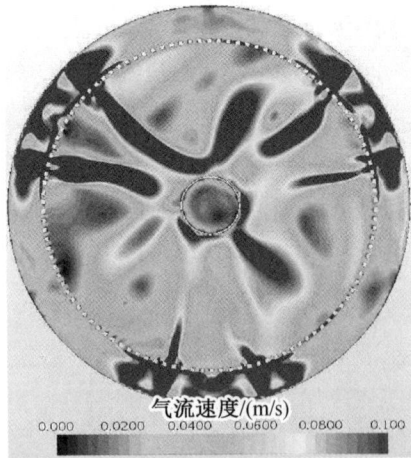

图 7    2.25 m 处气流速度场分布云图

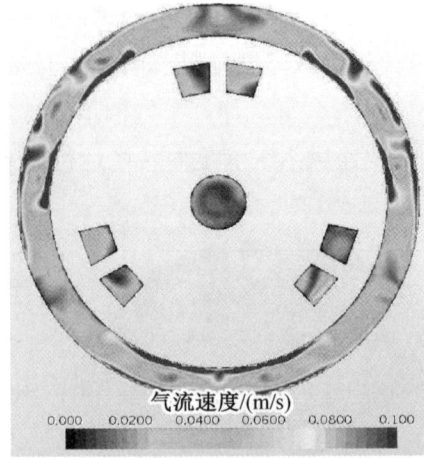

图 8    5 m 处气流速度场分布云图

## 4    结语

本文采用 CFD 数值模拟的方法,较详细地提出一种 FPSO 内转塔通风系统设计方案。由方法结果揭示设计原理为:

(1)通风系统设计创新性地利用轴承滚轮空隙和内转塔自身开口。供风风管布置在内转塔外部,供风口仅布置在外轴承区域,内转塔主轴承滚轮之间空隙较大,气流可以通过空隙进入内轴承区域。排风口采用内转塔自带环形空隙,锚链舱口和塔筒进出口。内转塔区域无须通风风管和通风设备,通风系统不占用内转塔空间。

(2)供风口均匀环绕布置在外轴承区域,高度与滚轮空隙高度一致。

(3)为了优化通风效果,可以考虑增加供风口数量,增加供风量,提高换气率。

目前少数国外公司掌握了内转塔的大部分技术和专利,对国内长期进行技术封锁。本文提出的设计方案和分析方法对于中国自主设计 FPSO 内转塔有重要意义并积累了宝贵经验。

## 参考文献

[1]    王铭飞,杜耀军,宋亚新,等.深水 FPSO 内转塔结构设计及分析[J].中国海洋平台,2016,31(5):6-11.

[2]    刘志刚,何炎平.FPSO 转塔系泊系统的技术特征及发展趋势[J].中国海洋平台,2006,21(5):1-6.

[3]    江宇,宋福元,李彦军,等.船舶机舱通风数值模拟分析[J].舰船科学技术,2012,34(8):52-55.

[4]    郭昂,郭卫杰,王驰明,等.船舶机舱机械通风数值模拟分析和优化设计[J].中国舰船研究,2014,9(3):93-98.

[5]    权崇仁,王洋,于立庆,等.舰船典型舱室气流组织数值模拟[J].中国舰船研究,2015,10(6):107-113.

# 基于 FPSO 的海上平台物料转运设计研究

徐　铁　臧大伟　张小明　于　薇

（大连船舶重工集团有限公司）

**摘　要**：物料转运研究已成为国际船舶和海洋工程项目的必备工作，它是项目全寿命周期管理关键组成之一，同经济效益、环境责任和安全运营紧密关联，同时也直接关系到操作人员的职业健康和安全。本文基于国际商船和海洋工程项目，特别是近年的新型 FPSO 设计开发工作，力图对物料转运的体系和方法进行归纳总结，使本文研究对其他船舶和海洋工程项目也具有普适性。

**关键词**：FPSO；物料转运；频次门槛；关键设备转运程序；转塔

## 0　引言

物料转运是海上浮式生产储卸装置（FPSO）在全寿命周期管理中的核心工作之一，从设计、建设、调试、运营一直到拆除退役都涉及复杂和立体的转运工作，既包括阀门和滤芯更换或电动马达的拆解这样的日常维修，也包括大型转塔（turret）和多点锚泊（spread mooring）的特殊物料转运操作程序。项目的总包设计方一般会按分工合同设计并编制《物料转运计划》，从规划整个项目的空间转运网络，到每个平面区域相应布置转运路线，并系统性地汇编物料转运清单、措施和方式。在船舶海运和离岸工程项目上，由于特殊的海上环境，紧凑的操作空间以及对人员健康、安全和环境的高要求，使海上物料转运更具有复杂性和挑战性。

本文以本公司近年来承接的大型 FPSO 项目为研究背景，结合多个在巴西海域进行油气生产作业的实船项目，对物料转运进行系统研究，归纳总结了海上项目物料转运设计原理，有针对性地满足了巴西管理当局的相关规则要求，既可以作为 FPSO 项目设计的专用知识，也可广泛用于商船和海洋工程项目的设计工作。

## 1　物料转运设计研究

物料转运设计是国际船舶和海洋工程项目的核心工作，它贯穿了 FPSO 项目的基本设计、详细设计和生产设计的各个阶段，涉及 FPSO 的日常维护和应急情况的操作，甚至包括大型设备的更换。对某些 FPSO 特有的系泊转塔、多点锚泊和水下立管连接，则应进行有针对性的特殊物料转运研究。

设计初期需与总包方或业主确定整个项目的物料转运基本原则和分工，明确和各系统设备供应商的分工界面。物料转运设备和装置适宜由业主和作业方采购、配置，而基础设施如眼板和吊梁可由承包商提供。

### 1.1　物料转运路径的布置

在总布置设计时，既要规划全船的主干物料转运环网和流向、FPSO 内部的物料转运流向，规划好全船各区域的机电设备部件向中央机修间的路径，也要规划从 FPSO 向岸上转运的路径和界面。

一般在 FPSO 同供应船的物料交换中，可设置一个由大型吊机覆盖的主卸货区，在住舱附近也应设有一个综合的卸货区,例如伙食吊的供给。针对特殊的关键系统,例如消防泵和转塔等,应配合设备供应商机械维修计划而设置专用的卸货区。

在各个设计阶段都应进行布局和通行研究。基于设备几何轮廓信息、重心、通行和预留空间,通过100%三维建模来保证物料转运过程中无障碍。

在转塔系泊(turret mooring)型FPSO的总体布置时,需对转塔的机械维修和物料转运需求及途径进行专门的设计,例如大尺寸重型液压电气滑环和转台的轨道轮;而对多点锚泊(spread mooring)型FPSO的布置会特别考虑舷外导链器的安装和更换等物料转运需求。

在FPSO模块区的生产甲板,会规划多个舱口或开口,使模型类别的物料可以抵达船体甲板,在舱口之上需考虑吊机或行车,便于物料转运从水平向垂直转运切换。在上部模块区域之下的主甲板和主吊服务区域之外的处所,可考虑移动式吊运布置,如折叠吊架和可移动行吊。

行车吊梁的布置应考虑被吊物顶部净空间,行车吊梁两端的止挡板应为可拆卸式,便于行车的安装和维护。吊梁应处于设备被吊部件的垂直方位上,应该和其他设备间保持间距,起吊、下落和转运路径都要核查,应避免在一些动力和敏感设备上方进行物料转运,如需要从一个吊梁向另一个吊梁切换转移被吊物,应设置转运卸货区,并予以醒目标记。

对于比较重的阀门,其控制器可以分开转运,大型容器和限制空间应该被标记清楚,注明是否适合人员通过人孔进入。区域内相同安全工作载荷的吊梁应使用同一规格,减少设备选型,保持统一。

## 1.2 物料转运的技术因素(表1)

表1 物料转运的技术因素

| 序号 | 因素 | 内容 |
|---|---|---|
| 1 | 需考虑的操作 | 安装/调试和启动/操作/检修/预防性维护/在位操作/清洁/用于移动或维护的拆解/更换 |
| 2 | 人力因素和环境因素 | 应考虑可通行性/人均力量/可伸展触及/高度限制,高位操作和低位操作/噪声和温度/其他的环境条件限制和担忧,如空气质量和化学品暴露;<br>环境因素需考虑船舶的静态纵倾和横倾,剧烈环境条件下的船舶动态,露天操作的风速,供应船和工作船的动态及与本设施的相对动态 |
| 3 | 永久装置 | 当涉及人员安全,或对满足平台和船舶的日常运营目标至关重要时,应考虑设置永久装置 |
| 4 | 物料转运通路 | 需考虑船上(本地)维修,其路径是从被维护设备转运到工作间,热操作(焊接)区域和转运场地;<br>对于非船上维修其途径是到达吊运区域(指对离船操作);<br>应将物料转运路径信息转交给结构工程师,对途经的船体强度进行校核,基于特定的转运设备的接地尺寸(如轮胎的压痕)对地面或甲板强度进行评估,适用于转运和堆放;<br>在吊运和转运时,要对物料不利的动态工况进行考虑,包括摆动、滑动和转动,应该提供缓解的方案 |
| 5 | 吊运和拉拽点 | 其位置和载荷应该转交给结构工程师进行评估,以保证结构能承受此载荷;<br>在物料转运过程中,除了固定的永久吊点,要同时考虑永久载荷和临时附加的载荷,如临时的结构夹钳和吊运葫芦 |
| 6 | 卸货区域 | 对卸货区域(甲板)要综合考虑组合的最大载荷工况,其面积要满足最大的维修部件的储放,还要包括各种临时和永久荷载,如卸货区的储存罐 |
| 7 | 装置的额定载荷 | 在所有物料转运装置上要清晰标记安全工作载荷(SWL),如果这个安全工作载荷适用于动态条件,也应该包括在标记里。实际工况应包括动力的环境系数和其他施加的载荷,如在辅助操作过程中从侧面施加的拉拽操作 |

表1(续)

| 序号 | 因素 | 内容 |
|---|---|---|
| 8 | 装置的防爆等级 | 在危险区内使用的所有转运装置应为防爆的,并且使用无火花材料;<br>应核查移动式和临时装置的防爆等级 |
| 9 | 操作限制 | 确定在操作时允许的最大安全工作负荷;<br>确定允许的最大风速;<br>如果适用,应确定横摇和纵摇的限制 |
| 10 | 人员吊运 | 所有用于人员吊运的装置必须具备"载人"认证;<br>安全认证应包括在吊运链上的每个部件,如吊钩、钢丝绳、绞盘、刹车、吊机结构、吊机驱动和吊机控制 |
| 11 | 用于人员撤离和生命支持的装置 | 那些用于人员撤离、安全和生命支持或者被主管机构和当局指定的装置,应按照最恶劣的工况来设计 |
| 12 | 意外事件的考虑 | 应考虑处于空中时的吊物装置失效、物体坠落、工作船和供应船失去维持位置的能力(失去动力或舵效,失去动力定位等) |

## 1.3 物料转运的适用范围

推荐将单人提升和搬运的最大质量限制在20 kg,当有充分的通道空间时,双人理论上可以转运的质量的上限是40 kg,超过上述质量的部件进入物料转运研究的范围。

永久或临时装置的选取根据是否达到"频次门槛"来确定。例如,可以选择最低操作维护频次0.5次/年,并把目标操作质量作为另一个考虑因素,高于这个频次和质量,可考虑使用永久性的转运装置(表2)。

表2  永久或临时装置选取的推荐原则

| 最低操作维护的频次 | 维护间隔 | | |
|---|---|---|---|
| | 40~200 kg | 40 kg~2 t | 大于2 t |
| 0.5次/年 | 永久装置 | 永久装置 | 永久装置 |
| 每2~5年1次 | 可移动式 | 可移动式 | 永久装置 |

转运装置的选型应满足法规和标准的要求。例如,当FPSO项目在巴西海域作业,就需要满足巴西管理当局的强制性规则NR-11文件中的要求:"手动转运推车需设置手部保护装置","由马达驱动的转运设备必须有声音警示(例如,电笛)"。

## 1.4 物料转运装置分类

物料转运作为机械设计中需要布置的基础要素,应由各个牵头专业设计人员统筹考虑,完成设计。常用的装置有C吊机、M行车、L吊装葫芦、T推车、滚轮滑车、A门字架/A字架/三脚架、D吊杆、S脚手架。大部分转运操作需要对不同类属装置进行组合运用,例如一个阀门先是由小吊杆(D)吊运,然后由手推车(T)再通过单轨行车(M)吊放到维修间,则可描述为D/T/M。为每一类涉及的装置编制代号,可以使操作和规划更直观清晰。安装标准和惯例,应为每个转运装置类别设定载荷限制,并提供清晰的永久标志,与背景颜色形成反差。

# 2  物料转运计划

先进的设计理念是在项目早期,即开始编制物料转运计划。按一定框架和格式更新维护信息及图样,直到项目完工。物料转运路线的平面图和立面图应整合到各区域房间的布置图中。

## 2.1 物料转运计划必要信息

（1）维护设备清单；

（2）关于设备和操作方法选用的引用信息；

（3）名义波高、风速和频次门槛等核心信息的技术条件；

（4）设备操作类别和方法的完整解释；

（5）完整的吊运装置清单,应包括每个永久装置和临时装置的信息；

（6）所有的吊运装置需要有编码；

（7）表示所有的永久吊运装置（行车吊梁、眼板、吊杆、拉点、舱口和舱口盖等)的机械布置平面图；

（8）吊运装置的标签、描述、名字和位置；

（9）维护项目的名称、质量、维护频次、转运方式类属和转运过程简要描述。

## 2.2 物料转运方法

（1）确定设备所要求的物料转运范围；

（2）明确本地拆除和维护的一般方法；

（3）描述各个功能区之间转运的路线和卸货区的一般方法；

（4）规划从功能区到供应船的一般转运方法；

（5）标记所有需要的固定式、移动式和临时转运装置。

## 2.3 关键系统和部件的物料转运程序

对 FPSO 的关键系统进行识别,例如为主发电机、应急发电机、压载阀控系统、消防泵系统、海水提升泵系统开发详细的物料转运程序,并汇编在物料转运计划中。上部模块区域一般由其设计分包方执行相应的方案编制,而转塔或多点锚泊系统则应由设备供应商联合开发对应的转运程序。

# 3 典型的物料转运分析

## 3.1 马达处理

在维护中,低压、中压电马达应直接作为整体转运处理考虑,大型马达（如压缩机马达)应优先考虑是否能整体处理。为便于减少总质量并释放空间,可以考虑先拆除马达冷却器、转子和启动器独立运送,当没有吊机直接覆盖时,可以使用行车吊梁配合行车和葫芦进行拆装,应将马达转运到装卸区,再交由甲板吊吊运。

## 3.2 热交换器转运

对于管壳式热交换器可以拆装管芯,使用行车吊梁将管束从壳中抽出,在抽芯方向上要留出空间,应布置拉点,以便对抽芯工作提供辅助( 图1) 。

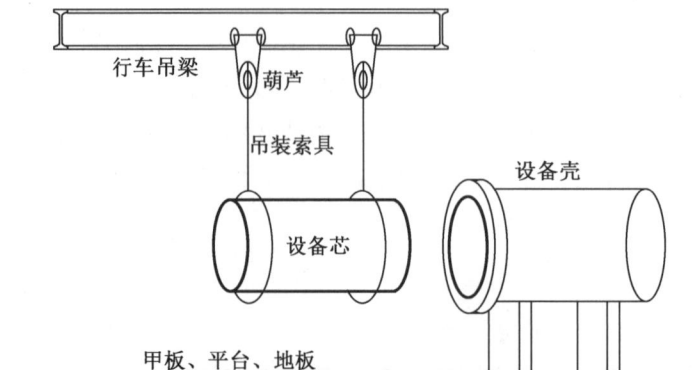

**图 1 管壳式热交换器拆装管芯**

处于模块区中间甲板和主甲板的热交换器维护,可考虑将热交换芯转运到顶部生产甲板,再由主吊机运送到首尾卸货区域,电加热器的热交换管芯的搬运也适用上述方法。板式换热器通常可以靠人力在本地进行手工维护。液冷变频装置和电变压器的处理与上面介绍相似,还应提供必要的措施用于泄放、临时存储和处置废弃的油,核查变压器周围和泄放点是否有足够空间。

## 4　结语

国际上对物料转运的研究和设计历来非常重视,因为它是现代工业设计的基础任务,是大型项目日常运行效率的决定性因素之一。高效安全的物料转运设计可以减少设备维护和下线时间,提高经济效益,而在意外事故等极限环境下,更关系到项目和人员的安全及环境责任。随着对人员职业健康领域的认知和进步,国际上对相关人机互动的人体工学也有具体的要求。我国作为船舶与海洋工程制造大国,应持续进行物料转运研究,以提升设计水平,并满足国际客户的要求。

# 满足 IGC 规则的燃气日用系统应用研究

## 孟中原　李养辉　马　辉　孙新华

（大连船舶重工集团有限公司）

**摘　要**：船双燃料主机和发电机在利用 LNG 这种清洁能源作为燃料时，能够满足 IMO 对 $NO_x$ 和 $SO_x$ 排放的要求，并能够减少 $CO_2$ 和颗粒物的排放。如何确保安全使用 LNG 作为燃料是本文对燃气日用系统应用研究的主要目的，也是《国际散装运输液化气体船舶构造和设备规则》（IGC 规则）的主要要求。文中介绍了某 LNG 加注船中 1 台主机和 2 台发电机共用 1 套燃气日用系统的设计方案，在 IGC 规则要求的燃气主阀设计、通风流量计算、危险区设置等方面进行计算研究和分析，总结了满足 IGC 规则的 1 个燃气主阀用于多个设备的燃气日用系统的设计要求，优化了系统设计，并满足了 IGC 规则中安全使用 LNG 燃料的要求。

**关键词**：燃气日用系统；双燃料主机；风机选型；通风流量计算

## 0　前言

国际海事组织（International Maritime Organization，IMO）提出的第三阶段（Tier Ⅲ）氮氧化物（$NO_x$）排放标准已于 2016 年 1 月 1 日在部分排放控制区域生效，提出排放物中硫的含量小于 0.5% 的要求已于 2020 年 1 月 1 日开始执行。天然气是一种清洁能源，使用天然气作为燃料可有效降低硫化物（$SO_x$）、$NO_x$、二氧化碳（$CO_2$）和颗粒物的排放。目标液化天然气（LNG）加注船的主机和发电机为瓦锡兰的四冲程双燃料柴油机，在燃气模式下，可以满足 IMO 提出的 Tier Ⅲ $NO_x$ 排放要求，同样也能够满足 $SO_x$ 的排放要求。燃气日用系统是指从燃气主阀到用户的燃气管路系统和辅助系统，是满足 IGC 规则并确保能够安全使用 LNG 的重要系统。

## 1　满足 IGC 规则的主燃气阀设置

本文中的 LNG 加注船采用的方案为 1 台主机和 2 台发电机共用 1 个燃气主阀，共用燃气日用系统。如果燃气系统有故障问题，则主机和 2 台发电机会同时停止燃气状态。此时，主机和 2 台发电机可以在任何负荷下 1 s 内自动切换为燃油状态，不会造成推进动力及电力丧失，可以满足规范要求。按照这种方案设计的燃气日用系统基本原理流程如图 1 所示。流程图中主要包括了燃气管路、外管通风管路和燃气探测管路。采用这种方案，可以节省主阀和双壁管管路的数量，但系统较为复杂。本文将结合 IGC 规则的要求，结合流程图中的几种管路需要注意的问题来介绍这种燃气系统的配置方案。

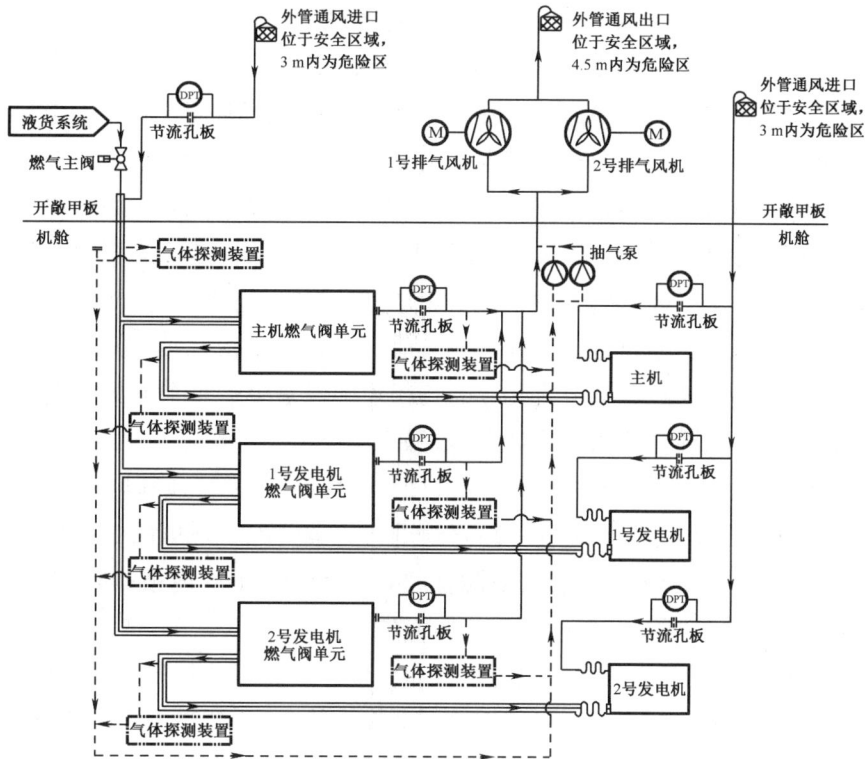

图1　燃气日用系统基本原理流程图

## 2　燃气日用系统外管通风流量和压力设计计算

根据 IGC 规则要求,燃料管如果布置在机舱内,需要满足如下条件:燃料管安装在设有机械抽风的通风管或管道内,通风频率至少为 30 次/h,并保持管道内压力低于大气压。当管路内有燃料时,通风系统应始终保持运转,如抽风系统不能产生和维持所要求的空气流量,主气体燃料阀应自动关闭。通风风机应为一用一备,在任何一个风机发生故障后,备用风机应可以自动启动,能对每个处所提供要求的通风量。

本文所述的 LNG 加注船配置 2 台外管抽风机,各为 100% 容量,保证一用一备的要求。对于风机的备用启停功能,主机和发电机的燃气阀单元中设置了压力传感器,如果检测到外管通风压力变小至报警时,就会送出信号启动备用风机,从而可以保证外管中的通风压力和流量满足要求。

首先对双壁管外管的通风风量进行计算。应按照实际管路的布置进行计算,以保证通风管路满足风量的要求。本船的双壁管外管和设备通风管的容积计算见表1。

表1　通风容积计算

| 位置 | 容积/m³ |
| --- | --- |
| 双壁管外管 | 0.38 |
| 1号发电机燃气阀单元空间 | 0.75 |
| 1号发电机燃气阀单元空间 | 0.75 |
| 主机燃气阀单元空间 | 1.2 |
| 1号发电机通风空间 | 0.024 |
| 2号发电机通风空间 | 0.024 |
| 主机通风空间 | 0.056 |
| 汇总 | 3.184 |

根据规范要求,双壁管外管通风频率至少为 30 次/h,考虑到 10% 的余量,风量为:

$$3.184 \times 30 \times 1.1 = 105.1 \ \text{m}^3/\text{h}$$

由于本项目双壁管通风管路并联较多,为了保证外管任何一处的通风量都能满足规则中的要求,需要再考虑 100% 的通风余量,从而该项目选用的风机的工况点为 211 m³/h,2.39 kPa。

其次需要结合选用的风机参数,对双壁管外管的通风压力进行计算,同样需要按照实际管路的布置进行计算,以保证通风压力在所有管路中都能保持一致。按照规范要求,通风管道内的压力应低于大气压,按照本船主机和发电机厂家的要求,每个燃气阀单元内的通风压力应为 −2.0 ~ −1.5 kPa。通风压力计算较为复杂,如图 1 所示,在设计通风管路时,需要在通风进口管路和出口管路上设置节流孔板,节流孔板前后设置微压差传感器,用来检测节流孔板处的压差,通过调整节流孔板的孔径来确保系统中每个通风管路的压力保持一致,以满足主机和发电机厂家的要求。具体计算依据及计算结果如下。

如图 1 所示,本系统共有 2 个进气口和 1 个出气口,出气口有风机进行强制排风。由于采用了支管并联形式,要同时满足 30 次/h 的通风频率,需要对每一路管线进行流量分配。这里的 30 次/h,在工程中解读为,仅考虑强制排风的作用,系统中任意位置产生燃气泄漏,该燃气应该在 2 min 内被排到室外。根据实际管路布置和排风原则,得到了各个节流孔板所在位置的所需气体流量。

节流孔板为固定形状的管路附件,其局部阻力系数为定值。若测得此系数,利用此特性,在获得节流孔板之间的压差之后,其所在管路的流速、流量均可得知。因此在计算之后,调试部门将得到一组计算推荐的节流孔板、目标流速和一张压差-流速-流量对照表(软件计算得到),形式见表 2。在调试过程中,通过改变节流孔板的孔径,使整个系统满足要求。

表 2　压差-流速-流量对照表表头

| 管径 | 孔径 | 压差/mbar① | | | | | |
|---|---|---|---|---|---|---|---|
| | | 0.5 | | 1 | | …… | |
| (DN)/mm | /mm | 流速 /(m/s) | 流量 /(m³/h) | 流速 /(m/s) | 流量 /(m³/h) | …… | …… |

注:①1 bar = 100 kPa。

示例船舶流量计算软件为 AFT 系列软件,分别针对节流孔板和燃气系统进行了 2 部分模拟。在节流孔板计算中,选取锐利边缘节流孔板,其计算公式为:

$$K_{up} = \left(\frac{A_{up}}{A_{orifice}}\right)^2 \left[ 0.707\left(1 - \frac{A_{orifice}}{A_{up}}\right)^{0.375} + \left(1 - \frac{A_{orifice}}{A_{down}}\right)^2 \right]$$

式中,$K$ 为局部阻力系数;$A$ 为截面积。

创建图 2 所示模型。根据经验选取一个和实际工况接近的基准点,计算得到一组基准值,再利用其阻力系数为定值的特点,得到该口径下的一组流速/流量数值,完成表 2 内容。

针对整个系统建模(图 3),满足节流孔板的流量的情况下,计算得到一组节流孔板的孔径的预测值,以及风机的实际使用工况(图 4)。计算结果:风机的运行工况为 252 m³/h,压力为 2.36 kPa;三个燃气阀单元内的压力如表 3 所示,满足了设备厂家对外管负压的要求和系统设计的要求。

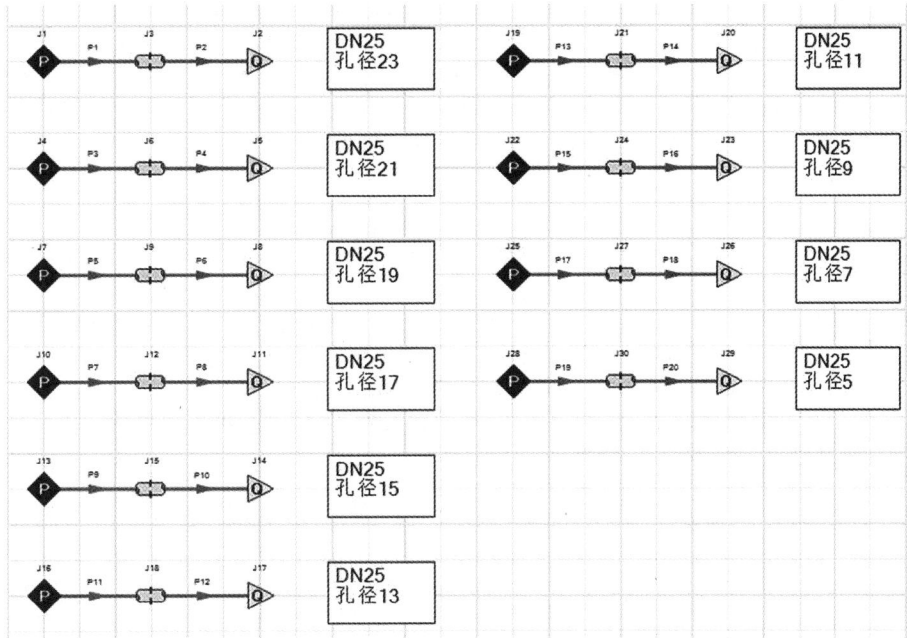

图 2　节流孔板计算模型

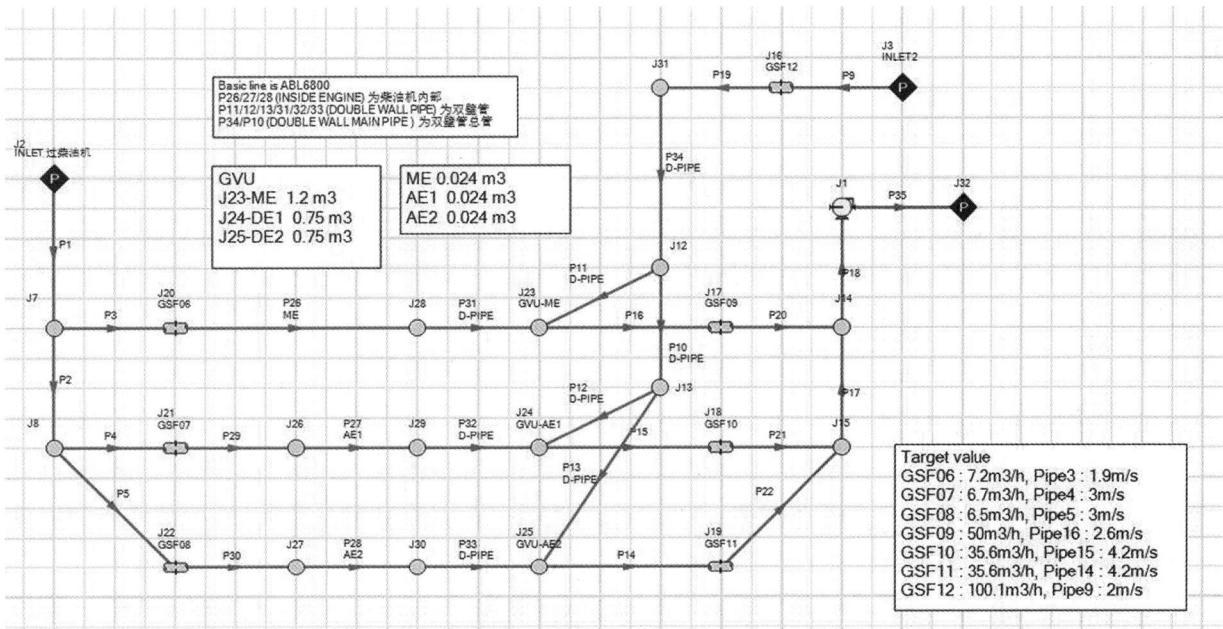

图 3　燃气系统通风计算模型

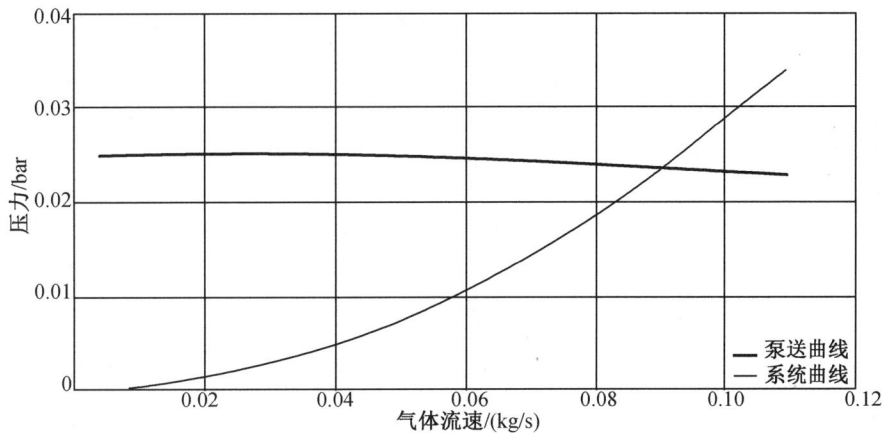

图 4　燃气系统通风风机使用工况拟合曲线

表3　燃气阀单元内部压力

| 位置 | 主机燃气阀单元 | 1号发电机燃气阀单元 | 2号发电机燃气阀单元 |
|---|---|---|---|
| 压力/kPa | −1.722 53 | −1.909 96 | −1.916 51 |

## 3　危险区设置

根据IGC规则要求,双壁管外管通风进口应位于安全区域,通风出口应引致安全区域。

注意危险区域包括但不限于如下区域:距离气体释放的可能来源(例如货物阀、货物管法兰、货物机器处所通风出口)3 m以内的开敞甲板区域或开敞甲板上半围蔽处所;距离货物机器处所入口、货物机器处所通风入口1.5 m以内的开敞甲板区域或开敞甲板上半围蔽处所。

因此,首先双壁管外管的通风进口和出口的位置应位于安全区域。其次通风进口周围半径3 m内为危险区,通风出口周围半径4.5 m内为危险区,布置其他电器设备时应特别注意防爆要求。双壁管外管的抽风机如果不能避免布置在危险区内,则需要注意此风机应按照IGC规则规定的非火花结构,风机的电机应为防爆电机。

另外需要注意,对于可能含有燃气的透气管,如主机和发电机曲拐箱透气管、主机滑油循环柜透气管、膨胀水箱的透气管也应透气到安全区域,并且透气口周围半径4.5 m内为危险区。

## 4　燃气泄漏报警系统设置

根据IGC规则要求,应设有探测和指示围蔽处所内燃料管系气体泄漏的连续监测及报警设施,并切断相关的气体燃料供应。气体燃料内燃机的曲轴箱、油底壳、扫气箱和冷却系统的透气管应设置气体探测装置。根据上述要求,如下燃气系统及辅助系统管路上需要安装燃气探测器:①双壁管环围空间管路或者燃气阀单元的排风管路;②主机和发电机曲拐箱透气管路;③主机滑油循环柜透气管路;④冷却系统膨胀水箱的透气管路。上述管路内部或者是负压,或者是无压力,所以需要选择合适的燃气探测器形式。

本文所述的加注船,为1台主机和2台发电机共用燃气日用系统,因此系统内可能泄漏燃气的设备和管路较多。如图1所示,为了能够精确确认哪个位置有泄漏,对系统和设备进行了功能划分,对每个功能区设置了燃气探测器,当某一位置的燃气探测器报警后,表明此功能区的设备或者管路有泄漏,可以有针对性地进行检修,这样的设计为系统维护提供了非常大的便利。

因为双壁管外管是负压,因此对于双壁管外管上的燃气探测器,可以采用抽气式探测器,原理为:选用合适压力的抽气泵从双壁管外管管路中抽气给探测器检测,检测后的气体返回双壁管外管,由双壁管外管抽风风机排出。而对于气体燃料内燃机的曲轴箱、油底壳、扫气箱和冷却系统的透气管,基本上没有压力,对这些透气管可以采用抽气式探测器,也可以采用插入式探测器。如果采用插入式探测器应注意,安装探测器处的管径应足够大,以满足探测器探头能够插入管路,保证探测精度,且探测器探头处应设置滤器以过滤油气。

## 5　惰化和除气的设置

根据IGC规则要求,应设有对机器处所内的气体燃料管系进行惰化和除气的设施。如图5所示,本船为1台主机和2台发电机共用燃气系统,设置惰化和除气管路的目标是应保证每根燃气管都能进行吹除惰化,避免有盲区。因此在燃气主阀后、主机燃气阀单元、2台发电机燃气阀单元、双壁管外管、主机和发电机上都设有专门的惰气吹除管路接口,以便系统管路设置,实现上述目标。另外,设置的吹除管路应特别注意用户的特殊要求,如给发动机设置的惰气吹除管路,应注意设备对气体压力的特殊要求,本船瓦锡兰的34DF柴油机要求惰气吹除压力不能超过0.5 MPa,因此在惰气进机前设置了减压阀。

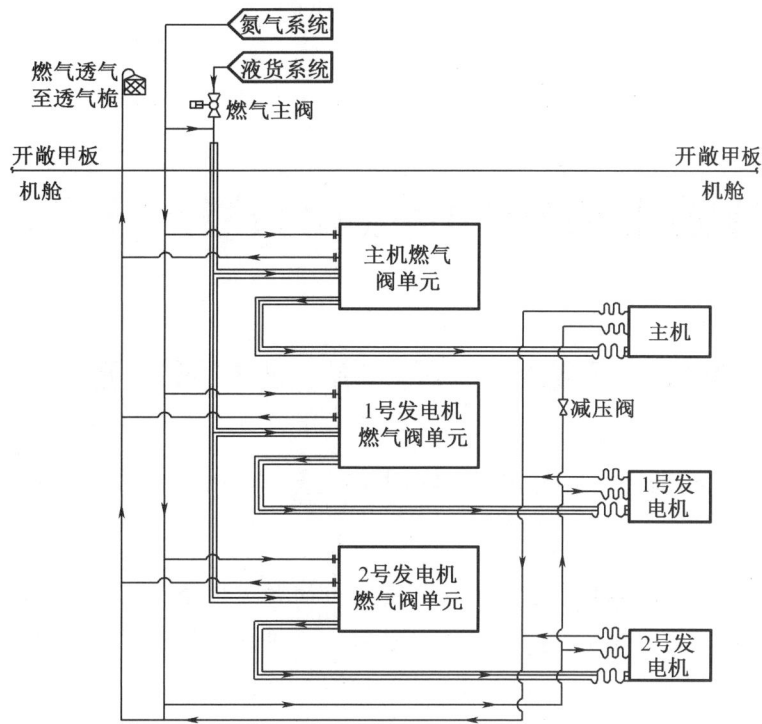

图 5　惰气吹扫设计

## 6　结语

　　本文中的加注船采用 3 台设备共用 1 套主阀的燃气日用系统方案,系统比较复杂,通过对满足 IGC 规则的燃气日用系统应用进行研究,根据实船系统设置情况,分析研究了 IGC 规则中对燃气日用系统管路设计的要求,提出了解决方案,并对燃气双壁管外管的通风流量和压力进行了计算,选择合适的风机及管路中的节流孔板,保证了系统的流量和压力满足要求,可以为现场调试提供理论依据。希望本文可以为轮机设计人员提供参考和借鉴,优化燃气日用系统的设计。

## 参考文献

[1]　尹琳. 内河油轮 LNG 燃油动力的应用分析[J]. 船舶,2020(3):28-32.

[2]　尚保国,张勇,吴俊. 绿色船舶设计的发展与挑战[J]. 船舶,2021(2):1-8.

[3]　《轮机工程手册》委员会. 轮机工程手册:下册[M]. 北京:人民交通出版社,1994.

# 船舶主机冷却系统的建模与仿真

## 王业秋[1]　于泳生[1]　曹　书[1]　王仁泽[1]　邢为为[2]

（1. 大连船舶重工集团有限公司;2. 大连中车柴油机有限公司）

**摘　要**:基于实船主机冷却系统参数、热力学、流体力学相关理论,建立了船舶海水冷却系统水力学和热力学模型,并应用 MATLAB 和 SIMULINK 工具进行仿真。在数学模型的基础上,利用 Microsoft Visual C#工具编制了界面。首先,将主机冷却水系统分解为子对象,并用面向对象的 Visual C#语言,将每个对象分类,并且每个类封装后利用外部接口实现数据交互,最后在可视化软件 Microsoft Visual C#. Net 的编译环境下搭建仿真界面,完成仿真软件的制作。

**关键词**:船用柴油机;冷却;建模;仿真

## 0　前言

　　船舶冷却水系统对船舶的正常运行起着至关重要的作用,主机缸套冷却水系统对主柴油机缸套的合理冷却有助于减轻主机缸套的磨损,精确的温度控制会有效地控制柴油机缸套的低温腐蚀和高温腐蚀以及减小热应力。在实际研究过程中,现代仿真技术可以通过在计算机上进行反复多次的试验运行来取代耗资巨大的物理模拟和实物试验,可以在不影响过程运行的情况下,研究、分析运行参数对各工况的影响,从而使生产过程达到最佳状态。

　　船舶主机冷却系统是船舶的核心系统,它是船舶的动力之源。主机冷却水系统是保证主机安全工作的重要组成部分。为不断提高模型的精确性,需要完善和增添现有主机冷却水系统仿真模拟器的功能。本文就对这一课题做了较为详尽的研究。

## 1　主机冷却水系统概述

　　本文讨论的船舶主机冷却水系统由高温淡水冷却系统、低温淡水冷却系统、海水冷却系统组成。低温淡水冷却系统冷却高温淡水冷却系统,海水冷却系统冷却低温淡水冷却系统。本文先按照热量传递的方向建立热力学模型,再利用简化的低温淡水冷却系统建立水力学模型;基于较为精确的数学模型建立 SIMULINK 仿真模型,再利用 Microsoft Visual C#语言建立仿真软件。

## 2　主机冷却系统的数学模型

　　船舶主机缸套冷却水系统是柴油机重要的保障系统,其工作要求是:主机在整个工作范围内,系统能对主机进行适度、可靠的冷却。因此,必须对系统管路进行水力分析。对于采用离心泵的主机中央冷却水系统而言,就要分析管路特性曲线和离心泵的特性曲线。简化的主机冷却系统如图 1 所示。

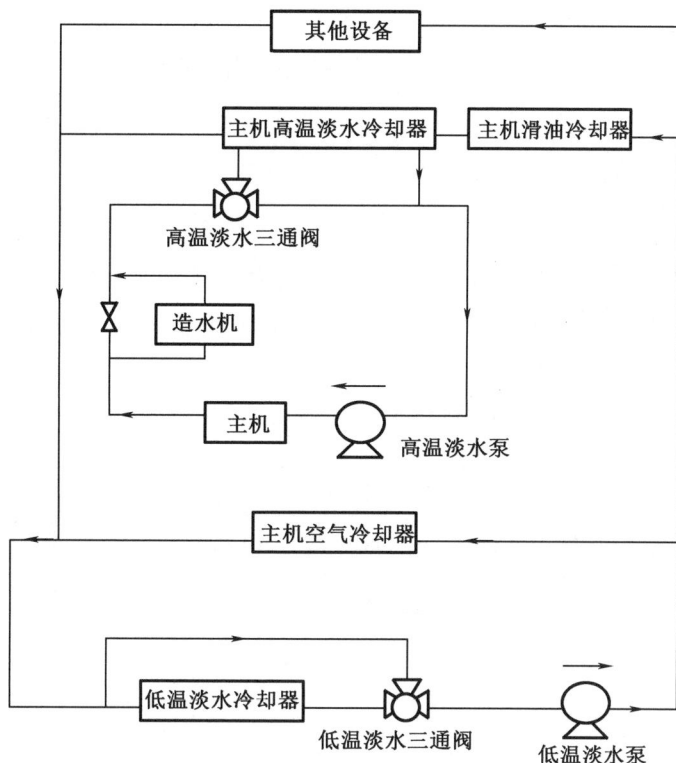

**图1 简化的主机冷却系统**

## 2.1 冷却水系统水力模型

液体流过某既定管路时所需的压头和流量间的函数关系可以用下式表示:

$$H = H_{st} + KQ^2 \tag{1}$$

液体从吸入液至排出液面的压头包括两方面:一部分是位置头 $z$ 和压力头 $\dfrac{\Delta P}{\rho g}$,这部分称为管路的静压头,用 $H_{st}$ 表示;另一部分用于克服管路阻力 $\Sigma h$,它与流量的平方成正比,即 $\Sigma h = KQ^2$,式(1)中比例系数 $K$ 随管路阻力系数的变化而变化。阻力系数由两部分构成:沿程损失和局部损失。流体在管路两点间流动总水头损失是沿程损失和局部损失之和。

### 2.1.1 沿程损失的计算

管道内黏性摩擦沿程损失的计算公式一般为:

$$h_f = \lambda \frac{l}{d} \frac{V^2}{2g} = \frac{8\lambda l}{g\pi^2 d^5}Q^2 \tag{2}$$

式中,$\lambda$ 为沿程阻力系数;$l$ 为管长,m;$d$ 为管道直径,m;$V$ 为管道内流体流速,m/s;$Q$ 为管道内流体流量,m³/h;$g$ 为重力加速度,m/s²。

工业用管道粗糙度无法确定。德国工程师尼古拉斯用砂砾管道成功模拟了管路粗糙度。因此,高雷诺数($Re$)时,如沿程阻力系数相同,人工管道的粗糙度 $e$ 等效工业管道当量粗糙度。

对于本文中的主机高温冷却水系统,取高温冷却水在 75 ℃的平均运动黏度 0.003 80 m²/s 为平均运动黏度。高温冷却水系统流速取平均值 2 m/s,高温冷却水管径取 80 mm,则雷诺数经过计算为 $6.23 \times 10^4 > 4\,000$。可知,高温淡水冷却系统处于紊流状态,沿程阻力系数可采用下列公式进行计算:

$$\frac{1}{\sqrt{\lambda}} = -1.8\log\left[\left(\frac{e/d}{3.7}\right)^{1.11} + \frac{6.9}{Re}\right] \tag{3}$$

### 2.1.2 局部损失的计算

局部损失可以表示为:

$$h_j = \xi \frac{V^2}{2g} \tag{4}$$

式中,$\xi$ 是与局部构件形状有关的局部阻力系数,一般通过查表和实验方法得到。对于柴油机等复杂设备,其阻力系数可以通过实验和经验公式进行确定。

对于可调比 $R=30$ 的三通阀,设阀门开度为 $x$,则某一支路的阀门阻力系数为:

$$\xi_x = \frac{1}{(0.033+0.967x)^2}\xi_f \qquad (5)$$

另一支路得阀门阻力系数为:

$$\xi_x' = \frac{1}{[0.033+0.967(1-x)]^2}\xi_f' \qquad (6)$$

式(5)和式(6)中,$\xi_f=\xi_f'$,为当三通阀的某个支路全开时该支路的三通阀的局部阻力系数。

### 2.1.3 管路串并联阻力系数的计算

管路串联时,流量相等,压头相加,管路总压头损失 $h=cq^2$。串联管路的等效阻力系数为 $C$,通过公式推导可知:

$$C=c_1+c_2 \qquad (7)$$

管路并联时,压头相等,流量相加。设管路总压头损失为 $h=cq^2$,则通过公式推导可知:

$$C=\frac{c_1c_2}{c_1+2\sqrt{c_1c_2}+c_2} \qquad (8)$$

## 2.2 离心泵的特性曲线

本文主要讨论的特性曲线是压头流量曲线。实际工作中可以查阅厂家说明书得到法曲线,也可以通过压头流量参数进行曲线拟合得到。本文中,通过查询技术规格书得知压头流量曲线为:

$$H=-0.0004Q^3+0.0444Q^2-1.8197Q+48.3926 \qquad (9)$$

## 2.3 编程计算

在得到管路特性曲线和离心泵的特性曲线之后,编程计算泵的排出压力、三通阀开度等数据,步骤如下:

(1)输入管路特性参数、三通调节阀特性参数、缸套冷却水泵性能参数和计算精度 $\varepsilon$。

(2)计算各单元(柴油机内部阻力、缸套水冷却器、三通调节阀)的局部阻力系数。

(3)假设某一三通阀阀位。

(4)假设某一较小的流量 $Q$ 及计算步长 $S$。

(5)根据假设流量计算各个单元的沿程水力损失和局部水力损失。

(6)计算缸套冷却水系统的总管路水力损失 $H_S$。

(7)根据缸套冷却水泵的 $H-Q$ 关系式计算当缸套冷却水泵流量为 $Q$ 时水泵的压头 $H_B$。

(8)判断 $|H_S-H_B|$ 是否小于 $\varepsilon$,如不满足,令 $Q=Q+S$,代入步骤(5),并重复步骤(5)~(8)。如果满足 $|H_S-H_B|$ 小于 $\varepsilon$,结束计算,输出 $Q$。

## 2.4 冷却水系统热力学模型

主机冷却水系统包含的设备很多,由于主机发热量占整船发热量一半以上,本文省略了系统上其他辅机,只讨论主机发出的热量。除去主机以外,系统就以板式换热器和三通阀为主。

从设备内部结构来看,高温淡水冷却器、低温淡水冷却器、主机滑油冷却器等都是板式冷却器,采用逆流换热,因此热力学建模公式结构相同,本文只展示高温淡水冷却器热力学模型,其他板式换热器都可以同理参考。

在热力学建模过程中,为了简化高温淡水冷却器的热力学建模过程,做如下假设:

(1)在某一瞬时,冷、热流体在与流动方向垂直某一截面上的温度相同,即把冷却器按集中参数处理,同时冷凝器壳体的散热忽略不计。

(2)冷却器冷却板片较薄,近似认为板片内、外壁温度始终相等。

(3)冷却器板面的污垢程度相同。

根据板式冷却器高温冷却水侧的热量传递关系:单位时间高温水侧热量的变化=单位时间高温冷却水带来的热量-单位时间传递给低温水的热量。于是可以得到下面的方程:

$$\frac{dt_{ho}}{d\tau}=\frac{1}{W_1}\left[m_1c_h(t_{hoi}-t_{ho})-\frac{1}{R}\Delta T_m\right] \qquad (10)$$

式中，$\Delta T_m$ 为冷却器的平均温差；$W_1$ 为高温水侧的热容量，$W_1 = M_h c_h + M_b C_b$，其中 $M_h$ 为缸套水冷却器中高温水的质量，$M_b$ 为铜管的质量，$c_h$ 为高温水的比热容，$C_b$ 为黄铜的比热容；$R$ 为缸套水冷却器的传热热阻，$R = \dfrac{1}{KA}$，其中 $K$ 为冷却器总的传热系数，$A$ 为冷却器的冷却面积。

同理，根据缸套水冷却器低温冷却水侧的热量传递关系：单位时间内低温水侧蓄热量的变化 = 单位时间内高温水侧传递给低温水侧的热量 – 单位时间内低温冷却水带走的热量。因此，可以得到下面的方程：

$$\frac{\mathrm{d}t_{lo}}{\mathrm{d}\tau} = \frac{1}{W_2}\left[\frac{1}{R}\Delta T_m - m_{low} c_1 (t_{lo} - t_{li})\right] \tag{11}$$

式中，$W_2$ 为低温水侧的热容量，$W_2 = M_1 c_1 + M_b C_b$，其中 $M_1$ 为低温水的质量，$c_1$ 为低温水的比热容。

平均温差 $\Delta T_m$ 取对数平均温差：

$$\Delta T_m = \frac{(t_{hoi} + t_{li}) - (t_{ho} + t_{lo})}{\ln \dfrac{t_{hoi} - t_{lo}}{t_{ho} - t_{li}}} \tag{12}$$

式（10）、式（11）和式（12）即为缸套水冷却器的换热数学模型。式中的 $W_1$、$W_2$ 均可以从冷却器的说明书中计算得到。

在缸套淡水冷却器中，热量从高温淡水向低温淡水传递的过程中，其热阻包括高温水侧的对流换热热阻、热水侧的污垢热阻、板片的导热热阻、低温水侧的污垢热阻、低温水侧的对流换热热阻。所以，冷却器总的传热系数公式为

$$\frac{1}{K} = \frac{1}{h_h} + r_1 + r_2 + r_3 + \frac{1}{h_1} \tag{13}$$

式中，$K$ 为冷却器总的传热系数；$h_h$ 为高温淡水侧的对流换热系数；$r_1$ 为高温水侧的污垢热阻；$r_2$ 为板片的导热热阻；$r_3$ 为低温水侧的污垢热阻；$h_1$ 为低温水侧的对流换热系数。

## 3 主机冷却系统仿真模型的建立

根据前面的公式和实船技术参数，就可以利用 SIMULINK 软件进行建模，每个子系统完成后，将子系统连接起来，就形成了整个系统模型。

图 2 为主机高温淡水换热器的 SIMULINK 模型。图 3 为低温淡水系统仿真模型。

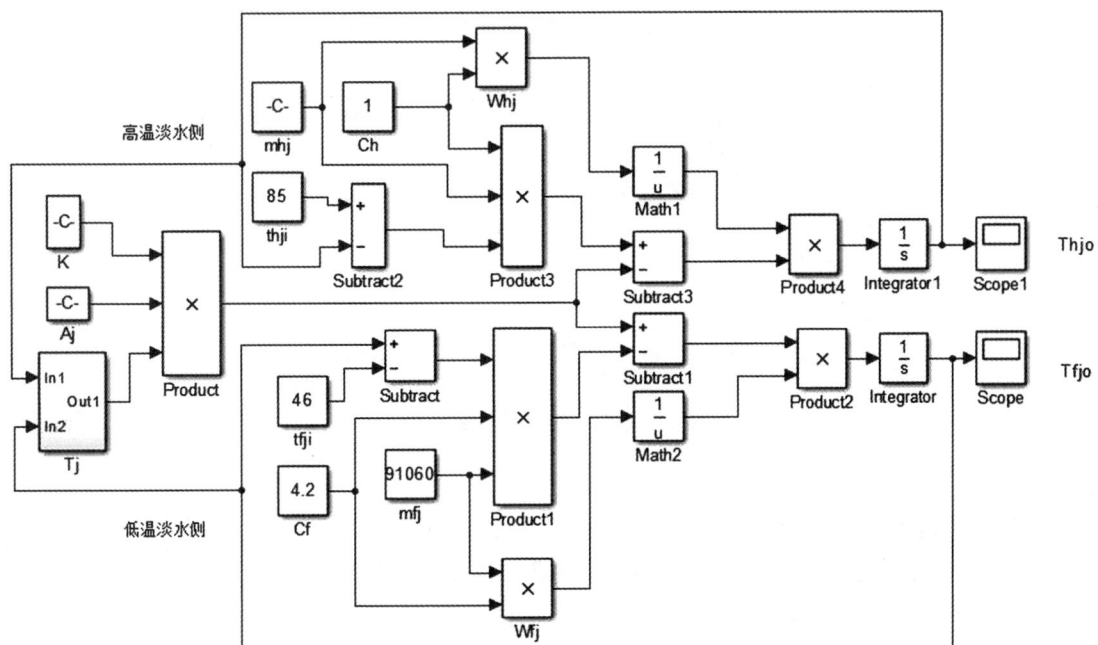

**图 2　高温淡水换热器仿真**

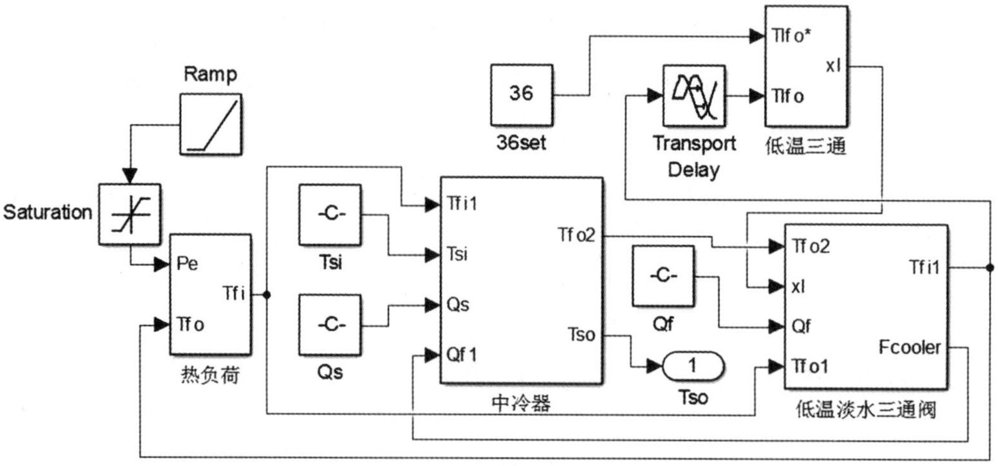

图 3　低温淡水系统仿真

得到主机冷却水系统仿真图后,就可以对其进行仿真。先输入各模型所需参数,然后分别就主机功率突变、高温和低温淡水系统三通阀开度突变几种情况进行仿真。

由图 4 仿真结果可知,在 $t=200\ s$ 时,主机功率突增,高温淡水出主机温度、高温淡水和低温淡水出高温淡水冷却器温度均有一个增加的趋势,其中,高温淡水出主机温度由于直接受到主机热负荷影响导致温度增加幅度最为明显。在 $t=250\ s$ 时,再次出现上升趋势,因为低温淡水系统的三通阀的开度减小,低温淡水冷却器低温淡水出口温度升高。低温淡水由于直接从低温淡水冷却器中流出导致温度上升幅度最大,另外两个受此影响较小。在 $t=300\ s$ 时,高温淡水系统三通阀开度突变,高温淡水和低温淡水出高温淡水冷却器的温度均出现先下降后上升的趋势。由于热负荷不变,而且高温淡水出主机温度变化较慢,反应有延迟,故高温淡水进出主机的温差减小,随着高温淡水出主机温度的不断增加,高温淡水带走的主机的热负荷逐渐增大并最终等于实际的热负荷,因此高温淡水冷却器的高温淡水出口温度以及低温淡水出口温度都逐渐上升并最终稳定在某一温度上。

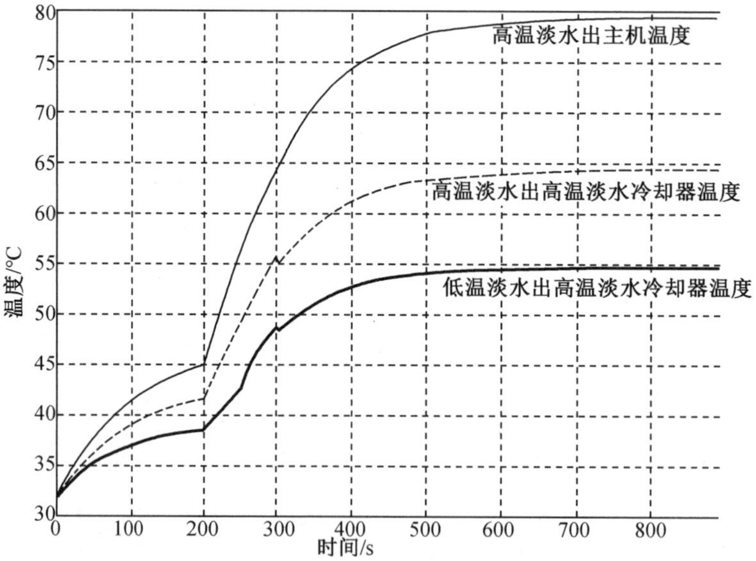

图 4　主机冷却系统仿真结果

仿真模型结论:

(1)海水泵在工频运行时,海水泵流量恒定,当主机负荷和海水温度变化时,低温淡水三通阀出口温度均通过调节三通阀开度保持不变,系统中使用节流调节,不利于系统的节能。

(2)海水泵在变频运行时,低温三通阀开度恒定,当主机负荷和海水温度发生变化时,冷却水温度由变频控制系统通过改变海水泵电机转速来改变海水泵流量,实现控制低温淡水三通阀出口温度恒定的目的。在变频控制时,海水流量可以实现按需供给,有利于系统节能。

(3)通过结合主机功率变化分析海水泵能耗可知,变频工况能够适时改变水泵电机转速进而调整水泵流量,实现海水流量的按需供给,在降低电能消耗的同时,降低 $CO_2$ 排放量,提高船舶运行效率,实现节能减排要求。

## 4 主机冷却系统仿真软件的构建

在本课题研究中,选用 Windows XP 为操作系统。基于主机系统实时仿真的这些特点和 C#. NET 的优越的性能特点,主机系统实时仿真选用 Visual Studio. net 作为开发平台,以 Visual C#作为开发语言。

统一建模语言(UML)由两组相关的部分组成:UML 语义与 UML 图符系统的编码调试工作全部使用 Visual Studio. net 开发环境完成,其中编码部分使用微软的 C#(C Sharp)语言开发,C#作为一种新的面向对象的语言,可以用来快速创建各种各样的应用程序,有着高效易用的特点。

微分方程或微分方程组需要转化为差分方程进行计算。求解微分方程组的方法有很多种,比较常用的是欧拉法、龙格-库塔法等。从计算精度的角度考虑,龙格-库塔法的精度较优秀。本文中的微分方程组采用四阶龙格-库塔法求解。

本文运用 GDI+技术和 C#语言来制作控件,采用事件(EVENT)和委托(DELEGATE)的方法来实现界面间数据通信。下面以主机主要参数显示界面为例来说明事件委托方式的数据通信方式。本文高温淡水系统界面如图 5 所示。

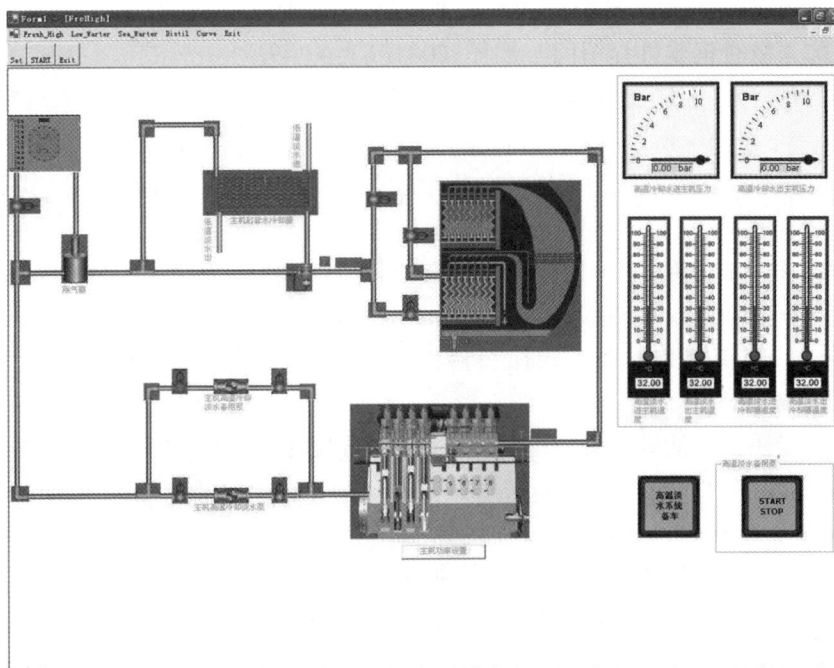

图 5　高温淡水系统界面

## 5 结论与展望

本文以开展船舶海水冷却系统仿真研究和开发仿真软件为目的,在分析某船海水系统组成特性和总结其他学者成果的基础上,通过建立仿真模型和节能分析,结论如下:

(1)通过分析船舶海水冷却系统的组成和工作原理,以板式冷却器、变频泵和管网为研究对象,建立热力学模型和水力学模型,为仿真模型的建立打下理论基础。

(2)运用仿真软件实现了冷却水系统仿真以及水泵三通阀工作状态变化的仿真。分析系统工作状态对节能效果的影响,证明了海水泵采用变频调速运行具有较好的节能效果和良好的经济价值。

(3)在分析确定系统数学模型以及建立仿真模型后,采用 C#语言开发系统仿真软件,实现系统功能、操作流程和设备参数的仿真及显示。

展望如下:

数学模型的准确度有待提高,在热力学模拟中,部分参数没有考虑温度变化的影响,采用平均值,忽略了系统小型热力学设备散热对整个冷却系统的影响。因此,本文节能分析仅作为一种趋向性判断,不能应用于准确热负荷分析和能效计算过程。变频系统的研究已经在各个行业中展开,相信变频技术不论在船舶冷却系统中还是其他节能领域均能做出真实有效的贡献。

## 参考文献

[1] 吴桂涛,孙培廷.船舶中央冷却系统的热力计算数学模型[J].大连海事大学学报,2002(1):13-15.

[2] 冯玉祥.冷却水温度对柴油机工作的影响[J].汽车科技,2005(3):51-52.

[3] 尹自斌,孙培廷.船舶中央冷却系统的管路水力计算模型[J].世界海运,2003,26(1):51-53.

[4] 孙培廷,黄连中,马宝生.未来船中央冷却系统中流量分布的分析[J].大连海事大学学报,1999,25(3):6-9.

[5] BIRKETT C A. Flow analysis of a diesel engine water jacket using unstructured tetrahedral meshes[J]. American Society of Mechanical Engineers, Fluids Engineering Division, 1996.

[6] 茅春浦.流体力学[M].上海:上海交通大学出版社,1998.

[7] 刘振中,白丹,唐莲等.考虑水温变化的热水管路水头损失计算公式[J].西安理工大学学报,2003,19(4):360-362.

[8] 吴桂涛.船舶主柴油机变流量冷却及冷却水温度控制方法的研究[D].大连:大连海事大学,2004.

[9] 刘富斌.局部阻力系数查询软件介绍[J].船舶,2004(6):47-49.

[10] 吴桂涛,黄连忠,孙培廷.船舶主机缸套冷却三通调节阀的水力计算方法[J].大连海事大学学报,2004,30(1):31-34.

[11] 周以齐,闫法义,陈宏.管路系统中流体数学模型及其在虚拟现实中的应用[J].机械与电子,2005(2):57-59.

[12] MONTGOMERIE G A,FORBES M K,GILBERTSON J H. Optimum design of cooling systems for today's envornment[J]. Transactions of the Institute of Marine Engineers, 1974(86):65-77.

[13] 欧阳新萍,陶乐仁.等雷诺数法在板式换热器传热试验中的应用[J].热能动力工程,1998,13(74):118-121.

[14] 吴桂涛,孙培廷.船舶主柴油机缸套冷却水出口温度的智能控制[J].中国造船,2004,45(2):57-61.

[15] GEE D A,RAMIRE W F. Optimal temperature control of jacket-cooled fermentation reactors[J]. Optimal Control Applications & Methods, 1991,12(1):49-62.

[16] 姚俊,马松辉.Simulink 建模与仿真[M].西安:西安电子科技大学出版社,2002.

[17] MAGRAB E B,AZARM S,BALACHANDRAN B, et al. An engineer's guide to MATLAB[M].3 版.北京:电子工业出版社,2002.

[18] 周鸣扬,曾洁玫.GDI+程序设计实例[M].北京:中国水利水电出版社,2004.

# 船舶海水冷却泵变频控制策略研究

曹　书　邹文潇　王业秋　王仁泽

（大连船舶重工集团有限公司）

**摘　要**：本文设计了一套船舶海水冷却泵变频控制策略。采取自抗扰控制策略替代了常用的PID控制策略。基于预建的传热模型，得出传递函数。从线性扩张状态观测器入手，简化自抗扰控制器的非线性反馈过程，得到线性自抗扰控制器。并根据已有的PID控制参数，通过公式变换得到线性自抗扰控制器参数。通过人群搜索算法，优化了自抗扰控制器参数。提出了可用的海水冷却泵变频控制策略。

**关键词**：海水冷却；变频；控制理论；PID控制

## 0　前言

　　船用海水冷却系统对船舶设备安全运行起着至关重要的作用。在典型的船舶冷却水系统中，海水通过中央冷却器冷却低温淡水，低温淡水通过板式换热器冷却高温淡水。在一般船舶海水冷却系统中，以中央冷却器淡水出口温度作为反馈信号，输出海水流量或者输出电机转速的比例积分微分（PID）控制策略应用非常广泛，但是随着科学技术的发展和社会时代的演进，PID慢慢显露出以下缺点：首先，PID控制动态品质不佳，在连续变化环境中PID增益变化非常频繁；其次，PID是将控制信号直接与误差相等，在系统初始阶段易发生超调和振荡。本文根据韩京清教授自抗扰控制理论，从精确建模和反馈理论出发，提出海水泵组控制策略，替代过去的PID控制策略，提升系统对热负荷的反应性能。

## 1　系统组成

　　本文讨论的船舶冷却系统，是典型的中央冷却水系统，通过高温淡水冷却主机，低温淡水冷却高温淡水，海水冷却低温淡水。根据热负荷计算结果，本文主要对主机热负荷进行讨论。高温低温淡水系统都是由淡水泵、板式冷却器、空冷器等各种板冷、低温淡水三通阀组成。海水冷系统主要由海水冷却泵、高低位海底门、中央冷却器和各种管路阀件、温度传感器、压力传感器组成。

　　本文所研究的冷却系统，按照热传导顺序，先后对主机产热、淡水冷却系统、海水冷却泵进行数学建模。得到数学模型之后，利用自抗扰控制理论对原有的PID控制进行改进，提升系统反应速度。基于以上数学模型和自抗扰控制理论，综合并联泵的启动时序逻辑，提出海水泵组控制策略。

## 2　船舶冷却水系统热平衡计算

### 2.1　主机热平衡计算

　　燃油喷入燃烧室压燃做功是一个非常复杂的过程，要建立精确的燃烧模型难度很高，同时本文只需要了解冷却水从主机带走的热量 $Q_w$ 占主机发热量 $Q_z$ 的比例 $K$ 即可。因此,高温淡水从主机带走的热量 $Q_w$ 可以用如下公式表示:

$$Q_w = K \cdot Q_z \tag{1}$$

根据主机厂家资料,$K$ 的取值可参考表1。

表1 整机各种热量占燃料燃烧总发热量的比例数据

| 类别 | 所占百分比/% |
|---|---|
| 有效输出功 | 50 |
| 高温淡水换热量 | 6.9 |
| 滑油冷却器换热量 | 3.2 |
| 主机空冷器 | 13.7 |
| 其余设备 | 1.2 |
| 排气热损失 | 25 |

## 2.2 板式冷却器的热力学模型

在中央冷却器内部水工作状态变化不剧烈,做如下假设:①冷却器两侧流体比热容为定值;②没有发生相变;③忽略系统向外热辐射损失,将系统看成一个绝热系统。根据中央冷却器传热原理,中央冷却器海水的热量改变量=低温淡水传递给海水的热量-海水实际获得的热量。中冷器海水一侧热量动态方程可以表示为:

$$W_s \frac{dt_{so}}{d\tau} = K \cdot A \cdot \Delta T - m_s \cdot c_s \cdot (t_{so} - t_{si}) \tag{2}$$

式中,$W_s$ 为中冷器海水侧总热容量,kJ/℃;$m_s$ 为海水的质量流量,kg/s;$\tau$ 为时间,s。

中冷器海水一侧热容量为:

$$W_s = M_s \cdot c_s \tag{3}$$

式中,$M_s$ 为中央淡水冷却器海水侧海水质量,kg。

同理可知,中央冷却器低温淡水热量改变量=淡水吸收的热量-换热给海水的热量,即

$$W_f \frac{dt_{f,o}}{d\tau} = m_f \cdot c_f \cdot (t_{f,i} - t_{f,o}) - K \cdot A \cdot \Delta T \tag{4}$$

式中,$W_f$ 为中央冷却器低温淡水一侧海水总热容量,kJ/℃;$m_f$ 为换热器低温淡水一侧的质量流量,kg/s。

# 3 自抗扰控制策略的构建

## 3.1 自抗扰控制器的组成

自抗扰控制器由跟踪微分器、扩张状态观测器、非线性状态反馈三部分构成。

(1)跟踪微分器

在被控制对象的实际输出值与设定值有误差时,控制器往往初始控制力过大,跟踪微分器 TD 的设置主要就是改进这一过程。以二阶传递函数为例的线性系统线性跟踪微分器为:

$$\begin{cases} x_1(k+1) = x_1(k) + h x_2(k) \\ x_2(k+1) = x_2(k) + h\{-r^2[x_1(k) - v_0(k)] - 2r x_2(k)\} \end{cases} \tag{5}$$

式中,$x_1$ 为信号输入时的过渡过程;$x_2$ 为 $x_1$ 的微分;$h$ 为积分步长,可根据实际情况来选择相应的步长。$h\{-r^2[x_1(k) - v_0(k)] - 2r x_2(k)\}$ 函数做最速综合函数引入以后,得到以下最速控制综合函数:

$$
\begin{cases}
d = r_0 h \\
d_0 = hd \\
y = x_1 + hx_2 \\
a_0 = \sqrt{d^2 + 8r_0|y|} \\
a = \begin{cases} x_2 + \dfrac{(a_0 - d)}{2}\mathrm{sgn}(y), & (|y| > d_0) \\[2mm] x_2 + \dfrac{y}{h}, & (|y| \leq d_0) \end{cases} \\
fhan = -\begin{cases} r_0\,\mathrm{sgn}(a), & (|a| > d) \\[2mm] r_0\,\dfrac{a}{d}, & (|a| \leq d) \end{cases}
\end{cases}
\tag{6}
$$

（2）扩张状态观测器

扩张状态观测器是自抗扰控制理论的精髓部分,即将控制对象模型与实体的误差当作系统内扰,所有其他扰动作为外扰。

构建扩张状态观测器时,需采用以下函数:

$$g_i(e) = fal(e, a_i, \delta) \tag{7}$$

式中,$fal(e, a_i, \delta)$ 表示为:

$$
fal(e, a, \delta) = \begin{cases} \dfrac{e}{\delta^{1-a}}, & |e| \leq \delta \\[2mm] |e|^a \mathrm{sgn}(e), & |e| > \delta \end{cases}
\tag{8}
$$

以上函数本身性质为误差大时增益小,误差小时则增益大。

在以上推导过程中根据文献[9]的推导过程,在求二阶导数之后得到的导函数包含三部分:模型的动态、未建模的动态、外扰作用部分。这三种导函数的综合作用就是系统全部扰动动态,而扩张状态观测器对这一动态进行监测,并得到估计值,将估计值反馈给控制器,就可以控制量实现对扰动的反应。

综上,扩张状态观测器表达式为:

$$
\begin{cases}
e = z_1 - y \\
z_1 = z_1 + T_0(z_2 - \beta_1 e) \\
z_2 = z_2 + T_0[z_3 - \beta_2 fal(e, a_1, \delta_1) + b_0 u] \\
z_3 = z_3 + T_0[-\beta_3 fal(e, a_2, \delta_2)]
\end{cases}
\tag{9}
$$

（3）非线性状态反馈

在自抗扰控制理论中,是将非线性反馈转变为线性状态反馈,通过下式得到所需要的控制量:

$$u_0(t) = \sum_{i=1}^{n} \beta_i fal(e_i, a_i, \delta) \tag{10}$$

式中,$e_i = v_i - z_i$,为状态误差。

对 $\beta_i$、$a_i$、$\delta_i$ 进行合理的参数选择,就可以对被控制对象实时进行非线性控制。

## 3.2　线性自抗扰控制器

在经典自抗扰控制器的设计与研究之中,参数整定工作较为复杂,自抗扰控制器应用较为困难。但是传统自抗扰的整体扰动控制思想,控制量扰动补偿都非常具有前瞻性和先进性。线性自抗扰控制方法应运而生,简化了参数整定流程,以线性扩张状态观测器为核心构造线性自抗扰控制器。高教授用系统的带宽概念对增益矢量进行了重新设定,重新构建了系统的控制方程。

如图1所示,将线性扩张状态观测器(LESO)与PD控制器相结合得到新的线性自抗扰控制器。

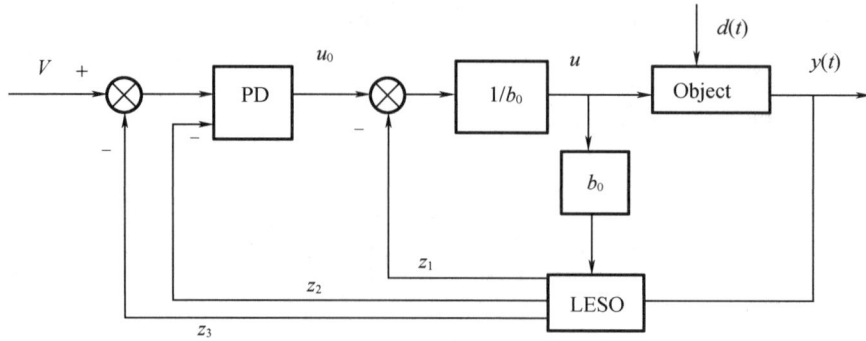

**图 1　二阶线性自抗扰控制系统框图**

令

$$u = \frac{u_0 - z_3}{b_0} \tag{11}$$

则被控对象可以通过反馈而等效为一个积分串联系统:

$$\begin{cases} \dot{x}_1 = x_2 \\ \dot{x}_2 = x_3 + bu_0 = x_3 + b\dfrac{u_0 - z_3}{b_0} \approx u_0 \\ \dot{x}_3 = \omega(t) \\ y = x_1 \end{cases} \tag{12}$$

其中,PD 的控制率为:

$$u_0 = k_p(v - z_1) - k_d z_2 \tag{13}$$

式中,$v$ 为设定值,初值 $\dot{v} \approx 0$,则系统的闭环传递函数表示如下:

$$G_d = \frac{k_p}{s^2 + k_d s + k_p} \tag{14}$$

令

$$\begin{cases} k_d = 2\omega_c \\ k_p = \omega_c^2 \end{cases} \tag{15}$$

可以使闭环系统的响应稳定且快速,其中 $\omega_c$ 的取值与反馈系统的带宽有关。

### 3.3　传递函数的构建

根据系统的物理特性,前面建立了微分方程,下面就根据微分方程进行拉普拉斯变换。拉普拉斯变换可以将关于时间的函数 $f(\tau)$ 变换为复变函数 $G(s)$。时域变量 $\tau$ 是实数,复域变量 $s$ 是复数,$s = j\omega$,其中 $j$ 为复数单位,$\omega$ 为角频率。

忽略对外传热,对前文淡水侧换热公式进行 Taylor 展开得到线性化方程如下:

$$\frac{\mathrm{d}\hat{t}_o}{\mathrm{d}\tau} = \frac{1}{Wd}\left[\hat{q}_d \rho_d c_d(\bar{t}_i - \bar{t}_o) + \bar{q}_d \rho_d c_d(\hat{t}_i - \hat{t}_o) - \hat{q}_s \rho_s c_s(\bar{t}_{so} - \bar{t}_{si}) - \bar{q}_s \rho_s c_s(\hat{t}_{so} - \hat{t}_{si})\right] \tag{16}$$

式中,$\hat{t}_o$、$\hat{t}_i$、$\hat{t}_{so}$、$\hat{t}_{si}$ 分别为中冷器淡水出口、中冷器淡水进口、中冷器海水出口、中冷器海水进口温度小幅扰动;$\bar{t}_o$、$\bar{t}_i$、$\bar{q}_s$、$\bar{t}_{so}$、$\bar{t}_{si}$ 分别为稳态之下的中冷器淡水出口、中冷器淡水进口温度,稳态海水流量,中央冷却器稳态海水出口温度,中冷器稳态海水进口温度。

对式(16)进行拉普拉斯变换可得

$$G_z(s) = \frac{\hat{t}_o(s)}{\hat{q}_s(s)} = \frac{\dfrac{-\rho_s C_s(\bar{t}_{so} - \bar{t}_{si})}{\bar{q}_d \rho_d C_d}}{\dfrac{W_d}{\bar{q}_d \rho_d C_d} + 1} \tag{17}$$

求解以下方程组

$$\begin{cases} |G_z(s) \cdot F_z(s)|_{s=j\omega_z} = 1 \\ \tan^{-1}\left(\dfrac{\mathrm{Im}(G_z(s) \cdot F_z(s))}{\mathrm{Re}(G_z(s) \cdot F_z(s))}\right)\bigg|_{s=j\omega_z} = \gamma_z - 180° \end{cases} \tag{18}$$

式(18)中为保证物理意义取 $\omega_z = 0.01$ rad/s,相位裕量 $\gamma_z = 75°$。

求解方程可得中冷器淡水出口温度控制器的传递函数:

$$F_z(s) = -0.02 \cdot \left(1 + \frac{0.07}{s}\right) \tag{19}$$

## 3.4 线性自抗扰控制器参数

一般地,二阶线性自抗扰控制器有 6 个未知参数需要整定,结合式(15)可知,二阶线性自抗扰控制器需要整定的参数由 6 个变为 3 个,即 $\omega_o$、$b_o$、$\omega_c$。

设一个 PID 控制器为 $G_c = \dfrac{1}{\delta}(1 + T_i s + T_d s)$,则 PID 控制器参数与二阶线性自抗扰控制器参数有如下关系:

$$k_p = \frac{|b_0|}{\alpha_3} \frac{1}{\delta T_i} \tag{20}$$

$$\frac{1}{|b_c|}(k_p + \alpha_3 k_d) = \frac{1}{\delta} \tag{21}$$

$$\frac{1}{|b_0|}(k_d + \alpha_3) = \frac{T_d}{\delta} \tag{22}$$

可以取 $b_0 = kb$,$k \in [1, 10]$,再由上式联立,就可以初步求得二阶线性自抗扰控制器的参数。自抗扰温度控制环节原理图如图 2 所示。

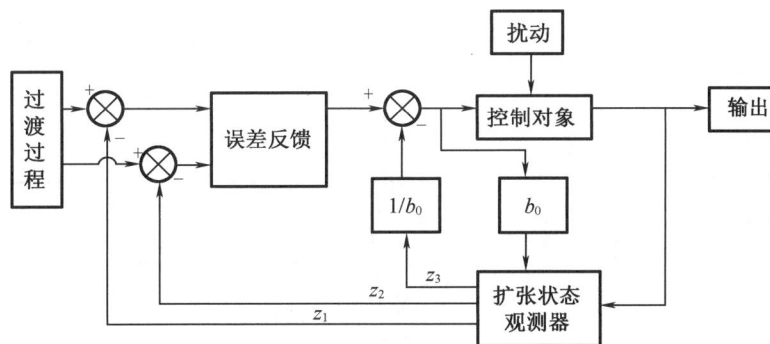

图 2 自抗扰温度控制环节原理图

## 3.5 人群搜索算法对自抗扰温度控制环节的参数优化

根据文献[14]中所述,可以由传递函数和 3.4 中所述方法初步求得线性自抗扰控制器参数为 $k_p = 5.5231 \times 10^{-4}$,$k_d = 0.0021$,$\rho_1 = 1.0324$,$\rho_2 = 0.0031$,$\rho_3 = 4.4143 \times 10^{-5}$。

以上参数可以由人群搜索算法(SOA)进行进一步优化来提高控制器性能。

SOA 利用不确定推理的模糊逻辑来完成目标搜索。搜索方法为:在接近优秀的位置附近时,就缩小搜索步长,在远离优秀位置时,就加大搜索步长。而决定位置优劣的基准,就是惩罚函数。根据此策略,确定搜索步长与搜索方向,经过惩罚函数的评价,对个体位置进行更新,得到最优解。本文将参数分别作为个体位置,进行优化更新之后,自抗扰温度控制环节就相应得到了优化。

(1)搜索步长

搜索步长遵循以下公式:

$$\alpha_{ij}=\delta_{ij}\sqrt{-\ln(u_{ij})} \tag{23}$$

式中,$\alpha_{ij}$ 为 $j$ 维空间的搜索步长;$\delta_{ij}$ 为高斯隶属函数的参数;$u_{ij}$ 为 $j$ 维搜索空间适应度函数 $i$ 的隶属度。$\delta_{ij}$ 可由运用公式计算,考虑到惯性权值,通过惩罚函数判定最优解。$u_{ij}$ 由随机函数确定。

（2）搜索方向

对于每个个体 $i$,即 5 个参数的取值,其自身的搜索方向分为利己 $\boldsymbol{d}_{i,\mathrm{ego}}(t)$、利他 $\boldsymbol{d}_{i,\mathrm{alt}}(t)$ 与预动 $\boldsymbol{d}_{i,\mathrm{pro}}(t)$,对 3 个向量分别求加权平均值来确定搜索方向。

（3）个体位置的更新

个体的位置需按照以下规律进行更新:

$$\Delta x_{ij}(t+1)=\alpha_{ij}(t)d_{ij}(t) \tag{24}$$

$$x_{ij}(t+1)=x_{ij}(t)+\Delta x_{ij}(t+1) \tag{25}$$

（4）惩罚函数的选择

实际工程中,被控对象跟踪给定值应更快速,稳定性更强,超调更小,为避免过大振荡导致控制器崩溃,控制信号不能过大。因此采用以下函数作为惩罚函数:

$$J=\int_0^\infty (w_1|e(t)|t+w_2|u(t)|)\mathrm{d}t \tag{26}$$

式中,$w_1$、$w_2$ 为加权值,取 $w_1=0.02,w_2=0.98$;$e(t)$ 为由于热负荷突变等原因导致的瞬时误差;$u(t)$ 为控制器的输出量,即电机转速。

（5）SOA 优化线性自抗扰控制器参数流程（图3）

控制器参数优化之后结果为:$k_\mathrm{p}=0.031\,1,k_\mathrm{d}=0.352\,4,\rho_1=0.109\,7,\rho_2=0.003\,9,\rho_3=4.932\times10^{-5}$（图4）。

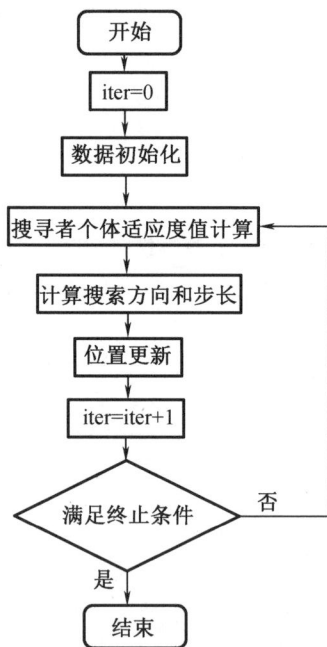

图3 SOA 优化流程

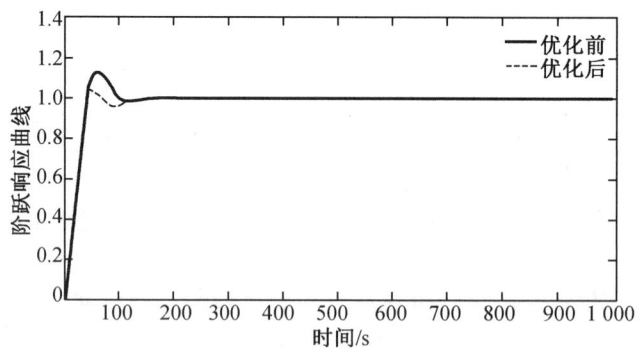

图4 SOA 的优化效果

## 4 总结

本文以自抗扰控制技术相关理论为核心,对中央冷却水系统 PID 控制环节进行优化。简化非线性反馈模型变为线性自抗扰控制器,通过拉普拉斯变换得到了温度控制的传递函数。再根据原有 PID 控制器参数,通过公式计算得到一组初步的自抗扰控制器参数,最后通过人群搜索算法对自抗扰控制器参数进行优化,得到了自抗扰控制器参数最优解。提升了控制器性能和船舶冷却水系统的节能环保效率。同时,本文对其他应用 PID 控制器系统的优化,具有较广泛的参考价值。

## 参考文献

[1] SU C L, YU K T. Evaluation of differential pressure setpoint of chilled water pumps in cleanroom HVAC systems for energy savings in high-tech industries [P]. Industrial & Commercial Power Systems Technical Conference (I&CPS), 2012 IEEE/IAS 48th, 2012.

[2] 吴桂涛, 孙培廷. 船舶中央冷却系统的热力计算数学模型 [J]. 大连海事大学学报, 2002, 28(1): 13-15.

[3] OLSZEWSKI P. Genetic optimization and experimental verification of complex parallel pumping station with centrifugal pumps [J]. Applied Energy, 2016, 178: 525-540.

[4] CARLSON R. The correct method of calculating energy savings to justify adjustable-frequency drives on pumps [J]. IEEE Transactions on Industry Applications, 2010, 36(6): 1725-1733.

[6] 陈宇, 张锐锋, 徐贵光, 等. 大型火电机组协调系统的线性自抗扰控制 [J]. 计算机仿真, 2016, 33(2): 180-184.

[7] HAN J Q. From PID to active disturbance rejection control [J]. IEEE Transactions on Industrial Electronics, 2009, 56(3): 900-906.

[8] 刘丽英. 线性自抗扰控制策略在异步电机调速系统中的应用研究 [D]. 天津: 天津大学, 2010.

[9] ZHENG Q, CHEN Z, GAO Z. A practical approach to disturbance decoupling control [J]. Control Engineering Practice, 2009, 17(9): 1016-1025.

[10] BSU J, QIU W B. Calibration-free robotic eye-hand coordination based on an auto disturbance rejection controller [J]. IEEE Transactions on Robotics, 2004, 20(5): 899-907.

[11] 张彬文, 谭文, 李健. 基于频域近似的线性系统自抗扰参数整定 [J]. 控制理论与应用, 2019, 36(5): 831-840.

[12] 刘玉燕, 刘吉臻, 周世梁. 基于降阶状态观测器的压水堆功率自抗扰控制 [J]. 中国电机工程学报, 2017, 37(22): 6666-6674.

[13] 孙立, 董君伊, 李东海. 基于果蝇算法的过热汽温自抗扰优化控制 [J]. 清华大学学报(自然科学版), 2014, 54(10): 1288-1292.

[14] 管志敏, 林永君, 王兵树, 等. 自抗扰控制器在火电厂主蒸汽温度控制中的仿真研究 [J]. 热力发电, 2009, 38(4): 26-30.

[15] 李大字, 于文龙, 靳其兵. 一阶时滞系统线性自抗扰控制器参数稳定域分析 [J]. 控制理论与应用, 2017, 34(9): 1244-1249.

[16] 封京梅. 一种融入模式搜索的改进人群搜索算法 [J]. 西华大学学报(自然科学版), 2017, 36(1): 7-11.

[17] CHEN C C, LI J S, LUO J, et al. Seeker optimization algorithm for optimal control of manipulator [J]. Industrial Robot: An International Journal, 2016, 43(6): 677-686.

[18] 李长青, 张德龙, 董泽. 主汽温系统线性自抗扰优化控制 [J]. 计算机仿真, 2018, 35(8): 81-86.

# 养殖水舱噪声控制方案设计

## 刘顺天　马　骏

（大连理工大学船舶工程学院）

**摘　要**：针对养殖水舱噪声问题，文章运用统计能量分析法对舱内水体进行噪声预报和噪声源贡献分析，探讨了养殖水舱与普通舱室的差别，并提出相应的振动和噪声控制方案，为此类船舶的推广和其他船舶水下噪声控制提供借鉴和参考。

**关键词**：统计能量分析法；养殖水舱噪声预报；噪声控制

## 0　引言

海洋面积广阔，长期以来为人们提供了丰富的生产资源，促进了人类社会的经济发展。但是近年来，伴随着近海渔业资源的日益枯竭，为了保护海洋生态，实现可持续发展，国家出台政策严格限制近海捕捞，人们开始关注海水养殖，将目光投向深远海。发展深远海养殖，可靠的养殖装备极为关键，目前深远海养殖装备主要包括养殖网箱和养殖工船。养殖网箱需要固定并且大多布置在近海海域，具有较多局限性，而大型可移动式养殖工船功能丰富，可集养鱼、加工、仓储、海上服务于一体。在海上开展工业化养殖模式，能实现海洋渔业由"捕"向"养"的根本性转变，推进海上养殖设施向深远海发展。

船舶噪声的危害由来已久，2020年生效的《绿色生态船舶规范》要求国际航行的海船需满足生态保护的要求，其中包括船舶舒适性和水下噪声的控制要求。养殖工船内养殖有大量经济鱼类，这些鱼类对于声音的应激反应十分强烈，噪声影响一旦超出范围，经济损失会十分严重。无论是从水下噪声对海洋生态环境的影响还是从噪声对此类船型经济性的影响来看，均需降低养殖水舱的噪声。本文主要以养殖水舱为研究对象，对水舱噪声进行预报与控制方案设计。

## 1　统计能量法基本理论

1962年Lyon等从统计热力学中得到启发，认为在研究室内声学这类问题时，可以用统计量来描述，经过多年的发展与完善，增加一些基本假设后，逐步形成了预示结构高频宽带随机激励响应的统计能量分析法（SEA）。经过多年的完善和发展，SEA逐渐在航天、船舶和汽车等多个领域广泛应用。

SEA通过各子系统之间的能量流动情况以及整个声学模型的各类计算参数来建立平衡方程，求解该方程便可分析出各子系统的声学物理量。

应用到船舶舱室噪声计算方面，首先按照相似模态群将全船划分为若干个子系统，根据各系统之间的能量流动，建立功率流平衡方程，带入已知参数后求解得到各个子系统的能量平均值。

（1）SEA若干基本假设

①SEA只适用于保守耦合系统的动力学分析；

②SEA中的"子系统"被认为是"弱耦合"连接；

③子系统受到宽频、非相关的激振力,这些激励在统计上是独立的;

④子系统的各共振模态能量在给定频带内分布均匀;

⑤在分析频带内,子系统具有足够多的共振模态;

⑥子系统模态叠合系数足够高。

(2)SEA 能量平衡方程

①两个子系统

两个子系统之间的能量平衡方程为:

$$P_1 = \omega\eta_1 E_1 + \omega\eta_{12}n_1\left[\frac{E_1}{n_1} - \frac{E_2}{n_2}\right] \tag{1}$$

$$P_2 = \omega\eta_2 E_2 + \omega\eta_{21}n_2\left[\frac{E_2}{n_2} - \frac{E_1}{n_1}\right] \tag{2}$$

②$N$ 个子系统

第 $i$ 个子系统的能量平衡方程为:

$$P_{i,in} = \omega\eta_i E_i + \sum_{\substack{j=1 \\ j \neq i}}^{N}(\omega\eta_{ij}E_i - \omega\eta_{ji}E_j) \tag{3}$$

由互易原理可知 $\eta_i(\omega)\eta_{ij} = \eta_j(\omega)\eta_{ji}$,代入可得统计能量分析方程:

$$\omega[A]\begin{bmatrix} E_1/n_1 \\ \vdots \\ E_k/n_k \end{bmatrix} = \begin{bmatrix} P_1 \\ \vdots \\ P_k \end{bmatrix} \tag{4}$$

上述公式中的参数均可通过理论公式计算得到或者通过试验测得,再通过子系统之间的功率平衡方程,可以计算每个子系统的能量,进而得到子系统的声功率级、声压级等,从而对船舶的舱室噪声进行预报分析。

## 2 养殖水舱噪声预报

### 2.1 参数确定

目标船舶基本船型参数见表1。

表1　目标船舶基本船型参数

| 参数名称 | 参数数值 |
| --- | --- |
| 型长/m | 230.00 |
| 型宽/m | 42.00 |
| 型深/m | 20.40 |
| 设计吃水/m | 12.00 |
| 设计航速/kn | 10.00 |

### 2.2 模型建立与养殖水舱噪声预报

使用 ANSYS APDL 建立有限元模型,如图1所示;使用 ESI VAOne 建立声学模型,如图2所示。建立的 SEA 模型共有9 763个节点,13 852个板子系统,3 975个声腔。

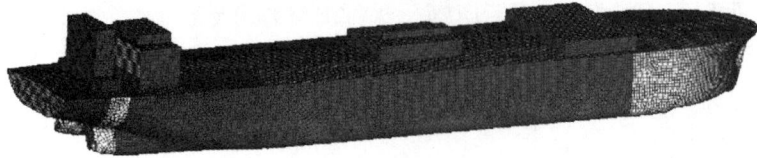

图 1　养殖工船有限元模型

图 2　养殖工船声学模型

根据《海上渔业养殖设置检验指南》，考虑养殖工船在作业点或迁移时操作或活动的状态，本文只考虑航行工况和养殖工况。两种工况下主要设备开启情况见表 2。

表 2　两种工况主要设备开启情况

| 设备 | 主要设备名称 | 设备运行情况 | |
| --- | --- | --- | --- |
| | | 航行工况 | 养殖工况 |
| 推进系统 | 柴油发电机组 | 四组开启 | 三组开启 |
| | 螺旋桨 | 开启 | 关闭 |
| | 电动推进电机和齿轮箱 | 开启 | 关闭 |
| 机舱辅机 | 空压机、泵等辅机 | 部分开启 | 部分开启 |
| 风机 | 养殖水舱投饲风机和送风机 | 部分开启 | 开启 |
| 甲板机械 | 艏部电动液压泵 | 关闭 | 开启 |
| 养殖设备 | 养殖泵和通道设备 | 关闭 | 开启 |

罗非鱼、石斑鱼和石首鱼科的大黄鱼、小黄鱼等都是我国沿海养殖的高价值鱼类代表，Horodysky 等测得石首鱼科鱼类的听觉敏感频率在 100~1 000 Hz；Yang 等测得石斑鱼属鱼类的听觉阈值在 100~1 000 Hz，且听觉曲线呈"U"形。其他绝大多数海洋鱼类的听觉敏感频率都在几百赫兹，并且本船 SEA 声腔子系统在频率 250~1 000 Hz 内模态数都大于 5，因此综合考虑确定舱室噪声的计算范围为 250~1 000 Hz。

使用 ESI VAOne 进行养殖水舱舱室噪声预报，以 1 μPa 为基准声压，水下噪声声压级限定标准为 150 dB(A)，得到预报结果见表 3。

表 3　养殖工船养殖水舱噪声评价　　　　　　　　　（单位：dB(A)）

| 舱室名称 | 航行工况预报值 | 养殖工况预报值 | 评价 |
| --- | --- | --- | --- |
| 7 号舱 | 154.2 | 155.2 | NO |
| 6 号舱 | 130.3 | 145.2 | OK |
| 5 号舱 | 135.7 | 139.8 | OK |
| 4 号舱 | 140.8 | 142.9 | OK |
| 3 号舱 | 136.9 | 140.7 | OK |
| 2 号舱 | 144.5 | 154.2 | NO |
| 1 号舱 | 133.5 | 153.4 | NO |

## 3  养殖水舱噪声控制方案设计

### 3.1  养殖水舱与普通舱室的区别

一般而言,大型船舶考虑噪声舒适度问题集中在上层建筑区域,但养殖工船的货舱区长期装载活体海鱼,为提高舱室舒适度,降低噪声对经济效益的影响,需要考虑养殖水舱的降噪。养殖水舱与普通舱室差别较大,主要体现在三个方面:

(1)普通舱室内为单相介质(空气),而养殖水舱内为多相介质(空气、海水),噪声分析基准值不同。

(2)普通舱室体积较小,而养殖水舱体积较大,各位置声压级差异较大,针对单个舱室进行分析不能看作一个整体进行分析。

(3)普通舱室内有较多舾装件,有吸声作用,而养殖水舱内有海水,需要考虑海水的腐蚀性,安装舾装件不多,因而不考虑在舱内布置吸声的舾装件。

### 3.2  养殖水舱噪声控制方案

以 7 号、2 号、1 号舱为例计算两种工况下养殖水舱的噪声源贡献率,见表 4。

**表 4  养殖水舱噪声源贡献率**　　　　　　(单位:%)

| 舱室名称 | | 航行工况 | | | | | | |
|---|---|---|---|---|---|---|---|---|
| | | 柴油发电机组 | | 推进电机 | | 螺旋桨 | 机舱辅机 | |
| | | 空气声 | 结构声 | 空气声 | 结构声 | 结构声 | 空气声 | 结构声 |
| 7 号舱 | 左舷 | 15.1 | 17.3 | 13.8 | 12.6 | 12.6 | 13.2 | 14.3 |
| | 右舷 | 14.9 | 17.0 | 13.4 | 12.5 | 12.5 | 13.3 | 15.2 |
| 2 号舱 | 左舷 | 16.6 | 23.7 | 11.8 | 9.1 | 9.1 | 11.0 | 15.7 |
| | 右舷 | 16.7 | 24.1 | 11.8 | 8.9 | 8.9 | 10.9 | 15.7 |
| 1 号舱 | — | 32.9 | 32.9 | 6.7 | 0.9 | 0.9 | 4.8 | 14.8 |

| 舱室名称 | | 养殖工况 | | | | | | |
|---|---|---|---|---|---|---|---|---|
| | | 柴油发电机组 | | 机舱辅机 | | 养殖泵 | | 养殖设备通道及风机 |
| | | 空气声 | 结构声 | 空气声 | 结构声 | 空气声 | 结构声 | 空气声和结构声 |
| 7 号舱 | 左舷 | 12.7 | 16.5 | 12.7 | 13.7 | 14.1 | 15.4 | 15.0 |
| | 右舷 | 12.7 | 16.2 | 12.7 | 14.5 | 13.8 | 15.1 | 15.0 |
| 2 号舱 | 左舷 | 5.2 | 11.1 | 5.2 | 7.4 | 21.9 | 25.2 | 24.1 |
| | 右舷 | 5.1 | 11.0 | 5.1 | 7.3 | 22.3 | 24.7 | 24.5 |
| 1 号舱 | — | 1.3 | 8.4 | 1.3 | 3.8 | 27.5 | 30.7 | 27.1 |

可以看出,航行工况下,养殖水舱的噪声主要来源于柴油发电机组、推进电机、螺旋桨和机舱辅机,离激励设备较近的舱室各噪声源贡献率接近,离激励设备较远的舱室柴油发电机组贡献更大。养殖工况下,养殖水舱的噪声主要来源于柴油发电机组、机舱辅机、养殖海水泵、养殖设备通道设备及风机噪声。离激励设备较近的舱室养殖设备及风机噪声贡献较大,且随着舱室离激励源距离的增大,柴油发电机组和机舱辅机的贡献率逐渐降低而养殖海水泵和养殖设备、风机的贡献率逐渐增大。

综合两种工况分析,控制柴油发电机组和机舱辅机噪声是较为合适的方法;控制推进电机和螺旋桨声源的效果相对不明显,且成本较高,不作为主要考虑;控制养殖设备包括养殖海水泵、设备通道和风机等对养殖工况的降噪效果明显。对于多数同时传播空气声和结构声的激励源,两者贡献接近,均需设计降噪方案。

根据计算结果与噪声贡献分析,结合养殖工船的结构、布置,提出以下控制方案:

（1）控制主要噪声源：柴油发电机组、推进电机均采用多层隔振的安装方式；养殖海水泵组集中布置在养殖区域的首尾部位，并采用多层隔振的安装方式或者浮阀隔振的安装方式；给相应设备安装隔声罩。

（2）隔声隔振材料布置：在机舱等设备舱室内部舱壁敷设隔声材料，减少设备向外辐射的空气噪声，在设备基座附近敷设吸振材料，减少设备的振动传递。在养殖水舱外层同样敷设相应的隔声隔振材料，控制空气噪声在水舱之间的传播。

（3）管道包裹：使用隔声材料对设备通道、风机通道进行包裹，减小养殖设备空气噪声通过管道的传递。

（4）修改船舶结构：在设备舱室与养殖水舱之间设置隔声室，选用隔声门隔声窗来阻断噪声的传播。

设置了一系列控制方案之后，重新计算养殖水舱室的噪声并与原始噪声进行对比，结果见表5和图3。

表5    控制方案设置前后养殖水舱噪声对比                （单位：dB（A））

| 舱室名称 | 航行工况预报值 | | 养殖工况预报值 | | 评价 |
|---|---|---|---|---|---|
| | 控制前 | 控制后 | 控制前 | 控制后 | |
| 7号舱 | 154.2 | 149.0 | 155.2 | 147.7 | OK |
| 6号舱 | 130.3 | 125.4 | 145.2 | 139.1 | OK |
| 5号舱 | 135.7 | 131.3 | 139.8 | 135.3 | OK |
| 4号舱 | 140.8 | 136.5 | 142.9 | 138.4 | OK |
| 3号舱 | 136.9 | 132.6 | 140.7 | 134.8 | OK |
| 2号舱 | 144.5 | 139.9 | 154.2 | 146.7 | OK |
| 1号舱 | 133.5 | 129.1 | 153.4 | 146.3 | OK |

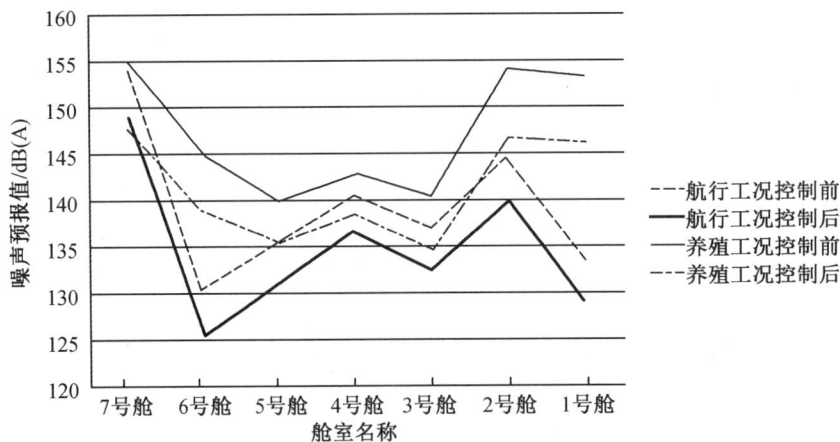

图3    控制方案设置前后养殖水舱噪声对比

## 4    结论

本文基于某大型养殖工船案例，对养殖水舱内水体的噪声进行了分析，用SEA计算出航行工况和养殖工况下各水舱的噪声值，并提出一系列可行的减振降噪方案。从结果来看方案可行性较高，可以为此类船型及与养殖水舱类似舱室的噪声控制提供参考。

养殖工船作为新型船舶，符合我国国情与发展方向，既能作为养殖基地驻守深远海区，提供优质蛋白，又能维护我国海洋权益，以海上移动牧场的形式起到"囤渔戍边"的作用，经济和国防意义十分重大。希望本文的研究能对此类船型的推广起到推动作用，同时也能对海洋生态绿色发展起到积极的促进作用。

## 参考文献

［1］ LYON R H, MAIDANIK G. Power flow between linearly coupled oscillators[J]. Journal of Acoustics Society of America, 1962,34(5):623-639.

[2] HORODYSKY A Z, BRILL R W, FINE M L, et al. Acoustic pressure and particle motion thresholds in six sciaenid fishes[J]. Journal of Experimental Biology, 2008, 211(9):1504.

[3] YANG Y S,SEO D O,LEE C H. A basic study for the behavior control of sevenband grouper, *Epinephelus septemfasciatus*, to underwater low frequency sound Ⅰ: the auditory thresholds of sevenband grouper[J]. Journal of Korea Information & Communications Society,1999,35(4):391-396.

# 基于改进粒子群算法的无人艇静态路径规划

孙玉玉　陈　明

（大连理工大学）

**摘　要**：针对传统粒子群算法(PSO)在无人艇静态路径规划中存在收敛速度慢、精度低等问题，提出指数式—粒子群算法(AXPSO)。首先，该方法为了平衡局部和全局搜索能力，根据指数函数变化规律对惯性权重、学习因子进行优化，并利用测试函数进行测试对比分析；进而，构造一个综合考虑路径长度、路径平滑度、避障安全函数的适应度函数；最后，将该优化算法应用于无人艇环境模型中进行仿真实验，并与传统 PSO 进行对比分析，大量仿真结果表明该算法收敛速度快、精度高，并成功避开障碍物，寻找到符合要求的最优路径。

**关键词**：粒子群算法；惯性权重；学习因子；路径规划；无人艇

## 0　引言

随着人工智能技术的发展，无人艇(USV)成为船舶与海洋工程研究的热点，而路径规划是无人艇智能化研究的关键技术。无人艇路径规划是指在有静态障碍或动态障碍的航行环境中自主规划出一条满足约束条件的从起点到终点的无碰撞路径。良好的 USV 可应用于民用领域，如环境监测、海洋多要素测量、海上搜救等，也可应用于军事领域。

目前解决 USV 静态路径规划的方法主要有遗传算法、粒子群算法、蚁群算法、蜂群算法等。相较其他算法，PSO 算法具有参数少、实现简单等优点，但 PSO 算法本身还存在着一些缺陷，如收敛速度慢、易早熟等，使得 USV 静态路径规划容易陷入局部最优，目标不可达，因而在 USV 领域出现了很多基于传统 PSO 的改进算法。文献基于区域分解的思想提出一种多子域分组的 PSO 算法，有效提高算法的收敛速度和搜索精度；文献从种群多样性、离散、协同等方面对传统 PSO 算法进行改进，避免早熟收敛；文献在传统 PSO 算法的基础上引入直觉模糊熵，对传统 PSO 算法进行改进，并与模拟退火算法相互融合。上述改进算法都取得了一定的成效，但仍存在上述缺陷。

针对传统 PSO 算法的不足，本文在传统 PSO 算法的基础上，提出了基于指数函数变化规律的 AXPSO 算法，该算法对惯性权重和学习因子进行优化，并构造了综合考虑路径长度、路径平滑度、安全避障的适应度函数，有效地提高了算法在 USV 静态路径规划中的缺陷问题。

## 1　环境模型

为解决 USV 静态路径规划问题，需对 USV 的航行环境建模。本文针对 USV 航行环境特点，在二维工作环境中进行建模，广阔的海域中，将 USV 简化为忽略自身尺寸的点；航行路径中的静态障碍有：静礁石、岛屿、停泊船只等，这些均可简化为圆形包络的障碍。在 10 km×10 km 搜索区域内，随机设置上述圆形静态障碍，圆形静态障碍的数量可根据实际海图情况来模拟设置。根据静态障碍影响范围不同，分别用半径为 1 000 m、

700 m、500 m 的圆形来简化表示,建立如图 1 所示的 USV 静态航行环境模型。AXPSO 算法初始化航行路径采用随机方法,粒子随机分散在航行区域。静态障碍的数学表达式为

$$(x-x_0)^2+(y-y_0)^2=r^2$$

式中　$(x_0,y_0)$——静态障碍的圆心坐标;

　　　$r$——静态障碍的半径。

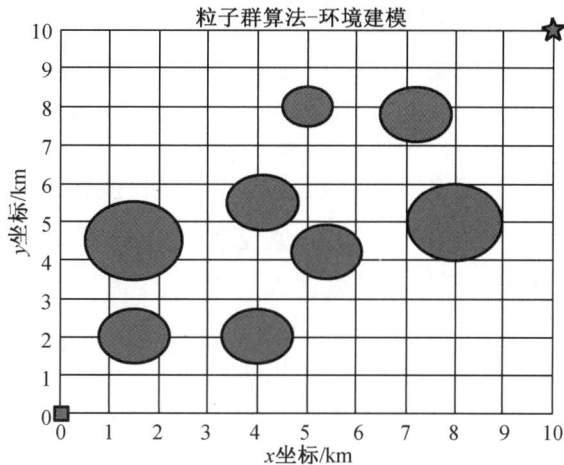

图 1　静态环境模型

## 2　传统 PSO 算法

　　Kennedy 于 1995 年提出 PSO 算法,该算法是根据鸟群的捕食和返巢活动提出的一种启发式算法。PSO 算法的路径规划问题本质上是优化问题,在解决实际问题时,将可能的结果当作搜索空间中的粒子,粒子有两个关键的属性:速度和位置。其中,速度代表粒子可以移动的方向和距离,下一步的位置则是由当前位置和速度决定。粒子通过适应度函数来计算适应度值,通过不断与自身个体最优值和粒子群最优值比较,更新各粒子的最优值和粒子群最优值,并按照公式更新各粒子的速度和位置,不断向粒子群的最优位置移动,经过若干次迭代,最终搜索到全局最优值。速度和位置公式如下:

$$v_{ij}^{k+1}=\omega v_{ij}^k+c_1 r_1(p_{ij}^k-x_{ij}^k)+c_2 r_2(p_{pj}^k-x_{ij}^k)$$
$$x_{ij}^{k+1}=x_{ij}^k+v_{ij}^{k+1}$$

式中　$\omega$——惯性权重;

　　　$j=1,2,\cdots,n,n$ 是维数;

　　　$c_1,c_2$——个人学习因子和群体学习因子;

　　　$r_1,r_2$——$[0,1]$区间的随机数;

　　　$v_{ij}^k\in[-v_{max},v_{max}]$;

　　　$x_{ij}^k\in(-x_{max},x_{max})$。

## 3　改进粒子群算法

### 3.1　基于惯性权重 $\omega$ 的改进

　　经过分析,在 PSO 算法中惯性权重对粒子的全局和局部搜索能力产生影响,为保证更好地找到全局最优解,粒子的搜索能力应该随着迭代过程动态改变。在迭代初期,需要有较大的惯性权重值,保证算法有较强的全局搜索能力,在迭代后期,惯性权重值应较小,以提高算法局部的搜索能力。

　　受指数函数曲线变化规律的启发,本文根据指数函数(当 $a$ 的取值范围在$(0,1)$时)随着变量的增大而减小的规律,对惯性权重进行改进。改进后的惯性权重公式如下:

$$\omega = \omega_e + (\omega_s - \omega_e) \times \left(\frac{1}{K}\right)^{\frac{i}{K}}$$

式中,令 $\omega_s = 0.9$,$\omega_e = 0.4$,$i$ 为粒子当前迭代的次数,$K$ 为最大迭代次数。

由上述公式可以得出当迭代前期 $i$ 值较小,$\frac{i}{K}$ 值也会较小,此时 $\left(\frac{1}{K}\right)^{\frac{i}{K}}$ 值较大,所以惯性权重值 $\omega$ 较大,有利于粒子的全局搜索;当迭代次数逐渐增大时,$\frac{i}{K}$ 值会越来越大,此时 $\left(\frac{1}{K}\right)^{\frac{i}{K}}$ 值会越来越小,直到趋近于 0,达到最小,惯性权重值 $\omega$ 也达到最小值,有利于粒子进行局部搜索。

### 3.2 基于学习因子 $c_1$、$c_2$ 的改进

在传统 PSO 算法中,$c_1$ 和 $c_2$ 不会动态调整下一次迭代的速度和位置。因此,在算法早期 $c_1$ 的值较大,$c_2$ 的值较小,有利于提高全局搜索的能力,在算法后期,$c_1$ 值较小,$c_2$ 值较大,有利于局部搜索。基于上述分析,结合指数函数变化规律,本文提出如下异步学习因子表达式:

$$c_1 = (c_s - c_e) \times \left(\frac{1}{K}\right)^{\frac{i}{K}} + c_e$$

$$c_2 = \left| (c_s - c_e) \times \left[ -\left(\frac{1}{K}\right)^{\frac{i}{K}} \right] + c_s \right|$$

式中,$c_s$ 为 $c_1$、$c_2$ 的初始值,令 $c_s = 2.5$;$c_e$ 为迭代终值,令 $c_e = 0.5$。

由上述公式可以得出,在迭代前期 $i$ 值较小,$\frac{i}{K}$ 值较小,$\left(\frac{1}{K}\right)^{\frac{i}{K}}$ 值较大,$-\left(\frac{1}{K}\right)^{\frac{i}{K}}$ 值较小,所以在算法迭代前期,$c_1$ 值较大,$c_2$ 值较小,有利于全局搜索;随着迭代次数 $i$ 的增加,$\frac{i}{K}$ 值越来越大,$\left(\frac{1}{K}\right)^{\frac{i}{K}}$ 值越来越小,$-\left(\frac{1}{K}\right)^{\frac{i}{K}}$ 值越来越大,此时 $c_1$ 值较小,$c_2$ 值较大,有利于粒子进行局部搜索。

### 3.3 改进后的粒子群算法

综合优化后的惯性权重和学习因子表达式,改进后的更新速度和位置表达式如下:

$$v_{ij}^{k+1} = \left[ \omega_e + (\omega_s - \omega_e) \times \left(\frac{1}{K}\right)^{\frac{i}{K}} \right] v_{ij}^k + \left[ (c_s - c_e) \times \left(\frac{1}{K}\right)^{\frac{i}{K}} + c_e \right] r_1 (p_{ij}^k - x_{ij}^k) + \left[ \left| (c_s - c_e) \times \left[ -\left(\frac{1}{K}\right)^{\frac{i}{K}} \right] \right| + c_s \right] r_2 (p_{gj}^k - x_{ij}^k)$$

$$x_{ij}^{k+1} = x_{ij}^k + v_{ij}^{k+1}$$

### 3.4 适应度函数的选择

要实现 USV 的静态路径规划,适应度函数的选取至关重要,在寻找最优路径的过程中,过多的转弯会使 USV 能耗过大,因此,本文综合考虑了路径的长度、路径平滑度和是否成功避开障碍物等因素,形成了适应度函数的表达式。

USV 在航行过程中,路径是由一系列节点构成,将各个节点连接起来,就构成了 USV 静态规划路径长度,因此,定义的最短路径公式如下所示:

$$f_1 = \sum_{i=0}^{n} \sqrt{(x_{i+1} - x_i)^2 + (y_{i+1} - y_i)^2}$$

除了追求路径最短之外,避碰是关键,USV 要与障碍保持一定的安全距离,因此,引入了避障惩罚-安全函数,计算公式为

$$f_2 = \max\left( 1 - \frac{d}{R(m)} + D, 0 \right)$$

式中,$d$ 为路径节点到障碍物圆心的距离,$d = \sqrt{[x_i - x_0(m)]^2 + [y_i - y_0(m)]^2}$;$R(m)$ 为第 $m$ 个障碍物的半径;为保持与障碍物一定的安全距离,提出了安全因子 $D$,可根据实际情况进行参数设置。

综合各种因素，AXPSO 算法选择的适应度函数如下所示：

$$f = f_1 \times (\alpha + \beta \sum f_2)$$

式中，经过大量数据实验验证，令 $\alpha = 1, \beta = 2$。

## 4 改进后的算法性能仿真对比分析

为验证 AXPSO 算法的有效性，选取 Ackley 函数、Griewank 函数、Rastrigin 函数、Sphere 函数进行测试验证。在每个测试函数中分别采用传统粒子群算法（PSO）、惯性权重线性递减粒子群算法（LWPSO）和本文算法（AXPSO）进行对比仿真分析，并记录结果，不同算法的参数设置如表 1 所示，算法对比如图 2 所示。

**表 1 初始参数设置**

| | AXPSO | LWPSO | PSO |
|---|---|---|---|
| K | 50 | 50 | 50 |
| N | 100 | 100 | 100 |
| $\omega$ | 呈指数式递减 | 0.9 | 0.9 |
| $\omega_s$ | 0.9 | — | — |
| $\omega_e$ | 0.4 | — | — |
| $c_1$ | 呈指数式递减 | 2 | 2 |
| $c_2$ | 呈指数式递增 | 2 | 2 |

从图 2 中可以看出，AXPSO 算法的迭代速度明显优于 LWPSO 算法和传统 PSO 算法。

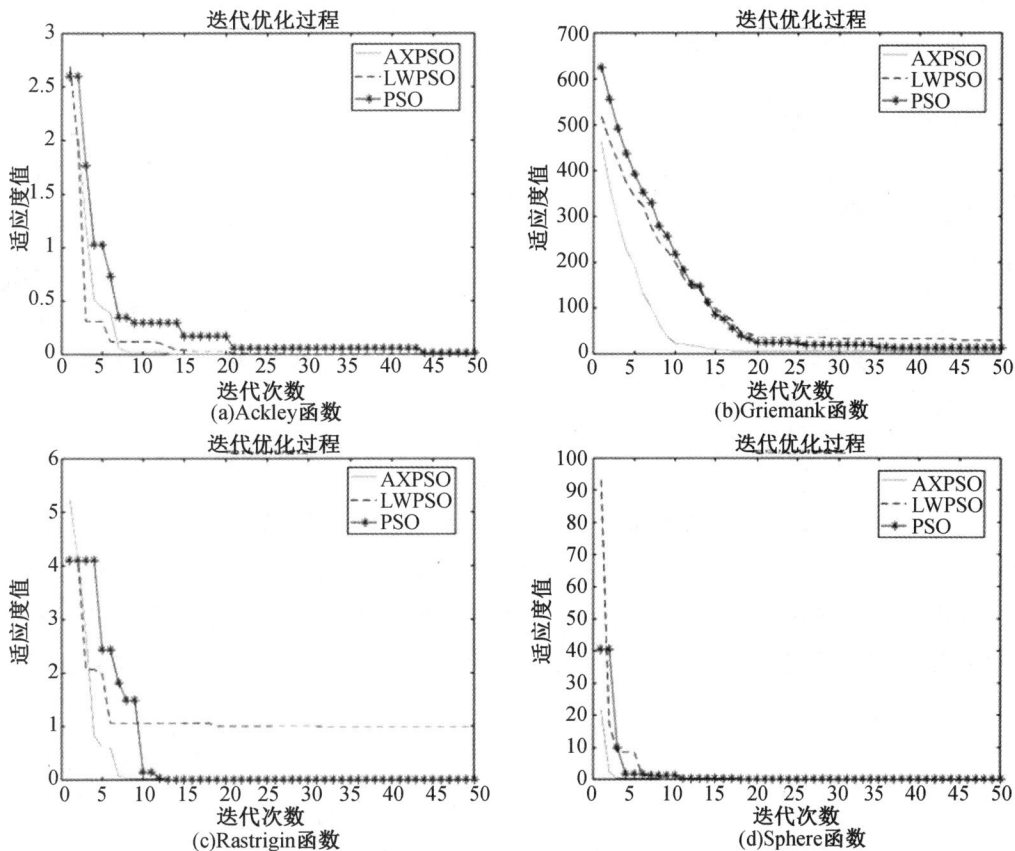

**图 2 算法对比图**

图 2（a）是在 Ackley 函数中的算法对比图。图中可以看出 AXPSO 算法在第 12 代左右时就已经达到最优

值,较其他两种算法,AXPSO 算法的寻优速度、搜索精度等明显提高。

图 2(b)是在 Griewank 函数中的算法对比图。图中可以看出 AXPSO 算法在第 15 代左右时就已经达到最优值,LWPSO 算法陷入了局部最优。较其他两种算法,AXPSO 算法的寻优速度、搜索精度等明显提高。

图 2(c)是在 Rastrigin 函数中的算法对比图。图中可以看出 AXPSO 算法在第 8 代左右时就已经达到最优值,LWPSO 算法在寻找最优路径的过程中过早地陷入了局部最优,出现早熟现象。因此改进后的算法收敛速度更快,搜索效率更高。

图 2(d)是在 Sphere 函数中的算法对比图。图中可以看出 AXPSO 算法在第 3 代左右时就已经达到最优值,LWPSO 算法在第 9 代左右时收敛到最优,PSO 算法在第 12 代时才收敛到最优解。因此改进后的算法收敛速度更快,搜索效率更高。

## 5 仿真实验分析

为了验证算法的有效性和正确性,本文利用 AXPSO 算法和传统 PSO 算法进行对比,在 10 km×10 km 的 USV 静态环境障碍搜索区域内进行算法仿真。具体参数设置如下:种群数量 $N=200$,最大迭代次数 $K=100$,$\omega_s=0.9$,$\omega_e=0.4$,$c_s=2.5$,$c_e=0.5$,$c_1=2.0$,$c_2=2.0$,起始坐标(0,0)km,终点坐标(10,10)km。AXPSO 算法和 PSO 算法静态路径规划如图 3 所示,该环境下适应度曲线对比如图 4 所示。数据结果显示 AXPSO 算法路径长度在 14.40 km 左右,在第 22 代左右时达到最优值;PSO 算法路径长度在 15.50 km 左右,在第 34 代左右时达到最优值。

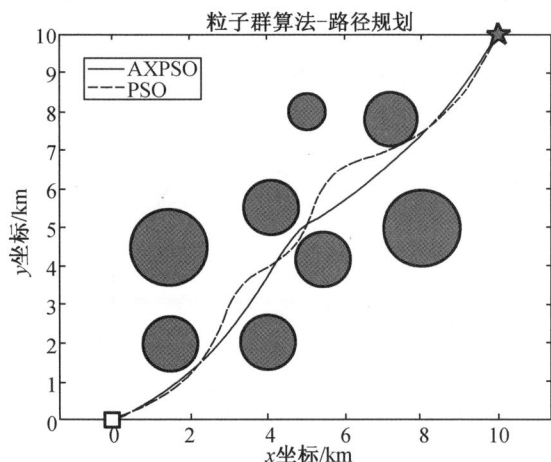

图 3 路径规划对比

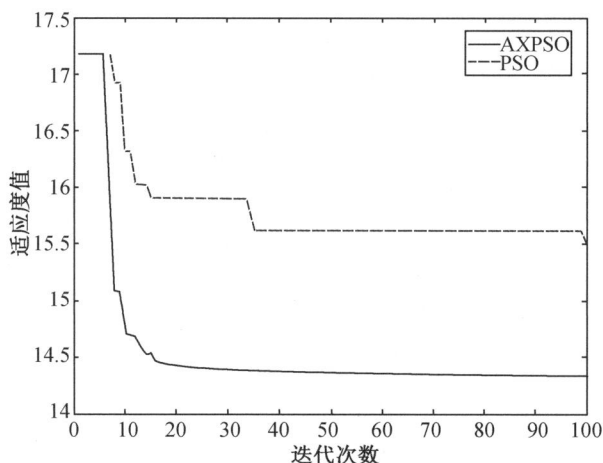

图 4 适应度曲线对比

## 6 结论

针对传统 PSO 算法在 USV 静态路径规划中存在收敛速度慢、精度低、易陷入局部最优等问题,本文提出基于指数函数变化规律的 AXPSO 算法。该方法根据指数函数变化规律对惯性权重、学习因子进行优化,并利用 4 种测试函数进行测试对比分析;进而,构造一个综合考虑路径长度、路径平滑度、避障安全函数的适应度函数。经过大量数据实验证明,该算法改善了传统 PSO 算法在 USV 静态路径规划中的缺陷,路径长度、平滑度、安全性等性能均有所提高。

## 参考文献

[1] 槐创锋,郭龙,贾雪艳,等.改进 A * 算法与动态窗口法的机器人动态路径规划[J].计算机工程与应用,2021,57(08):244-248.

[2] YADAV R K. PSO-GA based hybrid with Adam Optimization for ANN training with application in Medical

Diagnosis［J］. Cognitive Systems Research, 2020, 64：191-199.

［3］　于振中,李强,樊启高.智能仿生算法在移动机器人路径规划优化中的应用综述［J］.计算机应用研究, 2019,36(11):3210-3219.

［4］　邢博闻,杨柳,胡庆松,等.无人船全覆盖路径规划算法研究［J/OL］.兵器装备工程学报:1-7［2022-09- 22］.http://kns.cnki.net/kcms/detail/50.1213.TJ.20220816.0849.005.html.

［5］　CLERC M, KENNEDY J. The particle swarm-explosion, stability, and convergence in a multidimensional complex space［J］. IEEE transactions on Evolutionary Computation, 2002, 6(1)：58-73.

［6］　黄兴旺.基于多子域分组粒子群优化算法的小型无人船路径规划［J］.船舶工程,2021,43(12):158-165.

［7］　薛飞.基于无人船的路径规划与避障问题研究［D］.哈尔滨:哈尔滨工程大学,2017.

［8］　陈鑫,周海峰,潘帅强,等.无人救生船的结构设计与航迹优化研究［J］.广州航海学院学报,2022,30 (01):9-14.

［9］　吴雪琴,赵文广,赵之洛.基于混合模拟退火的无人船多点巡航调度［J］.船舶工程,2022,44(04):24-29.

［10］　POLI R, KENNEDY J, BLACKWELL T. Particle swarm optimization［J］. Swarm intelligence, 2007, 1(1)： 33-57.

［11］　高飞.MATLAB智能算法超级学习手册［M］.北京:人民邮电出版社,2014.

# 船舶空调管路构件影响范围的研究

## 王 芳 马 骏

### （大连理工大学船舶工程学院）

**摘 要**：船舶空调通风管路中的气动噪声已经成为影响船舶舱室舒适性的重要因素，但是目前针对管路系统气动噪声计算方法的研究较少，本文利用 Simcenter STAR-CCM+ 对管路系统中典型构件 90° 弯管的影响范围进行探究，为探究管路系统气动噪声的计算方法提供参考。

**关键词**：管路系统；90° 弯管；气动噪声；影响范围

## 1 引言

为改善人们的工作、生活环境，在船舶各舱室尤其是上层建筑中会铺设大量的空调通风管路，然而研究表明，由空调通风管路系统产生的气动噪声已成为影响船舶舒适性的重要因素，所以探索一种合理、高效、便捷的空调通风管路系统噪声计算方法，在船舶设计建造初期完成空调管路系统的合理布置对于节约建造成本，缩短建造工期，提高船舶的合格率，建设绿色船舶具有重要意义。

目前对于船舶空调管路系统中气动噪声的研究多集中于管路中短小构件如直管、弯管、T 型管、变径管的声源特性以及减小这些构件风阻的研究，而对于管路中构件的影响范围研究较少，本文以空调管路系统的典型构件 90° 弯管为例，对其进行了影响范围的研究，以期探究合理的管路系统的气动噪声计算方法。

关于空调管路气动噪声的研究方法主要包括理论计算、模型试验以及数值计算三种方法，本文研究采用数值计算方法，应用计算流体动力学软件 Simcenter STAR-CCM+ 首先进行管路内流场稳态计算，计算完成后激活 Curle 和 Proudman 噪声源模型，进而计算出管路中空气动力产生的噪声源的位置以及噪声强度，探究了流场与噪声源分布之间的相关性；之后将稳态计算结果作为初始值进行流场的瞬态计算，待计算稳定后收集管壁的脉动压力，应用基于福茨·威廉姆斯-霍金斯方程的 FW-H 模型得到管路出口监测点的时域压力，通过快速傅里叶变换 FFT 将时域结果转换到频域中，最后计算出管路出口监测点的总声压级。

## 2 基本理论

### 2.1 Curle 噪声源模型

假设湍流各项同性且马赫数较低时，Curle 噪声源模型可用来表示偶极子噪声源，换言之，可用来表示作用于流体上的固体边界中脉动表面压力的噪声，声压可根据局部贡献写为

$$\rho'(x,t) = \frac{1}{(4\pi a_0^3)} \int_s \left[ \frac{(x-y)}{r^2} \frac{\partial p}{\partial t}\left(y, t-\frac{r}{a_0}\right) \right] \cdot n \mathrm{d}S(y) \tag{1}$$

式中，$\rho'$ 为声压；$a_0$ 为远场声速；$t-r/a_0$ 为发射时间；$p$ 为表面压力；$x$ 为远场中的位置；$y$ 为用于计算噪声的远场点；$r$ 为 $|x-y|$；$n$ 为壁面法向。

## 2.2 Proudman 噪声源模型

假设湍流各项同性时,Proudman 噪声源模型可用来表示四极子噪声源在每单位体积的声功率,对于不可压缩近流中的各向同性湍流,根据 Proudman 高雷诺数模型,每单位体积的声功率为

$$AP = \alpha \rho_0 \frac{\mu^3}{l} \frac{\mu^5}{c_0^5} \qquad (2)$$

式中,$\alpha$ 为与纵向速度相关性关联的常数;$\mu$ 为速度分量之一的均方根;$l$ 为速度的纵向积分长度尺寸;$\rho_0$ 为远场流体密度;$c_0$ 为远场声速。

## 2.3 福茨·威廉姆斯-霍金斯方程

1952 年,莱特希尔把 N-S 方程和连续方程结合研究推导出了声传播方程,这就是奠定了气动声学理论基础的莱特希尔方程。但是该方程只能在无固体边界或固体边界条件不起作用的情况下使用,这一限制条件将莱特希尔方程的应用压缩到很小的范围内。后来,该方程经过众多研究者的不断补充、完善形成了现在应用广泛的福茨·威廉姆斯-霍金斯方程即如下所示的 FW-H 方程,该方程可以应用于存在固体边界的情况下。

$$\frac{1}{c_0^2} \frac{\partial^2 p'}{\partial t^2} - \nabla^2 p' = \frac{\partial^2}{\partial x_i x_j} T_{ij} - \frac{\partial}{\partial x_i} [p_{ij} n_{ij} \delta(f)] + \frac{\partial}{\partial_t} [\rho_0 \mu_n \delta(f)] \qquad (3)$$

式中,右边第一项为四极子声源,第二项为偶极子声源,第三项为单极子声源。

# 3 数值模拟研究

## 3.1 管路模型建立

利用 Simcenter STAR-CCM+ 中的 3D-CAD 模型进行参数化建模,将管路的入口段、出口段、管径和弯管半径设置为变量参数,可根据计算需要通过调整参数完成新模型的建立。本文数值模拟初始管路模型参考实船结构样式及尺寸,弯管为 90°,入口段和出口段管长为 $L_1 = L_2 = 8$ m,弯管的弯曲半径 $R = 0.4$ m,管径 $D = 0.4$ m。参数化模型如图 1 所示。

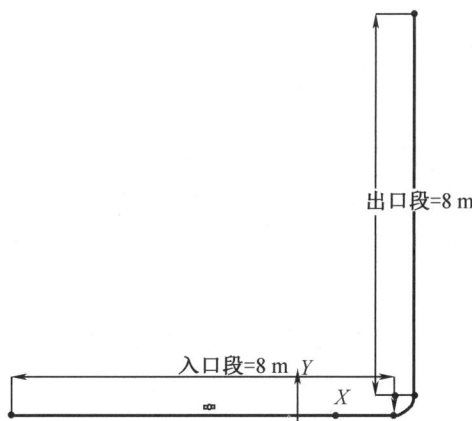

**图 1 管路参数化模型**

## 3.2 网格划分

网格划分采用质量较高的切割体与棱柱层相结合的自动网格划分方法,由于瞬态计算采用大涡模型,故在进行网格划分时需要通过控制首层边界层网格的大小进而满足 Y+~1 的要求,除此之外,网格划分还需要考虑声学求解的最大频率,本文研究设置声学求解的最大频率为 2 000 Hz,即网格尺寸应小于等于 0.028 m。

数值模拟结果的准确性很大程度上取决于网格的划分,一般来讲,网格尺寸越小且质量越好,计算结果越准确,但是受计算资源和计算时间的影响,网格划分无法达到理论上的理想状态,所以需要进行网格无关性验证,观察计算结果对于网格密度变化的敏感性,在计算结果变化幅度满足计算要求的情况下则可以认为计算值

和网格密度无关。在网格无关性验证中,需要确定一个合适的监测量,通过监测量的变化来反映网格密度对计算结果的影响。本文应用管路入口和出口的压差作为监测量,待压差增幅随网格数量增大变化减小时则认为网格数量已满足要求。最终本文选取的网格基础尺寸为 0.02 m,10 层边界层。

### 3.3 流场与噪声源的相关性

进行稳态流场计算时,设置管壁为刚体,流体为空气,速度入口,压力出口,壁面无滑移的边界条件,入口速度 $V$ 取值为 1~5 m/s,管径 $D$ 取值为 0.2~0.5 m,弯管半径 $R$ 取值为 0.4~0.7 m。通过控制单一变量的方法,探究入口速度、管径、弯管半径参数对于管路气动噪声源的位置及强度的影响。当入口速度 $V=4$ m/s,$D=0.4$ m,弯管半径 $R=0.4$ m 时,各类云图如图 2 所示。通过对比多组计算结果可知,在管路入口和弯管内侧的速度大、压力小的区域,偶极子噪声源分布密集且强度大,而四极子噪声源几乎不存在,对噪声的贡献小。

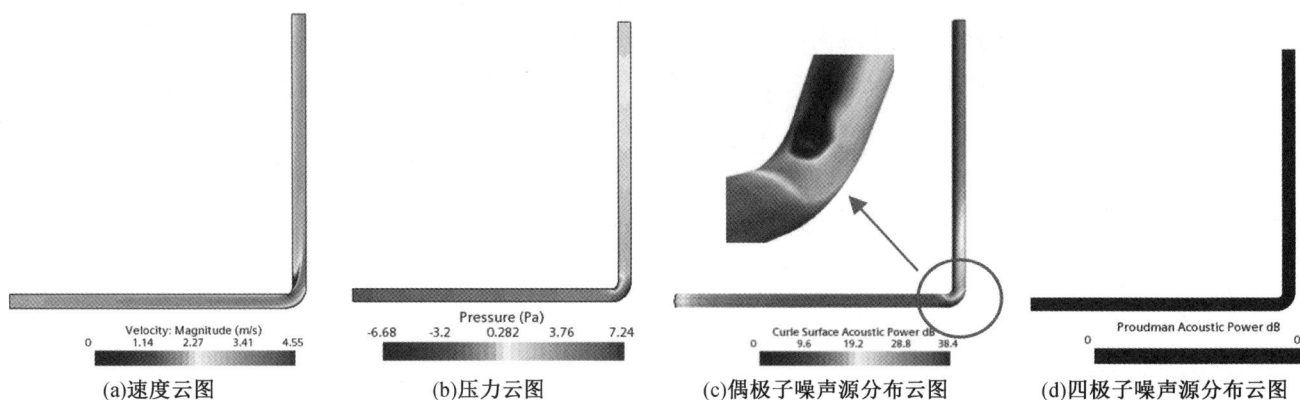

(a)速度云图　　(b)压力云图　　(c)偶极子噪声源分布云图　　(d)四极子噪声源分布云图

**图 2　计算云图**

综上,管壁的偶极子声源是管路气动噪声的主要噪声源,管路内部的四极子声源影响范围小,强度低可忽略不计,该模拟结果与理论分析一致,验证了数值模拟的准确性。

### 3.4 不同管路参数对弯管影响范围的影响

通过探究不同管路参数对流场和噪声源分布的影响发现,管路壁面产生的偶极子噪声源在弯管处产生的噪声值较大并且会延续一部分在管路出口段,噪声源的分布与管内流体的流动状态密切相关。故进一步探究弯管对于流场的影响范围。

在管路入口段和出口段的轴线上分别设置监测点,监测管内流体的流速变化,每两个监测点之间的距离为 0.2 m,以管道直径 $D=0.2$ m 为例,监测结果如图 3 所示。可以看出,入口段内流体的速度变化相对稳定,而在出口段管内流体速度存在明显的波动且波动值随管内速度的增大而增大,弯管对于出口段的影响比较大。对于管道出口段,波动过后管内速度都相对稳定,当速度变化量小于 0.01 m/s 时忽略不计,以此来划分弯管对于出口段的影响范围。同时设置其他管道直径参数,关于弯管对出口段影响范围进行进一步研究,计算结果如图 4 所示。同一管径下,速度越大,弯管对于出口段的影响范围越大,入口速度相同,管径越大,弯管对于出口段的影响范围也越大。

### 3.5 管路出口噪声值计算

由图 4 可知在 $D=0.4$ m,$V=4$ m/s 时,弯管对于管道出口段的影响范围为 4 m,本节通过管路出口噪声值的计算对总结的规律进行相关验证。

在进行管路出口噪声值计算时,入口边界条件设定为速度进口,数值为 4 m/s,出口边界条件设定为压力出口并默认压力为 0 Pa,流场的稳态分析选用可实现的 $k-\varepsilon$ 模型,瞬态分析选用大涡模型,最大频率为 2 000 Hz,则时间步长确定为 0.000 25 s。在管路出口轴线上并距离管路出口 20 cm 处选定一个监测点。在管道出口段设置 5 个监测平面分别距离管道出口段的入口距离为 1.5 m、2.4 m、3.4 m、4.4 m、5.4 m,监测各平面处的表面平均速度和压力,模型如图 5 所示。首先计算完整管路监测点处的噪声值,然后分别在五个界面处分段,再计算监测点处的噪声值,相关数据如表1所列。

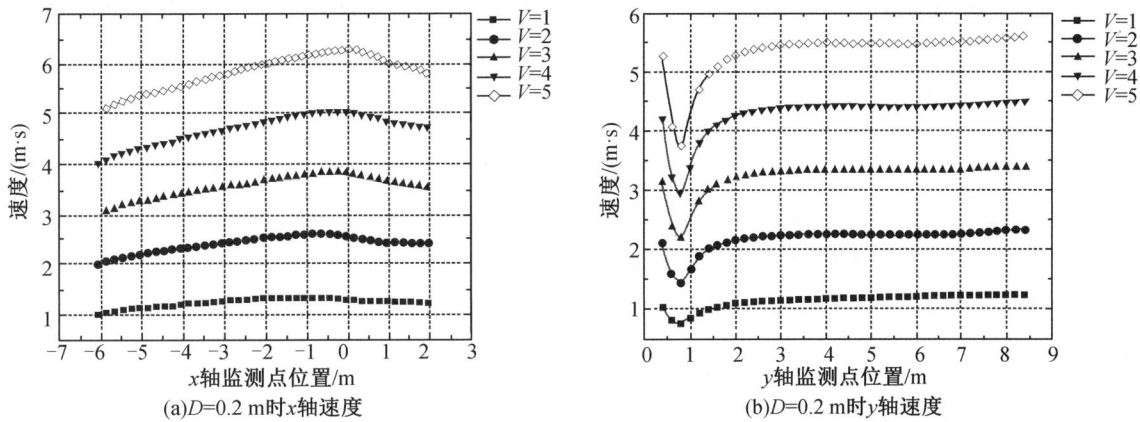

(a)D=0.2 m时x速度

(b)D=0.2 m时y速度

图3    D=0.2 m管道内部速度监测

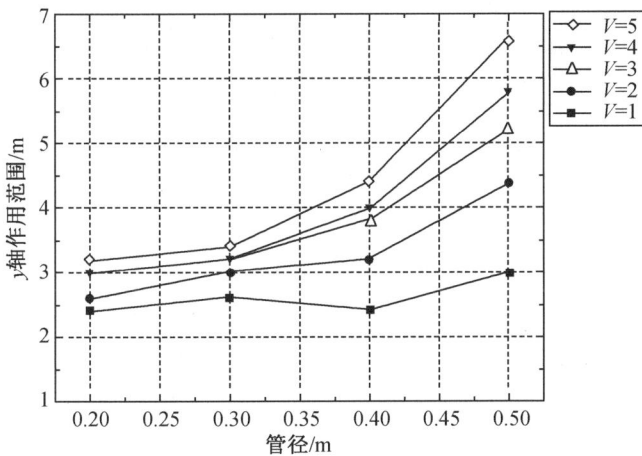

图4    弯管对出口段的影响范围

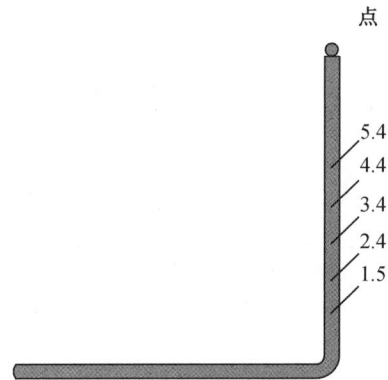

图5    监测点及监测平面模型图

表1    管路出口噪声值

| 项目 | 数值 | | | | |
|---|---|---|---|---|---|
| 位置/m | 1.5 | 2.4 | 3.4 | 4.4 | 5.4 |
| 速度/(m/s) | 4.047 | 4.021 | 4.011 | 4.007 | 4.005 |
| 压力/Pa | 3.561 | 3.171 | 2.534 | 1.959 | 1.431 |
| 分段后监测点声压级/dB | 48.695 | 49.525 | 49.849 | 50.108 | 50.434 |
| 无分段监测点声压级/dB | 54.318 | 54.318 | 54.318 | 54.318 | 54.318 |
| 误差/dB | 5.623 | 4.793 | 4.469 | 4.210 | 3.884 |

由计算结果可知,当在管路出口段坐标值为1.5 m处分段进行管路出口噪声值的计算时产生的误差最大,且1.5 m分段和2.4 m分段计算的噪声值之差最大,4.4 m及之后的分段噪声值计算误差相对减小。这是由于受弯管的影响,管路出口段内流场受到干扰,流体的流动状态发生变化,距离弯管越近,受到的影响越大,所以两种计算方法的误差随检测平面距离弯管越远而越小。所以探究管路中构件的影响范围采用合理的分段方式进行管路噪声值的计算能保证数值计算的准确性。

## 4    总结

在低速空调管路系统中,气动噪声的噪声源主要是偶极子噪声源,其主要分布在流速大、压力小的管壁处,噪声源的分布与流场状态密切相关,通过探究不同管路参数对流场的影响规律进而总结出弯管的影响范围,通过对管路出口噪声值的计算完成对弯管影响范围的验证,结果表明,通过探究弯管的影响范围可以极大地提高管路在采用分段方式计算气动噪声时的准确性。后续将对弯管影响范围的规律尝试进行经验公式的拟合,以期为完整空调管路系统的气动噪声计算提供更多的参考。

## 参考文献

［1］ 徐帆. 船用管路系统附件流固耦合声振特性研究［D］. 武汉:武汉理工大学.

［2］ ZHANG T, ZHANG YO, OUYANG H. Structural vibration and fluid-borne noise induced by turbulent flow through a 90° piping elbow with/without a guide vane［J］. International Journal of Pressure Vessels Piping, 2015, 125:66-77.

［3］ MORI M, MASUMOTO T, ISHIHARA K. Study on acoustic and flow induced noise characteristics of T-Shaped pipe with square Cross-Section［J］. Advances in Applied Acoustics, 2017,120:137-147.

［4］ 黄平慧. 基于 STAR-CCM+二次开发的进气歧管流动噪声分析［D］. 哈尔滨:哈尔滨工业大学,2014.

［5］ 魏杰证. 邮轮典型通气管路噪声预报及控制技术研究［D］. 武汉:武汉理工大学,2018.

# 海上风机叶片气动噪声计算

## 张雅泰　马　骏

（大连理工大学船舶工程学院）

**摘　要**：对于海上风机运营期间风机叶片产生的气动噪声的问题，文章运用大涡模拟与类比声学结合的分析法对海上风机叶片气动噪声进行了计算，并依据计算结果介绍了两种噪声控制方法，为此类海上风机运营期间的叶片产生的气动噪声控制提供借鉴和参考。

**关键词**：气动噪声；海上风机；噪声控制

## 1 引言

如今，世界经济发展突飞猛进，科技也迎来了长足的进步，人类的生活节奏加快，与之而来对能源的需求也日益增加，但是摆在人类对能源巨大需求面前的是日益匮乏的地球能源。所以可再生能源成为时代的宠儿，各国政府都对其研发投入了巨大精力。

风能作为一种取之不尽用之不竭的可持续利用能源，拥有诸多优点，例如：分布范围广，能源开发过程对环境影响较小等。根据科学估算，全球可利用的风能资源总量为27.4亿千瓦，达到了可利用水资源的十一倍多，与此同时，近海的可利用风能资源也是达到了全球可利用风能资源的五分之一左右，所以海上风力发电的研究走在了清洁能源研究的最前端。海上风电项目在我国也是备受关注，政府投入了大量精力发展海上风电。海上风电作为我国绿色能源版图中重要的一部分，海上风电场的数量日益增多。但是海上风电发展的车轮轰隆向前的背后是海洋环境的破坏，尤其是在施工期和运营期所产生的噪声对海洋生物的影响。近海海上风电场运营期所产生的噪声主要集中在低频段，一般不超过1 000 Hz，噪声强度也比较低，但是运营期是一个非常长的周期，其周期一般在20~30年，并且产生的气动噪声持续存在。虽然目前运营期间产生的气动对海洋生物的影响尚不明确，但是这些噪声的频率范围与一些海洋动物的最佳听力范围相一致，而且海上风机也在向着大型化发展，其产生的噪声级也会越来越大，势必会对一些海洋动物产生影响。

## 2 理论方法

### 2.1 大涡模拟

湍流包含各种尺度的涡团，并且这种涡团的尺度范围很大，如果把每一个涡团都进行计算分析，计算网格的尺寸就会非常小，从而带来的工作量的提升是不可估量的。目前对湍流进行计算的网格的最小尺寸也要比涡团能达到的最小尺寸要大得多。并且在计算的时候，大尺度涡与所求解问题、几何和边界密切相关。小尺度涡几乎不受几何和边界的影响，它趋向于各向同性，且运动具有共性。所以就需要将小尺度涡团过滤掉，只计算比网格尺度大的涡，再通过瞬时 N-S 方程将小尺度涡对大尺度涡的影响体现出来，这就是大涡模拟。大涡模拟通过滤波函数处理瞬时状态的 N-S 方程及连续方程：

$$\frac{\partial}{\partial t}(\rho \overline{u_i})+\frac{\partial}{\partial x_i}(\rho \overline{u}\,\overline{u_j})=-\frac{\partial \overline{p}}{\partial x_i}+\frac{\partial}{\partial x_j}\left(\mu \frac{\partial \overline{u_i}}{\partial u_j}\right)-\frac{\partial t_{ij}}{\partial x_j} \tag{1}$$

$$\frac{\partial \rho}{\partial t}+\frac{\partial}{\partial x_i}(\rho \overline{u_i})=0 \tag{2}$$

## 2.2 类比声学

Lighthill 最初提出的等效声源法只适用于求解自由空间的气动噪声问题,对于存在固体边界和运动物体的影响的声学问题的求解则无能为力。后来 Curle 采用 Kirchhoff 方法将 Lighthill 理论进行推广,解决了固体边界影响的问题。Ffowcs williams 与 Hawkings 应用广义函数的数学理论对 Curle 方程进行了扩展,考虑运动固体边界对声音的影响,得到了著名的 FW-H 方程:

$$\frac{1}{c_0^2}\frac{\partial^2 p'}{\partial t^2}-\nabla^2 p'=\frac{\partial^2}{\partial x_i x_j}T_{ij}-\frac{\partial}{\partial x_i}[p_{ij}n_{ij}\delta(f)]+\frac{\partial}{\partial t}[\rho_0 \mu_n \delta(f)] \tag{3}$$

# 3 叶片气动噪声数值模拟

## 3.1 模型参数

以 5 MW 单桩型(monopile)三叶片水平轴海上风力机为例进行研究。该型风力机在众多以前的研究中对其特性都有很好的定义。风力机的主要结构参数见表 1。

表 1 风力机主要结构参数

| 项目 | 参数 |
|---|---|
| 风力机等级 | 5 MW |
| 叶片数 | 3 |
| 控制方式 | 变桨变速 |
| 切入,额定,切出风速 | 3 m/s,11.4 m/s,25 m/s |
| 风轮切入及额定转速 | 6.9 r/min,12.1 r/min |
| 轮毂中心高度 | 90 m |
| 额定叶尖速 | 80 m/s |
| 风轮直径 | 126 m |
| 叶片长度 | 61.5 m |

## 3.2 模型建模

风机叶片使用 SolidWorks 建模,NREL-5MW 的风机叶片沿展向共有 17 个翼型截面,叶根处采用的是圆形及 DU(delft university)系列翼型;叶尖部分采用 NACA64-618 翼型。各类翼型具体形状参数见表 2,最终模型如图 1 所示。

表 2 风机叶片翼型参数表

| 序号 | 翼型截面半径/m | 扭角/rad | 弦长/m | 气动中心 | 翼型 |
|---|---|---|---|---|---|
| 1 | 2.866 7 | 13.308 | 3.542 | 0.50 | Cylinder |
| 2 | 5.600 0 | 13.308 | 3.854 | 0.44 | Cylinder |
| 3 | 8.333 3 | 13.308 | 4.167 | 0.38 | Cylinder |
| 4 | 11.750 0 | 13.308 | 4.557 | 0.30 | DU40 |

表2(续)

| 序号 | 翼型截面半径/m | 扭角/rad | 弦长/m | 气动中心 | 翼型 |
|---|---|---|---|---|---|
| 5 | 15.850 0 | 11.480 | 4.652 | 0.25 | DU35 |
| 6 | 19.950 0 | 10.162 | 4.458 | 0.25 | DU35 |
| 7 | 24.050 0 | 9.011 | 4.249 | 0.25 | DU30 |
| 8 | 28.150 0 | 7.795 | 4.007 | 0.25 | DU25 |
| 9 | 32.250 0 | 6.544 | 3.748 | 0.25 | DU21 |
| 10 | 36.350 0 | 5.361 | 3.502 | 0.25 | DU21 |
| 11 | 40.450 0 | 4.188 | 3.256 | 0.25 | NACA64-618 |
| 12 | 44.550 0 | 3.125 | 3.010 | 0.25 | NACA64-618 |
| 13 | 48.650 0 | 2.319 | 2.764 | 0.25 | NACA64-618 |
| 14 | 52.750 0 | 1.526 | 2.518 | 0.25 | NACA64-618 |
| 15 | 56.166 7 | 0.863 | 2.313 | 0.25 | NACA64-618 |
| 16 | 58.900 0 | 0.370 | 2.086 | 0.25 | NACA64-618 |
| 17 | 61.500 0 | 0.106 | 1.419 | 0.25 | NACA64-618 |

### 3.3 计算域的模型建立

本文计算域模型由一个外部来流场以及旋转域组成。本文采用 500 m×500 m×980 m 的长方体外流场域以及直径 140 m、高 16 m 的圆柱体旋转域,将功率作为参考量判断计算方法的准确性。功率计算通过监测力矩实现,功率公式如下:

$$P = M(2\pi n/60) \tag{4}$$

式中,$M$ 为扭矩,$N \cdot m$;$n$ 为旋转速度,$r/min$;$P$ 为输出功率,$W$。

通过公式计算得出 CFD 模拟出的风机功率为 5.20 MW,风机的额定功率数据为 5.29 MW,相对误差为 1.7%,此误差是合理的,所以该计算域所产生的计算结果也是相对准确的,是值得信任的。

### 3.4 网格划分

网格划分是数值仿真工作的重要环节,其意义是将计算域进行离散化。计算域的离散精度在各种仿真计算中都直接决定着仿真计算的精度。但是随着网格数量的上升,仿真计算的工作量也大量增加,随之而来的时间成本也快速上升,同时对计算设备的要求也更高。所以,高品质和适当数量的网格成为仿真计算的关键问题。在本次仿真计算中使用切割体,棱柱层以及表面重构三种网格,其中棱柱层数为12,旋转域基础尺寸为 0.5 m,最小网格为 5 mm;计算域网格尺寸为 5 m,最小网格为 0.5 m。网格划分如图3所示。

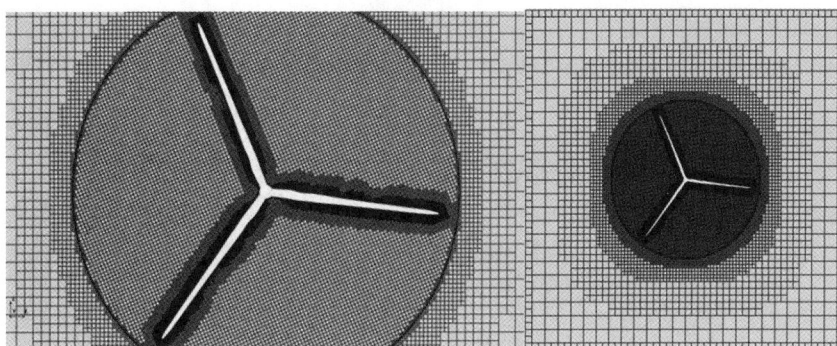

图3 风机叶片网格划分图

## 3.5　边界条件的设置

边界条件,是指在求解区域边界上所求解的变量或其导数随时间和地点的变化规律。边界条件是控制方程有确定解的前提,对于任何问题,都需要给定边界条件。边界条件的处理,直接影响了计算结果的精度。

(1)在稳态计算中,将流场入口设置为速度入口,流场出口设置为压力出口,计算域其他边界设置为对称平面,速度入口流速为风机额定风速 11.4 m/s。新建旋转参考坐标系并将其赋予旋转域,旋转速率为额定转速 12.1 rpm,压力出口压强设为大气压。

(2)在瞬态计算中,流场入口和出口设置不变,将旋转域改为滑移网格设为旋转,旋转速率依旧为 12.1 rpm,将旋转域与流场域交界的面设置为交界面。

## 3.6　计算结果分析

(1)图 4 为 120 Hz 下风机叶片的声压云图,风机叶片的声压级分布与风机叶片的线速度大小分布相关,呈沿展向增大的趋势,叶尖部分声压级最大,轮毂表面的噪声较小,与此同时叶片前缘的噪声也大于后缘部位的噪声,且叶片吸力面的噪声也明显大于叶片压力面噪声。

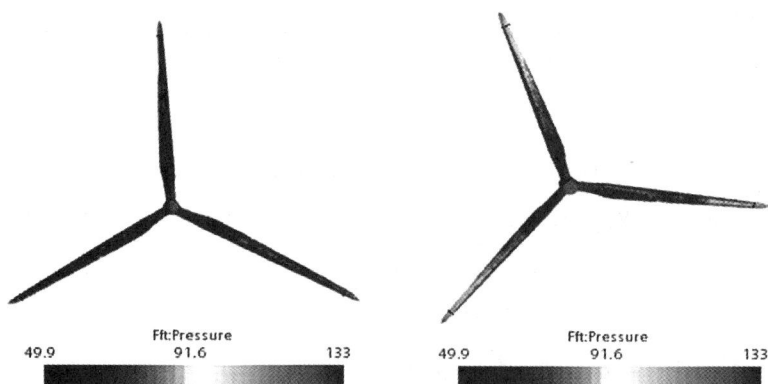

图 4　风机叶片的声压级云图

(2)在叶轮中心前面 5 m 处设置一个近场点用来检测风机近场的噪声,计算结果如图 5 所示,近场点的声压级随着频率增大先增大后减小,其最大值出现在 120 Hz 附近。

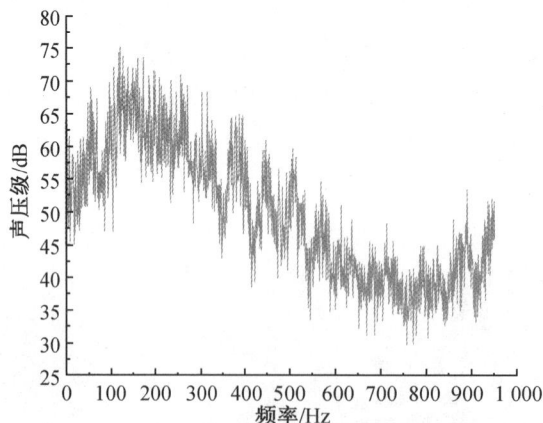

图 5　近场点声压级曲线图

## 3.7　结论

通过上述计算,海上风机运营期间叶片产生的气动噪声主要分布在叶片的吸力面叶尖尾缘处,风机叶片近场点声压级在 100～400 Hz 范围内较大,而海洋动物听觉范围虽然在不同物种间存在较大差异,但一般在 30～1 000 Hz 之间,最佳听力范围为 100～400 Hz,所以对风机叶片的气动噪声进行降噪处理是有必要的,可以根据噪声的分布规律进行降噪,比如采取锯齿状尾缘的方法和多孔介质降噪。

## 4　降噪措施

### 4.1　采用锯齿尾缘的方法降噪

Howe 在 1991 年首次提出了锯齿尾缘的降噪理论,其认为倾斜波束的风与风机尾缘所产生的气动噪声要小于垂直波束的风与叶片尾缘产生的气动噪声,而锯齿尾缘的存在意义就是构成了这种倾斜结构,同时风机叶片产生的气动噪声又主要集中在叶片的尾缘部位,所以这种锯齿尾缘的降噪效果明显。

### 4.2　多孔介质降噪

由于近年来对仿生结构的研究发展,人们通过观察猫头鹰的静音飞行,发现猫头鹰的翅膀后部的多孔的生理构造,获得了多孔介质的特质。多孔介质不仅仅是通过本身的吸声特性进行降噪,同时其也能改变风的流动方向,进一步达到降噪效果,现在这种多孔介质也多用于风机叶片的尾缘,达到最大程度的降噪效果。

## 5　结论

本文通过对 NREL-5MW 风机运用大涡模拟与类比声学结合的分析法得到了海上风机叶片气动噪声云图和近场点的声压级曲线,并通过噪声云图得到的气动噪声在叶片的分布情况介绍了两种降噪方法,同时根据近场点的声压级曲线图,发现海洋动物的最佳听力范围与近场点出现较大声压级的频率范围高度重合。

## 参考文献

［1］　袁征,马丽,王金坑.海上风机噪声对海洋生物的影响研究［J］.海洋开发与管理,2014,31（10）:62-66.

［2］　HOWE M S. Aerodynamic noise of a serrated trailing edge［J］. Journal of fluids and stuctures,991,5（1）: 33-45.

［3］　刘嘉颖.多孔介质对翼型气动噪声的抑制机理研究［D］.扬州:扬州大学,2022.

# 基于精益生产的数字化车间小组立流水线节拍改进试验

## 刘　畅　赵　娟　杨成文

（大连船舶重工集团有限公司）

**摘　要**：船舶小组立流水线生产是大批量生产类型企业的典型生产模式之一，其利用成组技术将船体分段分解为中间产品，再利用各中间产品相似性的特性进行分类组合，使用相同的施工方法进行批量生产，形成流水作业。在流水线生产中，小组立安装的工艺过程以相对稳定的线速按固定排序连续不断通过各工位，最终生产出成品。小组立流水线生产具有连续性、平行性的特点，因此按节拍组织小组立流水线生产，实现生产线平衡至为重要。本文围绕小组立流水线按节拍生产这一目标，选取某数字化车间平面小组立流水线，对其节拍改进与控制进行试验研究。

**关键词**：精益生产；数字化车间；流水线；节拍

平面分段小组立在船体结构件中具有广泛性和代表性，其生产效率对缩短分段建造周期，降低建造成本有着重要意义。但小组立流水线在生产运行的同时也出现了许多亟待解决与优化的问题，如工位人员忙闲不均，生产负荷时高时低，多类型产品施工生产节拍不稳，资源浪费严重等情况，导致流水线生产连续性差、平衡率低、精益化程度不高，无法做到"适时、适量"地按生产节拍均衡生产。

本文将根据船体平面分段小组立生产特点，以某数字化车间分段小组立流水线为研究对象，在精益生产与工业工程思想基础上，运用船舶建造成组技术、工况统计分析法、流程图分析法、代表产品法、均衡排产算法、对实际产品上线进行对比试验等，从生产流程、工位功能、工况分析等不同方面分析流水线节拍优化方案，并组织产品测试对优化前后进行对比，验证其有效性。

## 1　基于精益生产的节拍理论

对小组立流水线运行中存在的问题和影响因素分析可以得出，精益管理是解决流水线各项问题，保证整线生产均衡的有效途径，从而获得缩短造船周期、降低造船成本的结果。精益生产的最佳状态是整个系统均衡、连续节拍流水作业，以低成本、高效益、高质量的进行生产。小组立流水线运行必须建立在一个极度稳定的基础上，生产节拍就起到这个基础作用。任何无效时间都会造成流水线的停顿，影响生产节拍。围绕有利于流水线按节拍生产的各项元素，对流水线进行精益分析可以找到影响节拍的问题以及根源，有助于对小组立流水线进行节拍改善和优化。

### 1.1　按节拍理论进行排产

生产节拍是流水线生产的重要指标，生产节拍在各工序生产同步化中起领导作用，由节拍指挥流水线按一定速度生产。流水线生产节拍称为生产线节拍，流水线上各工位或工作站的生产节拍统称为工位节拍。

在实际生产中,单件流水作业的小组立流水线按照节拍生产,也经常会出现上下道工序节拍不一致的情况。如两种类型的分段小组立产生了不规则的生产节拍,给作为上道工序的结构件或先行小组立带来影响,导致其忙闲不均,对此一是应该按照拉动计划的原则,以下道工序节拍为首要,努力满足下道工序生产节拍;二是采取优化排产顺序的措施,使不同类型的分段小组立按照一定节奏顺序排产,将不同类型小组立整合在一个节拍内。

如分段 A 为标准小组立,分段 B 为异型小组立,原有的 A—A—A—A—A—A 的顺序形成了一个固定的生产节拍,因生产需要,排产 2 个异型分段 B,此时 A—A—A—A—A—A—B—B 打乱了生产节拍,那么可以在满足下道工序需求的基础上,将其顺序排产为 A—A—B—A—A—B,这样就又形成了均衡生产的节拍。

## 1.2 有节拍的生产均衡

流水线各工位都围绕整线节拍组织本工位生产,由节拍可以直观地表现流水线生产率的高低或生产速度的快慢,节拍计算方式为总作业时间与需求数量的比值。小组立流水线的生产节拍可以形容为完成一个分段所有小组立构件的周期,工位节拍可以形容为连续生产两个相同产品的间隔时间。人与物料不出现等工称为"准时生产",精益生产的关键内容就是设计生产节拍,通过节拍管理,实现准时、均衡与连续生产。小组立流水线生产节拍理论上需要与平面分段流水线生产节拍相符,即应该参照下道工序需求的节拍。

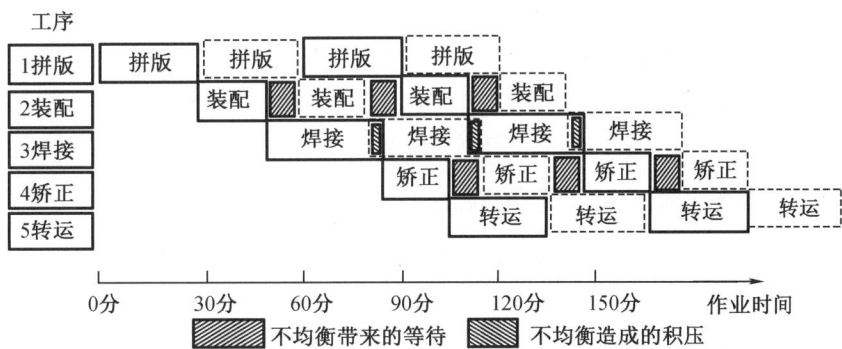

注:图中实线框与虚线框用以区别框中所注工序前一个节拍与后一个节拍。

**图 1.1 不均衡的小组立生产节拍示意图**

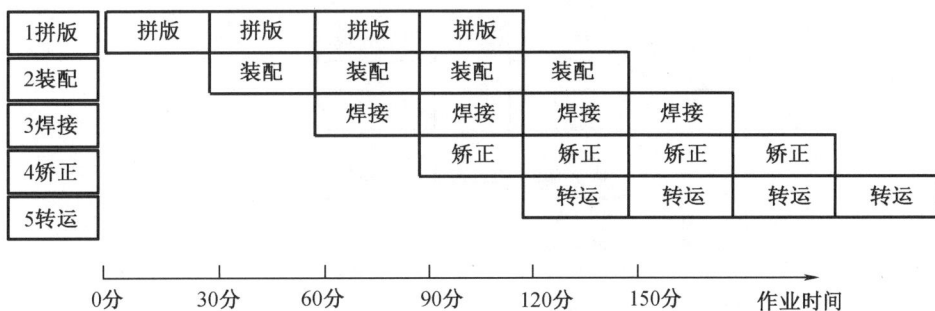

**图 1.2 均衡的小组立生产节拍示意图**

如下道工序每天需要 3 个相同类型框架结构,而小组立流水线两天才能生产出 3 个相同类型的框架结构,这样就是生产周期小于生产节拍,需要延长小组立流水线工作时间,或提前安排生产,形成一定的储备,以满足下道工序需要。反之则产能得不到释放,会造成人员与设备的闲置,如果小组立流水线保持生产连续,因为产能大于需求,则势必产生大量积压。以上两种情况都会增加成本,产生浪费。理想状态生产周期即是生产节拍。小组立流水线各工位如果没有良好的节拍与劳动力和工作负荷管理,使每个工位节拍基本相等,流水线各工位间可能会出现工位空胎或积压的情况。

以某 30 万吨级原油船某平行体分段为例,其拼板、装配、焊接、火工矫正作业阶段的生产时间不等,各工位节拍存在较大差值,生产处于不均衡状态,造成生产环节中的许多浪费,如图 1.1 所示。工位设置与工位人员固定且生产节拍控制良好的小组立流水线,可以完成一个分段小组立在同一个作业阶段的作业,按照生产节拍组织连续不断的单件流水作业,如图1.2所示,各工位按相同节拍同步流水生产,减少或避免了浪费的产生。可见在小组立流水线生产组织中,节拍控制是最为关键的要素之一。

## 1.3 生产节拍的控制

节拍是生产的先导,其重要程度排在精益生产中各要素的首位,生产节拍一经确定,所有资源都要保证整线最大可能实现该节拍生产,有时甚至不惜牺牲某工位效率或成本。用节拍控制流水线的生产速度,并保持工位节拍尽量接近目标节拍,达到均衡生产的目的。

### 1.3.1 生产线组成关系

生产线关系分为从属关系、并列关系。分析整个平面分段流水线流程,小组立流水线为平面分段流水线提供框架、纵桁等小组立中间产品,因此小组立流水线属于平面分段建造的从属生产线;先行小组立生产线为小组立提供压筋肘板等零部件,因此对于小组立流水线而言,压筋肘板生产线又是小组立流水线的从属生产线。

从属生产线为主生产线上的一个工序提供中间产品(如图1.3所示),T排专业生产线(图中C线)和小组立流水线(图中B线)分别在主生产线平面分段流水线(图中A线)的第四工位和第五工位处提供中间产品;而压筋肘板专业生产线(图中D线)为其主要生产线小组立流水线(图中B线)的第二工位提供中间产品。因此就A、B、C三条生产线而言,A与B、A与C是从属关系,B与C生产线分别为主生产线A提供中间产品,互相没有交集,B与C属于并列关系。

主生产线需要从属生产线在"需要的时候,按照需要的量"提供中间产品,如果从属生产线提供过量中间产品,则库存出现,浪费场地资源进行存放;生产不足,则出现产品等待,对主生产线的产能产生制约,形成生产瓶颈。所以从属生产线可以看作是主生产线的一个工序,其工序节拍的确定需要参照主生产线节拍,如果确定主生产线节拍,那么从属生产线要向主生产线节拍无条件靠近,组织生产,以适量、适时为主生产线提供中间产品。

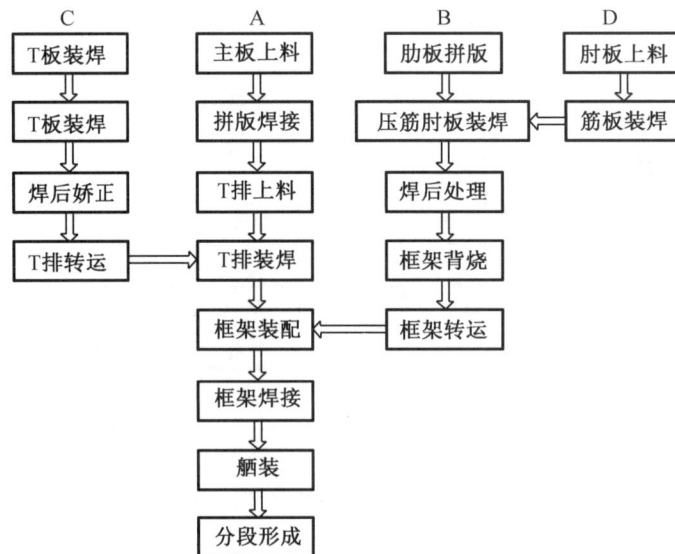

图1.3 流水线从属关系简图

### 1.3.2 节拍的计算依据

小组立流水线生产节拍的计算基础是有效作业时间和产品产量。小组立流水线的产品为平面组立框架,为下道工序提供平面分段的中间产品。因此船舶建造年度需求平面分段数量,在经年度计划确定后,再分解成月度计划、双周滚动计划、周计划以及小日程计划,小组立流水线的产量由下道工序的需求拉动,因此其确定依据最直接的是平面分段中大组立的需求。

不同船型的分段结构会有显著区别,尽管按照成组原理的相似技术,不同船型的平行分段框架都可以上线施工,但流水线各工位针对不同船型产品的加工时间并不相同。另一方面,不同分段的小组立的结构与建造工艺相似,但其精确的建造周期会有所区别。进线分段小组立集中在平行中底与甲板,中底分段肋板数量要多于甲板分段,而甲板分段的强横梁要多于中底分段,因此两种分段的节拍也会有差异。所以对于相似平面分段小组立的生产节拍需要总结通用方法。

1.3.3　节拍的计算

(1)对于各工位的节拍可以直接按照节拍公式计算得出。

(2)运用代表产品法确定流水线在生产多种差别较大的分段类型产品时生产节拍

代表产品法是指将各种产品的产量按照加工劳动量折合为某一种代表产品的产量,并以此计算节拍。

如小组立流水线生产 A、B、C 三类组立框架,其生产需求为 $N_A$、$N_B$、$N_C$,三类框架类型经过相同工序,有效工作时间为 $F_e$,单个框架建造时间为 $T_A$、$T_B$、$T_C$。以框架 A 为标准,将 B 和 C 的生产数量折算成 A 的数量,可以计算总产量:

$$N = N_A + \varepsilon_1 N_B + \varepsilon_2 N_C$$

式中,框架 B 和 C 建造时间与框架 A 建造时间的比值即为 $\varepsilon_1$ 和 $\varepsilon_2$:

$$\varepsilon_1 = \frac{T_B}{T_A}$$

$$\varepsilon_2 = \frac{T_C}{T_A}$$

则各种产品的节拍 $r_A$、$r_B$、$r_C$ 可按以下公式计算:

$$r_A = \frac{Fe}{N_A + \varepsilon_1 N_B + \varepsilon_2 N_C}$$

$$r_B = \varepsilon_1 r_A$$

$$r_C = \varepsilon_2 r_A$$

代表产品法的优点在于:当仅明确不同类型小组立需求和有效工作时间时,即便没有确定各类型小组立的排序,也一样可以计算出节拍,便于按照节拍安排每种类型的小组立产量。

1.3.4　节拍的调节

小组立流水线节拍一是确定依据下道工序需求量,可由年度船舶建造计划推算得出某个时间段内需求框架数量和时间,进而制定小组立流水线生产计划。另一方面是确定流水线的生产能力。流水线设计之初通常会确定设计产能,因为船厂各种计划、生产准备等约束,实际产能通常会低于设计产能,称为有效产能。在实际运行的过程中,流水线因各种因素影响,无法达到稳定状态,其实际产能可能或高于或低于有效产能。

(1)当有效产能大于实际产能时,说明需求量超过了现阶段流水线生产能力。解决方式一是延长工作时间,提高产量;二是产能缺口由其他非流水线施工场地补齐;三是落实流水线节拍改善和优化措施,提高流水线产量,直到达到设计产能。

(2)当有效产能等于实际产能时,说明需求数量与生产能力相符,可按原节拍组织生产。

(3)当有效产能小于实际产能时,说明需求量低于流水线生产能力,则必须按照实际需求组织生产,采用延长节拍时间或减少人力的方式来调节,实现整线均衡生产。

1.3.5　瓶颈的定位

整个流程中用时最长的工位叫作"瓶颈",节拍优化的关键之一是定位流水线瓶颈,瓶颈的出现会引发流水线不良的连锁反应,对瓶颈进行改善是实现小组立流水线均衡连续高效生产的有效途径。

(1)判断瓶颈点:作业时间最长的工位或工序就是流水线的瓶颈;哪一个工序前积压产品,说明此工序形成了瓶颈。流水线均衡生产要定位瓶颈并加以改善,使流水线能够真正地无阻碍流水作业。

(2)设备的合理选用、人力资源的科学配置以及确定各工位标准时间,可以保证在流水线设计之初尽量消除瓶颈。如果是开始运行的流水线,可能会由于内外部环境和因素的变化出现新的瓶颈工序,按照积压产品工序即是瓶颈的原则确定瓶颈工序,并深挖导致工位节拍缓慢原因进行改善。

（3）瓶颈点改善主要措施就是减小该工序的生产节拍，即增加人员和设备、对该工序进行工艺优化、组织优化等方面。如小组立流水线的背烧工位形成瓶颈，可以先选择新增设背烧工位，对背烧烤把进行改良，增加背烧人员、提高背烧效率等措施。

（4）瓶颈在一定的工况条件下出现，如果改善外界条件有可能会出现瓶颈的飘移，因此在改善过程中要对瓶颈存在条件进行备注，对瓶颈漂移条件进行分析和界定，并以流水线工序同期化为目标，重复不断地发现瓶颈点并予以解决。

### 1.3.6 节拍差值的消除

两个不同工位节拍的差异称为节拍差值，实际生产中，小组立流水线各工位节拍差值的产生导致无效时间的产生和成本的浪费。节拍差值即意味着瓶颈的出现，其差值的消除与瓶颈的改善是综合在一起的系统工作，首先要准确记录小组立流水线各个工位的作业周期与实动工时，汇总数据分析瓶颈工位，为流水线各工位节拍的计算提供基础数据。其次要系统分析差值产生原因，从工位合并、生产准备、人员素质、施工工艺、工装运用、设备升级等多个方面加以改善消除。

## 2 数字化车间小组立流水线生产节拍试验

### 2.1 小组立流水线生产节拍分析

选取某数字化车间小组立流水线，在各项精益改进逐项落实后，流水线在产品类型相对固定的情况下，形成了相对稳定的生产能力，查看小组立流水线工程记录得知：在精益改进后的物量最高峰月份，每月需要为下道工序提供40个分段的小组立框架，每月工作天数为30 d，每天一个班次，每个班次工作10 h，工作时间有效利用系数取0.8，该流水线生产节拍为

$$r=\frac{Fe}{N}=\frac{30\times8}{40}=6\text{ h/p}$$

即小组立流水线改善前生产节拍最小值为6 h/p，最快6 h生产一个分段小组立。

### 2.2 小组立流水线生产节拍测试

#### 2.2.1 选取试验分段

选取30万吨级原油船的一对平行体分段为试验分段，该分段具有结构代表性，分段结构零件数量约等于所有平行体分段的均值，应用代表分段法对这一对平行体分段自进料开始至建造结束，进行跟踪记录，对流水线实际生产节拍进行测量计算，分析整线平衡改善方向，制定线平衡方案并进行落实。然后选取该船后续船型同样结构（一对平行体分段）验证线平衡情况。选取该船型1号、2号船相同分段如表2.1所示。

表2.1 选定试验分段情况表

| 船只 | 分段号 | 修正吨位/t | 结构吨位/t |
|---|---|---|---|
| 1型–1 | 2407 | 35 | 108 |
| 1型–1 | 2507 | 35 | 108 |
| 1型–2 | 2407 | 35 | 108 |
| 1型–2 | 2507 | 35 | 108 |

## 2.2.2　试验分段的小组立分解(图2.1)

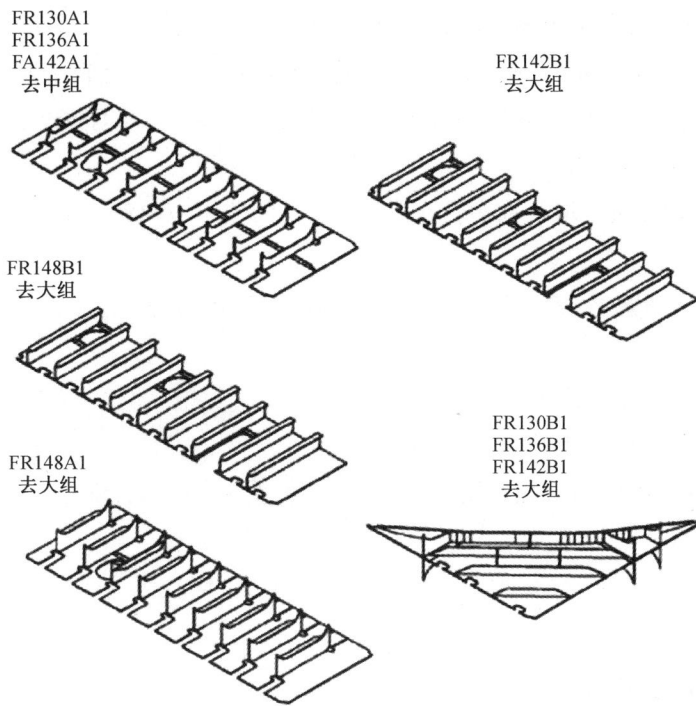

图 2.1　试验分段小组立结构示意图

## 2.2.3　试验分段零部件统计汇总表(表2.2)

表 2.2　试验分段零部件数量表

| 部材 | 数量 | 部材 | 数量 |
|---|---|---|---|
| 框架接板 | 16 | 腹板 | 18 |
| 组立单板 | 42 | 面板 | 18 |
| 元宝型肘板 | 54 | 压弯 | 16 |
| 肘板 | 40 | 加强平铁 | 18 |

## 2.2.4　工位理想节拍与实际节拍

结合试验分段板材与零件数量,按照人力与设备正常加工速度以及工时测定方法,累计汇总时间得出理想节拍,现场记录实际节拍,分析其差值(表2.3)。

表 2.3　选定试验分段工位节拍情况表

| 工位顺序 | 工位 | 理想节拍/min | 当前节拍/min |
|---|---|---|---|
| 1 | 接板工位 | 190 | 270 |
| 2 | 备料工位 | 60 | 360 |
| 3 | 装配工位 | 70 | 110 |
| 4 | 焊接工位 | 180 | 215 |
| 5 | 补焊工位 | 70 | 110 |
| 6 | 打磨工位 | 120 | 150 |
| 7 | 背烧工位 | 190 | 255 |
| 8 | 转运工位 | 60 | 90 |

接板工位:计算设备埋弧焊接速度、累计翻板与气刨时间,以及对个别板材流水孔倒角时间,节拍理想应为190 min/段,实际工位节拍为270 min/段。

备料工位:使用20 t吊车一台,承担物料卸载、板材分拣、板材摆板等任务,平均每个分段分拣完毕,理想节拍应为60 min/段;受上道工序配套左右分段以及主从材混配影响,实际工位节拍为360 min/段。

装配工位:检查数控线准确性,按照数控划线定位加强筋以及纵骨,并对筋板进行定位焊,理想节拍应为70 min/段,实际工位节拍为110 min/段。

焊接工位:使用$CO_2$自动焊机采取一人多台小车焊接理想节拍应为180 min/段,实际工位节拍为215 min/段。

补焊工位:对分段焊接质量进行检查修补,同时对加强筋进行包角焊,理想工位节拍应为120 min/段,实际工位节拍为110 min/段。

打磨工位:对分段零件自由边与流水孔等区域进行打磨处理,理想工位节拍受上道工序来料质量影响有波动,一般应为70 min/段,实际工位节拍约为150 min/段。

背烧工位:框架翻身划线,沿焊道背烧直至达到精度标准,受场地限制,理想工位节拍为190 min/段,实际工位节拍为255 min/段。

转运工位:将背烧好的框架以及其他部件转运至托盘上,理想节拍为60 min/段,实际工位节拍为90 min/段。

## 2.3 小组立流水线节拍差值及分析

由表2.3各工位节拍差值可总结分析出以下几点:

(1)备料工位受上道工序影响较为严重,节拍差值最大,该工位为流水线最大瓶颈。

(2)背烧工位受场地所限会产生积压,如果全部铺开背烧框架,会缩短理想节拍时间。

(3)整线节拍为6 h/p,整线实际节拍均大于理想节拍,约为1.5 h均差值。最大工位节拍差值为270 min,流水线节拍需要优化提升。

(4)备料工位、接板工位、背烧工位占用的时间较多,与其他工位的时间产生差值较大,需要考虑对两个工位进行调整。

## 2.4 小组立流水线节拍的确定

结合生产线从属关系,平面生产线为主线,作为从属生产线的小组立流水线,需要稳定地为下道工序提供中间产品,或保证一定的库存小组立中间产品,以便满足下道工序需求。按平面小组立流水线的平衡与优化步骤,首先,按照流水线小组立建造工艺绘制流程图,表示作业的先后顺序;其次确定生产线节拍:计算各工位的生产周期,即生产线节拍;再次,需要对流水线进行平衡改进,改进的一个重点是改善工艺技术与设备水平,另一个重点是精益劳动力,落实精益管理。结合小组立流水线正处在运行阶段的实际情况,重点在于对流水线进行精益生产系统改造,建立一种新的平衡关系,提高流水线平衡率。

### 2.4.1 流水线目标节拍的计算

查询小组立流水线工程计划得知,3月后,每月需为下道工序提供60个分段小组立,满足需求的流水线生产节拍应为

$$r=\frac{Fe}{N}=\frac{30\times8}{60}=4 \text{ h/p}$$

即每天需要产生2个分段转运至下道工序,或转运至小组立托盘托架库存区。即按照流水线之前的生产节拍6 h/p进行生产,不能满足需求,因此流水线需要进行改进以提高产能,并形成一个新的产线平衡。

### 2.4.2 流水线平衡测量

按流水线生产节拍最快的月份生产状况,以测试分段流水线各工位作业时间为基准,对表2.3的分析,可知流水线时间损失系数$B_d=\frac{N\times C-t_{总}}{N\times C}\times 100\%$,框架平均制作时间为各工位时间之和$T=1 560$分钟$\approx 26$小时,各

工位间流转与衔接约 1 h。

$$B_d = \frac{8 \times 6 - 26 + 1}{8 \times 6} \times 100\% \approx 44\%$$

按照流水线装配线平衡效果优劣的评判标准 $B_d \geq 20\%$，因此评判为差。可求得其平衡率为

$$\eta = 1 - B_d = 1 - 44\% = 56\%$$

### 2.4.3　流水线工位数量的计算

计算理论工位数 $N_t$

$$N_t = 作业总时间/生产线节拍$$

其工位数量：

$$N_t = \frac{T}{R} = \frac{26+1}{4} \approx 6.8$$

小组立流水线的工位数为 7 时，流水线的平衡率较高。对于已经运行的流水线，本来工位数量就比较少，工位工种差异明显，重组比较困难，但仍可以采取将个别工位融入其他工位的方法。如打磨工位可以在其他合适的工位穿插进行。重新设计后的工位由 8 个减少到 7 个，其打磨工位的减少，假设经过一系列的负荷与瓶颈的消除后，各工位节拍都等于或靠近 4 h/p 的目标节拍。根据公式计算流水线时间损失系数为

$$B_d = \frac{N \times C - t_总}{N \times C} \times 100\% = \frac{7 \times 4 - 26 + 1}{7 \times 4} \times 100\% \approx 4\%$$

而合并之前的 8 工位流水线时间损失系数为

$$B_d = \frac{N \times C - t_总}{N \times C} \times 100\% = \frac{8 \times 4 - 26 + 1}{8 \times 4} \times 100\% \approx 19\%$$

对比可知，流水线缩减工位数量后，时间损失系数减少 15 个百分点，相应的平衡率也同理提升。

### 2.4.4　流水线生产计划的均衡

按照 3 月后的生产线表，月度小组立生产计划将开工 11.5 万吨成品油船(简称 B 船)平直分段，尽管同属平直类型分段，因船型的不同，其结构仍有区别，查阅分段数量 30 万吨原油船型(简称 A 船)40 个平直分段，B 船型平直分段 20 个，按一条流水线生产两种船型分段时应用公约比倒数叠加法，可确定投产顺序 AABAABAAB，即每建造 3 个分段小组立中有 2 个为 A 船型，1 个为 B 船型，将 3 个分段为一组形成循环生产，以此满足月度生产计划，同时保证生产均衡。

## 3　小组立流水线生产节拍优化与效果分析

生产节拍的改善建立在均衡生产与精益生产相关改进的基础之上。设备、工艺、计划等方面都是优化生产节拍的有力举措，除此之外，在优化过程中，采取以下步骤和措施。

### 3.1　解决流水线瓶颈

从作业时间角度分析，小组立流水线瓶颈工位为备料工位，因上道工序来料的配套质量影响，有大量的二次配套时间，备料工位作业时间为 6 h，理论上该工位节拍为 6 h/p，与确定目标节拍为 4 h/p 有较大差距，为此对配套来料质量进行优化：

(1)分段各类别部件按段配送，分段左右幅分开配套；

(2)接板与非接板分托盘配送，内底构件与外板构件分开配送；

(3)元宝板按肋位号打捆托盘配送；

(4)压筋肘板数控和平铁单独分托盘配送；

(5)T 型材面板、腹板单独配送；

(6)在流水线旁划出小块物料缓存区，供应的零部件装卸按需求置于此，便于缩短配材时间，减少吊车行车时间；板材存放区与型材、数控件存放区分，减少堆积影响。以上由上道工序配套优化及物料区改造，减少

备料及二次分拣时间 2 h。

接板工位进行设备协同性改造,同时工位增加一台埋弧焊机,对接板数量多的分段采用多设备联合作业;背烧工位改单头烤把为双头烤把,工位效率提高 2 倍,缩短工作时间,以此保证接板与背烧工位节拍小于 4 h/p。

## 3.2 减小节拍差值

参照表 2.3,装配工位节拍较小,与前后道工位产生较大差值,采用与打磨工位部分复合,在装配钉焊阶段打磨进行作业,在装配工位承担接板工位铣边任务,以此增加两项工作任务,以延长工位时间,缩短工位节拍差值。

补焊工位与打磨工位复合作业,同时推行补焊人员与打磨工种复合,即"谁焊接谁打磨",一方面提高补焊质量,进而提高工效,另一方面精进作业人员技能,固化工作任务,将工位节拍靠近目标节拍。按照 4 h/p 的目标节拍,每天需转运 2 个分段,日均转运托架 4 个,进料同样也需日均进料 4 个分段,转运工作受托架物流因素影响会产生波动,框架无法转运停滞在背烧区时,或转运完毕转运人员完成工作任务时,灵活安排至前道工序备料工位、背烧工位或备料工位工作,以进一步促进各工位节拍差值的缩小。

## 3.3 标准化作业固化工位节拍

编制标准化作业指导书,促进各工种手工作业标准化;运用自动化设备提高工位作业时间的可控度,实现工位节拍相对固定,利于节拍控制。如小件装焊完全由焊接机器人完成,拼板装焊大部分工作由数字化双丝焊机门架完成,改变设备作业时间或增加自动化设备可完成生产节拍的转变,适应生产计划的需求。

除以上外,伴随着小组立流水线"双一流"场地建设精益化改造,场地、施工人员和生产对象也基本固定。根据各场地生产对象的特点,在运用好施工配套工装、辅助以生产、提高生产效率的同时,进一步缩短节拍差值。

## 3.4 生产管理改进

(1)计划编制。逐渐摒弃按分段编制计划的原则,细化至按照小组立构件编制计划。按设计提供的详细的小组立数据信息,对各类施工形成标准工作周期,据此形成生产计划和零件需求计划。

(2)生产组织。结合小组立类型,研究固化各工种人员配置,应用定位焊代替码板施工工艺,提高生产效率,确保实际生产与计划要求动态一致。

(3)工时费用。按工时管理原则,对各类施工形成标准工时体系,根据设计提供详细的小组立数据信息,计算各小组立工时费用。

(4)物流配送。流水线物流配送复杂程度高,依靠人工传递信息无法精确满足转运配送需求,依托数字化车间建立互联互通信息网络,依靠计划辅以人工提出物流配送需求。

(5)人员素质。分批次选拔工人进行培训,固化施工队伍。实现复合工种,作业人员一专多能。当流水线如果因特殊情况出现拥堵时,可以按照作业负荷将轻负荷工位的人员进行配置,提高流水线生产弹性。

## 3.5 有利于节拍的设计改进

形成小组立流水线节拍化生产过程中,不仅对基础设备设施有很高的要求,对设计也提出了很高要求。

(1)小组立建造数据提取较为复杂,根据小组立制作编制专业的建造图纸,指导小组立生产施工。在小组立建造图纸中明确焊接信息,如焊缝长度(各种类型:立角焊、平角焊、横对接焊等)、焊材用量、结构重量等。

(2)强化船体分段装配流程图对生产设计的指导意义,利用船体工程分解过程为小组立制作流向提供清晰明确的信息,使船体设计人员能够准确设置小组立生产流向信息。

(3)优化升级船体零件编码体系,保证小组立零件流向信息能够体现。

(4)根据小组立制作类型划分,优化升级套料软件,将同类型小组立集中套料,为钢料加工配套优化创造条件。

(5)丰富设计信息,确保能够与焊接机器人互联互通,达到自动施工的目的。

## 4 小组立流水线节拍优化改进后的效果分析

在对流水线进行节拍优化后,流水线各项指标变化效果如下:

### 4.1 优化后的小组立流水线

如图4.1所示,改进后的数字化车间小组立流水线工位得到减少,工位人员固化,员工的复合技能得到提升。

图4.1 改进后的小组立流水线工位布置图

### 4.2 小组立流水线的改善效果

#### 4.2.1 整线平衡率

以实验分段30万吨级原油船2 407段流水线各工位作业时间为基准,得出表4.1,对表4.1的分析可知流水线时间损失系数应用公式 $B_d = \dfrac{N \times C - t_{总}}{N \times C} \times 100\%$ 计算,框架平均制作时间为各工位时间之和 $T = 1\ 380\ \text{min} = 23\ \text{h}$,各工位间流转与衔接约1 h。$B_d = \dfrac{7 \times 4 - 23 + 1}{7 \times 4} \times 100\% \approx 14.3\%$;按照流水线装配线平衡效果优劣的评判标准 $10\% \leqslant B_d \leqslant 20\%$,评判为良。其平衡率 $\eta = 1 - B_d = 1 - 14.3\% = 85.7\%$,平衡率较之前有较大提升。

表4.1 选定试验分段工位节拍改善情况表

| 船型 | 分段 | 工位顺序 | 工位 | 当前节拍(min) |
|---|---|---|---|---|
| 1型-83 | 2 407/2 507 | 1 | 接板工位 | 240 |
| | | 2 | 备料工位 | 185 |
| | | 3 | 装配工位 | 195 |
| | | 4 | 焊接工位 | 200 |
| | | 5 | 补焊工位 | 230 |
| | | 6 | 打磨工位 | 取消 |
| | | 7 | 背烧工位 | 210 |
| | | 8 | 转运工位 | 120 |

#### 4.2.2 瓶颈工序与节拍差值

备料工位瓶颈得到较大改善,在上道工序落实配套优化措施后,工位节拍由原来的360 min/p降至185 min/p,低于目标节拍值240 min/p;虽然工位节拍与最高效率节拍有很大差距,但各工位的节拍差值有较大程序的缩减,平均缩减为26 min/p。

### 4.2.3 流水线生产目标可控性

打磨工位负荷分担在备料工位、装配工位、补焊工位,流水线平衡率得到了一定提升,同时生产节拍的改善使流水线可以均衡满足每月 60 个分段的生产负荷;通过应用 IE 理论,建造工艺、工装的运用以及自动化设备的使用,提高了流水线生产效率,确保了整线运行的稳定。

## 4.3 小组立流水线优化后的生产数据

表 4.2　车间流水线优化后 3 月~8 月生产数据统计对象表

| 月份 | 施工船只类型 | 分段类型 |
|---|---|---|
| 3 | 1 型-0/P1 型 | 底部、舷侧、甲板 |
| 4 | 1 型-0/P1 型 | 底部、甲板 |
| 5 | 1 型-1/P1 型 | 底部、舷侧、底舱壁 |
| 6 | 1 型-1/P1 型 | 底部、甲板、舱壁 |
| 7 | 1 型-2/P1 型 | 底部、舷侧分段 |
| 8 | 1 型 K-2/P1 型 | 底部、舷侧、甲板 |

表 4.3　车间流水线优化后 3 月~8 月生产数据统计对象表

| 月份 | 日均出勤人数/人 | 完工结构吨位/t | 完工修正吨位/t | 使用面积/m² | 分段个数/个 | 人均结构吨位/t | 人均修正吨位/t | 单位面积产量/t | 单位面积修正产量/t |
|---|---|---|---|---|---|---|---|---|---|
| 3 | 27 | 5 650 | 2 317 | 2 825 | 57 | 209 | 86 | 2.00 | 0.82 |
| 4 | 28 | 5 400 | 2 458 | 2 825 | 59 | 193 | 88 | 1.91 | 0.87 |
| 5 | 29 | 5 460 | 2 588 | 2 825 | 62 | 188 | 89 | 1.93 | 0.92 |
| 6 | 28 | 5 620 | 2 546 | 2 825 | 61 | 201 | 91 | 1.99 | 0.90 |
| 7 | 27 | 5 230 | 2 472 | 2 825 | 59 | 194 | 92 | 1.85 | 0.88 |
| 8 | 26 | 5 610 | 2 621 | 2 825 | 62 | 216 | 101 | 1.99 | 0.93 |
| 平均 | 28 | 5 495 | 2 500 | 2 825 | 59.5 | 200 | 91 | 1.95 | 0.89 |

表 4.4　车间流水线优化后效率提升汇总表

| 序号 | 项目 | 优化前 | 优化后 |
|---|---|---|---|
| 1 | 月均人数/人 | 38 | 26 |
| 2 | 节拍/(h/p) | 6 | 4 |
| 3 | 工位间最大节拍差值/(min/p) | 250 | 30 |
| 4 | 平衡率/% | 56 | 85.7 |
| 5 | 月均完工分段个数/个 | 30.7 | 59.5 |
| 6 | 月产结构吨位/t | 3 431 | 5 495 |
| 7 | 人均结构吨位/t | 90 | 200 |
| 8 | 月产修正吨位/t | 2 067 | 2 500 |
| 9 | 人均修正吨位/t | 54 | 91 |
| 10 | 单位面积结构吨位/t | 1.21 | 1.95 |
| 11 | 单位面积修正吨位/t | 0.73 | 0.89 |

注:1.平衡率以实验分段计算,但具有代表性。

2.吨位前后差异同时也受到施工船型影响。

（1）数据的统计对象

在数字化车间流水线优化与各项精益、均衡生产改进措施推进落实的基础上，以3月~8月间生产分段为对象（如表4.2），统计3月~8月生产数据（表4.3）。

（2）流水线优化后的数据结果汇总如表4.4。

（3）其他提升方面：通过数字化车间流水线优化改造、均衡生产控制措施实施，经过综合各项数据统计，其他方面指标与改造前也有较大指升。

①小组立制作精度合格率由同期的91.7%提升至98.6%。

②焊接机器人及自动化焊接设备运用充分，自动焊比例达到82%。

③节拍的优化、改善瓶颈工位，使工人1个工作日（按1个工作日8 h计）有效工作时间由6 h提高至7 h。

④运用信息化手段，如焊材二维码领用记录核对等措施，使得工时物料统计精度提高32%。

⑤设备有效利用率提高30%。工件定置定位、人员和设备相对固定，逐台设备人机分析及落实，设备综合利用率提升32.3%。

⑥物流有序性加强，物料吊运产生的浪费减少。

⑦复合工种培训以及作业标准化的实施、排产顺序的应用，使流水线柔性生产度得到进一步提升。

## 5　结论

本文在对数字化车间小组立流水线精益研究的基础上，实施生产节拍测试实验，并以测试中出现的节拍问题为导向，明确有关生产节拍改善的思路，对流水线进行优化改进实践，同时选取实验分段进行优化后验证，统计采集流程改造前后半年的建造数据，得出生产效率与流水线平衡率与生产效率有较大幅度提升的结论，由此证明文中优化流程可行性以及措施的有效性，为数字化车间小组立流水线在实际生产中进行精益生产节拍管理提供了有益参考和技术储备。

## 参考文献

[1]　李海兵,李新钊.追求精细化管理实现管理品质提升[J].今日湖北(下半月),2011(2):20-21.

[2]　CASUMANO M A. The Japanese automobile industry:technology and management at Nissan and Toyota[J]. Bwsiness History Review,1987,61(01):132-143.

[3]　张明华.精益造船模式研究[D].哈尔滨:哈尔滨工程大学,2005.

[4]　张琪,张正龙,林开峰 等. 船体平面分段生产线节拍及缓冲区大小研究 [J]. 江苏船舶,2012(5):10-11.

[5]　谢峰,张于贤.基于工序时间寻找生产线瓶颈的新方法[J].东南大学学报(哲学社会科学版),2014,16(s2):72-73.

# 油船不锈钢管腐蚀成因及优化措施研究

## 程 龙 李 虎 李 薇 靳玉伟 姜宝柱 张恒星

（大连船舶重工集团有限公司）

**摘 要**：某油船主甲板部分货油扫舱系统不锈钢管在远洋使用时发生腐蚀。本文以此案为例，研究不锈钢材料的分类、腐蚀类型及防蚀措施。提出船舶设计及生产建造阶段不锈钢管抗腐蚀的措施，编制不锈钢管清洗试验程序并执行，提高船舶建造过程中不锈钢管的安装质量，延长使用寿命。

**关键词**：液货船；不锈钢管；腐蚀；防护；管路清洗

## 0 引言

因不锈钢具有良好的耐腐性能，可省去表面处理和防腐工作，减少造船生产流程和中间处理环节，缩短造船周期，因此得到广泛应用。为确保耐腐蚀性、焊接性和经济性，通常选用的材质有 SUS304L、SUS316L 及 2205 双相不锈钢等。液货舱油管大多采用不锈钢管建造，但从远洋船使用反馈看，部分管子锈蚀。提高管路制作、安装质量对不锈钢管防锈、延长寿命至关重要。因此对不锈钢管锈蚀进行研究，探讨锈蚀成因和建造阶段的防护措施，为船舶不锈钢管的防蚀提供指导。

## 1 不锈钢材质的分类

在大气及弱蚀介质中，耐腐蚀的钢称为不锈钢，耐蚀性主要靠高含量铬元素形成的氧化膜 $Cr_2O_3$，防止钢材继续氧化，使钢的耐蚀性有突变性提高。耐蚀性随钢质本身化学组成、加互状态、使用条件及环境介质类型而改变。如 304 钢在干燥清洁的环境下有绝对优良的抗蚀能力，但在沿海含盐量高的海雾中则很快生锈。在此工况下，316 钢则表现良好。世上没有绝对耐蚀的钢，只是在不同介质中腐蚀速度不同。

### 1.1 按金相组织分类

不锈钢按金相组织可分为：铁素体不锈钢、奥氏体不锈钢、奥氏体-铁素体双相不锈钢、马氏体不锈钢和沉淀硬化型不锈钢。

### 1.2 按成分分类

不锈钢按成分可分为 Cr 系（SUS400）、Cr－Ni 系（SUS300）、Cr－Mn－Ni 系（SUS200）及析出硬化系（SUS600）。目前船舶行业常用不锈钢为 Cr－Ni 系，牌号为 SUS304、SUS316 和 SUS316L 等，均属奥氏体不锈钢。

## 2 腐蚀类型及防范措施

### 2.1 点蚀

点蚀又称孔蚀,是不锈钢表面产生小孔的局部腐蚀形态。点蚀的破坏性及隐患性极大,严重时可使设备穿孔破坏。点蚀还会使晶间腐蚀、剥蚀,应力腐蚀开裂和腐蚀疲劳加剧。

点蚀常发生于不锈钢表面缺陷部位,如焊接飞溅点、划痕、垫圈、搭接的焊接接头。当介质中有活性阴离子(如氯离子)时,则其首先吸附于钝化膜缺陷处,并和钝化膜中的阳离子生成可溶性氯化物(即蚀核),逐渐引发点蚀。

防蚀措施:

(1)不与碳钢混放。不锈钢管下料时可用等离子切割,禁用碳钢器具,以防渗碳。内场每个分段制作完毕后,立即对不锈钢焊缝和液货舱表面打磨抛光,清除焊渣、飞溅、污点,并在不锈钢表面覆膜,以防雨水飞溅。

(2)管口保护,避免钢砂进入。

(3)内场堆放和制作分段时使用木垫。液货舱内的胎架、脚手架与不锈钢表面接触端焊接不锈钢垫或插入木楔等。

(4)保持加工场地清洁干燥。

(5)如果设计碳钢与不锈钢接触,用特氟龙或其他尼龙垫片隔离。

### 2.2 应力腐蚀

应力腐蚀是指金属在特定腐蚀介质和拉应力的同时作用下发生的脆性断裂。应力腐蚀的形成原因较多,主要是焊接残余拉应力、焊接接头的组织变化、焊前冷热加工引起的残余应力、酸洗处理不当或在母材上随意打弧、焊接接头设计不合理造成应力集中或腐蚀介质的局部浓度提高等。

防蚀措施:

(1)根据货品腐蚀性选择不锈钢种类,采用焊缝金属中耐蚀合金(Cr、Ni、Mo)含量高于母材的焊材。

(2)消除应力,工艺上合理布置焊道顺序,如采用分段退步焊等。

(3)分段变形和船体合拢变形,不能用普通水火矫正,宜用重物,如水泥墩压载矫正。

(4)采取合理工艺,尽量使液货舱表面和焊缝处具有最小的残余应力,关键部位适当增加壁厚,并抛光、喷丸处理。

### 2.3 晶间腐蚀

晶间腐蚀是指金属在特定的腐蚀介质中沿着材料的晶粒边界深入金属内部而发生的局部腐蚀。它是不锈钢最危险的破坏形式,发生在晶界铬含量<12%的贫铬区。该腐蚀隐蔽性大,易造成突发性破坏,要注意高温焊接对奥氏体不锈钢的影响。虽然铬是高温耐腐蚀成分,但是当温度达到激活区间(450~850 ℃)时,晶界附近的含铬量大幅减少,其防腐性能与碳钢相近。

不锈钢管在很多工况下都要焊接安装,如管子对焊、管子与管附件焊接等。焊接高温导致含铬量下降,降低防蚀性能。虽然各船级社规范未对不锈钢的适用范围提出明确要求和制约,但是部分船级社已开始关注此问题,并指出奥氏体不锈钢不能用于海上系统或者与海水接触的地方,法国船级社 BV 已在建造新船项目中明确提出该要求。形成晶间腐蚀的影响因素:加热时间和温度、含碳量、金相组织等。

预防措施:

用超低碳不锈钢,如 SUS304L、SUS316L;焊缝形成双相组织;增加稳定剂;固溶处理;均匀化处理;加大冷却速度。

防蚀措施:

(1)焊前将焊丝用不锈钢丝除去氧化皮,用丙酮清洗。焊条在 200~250 ℃烘干 1 h,随取随用。焊前将工件坡口两侧 25 mm 范围内的油污清理干净。降低焊接速度,焊条不要横向摆动。多道焊时,严控层间温度,前道焊低于 60 ℃ 再焊下道,严格按照认可的焊接工艺执行。

(2)合理选择焊材,降低焊缝金属含碳量,并使接头中出现少量对控制晶间腐蚀起作用的铁素体,最好用超低碳奥氏体不锈钢焊条。

(3)奥氏体不锈钢由于其严重的晶间腐蚀特性,所以不能用于有焊接作业的场合。

## 2.4 缝隙腐蚀

缝隙腐蚀是指由于缝隙被腐蚀介质覆盖以及介质扩散受到限制等原因,该处的介质成分和浓度与整体差别很大,形成了"闭塞电池腐蚀"。一般发生在液货舱不锈钢管对接焊缝和支管焊缝上。

防蚀措施:

(1)采用避免形成缝隙的结构设计,或让缝隙敞开。制造工艺上,用焊接代替铆接或螺栓连接,焊缝去氧化皮,采取合理的焊接方式,如氩弧焊,在焊接过程中持续注入氩气。避免金属与非金属连接,连接部件的法兰垫圈采用非吸收性材料,如聚四氟乙烯等。

(2)选用 Cr、Mo、Ni 等有效元素含量高的耐缝隙腐蚀性能良好的材料,高温时更应选用好材料。

(3)在工艺允许的情况下,添加缓蚀剂。

(4)采用适当防蚀涂料敷在阴极表面保护阴极,提高电解质流动速度。

# 3 酸洗钝化

在化学品船液货区域相关试验完成后,不锈钢液货舱及管路要酸洗钝化,使其表面形成氧化膜,提高耐蚀性。通过酸洗还能发现不锈钢表面缺陷,确认舱内加热盘管支架及螺栓等材质,防止误用非不锈钢材料带来新的腐蚀。钝化后用淡水冲洗,使不锈钢表面改为中性,避免酸性腐蚀,并用干毛巾擦干。

# 4 某船案例分析及管控措施

## 4.1 案例描述

某油船主甲板货油扫舱管为 SUS316L 不锈钢管。根据保修单反馈,部分 DN40 管路出现漏点,且均在管子本体上,不在焊口及法兰连接处。说明非焊接质量问题,主要成因是点蚀。DN40 扫舱管为扫舱过程的最后阶段,用于抽污水井内残液,如图 1 所示。

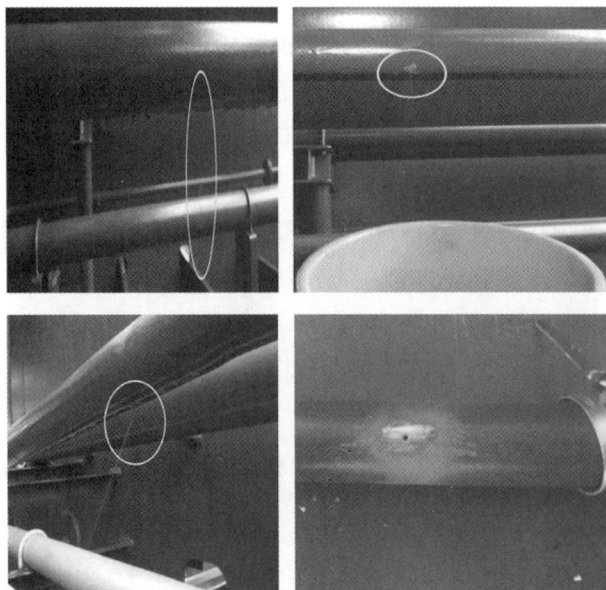

图 1 不锈钢管锈蚀现场图

## 4.2 原因分析

### 4.2.1 原材料

材料含量问题,如 Cr 和 Ni 含量不达标,或不按设计要求选材。

### 4.2.2 安装

(1)不锈钢表面沾染了游离铁颗粒,铁生锈腐蚀。清除时,浮粉可随粉尘清除掉,而附着力强的铁颗粒必须按嵌入铁处理。

(2)焊接产生的缺陷和飞溅等,使管子表面产生缺陷形成点蚀。

(3)其他诱因,如有机物质油和油脂,甚至指印都会成为局部腐蚀的腐蚀源。

### 4.2.3 环境因素及管口保护

船舶航行时,海浪及水雾的氯离子含量高。不锈钢的抗点蚀、缝隙腐蚀、应力腐蚀及腐蚀疲劳性能降低,易发生晶间腐蚀、应力腐蚀和点腐蚀。施工及转运阶段管口保护不好,杂质入管。

## 4.3 其他管控措施

### 4.3.1 设计

(1)与海水接触的管路,比如管内介质为海水,以及甲板上浪区域和与潮湿空气接触的管路,易被空气中的氯离子、硫化物、氧化碳、氧化氮遇凝水形成的酸液腐蚀。在主甲板上使用不锈钢管,应采用 SUS316L,如必要还需涂漆。

(2)货油、扫舱、液货舱透气等液货管路要设计斜度,不得有存油现象和无法泄放的死角,便于清洗管内残液。

(3)带斜度管路采用偏心异径接头,变径三通采用偏心三通,避免管内存油。

(4)为减少泄漏,液货管减少法兰连接,采用对接形式。

(5)因化学品船大量使用耐腐蚀性强的不锈钢管材及附件,有些焊接不得不在现场完成,所以在管路布置时要考虑管子焊接工艺要求。平行管之间预留可操作的焊接空间,最小间隔 100~150 mm。二道焊缝最小间距 50 mm,保证焊接质量。

(6)管附件与不锈钢管的材质一致。

### 4.3.2 管加工制作

按图备料订货,不可用其他规格材质代替。严格遵照工艺流程进行管内外的酸洗钝化,完工确认。完工及转运注意管口封堵。

### 4.3.3 分段安装

分段管路打砂及转运阶段注意管口封堵,保证管内清洁。

### 4.3.4 总装部安装

不锈钢管路安装时注意管口封堵及管子表面的保护。

分段部、总装部不锈钢管安装时,如表面不清洁,要严格遵照钝化工艺流程进行。钝化结束后,用淡水冲洗,并烘干或用干毛巾擦干。对管内钝化的要用毛刷蘸钝化膏去氧化皮。完工后质量专员检查,施工责任人签字。

试航期间进入货舱或管路的海水,要先经滤网过滤海水杂质,按"某产品航海前制造部质量科对设备吸入侧滤器清洁检查确认单"及"某产品设备吸入侧滤器清洁检查确认单(航海前/交船前)"确认签字。

## 4.4 效用试验后的管路清洗

这是总装部建造阶段被忽略的环节,编制"某油船货油扫舱系统不锈钢管清洗试验程序"。

### 4.4.1 实验目的

货油扫舱系统管路效用的试验介质为海水。为保证试航后管内清洁,避免被残留海水腐蚀,需对扫舱管路清洗。

4.4.2　清洗过程

(1)试航前将洗舱淡水舱注满淡水,用洗舱泵、洗舱管从洗舱淡水舱抽出淡水至甲板洗舱系统冲洗。

(2)将洗舱系统的单向止回阀转向,改为由洗舱向货油注入方向流通。

(3)关闭 1P/S 至 6P/S 货油舱及污、残油舱至货油泵的阀门。

(4)关闭 1P/S 至 6P/S 货油舱及污油舱至舱内货油注入管的阀门。

(5)拆下 1P/S 至 6P/S 货油舱及污、残油舱至货油舱内的扫舱阀,注意保护拆下的阀门及两端管口。

(6)关闭 1P/S 至 6P/S 货油舱及污、残油舱各舱至扫舱主管的扫舱阀和至货油管扫舱阀。

(7)现场操作示意图见图 2。

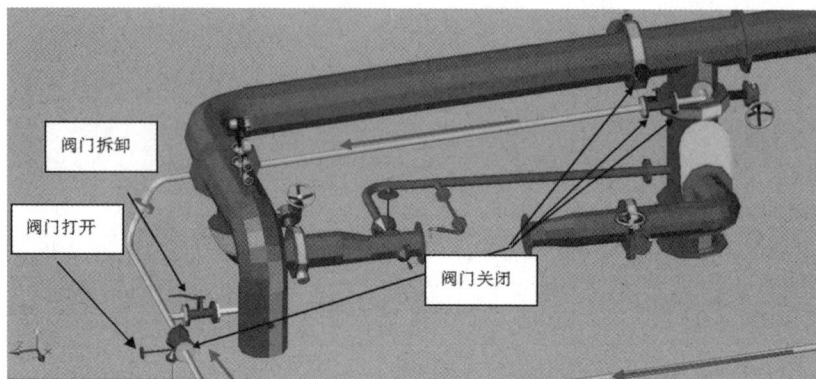

图 2　现场操作示意图

(8)关闭集管区扫舱阀,拆除碰气动隔膜泵管子,见图 3。

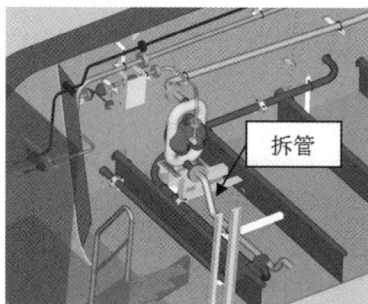

图 3　气动泵管路拆卸示意图

(9)启动洗舱机,向扫舱管内注入淡水。

(10)待压力升起并稳定 10 kgf(1 kgf＝9.8 N)后,打开各扫舱阀和泄放阀冲洗,约 2 h。

4.4.3　清洗结束,压缩空气管路吹除

利用临时软管将压缩空气接入首部 1 舱阀门和尾部 6 舱阀门,对管内残留淡水吹净。

(1)系统恢复,按原理图确认并恢复试验时调整的阀门和管路。

(2)清洁效果确认,使用盐度计随机取样,检测数值。

## 4.5　船员对管路清洁维护

交船后船员对不锈钢管外表面检查并清洁维护。避免指纹、有机物、油污等杂质长期附着形成酸性溶液腐蚀管路。

## 5　结束语

不锈钢虽具有良好的外观性能,但海水及空气中的氯离子含量极高,因此建议在化学品船上慎用不锈钢材料,尤其注意不能用于海水接触的系统和地方、有焊接作业的场合。如不可避免使用不锈钢管,可使用SUS316L,并酌情涂漆。

通过本项目研究,对不锈钢管腐蚀合理分析,在设计、生产等方面提出管控措施及注意事项,编制了专船"货油扫舱系统不锈钢管清洗试验程序"并执行,有效提高了不锈钢管的制作安装质量,减少腐蚀,延长寿命。

## 参考文献

[1] 陈天玉.不锈钢表面处理技术[M].2版.北京:化学工业出版社,2016.

[2] 陈祝年.焊接工程师手册[M].北京:机械工业出版社,2010.

[3] 康书文.不锈钢酸洗、钝化工艺研究[J].材料保护,2003,36(6):43-44.

[4] 王文启.船舶管舾装设计工艺、附件标准实用手册[M].交通电子出版社,2010.

[5] 章炜樑,许正权.船舶管系工[M].北京:国防工业出版社,2008.

# 某超大型万箱船项目脱硫改装工艺工序研究

## 姚成博　冯　霄　赵文超

### （山海关船舶重工有限责任公司）

摘　要：出于保护环境的目的，国际海事组织（IMO）发布的 MAPPOL73/78 防污染公约附则 VI，详细地描述了非排放控制区域与硫排放控制区（SECA）关于硫排放的具体限制要求，为了满足 IMO 提出的 2020 年最强"限硫令"的要求，航运公司需要在营运船舶上增加船舶脱硫装置以满足规范要求，本文通过对该超大型万箱船的脱硫改装项目，介绍梳理本项目混合系统脱硫装置的工艺原理，并将本项目的主要工作梳理总结成工序流程图，对以后脱硫改装项目提供经验和借鉴。

关键词：船舶；脱硫；混合系统；工序流程

## 1　船舶硫氧化物排放控制要求

航运发展给世界带来了巨大的经济效益，但同时航运也给人们造成了不可忽视的环境污染问题，危害人类健康，破坏自然环境。为了保护环境，国际海事组织（IMO）发布了 MAPPOL73/78 防污染公约附则 VI，其最新的修正案规定如下：

非排放控制区域：

在该区域航行的船舶，从 2012 年 1 月 1 日起，燃用油含硫量上限值由以前的 4.5% 降低至 3.5%。通过可行性评定，要求自 2020 年 1 月 1 日起，全球船用燃油含硫量限值将减少至 0.5%。

硫排放控制区（SECA）：

该区域包括欧洲的波罗的海、北海、北美的美国、加拿大海域以及美属加勒比海等，从 2010 年 7 月 1 日开始，在该区域燃用油含硫量限值由 1.5% 降低至 1.0%，自 2015 年 1 月 1 日起，以进一步降低至 0.1%。该附则 VI 于 2006 年 8 月 23 日在我国生效。其排放要求如图 1.1 所示。

由于新公约的出台对船舶的废气排放有了一定的限制，因此所有已经完工的船舶需加装船舶脱硫装置以满足公约及各国对排放的要求。

## 2　某超大型万箱船项目脱硫装置改装工艺

该万箱集装箱船采用的是混合式系统脱硫装置，目的在于去除废气中的硫氧化物（$SO_x$）。也可去除废气中的部分颗粒物（PM），此为次级效果。混合系统是将开式和闭式系统工作模式结合在一起，混合系统的初始投资成本较高，因为它包含了开式和闭式系统的所有设备，但是混合系统可以在任何状况下切换到满足排放要求的最经济的工作模式，本船是采用加注了氢氧化镁浆液的循环水在洗涤塔中来吸收废气中的硫氧化物并中和洗涤水中的硫酸，开式系统是用海水直接洗涤废气中的硫氧化物，由于采用组合方式，因此混合系统更加复杂,但是具有最大灵活性,本船的混合系统原理如图2.1所示。

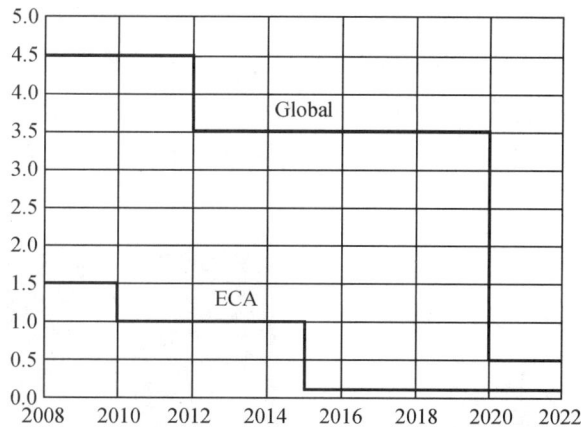

图 1.1　MARPOL73/78 附则 VI 中规定的国际船舶运输硫含量限定时间表

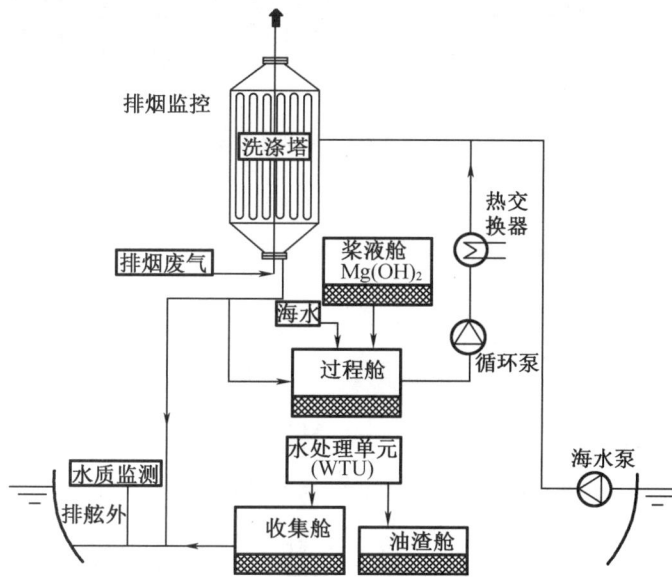

图 2.1　脱硫混合系统结构图

　　本船采用的是711研究所的混合型洗涤塔脱硫装置,该装置主要由洗涤塔废气清洗及控制系统、雾化清洁系统、水处理排放系统、浆液输送及控制系统、排烟及监测系统及循环冷却系统等六部分组成。该脱硫系统可以自由切换为开式系统和闭式系统。在两种系统工作时都是使用海水作为废气清洗的介质。在开式系统循环过程中,通过新增的海水泵将海水直接输送到洗涤塔的喷嘴将海水雾化来吸收废气中的硫氧化物,然后海水靠重力通过监测合格直接排放到舷外,相比较而言,在开式系统中使用海水,可节约大量淡水,同时开式系统相对简单,便于操作及维护;在闭式系统中,通过船舶改装新增浆液舱,将 $Mg(OH)_2$ 浆液泵入过程舱,在过程舱通过循环泵将含有 $Mg(OH)_2$ 的介质通过喷嘴喷射注入洗涤塔中,从而来吸收船舶的硫氧化物,达到脱硫效果。当反应的碱性处理介质 pH 值低到一定值时,只需要补充浆液舱的碱性溶液到过程舱就可以。该方法由于酸碱中和作用可以大大地减少脱硫废水的排放量甚至可以达到零排放。

## 2.1　混合系统脱硫装置的主要系统及组成

　　混合系统脱硫装置的主要系统主要由洗涤塔废气清洗及控制系统、雾化清洁系统、洗涤水处理排放系统、浆液输送及循环系统、排烟及监测系统及循环冷却系统等六部分组成。各个系统之间相互作用共同组成脱硫混合系统,由于每个系统的中的流体介质不同、温度不同,所以脱硫各个系统管路的材质要求不同,表面处理不同,不同系统有各自的管用材质及布置要求[3]。

### 2.1.1 洗涤塔废气清洗及控制系统

洗涤塔废气清洗及控制系统是脱硫装置中的洗涤塔洗涤水供应系统,是船舶脱硫改装新增洗涤水介质系统,该系统由主要的洗涤塔(包括主副塔)、洗涤介质供给泵、过程舱、海水滤器及相应的阀门及管路组成。此系统涉及开式系统时的海水介质,又包括闭式系统时的 $Mg(OH)_2$ 浆液介质供应,在新增海水吸口时,根据计算在海水系统综合布置需新增海水吸口,通常有两种方式,方式一为新设计海底阀箱或者在高位海底箱上增加海水吸入开口,方式二是在连接两个海底箱的主海水管上增加支管用于海水系统吸口设计,如图 2.2 所示。

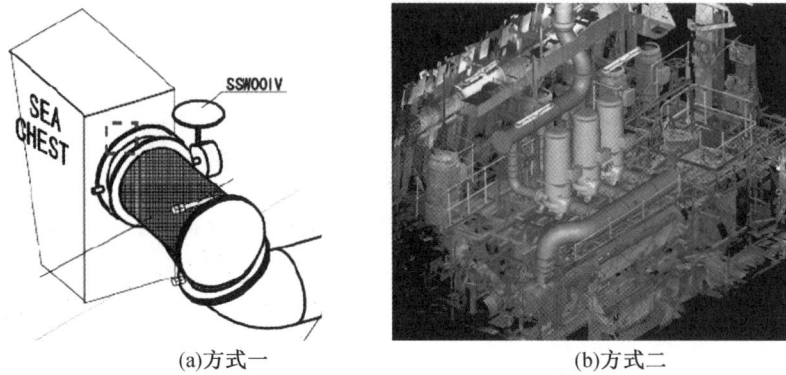

(a)方式一    (b)方式二

图 2.2 新增脱硫海水供水管路方式

为了满足脱硫效率及行船安全,必须计算海水总管的流通,以满足船舶各个系统的流通要求。本项目是采取在高低位海底箱新开海水管设计布置的。这样既能满足脱硫海水的供应又减少了机舱原船结构及管路的修改工程量,如图 2.3 所示。

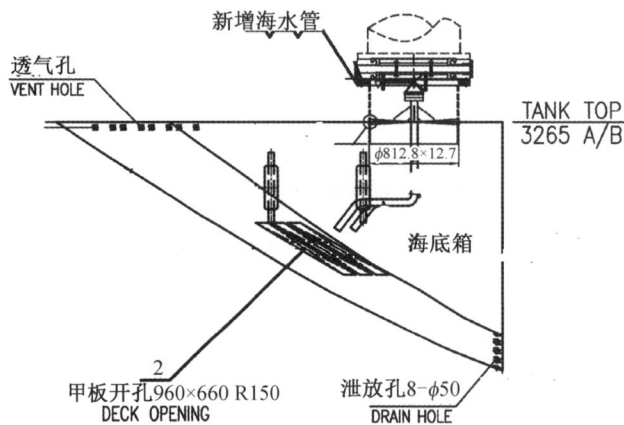

图 2.3 新增脱硫海水供给处

洗涤塔废气清洗系统由于受管路流质的影响,其材质工艺选择往往取决于管路的流质的性质,系统开式模式下管路流质为海水,其管路系统根据布置位置材质经过研究及实船应用可以选择选择以下材料,如表 2.1 所示。

表 2.1 开式模式下脱硫系统管材选择表

| 位置 | 泵前管路 | 泵后管路 | 洗涤塔前管路 |
|---|---|---|---|
| 管材 | 1. 流体碳钢管(内涂塑) | 1. 玻璃纤维增强环氧树脂(GRE)<br>2. 高密度聚乙烯(HDPE)水管<br>3. 流体碳钢管(内涂塑) | 1. SUS316 不锈钢管<br>2. 双向不锈钢管<br>3. 玻璃纤维增强环氧树(GRE)<br>4. 流体碳钢管(内涂塑) |

当洗涤塔废气清洗系统为闭式模式时,管路流质为 Mg(OH)$_2$ 混合浆液,其管路介质为碱性,且其工作温度较高,对管路材质有必要的要求,既要要求管路有碱性腐蚀又要保证其耐高温及满足强度要求,管路系统可以选择以下几种,如表 2.2 所示。

**表 2.2  闭式模式下脱硫系统管材选择表**

| 位置 | 过程舱到过程泵管路 | 循环泵后管路 | 洗涤塔前管路 |
|---|---|---|---|
| 管材 | 1. SUS316 不锈钢管<br>2. 玻璃纤维增强环氧树脂(GRE) | 1. 玻璃纤维增强环氧树脂(GRE)<br>2. 高密度聚乙烯(HDPE)水管 | 1. SUS316 不锈钢管<br>2. 双向不锈钢管 |

### 2.1.2  雾化清洁系统

洗涤塔是脱硫系统中主要的组成部分,排烟废气在洗涤塔中完成清洗过程,由于废气中含有大量不完全燃烧产生的大量灰渣,因此在洗涤塔中清洗废气的过程中会有大量的烟灰等杂质附着在洗涤塔雾化器等部件上,这样不但增加了排烟系统的背压还影响了脱硫的效率。雾化清洁系统是通过海水泵及烟囱区的消防系统将海水反向冲洗洗涤塔的雾化器等作用部件,将附着在上面的烟灰冲掉并通过洗涤水排放系统排出,从而提高了脱硫效率并延长了洗涤塔的寿命。

### 2.1.3  洗涤水处理排放系统

洗涤塔系统在开式模式时,洗涤水处理排出系统的海水是在洗涤塔中经过海水雾化吸收烟气中大量硫氧化物、氮氧化物以及烟气中的颗粒重金属等物质后经管道排出到舷外,由于海水中还有大量的酸类物质,具有一定的腐蚀性且其吸收了烟气中的热量,温度一般比较高,所以其海水排出系统管路一般选择 GRE 管路,洗涤塔安装位置位于烟囱区域位置(比较高),洗涤海水依靠重力经排放检测合格排到舷外。

洗涤塔系统在闭式模式时,洗涤水处理排出系统的 Mg(OH)$_2$ 混合浆液是在洗涤塔中经过吸收烟气中大量硫氧化物、氮氧化物以及烟气中的颗粒重金属等物质后经管道循环到过程舱,由于酸碱中和与船舶废气的硫氧化物(主要是 SO$_2$)反应,生成相应的盐类,从而达到船舶废气脱硫的目的,反应产生的洗涤废液在过程舱中通过水质检测而通过水处理单元将废水中的油质、杂质分离开来,处理过的水存储在船舶收集舱做进一步处理或者若成分满足要求排到海里,油渣等杂质存储在油渣舱里做进一步处理。由于海水的自带弱碱性具有一定的吸收 SO$_2$ 能力,为了使脱硫海水能够高效排出且排放的洗涤海水更有效地与海水中和,本项目排舷外管及导流器的布置如图 2.4 所示。

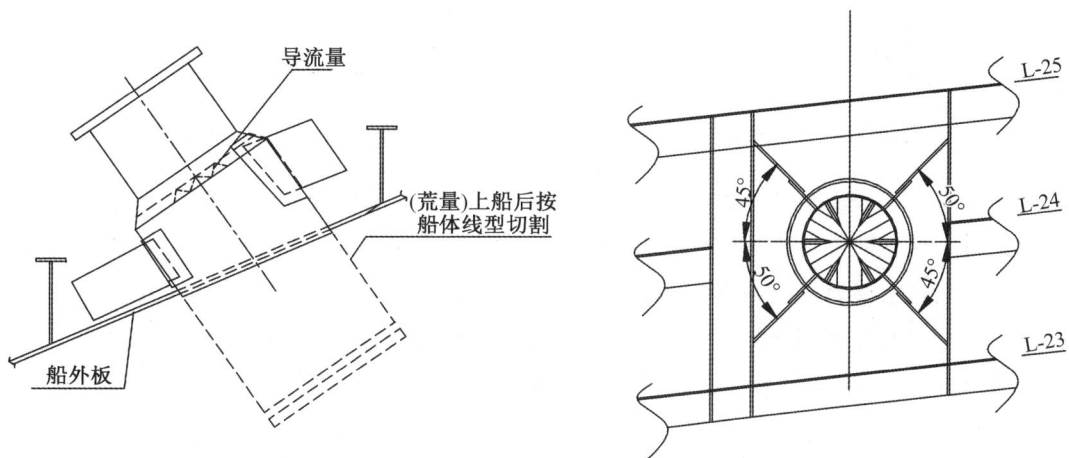

**图 2.4  排舷外管的布置形式**

为了防止排舷外管在恶劣的环境下过早腐蚀,保证船舶的行船安全及延长船舶的使用寿命,舷外管在制作材料及安装布置形式及表面处理上有特殊的要求,需要特别注意,本项目在舷外管的设计上有如下特点:

（1）本项目选外管在材质上选用相应船级社要求（产品证书410-Ⅱ）的无缝钢管。

（2）排弦外管排放管端应与船体垂直。

（3）舷外管内布置导流罩以防止出现虹吸等状态。

（4）选外管内部做特涂处理，外部与环境相同。

（5）排放管道与船体焊接部位全焊透，并且所有焊缝排放管应有涂层，避免接触污水。

### 2.1.4 浆液输送及循环系统

浆液输送及循环系统是船舶脱硫系统的主要组成部分，由于脱硫闭式模式下需要大量的 $Mg(OH)_2$ 浆液，本船在压载舱区改造了两个浆液舱（1 500 $m^3$）（需要特涂处理以便存放 $Mg(OH)_2$ 浆液），由于 $Mg(OH)_2$ 浆液具有沉淀性，故需要设计循环泵在两个浆液舱将 $Mg(OH)_2$ 浆液扰动循环以防止沉淀导致浆液无法吸出。

$Mg(OH)_2$ 浆液在过程舱逐渐消耗，根据水质监测对 pH 值的反馈，通过供给泵随时从浆液舱补充以满足系统最优的中和效率。

### 2.1.5 排烟及监测系统

排烟及监测系统是排放船舶主机、船舶副机以及船舶锅炉由于燃烧含硫燃料产生的废气的系统。在船舶加装脱硫装置前，船舶动力系统燃烧产生的废气主要通过各自的排烟管直排到大气中；在加装脱硫装置之后，废气排放系统中的各个排烟管道除了要保留直排到大气中的管道，还需在进入洗涤塔之前开通支路旁通，使得脱硫系统运行时，所有的烟气都可以经过洗涤塔的处理，将硫氧化物、氮氧化物以及颗粒状物质洗涤，达到 IMO 对烟气排放标准的要求。

由于洗涤器的反向气流，在洗涤介质喷射到洗涤塔时会在顶部形成一定的气压，在设计管道时，应采取措施避免出现过度背压影响洗涤塔的洗涤效果。若多种气流均与一个射流器连接，需考虑废气管道的设计应使气流在汇合处流向一致，见图2.5，不推荐图2.6所示的气流方向设计。

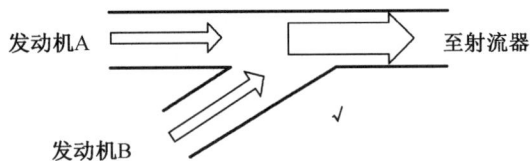

图 2.5　气流方向设计（推荐）　　　　图 2.6　气流方向设计（不推荐）

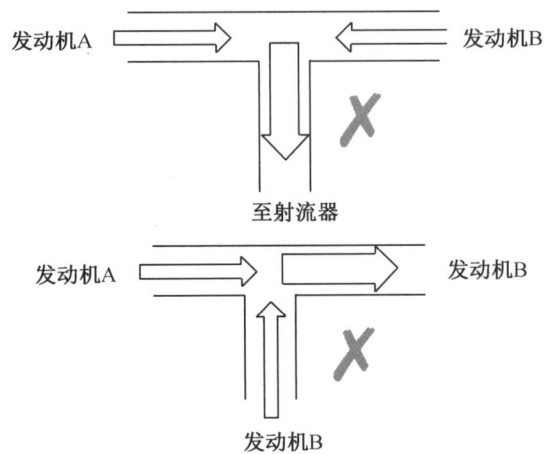

在排烟系统中，由于其中主机及多台副机需要通过多个烟气阀（damper）来实现烟气的直排和烟气进入洗涤塔洗涤排出的转化，烟气阀的动作主要通过控制空气来实现，脱硫系统中的密封空气是通过在脱硫系统设备新增两台密封风机，通过密封空气管路输送到排烟系统中的每个密封风闸上，在排烟系统的运行的直排或是经洗涤塔洗涤模式上，密封空气在闭合风门中形成保护屏障，阻止废气从风门通过。这对于人员安全很有必要，也使大气中硫氧化物的排放符合海事立法。如图2.7所示。

当多个燃烧单元连接到洗涤器时，密封空气也可阻止废气回流到未运行的燃烧单元中，此外，密封空气可在人员需要进入洗涤器检查或维护时净化洗涤器，保证人员的生命安全。

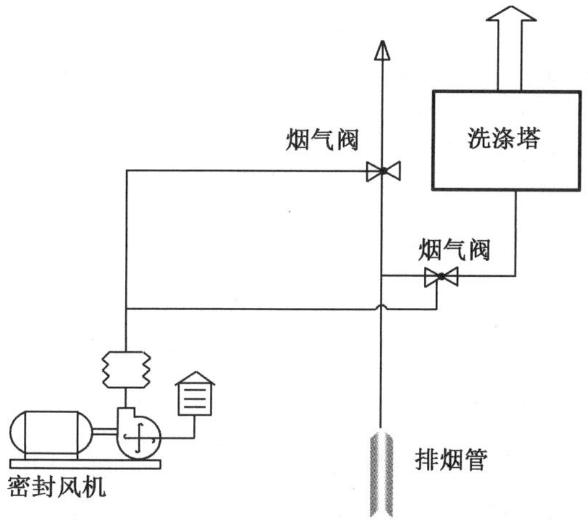

图2.7 排烟系统密封空气原理图

主机排烟管及进入洗涤塔的汇总排烟管由于管径大,在设计工艺上是用6 mm厚度、材质为Q235的卷制钢管。发电机以及锅炉排烟管管径通常小于DN500,通常采购20#钢的流体钢管。洗涤器之后的烟囱材质取决于洗涤气体成分,其气体包含$NO_x$、$CO_2$和$O_2$,与从燃烧单元排出的废气成分相同。温度在25~60 ℃,湿度约为100%(完全饱和)。从烟囱流出的水滴包含溶解盐($Na_2SO_4$)和烟灰,所有常规工艺推荐材质为双向不锈钢。

排烟管温度能达到200~400 ℃,为了避免将人烫伤需在排烟管上包绝缘材料,绝缘材料通常为50~75 mm厚度的硅酸铝卷毡,在岩棉外包0.5 mm厚的镀锌白铁皮,岩棉安装样形式如图2.8所示。

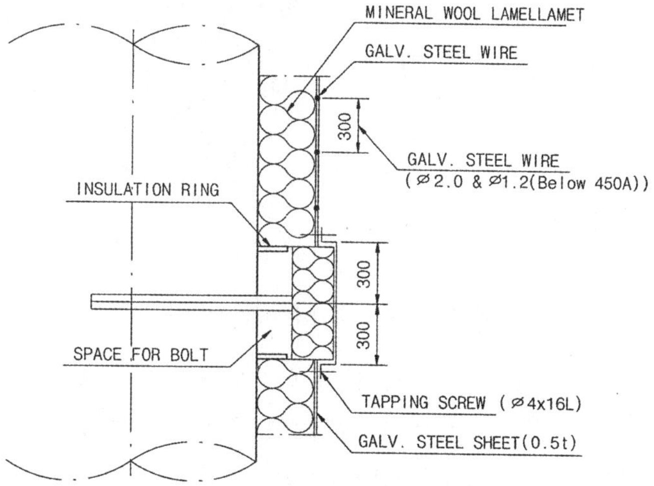

图2.8 排烟管绝缘安装节点图

### 2.1.6 循环冷却系统

洗涤塔在闭式模式中运行时,洗涤介质通过在洗涤塔与烟气混合后会吸收大量的热量,在洗涤介质回流到过程舱时,由于洗涤水的温度过高再次与烟气混合时可能被直接气化从而影响脱硫效率,所以在从过程舱到洗涤塔的洗涤介质在进洗涤塔前需要对其降温处理,通过设计换热器单元对海水冷却使其温度降低以便有更高的吸收效率。

## 2.2 混合系统脱硫装置的主要应运特点

混合式脱硫集开式和闭式系统工作模式结合在一起,在船舶各种工况及航行区域上使用具有更大的灵活性,能够满足公约规范对船舶废气排放的标准要求。混合系统脱硫装置的在船舶的脱硫技术运用中有如下优点:

(1)混合系统脱硫装置使用灵活,在各种航行工况或海域灵活切换到经济的模式。

（2）混合系统脱硫装置包含开、闭式两种工况，脱硫效率高。

（3）混合系统脱硫装置在闭式模式下无液体直接排放，更加有利于海洋环境。

## 3 船舶脱硫改装建造工序流程

船舶的脱硫改装是在船舶上加装烟气废气清洁系统（EGCS），EGCS 的改装涉及脱硫洗涤塔等脱硫设备的新装，结构舱室的新增及变更，原船结构及系统的拆除及变更，新管路系统、电气、舾装、通风等专业新装工作。一套正确且完善的工序流程可以保证船舶在建造改装的过程中规避风险，提高建造效率，保证建造的节点进度，更有效地保证船舶的建造改装质量并按时交付工程。

在承接船舶的脱硫改装项目时，船厂应根据硬件设施情况，重点考虑和评估资源配置条件，做好前期准备工作，评估场内资源配置，如船坞的起重吊装能力、新制烟囱总段的运输能力、场地与设备设施能力、内场的预制能力，制定符合自身实际、效率最高、经济性最好的中期改装建造方针。鉴于厂内没有大型门吊，该船采用内场新烟囱总包建造，1 600 t 海吊总包吊装示意图如图 3.1 所示。

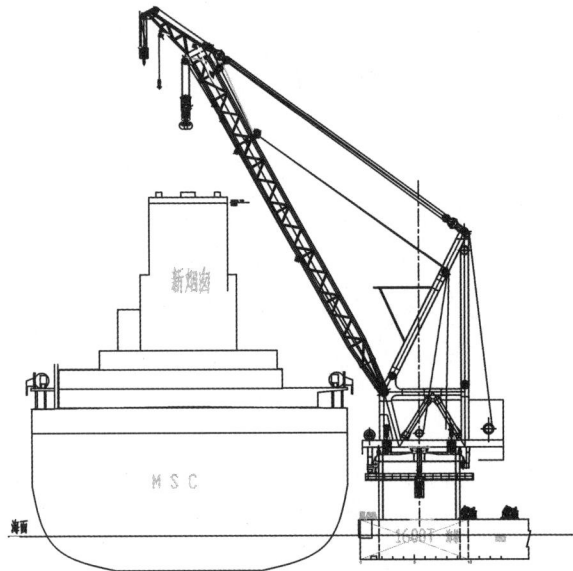

图 3.1  新烟囱总包吊装示意图

某超大型万箱船脱硫改装项目在建造过程中大致分为 9 个步骤，包括前期准备、设备及物料采购、厂内预制、分段预舾装、船舶入厂拆装（系泊状态）、总段及总段舾装（新烟囱）、船舶入厂安装（进坞状态）、设备系统调试、脱硫系统海试。每个阶段相互关联及制约，相辅相成，每一步完成才能让下一步顺利开展，保证每一阶段的完工计划才能提高建造改装速度，保证产品质量。某超大型万箱船脱硫改装工序流程示意图如图 3.2 所示。

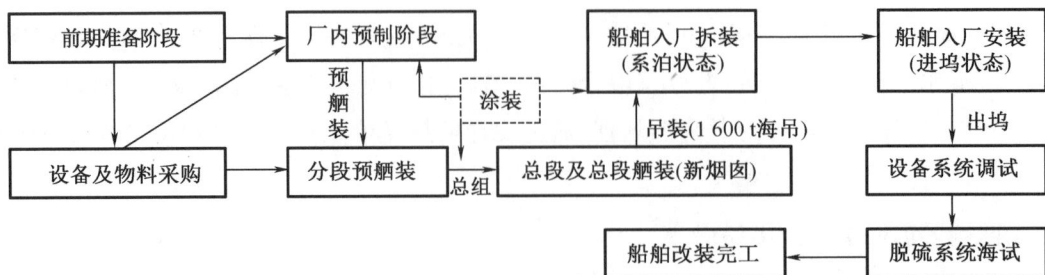

图 3.2  某超大型万箱船脱硫改装工序流程示意图

通过对该超大型万箱船脱硫改装项目的完工总结，通过前期的改装建造方针以及项目的整个建造过程出现的问题归纳，整理绘制出该超大型万箱船脱硫改装项目工序流程图，每一个工序阶段都包括多项施工工作，经过细化绘制成工序流程图,使整个改装过程工序流程及工程内容清晰明确,一目了然,如图3.3所示。

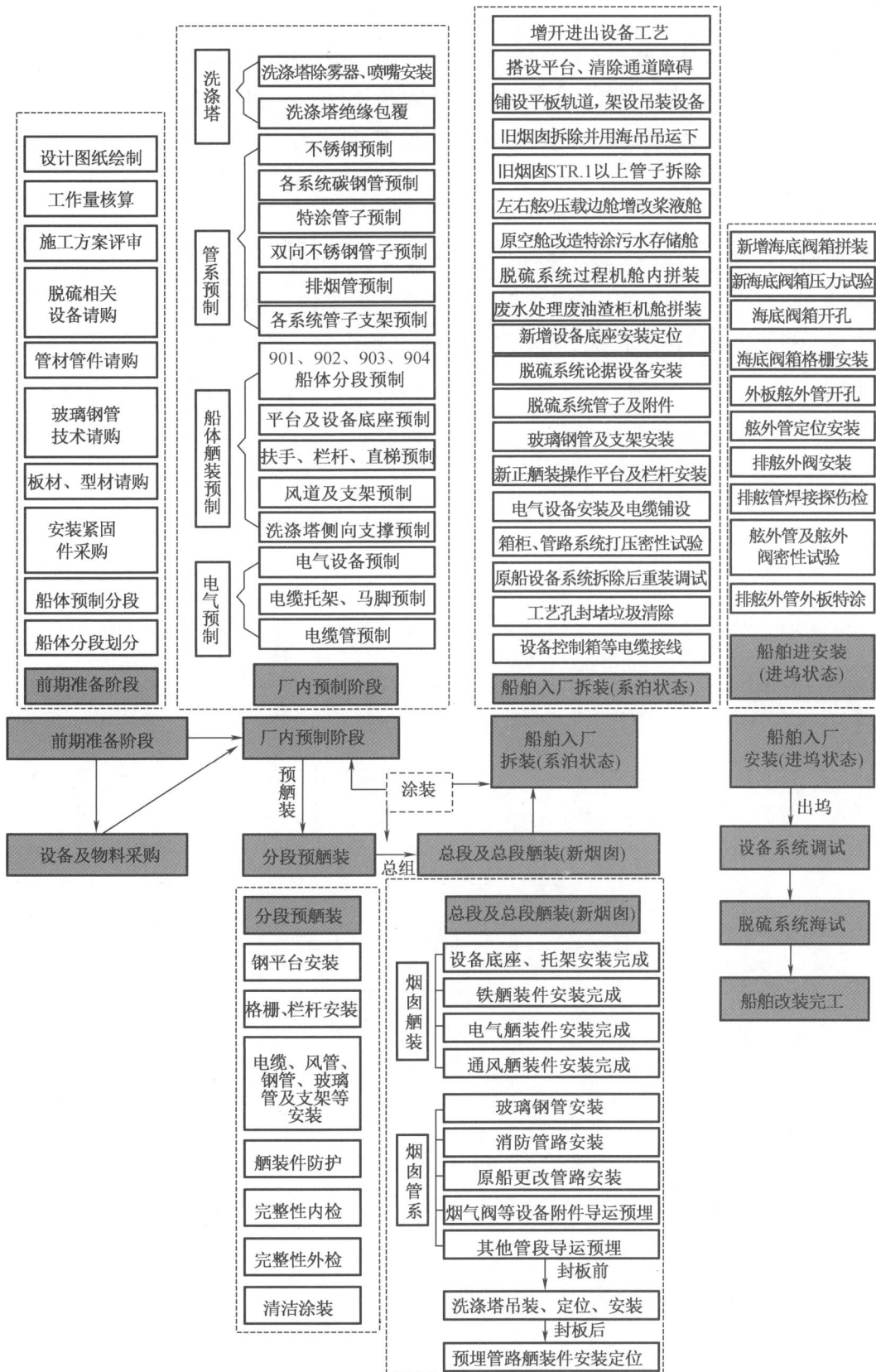

图 3.3　某超大型万箱船脱硫改装工序流程总图

## 4 总结

本文主要通过该万箱集装箱船加装混合式脱硫装置的完工项目工程,介绍了该工程混合系统脱硫装置的工艺原理,可以使读者对混合脱硫装置在集装箱船上的应用有一定认识。正确且完善的工序流程对船舶脱硫改装工程的改装的进度、效率、质量有重要的作用,本文总结该项目改装过程中涉及的主要的工序流程,通过正确排列,对以后大型船舶混合式脱硫改装项目可提供有效参考。

## 参考文献

[1] 张广彧. 船舶废气脱硫系统的安装设计[J]. 山东工业技术,2018(16):211-215.

[2] 吴斌,李欣,王怡. 船舶废气脱硫技术的应用[J]. 船舶工程,2019,48(02):48-50.

[3] 杨国帅. 船舶硫氧化物减排技术对比研究[D]. 大连:大连海事大学,2016.

# P110K 系列船船台合拢货舱区精度控制技术方案

## 孙瑞权　房　明　李姗姗　李吉明

### （大连船舶重工集团有限公司）

**摘　要**：船台自身存在 1/22 的倾斜角度,在船台上合拢时,受分段自身重量、分段结构划分影响,导致合拢时会出现分段下滑、下沉现象,影响船舶的建造精度。本文结合多年的施工经验,以网络线定位为基准原则,结合三位精度控制方法,采用反变形设置,合拢分段数据分析等手段,保证了 P110K 系列船货舱区的建造精度,进而减小建造阶段货舱区域的换板率和切修率,提高船舶合拢精度整体精度控制水平。

**关键词**：船台合拢;精度控制;成品油船

## 1　前言

　　精度控制是船舶合拢阶段的重点控制项目,也是控制难点,在以往的施工中,精度控制都是现场定位人员根据施工经验进行精度数据的确认,从而完成船舶建造的整体精度控制。这种施工方式的人为主观因素占比很大,很难满足船舶建造的整体精度控制。随着造船行业技术的发展,全站仪、三维软件、水平仪等高端设备的引入,在 P110K 系列船合拢时,以网络线定位为基本原则,通过前期运用全站仪、三维软件对总组分段进行全面数据分析测量,制作三维数据检测表等一系列技术手段,不断提高了 P110K 系列船货舱区的整体精度控制水平。

## 2　研究过程

### 2.1　分段合拢顺序控制

　　分段合拢时,需要考虑焊接收缩、分段下滑、下沉等因素对合拢精度的影响,避免底部分段、舷侧分段的合拢消化不一致。P110K 系列船采用环形推进的方式,保证了所有分段的合拢消化同步,避免了因大底分段连续合拢造成与舷侧分段合拢消化不同步,导致的舷侧分段合拢时大面积切修。

### 2.2　大底分段合拢精度控制

　　大底分段合拢定位时,受吊车吨位以及设计要求限制,通常分为左右两幅进行,个别纵横壁分段需总组在大底分段上。由于分段左右幅吨位、结构存在差异,合拢时需要全面考虑分段定位数据、下滑等方面的控制方法。

#### 2.2.1　大底分段定位数据精度控制

　　为保证整体数据的完整性,从基本段开始,需要运用全站仪对每个大底分段的三维数据进行确认。保证每个分段对接时,艏艉口的同面度偏差值在 2 mm 之内,里外方向的偏差值在 2 mm 之内。

2.2.2 大底分段防下滑、下沉控制

(1)大底分段防下滑方案设计

从基准段合拢开始,设计分段段封固方案,防止分段下滑。明确拉筋加设要求,监督施工单位在对应分段合拢吊装结束后,第一时间安装封固拉筋,防止下滑支撑(图1)。

制定合理的封焊方案,在分段合拢结束后第一时间对分段进行封焊施工。在固定位置设置支窝,配合钢支柱支撑,最大程度地防止分段下沉(图2)。

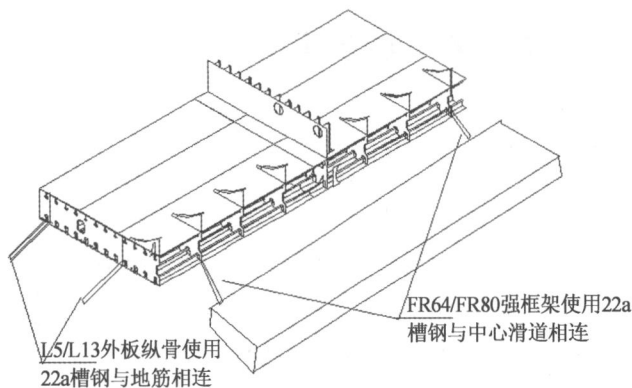

图1 分段防下滑拉筋设置示意图

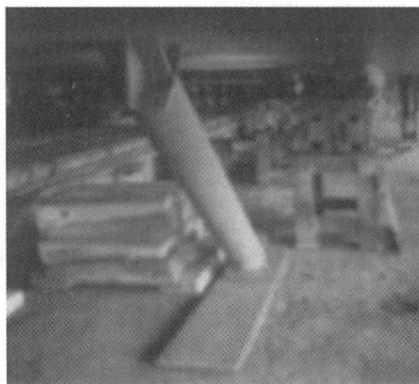

图2 分段防下滑支撑装置

(2)大底分段防下沉方案设计

大底分段合拢时,分段需坐在底部木牙上面,木牙下方有钢制建造墩。受下水要求影响,定位时距离滑道高度固定,认最大程度避免分段下沉。采用增加底部钢制建造墩高度,从而最大程度减小木牙的高度。

增加钢制建造墩高度时,根据船台结构,艏艉方向以 5 m 为一个区域,确定一个平面,对钢制建造墩进行改造、调整,最大程度地减少施工量。

2.2.3 大底分段控制效果检查

经过以上一系列施工方法的应用,P110K 系列船货舱区下滑量控制在 15~20 mm 之间,较以往建造的其他船型减少了 30~40 mm。减少了因分段下滑造成的分段重开坡口现象,原始坡口保留率大度提升,单船大底分段原始坡口保留率均达到 89% 以上,大大降低了生产成本,提高了吊车合拢效率。

## 2.3 纵横舱壁分段合拢精度控制

纵横舱壁合拢时,需考虑纵横舱壁的上口直线度和垂直度。采用加设反变形、改变底部铺墩形式的方法,整体控制分段的定位精度,避免甲板分段、舷侧分段合拢时造成大面积的切修、结构对位错位的情况。

2.3.1 纵舱壁分段定位精度控制

P110K 系列船纵壁分段前期定位时发现,分段整体向非结构面偏 15~30 mm,造成相对应的横壁合拢时,大面积的趾端结构修正。

受分段划分及船台中心滑道位置影响,大底段 S 幅距离合拢缝最近的支撑墩距离为 4 370 mm,造成合拢阶段纵壁处下沉,产生纵壁分段向左倾倒的情况。

在后续 P110K 系列船合拢时,为防止纵壁分段下沉,修改了合拢铺墩位置(图3),在每个大底段中心滑道上增加艏舯艉三处支撑。

2.3.2 横舱壁分段定位精度控制

采用封固保型和合拢加放反变形的方式,对横壁进行精度控制。在封焊结束后,下道工序第一时间进行分段的整体封焊,防止分段定位数据发生变化,影响分段整体精度。

2.3.3 纵横舱壁分段控制效果

经过以上方案的实施,纵壁分段封焊结束后,向结构面倾斜 5~10 mm,较之前,精度大幅度提升。后续横舱壁分段合拢时切修量大大降低。

## 2.4　舷侧分段定位精度控制

舷侧分段合拢时,主要考虑分段上口半宽的精度控制,以及压弯板区域、双斜切分段的精度控制。采用提前数据分析、定制合拢方案、上口加设反变形的方式,避免因上口向内倾斜造成的甲板合拢时大面积的里外方向切修,压弯板对位精度超差增大施工量。

### 2.4.1　上口半宽的精度控制

在前期施工时发现,舷侧分段合拢结束后,上口半宽均向内倾斜 10 mm 左右。根据此趋势,设计在后续舷侧分段合拢时,定位数据设置 8~15 mm 的反变形值(图 4)。

同时,为了加强上下方向的支撑,减少木墩的下沉量,在艏艉口加设上下方向的防下沉支撑(图 4)。

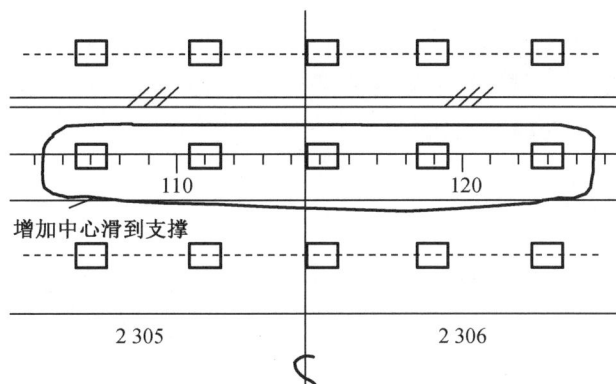

图 3　底部增加支撑示意图

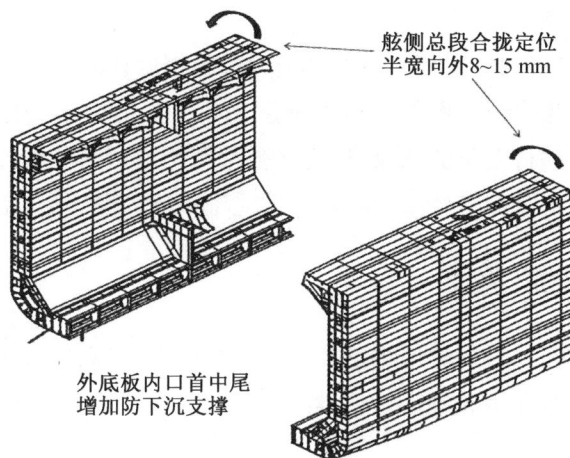

图 4　上口定位反变形设置及外底防下沉支撑示意图

### 2.4.2　压弯板精度控制

舷侧分段在总组阶段压弯板的偏差值应控制在 3 mm 之内,才能保证在合拢时压弯板的偏差值能控制在 5 mm 之内,基本上满足合拢定位精度要求。

合拢定位时,需保证前后分段弧心线错位偏差控制在 2 mm。

### 2.4.3　舷侧分段封焊工艺的设计

为了防止分段变形,定位数据发生变化,采用 2 次封焊与 1 次封焊结合的方式(即:定位封焊的同时,进行铆工封焊,二者同时进行。),保证合拢安全的前提下,最大程度降低吊车定位时长。

### 2.4.4　双斜切分段精度控制

(1)双斜切分段总组精度控制

受分段划分影响,P110K 系列船 1 个双斜切分段由 5 个子分段组成,大大增加了总组精度控制难度。在总组时,以网络线控制技术为基础,进行方案的设计。

根据分段结构状况及胎架数据,将分段基准点的三维理论坐标转换成总组坐标下的三维理论坐标,同时将总组坐标系下各点位的理论坐标值导入全站仪中,制定出分段定位图。

根据分段放平之后高度为 $o$ 的点,在分段上选取 $O$、$A$ 两点,确定坐标系,高度方向可设置一点 $B$ 作为标高。在精度分析软件中标出船体坐标系中的三维理论坐标值,然后利用软件的三维旋转功能,按照基准分段坐标系的状态调整,得出测量点在总组坐标系下的三维理论坐标值,以此来进行总组定位数据的确认。

(2)双斜切分段合拢精度控制

双斜切分段合拢前需对分段进行全面测量、数据模拟搭载、制定出三维数据检测表。在分段合拢时,合拢定位数据需严格按照三维数据检测表进行确定。

### 2.4.5　舷侧分段控制效果

经过以上方案的实施,舷侧分段的上口半宽均控制在 0~5 mm 之间,大大降低了甲板分段合拢时里外方向的大面积切修。压弯板偏差值均控制在 5 mm 之内,双斜切分段合拢精度偏差值均在 3 mm 之内,为后续施工提供了极大的精度保证。

## 2.5　甲板分段定位精度控制

甲板分段合拢是货舱区合拢施工的最后阶段,关键控制要点是:合拢时需满足甲板分段与纵横舱壁分段的对位偏差,甲板面相对水平地控制。

### 2.5.1　吊运变形的精度控制

成品油船甲板为单壳结构,受吊运变形影响较大,甲板吊点位置应充分考虑吊车沟通的跨距,采用三钩头进行合拢吊装作业。

甲板吊点要充分考虑船台倾斜影响,避免分段下沉调整船台角度时出现单个超重的情况,增加合拢吊装安全风险。

### 2.5.2　甲板下口与纵横舱壁的精度控制

为保证分段与总横舱壁分段的对位,提高合拢效率。对总组场地的甲板分段以及船台上相对应的分段对接口进行全面的测量,将测量数据运用模拟搭载软件进行分析、搭载,提前确定切割数据,在总组场地对甲板分段进行全面净荒。同时制作出三维精度检测表,合拢时严格按照检测表执行。

## 3　推广前景

通过对货舱区精度控制工艺的探究,我们进行了许多新的工艺尝试,对后续船舶的货舱区精度控制有极强的借鉴作用和推广价值,经过反复确认,确定方案完全能够适用于 11 万吨成品油轮、7.2 万吨成品油轮。

## 4　结束语

1. 应重视温度变化对合拢定位的影响,定位重点段时应选择合理的合拢时间,减少温差引起的误差变化。
2. 应注重数据积累的重要性,保证长期真实有效的数据传递与汇总分析。

## 5　参考文献

[2]　李歌乐.船体装配工艺学[M].哈尔滨:哈尔滨工程大学出版社,2007.
[4]　于金玲等.船体装配工工艺学[M].北京:海洋出版社,1999.

# 1 000 t 自升式风电安装平台"中船海工101"号的设计及建造

## 李剑博

### （山海关船舶重工有限责任公司）

摘　要：为了提高我国近海风电场的现代化建设，在充分研究了国内外现有自升式风电安装平台的基础上，吸收先进的设计理念和建造经验，充分利用国内相关配套设备，设计和建造了国内较为先进、具备最大 1 000 t 起重能力的自升式风电安装平台"中船海工101"号。本文结合该平台的设计及建造情况，简要介绍其在研制过程中的重难点以及需要注意的事项，为今后类似的平台设计及建造提供参考和借鉴。

关键词：自升式；风电安装平台；设计及建造；关键技术

## 0　引言

我国海岸线长、沿海岛屿众多，海上风能资源丰富，积极推进海上风电的开发对于促进沿海地区治理大气雾霾、调整能源结构和转变经济发展方式具有重要意义。现在以我国丰富的海上风资源配合发达的区域经济、雄厚的工业基础，已具备开发建设海上风电的良好条件。海上风电开发潜力巨大，已成为我国风电发展的方向。海上风电安装技术一直由欧美等国家掌握，我国海上风电安装平台的自主创新和研发设计能力弱，核心技术依赖国外，专业化制造能力和本土化生产能力不足。近年来，随着我国海上风电产业的发展，我国船舶企业及配套厂商加大风电安装平台的研发，增强自主设计、制造能力，取得了一定的进展，突破了海上风电配套设备的关键技术，开发出了相关产品，为风电安装平台的研发提供了技术支撑。

## 1　风电安装平台概况

"中船海工101"是一艘自升式非自航风电安装平台(图1)，其型长 93 m，型宽 41 m，型深 7 m，设计吃水 4.8 m，最大作业水深 45 m，作业区域为近海，该平台配置一台起重能力为 1 000 t 的主绕桩吊机和一台 350 t 辅助绕桩吊机，单桩作业支持能力为 6 000 t，配备 4 台全回转辅助推进器，DP1 动力定位系统和 4 点锚泊定位系统，具备复杂海况下精确定位能力，并可在 ICE－B 级海冰环境下作业，甲板面可搭载 3 套 7 MW 或 4 套 5 MW 风机机组部件，能适应淤泥、黏土、沙土及混合土质等国内大部分海域地质条件作业。该平台采用"大承载面积桩靴""大孔插销""导光""可倒舷梯"等创新设计，功能可扩展性、系统自动化和智能化、绿色环保等方面目前居于国内同类型平台前列，作业效率、环境适用能力、可变载荷承载能力等在国内处于领先水平，被列为秦皇岛市海洋经济创新发展示范项目，该平台的成功设计及建造是海上风电安装领域的又一成就，是对我国海上重大装备制造的又一贡献，也是对交通强国战略的具体落实。

图1 "中船海工101"建造完工交付

## 2 设计及建造关键技术

### 2.1 设计关键技术

#### 2.1.1 总体设计技术研究

经过前期的软件模型模拟海上洋流、风载荷等对该平台的影响多方面评估该平台的强度、稳性、抗滑、抗倾等要求,最终制定平台主要参数。设计中利用 NAPA 软件完成了完整稳性、破损稳性计算,经论证平台工作时稳性满足规范要求;利用 SESAM 软件完成了抗滑稳性、抗倾稳性等的计算,经论证平台升平台站桩稳性满足相关要求。总体设计是按照螺旋式技术研究方法,首先针对业主方的实际市场需求,如载货需求、工作能力设定、作业海域海洋环境限制、桩腿及升降系统、国际环保要求等多方面参数,参考国内外优秀的成品设计。总体布置 NAPA/SESAM 分析模型如图2所示。

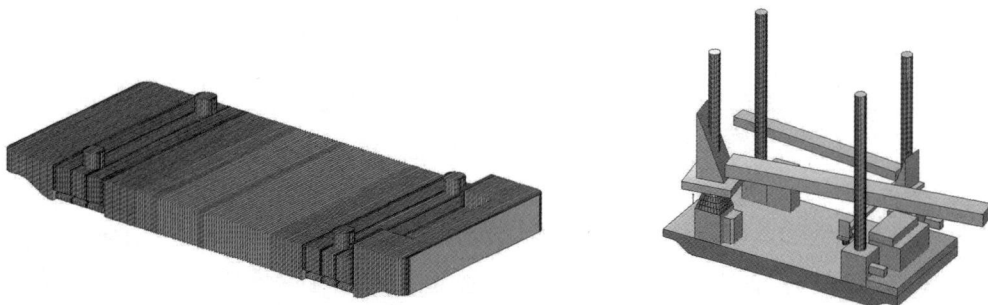

图2 总体布置 NAPA/SESAM 分析模型

#### 2.1.2 主体结构设计研究

自升式风电安装平台的主体结构设计较为特殊,在满足可变载荷要求前提下,要求风电安装作业具有足够的能力。主体结构在平台升起、拖航过程中传递载荷起着重要作用。在满足海洋工程设计建造规范要求的前提下,采用国际先进的三维有限元分析方法进行全船有限元建模,分别从总体强度、局部强度和疲劳强度方面进行分析,此外,同时进行全船规范强度计算分析,从而确定出主体结构及关键构件的尺寸及节点型式。为实现一次能够承载和运送3套7兆瓦风机设备,结合风机设备厂家提供的风机部件在运输中拆分情况和各拆分部件的尺寸、重量,同时考虑该平台上安装、海上吊装所需要的工装和操作空间等方面综合考虑,初步确定本平台甲板使用空间,经参考众多母型平台技术数据,经过反复优化论证,最后确定主尺度数据为 93 m(型长)× 41 m(型宽)× 7 m(型深),设计吃水:4.8 m。主体结构 SESAM 分析模型如图3所示。

#### 2.1.3 桩腿桩靴结构设计研究

在自升式风电安装平台中,桩腿桩靴是最重要的结构构件,合理的结构设计是实现风电安装功能的关键技术。桩腿桩靴结构部分对钢材材质及精度要求很高,满足强度要求的前提下,利用有限元三维局部精细化建模分析手段对其局部结构进行局部强度要求、地基承载能力、抗滑移、入泥深度和拔桩能力等设计。设计中利用PATRAN/SESAM 软件完成了主船体整体结构强度分析和桩腿桩靴结构的整体强度分析。利用结构有限元安全分析技术,准确预报在位和迁航工况下桩腿风浪流环境载荷,优化桩腿壁厚 5 mm,减小桩腿质量。经多种方案对比分析,最终采用阶梯过渡厚板和甲板对位加强提升刚度等手段解决固桩室角隅应力集中问题。桩靴/桩腿 PATRAN/SESAM 分析模型如图 4 所示。

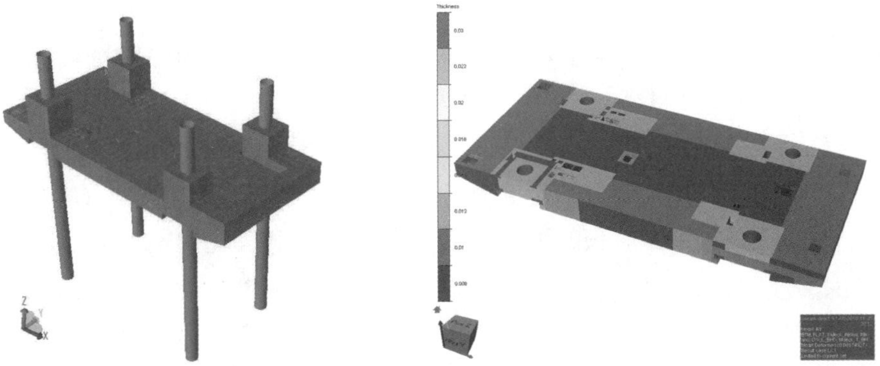

图 3  主体结构 SESAM 分析模型

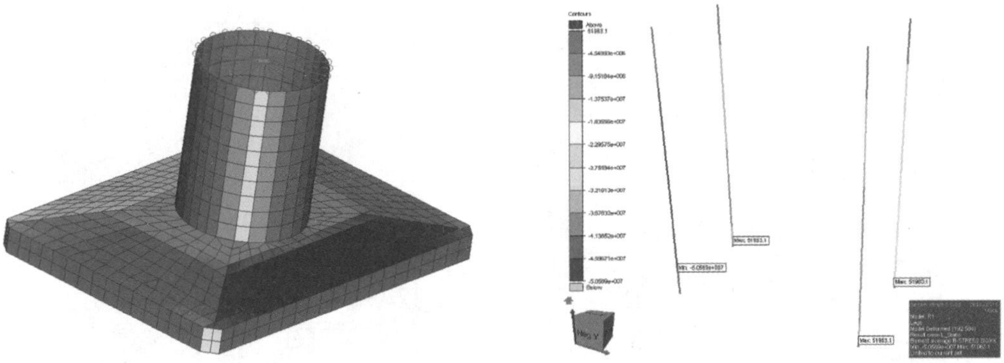

图 4  桩靴/桩腿 PATRAN/SESAM 分析模型

### 2.1.4  动力定位系统分析与配置

风电安装平台在风场中不同机位之间进行迁移和定位的过程中受到环境载荷的作用,因此平台根据动力定位原理,通过分析自升式风电安装平台的动力定位能力来计算风、浪、流的环境载荷及推进器推力值。该平台布置动力定位系统一套,满足船级社 DP-1 符号要求,系统可实现自动控制,带有独立的联合操纵杆系统,系统可自动定位控制和手动定位(通过联合操纵杆)控制,二者之间手动转换。通过故障模式与影响分析(FMEA),来模拟与动力定位系统功能有关设备的不同故障模式,对整个动力定位系统应进行故障模式与影响分析。动力定位系统分析模型如图 5 所示。

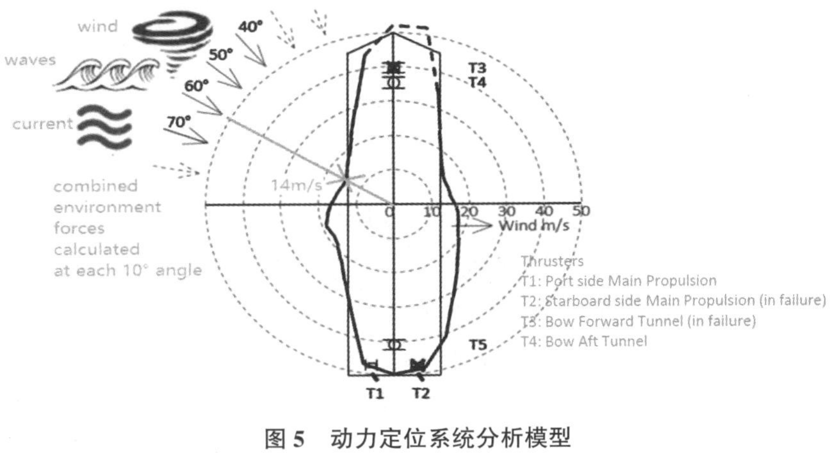

图 5  动力定位系统分析模型

## 2.2 建造关键技术

### 2.2.1 桩腿及桩靴建造技术

桩腿是自升式风电安装平台最重要，最关键的结构之一，由于尺度大，结构复杂。桩腿建造技术已经成为自升式风电安装平台建造的核心。该风电安装平台设有 4 条圆柱形桩腿，每条桩腿的高度约为 82.6 m，桩腿及桩靴总高度为 85 m，桩腿重量约为 2 557 t。桩腿圆筒尺寸外径 4 m、材料为 EH690 壁厚约 75 mm。桩腿为全钢质圆筒型"壳板"焊接结构，为了减轻结构重量内部不设额外的加强结构。材料的化学成分和力学性能均须满足 CCS 规范的有关技术条件的规定。本平台每条桩腿由下端带有小段圆筒的桩靴支撑，桩腿下设 4 个桩靴，单个桩靴为长方形，尺寸为边长 11.5 m，宽 8.5 m，高度 2.4 m，质量 105 t，其剖面形式为长方形，顶板削斜，底板削斜。桩靴内部有若干道辐射板，使桩靴和桩腿之间的作用力能够良好传递，在折角处为折线过渡。

桩腿分段的建造方式为侧造，结合公司的起重和运输能力以及场地条件，还有桩腿材料的订货情况，每根桩腿划分为 2 个合拢分段。而对于 85 m 长的桩腿船坞内接长方案，则是施工前期策划过程中需要重点考虑的问题。为了解决生产实际问题，从技术创新、降本增效等方面考虑，不断优化桩腿坞内长方案，创造性地采用 500 t 级 6 m 钢丝绳圈及配套卸扣，摸索出了 85 m 桩腿坞内接长、安装精度和焊接变形控制技术，解决了超高桩腿坞内接长的技术难题，缩短了风电安装平台建造总周期。桩腿船坞内接长如图 6 所示。

图 6　桩腿船坞内接长

### 2.2.2 升降装置的系统总成

升降装置及固桩室是风电安装平台顶升脱离海面传递载荷的关键部件，制作、安装质量和精度控制要求高，技术难度大。根据该项目整体建造方案，升降装置及固桩室需要组装成 4 个"撬块"分别吊装上船，单个"撬块"由以下构件组成：定环梁、缓冲组件、升降油缸、油缸销、固桩室、导向桩、动环梁等，其重量大约为 432 t，外形尺寸为 9 m 长、10 m 宽、9.7 m 高。"撬块"组装需要设计及制造承重约 500 t（考虑 1.1 倍安全系数）、7 m 高、占地面积为 5.9 m×5.9 m 的钢结构胎架。为了解决生产实际问题，创新地设计出适用于本"撬块"的新型高支撑胎架。此新型高支撑胎架由 8 根高度为 7.34 m 的结构组成，单根结构由 6 层支撑工装在高度方向叠加，其中每个支撑工装用"连接马板"进行牢固焊接。此新型高支撑胎架的成功应用，达到了提高施工效率和降本增效的目的。升降装置组装如图 7 所示。

### 2.2.3 船坞内建造技术

风电安装平台属于高技术含量、高附加值船舶工程，是名副其实的巨大系统工程，其具有制造工艺过程复杂、建造周期长、交货期紧、多项目交叉并行生产等特点。根据公司整体计划安排，该风电安装平台在西区造船大坞进行合拢建造，按照"四个坞次，三次漂浮，三次落墩"的坞内搭载工艺方案，即：该平台在船坞内搭载总周期预计为 240 d，单个坞次预计时间 60 d，一共四个坞次；该平台在船坞内搭载需要与常规船（散货船或油轮）建造相匹配，按通常情况单个或多个常规船在坞内搭载所需周期为 60 d，常规船搭载并且舾装完工成后需要漂浮；而该平台为了配合常规船漂浮需要在坞内进行三次漂浮并三次落墩，最后在坞内搭载完成整船的建造过程。

图7 升降装置组装

### 2.2.4 重大关键设备国产化率100%

海上风电安装平台上主要的配套设备有吊机、升降系统、动力系统、动力定位系统等,关键设备技术要求高,价格昂贵,占风电安装平台整个造价的60%~70%,以前核心部件均为国外进口。国内经过近些年的研发,突破了相关配套设备的关键技术,开发出了相关产品。本项目在设计及建造过程中其工艺和技术方案充分考虑了采用国产化设备:武汉船机研发的1 000 t和350 t绕桩吊机、中船重工704所研发的高效液压插拔销式升降系统、中船重工712所研发的电力推进系统等,重大关键设备全部为国产化设备。具统计此项目对于国产设备采购,国产化率为97.59%,重大关键设备国产化率为100%。通过实践证明,本项目的国产化率较高,整体造价成本较低,满足沿海风电安装需求,适合市场推广。

### 2.2.5 大型吊机安装及试验技术

目前国内外运用于海上风电安装平台的吊机形式主要有绕桩式及甲板式两种。绕桩式吊机的优点在于,起重机安装于一条桩腿的固桩架之上,不额外的占用甲板面积(甲板面积对于安装平台来说尤为重要),且绕桩吊的安装位置更接近平台舷侧,作业范围更广。本项目配置1 000 t绕桩吊,起重半径25 m,最大起升高度115 m(距主甲板);配置350 t绕桩吊,起重半径24 m,吊臂范围最大达72 m,可满足机舱等部件的吊装转运作业,大幅提升平台综合作业效率。由于此类型海工吊机属于特大型装备,在吊机生产厂家受到整机组装和海运,以及到现场进行组装时公司现有硬件设备设施等限制,故1 000 t和350 t吊机每台吊机分成七个大型组件进行海上运输及安装。其中吊机组件中1 000 t吊机转盘组件吊重达460 t,1 000 t吊机臂架组件为超长结构长度达到107 m,利用公司现有两台600 t龙门吊的资源,通过单台或两台600 t龙门吊联吊的方式,圆满完成以上吊机的安装工作。另外,1 000 t和350 t吊机需要在平台站桩状态下完成1倍和1.1倍的动载试验,以及1.25倍的静载试验。本着"减少试验成本,满足进度需求和安全第一"的原则,在试验前期分别对使用"试重块、水袋、水箱"试重三种不同方式进行了综合分析、论证,并结合公司实际情况,最终设计与实施了用水袋进行试重的方案。吊机试重如图8所示。

### 2.2.6 大型升降系统试验技术

风电安装平台下水后,升降系统的调试工作是重中之重;而全程升降试验则是本项目功能试验中风险最大试验之一。此外,该项试验也是自升式风电安装平台完工建造的关键环节。此次试验的过程,是整个平台自重逐渐由桩腿承受,桩腿开始缓慢下沉,同时平台从漂浮状态转变为站立状态,既有桩腿预压载的特点又有平台上升的特点;该试验是关系升降系统调试成败,检验船厂建造精度水平等极为关键的试验项目。为了保证本试验项目的顺利进行,公司制定了详细的风险分析、编制应急预案、作业计划等,组织召开现场JSA安全分析会;通过技术及安全等方面的一系列攻关,完全掌握了自升式海工项目大型升降系统试验的关键技术。全程升降试验如图9所示。

图 8　吊机试重

图 9　全程升降试验

## 3　主要应用领域及效益

随着海上风力发电事业的逐步发展,海上风电场成为世界上最大的清洁能源供给之一。风电安装平台使海上大型风电设备的安装、运输及维护功能得以实现,促进海上风电行业的发展。本文阐述的 1 000 t 自升式风电安装平台"中船海工 101"号,具备大负荷的高速升降系统,先进的动力定位系统,大型风机海上运输、维护,大件设备运输吊装,作业搭载等多项作业能力,且各项性能指标先进,达到或接近国际先进水平的海洋风车安装平台的标准,将显著提高国内海上风机安装的效率。通过专业的安装公司和专业人员的熟练操作,以 5 MW 风机为例,该风电安装平台可由原来每套风机安装 7 d 减少到 3~4 d,使海上风机的安装效率提升一倍,获得了业主的高度评价。

图 10　现场施工作业

## 参考文献

[1] 中国船舶工业集团公司,中国船舶重工集团公司,中国造船工程学会.船舶设计实用手册 [M].北京:国防工业出版社,2013.

[2] 应长春.船舶工艺技术 [M].上海:上海交通大学出版社,2013.

[3] 黄浩.船体工艺手册 [M].北京:国防工业出版社,2013.

# 9X92-B 分段式机座、机架焊接及合拢技术研究

## 裴廷远 赵 奇[1] 刘 伟[1] 王 珏[1] 宇 涛[2]

(1. 大连船用柴油机有限公司;2. 大连船用推进装置有限公司)

**摘 要**:大连船用柴油机有限公司于 2021 年与大船集团、广船集团共签订 17 台大功率船舶主机,型号为 9X92-B-HPSCR。该公司钢构制造部承接的是该主机的机座、机架的装配、焊接、热处理、喷涂、包装等一系列工作。机座机架长度超过 16 m,采用两段式设计,分段装配焊接,加工后采用螺栓将两段连接起来。钢构制造部首次生产这种两段式机座、机架,没有相关建造经验。2021 年下半年工艺人员拿到图纸后立即开始进行工艺准备,包括图纸尺寸计算、UG 模型测量、借鉴其他主机厂的施工经验等,其间,发现了一些施工难点,通过采用图纸优化、设计制作工装、编制施工工艺和重点部位尺寸记录卡等方法,在现场人员的精心施工、工艺人员的全力配合下,最终圆满地完成了首台 9X92-B 的机座机架施工,顺利地转入下一道工序。

**关键词**:9X92-B;分段式机座机架;焊接及合拢;技术研究

## 0 引言

随着全球航运业的迅猛发展,大型集装箱船需求量不断增加,与之相配套的船舶主机需求量也激增。为了满足更加高效的海上运输效率,与集装箱船配套的主机功率要比其他船舶的主机功率大得多,相应的体型也很庞大,这就对主机厂提出了更高的建造要求。大连船用柴油机有限公司作为一家专业的船舶主机建造厂,要紧跟国际发展潮流,不断开拓新产品,提升国际竞争力。2021 年公司承接的 9X92-B-HPSCR 主机,是公司生产的最大机型,如何能够保质保量地完成主机建造,是该公司面临的新挑战。

## 1 工艺准备

接到该机座机架的图纸后,工艺人员立即开始工作,通过图纸尺寸计算、UG 模型测量等,及时发现了图纸的几个部位设计间隙过小,在主机工作时会有相互碰撞的风险,需要进行设计优化。根据以往类似机型的施工经验,对数个零部件也进行一系列的工艺优化。

### 1.1 UG 模拟计算

工艺人员通过电脑模拟计算得到,机架导板斜面尖角与曲轴间隙为 17 mm、机架摇臂与侧板窗间隙为 48 mm、机座侧板与曲轴瓦盖间隙为 159 mm。

### 1.2 机架导板角度修改,增加与曲轴之间的间隙

机架导板斜面尖角与曲轴间隙为 17 mm,为了防止在装配、焊接、加工过程中产生的累计误差,导致在主机工作时曲轴和导板发生碰撞,工艺人员提出将机架导板斜面角度增加 5°,由 67° 改为 72°,技术中心再次计算,导板斜面尖角与曲轴间隙由 17 mm 变成了 27 mm。见图 1 和图 2。

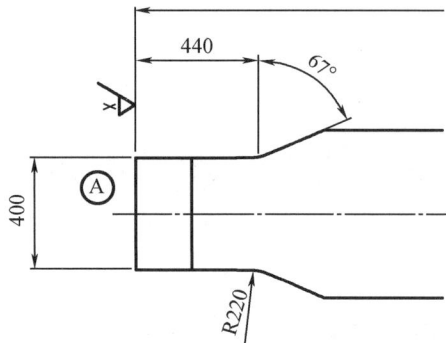

图 1  导板原始设计图纸

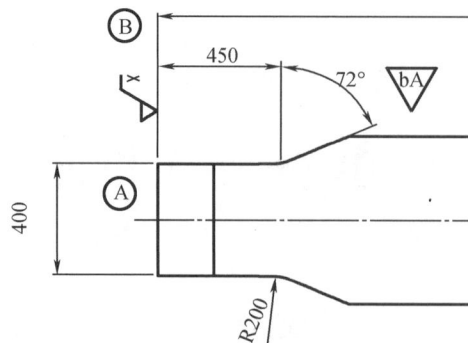

图 2  导板修改后图纸

## 1.3  机架十字头摇臂与侧板最小间隙处的尺寸控制

机架摇臂与侧板窗间隙为 48 mm,为了防止侧板焊接变形过大、装配偏差,导致摇臂与侧板发生碰撞,加强了对该位置侧板的尺寸监控,编制了尺寸记录卡,要求铆工在焊后对侧板进行火焰矫形,同时做好尺寸记录。见图 3 和图 4。

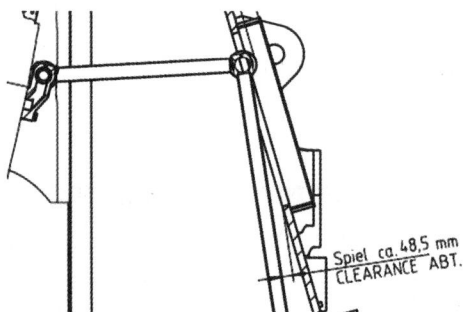

图 3  十字头摇臂与侧板修小间隙示意图

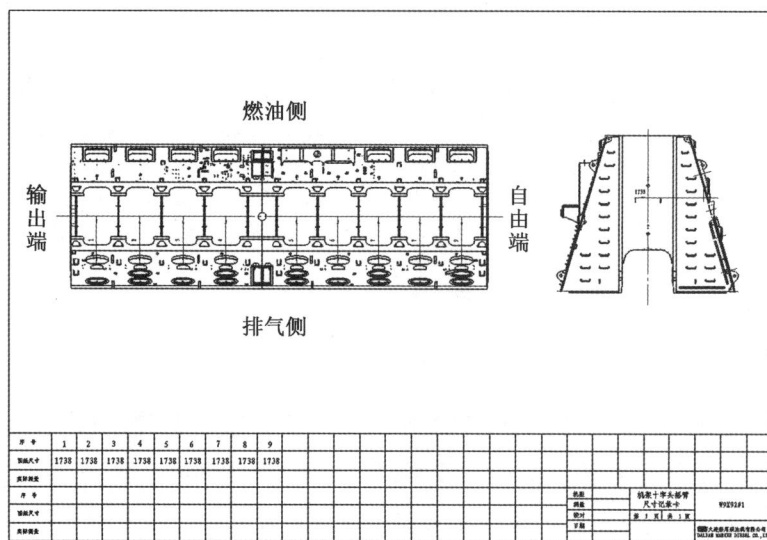

图 4  尺寸记录卡

## 1.4  机架单片铸件修改,铸件进厂时带坡口

机架单片中间板是分段式设计,上半钢板、下半铸件,图纸设计两侧都不带坡口,待钢板和铸件对接到一起,完成焊接再同时切割两侧的坡口,这种施工流程,工期较长。为了理顺施工流程,提出先开坡口再焊接的工艺方案,这就要求零件在进厂前都要将坡口切割成品,工艺人员联系技术中心修改铸件图纸,见图 5 和图 6。机架单片三角板铸件也是同样问题,也都一同进行了修改,见图 7 和图 8。

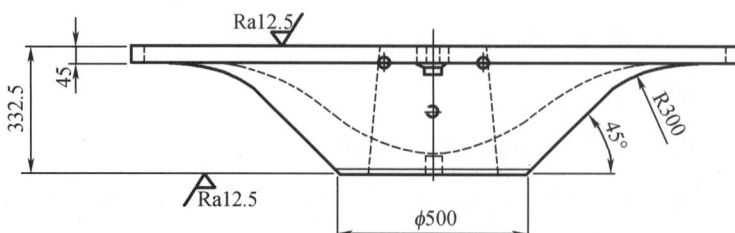

图 5  机架单片中间板铸件原始设计图

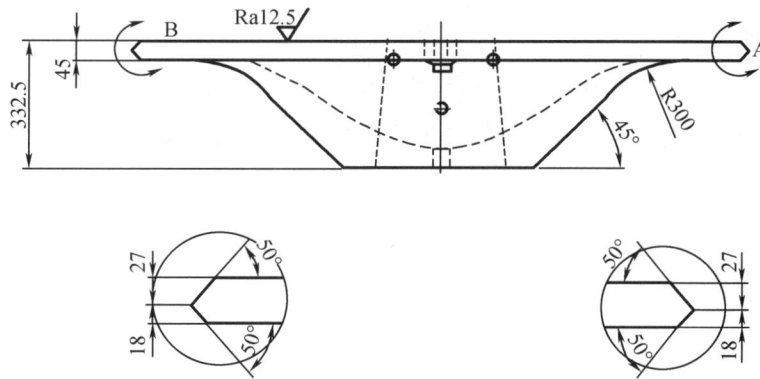

图 6  机架单片中间板铸件修改图

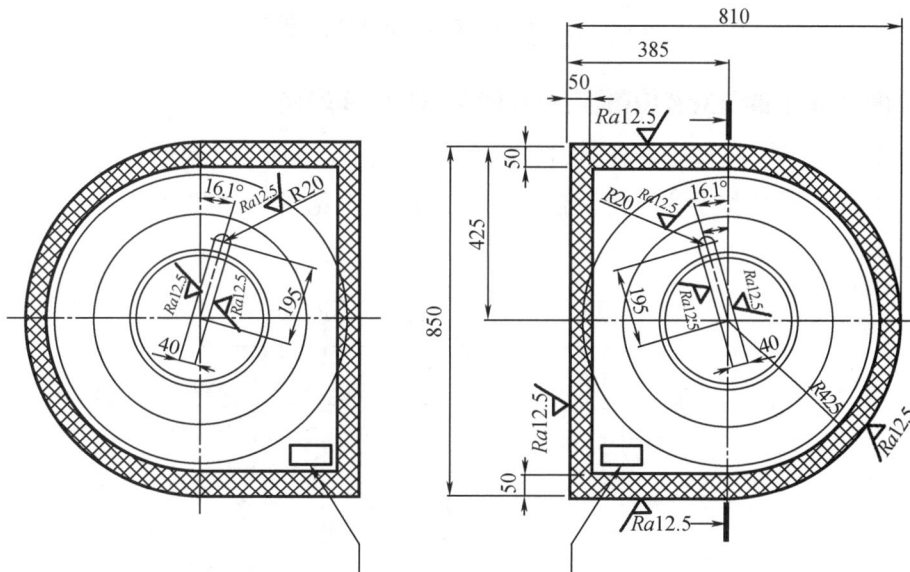

图 7  机架单片三角板铸件原始设计图

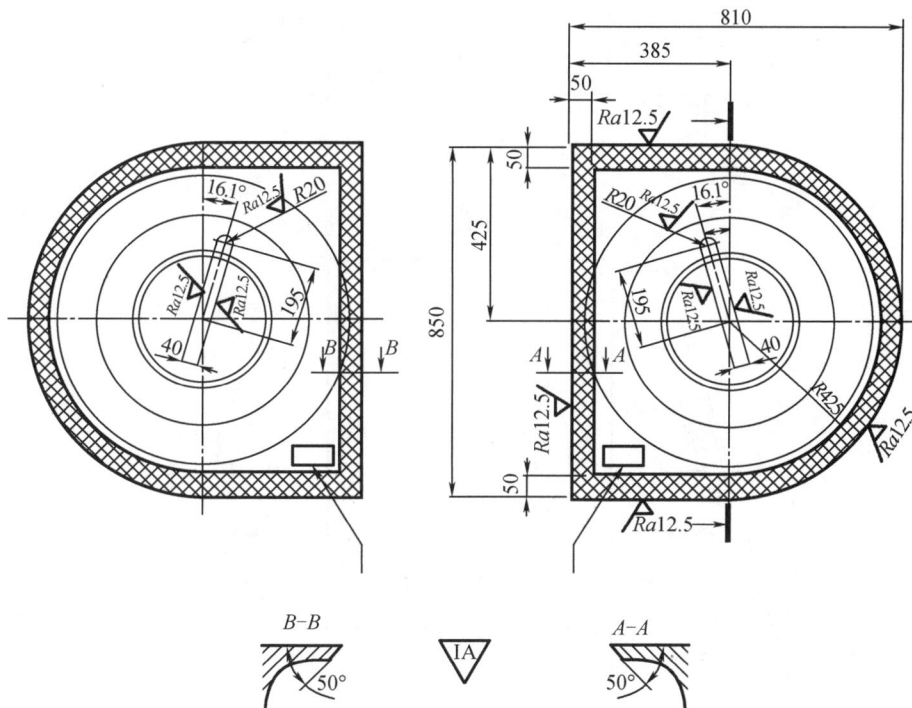

图 8  机架单片三角板铸件修改图

## 1.5 机架中间板增加临时吊耳

机架单片重量较大,为 13 t,为了增加吊运的安全性,在中间板上端设计一个一体式临时吊耳,在零件切割时同时切割出来,待总组作业区进行组立时,单片吊运到位并固定牢靠时,就可以将其沿着中间板上端切割掉。见图9。

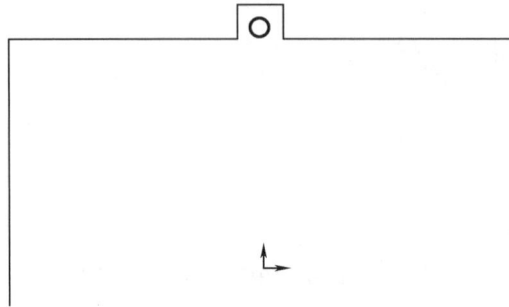

**图9 机架中间板增加一体式临时吊耳**

## 1.6 机架单片中间板小把手调整安装位置,避免在加工时与机床碰撞

机架单片中间板上的小把手,图纸设计距离导板为 400 mm,在机加工过程中易与机床刀头发生碰撞,经技术中心和机械加工部确认,将小把手往单片中心线平移 150 mm。见图10 和图11。

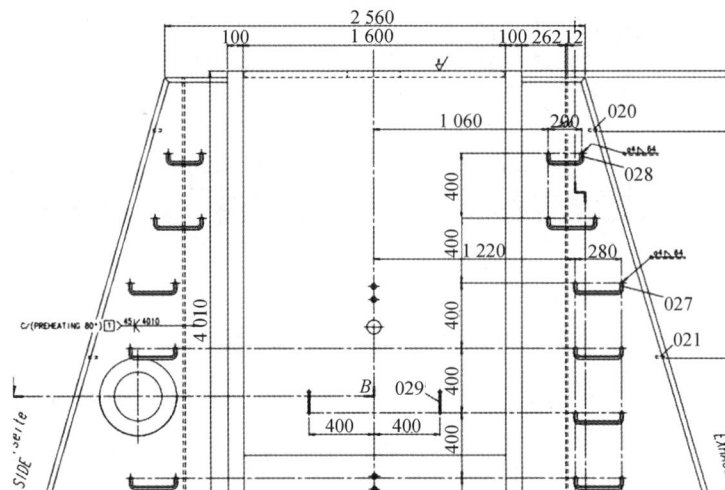

**图10 机架单片原始设计图**

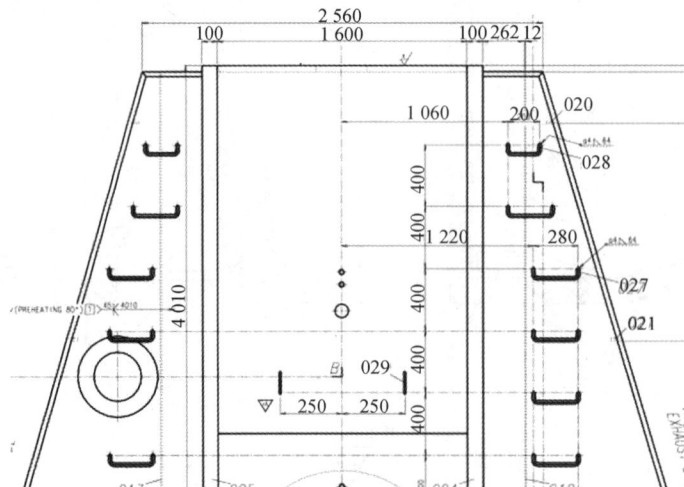

**图11 机架单片修改图**

## 1.7 编制机架单片连接处内部涂漆方案,半封闭内腔提前涂漆

机架由两部分组成,每部分的连接处单片三角板上有一处焊接法兰(共两处),内部为连通开放式空腔,需要进行涂漆,但是如果整体焊接后涂漆,由于开孔较小,距离长,无法顺利实现涂漆,为此需要改变施工工序,对此处进行特殊处理和涂漆。编制了《W9X92B 机架单片连接处内部涂漆方案》。见图12。

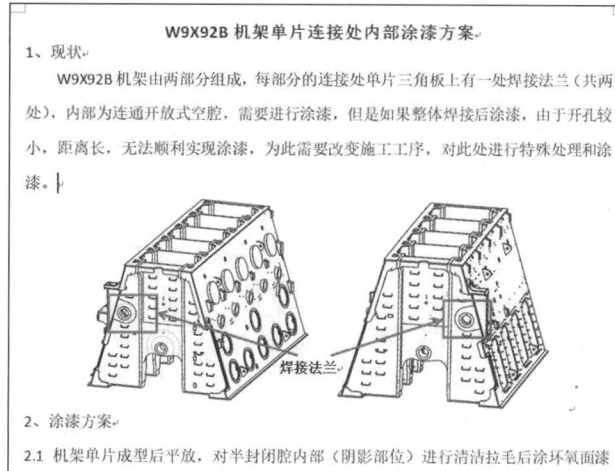

图 12 《W9X92B 机架单片连接处内部涂漆方案》部分截图

## 1.8 计算机架侧板附件侧板斜拉尺寸

机架侧板外侧有好多支架,图纸给的都是水平和竖直定位尺寸,由于机型庞大,测量图纸要求的尺寸非常困难,经过工艺人员与现场人员多次探讨,制定了"地面预装、组立检测"的工艺方案。工艺人员通过电脑计算出斜拉尺寸,施工时侧板平铺在地面,用斜拉尺寸进行定位安装支架,平台总成组立时,用激光仪测量支架的水平和竖直尺寸偏差,对于偏差大于 5 mm 的支架,需要切割下来重新安装。见图13和14。

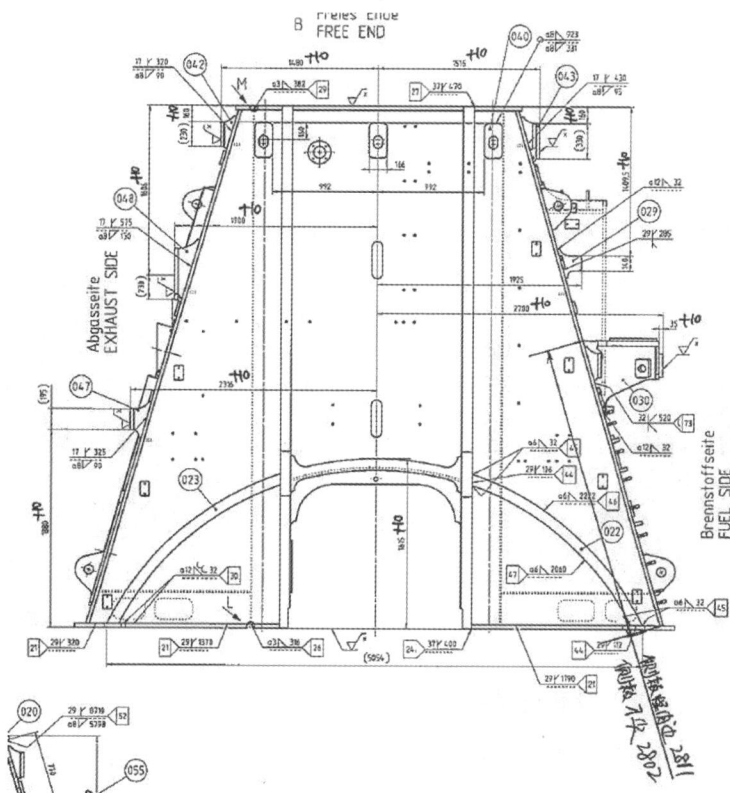

图 13 侧板外支架的水平和竖直定位尺寸

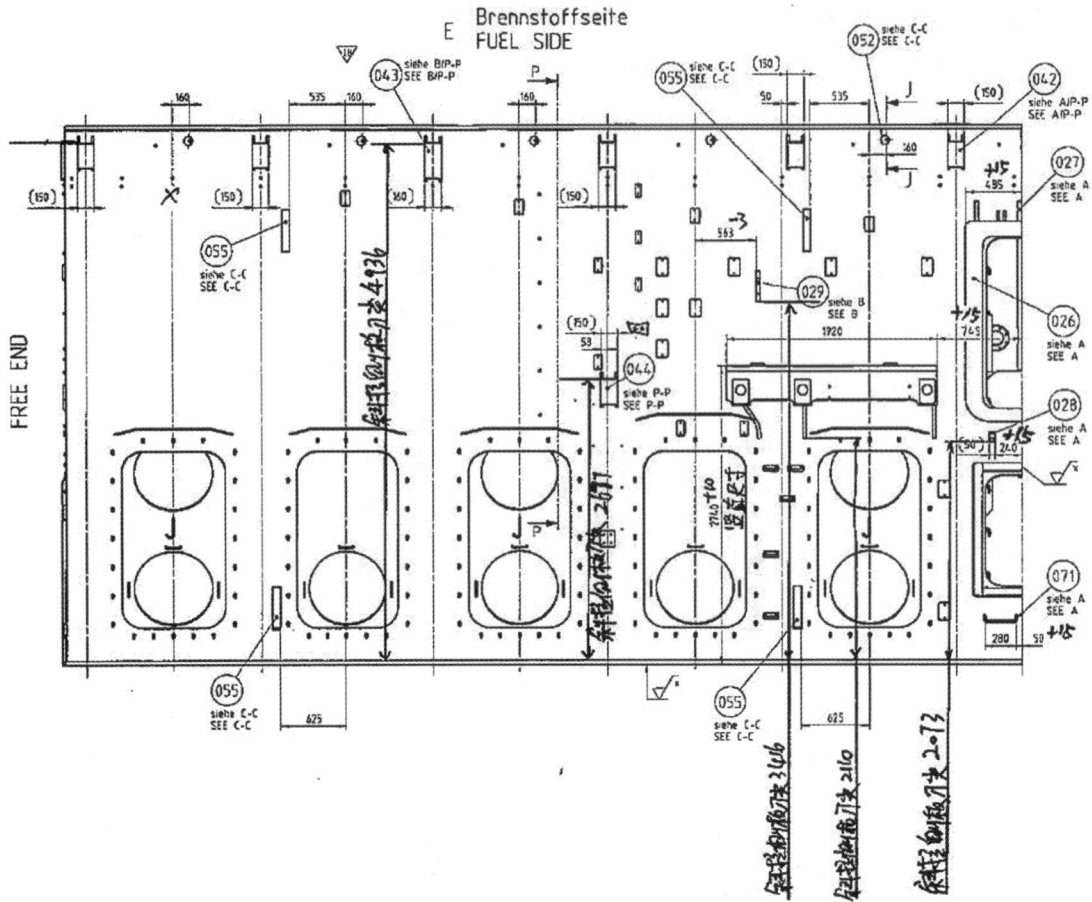

图14　侧板外支架的斜拉尺寸

## 1.9　修改机座中间体与下面板焊缝打磨 *R* 尺寸

机座焊接图中要求,主轴承座与下面板焊缝需要有个加强焊,并进行表面打磨"光滑 *R*12~*R*15",这种打磨尺寸要求太苛刻,很费工时。工艺人员提出了新的方案"打磨至圆弧过渡圆角半径不小于 *R*10",这个方案得到了专利设计公司的认可。见图15 和图16。

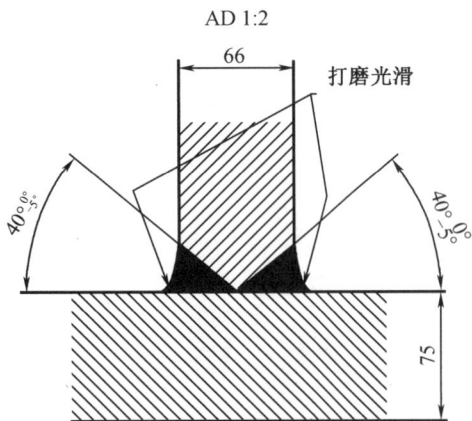

图15　主轴承座和下面版焊缝的打磨要求

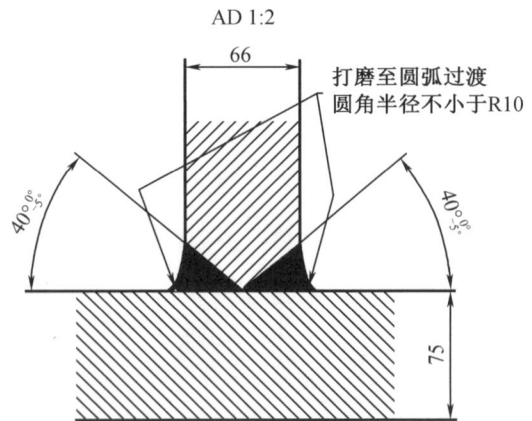

图16　主轴承座和下面版焊缝修改后的打磨要求

## 1.10　机座油底壳内的管支架,重新计算安装尺寸

机座油底壳内的管支架,图纸没有给具体的安装定位尺寸,由于支架是焊接在油底壳上,如果只是把支架靠在油底壳的斜面上焊接,不考虑该件与主轴承座的中心尺寸,后续会出现该支架与滑油管无法连接的现象。通过 UG 图纸测量出了管支架与面板、轴承座中心的尺寸,标注在图纸上,按照这个尺寸安装,提高管支架的定

位精度。见图17。

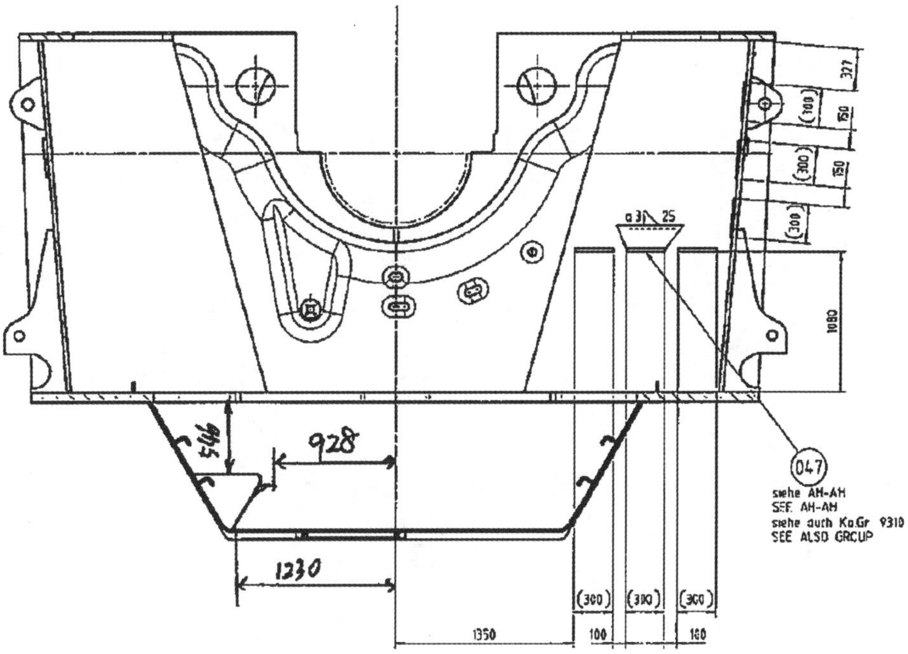

图17　增加管支架的定位尺寸

## 1.11　优化坡口形式,减少焊接填充量

机座、机架图纸中多处是单坡口设计,由于该机型板厚普遍较大,造成了焊接坡口较大,焊接填充量大、焊接变形大。根据零件的实际情况对部分双坡口进行优化设计。机架两段的结合面法兰与侧板、上下面板的焊缝,机座侧板和上下面板的焊缝。见图18 和图19。

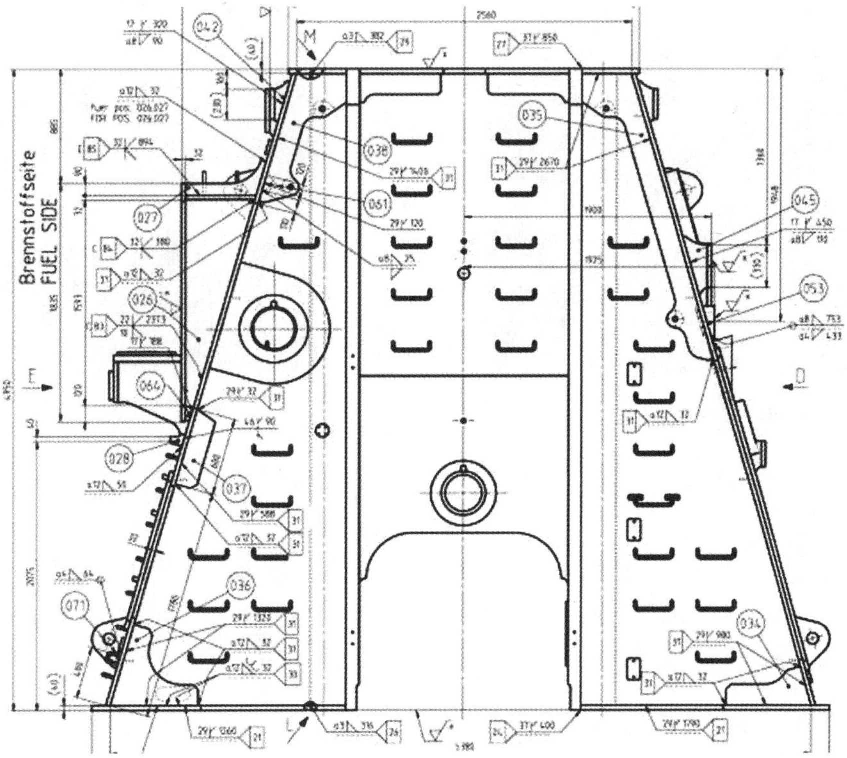

图18　结合面法兰与侧板、上下面板的焊缝

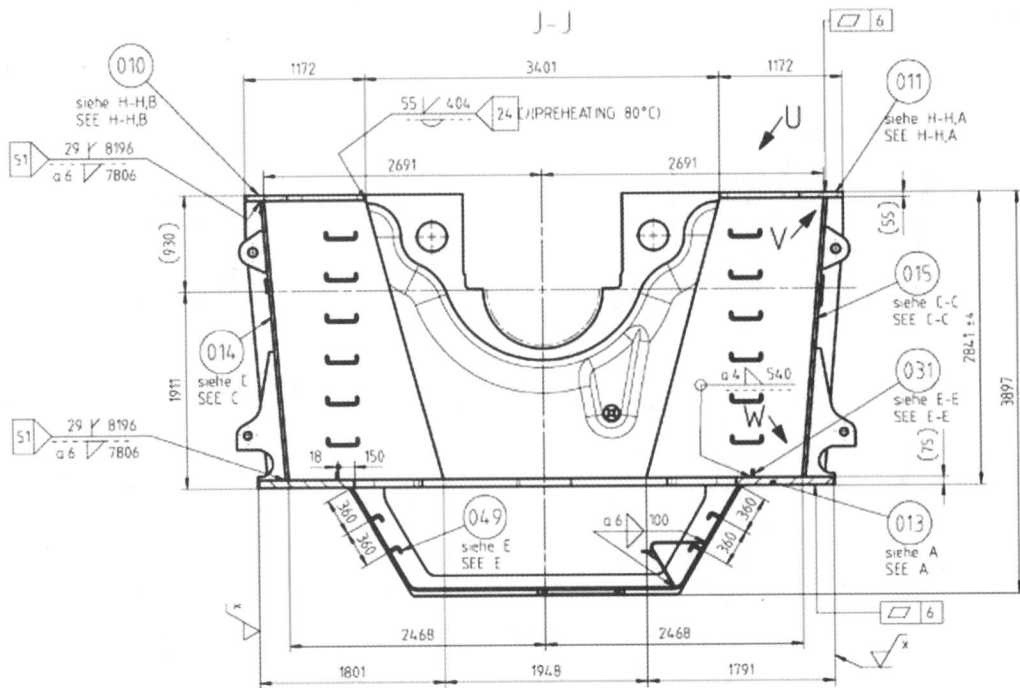

图 19　机座侧板和上下面板的焊缝

## 1.12　设计制作工装

该机型缸距较大,为 1.6 m 左右,总成组立施工过程中,施工人员无法同时脚踩相邻两个单片的踏步,施工过程中存在较大的安全隐患,专门设计制作了登高踏板。见图 20。

为了确保机架大门的铰链安装精度,同时可以检查侧板大门部位的平整度,设计制作了机架大门样板。见图 21。

图 20　登高踏板

图 21　机架大门样板

机座机架的总宽度接近 6 m,接近现有平台的极限尺寸,原有的平台压码太大,无法使用,重新设计制作了小型平台压码。见图 22。

机座主轴承座吨位较大,单个最大质量接近 10 t。工艺人员向技术中心提出了增加吊装孔的申请,经过技术中心和 WINGD 沟通,拒绝了该申请。为了确保吊装安全,专门设计了主轴承座临时吊耳,单片施工时,将临时焊接到主轴承座端头,总成组立后再切割掉。见图 23。

## 1.13　制定机座、机架两段连接部位的施工方案

机座、机架总长度超过 16 m,为了便于施工采用两段式设计,分段装配焊接、加工再用螺栓连接在一起。按照其他主机厂的施工经验,连接后两段会出现错边现象。为了减少这种错边,制造部领导、工艺、生产、现场人员多次进行沟通交流,最终确定了"同时装配、同时划线、同时矫形、压码固定"的施工方案,将会大大降低两

段的错边量。同时要求机座两部分的接合面法兰使用同一个地样进行拼接,确保外形一致。

图 22　平台压码

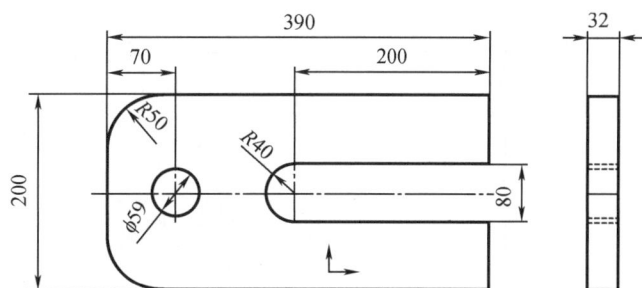

图 23　机座主轴承座临时吊耳设计图

## 1.14　编制机座机架的整体吊装方案

机座机架每一段都很重,单段最大质量超过 120 t,为了整体翻转进行"立个"位置焊接,需要在上下面板焊接临时吊耳,要确保翻转的安全性和经济性。上面板焊接主吊耳,单个承重 85 t,下面板焊接副吊耳,单个承重 121 t。图 24、图 25、图 26。

机架(输出端)85 t,吊车吊高15.5 m,
主钩钢丝扣7 m(直径72 mm),副钩钢丝扣9 m(直径75 mm)
上面板临时吊耳图号:107.328.520.005(长400,厚70) 数量:2个
上面板临时吊耳图号:107.328.520.004(长320,厚50) 数量:2个

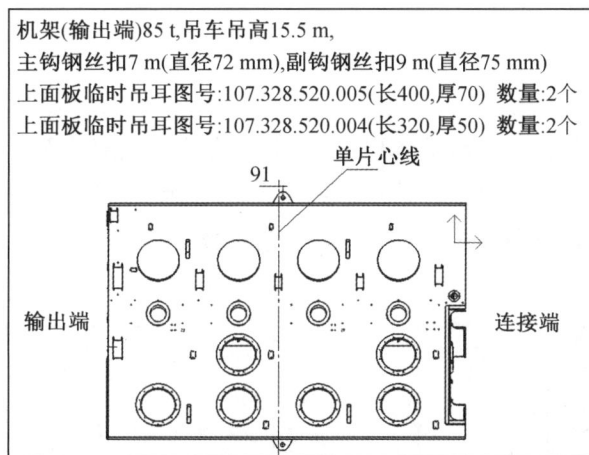

图 24　机架整体临时吊耳布置

机架(输出端)121 t,吊车吊高15.5 m,
主钩钢丝扣7 m(直径72 mm),副钩钢丝扣9 m(直径75 mm)
上面板临时吊耳图号:107.328.520.005(长400,厚70) 数量:2个
上面板临时吊耳图号:107.328.520.004(长320,厚50) 数量:2个

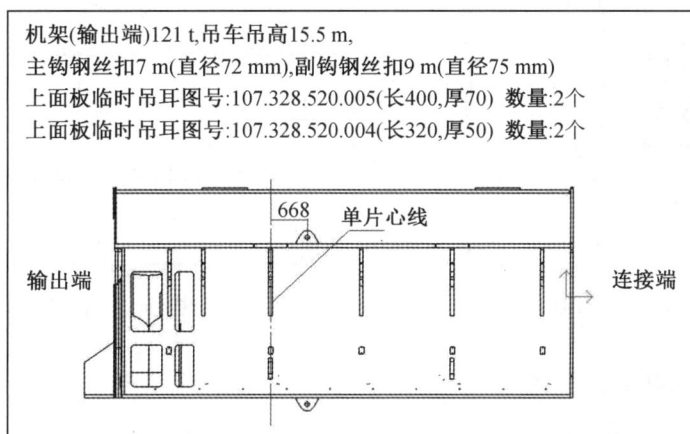

图 25　机座整体临时吊耳布置

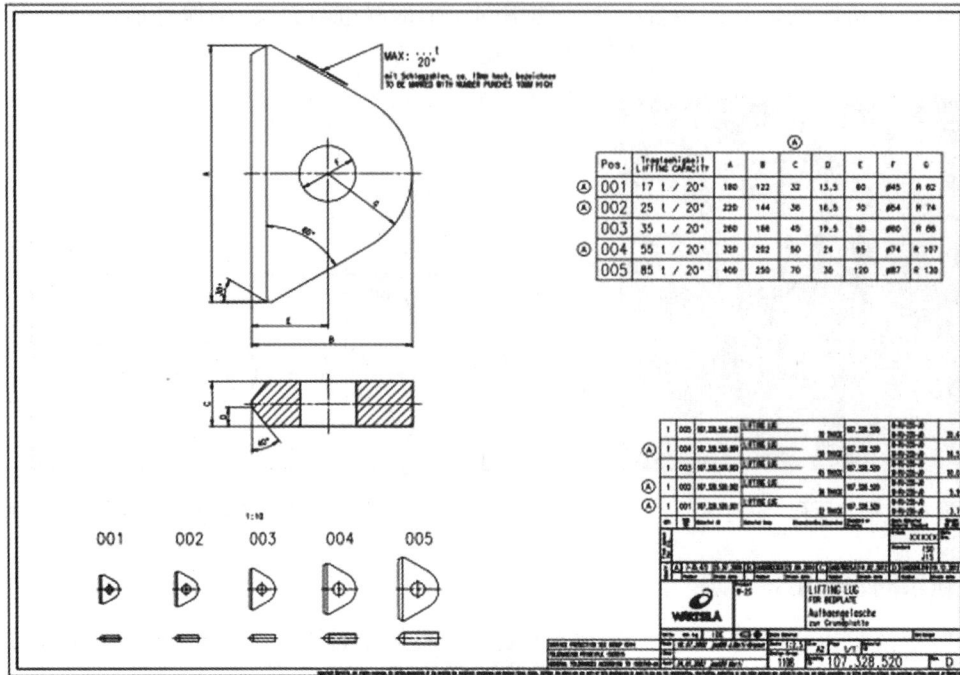

图 26　临时吊耳图纸

## 2　施工中遇到的问题与改进

### 2.1　增加机架侧板长度

机架三角板和侧板端头一齐,在实际施工过程中,由于单片的焊接变形和总组时的装配误差,三角板和侧板端头会有数毫米的错位,影响外观质量。在首台机编制零件切割工艺时没有发现该问题,导致总成组立时困难很大。后续机型在侧板下料时,侧板端头加长 5 mm。见图 27 和图 28。

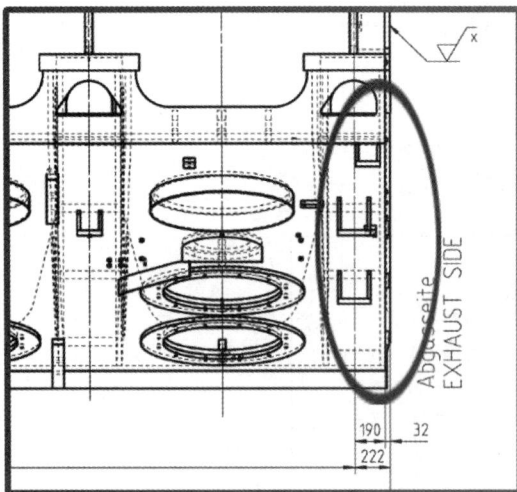

图 27　三角板和侧板端头结构图

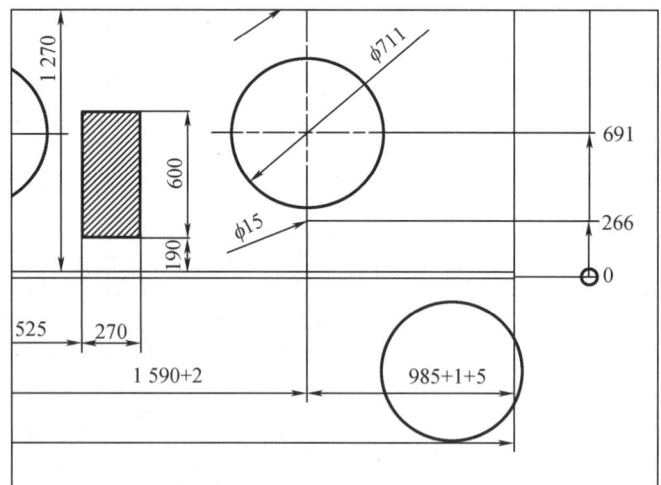

图 28　侧板零件加长 5 mm

### 2.2　机架侧板排气侧圆形盖板直径加大

机架侧板排气侧上方圆形盖板与圆环装配焊接,盖板单边仅有 2 mm 余量,由于盖板切割变形较大,圆环也有变形,导致装配困难。后续施工将盖板直径+10 mm。见图 29 和图 30。

图 29　盖板和圆环装配图

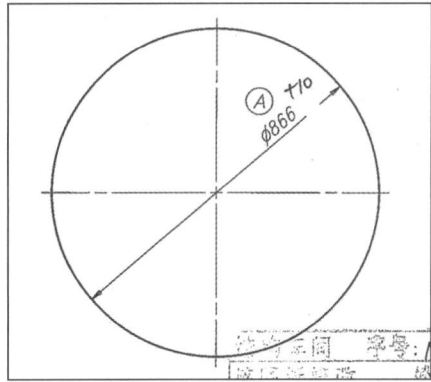

图 30　盖板直径+10 mm

## 2.3　机架单片翻个时,最下边踏步被压变形

在施工过程中吊运时,机架三角板最下边的踏步与地面接触,被压变形了,在总成组立后需要进行人工矫正,增加了不必要的工时。后续施工,制作长条垫墩垫在导板尖角处,避免该踏步与地面接触。见图31～图34。

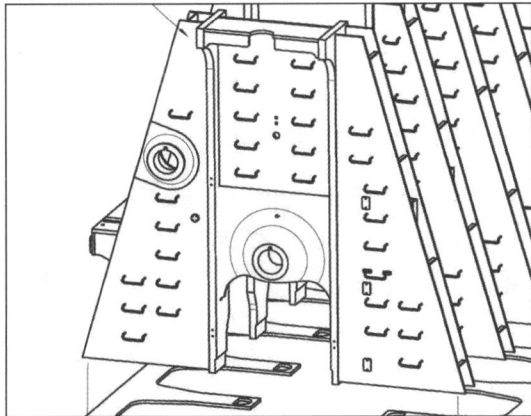

图 31　机架单片最下边的踏步压变形

图 32　踏步被压变形

图 33　制作长条垫墩垫

图 34　垫墩垫在导板下方

## 2.4　调整机架三角板坡口切割工序

为了减少机架单片双三角板的错位现象,目前的施工工艺是钢料切割留余量、单片焊后二次切割坡口。这种工艺生产周期较长,后续施工对该工艺进行了调整。钢料切割时三角板与导板焊接位置留余量、其他三边成品并切割坡口、外协厂将直边余量铣掉加工坡口。见图35和图36。

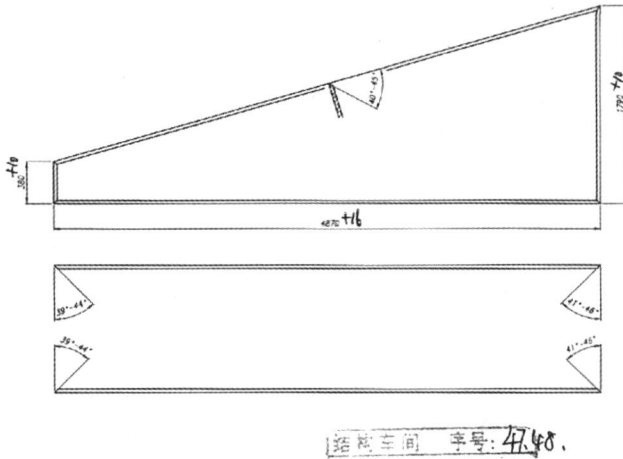

图 35　修改前的三角板切割工艺

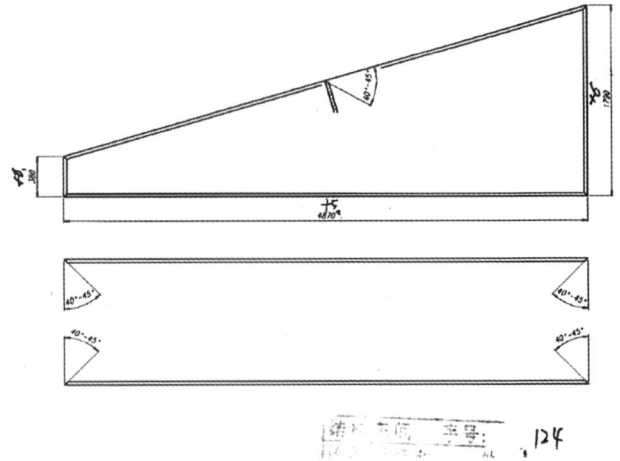

图 36　修改后的三角板切割工艺

## 2.5　机架中间板临时吊装孔改为板内开孔

　　为了增加机架单片的吊运安全性,在机架中间板切割时在上端增加一个临时吊装孔。这个施工工艺增加了钢板消耗,在总成组立后还需要将其切割掉,需要增加人工工时。后续联系技术中心和 WINGD 将中间单片的吊装孔改在板内开孔,见图 37 和图 38。

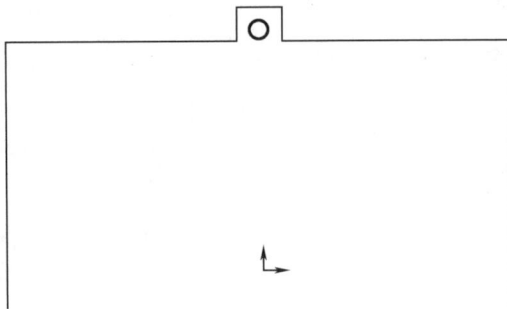

图 37　板外增加临时吊装孔

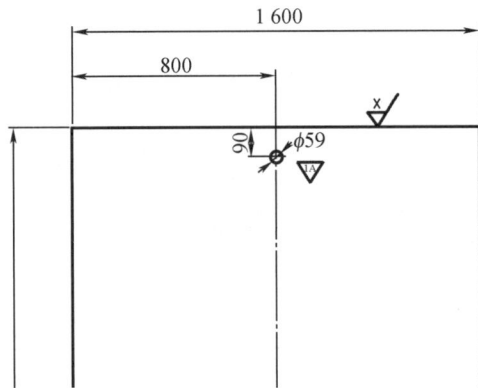

图 38　板内增加吊装孔

## 2.6　机架侧板斜面法兰修改零件图

　　机架侧板斜面法兰与十字头铰链底座相连,图纸设计仅仅有 3.78 mm 的间隙,钢构施工无法保证这个精度,目前施工的几台机架该部位需要根据总装现场试验,对干涉部位进行打磨,后续机型逐步对该法兰零件进行修改,内孔与侧板垂直改为与下面板平行,从设计上杜绝干涉现象发生。见图 39~图 42。

图 39　机架侧板斜面法兰位置

图 40　斜面法兰与十字头铰链底座间隙

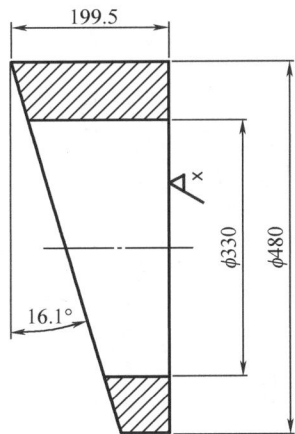

图 41　修改前斜面法兰图纸

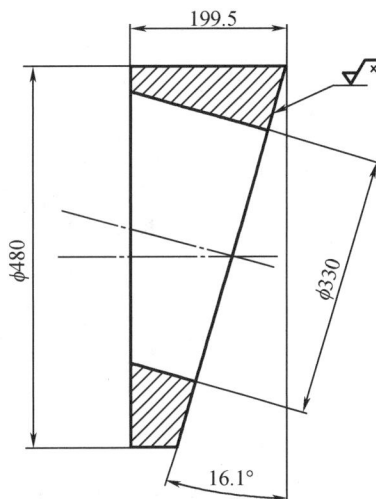

图 42　修改后斜面法兰图纸

## 2.7　调整机架燃油侧板方门工艺孔布局

参照之前 WINGD 主机的施工经验,首台机架燃油侧方门下料时不切割成品,只切割四角的定位孔和中间的工艺孔,待机架焊接完成后再沿着四角定位孔将方门孔二次切割成品,见图 43。在施工过程中发现二次切割工作量太大,严重影响施工进度,通过与现场施工人员讨论,对侧板切割工艺进行了优化。侧板下料时,最左侧的小方门切割成品,方门上边切割成品,再增加两个人孔。见图 44。

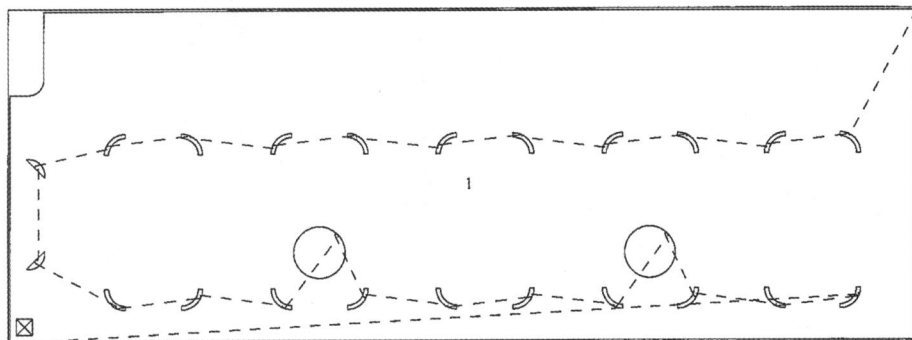

图 43　1#机架燃油侧切割程序

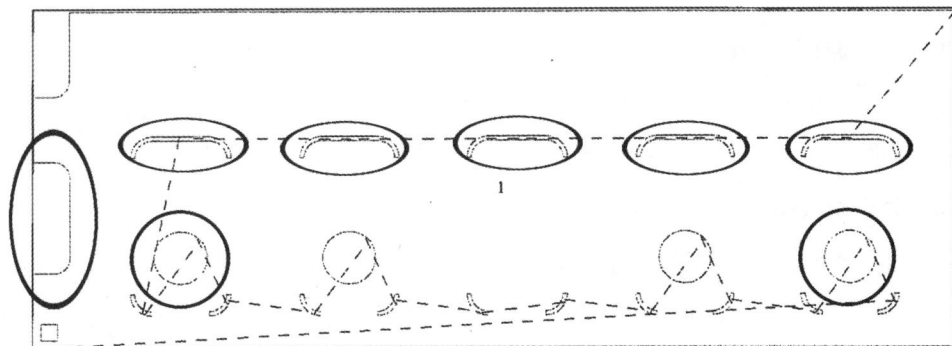

图 44　优化后的机架燃油侧切割程序

## 2.8　机架连接端中间板和三角板铸件内孔尺寸调整

机架连接端中间板和三角板铸件内孔只有单边 6 mm 加工量,钢构施工很难保证这个尺寸精度,焊后会有局部补焊的风险,经过与技术中心联系减小内孔尺寸,确保单边有 10 mm 加工量。见图 45 和图 46。

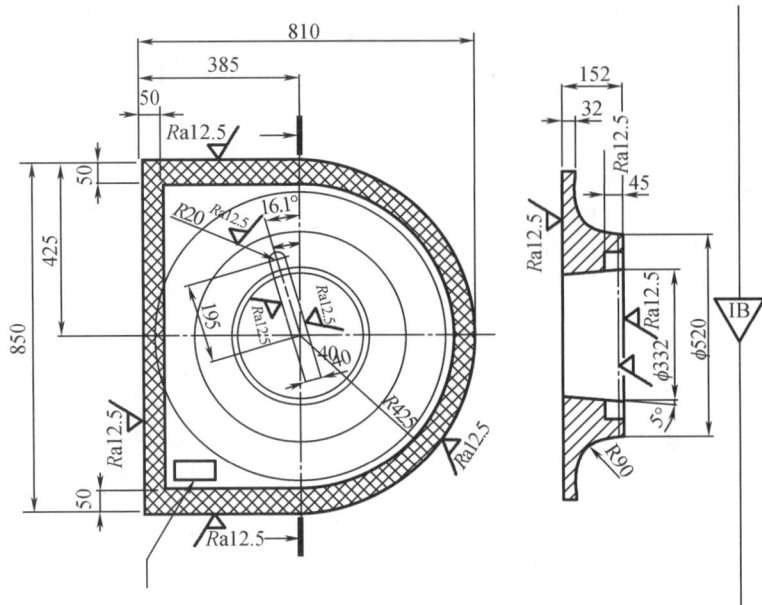

图 45　中间板铸件内孔增大加工量

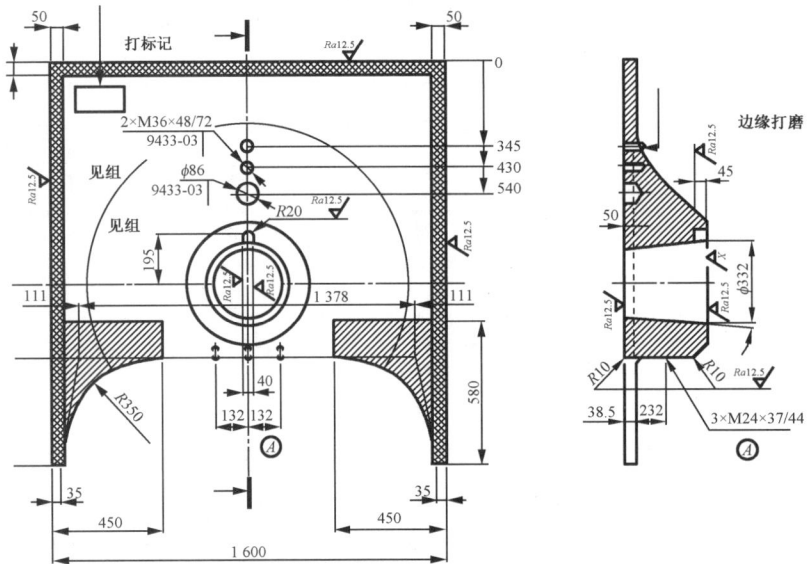

图 46　三角板铸件内孔增大加工量

## 2.9　调整机座连接法兰的接缝位置

机座连接端法兰由三部分组成,有两个接缝,在总组施工过程中,中间法兰与钢丝绳发生干涉,存在较大安全隐患。后续施工调整接缝位置,将中间部分最后装配焊接,提高吊运的安全性。见图47~图49。

## 2.10　调整机座输出端部分吊耳位置

机座输出端部分施工时,发现图纸设计吊耳位置偏重严重,钢丝绳受力不均,存在安全隐患。后续施工2个小吊耳(件号018)向左平移1 222 mm。2个大吊耳(件号019)与左侧的筋板(件号020)互换位置。见图50和图51。

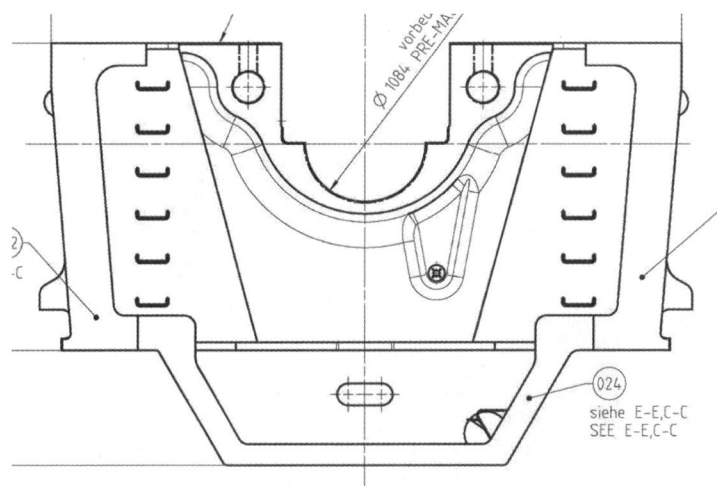
图 47 原设计接缝位置

图 48 中间法兰与钢丝绳发生干涉

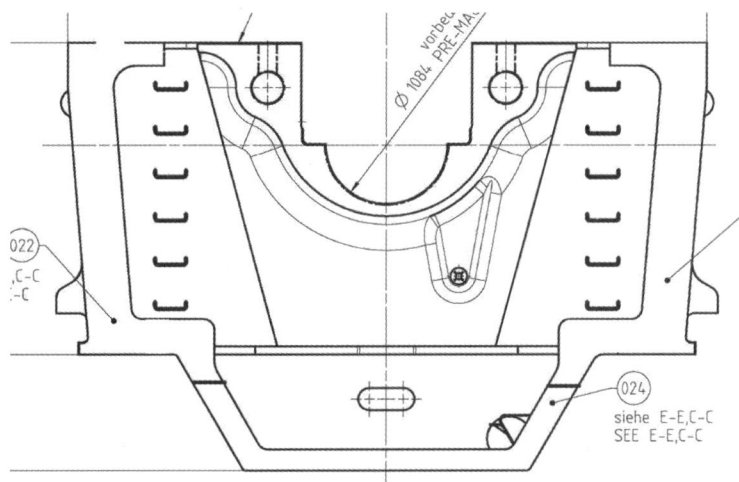
图 49 修改后接缝位置

图 50 图纸设计吊耳位置偏重严重

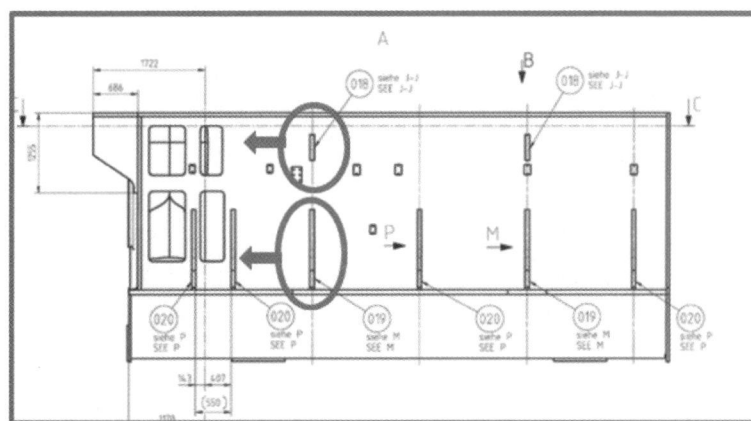
图 51 吊耳向左侧平移

## 3 焊后划线及矫形

焊接工作完成后,将机座机架的两部分同时吊运至平台,结合部位相邻摆放,两部分的纵向中心线对正,确定整体的加工基准线,用平尺检测两部分结合部位的错边情况,对错边量较大的部位进行火焰矫正。

## 4 总结

这种分段式结构的机座机架,首要工作是控制合拢后的错边情况。该机座机架加工后用螺栓连接在一起,通过现场测量,多数结合部位错边量小于 3 mm,最大错边量仅为 5 mm。见图 52 和图 53。

图 52　机架最大错边部位

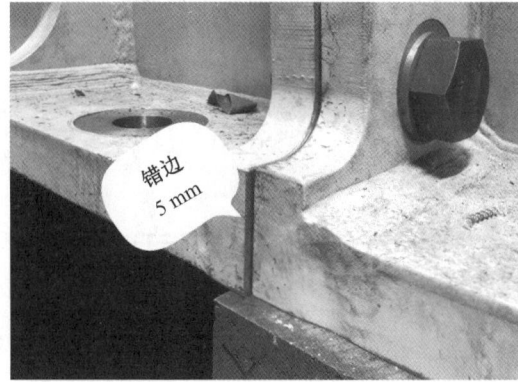

图 53　机座最大错边部位

# 船舶电站主干电缆精细化敷设研究

## 荣福成　姜　辉　王　轶　曲　超

### （大连船舶重工集团有限公司）

**摘　要**：近年来,各船厂船舶建造成本意识提高,对精细化施工的要求越来越高。电缆敷设作为船舶电气建造中最为重要的工程,其精细化敷设的提高对于降低现代化造船成本有着举足轻重的作用。船舶电站由于其特殊的位置及重要性,其电缆敷设是否合理,铺底电缆是否平直美观,拉放效率和质量是否满足要求,往往对船舶成本的高低有很大的影响。本文通过对现场各工序的精细化研究,优化电缆敷设工艺流程而提高精细化生产效率,通过对实船实施研究,重点论述了船舶电站主干电缆的专项敷设方案。同时采用降本增效的有效应对措施,从实际生产入手,研究减少电缆用量和避免浪费的有效途径。

**关键词**：精细化生产；电站；电缆敷设

## 1　前言

船舶电站系统是为船舶上所有工作人员在各种运行工况下,提供安全可靠的用电工作条件。电站电缆敷设过程中,电缆拉放是否合理,铺底电缆是否平直美观,拉放效率和质量是否满足要求,显得尤为重要,直接影响交验的成功率。经过不断的摸索和尝试,我们对电站主干电缆拉放进行了详细的策划,将工序细化前移,对设计部门下发的主干电缆册进行重新细化排序,对电缆打印标签重新规划,并编制电站主干电缆敷设方案及效果图,从电气系统和实际精细化生产出发,采取了若干改进措施,以降低船用电缆成本,增强竞争力[1]。

## 2　电站主干电缆正常的敷设流程

电站主干电缆敷设普遍采用单根拉放的方式进行敷设。电缆上船后,船上现场的施工人员要先将所有电缆拆下重新分类盘放,现场带班再根据经验进行二次分类盘放,然后带班再指挥施工人员进行逐根拉放,效率较低,且敷设电缆的质量和效率很大程度上取决于带班的能力水平,存在很高的返工率。另外电站部分电缆路径和生活区部分的电缆路径没有进行统一规划,当不是同一批人员施工时,特别容易导致主干电缆交叉,达不到敷设电缆平直美观的基本工艺要求,严重影响电缆的敷设质量,需要大面积返工,影响生产效率。

## 3　精细化敷设电站主干电缆的核心

结合目前船厂的硬件设施和现有的条件,对原有电缆拉放方式和方法进行改进,对电缆拉放进行方案创新式细化,对工序进行尽可能地细化前移,取得了不错的效果。精细化敷设方案的核心内容和前提条件为电缆册细化,总的细化敷设原则为：先粗后细,先长后短,路径相同,成束敷设。针对电缆册的细化排序、电气舾装件图纸有效节点的编制、电缆库中电缆标签的制作方法和顺序改进、现场电缆的拉放次序优化、电缆拉放人力需求、拉放电缆辅助工装的应用等几个方面进行了研究策划。

### 3.1 编制电站电气舾装件有效节点的精细化

根据设计部门下发的电站电气舾装件图纸,对准备要敷设的主要电缆托架进行统计编号,设定相应的有效节点,对每个托架的型号进行详细的记录,同时根据电缆托盘表及线路图把经过每个有效节点的电缆数量统计出来,并根据节点之间合理的路径进行分类筛选,此项工作虽然工作量庞大,但为以后的系列船提供了方便,并为敷设方案奠定了基础。

### 3.2 电站电缆册的精细化

对将要敷设的电站电缆进行重新筛选排序,即对设计部门下发电缆册进行整合,按照电缆的路径和电缆的拉放批次进行电缆册的细化。对同一路径的电缆,即走同一区域同一设备的电缆,考虑到施工队一次性拉放电缆的数量将其归为同一批次电缆,具体精确到每根主干铺底电缆的长度,起始与终止位置,肋位号及左右舷等,并且在用于铺底的电缆中按照起始和终止位置,标明相应电缆放在托架的具体位置,如靠前敷设,靠后敷设等,达到每批上船一次性敷设。在电站主干电缆册中,根据电气舾装件图纸有效节点,明确指出相应电缆的路径。施工人员在拿到重新细化的电缆册后,可以很简明快捷地理解电缆路径及敷设顺序。

### 3.3 电缆库中电缆标签的精细化

重新编制了电缆标签的打印顺序,具体到起始位置、型号、名称、长度等,并定义了特殊的格式便于粘贴。同时,电缆库的工作人员在拿到新编制的电站电缆册后,必须要和原始的电缆册进行比较,防止错误发生。电缆库中电缆要根据电缆册中"中间标记点"项和"电缆的前长和后长"项,标记电缆的米数和中间标记点,然后根据电缆的大小对电缆册中同一批次的电缆进行共同缠轴,同一批次电缆的缠轴要将中间标记点对齐标记好统一缠轴,然后让电缆册中电缆的前长先进轴,电缆的后长留在电缆轴的最外圈,最后在电缆轴的显眼位置贴上包含船号、区域、批次等数据的统一标签。

### 3.4 电站电缆拉放次序的精细化

电站电缆拉放遵循"先粗后细,先长后短,路径相同,成束敷设,铺底电缆,护套优先"原则,先对粗电缆进行拉放,然后对较细电缆,由最远区域到最近区域进行分批拉放,一个区域多根电缆一次拉放完毕。对于铺底电缆采用带有护套且颜色相同电缆,达到美观整齐的效果。从而减少不必要的返工工时,保证电缆敷设质量和施工效率。

### 3.5 电缆敷设人力的精细化

针对电站电缆拉放合理安排人力,在电缆拉放的顺序和方向确定后,对电缆轴的摆放位置进行规定,并对现场每个施工人员的职责和站位都进行了规定。施工人员只需按照敷设方案图纸中排好序的电缆,分批进行拉放即可。在整个电站电缆敷设过程中,只需一份编制好的电站电缆敷设方案即可,不需要其他的综合布置线路图、电缆册、系统图及电气舾装件等图纸,大幅提高了生产准备的效率,也减轻了施工人员的工作强度,提高了敷设质量。

## 4 电缆成本降低的精细化

受近年来市场环境的影响,我国造船业正承受着成本和价格的双重打压,电缆作为船舶电气设计的命脉,在船舶建造中的成本占据着一定的比例。降低电缆成本的途径有很多,但受生产设计及工业要求的限制,我国造船电缆的用量要高于造船发达国家,根据电缆敷设区域降低电缆成本是其中一项有效的途径。因此在研究电站敷设方案的同时,从电站系统出发,结合生产设计,采取了若干改进措施,对电站敷设电缆成本做了相应的优化及研究。

### 4.1 合理选择电站系统的电缆类型

电站包括的电力系统众多,有照明系统电缆、电力推进系统电缆、通信系统电缆、导航系统电缆等,电缆类型的选择直接影响着系统设计的优劣和电站电缆成本的高低。

照明电缆依据辐射区域选取是否带有铠装层的电缆:铠装由铜丝网编制而成(图1),其作用是为了增强电缆的机械强度,防止电缆受到机械损坏。由于机舱区域的照明电缆在敷设和使用时容易受到机械损伤,因此一般选用带有铠装层的电缆,而电站内个别敷设在围壁板后区域里的照明电缆通常很少遭遇机械碰撞,所以选择电缆可以不带铠装层。

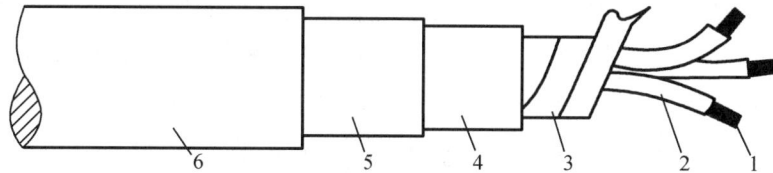

1—导电芯线;2—芯线绝缘;3—胶带;4—绝缘;5—铠装;6—外护套。

**图1  船用电缆结构**

在规范允许的条件下尽可能减少防火电缆的选用:同样截面积的防火电缆的价格是非防火电缆的1.5倍左右,因此系统设计应严格以规范为准则,不要高于规范。如 CCS 规范中明确规定,有自我监测功能的系统,按故障安全原则设计的系统,两套系统的电缆分开敷设,只要在失火情况下功能得到保持,即使穿过较大失火区域也可不选用防火电缆。又如 ABS 规范规定,如图2中1的电缆可选用非防火电缆,因此按此规范敷设,可大量节约电缆成本。

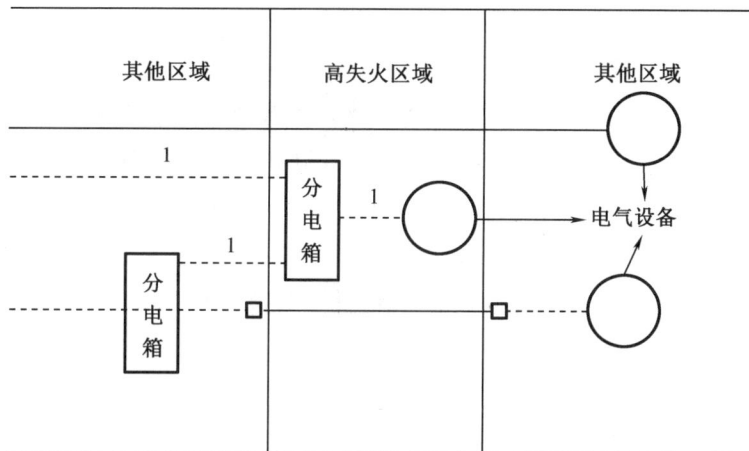

**图2  处于高失火区域的设备之间可使用非防火电缆**

## 4.2  合理选择电站内电缆截面积

电缆截面积的合理选择也直接影响设备的运行性能和采购成本。电缆截面积选择的基本原则:根据用电设备的工作制度,电流种类和负载功率,确定通过电缆的实际负载电流从而进一步选择电缆面积。一般连续负载只需按照以下的步骤计算和修正出负载电流,则可比较容易选择适当的电缆截面积。对于3相交流用电设备负载的电流计算:

$$I = K \frac{P \times 10^3}{\sqrt{3}\, U \cos \varphi}$$

式中,$I$ 为负载电流;$K$ 为发电机的负荷系数;$P$ 为负荷功率;$U$ 为相电压。

以一艘 VLCC 船的阴极保护和绞缆机液压泵启动箱电缆为例,艏/艉部阴极保护控制箱到阳极的电缆原使用规格为 $1 \times 95$,经仔细核算发现该电缆使用规格 $1 \times 70$ 已经足以满足功能需要。艏部和艉部共8根电缆,电缆长度约383 m;再如从电站配电板到艏部绞缆机液压泵启动箱和艉部绞缆机液压泵启动箱的电缆规格原为 $3(3 \times 70)$,经计算核对后电缆规格改为 $2(3 \times 70)$,此处共计节省电缆长度1 300余米。

### 4.3　设置接线箱位置的精细化

适当增加上层建筑至电站的接线箱,不仅可以满足上层建筑整体吊装的需要,而且可以减少电站至相关区域的电缆长度。艏部设置一个到电站的报警接线箱,则所有艏部报警信号可就近接进该报警箱,然后用 1 根多芯线引至机舱电站的报警系统,这样 10 根 2 芯线可由 1 根多芯线替代,节约电缆长度。

### 4.4　电缆切割的精细化

船厂的电缆切割由电缆库完成,电缆切割长短标准也会影响电缆的使用成本。线径粗的电缆用量相对少且现场切割费时费力,可以要求电缆库按照电缆的使用根数一次切到位,而线径细的电缆相对用量多,现场切割容易,可要求电缆库成捆提供,这样可减少电缆长度设计时的误差。一般把照明系统和火警系统按照甲板层整根切割,而其他系统则按照设计的每一根电缆长度来切割。通常线径为 30 mm 以下的电缆都是按照区域整根切割,极大地增加了整根切割的范围。这样操作既没有给船厂增加过多的剪切工作,又可降低设计误差所带来的损失,当然,此种操作电缆库和施工人员在施工前必须将电缆册沟通到熟练的程度。

### 4.5　电站设备进线方式的精细化

设备的进线方式通常选择下进线,这样可更好地避免灰尘的侵入,但却导致电缆长度的增加。如果主配电盘的进线都采用下进线方式,则机舱二甲板及上层建筑接至主配电盘的每根电缆的长度至少增加 10 m。如果对此部分电缆改为上进线方式,按 50 根电缆来计算,可节约 500 m 电缆。但是为避免油、水、灰尘侵入,需增加填料函,进而也会增加一些成本。

## 5　节约价值和经济效益

传统电站电缆敷设情况是:采用单根电缆敷设方法需要 30 人左右,需要 6~7 d 完成,即使采用电动卷扬机敷设电缆,也需要 3~4 d。我们从电缆册的精细化、电气舾装件有效节点编制的精细化、电缆库中电缆切割方法的精细化、现场电缆的拉放次序、人力需求、现场人员站位的精细化等方面进行了详细策划,从而使电站电缆的拉放缩短到 2 d,人力减少到 20 人左右,大大提高了电缆敷设的效率,每条船直接节省人工 2 500 个工时,以上以一条船为例,若年产船只数条,节约效益不可估量。通过实施精细化造船主干电缆敷设方案,以及推动造船提速和电气施工质量提高等产生的经济效益非常可观,无法直接量化。

## 6　结语

精细化电站电缆敷设需要根据不同船型不断改进和完善,最终实现图纸的敷设顺序和现场最优敷设顺序完全一致,杜绝返工,这样才能大幅度提高生产效率和质量,降低成本。本文从系统和实际的精细化生产出发,论证了合理选择电缆截面积、优化电缆切割等精细化生产来降低电缆的消耗,实现了对电缆成本的控制。

## 参考文献

[1]　王义文.船舶电站[M].哈尔滨:哈尔滨工程大学出版社,2006.

# LNG 燃料罐在超大油船上安装技术的研究

于德超　崔再峰　雷　超　田泽源　邹文潇

（大连船舶重工集团有限公司）

**摘　要**：目前，大多数船舶都采用柴油主机，其废气排放多，环境污染日益突出，在绿色节能日益成为主流旋律的今天，航运业面临的压力也越来越大，随着环保规范的实施，加之全球油价及运价高涨，使得燃油船舶生存空间越来越狭小，而天然气由于成本低，排放环保，越来越受到市场青睐，因此，液化天然气（LNG）船以及双燃料动力船舶是未来航运业的主要角色。

在超大油船上使用液化天然气为主要燃料的双燃料动力系统，在全球属于首创，其中涉及 LNG 燃料罐的施工更无经验可寻，难度较大，故而研究其现场相关安装技术有着重要意义。本文主要从 LNG 燃料罐（C 型罐）鞍座定位安装、LNG 燃料罐树脂浇筑、LNG 燃料罐吊运等方面研究现场施工安装技术，通过对相关技术方案及安装工艺文件的研究，一是有利于指导现场施工，提升现场施工效率及施工精度；二是有助于提高施工安全性，做到万无一失；三是有利于为后续双燃料船舶施工建造提供依据。

**关键词**：双燃料；LNG 燃料罐；安装技术

## 1　前言

目前，大多数船舶都采用柴油主机，其废气排放多，环境污染日益突出，在绿色节能日益成为主流旋律的今天，航运业面临的压力也越来越大，随着环保规范的实施，加之全球油价及运价高涨，使得燃油船舶生存空间越来越狭小，而天然气由于成本低，排放环保，越来越受到市场青睐，因此，液化天然气（LNG）船以及双燃料动力船舶是未来航运业的主要角色。作为船用燃料，LNG 可以降低 15%～20% 二氧化碳的排放，降低 98% 以上的硫氧化物排放，减少 85%～90% 氮氧化物，且着火点和爆炸极限高于柴油（柴油着火点 260 ℃，爆炸极限 0.5%～4.1%，天然气着火点 650 ℃，爆炸极限 4.6%～14.57%），因其属低温液体，泄漏时自然汽化快，LNG 不会对水体造成巨大的危害）。所以采用液化天然气作为船燃料，是航运业降低成本、安全环保的一条路径[2]。本文以全球首艘某超大型双燃料 VLCC 油船为例，主要从 LNG 燃料罐（C 型罐）鞍座定位安装、LNG 燃料罐树脂浇筑、LNG 燃料罐吊运、加注等方面为出发点，对相关技术方案及安装工艺文件的技术进行研究，一是有利于指导现场施工，提升现场施工效率及施工精度；二是有助于提高施工安全性，做到万无一失；三是有利于为后续双燃料船舶施工建造提供依据。

## 2　LNG 燃料罐（C 型罐）鞍座及止浮座安装工艺

以某超大型双燃料 VLLCC 船为例，在该船 NO.5 货舱主甲板左右各安装有一个独立的 LNG 燃料罐，其罐体与主甲板通过鞍座相连接，罐体两侧鞍座顶端设有止浮装置用于安全固定，罐体由两道鞍座组成，艉端为固定端，艏端为滑动端，左右对称，如图 1 所示。

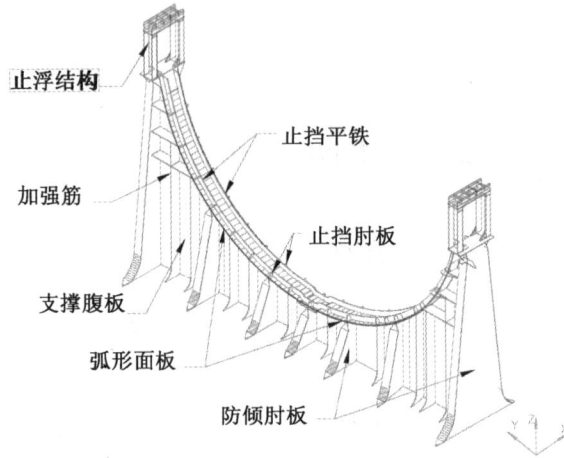

图 1    固定端鞍座(滑动端鞍座相似)

## 2.1  鞍座的总体建造、合拢原则及过程控制

为便于组织施工,以鞍座腹板艏面为胎整体建造。腹板分块上胎,拼板后先安装艉面结构及舯部弧形面板;翻身后以艉面为胎安装并焊接另一面结构。两侧弧形面板和止挡平铁合拢散上。止浮座分上下两部分,上部待罐体合拢散上,下部与鞍座一起安装,如图 2 所示。

图 2    总体建造流程图

由于左右两组鞍座跨越多个分段,因此相关船体分段的建造、总组及合拢精度需重点关注。分段制作阶段需注意甲板下基座加强的安装精度,并在甲板面划出鞍座腹板位置线、检查线及纵剖线,均做好洋铳标记和涂装保护。

## 2.2　鞍座合拢定位

鞍座合拢时先安装固定端鞍座,利用甲板鞍座定位线和网络线辅助定位,注意与甲板下加强结构对位,待定位结束后再安装滑动端,安装滑动端时需注意与固定端鞍座之间的间距,同时控制鞍座水平度与同心度(图3)。

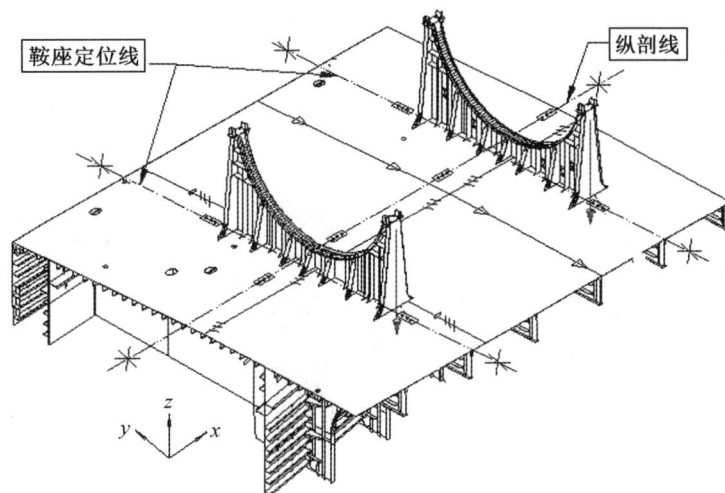

图3　合拢示意图

为保证罐体能够顺利安装到位,在罐体完工验收时需进行罐体主尺度的测量,根据罐体最终外形尺寸进行切修鞍座腹板两端上口弧形,使其满足罐体尺寸后再安装鞍座两端上口弧形面板。为保证数据的准确性和实用性,罐体及鞍座的完工验收与合拢施工数据测量应采用相同方式方法和同一施工人员,建议方式为:在罐体上选取若干点分别测量罐体层压木支座与鞍座弧形面板相同测量点拟合数据(图4)。

固定鞍座与滑动鞍座弧形面板上的止挡平铁和止挡肘板均合拢散上;在前后两道支座上选取若干点分别测量出层压木内、外缘间距及支座中心间距,根据支座的实际位置和平行度安装平铁(图5、图6)。

罐体吊装到位后,根据止浮结构层压木,切修上部止浮座后安装(图7)。

## 2.3　鞍座安装注意事项

鞍座及止浮座焊接时要严格控制焊接时的电流、电压、焊接顺序,采用双数焊工对称施工原则。重点关注弧形面板焊接变形情况,做到时时跟踪,做好数据记录,同时保证腹板的垂直度,若发生焊接变形随时调整焊接方法和顺序。

鞍座面板及止挡板平铁均为合拢后安装,由于安装位置等原因,弧形面板吊装、定位困难较大,存在弧形面板滑落的风险,此外该区域还需搭设临时脚手架,故而在该区域施工时一定要做好保护措施;考虑到该处脚手架也是后续罐体浇筑树脂的施工平台,因此脚手架的搭设一定要符合相关安全规范要求,切不可随意搭设。

对于止浮座结构焊接时要注意控制焊接速度,避免焊接产生的高温传递至层压木浇筑的环氧树脂使其溶化(环氧树脂温度要求不超过90°),此外,由于罐体外围绝缘等附属均为易燃物质,故施工时要特别注意防火,做好相关防护措施。

## 3　LNG燃料罐树脂浇筑技术要求

本船浇筑材料采用JM-98环氧胶泥,JM-98环氧胶泥包括两种材料:环氧树脂(A组分)和固化剂(B组分),因此它们的储藏应防止冰冻以及阳光暴晒;施工时应避开阴雨、大风的恶劣天气,液罐底座和船体鞍座所有与垫块接触的表面清洁干净,不得有油脂、污油、水迹、焊渣、锈斑或油漆等;施工前需调整船态,尽量保持水平;在施工期间,施工区域不得有打磨、电焊等污染环境的工作;鞍座温度为0 ℃或低于0 ℃时,JM-98环氧胶泥的浇注施工是不推荐的,除非提供有额外的加热器对鞍座进行预热,预热温度以13~20 ℃为宜,此外在浇注结束后,也需采用额外的加热保温设备来加热整个环氧胶泥施工区域至不低于 13 ℃,以促进固化并缩短固化所需的时间[3]。

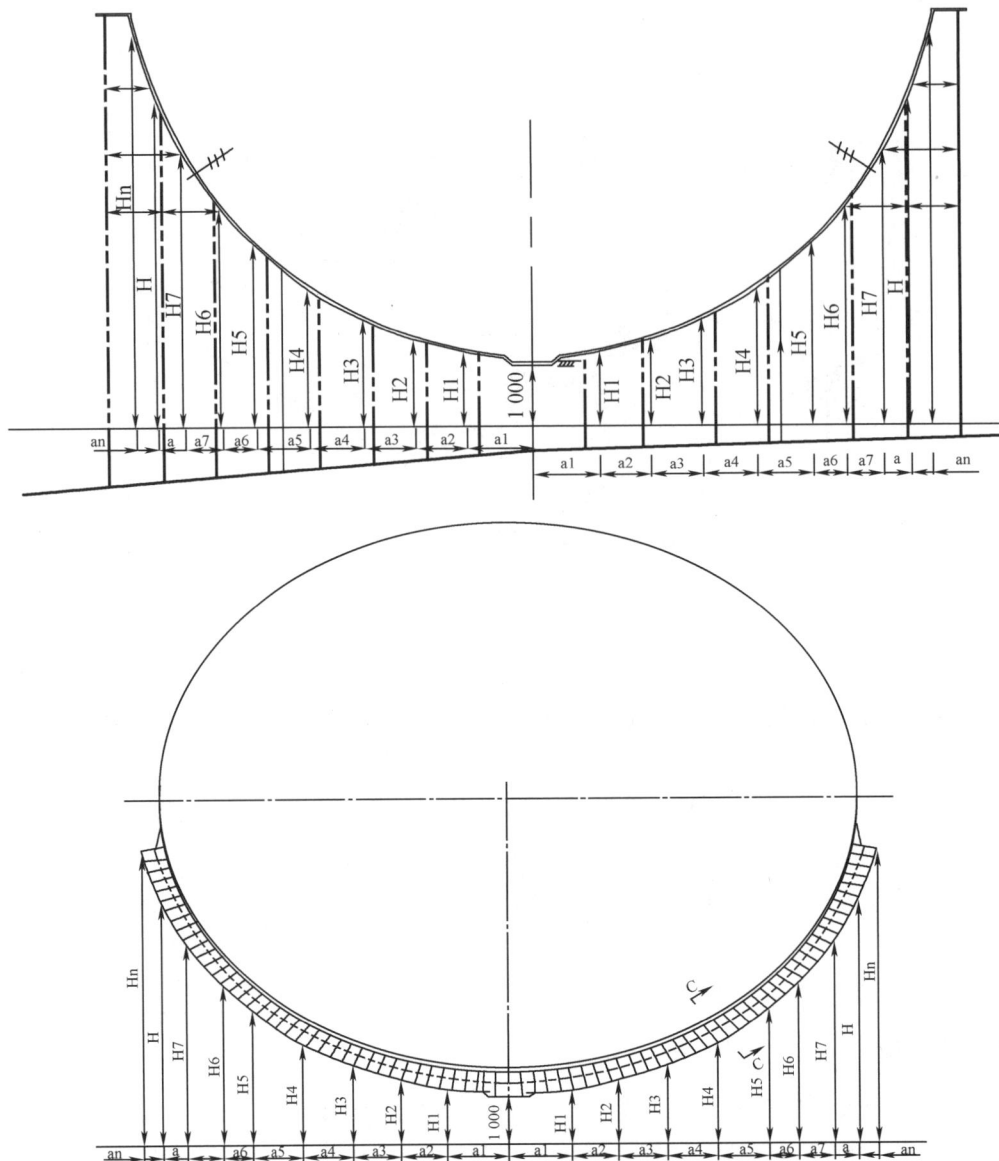

图 4　层压木支座与鞍座面板检测示意图

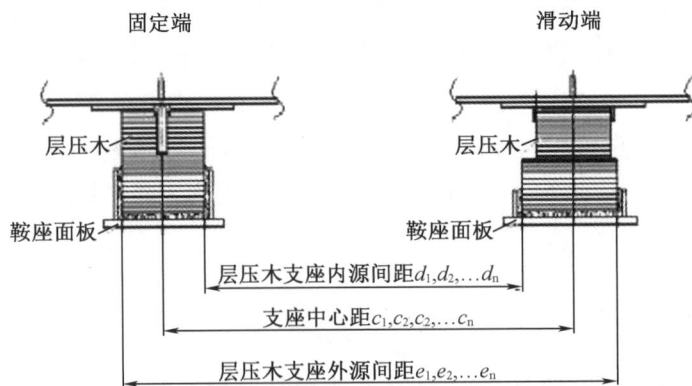

图 5　层压木支座间距检测示意图

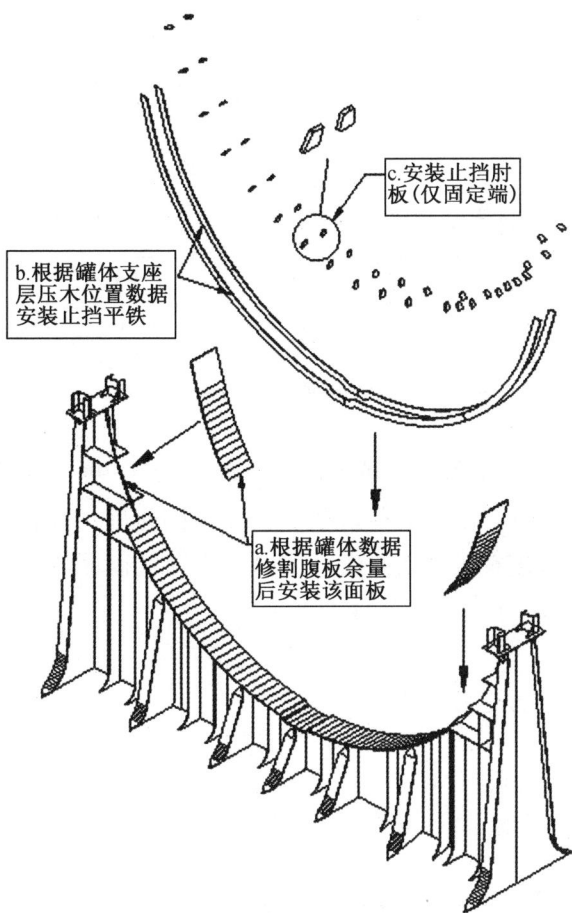

图6 安装上口两端弧形面板、止挡平铁和止挡肘板示意图

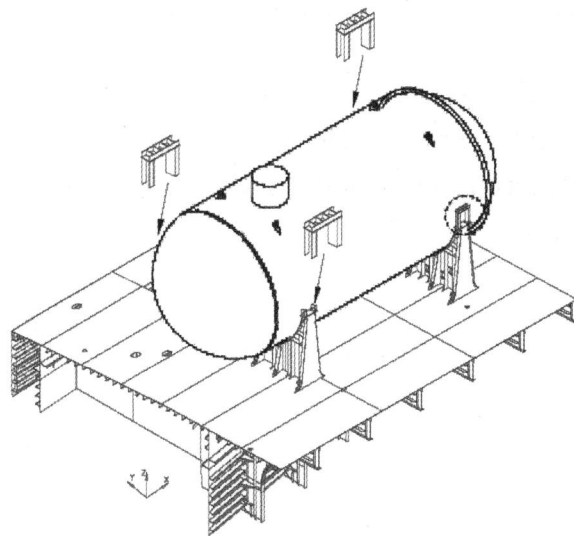

图7 罐体吊装后安装止浮座上部

## 3.1 搅拌和浇注

在浇筑之前,首先在清洁后的底座钢槽内每隔0.5~1 m放一块油灰,上面覆盖塑料布,以用来测量液罐底座承压木与底座钢槽间JM-98环氧树脂的厚度;其次将LNG燃料罐吊放到底座钢槽中进行定位并压模;将液罐重新吊起,罐底距舱底1.5~2.5 m,以便测量及敷设JM-98环氧胶泥,最后测量各油灰球的高度,根据测量值确定各处JM-98的厚度并用记号笔标记在底座钢槽外侧表面。

将固化剂(B组分)全部倒入环氧树脂(A组分)中,接通电源,用搅拌器搅拌3~5 min,保证二者混合均匀;立即将搅拌好的JM-98环氧胶泥倒入鞍座中,并用泥刀将其涂敷到鞍座侧面标明的高度;同时将搅拌好的JM-98环氧树脂倒入预先做好的样块围框中。每只液罐做4只样块,固定端、滑动端各2只。不同环境温度的施工时间如表1所示。

表1 不同环境温度的施工时间

| 环境温度/℃ | 施工时间 |
| --- | --- |
| 环境温度为25 | 控制在1.5~2 h |
| 环境温度大于30 | 控制在1~1.5 h |
| 环境温度小于25 | 施工时间可适当延长 |

再次将液罐吊下,此时多余的JM-98环氧胶泥会自动从鞍座中沿侧壁溢出。此即表明鞍座与液罐承压木间已全部充满了JM-98环氧胶泥,将底座钢槽两侧溢出的多余的JM-98环氧胶泥刮掉,对于个别没有溢出的部位,可以局部填充。

## 3.2 固化与硬度测试

固化时间的长短通常取决于环境温度的高低。通常情况下,在无其他外部加热器的情况下,固化所需的时间与环境温度的关系如表 2 所示。

表 2  固化所需的时间与环境温度

| 环境温度/℃ | 13 | 25 | 35 |
|---|---|---|---|
| 开始固化时间/h | 4~6 | 2~3 | 1~1.5 |
| 完全固化时间/d | 7 | 5~6 | 4~5 |

如果环境温度低于 13 ℃,需使用加热器对环氧树脂浇注的整个弧型区域进行加热,以便 JM-98 固化达到 30 的巴科硬度。我们建议尽可能将温度加热到约 25 ℃,以缩短固化时间;待环氧胶泥完全固化后,向船东、船检报验样块硬度,巴科硬度最小应达到 30。JM-98 环氧胶泥厚度记录如表 3 所示。LNG 燃料罐硬度测量值如表 4 所示。

表 3  JM-98 环氧胶泥厚度记录

Record of JM-98 Thickness

JM-98 环氧胶泥厚度记录

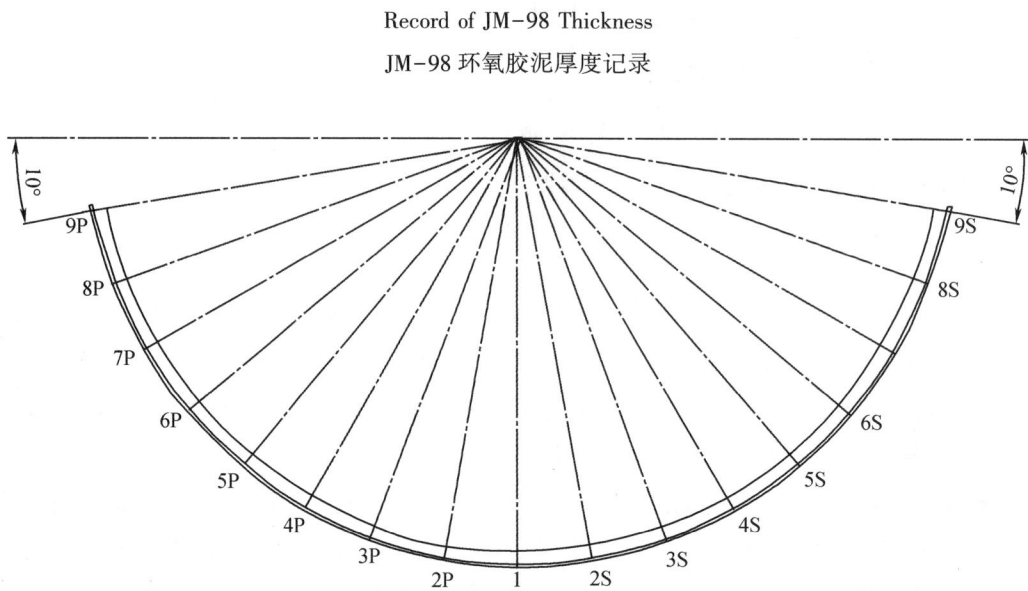

No. 1 Tank: Fixed Support

一号燃料罐固定端

| Position<br>位置 | 9P | 8P | 7P | 6P | 5P | 4P | 3P | 2P | 1 | 2S | 3S | 4S | 5S | 6S | 7S | 8S | 9S |
|---|---|---|---|---|---|---|---|---|---|---|---|---|---|---|---|---|---|
| Mastic Ball Thickness（mm）<br>油灰球厚度 | | | | | | | | | | | | | | | | | |
| JM-98 Thickness（mm）<br>JM-98 环氧胶泥厚度 | | | | | | | | | | | | | | | | | |

表4　LNG 燃料罐硬度测量值

**No. 1 Tank：Sliding Support**

一号燃料液罐固定端

| Position<br>位置 | 9P | 8P | 7P | 6P | 5P | 4P | 3P | 2P | 1 | 2S | 3S | 4S | 5S | 6S | 7S | 8S | 9S |
|---|---|---|---|---|---|---|---|---|---|---|---|---|---|---|---|---|---|
| Mastic Ball Thickness（mm）<br>油灰球厚度 | | | | | | | | | | | | | | | | | |
| JM-98 Thickness（mm）<br>JM-98 环氧胶泥厚度 | | | | | | | | | | | | | | | | | |

**No. 2 Tank：Fixed Support**

二号燃料罐固定端

| Position<br>位置 | 9P | 8P | 7P | 6P | 5P | 4P | 3P | 2P | 1 | 2S | 3S | 4S | 5S | 6S | 7S | 8S | 9S |
|---|---|---|---|---|---|---|---|---|---|---|---|---|---|---|---|---|---|
| Mastic Ball Thickness（mm）<br>油灰球厚度 | | | | | | | | | | | | | | | | | |
| JM-98 Thickness（mm）<br>JM-98 环氧胶泥厚度 | | | | | | | | | | | | | | | | | |

**No. 2 Tank：Sliding Support**

二号燃料罐固定端

| Position<br>位置 | 9P | 8P | 7P | 6P | 5P | 4P | 3P | 2P | 1 | 2S | 3S | 4S | 5S | 6S | 7S | 8S | 9S |
|---|---|---|---|---|---|---|---|---|---|---|---|---|---|---|---|---|---|
| Mastic Ball Thickness（mm）<br>油灰球厚度 | | | | | | | | | | | | | | | | | |
| JM-98 Thickness（mm）<br>JM-98 环氧胶泥厚度 | | | | | | | | | | | | | | | | | |

| | Tank No.<br>燃料罐编号 | Fixed Support<br>固定端 | | Sliding Support<br>滑动端 | |
|---|---|---|---|---|---|
| Hardness Reading<br>硬度测量值 | No. 1 Tank<br>一号燃料罐 | No. 1 Sample<br>1 号样块 | | No. 1 Sample<br>1 号样块 | |
| | | No. 2 Sample<br>2 号样块 | | No. 1 Sample<br>2 号样块 | |
| | No. 2 Tank<br>二号燃料罐 | No. 1 Sample<br>1 号样块 | | No. 1 Sample<br>1 号样块 | |
| | | No. 2 Sample<br>2 号样块 | | No. 1 Sample<br>2 号样块 | |

## 4　LNG 燃料罐吊运方案

本船的 LNG 燃料罐质量约 380 t,考虑到外形尺寸较大,厂家采用海运将其运送到至厂内码头,罐体吊点艏艉间距 16.94 m,左右间距 6.6 m,根据吊运要求,吊运眼板在艏艉方向必须垂直受力;其艉部的吊运眼板布置在 C 型罐的气穹两侧靠近气穹维护平台的位置,吊运时容易造成平台及栏杆等结构变形;此外吊装人员上罐体进行挂钩、摘钩存在安全风险。因此不管从吊装方式、方法上,还是吊装工具的使用上,均存在较大的难度。

经过充分的评审及讨论,本船利用码头区 600T 吊车配合专用吊杠卸船,用 480T 大盘车转运到船下,再利用 900T 吊车及吊杠上船安装(如图 8)。

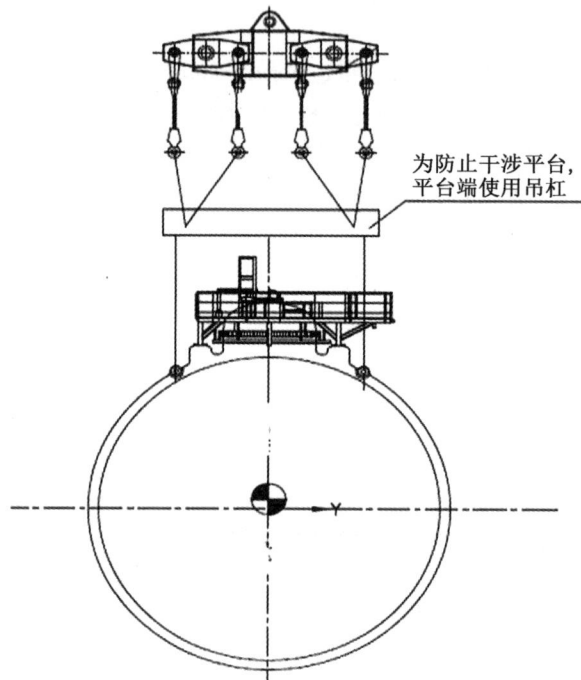

图 8　罐体吊装示意图

## 5　结束语

在超大油船上使用液化天然气为主要燃料的双燃料动力系统,在全球属于首创,其中涉及 LNG 燃料罐的施工更无经验可寻,难度较大,故而研究其现场相关安装技术有着重要意义。本文主要从 LNG 燃料罐(C 型罐)鞍座定位安装、LNG 燃料罐树脂浇筑、LNG 燃料罐吊运等方面研究现场施工安装技术,对相关技术方案及安装工艺文件进行研究,一是有利于指导现场施工,提升现场施工效率及施工精度;二是有助于提高施工安全性,做到万无一失;三是有利于为后续双燃料船舶施工建造提供依据。

# 船用玻璃钢管安装工艺与相关调试问题探究

## 刘明秋　关　键　侯　宁　李明鹏　张　琦

### （大连船舶重工集团有限公司）

**摘　要**：玻璃钢管作为一种新型的复合材料管材,以其众多的自身优势正广泛应用于各行各业中。面对新形势下的节能环保要求,船用玻璃钢管的应用也逐步成熟起来。不过与传统管材相比,玻璃钢管在实船应用的过程中,受各方环境条件的影响,依旧存在诸多问题。本文以某矿砂船为例,针对玻璃钢管在安装与调试过程中的实际问题,进行深入研究。通过利用有限元分析软件 Ansys,对玻璃钢管支架受力进行详细分析。根据玻璃钢管道模型的建立、参数的设置、工况的选取、载荷及边界条件的加载以及后处理阶段计算结果的输出进行详细的阐述。希望通过详尽的计算达到解决实际问题的目的,为以后的管路设计及施工应用提供参考。

**关键词**：玻璃钢管；安装工艺；有限元 Ansys

## 1　概述

　　玻璃钢管道是由玻璃纤维及其制品同树脂组成的一种复合材料,其结构从里向外依次为内衬层、结构层和外保护层,主要采用纤维缠绕成型工艺制造而成。由于材质的特性,玻璃钢管具有耐腐蚀性好、质量轻、运输方便、水阻小、维护成本低、电热绝缘性好等特点。广泛应用于石油、电力、化工、造纸、冶金、城市供水、废水处理等领域[1]。

| 名称 | 材料 | 作用 |
|---|---|---|
| 外保护层 | 富树脂、玻璃表面毡 | 提供外保护,根据需要可以加入阻燃剂、紫外线防护剂,以提高其防火,耐老化能力 |
| 结构层 | 玻璃纤维、树脂 | 增强玻璃钢管强度,使管壁具有承受变形能力 |
| 内衬层 | 富树脂、玻璃表面毡 | 耐腐蚀、耐磨损、放渗漏、水力特性好。对用于饮用水的管道,采用食品级树脂,保证饮用水符合标准。 |

　　而就船舶建造领域来看,玻璃钢管应用于船舶管路比应用于其他工业领域要求更高。国际上主要船级社及当局对玻璃钢管在船舶上的用途和应用范围都有非常具体的规定。玻璃钢管除使用范围须满足规范规则要求外,其性能必须经过船级社检验,并最终获得由船级社颁发的相关证书。目前的在建船只往往更注重船舶的节能减排,尤其是近几年来船上脱硫系统的广泛使用,其高酸性的废液排放对管路的材质与设计有了更高的要求。而相比于传统的船用钢管,玻璃钢管具有更好的耐腐蚀性,且材质更轻。所以现阶段脱硫系统的排放往往首选玻璃钢管。除此之外,船上的压载系统,海水系统等均可选用玻璃钢管,以达到降低船只重量,减少船只排量,延长管路寿命的目的。本文所提到的某矿砂船,其船装压载管路与机舱脱硫排放管路均为玻璃钢材质。

玻璃钢管虽然优势突出,但在国内造船领域的使用却也是近几年的事。由于其施工工艺较传统钢管有很大不同,玻璃钢管在船上的安装与调试往往问题较多,这也限制了玻璃钢管在造船领域的继续推广。本文将针对玻璃钢管在船上安装与调试过程中的所产生的重点问题进行深入研究,为以后的玻璃钢管路设计及施工提供参考。

## 2 玻璃钢管在安装阶段的相关问题研究

玻璃钢管安装流程,首先是管支架定位施工,玻璃钢管安装连接,管附件安装施工;然后是管路密性试验。在每个阶段所产生的问题各不相同,笔者将结合现场施工实际,着重对管支架强度修改以及附件强度核算等问题逐一研究。

### 2.1 玻璃钢管支架强度分析校核

由大连船舶重工集团有限公司承建的某矿砂船,其主压载管路选用为玻璃钢管,管路支架预先在分段阶段施工。但现场施工后,船东提出需对玻璃钢管支架进行加强。由于此船压载玻璃钢管路口径较大,为 DN900,管路支架的原始设计是否能满足实际要求、如果进行支架补强加强点如何选取等问题都需参照管路状态对支架进行静力学分析。这里我们选用有限元 Ansys 分析软件,针对原始设计的管支架进行多工况分析。

首先针对管支架形式进行实际建模,这里采用的建模软件为 TRIBON,原设计的管支架形式主要分为 2 种,分为滑动支架与固定支架。其中滑动支架由于管路可在支架内滑动,故在实际运行中只受到竖直方向的力,切向力基本可以忽略。而固定支架由于不可滑动,所以实际运行中受到重力与切向力。按照实际情况建模后如图 1。

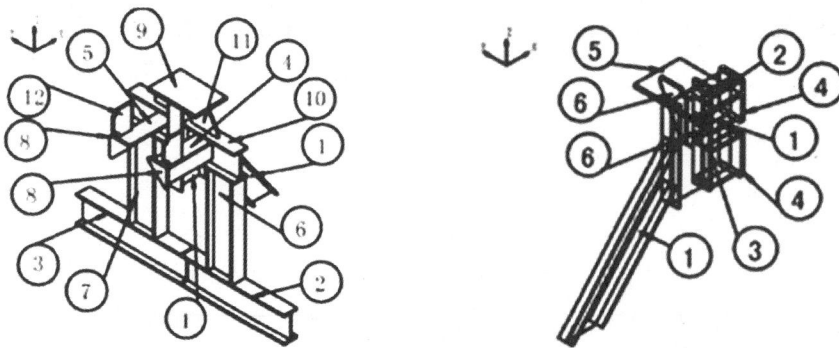

图 1　建模后图片

为了更好地分析受力情况,我们从管路空载工况到管内介质极限流速工况,逐一施加受力。

(1)管路滑动支架受力情况

支架受力为: $F = W + G$。

这里的 $W$ 为玻璃钢管重力, $G$ 为内部介质重力,管路介质选海水,玻璃钢管规格为 36 in(1 in ≈ 2.54 cm),内径为 900 mm。

(2)管路固定支架受力情况

支架受力为: $F = W + G + f$。

这里的 $W$ 为玻璃钢管重力, $G$ 为内部介质重力, $f$ 为管路所受到的切向力。由于流体在管路内流动,其黏性会造成流体与管壁之间产生摩擦力,方向与流向相反。而管路则受到流体摩擦力的反作用力,其方向与流体方向一致,大小不变。其计算方式根据管流阻力计算为依据(沿程水头损失用 $h_f$ 表示)。

上述状态下管路介质为海水,玻璃钢管规格为 36 in,内径为 900 mm,温度设为常温(忽略季节影响)。总水头 $H_0$ 为压载系统泵所提供,管路长度 $l$ 与管路布置均已知。在这种情况下,流速 $U$ 与沿程阻力系数 $\lambda$ 均未知。而在计算沿程阻力系数 $\lambda$ 时,除阻力平方区外,都要求知道流速 $U$,这时,可用迭代法逐步逼近求解,图 2 为压载管实际的放样布置。

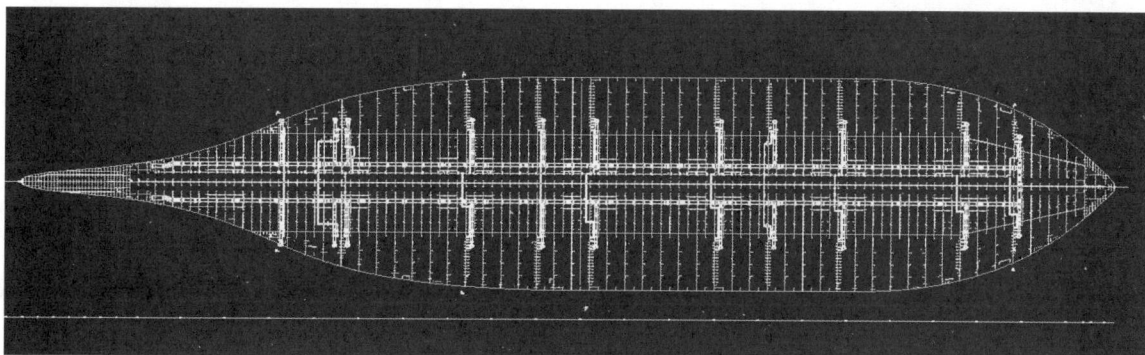

图 2    压载管实际的放样布置

一种迭代法是按照已知管径 $d$ 的允许速度选取一个流速值算得 $\lambda$,再由下方公式[2]

$$\frac{\Delta p_0}{\rho g} = \sum \lambda \frac{l}{d} \frac{U_2}{2g} + \sum \zeta \frac{U^2}{2g}$$

算得 $U$。若算得的 $U$ 值与假定值不符,可再以算得的 $U$ 重复上述计算,直到最后两次算得的 $U$ 值之差满足误差要求。

另一种迭代方法是先按此管的阻力平方区的 $\lambda$ 值算得 $U$,再由此算 $\lambda$,直至最后两次算得的 $U$ 值之差满足误差要求。如果忽略现场的误差,近似计算的话,也可以直接选用实测值计算。

根据伯努利方程,等断面长管为

$$H_0 = z_1 + \frac{p_1}{\rho g} = z_2 + \frac{p_2}{\rho g} + h_f$$

流量为

$$Q = \frac{\pi}{4} d^2 U$$

沿程水头损失为

$$h_f = \lambda \frac{l}{d} \frac{U}{2g}$$

通过计算沿程水头损失 $h_f$ 可最终得到流体阻力,根据管支架的受力工况,我们结合有限元 Ansys 软件进行受力分析,对两种建模支架逐次施加载荷[3]。应力图如图 3 所示。

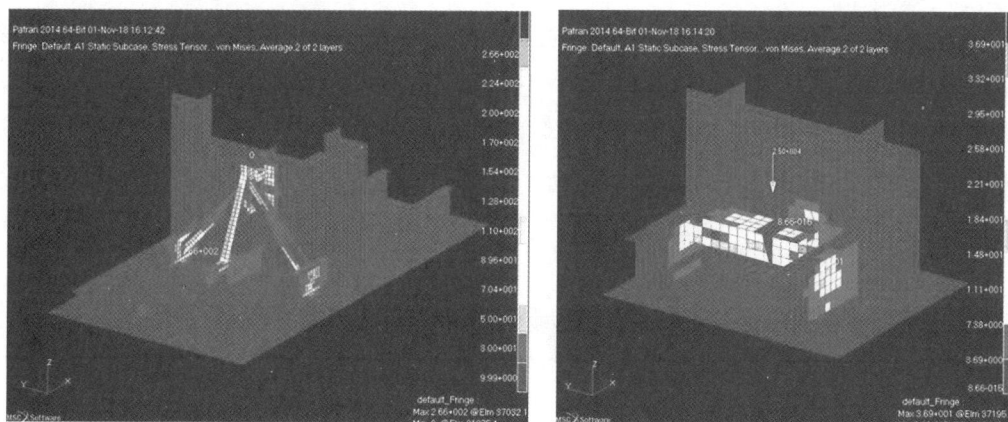

图 3    应力图

在结合有限元分析后,综合整个系统的实际工况,压载系统在运行使用过程中,流体的不稳定性容易对管路及支架振动,造成疲劳破坏事故。所以现场根据应力较大的几处位置做了相应的加强修改,图 4 为实际修改后的支架模型与施工图片。

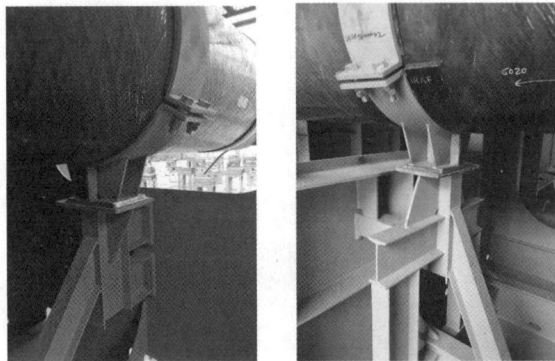

图 4　实际修改后的支架与施工图片

## 2.2　玻璃钢管附件安装应力分析校核

在玻璃钢管附件安装阶段,由于玻璃钢材质法兰厚度较普通钢管厚很多,以内径 900 mm 玻璃钢管为例,单片玻璃钢管法兰厚度为 218 mm,而相应低压普通 9119 钢管法兰厚度仅为 48 mm,所以附件螺栓的选用安装需格外关注。SK 船东现场提出了对于螺栓材质由普通 Q235A 换为 316,且螺栓需增加平垫减少对玻璃钢法兰螺栓孔的应力。如图 5 所示。

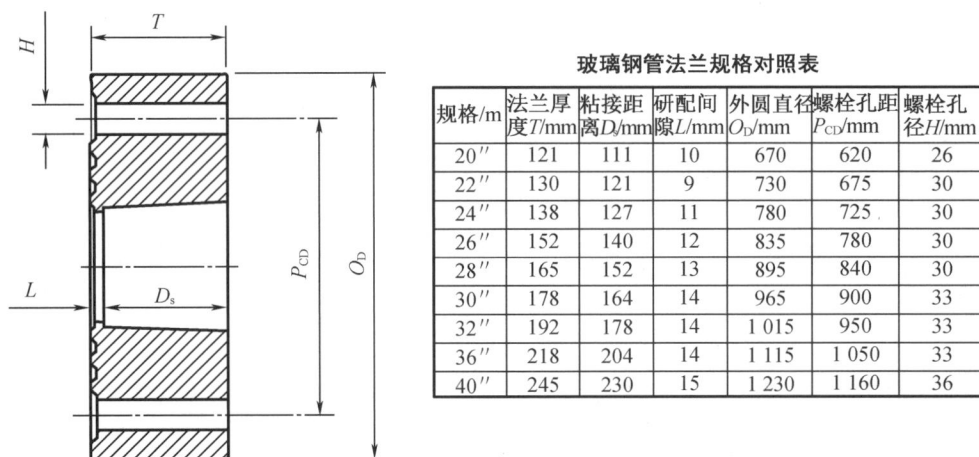

**玻璃钢管法兰规格对照表**

| 规格/m | 法兰厚度T/mm | 粘接距离D/mm | 研配间隙L/mm | 外圆直径 $O_D$/mm | 螺栓孔距 $P_{CD}$/mm | 螺栓孔径H/mm |
|---|---|---|---|---|---|---|
| 20″ | 121 | 111 | 10 | 670 | 620 | 26 |
| 22″ | 130 | 121 | 9 | 730 | 675 | 30 |
| 24″ | 138 | 127 | 11 | 780 | 725 | 30 |
| 26″ | 152 | 140 | 12 | 835 | 780 | 30 |
| 28″ | 165 | 152 | 13 | 895 | 840 | 30 |
| 30″ | 178 | 164 | 14 | 965 | 900 | 33 |
| 32″ | 192 | 178 | 14 | 1 015 | 950 | 33 |
| 36″ | 218 | 204 | 14 | 1 115 | 1 050 | 33 |
| 40″ | 245 | 230 | 15 | 1 230 | 1 160 | 36 |

图 5　螺栓规格的选用

这里的玻璃钢管附件安装涉及 2 个问题:①螺栓强度的核算;②螺栓与法兰孔接触面的应力核算。

1. 螺栓强度的核算

对于玻璃钢管螺栓强度的校核相对简单,玻璃钢管的螺栓扭矩是有相应要求,根厂家提供的安装说明,所有的螺栓均采用扭力扳手上紧,相应的要求如表 1 所示。而螺栓强度的受力主要以轴向拉伸力为主,由于精度及流体造成的剪切力基本可以忽略。

表 1　不同规格玻璃钢管螺栓扭矩要求

| 法兰尺寸/in | 初始扭矩/(N·m) | 全压密封扭矩/(N·m) | 最大扭矩/(N·m) |
|---|---|---|---|
| 1~4 | 20 | 60 | 75 |
| 6~12 | 50 | 100 | 120 |
| 14~16 | 100 | 200 | 250 |
| 18~24 | 200 | 400 | 480 |
| 26~40 | 300 | 600 | 750 |

计算工况:管径 $D=36$ in,最大扭矩 $T_{max}=750$ N·m,螺栓规格 M30×480(螺纹直径 $d=30$ mm,螺距 $p=3.5$ mm)。

对于螺栓连接,其拧紧力矩 $T$ 用于克服螺纹副的螺纹阻力矩 $T_1$ 及螺母与被连接件或垫圈的端面摩擦力矩 $T_2$。施加拧紧力矩时,可用力矩扳手法、螺母转角法、指示垫圈法、测定螺栓伸长法和螺栓预伸长法控制预紧力,后两种方法较准确但是施工不便。计算拧紧力矩的计算公式为

$$T=T_1+T_2=F'\tan(\varphi+\rho_v)\frac{d_2}{2}+\frac{F'\mu}{3}\times\frac{D_w^3-d_0^3}{D_w^2-d_0^2}=KF'd$$

$$K=\frac{d_2}{2d}\tan(\varphi+\rho_v)+\frac{\mu}{3d}\times\frac{D_w^3-d_0^3}{D_w^2-d_0^2}$$

式中　$d$——螺纹公称直径,mm;

　　　$F'$——预紧力,N;

　　　$d_2$——螺纹中径,mm;

　　　$\varphi$——螺纹升角;

　　　$\rho_v$——螺纹当量摩擦角,$\rho_v=\text{acrtan }\mu_v$;

　　　$\mu_v$——螺纹当量摩擦因数;

　　　$\mu$——螺母与被连接件支承面间的摩擦因数;

　　　$K$——拧紧力矩系数。

对于普通粗牙 M12~M64 螺纹,当量摩擦因数 $\mu_v=0.10\sim0.20$,取 $\mu=0.15$,则拧紧力矩系数 $K$ 在 0.1~0.3 范围内变动,推荐的 $K$ 值可通过查表获得,这里选取 $K=0.24$。

螺栓预紧力的大小需根据螺栓受力大小和连接的工作要求决定。设计时首先保证所需的预紧力,又不应使连接结构的尺寸过大。一般规定拧紧后螺栓连接预紧应力不得大于其材料的屈服点 $\sigma_s$ 的 80%。对于一般连接用的钢制螺栓,推荐预紧力 $F'$ 计算公式为

$$F'=(0.6\sim0.7)\sigma_s A_s$$

$$A_s=\frac{\pi}{4}\left(\frac{d_2+d_3}{2}\right)^2$$

$$d_3=d_1-\frac{H}{6}$$

式中　$\sigma_s$——螺栓材料的屈服点,MPa;

　　　$A_s$——螺栓公称应力截面积,mm²;

　　　$d_1$——外螺纹小径,mm;

　　　$d_2$——外螺纹中径,mm;

　　　$d_3$——螺纹的计算直径,mm;

　　　$H$——螺纹的原始三角形高度,mm。

经过核算,最大预紧力 $F\approx1.3\times10^5$ N,而实际计算的 $F'\approx1.0\times10^5$ N 约为最大预紧力 $F$ 的 0.8 倍,故普通螺栓材质所受预紧力处于其屈服极限 0.77 倍,最大扭力值没有超过材质本身的屈服极限 0.8 倍,所以原设计满足要求,现场最终也维持了原材质的螺栓设计。

2. 螺栓与玻璃钢法兰面的应力核算

在已知预紧力的情况下,通过压强公式,很容易得到玻璃钢管所受最大压强为 $P=F/S$,经过计算 $P\approx$ 57.6 MPa。约为常温下玻璃钢材质设计应力值的 0.36 倍,极限应力值的 0.2 倍。

经核算,原设计安装附件在理论上满足实际要求。不过现场压载系统在实际运行使用过程中,流体的不稳定性容易对管路附件产生振动,造成疲劳破坏事故。所以最终的处理结果是,对所有的玻璃钢管法兰螺栓全部增加了平垫,进一步加大接触面积,降低玻璃钢法兰所受应力。

## 3 玻璃钢管在调试阶段的相关问题研究

玻璃钢管在进行压力试验后,就进入了管路整体的调试阶段。以大连船舶重工集团有限公司承建的某矿砂船为例,在调试过程中同样出现了相关问题,其中最为典型的就是脱硫排放系统的玻璃钢管取样管压力低。

脱硫系统在经过废气清洗后,排放相应的废液。而在常规情况下,废液 pH 值大为 2.0~3.0,酸性极强。一般的钢管极易被其废液腐蚀,在选用玻璃钢管材质之前,此区域管路往往选用白钢材质或是内涂玻璃鳞片漆的钢管,但是效果并不理想。有船只返回保修关于内涂层施工不佳造成管材腐蚀的情况。在选用玻璃钢管后,则避免了相关的问题。而此管路在排放前需对排放管路进行取样检测。图 6 为脱硫取样排放管路原理[4]。

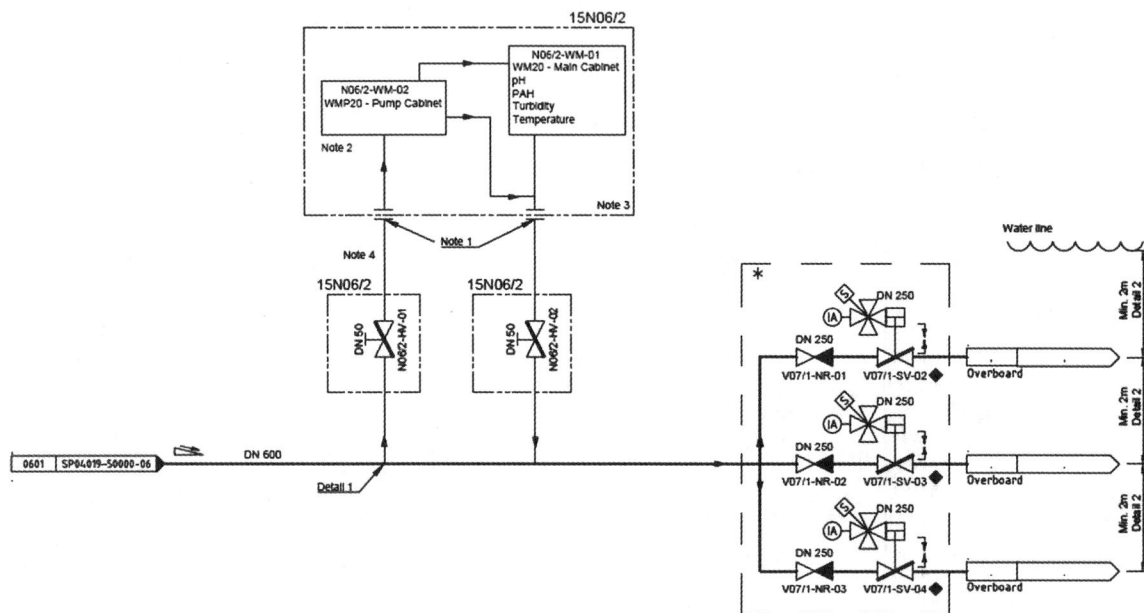

**图 6 脱硫取样排放管路原理**

调试阶段发现,脱硫取样管路压力过低。在通常情况下,压力过低的原因有:

(1)管路内存气无法排除;管路压力低最常见的问题就是内部存气无法排出,但现场在整个取样管路最高点进行检查时,并没有气体排出。且整个管路设计并不存在 U 型弯,基本可以排除取样管内部存气的可能。

(2)管路存在释压点;管路存在释压点,多数情况为连接螺栓松动或管路接口渗漏,不能保压。但此取样管之前刚刚完成压力试验,并不存在以上问题。

(3)取样设备压头不足;取样管路的流压为设备内部取样泵提供,如果取样泵压头过低,也可能造成取样管路压力不足的情况,但这种情况往往需要结合管路的实际布置来具体分析。

(4)管路设计不合理。在排除了众多因素后,现场的管路布置是最有可能造成压力不足的原因。实际管路放样的布置如图 7 所示,根据现场的实际布置,我们择取脱硫取样的进出管路进行流体分析。

工况分析:

脱硫系统取样位置设计在船只机舱内底,根据排放管路原理图。整个取样通过在主管路增加取样支管,进过进口阀后到取样检测单元,后排回到主管路中。这个过程通过取样单元内的取样泵获得取样动力。

泵头压力为 25 bar,泵容最大流速为 12 L/min,管路材质为 304。而脱硫系统在调试过程中实测流速约为 1.4 L/min(系统要求的最小流速应不小于 2 L/min)。管路布置见实际施工照片,管路口径为 DN50。

由于考虑现场实测的流速忽略了相关支管位置的压力影响,所以我们在已知总水头 $H_a$(允许的总压降 $\Delta p_0$ 也可以通过系统要求的最小流速得到),管长 $l$,管径 $d$ 和管路布置,可以得出实际流量 $Q$,再与实测的流量相对比。

与之前求流体阻力过程基本相似,只是在这个系统中,所求的实际流速 $U$,有较为明确的实测值与之比较。

但是由于此系统中我们忽略了主管路压力对支管位置的影响,所以现场实际的流速值往往小于理论计算。具体的迭代法计算流程可参照前文沿程水头损失 $h_f$ 的求解过程。

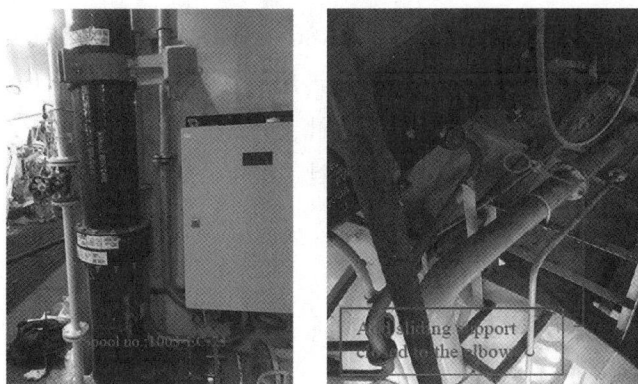

图7 管路放样布置

最终计算 $Q$ 的设计理论值约为 1.56 L/min。从而得出,管路无法满足厂家的设计要求,原因在于设计管路水头损失过大,管路布置需进一步优化。

现场的最终解决方案是:

(1)重新修改了管路布置,尽可能地取消 90°弯头的设计,必要的地方也均改为了 45°长围弯的方案,以减小水头损失。

(2)取样的支管布置也应根据实际优化位置,回流管路应在主管路上方,取样进口管应设计在主管斜下方,以减小背压影响。

(3)取样管在主管位置增加固定,减小压力对支管粘接口的影响,延长管路使用寿命。

后续的管路设计如果针对管路的布置无法有效地修改,也可以根据实际的计算适当增加取样泵的压头,但只作为权宜之策,这里不做详细讨论。图8为现场的实际施工照片。

## 4　总结

玻璃钢管作为新型的管路材质,现阶段在施工与调试阶段出现的问题比较多,本文结合玻璃钢管的目前的应用现状,通过利用相关建模分析软件,只是择取了其中比较具有代表性的几项问题进行了研究。在前期管路放样建模时,应结合管路不同的工况进行受力分析,以确保管路支架及附件满足要求,同时不同路径的布置也会影响整体功能的实现。

船舶建造将逐步向更节能,更清洁,更环保的方向发展,玻璃钢材质的管路以其独特的优势在船舶管系上有较长远的应用前景。而随其逐步的深入应用,后续可能会暴露更多的问题,笔者也将时刻关注动态,并结合实际经验做更加全面的分析。

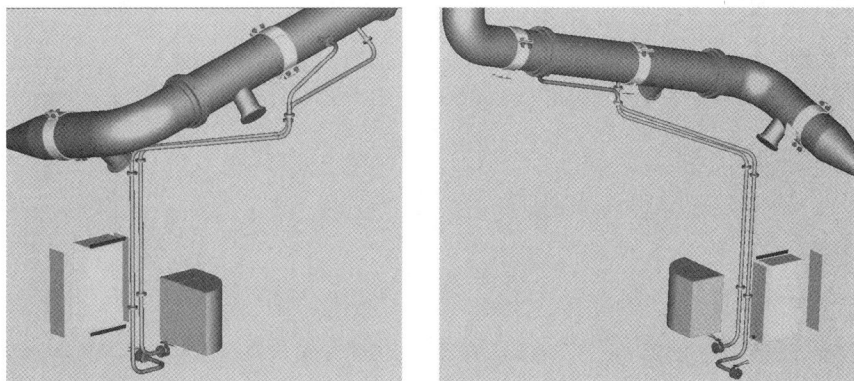

图8 现场实际施工

**参考文献**

[1]　宁刚.玻璃钢管道结构设计与性能研究[D].哈尔滨:哈尔滨理工大学,2007.

[2]　李明鹏.船用玻璃钢管有限元分析与研究[J].大连船研,2014,123(7).

[3]　陈绍纲.轮机工程手册[M].北京:人民交通出版社,1992.

[4]　成大先.机械设计手册[M].北京:化学工业出版社,2008.

# 325 000 DWT 矿砂船液压舱口盖安装工艺研究

## 张 琦 于庆福 王宇航 杨 云 殷 华

（大连船舶重工集团有限公司）

**摘 要**：舱口盖是矿砂船的主要结构设备之一，一般用于遮蔽货舱舱口，保护舱内货物不受风浪、雨水的侵袭。同时船舶在装卸货物时能够便捷开启和关闭。而舱口盖的结构强度关系着船舶运行的安全性能，因此其安装过程的工艺管理尤为重要，对矿砂船的安全营运产生重要影响。

本文重点以 325000DWT 矿砂船舱口盖为主要研究对象，对其舱口盖施工安装方法进行相应研究，并详细阐述了大型 30 万 t 矿砂船舱口盖的安装方法和流程，并介绍了安装要求。

**关键词**：矿砂船；液压舱口盖；安装工艺

## 1 前言

船用舱口盖是船舶甲板装卸系统械的重要组成部分。舱口盖是货舱甲板开口的开闭装置。它肩负着密封舱口、保护货物及部分支撑平台的作用。舱盖本体多为大型钢结构，其驱动及操作方式多种多样。舱口盖的密性和强度影响船舶的安全性，舱口盖的开关方式影响装卸货物的时间，因此舱口盖成为各大船厂及监造船东的重点关注项目。而液压舱口盖的安装是 325000DWT 矿砂船建造过程中的重难点，不仅要保证舱口盖安装流程高效、便捷，更需要确保舱口盖的启闭操作稳定、可靠。本文从实际经验出发，研究探索如何更快速高效地完成液压舱口盖安装调试工作，进一步优化船用舱口盖的安装工艺。

## 2 液压舱口盖施工流程

为进一步提高液压舱口盖施工效率，保障舱口盖施工质量，优化施工中的诸多不足，应制定液压舱口盖的施工流程，这样可以极大地减少无用功的浪费，节省现场施工的人力和等待时间，从而实现安装工作的快捷、高效。舱盖施工流程图如图 1 所示。

## 3 液压舱口盖具体安装施工过程

液压舱口盖安装施工过程主要包括三个部分，舱口围安装定位、舱口盖安装定位及液压马达安装定位。

### 3.1 B300K 船舱口围合拢定位施工工艺

为保证 B300K 船大舱口盖施工顺利进行，对舱口围合拢定位施工做以下要求：

（1）整舱成型，焊接结束后，对舱口围进行合拢定位。

（2）按照甲板的基准网络线及结构对位的 100 mm 检查线，对舱口围分段进行定位。定位后，需对舱口尺寸进行检查，如数据超差，需对舱口围位置进行调整。

（3）测量白钢压紧条及导轨处的舱口围平面度，舱口围平面度公差为 2/1 000，最大不超过 8 mm。应注意，水平测量应在早、晚或阴天进行。

(4)测量马达基座处的舱口围水平。要求马达基座处的舱口围水平最高点与舱口围轨道处水平的最低点的差值大于 208 mm。

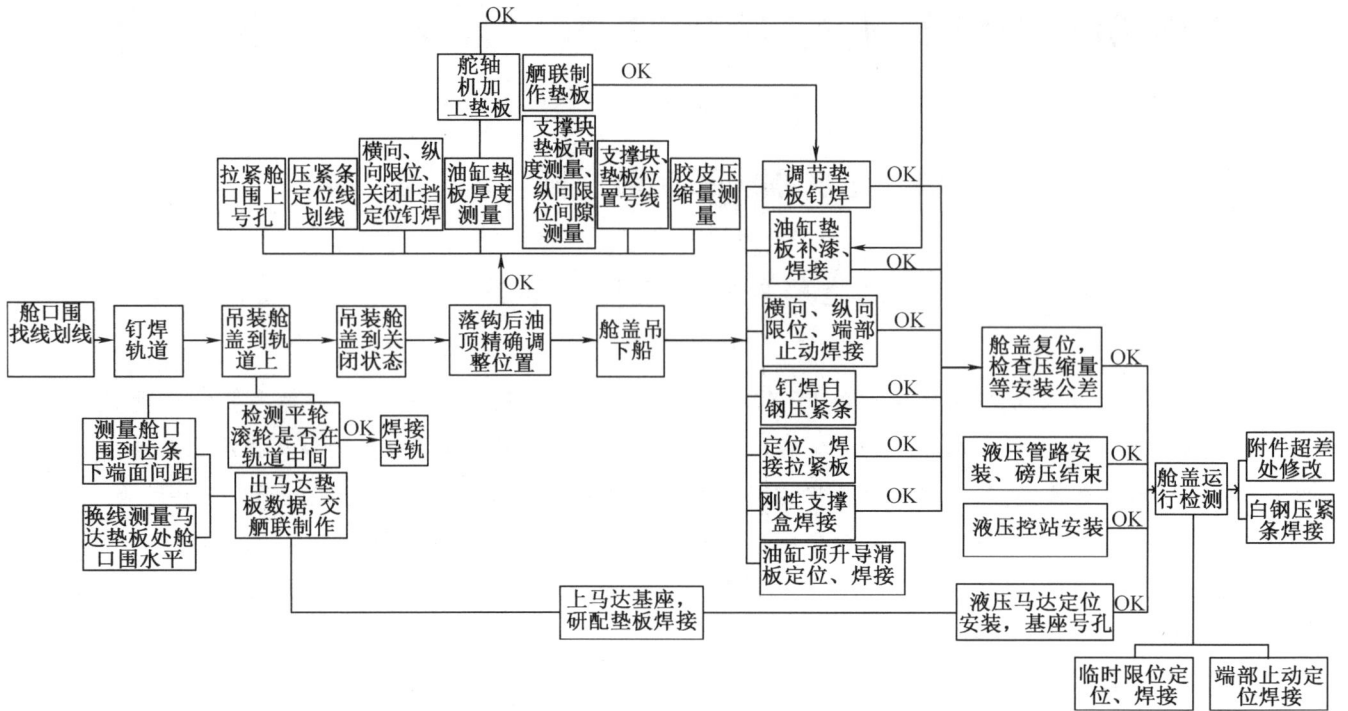

图 1  舱盖施工流程图

### 3.2  B300K 船液压舱口盖安装工艺

3.2.1  舱口盖安装施工内容

舱口盖的施工包括:舱口盖、支承块、弹性支撑块、双向限位装置、横向限位装置、导轨、顶升装置、液压马达装置、拉紧装置、局部限位装置、端部止动装置、关闭限位装置等。

3.2.2  舱口盖安装施工流程

(1)舱口盖施工需在舱口围焊接、交验结束后进行。

(2)舱口盖定位画线。

①以液压马达在舱口围上开孔的中心为基准,向艏侧偏移 201 mm,作出舱口的横向中心线,以顶升装置在舱口围上的开孔中心连线的中点,作出舱口的纵向中心线,这两条中心线必须保证垂直。并在舱口围上打上洋锐眼。

②根据画出的中心线,在横向舱口围上划出导轨外边缘的 20 mm 检查线。检查线需延伸到延长导轨上。艏、艉导轨划线的平行度≤2 mm。

3.2.3  舱口盖导轨安装定位

(1)导轨安装前(舱口围焊接结束后),需要测量艏壁及艉壁舱口围上的起升装置开孔间距 $L$,$L_2 = L + 27$ mm 即为开孔间的导轨长度。如图 2 所示。

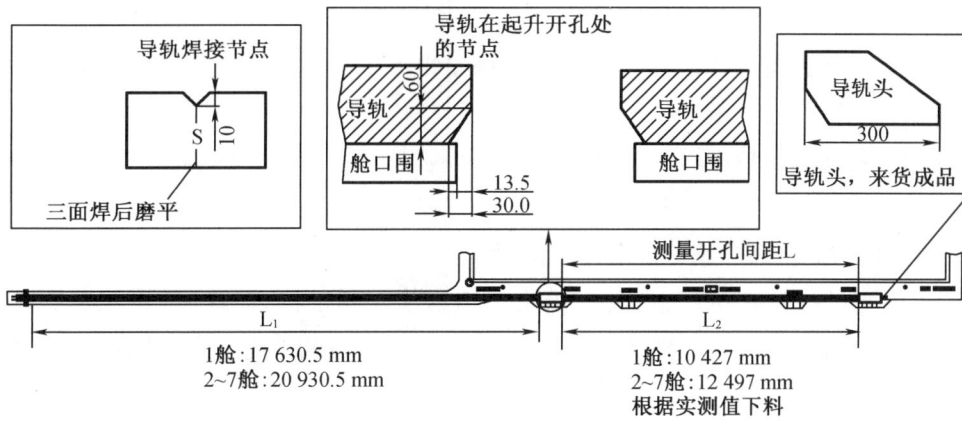

**图 2　开孔间距 L 测量示意图**

（2）按照表 1，对导轨进行切割。

**表 1　导轨切割尺寸对照表**

| 施工单位 | 位置 | | $L_1$ 20 930.5(1 舱 17 630.5) | | | $L_2$:12 497(1 舱 10 427，以下为理论值，需根据实测值下料) | | | 导轨数量 |
|---|---|---|---|---|---|---|---|---|---|
| 鸿运 | 1 舱 | 艏 | 7 | 7 | (1)3.630 5 | 7 | | (2)3.427 | 38 根 7 m 导轨 |
| | | 艉 | 7 | 7 | (3)3.630 5 | 7 | | (4)3.5 | |
| | 3 舱 | 艏 | 7 | 7 | 6.930 5 | 7 | (1)3 | (2)2.497 | |
| | | 艉 | 7 | 7 | 6.930 5 | 7 | (3)3 | (4)2.497 | |
| | 5 舱 | 艏 | 7 | 7 | 6.930 5 | 7 | | 5.497 | |
| | | 艉 | 7 | 7 | 6.930 5 | 7 | | 5.497 | |
| | 7 舱 | 艏 | 7 | 7 | 6.930 5 | 7 | | 5.497 | |
| | | 艉 | 7 | 7 | 6.930 5 | 7 | | 5.497 | |
| 南通威鹏 | 2 舱 | 艏 | 7 | 7 | 6.930 5 | 7 | | 5.497 | 30 根 7 m 导轨 |
| | | 艉 | 7 | 7 | 6.930 5 | 7 | | 5.497 | |
| | 4 舱 | 艏 | 7 | 7 | 6.930 5 | 7 | | 5.497 | |
| | | 艉 | 7 | 7 | 6.930 5 | 7 | | 5.497 | |
| | 6 舱 | 艏 | 7 | 7 | 6.930 5 | 7 | | 5.497 | |
| | | 艉 | 7 | 7 | 6.930 5 | 7 | | 5.497 | |

（3）导轨切割后，开出坡口。舱口围起升装置开口附近的导轨端面需按要求开出切口。

（4）按照舱口围上的导轨 20 mm 检查线安装导轨，并钉焊。相关要求如下：

①导轨上表面平面度不超过 2 mm/m。

②导轨钉焊在非货舱侧，以方便上舱口盖后切修调整。单根导轨每米钉焊 50 mm。钉焊大小与正式焊接的要求一致。

### 3.2.4　第一次吊装舱口盖

吊装舱口盖，舱口盖初步定位，要求如下：

（1）舱口盖艏艉位置。舱口盖的凸轮导轨中心对准导轨中心。

（2）舱口盖左右位置。使舱口盖上 4 个滚轮的中心对准舱口围上起升装置的开孔中心。

（3）用 15 mm 厚的钢板垫在舱口盖的侧板下（弹性支撑块处的舱口盖侧板下）。要求舱口盖的每边支撑 4 点。

（4）在舱口围的四角设置顶板，用油顶精细调整舱口盖的前后、左右位置，使舱口盖满足以下要求：

①使凸缘滚轮的中心对准导轨的中心;

②检查纵向限位处导轨到舱口盖结构的间距是否满足以下的公差要求。否则调整舱口盖或导轨的具体位置;

③检查平滚轮的中心线与导轨中心线的偏差,需满足下图的公差要求,否则需对舱口盖或平滚轮的导轨位置进行调整。

3.2.5　舱口盖数据测量及部分舱口盖附件定位、画线

(1)根据在舱口盖侧板打的水平洋锐眼,作出水平检查线。测量检查线到舱口围的距离是否满足 81~87 mm(每 500 mm 测量一个点)。如局部超差,可调整附近支撑垫板的厚度,以尽量保证一个舱用一种规格的白钢压紧条。

(2)舱口盖调整到最佳状态后,测量以下数据。

①弹性支撑块及支撑块到舱口围的间距。

②测量纵向限位到轨道的间距是否满足 5 mm±1 mm 的间隙要求,否则对舱口盖上的调节板进行更换。

③测量凸缘滚轮及平缘滚轮底端到舱口围的间距,以确定油缸顶升垫板的厚度。

(3)根据舱口盖的位置,焊接舱口盖关闭止挡装置、横向限位装置及纵向限位装置。

(4)根据舱口盖的位置,在舱口围上划出以下标记线:

①舱口盖拉紧装置在舱口围上的开孔位置;

②弹性支撑支撑块及支撑块的位置;

③根据舱口盖的胶皮位置,在舱口围上划出白钢压紧板安装的具体位置。

(5)把马达基座吊到舱口围上,根据舱口盖关闭状态的齿条位置,定位马达基座的具体位置。

3.2.6　第二次吊装舱口盖,使舱口盖的中心处于马达处。

(1)根据舱口盖齿条的高度确定马达调整垫板的厚度,并制作。

(2)施工单位钉焊白钢压紧板(每 100 mm 钉焊至少 30 mm,需两侧对称钉焊以防止变形);安装弹性支撑块及支撑块(钉焊);安装便携式拉紧装置,舱口围上进行拉紧装置的开孔。

(3)安装舱口盖顶升装置。安装时需要根据导轨的具体位置确定顶升装置的位置,确保顶升后在顶升装置上的导轨与舱口围上的导轨等高、平直。舱口围腹板上的顶升导向板焊接时,需对称焊接,避免焊接变形。

(注:重点控制缸体,确保垂直的起升、下降;重点控制油缸垫板焊接后水平;确保间隙 1.5 mm(1~2 mm))

(4)焊接顶升油缸底座及垫板。

(5)舱口盖再次复位前,在白钢压紧板上涂抹粉笔,用于压印检查。

3.2.7　舱口盖再次复位。

(1)检查以下匹配事项:

①舱口盖的相关测量、自检、交验工作应该在 18:00 后进行。

②胶皮的压缩量是否满足 13 mm±3 mm 的压缩量要求。

③弹性支撑块与支撑块之间的间隙满足以下要求(检测应该在傍晚或阴天进行)。

ⓐ每个舱口盖至少有 4 个支撑块与舱口盖接触(间隙小于 0.2 mm)

ⓑ滚轮旁边的支撑块应该与舱口盖相接触。

ⓒ不接触的支撑块的间隙需小于 3 mm。

ⓓ检查白钢压紧板是否在胶皮的中间位置,4~6 舱艉端的白钢压紧板相对于胶皮向艏偏差,公差 0~8 mm,其他舱口盖偏差-8~8 mm。

ⓔ检测横向限位、纵向限位的安装位置是否满足相关的公差要求。

④检查后把问题进行记录,再次开启舱口盖后,对问题处进行修复,焊接所有附件。

(2)焊接、研配马达基座调节垫板,并钻孔,安装液压马达。

3.2.8 舱口盖试验设备连接安装

舱口盖附件安装的同时,在现场合适的位置安装液压泵站、电控箱、管路和控制阀组,连接临时液压单元后管路投油进行压力试验,合格后顶升油缸、马达与管路连接,系统注油管路排气。

3.2.9 利用液压马达开启舱口盖

(1)检测系统的整体运行情况。

(2)把舱口盖分别开启到距舱口2 m、舱口中间位置、不超过艏侧外板位置(仅2~7舱),定位局部开启限位装置;把舱口盖开到开启位置,定位焊接端部止挡装置。

(3)舱口盖开启后,焊接白钢压紧板及调节垫板。白钢压紧板焊接时需对称焊接,以避免白钢压紧板焊接变形。

3.2.10 舱口盖施工的安全注意事项

(1)舱口围四周需安装安全绳,舱口围上焊接、打磨作业时,安全带需系在安全绳上。

(2)舱口盖开启、关闭前,需清理舱口围上的多余物资,避免吊入舱内。

(3)舱口盖开启、关闭过程中,需有专人进行监控,无关人员禁止靠近。

(4)利用临时液压单元进行舱口盖开启、关闭时,液压油缸周围禁止无关人员靠近,避免高压软管伤人。

(5)舱口盖的开启、关闭操作需要由专人负责,无关人员禁止靠近,避免因误操作造成安全事故。

(6)舱口盖需处于开启状态时,需在舱口围上焊接挡板,对舱口盖进行封固。

3.2.11 舱口盖开启需严格按照操作流程进行

(1)启动本地液压泵组。

(2)释放所有的快速压紧器,检查所有的压紧器处于脱开状态。

(3)打开操纵阀组上的阀球。

(4)将滚轮顶升装置的操纵手柄推到"LIFT"位置,将舱口盖顶升到滚动位置,并将该手柄保持在"LIFT"位置上,在开启舱口盖板前,检查所有顶升装置应全都处于顶足位置。

(5)将舱口盖操纵手柄推到"OPEN"位置,并握住该手柄,直到舱口盖完全打开。

(6)在舱口盖碰到端部止动装置前,慢慢地将操纵手柄回复到中间位置,以降低盖板碰撞限位器的速度。

(7)当舱口盖开足后,应及时用锁紧装置锁好舱口盖。

(8)关好操纵阀组上的球阀及停泵。

3.2.12 舱口盖关闭操作

(1)启动泵组。

(2)检查顶升装置都应处于顶足位置。

(3)松开处于开启状态的舱口盖的锁紧装置。

(4)打开操纵阀组上的球阀。

(5)将舱口盖操纵手柄推到"CLOSE"位置,并握住手柄,直到舱盖完全关闭。

(6)舱口盖碰到关闭止挡装置前,应将手柄慢慢地回复到中间位置,以降低舱口盖碰撞关闭止挡装置的速度。

(7)将滚轮顶升装置的操纵手柄推到"LOWER"位置,并保持在这个位置上。

(8)在降下顶升装置期间,必须使泵组保持运转,以免舱口盖下降受阻。

(9)锁紧全部的快速压紧器。

(10)关闭操纵阀组上球阀及停泵。

## 3.3 舱口盖液压马达安装工艺

3.3.1 液压马达垫块厚度尺寸确认及加工

(1)根据舱口盖齿条高度确定,液压马达齿轮高度及马达基座到齿轮上端面的高度,确定液压马达基座高度。

（2）将液压马达与基座组装好，要求安装后，液压马达与基座接触面贴合良好。

（3）将尼龙导向块安装到位，前后推动，靠紧舱口盖齿条，要求间隙范围为 0～3 mm，确定舱口盖液压马达的前后位置。

（4）液压马达中心到舱口盖限位中心的距离与舱口盖左舷开口距离相等，舱口盖液压马达找正工作最好是在舱口盖完全闭合的状态下进行，如若现场情况不允许，舱口盖开合距离最好控制在 500 mm 以内，确定液压马达的左右位置。

（5）在基座面板上画出焊接垫区域，利用制作好的研磨平板，将基座上下表面打磨平顺，着色面积至少为 50%。

（6）利用加工好的工装斜铁将液压马达四角顶起找正，要求液压马达尺寸的高度与舱口盖齿条高度平齐，并根据找正状态测量垫片厚度（四角尺寸），即可进行加工。

3.3.2　液压马达最终安装位置确认及钻孔加工

（1）待马达基座刷油（焊接垫上也需要刷油）结束后，液压马达重新上基座，进行精找正，遵循以下基点原则：

ⓐ尼龙导向块与舱口盖齿条间隙为 0~3 mm，要求完全贴合，不留缝隙；

ⓑ液压马达尺寸的高度与舱口盖齿条高度平齐；

ⓒ液压马达中心到舱口盖限位中心的距离与舱口盖左舷开口距离相等，允许误差在±5 mm；

（2）调整好液压马达的最终位置后开始面板号孔工作。

（3）根据图纸螺栓力矩要求，把紧螺栓，液压马达进入使用状态。

以下情况进行液压马达定位时注意：

①由于船体基座及液压马达基座本身制作精度问题，与垫片的接触面往往接触面积达不到 75%，间隙在 3~4 mm（要求基座面与垫片间隙不超过 1 mm），导致基座垫块需要重新进行加工；

②在液压马达定位一般是在舱口盖未完全关闭的状态，需要测量舱口盖最右侧到舱口盖限位的距离，来确定最终液压马达的位置，常常在定位后出现液压马达齿轮与舱口盖限位无法有效对中。

# 4　总结

325 000 DWT 矿砂船舱口盖及液压马达的安装是矿砂船最重要的甲板施工活段，也是矿砂船的重难点施工项目。通过对液压舱口盖施工工艺的制定，为现场提供了相应的技术方案指导，便于施工人员理解与操作，以最大程度地方便现场施工与管理，从而切实有效地提升造船现场施工作业的质量与效率。为逐步推进智能设计、智能工艺、智能制造奠定坚实基础。同时保证了矿砂船液压舱口盖的安装质量、规范其安装过程的施工控制及施工的统一性，此种工艺的实施减少重复工时的浪费，减少报验环节，而且施工效率较之前的施工方式有了很大的提高。

# 某船计程仪校正方法实践研究

## 张树伟 刘 明 王 东 王业秋

### （大连船舶重工集团有限公司）

**摘　要**：船用计程仪是为船只航行提供航速信息的一种重要导航仪器。新造船舶通常需要到试验海区进行计程仪航行校正试验，以减小航速测量误差。本文针对某船计程仪校正方法展开了深入研究，发现传统校正方法存在校正时间长、一次成功率不高等缺点。为了高质量、高效率地完成某船计程仪航行校正试验，本文一方面通过选取适当航速，优化了计程仪校正步骤，将各自独立进行的电磁计程仪和声学计程仪的试验改为交叉进行，另一方面采用差分全球定位系统（GPS）法替代叠标法进行计程仪校正试验，并在某船上进行了应用实践。试验结果表明，相比于传统计程仪校正方法，本文所采用的方法不仅成本低、效率高，而且能够较理想地达到计程仪速度测量误差要求。

**关键词**：计程仪；校正；速度

## 0　前言

　　船用计程仪是一种测量船舶航速和累计航程的导航仪器，所提供的航速信息对船舶操纵极为重要。按测量参考坐标系的不同，船用计程仪可分为相对计程仪和绝对计程仪两类。其中，相对计程仪只能测量船舶相对于水的速度并累计其航程，如水压式、电磁式等计程仪；绝对计程仪可以测量船舶对地的速度并累计其航程，如多普勒计程仪和声相关计程仪。

　　通常新造船舶计程仪指示航速与船舶实际航速不一致，会产生航速误差。因此，新造的船舶一般都需要到船速校验场去实际测试，即进行计程仪航行校正试验，使得计程仪的测量精度满足相关要求。

　　根据某船试验计划要求，船只抛锚时间和返航时间需要严格按照计划执行，如果计程仪校正项目试验时间超出计划，将导致其他试验项目改至下一航次进行，航行试验周期延长，试验成本增加。传统的计程仪校正方法是叠标法，有很多不足之处，如叠标不平行，观测视角误差大，有时进入叠标时的航速尚未达到稳定，受天气、气候等局限，校正容易超差，校正时间长。本文采用精度高、试验海区范围大、受气候环境影响小的差分 GPS 法进行校正，并且对校正步骤进行了优化，不仅提高了计程仪的测量精度，而且有效缩短了校正时间。

## 1　船用计程仪的组成和工作原理

### 1.1　电磁计程仪

　　电磁计程仪是应用电磁感应原理来测量船舶航速和累计航程的一种相对计程仪。图 1 为某船电磁计程仪设备组成。

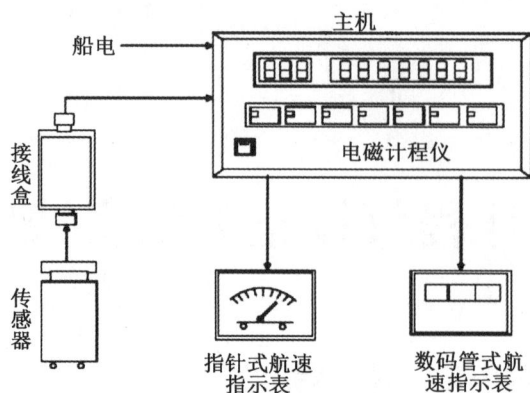

图 1  某船电磁计程仪设备组成

电磁传感器根据电磁感应原理,可产生一个与船舶速度成正比的电信号。常用的电磁传感器有两种:平面式和导杆式。平面式电磁传感器的结构原理图如图 2 所示。铁芯的中间柱上绕有激磁绕组,在铁芯的两个空隙中嵌有间距为 $L$ 的两个电极 $a$ 和 $b$ 及其引出导线。当激磁绕组中通入交流电 $E_{\sim}$ 时,铁芯两侧形成交变磁场 $B_{\sim}$。当船以航速 $V$ 向前(或向后)航行时,则水流相对于船的速度与 $V$ 大小相等、方向相反。由于海水可导电,可将流过两电极间的海水看作无数根运动的"导体"在切割磁力线,根据电磁感应原理,在电极 $a$、$b$ 和海水形成的回路中将产生感应电动势 $E_g$。

$$E_g = B \cdot L \cdot V$$

式中,$B$ 为交流磁感应强度;$L$ 为两电极间距;$V$ 为航速。只要测得感应电动势 $E_g$,由上式即可求出船舶航速 $V$。

## 1.2  多普勒计程仪

多普勒计程仪是应用多普勒效应进行测速和累计航程的一种水声导航仪器。图 3 为某船多普勒计程仪设备组成。

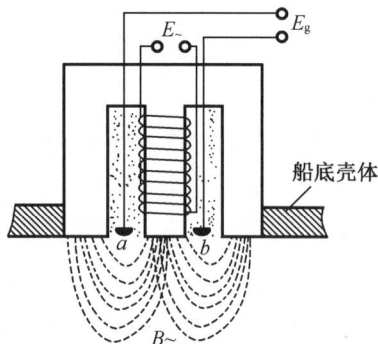

图 2  平面式电磁传感器的结构原理图

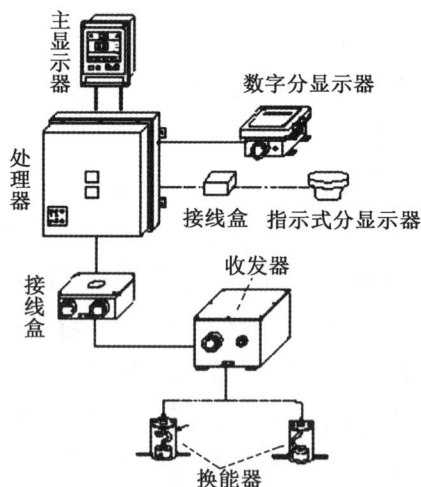

图 3  某船多普勒计程仪设备组成

多普勒效应是指当声源与接收者之间存在相对运动时,接收者收到的声波的频率与声源频率不同的现象。当声源与接收者接近时,接收者收到的声波的频率将升高;当两者相互远离时,接收者收到的声波的频率将降低。接收频率与声源频率之差 $\Delta f$ 称为多普勒频移。

$$\Delta f = \frac{v}{c} \cdot f_0$$

式中,$c$ 为声波在介质中的传播速度;$v$ 为声源与接收者之间的相对运动速度;$f_0$ 为声源的频率。当 $f_0$ 与 $c$ 为常数时,$\Delta f$ 与 $v$ 成正比,因此可以通过测定多普勒频移来进行测速。

## 1.3 声相关计程仪

声相关计程仪是应用相关技术处理水声信息来测量船舶航速并累计航程的计程仪,可兼做测深仪使用。声相关计程仪的测速原理如图4所示。工作的基本过程:将两个接收换能器所接收的回波信号,经过放大和延时器处理后,送到一个乘法器,经过乘法运算后输出,再送到一个积分器进行积分运算,求取它们的相关函数。相关函数的大小随延时器的延时量的变化而变化,仅当延时为$\tau$时,相关函数的值取最大。此时,对应的$\tau$即为要求的延时。经过换算后由显示器以模拟或数字显示方式显示出船速和航程。

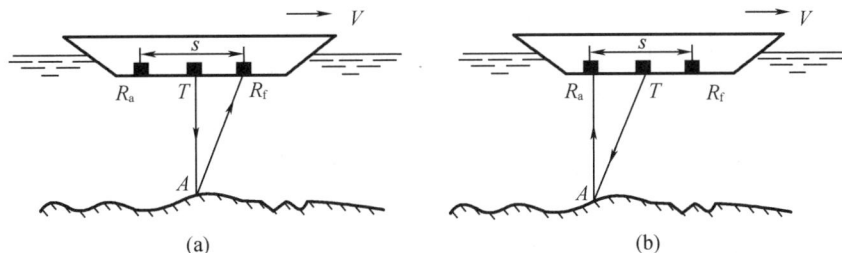

$R_a$—后向接收换能器;$T$—发射换能器;$R_f$—前向接收换能器;$V$—船速;$s$—两接收换能器的间距。

**图4 声相关计程仪的测速原理**

## 2 某船计程仪校正步骤

### 2.1 传统校正步骤

对于某船计程仪,按照传统航行校正试验步骤,利用电磁计程仪和声学计程仪分别进行校正,为两个试验过程。其中,电磁计程仪试验包括5个步骤,声学计程仪试验包括4个步骤,试验要求测定、校正后进行验证,这样整个计程仪航行校正试验过程共需9个步骤完成。试验要求船只在5种航速下进行切换且航速稳定。

研究发现:两种计程仪的航行校正试验流程中存在交集,试验步骤可以进行优化合并。如果选取合适的航速,电磁计程仪试验和声学计程仪试验的测定、校正和验证步骤可以结合进行。若选择大于13 kn的航速则可同时满足"大于13 kn""中速"和"高速"的条件要求;若选择小于9 kn的航速则可同时满足"小于9 kn"与"低速"的条件要求。这样不仅可以使船只在同一航速下能同时进行电磁计程仪试验和声学计程仪试验,而且可以缩短船只稳定航速的时间,提高计程仪航行校正试验效率,缩短航行试验时间,节省大量燃油。

### 2.2 优化后校正步骤

为了将电磁计程仪试验和声学计程仪试验由各自独立的试验改为交叉进行试验,本文统一了电磁计程仪和声学计程仪的试验项目——航速。选取船只低速为7 kn,中速为12 kn,高速为22 kn进行声学计程仪航行校正试验,其中,高速22 kn同时可以满足电磁计程仪试验的"大于13 kn"的条件要求,低速7 kn同时可以满足电磁计程仪试验的"小于9 kn"的条件要求,如表1所示。

**表1 航速选取对应表**

| 项目 | 航速/kn | | |
|---|---|---|---|
| | 7 | 12 | 22 |
| 测定条件 | 低速 | 中速 | 高速 |
| 验证条件 | <9 | — | >13 |

本文将声学计程仪试验与电磁计程仪试验的测定步骤合并,并将声学计程仪试验与电磁计程仪试验的校正步骤合并,得到优化后的计程仪航行校正试验步骤,如图5所示。

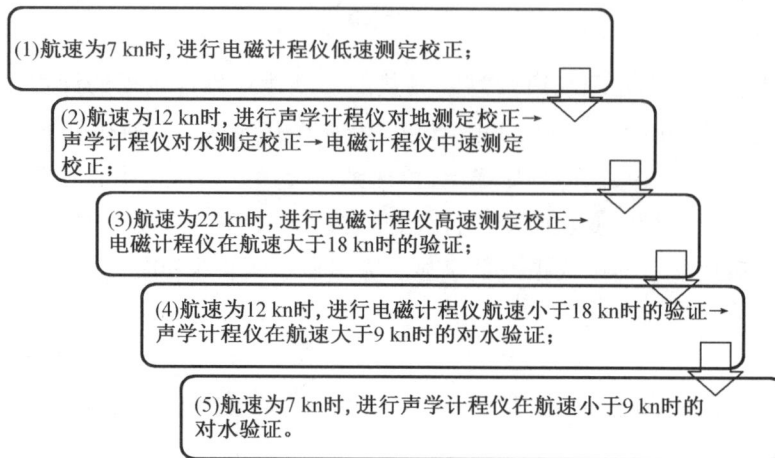

(1)航速为7 kn时,进行电磁计程仪低速测定校正;

(2)航速为12 kn时,进行声学计程仪对地测定校正→声学计程仪对水测定校正→电磁计程仪中速测定校正;

(3)航速为22 kn时,进行电磁计程仪高速测定校正→电磁计程仪在航速大于18 kn时的验证;

(4)航速为12 kn时,进行电磁计程仪航速小于18 kn时的验证→声学计程仪在航速大于9 kn时的对水验证;

(5)航速为7 kn时,进行声学计程仪在航速小于9 kn时的对水验证。

图 5 优化后的计程仪航行校正试验步骤

## 3 某船计程仪校正实践过程

在计程仪校正过程中,应选择试验海区海况小于3级,流的分布稳定、规则,航迹远离海岸及其他可造成显著航行波浪的大型船舶的海域进行试验,尽可能减少外界因素对船只计程仪航行校正试验的影响。本文采用测量精度高的差分 GPS 法进行某船计程仪航行校正试验,图6为某船在试验海区中航行的示意图。

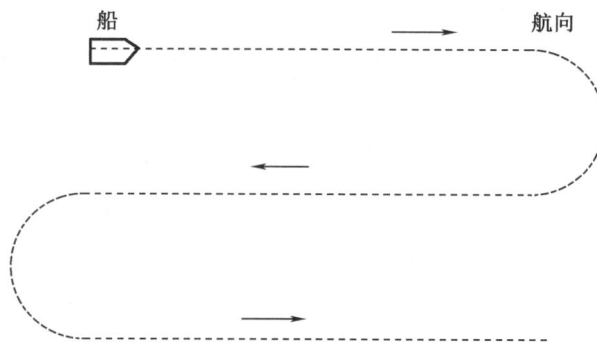

图 6 某船在试验海区中航行的示意图

(1)航速为 7 kn 时,进行电磁计程仪低速测定校正,结果如表 2 所示。

表 2 航速 7 kn 时,电磁计程仪低速测定校正结果

| 航速/kn | 航次 | 单次平均速度/kn | 平均航速/kn | 试验时间 $t_1$/h |
|---|---|---|---|---|
| 7 | 1. 顺向 | 7.11 | 6.81 | 1 |
| | 2. 逆向 | 6.50 | | |
| | 3. 顺向 | 7.12 | | |

注:平均航速的计算公式为

$$V_\mathrm{p} = \frac{V_1 + 2V_2 + V_3}{4}$$

式中  $V_\mathrm{p}$——平均速度,kn;

$V_1$、$V_2$、$V_3$——第1,2,3航次所测的速度,kn。

(2)航速为 12 kn 时,进行声学计程仪对地测定校正→声学计程仪对水测定校正→电磁计程仪中速测定校正,结果如表 3 和表 4 所示。

**表 3　航速为 12 kn 时, 声学计程仪对地测定校正结果**

| 航速/kn | 航次 | 航行距离 $S_i$/n mile | 航行时间 $T_i$/s | 单次平均速度/kn | 平均真航速/kn | 试验时间 $t_2$/h |
|---|---|---|---|---|---|---|
| 12 | 1. 顺向 | 2 | 589.20 | 12.22 | 11.81 | 0.75 |
| | 2. 逆向 | 2 | 631.58 | 11.40 | | |
| | 3. 顺向 | 2 | 590.16 | 12.20 | | |

注:单次平均速度为船对地速度的平均值,船对地速度的计算公式为

$$V_{Zi} = \frac{S_i}{T_i} \ (i=1,2,3)$$

式中　$V_{Zi}$——船对地速度,kn;

　　　$S_i$——航行直线距离(n mile),由差分 GPS 定位数据根据大地算法获得;

　　　$T_i$——船走完该段直线距离所用的时间。

**表 4　航速为 12 kn 时, 声学计程仪对水测定校正和电磁计程仪中速测定校正结果**

| 航速/kn | 航次 | 单次平均速度/kn | 平均航速/kn | 试验时间 $t_3$/h |
|---|---|---|---|---|
| 12 | 1. 顺向 | 12.23 | 11.83 | 0.6 |
| | 2. 逆向 | 11.43 | | |
| | 3. 顺向 | 12.22 | | |

(3)航速为 22 kn 时,进行电磁计程仪高速测定校正→电磁计程仪在航速大于 18 kn 时的验证,结果如表 5 所示。

**表 5　航速为 22 kn 时,电磁计程仪高速测定校正结果和电磁计程仪在航速大于 18 kn 时的验证结果**

| 航速/kn | 航次 | 单次平均速度/kn | 平均航速/kn | 试验时间 $t_4$/h |
|---|---|---|---|---|
| 22 | 1. 顺向 | 22.62 | 21.82 | 0.4 |
| | 2. 逆向 | 21.01 | | |
| | 3. 顺向 | 22.65 | | |

(4)航速为 12 kn 时,进行电磁计程仪在航速小于 18 kn 时的验证→声学计程仪在航速大于 9 kn 时的对水验证,结果如表 6 所示。

**表 6　航速为 12 kn 时,电磁计程仪在航速小于 18 kn 时的验证结果和声学计程仪在航速大于 9 kn 时的对水验证结果**

| 航速/kn | 航次 | 单次平均速度/kn | 平均航速/kn | 校正航速/kn | 技术要求 | 检查结果/kn | 试验时间 $t_5$/h |
|---|---|---|---|---|---|---|---|
| 12 | 1. 顺向 | 12.26 | 11.82 | 11.90 | 测速精度:速度误差≤±0.2 kn | 0.08 | 0.75 |
| | 2. 逆向 | 11.38 | | | | | |
| | 3. 顺向 | 12.26 | | | | | |

(5)航速为 7 kn 时,进行声学计程仪在航速小于 9 kn 时的对水验证,结果如表 7 所示。

表 7　航速为 7 kn 时,声学计程仪在航速小于 9 kn 时的对水验证结果

| 航速/kn | 航次 | 单次平均速度/kn | 平均航速/kn | 校正航速/kn | 技术要求 | 检查结果/kn | 试验时间 $t_6$/h |
|---|---|---|---|---|---|---|---|
| 7 | 1.顺向 | 7.13 | 6.81 | 6.90 | 测速精度:速度误差≤±0.2 kn | 0.09 | 1.1 |
|  | 2.逆向 | 6.48 |  |  |  |  |  |
|  | 3.顺向 | 7.14 |  |  |  |  |  |

某船计程仪校正过程中的实际航迹图如图 7 所示。

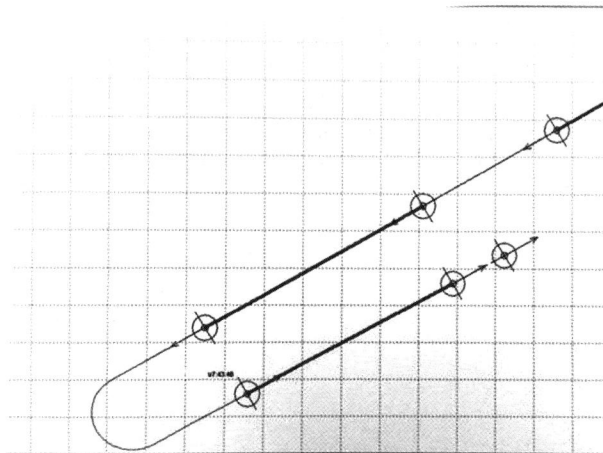

图 7　实际航迹图

试验结果表明:计程仪平均速度和平均真速度均达到了(目标值±0.2) kn 的精度,一次性完成了某船计程仪航行校正试验。

## 4　结论

本文主要内容如下。

(1)对船舶计程仪的种类、组成及基本原理进行了概述。

(2)对某船计程仪校正传统步骤进行了优化。

(3)详细阐述了某船计程仪校正步骤,采用差分 GPS 法,按照优化后校正步骤进行计程仪的校正。

某船计程仪航行校正试验结果表明:电磁计程仪速度误差为 0.08 kn,声学计程仪速度误差为 0.09 kn,均小于 0.2 kn 的试验要求,而且一次成功完成了航行校正试验,同时通过优化试验步骤使得船只在同一航速下能同时进行电磁计程仪试验和声学计程仪试验,将两个独立试验过程结合到一起进行,试验步骤由原来 9 个减少到 5 个,动力系统升降速次数由 7 次减少到 4 次,船只试验航速由 5 个减少到 3 个,总的试验时间节省超过 3 h,节省了大量的燃油消耗。

## 参考文献

[1]　崔凤波.船舶通信与导航[M].哈尔滨:哈尔滨工程大学出版社,2007.

[2]　林叶锦,徐善林.船舶电气与自动化:船舶自动化[M].大连:大连海事大学出版社,2012.

# 远程高效协同设计平台的架设与应用

刘冰峰[1]　张雪梅[1]　董艳民[1]　高　丹[2]

(1. 大连船舶工业工程公司；2. 大连船舶重工集团有限公司)

**摘　要**：互联网为远程服务提供了条件，基于虚拟专用网(VPN)的身份验证、隧道技术和数据加密为企业实现网络安全、居家办公、高效协同的数据信息共享提供安全可靠的途径。在实现异地顾客端软件操作和本企业网络的安全访问的同时，使项目设计环境统一化，让沟通更快捷、方便。

**关键词**：远程服务；VPN；信息化技术；网络安全；居家办公；信息共享

## 0　引言

随着船舶设计行业对优秀设计人才的需求日益增长和互联网的高速发展，多地协同、居家办公、商务洽谈、异地配建等远程协同设计应用场景的重要性逐渐显现。现在，船舶设计尤其是生产设计均采用局域网客户端多用户访问服务器进行同步设计的方式，具有设计人力资源数量大及其所在地域的离散分布的特点，因此搭建成熟、稳定、高效的设计平台具有重要意义。远程桌面应用广泛，主要应用场景如下。

(1)多地协同：本地公司在某个项目进行过程中出现人力资源短缺时，可利用远程协同设计平台对多地多公司的人力资源(均无须到场)进行整合以完成该项目，这样在需聘用设计人员较少的前提下，能避免用人高峰期人力不足的情况，节约大量人力成本。

(2)居家办公：设计人员若因故不能到办公场所进行办公，则可利用远程协同设计平台居家访问公司服务器进行工作，不至于影响项目进度。

(3)商务洽谈：在出差进行商务洽谈时，相关人员可随时随地地访问服务器来进行工作或查看资料，无须携带大量资料，这既便于出行，也可避免遗漏资料或泄密。

(4)异地配建：当技术人员和施工现场相隔较远时，可利用远程协同设计平台访问现场数据及图纸资料，将实际情况和模型数据相结合，及时生成调整方案，实现从数据到现场的可视化施工指导。

## 1　远程技术服务市场需求分析

传统的船舶生产设计主要依靠现场服务模式。设计公司的服务方式：一是根据船厂提供的建造要求及详设图纸开展技术研发；二是派技术人员入驻船厂，由甲方指派相关设计工作。但随着网络普及和全球化信息程度的提高，船舶设计工作必须打破设计规模、复杂程度、市场竞争等的壁垒，从面对面服务转变为异地协同等个性化、多元化服务，从而提高设计效率、整合设计资源、缩短设计周期。设计公司团队通过与船厂协同完成船舶产品的整体设计施工、技术指导等。通过搭建远程服务系统，设计公司可实现网络模型数据同步、远程专业评审、在线解决技术问题等，提高技术服务效率。远程设计服务是未来设计企业迅速发展的必然趋势。

## 1.1 常用远程服务工具对比

### 1.1.1 Windows 操作系统远程服务

Windows 操作系统提供了免费的远程桌面管理功能,其操作方法简单,只需要打开"控制面板"下的"系统和安全",点击"允许远程访问",添加用户账号即可,但其安全性较差,恶意客户端可随意远程控制其他用户。

### 1.1.2 Linux、Unix 远程连接工具

相比于 Windows 操作系统,Linux 更具稳定性和高效性,对硬件的要求很低,可以在配置较低的电脑上很流畅地运行。Linux 可实现不同的用户共同登录系统,并且资源分配比较公平。Linux 不是像 Windows 那样的伪多用户操作系统,如果需要登录更多的用户,要么退出当前用户,要么向微软购买多用户授权。运用 Linux 操作系统登录远程桌面时需要在命令提示符下运行,需要操作人员具备一定的计算机基础知识,因此其推广性不高。

### 1.1.3 其他远程连接工具

现在市场上常用的便捷的远程协助工具有 TeamViewer、ToDesk 和向日葵这三款软件。这类软件功能强大,使用方法非常简单,在进行远程管理的时候也非常稳定。但上述三款软件均不支持一个服务端对多客户端多用户,当用户量较大时,硬件设备投入较大,且成本很高。例如,TeamViewer 收费较高,小型企业无法承受高昂的费用;向日葵分为免费版和付费版,在运行过程中会有卡顿的情况出现,也经常会出现莫名的无法全屏和鼠标漂移等情况,此外,向日葵在用户每绑定一台电脑和解决用户提出的问题时需要收取一定的费用;ToDesk 需要使用两套不同的服务器,文件传输、隐私屏等功能并不是免费开放的,操作画面的帧率低、抖动明显。

综合上述远程连接工具的优缺点来看,对于船舶行业远程设计服务,"按需搭建"能够使其应用场景与业务流程更加适配,且使其效率更高,更加可靠。远程设计服务具有网络安全、运营成本低、操作简单、稳定快速、管理灵活、支持多种远程模式的特点,无须搭设多项目工程环境,满足专属数据模型评审的需求,使其业务能够更好地与企业的数据融合,从而提供更好的产品设计方案,并助力企业实现降本增效。

## 1.2 目前企业远程协同设计需求

### 1.2.1 满足设计软件需求

开展远程协同设计需要建立架构合理的远程协同设计平台,统一部署项目工程环境,保持软件版本及相关二次开发环境一致,设计资料及标准唯一可靠;并应实现设计资料、设计软件、设计技术及管理共享,无须重复投入。从网络计算机使用合理和合规的角度出发,协同设计平台在满足应用需求的情况下,其软件安装数量和种类要最小化,并可灵活部署及扩充,如船舶三维设计软件及其二次开发、办公软件等。

### 1.2.2 满足设计项目变化需求

设计平台构架不仅要满足目前已明确的项目协同设计需求,还要考虑到未来可能不断变化的协同设计需求,结合工程项目、产品及所使用设计软件的特点进行策划,划分分工范围和明确设计风险。设计平台应能满足同步查看远程设计人员的设计进度、设计质量及设计难点,并根据具体情况进行相关技术人员和设计周期的调整,让整个远程技术服务过程变得可视化、可追溯,规避设计中可能遇到的风险的需求。

## 2 解决方案

## 2.1 拟架设的网络拓扑图

移动办公用户或远程用户利用互联网通过 VPN 访问远程桌面服务器,利用服务器的多用户与项目工程数据服务器进行数据操作,达到远程设计的目的;局域网用户通过客户端直接对项目工程数据服务器进行数据操作,实现与远程用户的协同设计。远程协同网络拓扑图如图 1 所示。

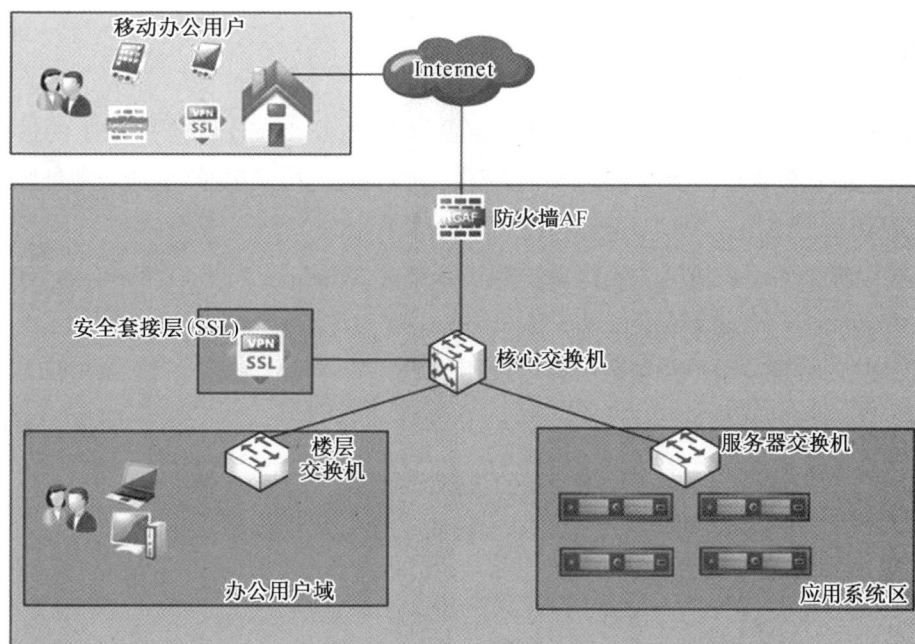

图1　远程协同网络拓扑图

## 2.2　实现方案

### 2.2.1　软硬件配置

(1)网络带宽:电信互联网专线带宽为30 Mb,经测试可满足设计需求。

(2)硬件准备:新增高性能应用服务器、防火墙、VPN(含30个授权点)和桌面云系统服务器各1台。

(3)硬件配置表如表1所示。

表1　硬件配置表

| 序号 | 设备名称及型号 | 设备描述 | 数量 | 单价/万元 | 合计/万元 |
|---|---|---|---|---|---|
| 1 | 防火墙 | 内存大小:2 GB;<br>硬盘:64 GB, mini SATA SSD[①];<br>电源:单电源;<br>接口:6千兆电口 | 1 | 2.5 | 2.5 |
| 2 | VPN网关 | 内存大小:2 GB;<br>硬盘:64 GB,SSD;<br>电源:单电源;<br>接口:4个千兆电口 | 1 | 1.2 | 1.2 |
| 3 | 虚拟桌面控制器 | 内存大小:4 GB;<br>硬盘:64 GB, mini SATA SSD;<br>电源:单电源;<br>接口:6千兆电口 | 1 | 4.2 | 4.2 |

注:①SSD为固态硬盘。

### 2.2.2　数据安全

(1)通过设置防火墙、交换机的网络访问策略,对其他服务器、计算机进行隔离,保障系统安全。

(2)使用VPN隧道访问远程桌面服务器,保障互联网安全。

(3)通过远程桌面服务器的访问策略,对远程用户的权限进行限置,保障数据安全。

## 3 架设 VPN 的操作

(1)把需要通过外部网络访问内联网的计算机的互联网地址(IP 地址)通过 VPN 上的远程资源方式发布,在 VPN 中的设置步骤为:资源管理→新建 L3VPN→类型选择"Other",协议选择"全部",地址默认为 3389 端口→添加 IP 地址,最终结果如图 2。

(2)设置服务器以提供多用户访问。操作系统版本最好是 Windows 7 以上,Windows XP 系统不支持多用户访问。

(3)设置桌面虚拟云(VDC)用户及密码后即可使用。

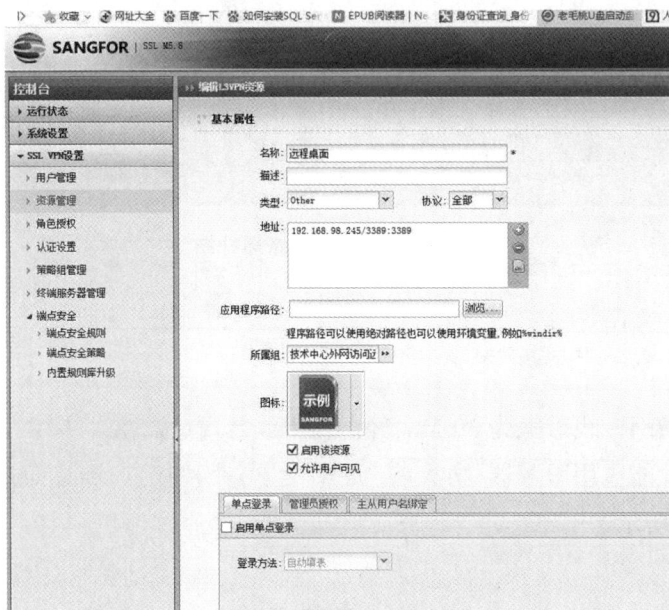

图 2　VPN 设置最终结果图

## 4 设置远程桌面服务器的操作

设置好被远程控制的电脑的用户名及其密码,打开"控制面板"→"用户账户和家庭安全"→"更改 Windows 密码"→创建多用户,之后打开计算机"属性"→"远程设置"→勾选"允许远程协助连接这台计算机",选中"允许运行任意版本远程桌面的计算机连接(较不安全)",随后关闭计算机防火墙。至此设置完毕,客户端可进行远程访问。

## 5 访问远程桌面服务器的操作

安装 VPN 客户端(推荐使用 Chrome 浏览器或 IE 浏览器)→启动 VPN 客户端→填入上面发布的 IP 地址和端口号→通过 VPN 用户名及其密码登录→VNP 连接成功后通过 Windows 自带的远程桌面连接(在"运行"里输入"mstsc")→输入远程桌面服务器 IP 地址和用户名及其密码,实现连接。

## 6 远程协同设计平台使用实例

以 5 万吨的散货船的设计项目为例。该项目在高峰期对生产设计人员的需求为 50 人,产品设计周期近 6 个月,整体生产设计成本高。若设计人员因故无法集中办公,并与顾客方的产品数据库进行现场对接,则不能时时更新和查看设计数据,而需频繁导入新数据以对原数据进行更新,无法及时有效地更新工艺设计模型在线数据,影响项目整体生产设计周期及数据技术服务的效率和准确性。通过运用远程协同设计平台,30 名设计人员通过远程接口即可开展项目生产设计工作,实现模型数据同步和专业远程技术评审,在线解决技术问题,提升技术服务效率,提高实质性的设计质量,减少"错、漏、碰、缺"问题,实现数据信息共享和人员协同,保证设计数据完整统一。

## 7　结束语

因船舶设计行业具有独特的特点,所以相关人员在开展项目生产设计的过程中会遇到一些难题,如"信息孤岛"问题。该远程协同设计平台的应用不仅解决了基于开放技术标准的数据互动与共享问题,还解决了版本不一致、参照图纸不一致,数据及图纸的共享存在不安全因素,数据丢失、非法拷贝及机密外泄,设计模型和数据缺乏动态必要性和并行性的问题,帮助企业解决了"人力"与"管理"两方面的问题,提高了一线设计人员的利用率,保证了对相关设计的修改的一致性,提高了协同设计的效率,改善了设计动态管理,整合了设计资源,达到了缩短产品设计周期、节约人力成本的目的。

## 参考文献

[1]　吴迪,姚寿广,陈宁.基于 TRIBON 数据库的船舶舾装托盘数据管理系统的开发[J].华东船舶工业学院学报(自然科学版),2004,18(1):18-21.

# 托盘数据管理系统的研发与应用

## 张雪梅　刘冰峰　施　展　潘　斌

（大连船舶工业工程公司）

**摘　要**：船舶设计市场竞争激烈，面对严峻的市场环境，提高企业核心竞争力、降低成本成为企业关注的重点。Tribon 软件在船舶生产设计方面应用广泛。该软件自带托盘报表生成功能，但其报表生成后并不能直接用于施工现场，生成的数据需要人工合并，报表编制过程中存在技术难度低、重复工作量大、耗费时间多等问题。本文针对生产信息提取（Outfitting List）模块进行二次开发，在新的数据库下，用户可以进行数据查询、统计汇总等工作。现国内各大船厂均可根据自身建造环境及产品特点对 Tribon 舾装模块数据提取进行相应的二次开发。

**关键词**：Tribon；托盘；TDMS 系统；二次开发

## 0　引言

Tribon 软件是由瑞典 KCS（Kockums ComputerSystem AB）公司研发的一款辅助船舶设计和建造的计算机软件集成系统，集 CAD/CAM/MIS（即计算机辅助设计/计算机辅助制造/管理信息系统）于一体，在造船业中有着广泛的用户基础。该软件的引进及应用在很大程度上改变了传统的造船模式，有效地缩短了船舶设计周期，保证了船舶制造节点的进度，提高了船舶生产效率和经济效益，使我国的造船水平与国际接轨。Tribon 作为用于欧洲造船模式开发的设计制造软件，与国内的生产环境、施工习惯、设备条件、工艺流程及生产管理模式等存在一定的矛盾，如在管舾装生产托盘数据提取等方面，Tribon 软件自带的 Outfitting List 模块在整个报表完成的过程中可自动生成的报表，但该报表并不能直接用于现场施工，需人工统计、汇总托盘报表，而统计、汇总数据耗时长且易出错。本文对 Tribon 自带的 Outfitting List 模块进行关于托盘报表的二次开发。该系统不仅为船舶设计外包企业提供符合船厂生产设计与建造标准的定制托盘报表，还给基于 Tribon 平台开发产品的数据管理系统提供了接口和对象。

## 1　Tribon 舾装托盘模块应用现状分析

Tribon 舾装设计包括管系、电气、通风、铁舾四个专业，各专业的托盘报表均由 Outfitting List 模块提取。如舾装管系设计过程中各子系统（如管路模块等）均以附件库为设计基础，而附件库对舾装各专业所需要的附件进行集中统一管理，不仅包括图形信息还包含大量的数据信息。生产信息的生成与输出模块能完成管路制作图（小票）和生产信息统计工作。一旦管路建模完成，小票生成程序自动生成小票图并将其存放在数据库中，可以供设计人员查看和编辑，各种统计信息的 BOM 表（托盘）可以由 Outfitting List 模块生成，但其报表生成后并不能直接用于施工现场，生成的数据需要人工合并。现国内各大船厂都对 Tribon 管系 Outfitting List 模块进行了二次开发，建立托盘管理系统以进行数据抽取，数据抽取对象为 COMPONENT 和 EQUIPMENT 中的技术参数。

## 2　Tribon 托盘报表二次开发

### 2.1　Tribon 托盘报表二次开发方案的比较

（1）增加项目设计人员配置。此方案易实施，但开发费用较高，报表编制烦琐、易错，且消耗大量工时。要保证数据准确，还需要增加校对人员数量，报表编制难度较低，对设计人员的技术无提升。此方案经评估认为不适合企业选用。

（2）使用 VBA 语言优化 Tribon 自带报表模块。在 Tribon 的 Outfitting List 模块上修改 VBA 脚本，易实施、优化费用低，提取的报表信息依然需要设计人员二次干预，消耗较多设计工时，此方案经评估认为不适合企业选用。

（3）自行开发 Tribon 的报表系统。此方案需要一定的开发周期，从研发到投入使用预计需要 3 个月，生成的报表不需要人工修改，程序自动进行数据统计，可缩短生产设计周期，保证报表的数据准确性，不易出错。该方案可用于任意产品的生产设计，最适合企业选用。

上述三种方案中，完全依赖增加人力的结果无疑是事倍功半的，而通过优化 Tribon 自身的报表模块，虽然相对于纯粹地增加人力有很大优势，但是 VBA 脚本语言及 Outfitting List 模块本身的条件限制，导致程序自动提取生成的报表依然无法直接为现场施工所用。

对比以上方案，自行开发报表系统有着显著的优势。虽然开发报表系统需要 3 个月左右，但是可以达到一劳永逸的目的，节省项目的设计人力成本和时间成本，数据的准确性更高。

### 2.2　自行开发 Tribon 报表系统可行性分析

（1）Tribon 提供了较为完善的数据提取接口，只要模型存在相应的生产信息就都可以从接口提取到。部分未建模却依然需要在报表中提取的信息（如紧固件、托盘编号等），可以通过配置报表系统的数据库文件来实现。通过数据提取及外部配置信息来获得的生产信息，经由编程语言的算法整理优化，最终通过 Office 的 COM 组件输出到 Excel 文件中，实现报表的自动生成。

（2）通过编程语言来使用 Tribon 数据抽取接口，结合外部配置数据库，以 Office 的 COM 组件为手段最终生成所需的报表文件。报表的数据来源于 Tribon 的三维设计模型，要保证报表的准确性首先要保证数据来源的准确性，因此，为了规范建模操作，同时为保证报表数据的准确性，需要完善部件库及相应专业建模标准，规范建模数据信息，同时修正部件库格式，并规范建模操作。

### 2.3　自行开发 Tribon 报表系统方案评估

为实现各专业生产设计托盘报表自动提取功能，对 TDMS 系统的开发方案进行可行性分析（表 1）及评估，以确定最佳方案。

表 1　开发方案可行性分析

| 序号 | 方案 | 优点 | 缺点 |
| --- | --- | --- | --- |
| 1 | VBA 编程 | ①有现成的代码可以参考借鉴；②语言难度较低，对开发人员要求不高；③模板修改较容易 | ①运行效率较低；②配置外部数据库难度较大；③界面无法做到简洁易用 |
| 2 | Python 编程 | ①编程语言简单易学；②调用外部数据库较为容易；③界面可以做到简单易用；④运行效率较高 | ①内置于 Tribon，只能采用单线程，硬件资源利用率不高；②需要占用 Tribon 的许可证（License）数量 |

表 1(续)

| 序号 | 方案 | 优点 | 缺点 |
|------|------|------|------|
| 3 | C#. NET 编程 | ①调用外部数据库较为容易；<br>②界面可以做到简单易用；<br>③可以多线程并发运行,运行效率高,硬件资源利用率高；<br>④不需要占用 Tribon 的 License 数量 | 编程语言相对较难掌握 |

在保证硬件、软件的利用率高的前提下,提升 TDMS 系统的执行效率。以高 C#. NET 的强大图形用户界面 (GUI) 设计能力优化设计界面,使程序界面简洁易用。利用 C# . NET 的逻辑分析和数据处理能力,保证报表的准确性。同时,基于. NET 的平台可以更方便快捷地调用 Office 的 COM 组件和数据库的链接。由此可以看出 C#. NET 编程方案更具有优势。开发方案评估表如表 2 所示。

表 2  开发方案评估表

| TDMS 系统要求 | 评估 | | |
|--------------|------|------|------|
| | VBA 编程 | Python 编程 | C#. NET 编程 |
| 用户界面友好 | 良 | 优 | 优 |
| 程序稳定性好 | 良 | 良 | 优 |
| 程序移植性好 | 优 | 优 | 优 |
| 程序运行效率 | 良 | 良 | 优 |
| 开发周期 | 优 | 良 | 良 |
| 成本 | 优 | 良 | 良 |
| 接口调用方便 | 优 | 优 | 优 |
| 评估结果 | 不选用 | 不选用 | 可选用 |

通过开发方案评估表可看出选择 C#. NET 编程方案是合适的,因此选用 C#. NET 编程语言进行软件开发。

## 2.4  自行开发 Tribon 报表系统方案实施流程

### 2.4.1  规范部件库建模工作流程

根据部件库命名 100%符合建模及入库要求完成相关工作。

(1)整理 Tribon 部件库建库及模型命名要求。

(2)编制 Tribon 各相关专业应用指导手册。

### 2.4.2  修正 Tribon 模型属性

依据最新编制的相关规范修正 Tribon 相关模型信息,具体如下。

(1)整理并修改部件库,依据最新的部件库建库规则修改部件库的属性信息。

(2)统一对最新 Tribon 应用指导手册内容进行培训,保证模型 100%符合应用指导手册要求。

### 2.4.3  完成 TDMS 系统编写及功能测试

TDMS 系统编写的目标是:具有良好的人机交互界面和能够高效地实现报表数据 100%自动提取,同时程序可 100%移植以及人工修改量少。

(1)简化 TDMS 系统操作界面,丰富外部配置数据库。保证最大限度地简化设计人员的操作,同时减少人工修改量。数据系统界面如图 1 所示。

图 1　数据系统界面

（2）将 TDMS 系统分为提取层、加工层、表现层及外部配置层,各层之间功能独立、职能相互连接,并保证程序的高内聚、低耦合。

（3）强化外部配置的多样性,通过简单的参数配置即可实现报表的格式结构调整。

对 TDMS 系统进行集中调试及错误(bug)修正,将各个功能模块整合,采用边界测试、默认值测试、破坏测试、压迫测试、重负测试等方法查找问题并进行修正。系统测试流程如图 2 所示。

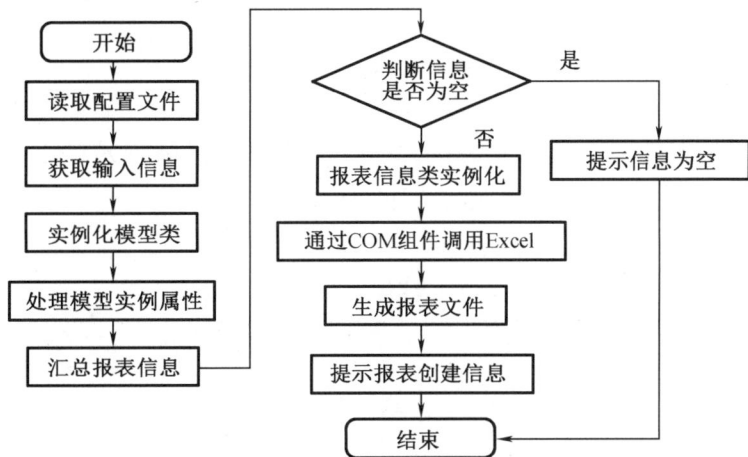

图 2　系统测试流程

## 3　Tribon 托盘报表二次开发的实现

### 3.1　程序功能介绍

对 TDMS 系统进行总体功能模块划分,实现程序的高内聚、低耦合的特性。按照相关程序流程图实现 TDMS 系统的研发,实现 Tribon 生产设计报表的自动编制,提高船舶生产设计的工作效率。

Tribon 软件的舾装模型可以分为四大类,如图 3 所示。根据生产需要可将报表按照专业进行划分。各个专业的报表数据可能来源于不同的舾装模型,通过丰富外部扩展功能可保证在报表格式调整中修改量最少,部分修改不需要修改程序代码而仅通过调整模板即可实现,编程语言可将各个专业报表的数据整合汇总,实现报表程序可移植化,最终生成所需的报表文件。

各个船厂、设计单位对托盘报表的格式、表达信息的要求存在一定的差异,需要依据自身的实际要求(规则)对原始数据进行组织,托盘报表生成规则如下。

(1)托盘报表对于所有零件均可根据模型类型、规格进行提取,自动生成管系清单。

(2)对于规格相同的板型、型钢及材质,系统会自动累加,生成外购件清单,如图4所示。

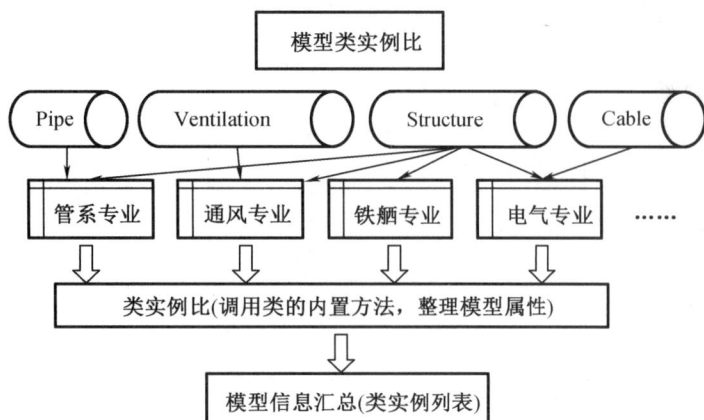

图3 模型实例化类

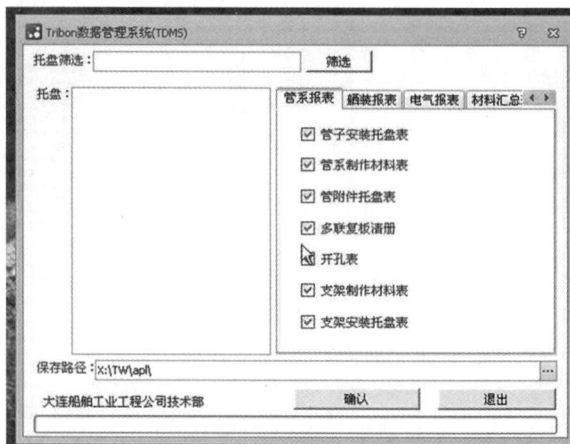

图4 专业清单类界面

(3)对其他零部件进行统计,将名称和标准代码相同的附件进行数量累加,生成附件清单。

(4)对材料和名称相同的支架进行材料汇总统计。

将上述规则通过程序语言进行编辑,以数据的形式方便快捷地输出到 Excel 报表中,极大地提高了生产设计的效率及数据的准确性。

## 4 实施效果

通过应用 Tribon 数据管理系统,可以分层次地对舾装托盘报表进行有效管理,并根据各船厂需求筛选条件生成所需的数据托盘报表,同时该系统也可以为其他专业和管理系统提供数据支持。该系统在海北线以及豪华客滚船等四个项目中进行了实船应用,相关对比统计数据如表3所示。

表3 方案实施对比表

| 序号 | 对比项目 | 实施前/min | 实施后/min |
| --- | --- | --- | --- |
| 1 | 统计数据工时 | 15.70 | 1.74 |
| 2 | 整理表格工时 | 14.85 | 1.62 |
| 3 | 一次性准确率 | 15.13 | 1.65 |
| 4 | 各类汇总 | 人工汇总 | 二次开发自动汇总 |

以上结果表明,通过对该系统的二次开发,可实现根据船厂生产、计划管理、船东要求快速生成各阶段、各区域的汇总托盘表,使船舶设计更精确、制造管理更精细。

## 5 结论

Tribon 数据系统的研发与应用是对原系统中的数据资源进行了规范和针对性的抽取,大幅度降低了技术人员大量重复、烦琐的工作强度,提升了托盘报表数据的准确性,为生产管理、物资采购等提供了准确的生产信息,为企业与国内各船厂的项目设计合作、产品开发、建造过程中的产品数据管理等奠定了一定的基础。

# 基于 AM 的舾装件制作图附加二维码技术研究

## 赵旭东　陈　波　吕　媛　付柏键

（大连船舶重工集团有限公司）

**摘　要**：本文基于 AVEVA MARINE（AM）船舶设计系统，以舾装件制作图图纸信息电子化为目标，研究了图纸附加二维码的方法；以铁舾件制作图为例，对多专业设计部门的图纸进行了规范统一；在此基础上，使用物理标记语言（PML）语言开发铁舾件制作图纸成册程序，实现封面与制作清单的自动生成、图纸自动排序编页等功能，通过调用 C# 编写的接口程序，在图纸打印成册过程中收集图纸信息，生成并放置二维码，最终导出附带二维码的铁舾件制作图 PDF 文件。

**关键词**：AM 二次开发；铁舾件制作图；二维码；PML

## 0　概述

　　船舶舾装工程占船舶建造总工程量的 50%～60%，舾装生产管理效率对船舶建造质量与周期长短有着很大的影响。以往我厂舾装件制作从设计到生产传递采用纸质图纸的传统模式，舾装生产单位在收到纸质图纸后，安排一定的人力将图纸中涉及生产管理的信息手工录入企业资源计划（ERP）管理系统，以便后续开展登账、派工、制作过程跟踪回报等工作。以某型大型油船（VLCC）为例，舾装制作图数量可达 5 000 份左右，图纸页数约 50 000 页。面对如此庞大数量的图纸，人工查阅并手动录入图纸信息消耗极大的人力与时间成本，且出错率高，严重制约着舾装生产管理质量与效率。

　　基于以上背景，本文以铁舾件制作图为例，基于 AM 设计平台，研究图纸附加二维码技术，使图纸信息电子化，电子信息跟随纸质图纸一同流转，从而使生产单位通过扫描图纸二维码，可快速准确地读取电子信息，并采用信息化手段加以利用，实现数字化生产管理，提高生产管理质量与效率。

## 1　铁舾件制作图特点

　　自动化的前提是具有统一的规则，使图纸易于计算机处理。为此，结合设计惯例以及舾装生产单位使用需要，对各专业铁舾件制作图图纸结构及出图模式进行了规范与统一，图纸内容如表 1 所示。

表 1　铁舾件制作图图纸内容

| 图纸组成 | 二维码内容 | 二维码位置 | 二维码大小/mm |
|---|---|---|---|
| 封面 | 封面二维码：船号、图号、设绘人、版本号 | 标题栏左侧 | 20×20 |
| 制作清单（非标件） | — | — | — |
| 制作清单（标准件） | 制作件二维码：船号、图号、区域、编号、名称、数量 | 制作件清单（标准件）表格内 | 20×20 |
| 制作件详图 | 制作件二维码：船号、图号、区域、编号、名称、数量<br>合计二维码：船号、图号、名称、页码、合计数量 | 制作件明细表内 | 20×20 |

## 2 图纸成册与附加二维码二次开发

### 2.1 二维码的生成与放置

制作图附加二维码的方式有两种:一是在 AM Marine Drafting 图纸中指定位置处绘制二维码,然后打印图纸并导出 PDF 文件;二是读取 AM Marine Drafting 图纸内数据,生成二维码图片,在将图纸打印成 PDF 的过程中,将二维码图片贴入 PDF 图纸的指定位置。经研究,第一种方式无法通过创建二维码 dxf 文件并导入 AM 来实现,可实现的方法是先生成二维码位图文件,再循环遍历位图中的所有像素点,之后根据像素点数据在 AM 图纸内通过画点绘制出二维码。此方法过程复杂,增加了编程难度,且绘制速度慢,耗时长,容易出错。因此,本文采用第二种附加二维码的方式进行二次开发,使用 C#语言编写接口程序,供 AM 内部 PML 程序调用,实现二维码的生成与放置,部分代码示例如下。

```
--生成二维码
......
    QRCodeEncoder qrCodeEncoder = new QRCodeEncoder();
    qrCodeEncoder.QRCodeEncodeMode = QRCodeEncoder.ENCODE_MODE.BYTE;
......
    qrCodeEncoder.QRCodeBackgroundColor = Color.Black;
    qrCodeEncoder.QRCodeForegroundColor = Color.White;
    System.Drawing.Image image = qrCodeEncoder.Encode(msg, Encoding.UTF8);
    image.Save(Path.Combine(path, filename+".png"), ImageFormat.Png);
......
--二维码添加到 PDF 文件中
public void AddImages ( string pdffile, Hashtable imagefiles, double x0, double y0, double
imagewidth, double imageheight, double blockwidth, double rowheight, double totalrow)
    {
    Document document = new Document(pdffile);
    PageCollection pages = document.Pages;
    Page page = pages[1];
    List<string> imageFiles = this.ReorderImages(imagefiles);
    for ( int i = 0; i < imageFiles.Count; i++)
    {
        ImageStamp stamp = new ImageStamp(imageFiles[i]);
        ......
        stamp.XIndent = x0;
        stamp.YIndent = y0 - rowNo * rowheight;
        stamp.Width = imagewidth;
        stamp.Height = imageheight;
        page.AddStamp(stamp);
    }
    document.Save(pdffile);
    }
```

### 2.2 图纸成册程序开发

为了实现在图纸打印过程中附加二维码,开发图纸成册程序,使设计人员在统一的平台上进行打印出图。通过调研铁舾件制作图的设计出图需求,程序应包含 regi 图纸及制作件托盘表加载、封面与制作清单自动生成、图纸排序及编页、PDF 打印合并功能。

### 2.2.1　程序界面

在 AM Marine Drafting 内,使用 PML 语言编写程序界面,如图 1 所示。

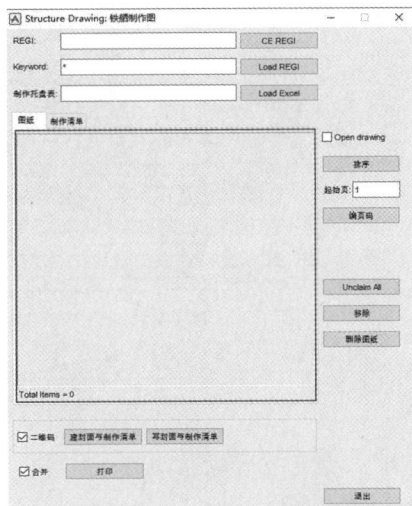

图 1　铁舾件制作图成册程序界面

### 2.2.2　程序开发中的关键技术

(1)铁舾制作托盘表的加载及分拣

读取托盘表内制作件数据,包括序号、编号、名称、数量,并对标准件与非标件进行分拣。

```
! excelData = object ExcelData()
! excelData.SetFileName(! excelfile)
! listData = ! excelData.Read(! sheetName, ! columns, ! fromRow, ! toRow)
......
! this.classifyExcelDataWithStruType(! this.strusAll)
......
```

(2)封面与制作清单的自动生成

调用预置的封面与制作清单图框模板,创建图纸。

①封面:根据 AM 登录名,查询用户管理数据库,写入图纸设绘人、电话、邮箱信息;匹配项目成员配置文件,写入审核、批准人员;根据图号,查询图档数据库,写入图名、工程名。

②制作清单:循环 regi 下所有铁舾件图纸,读取非标制作件的编号、数量、页码,按照页码顺序将收集的数据写入制作清单(非标件);从制作托盘表中读取标准件数据,并写入制作件清单(标准件)。

(3)制作图与托盘表的数据匹配

在写入制作清单数据及生成二维码之前,需要将图纸数据与托盘表进行匹配,保证制作图与制作托盘表数据一致。这里,图纸信息的循环读取和图表匹配逻辑是关键。在匹配的过程中,对每条制作件数据添加标号,用作二维码位图文件的唯一标识。

## 3　程序应用效果

以某常规 30 万吨的 VLCC 为例,对其某一区域的铁舾件进行出图成册操作,展示部分图纸效果,如图 2 所示。

通过图纸成册程序的实际应用,设计出图效率得到大幅提高。通过应用附加二维码技术,实现了铁舾件制作图的图纸信息电子化。

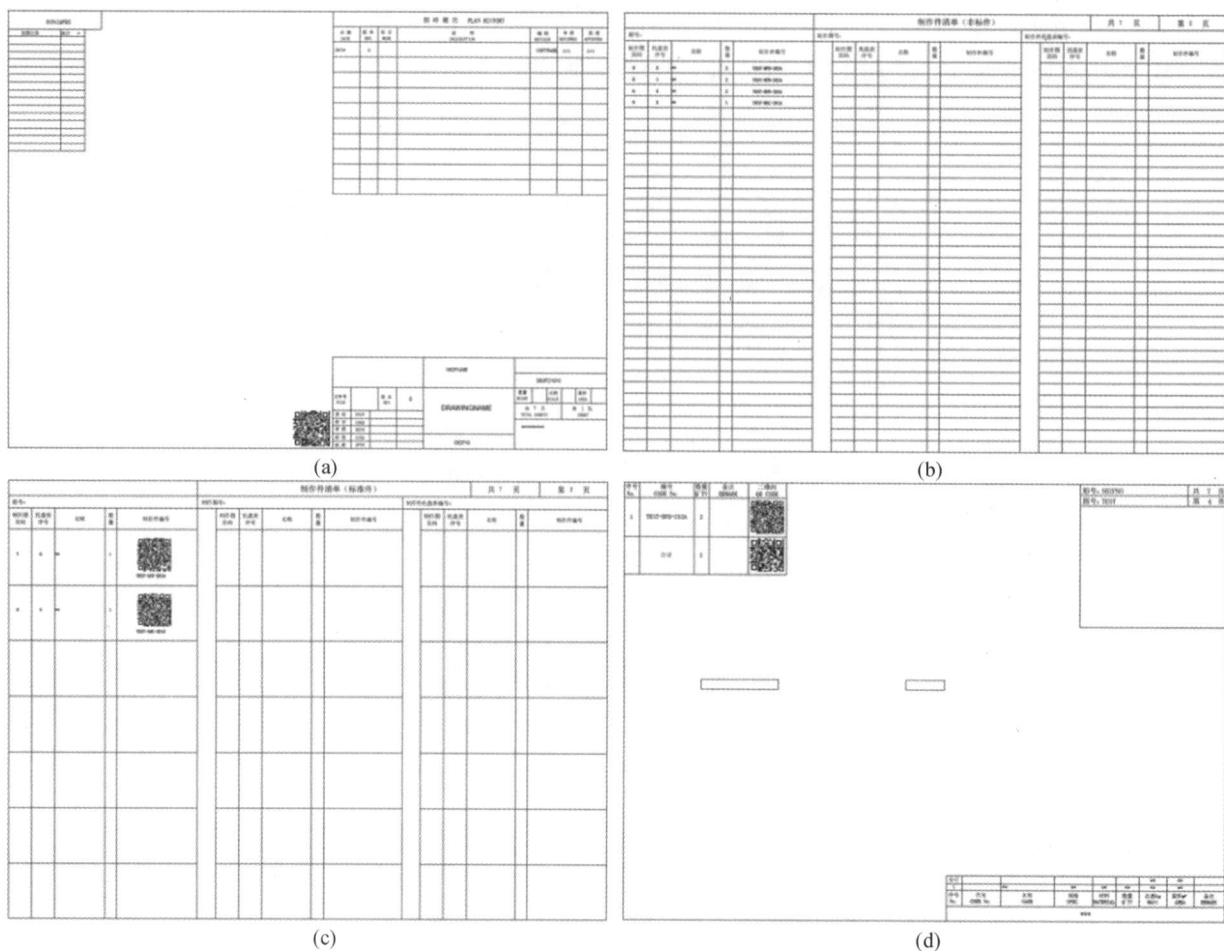

图2 铁舾件制作图附加二维码实际应用效果

## 4 结论

本文基于 AM 设计系统,研究了舾装件制作图附加二维码技术,通过开发图纸成册程序,实现了铁舾件制作图附加二维码自动成册。生产单位通过使用二维码可完成图纸快速登账、舾装件制作过程跟踪回报等工作,实现设计图纸与生产单位信息化平台的数字化对接,满足智能制造的需求,顺应智能制造的发展趋势,可有效降低人力成本与出错率,提升舾装生产管理质量与效率。

## 参考文献

[1] 强文清,秦慧劼. 船舶舾装智能管理应用与分析[J]. 船舶物资与市场,2019(7):71,73.

[2] 马丽光. 二维码技术在 ERP 系统中的应用[J]. 电脑编程技巧与维护,2019(1):54-56.

[3] 康利刚. 基于二维码技术构建数字化装备管理系统[J]. 电脑知识与技术,2014,10(25):5834-5836.

# Cortona3D 在机座、机架装配、焊接动漫工艺中的应用

聂恩伟　穆永鹏　曲　侠　仇　林

（大连船用柴油机有限公司）

**摘　要**：Cortona3D 是一款快速产品仿真软件，包含丰富的组件，可用于电子手册的制作、零部件的管理、学习各种仿真资料或者进行各类复杂动作的模拟操作。本文通过开发 Cortona3D 仿真软件在机座、机架装配、焊接中的应用，将主机工艺编制方式由目前的二维编制提升至三维动画展示，实现机座、机架装配过程的细致化动漫展示，使得整个部件的装配逻辑关系能够更好地展示出来，可以广泛应用于培训、工艺文件的制作，从而提高工艺公司管理水平。

**关键词**：机座；机架；动漫工艺；开发

## 0　前言

Cortona3D 是一款快速产品仿真软件，包含丰富的组件，可用于电子手册的制作、零部件的管理、学习各种仿真资料或者进行各类复杂动作的模拟操作。该软件可以与 UG、ProE、CATIA、JT 等格式兼容，并且可以与各类行业标准相匹配，具有易学易用、操作简单的特点。低速柴油机机座、机架的结构较复杂，零部件繁多，但两个系列的主机的结构形式从大缸径到小缸径基本相同。Cortona3D 非常适合制作 MAN 和 WINGD 两个系列机型的机座、机架装配、焊接动漫工艺，能够更好地将工艺应用于现场生产指导，使工艺能够更加全面地展示施工相关技术要求、装配逻辑关系等信息，可提高工艺的先进性。

## 1　具体实施过程

### 1.1　辅助工装的绘制

为保证与实际生产生产过程相同，绘制与现场相同的工装，包括装配平台、平尺、焊枪、拉筋、垫墩、压码、垫管、垫块等，如图 1~图 6 所示。

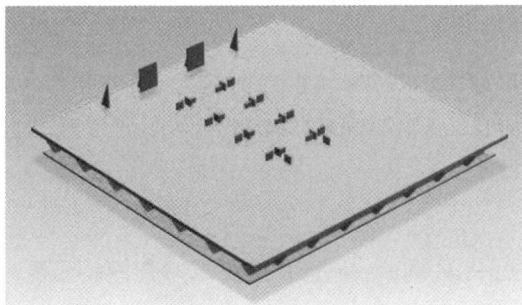

图 1　单片装配平台

图 2　总成装配平台

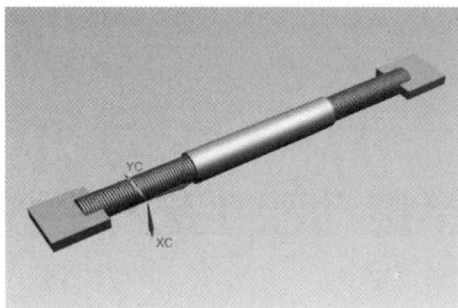

图 3　焊枪

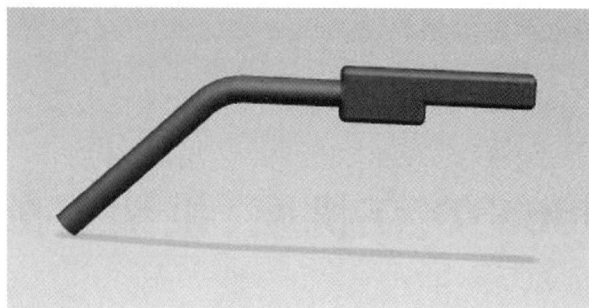

图 4　拉筋

图 5　垫墩

图 6　压码

## 1.2　模块化分类

目前,机座、机架的建造过程(工序)为:下料→单片装配→单片焊接→总成装配→总成焊接→划线→检验等,为充分体现整个建造过程与实际相符并重点建造细节,避免演示过程过于繁杂和时间过长,可以将动漫工艺划分为如下模块,如表 1 所示(以 6G50MEC 9.6 机型为例)。

表 1　模块划分表

| 6G50MEC 9.6 机座、机架的动漫工艺 | | | | | | | |
| --- | --- | --- | --- | --- | --- | --- | --- |
| 机座总成模块 | | | | 机架总成模块 | | | |
| 机座单片模块 | 机座输出端模块 | 机座侧板模块 | 机座接油槽模块 | 通用机架单片模块 | 输出端单片模块 | 自由端单片模块 | 机架侧板模块 |

## 1.3　制作过程介绍

### 1.3.1　模型的导入

将所有工装部件的 PRT 格式 UG 模型转化为 JT 格式后,导入软件中,如图 7 所示。

### 1.3.2　位置动作的编辑

部件的装配动画可根据不同的动作进行演示,可以局部放大,也可以转换各种视角,具体动作包括拆分、分离、固定、距离、连接、安装、检查、展示、移动、旋转等。用户可以根据不同的需求使用不同的位置、动作,具体操作如图 8、图 9 所示。

### 1.3.3　参数的加入

加入动作的同时,还可以加入文本等信息,如焊接参数、装配要求、技术工艺要求、尺寸标记等。将工艺的文字信息加入,可以使动漫工艺更加完整,如图 10 所示。

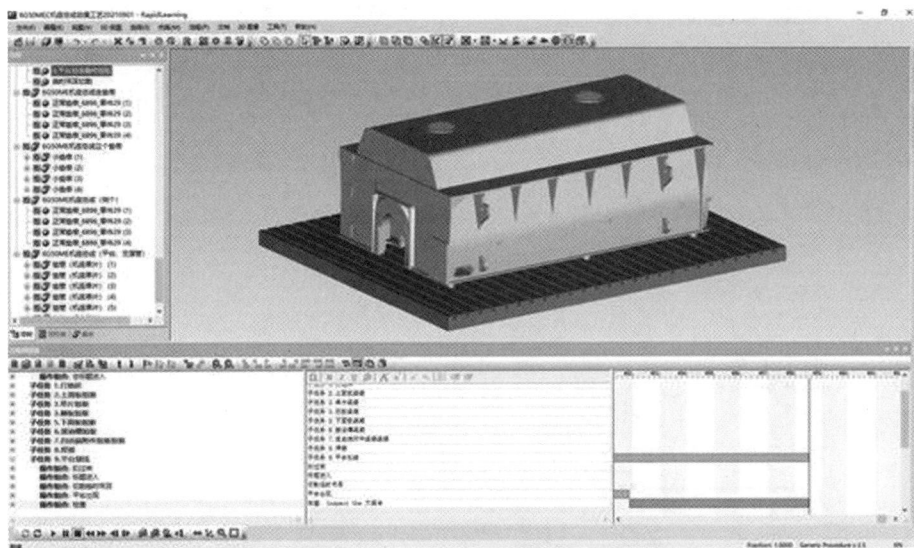

图 7   JT 格式部件导入

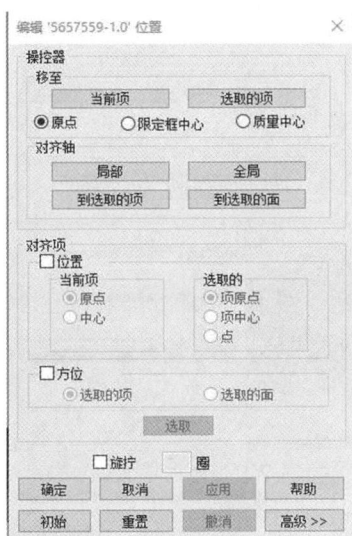

图 8   位置编辑菜单

图 9   动作编辑菜单

图 10   焊接工艺参数

### 1.3.4   声音的加入

动漫演示过程中,声音制作使用科大讯飞软件(图 11),合成 MP3 格式。使用 Play sound 命令将声音加入每个动作,如图 12 所示。这样在展示动画工艺同时,还有声音解说,整个动漫工艺显得更加通俗易懂。

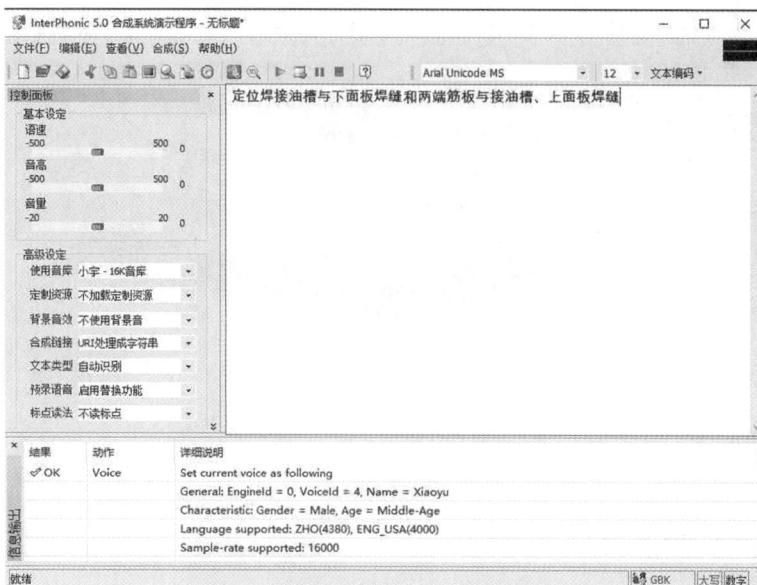

**图 11　科大讯飞声音制作过程**

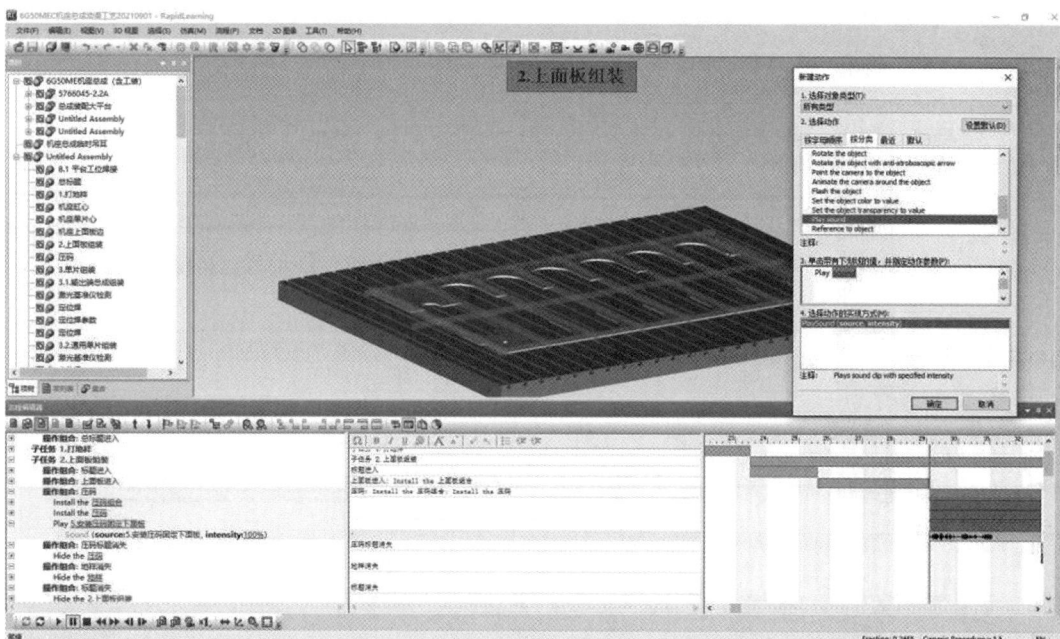

**图 12　加入声音动作**

### 1.3.5　后期视频制作

动画制作完毕后,在 Cortona3D 中展示,若分辨率、视觉效果等均不理想,则需要通过发布命令转换为高清视频格式,使观看效果更佳,如图 13 和图 14 所示。

## 2　效果

Cortona3D 创建的技术文档或动漫工艺完全颠覆了传统的技术工艺文档,它不再是枯燥的文字和简单的插图,而是极易理解的 3D 交互式文档,完美结合了 3D 动画和产品文档的优势。另外,创建培训手册是 Cortona3D 的一大亮点。Cortona3D 创建的培训手册能利用 3D 动画模拟产品生产中的真实操作,将操作中的注意事项、经验等融入培训文档,能迅速提升员工技术水平,帮助新员工更快地投入正式工作,并大幅降低员工培训成本,还可以广泛应用于售后服务中。Cortona3D 在机座、机架装配、焊接动漫工艺中的应用使本公司的工艺水平有了质的飞跃,促进了公司工艺标准化体系的建设。

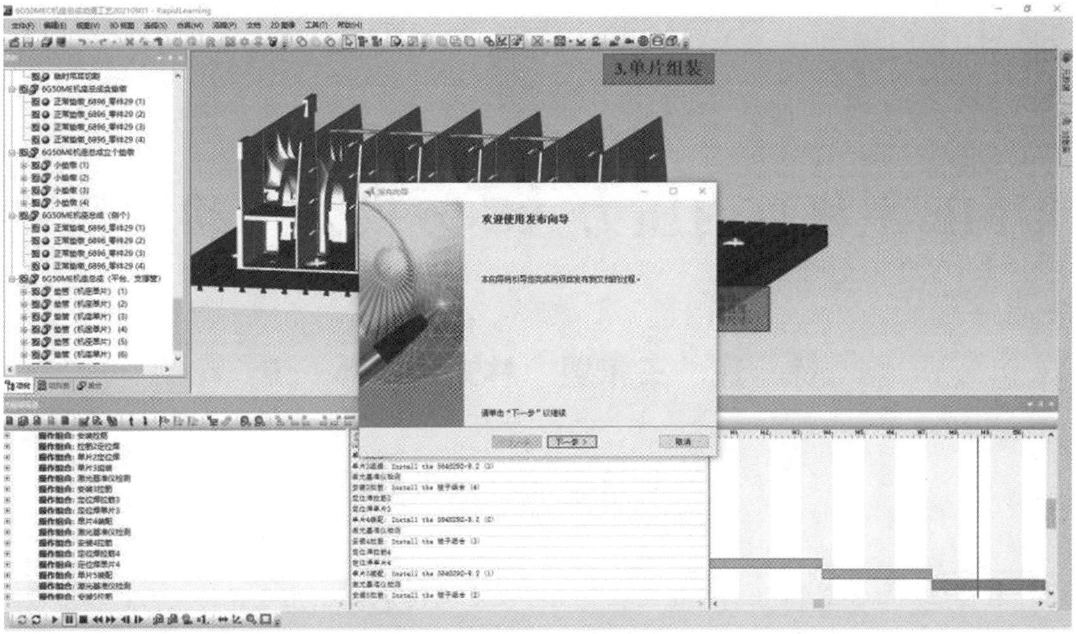

图13　通过发布命令转换视频

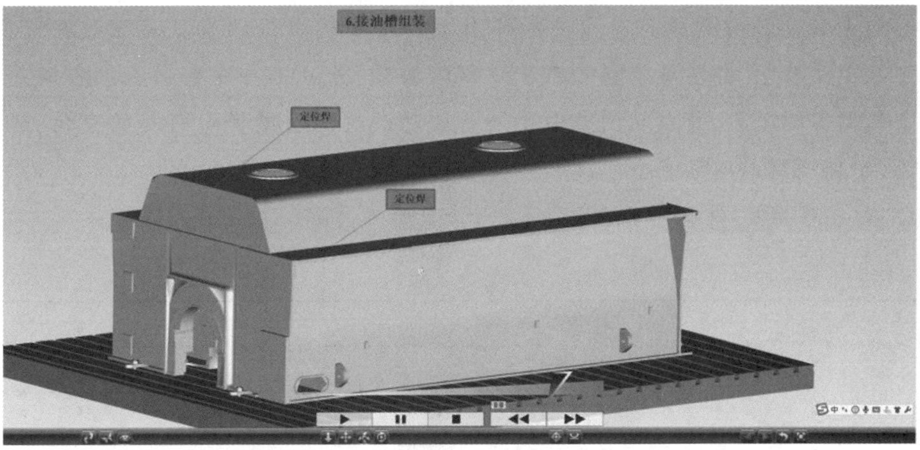

图14　发布后视频效果

# ME 主机缸内压力 ACCo 模式自动调整

## 徐　民　王家盟　林光琦　孙　卫

### （大连船用柴油机有限公司）

**摘　要**：自适应气缸控制（ACCo）系统是一种全自动主机调节系统,用于保持发动机在不考虑负载范围、负载变化和燃料热值变化的情况下,以最高效率运行。它不断调整燃烧过程,以满足设计规范,从而提高发动机性能和燃油效率,并减少尾气排放。该系统不需要人工干预,因为当负载达到 5% 时,系统会自动激活。在此负载之上,ACCo 连续运行调节。它能对燃料质量、环境条件的变化做出反应,并补偿可能影响燃烧过程的磨损,并且不再需要输入燃料的热值。该系统控制每个气缸内的压力,并自动调整由于任意波动或改变的燃料而引起的变化,通过持续监测燃烧压力,闭环控制以确保每个气缸始终按照性能规范运行。

**关键词**：ACCo；自动调整；气缸压力

**缩写词**：

| 中文 | 缩写 |
| --- | --- |
| 主操作面板 | MOP |
| 压力测量仪表 | PMI |
| 发动机管理系统 | EMS |
| 计算机控制监视–发动机诊断系统 | CoCoS-EDS |
| 发动机控制系统 | ECS |

## 0　前言

　　ACCo 系统的主要组成部件如图 1 所示,PMI 数据采集单元从气缸压力传感器采集燃烧压力循环相关数据,并将处理后的数据转发给发动机管理服务 MOP（EMS MOP）,在这里,CoCoS-EDS 和 PMI 程序将进一步处理数据,以进行日志记录、可视化和分析。将计算得到的气缸处理值（$P_{rise}$、$P_{comp}$、$P_i$①）,通过网络传输到 ECS MOP 和发动机控制系统各单元中进行评价。由一个闭环算法不断地将 PMI 系统的实际值与在测试台上进行性能测试时为发动机所记录的参考值进行比较。

　　根据当前实际值与参考值之间的偏差,该软件自动对各气缸的燃油指数和排气阀操作进行调整,以使发动机获得最佳性能。在 PMI 传感器失效的情况下,受影响的气缸将锁定调整值,而其余气缸不受影响,继续进行自动调整操作。

---

① $P_{rise}$ 为压力升高差；$P_{comp}$ 为压缩压力；$P_i$ 为平均指示压力。后文中出现的 $P_{max}$ 为爆发压力。

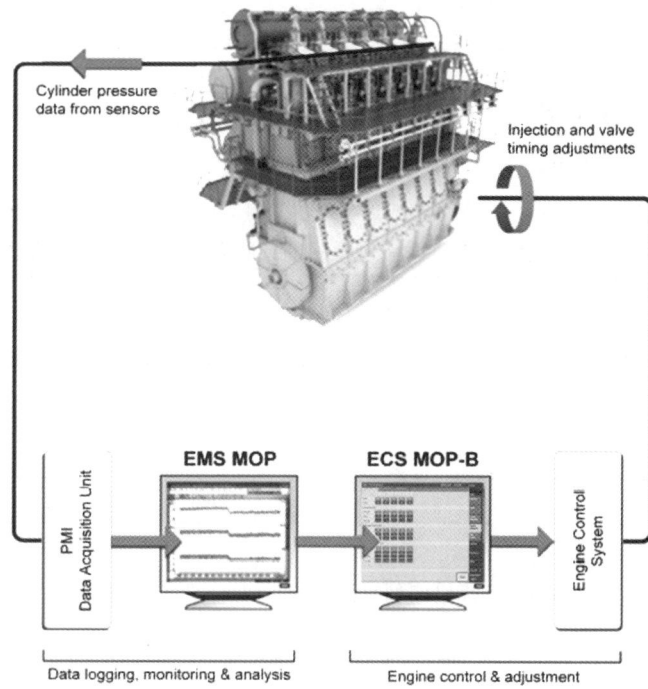

图 1  ACCo 系统的主要组成部件

# 1  ACCo 系统在 ECS MOP 内的显示界面(图 2)

## 1.1  模式选择控制界面(图 3)

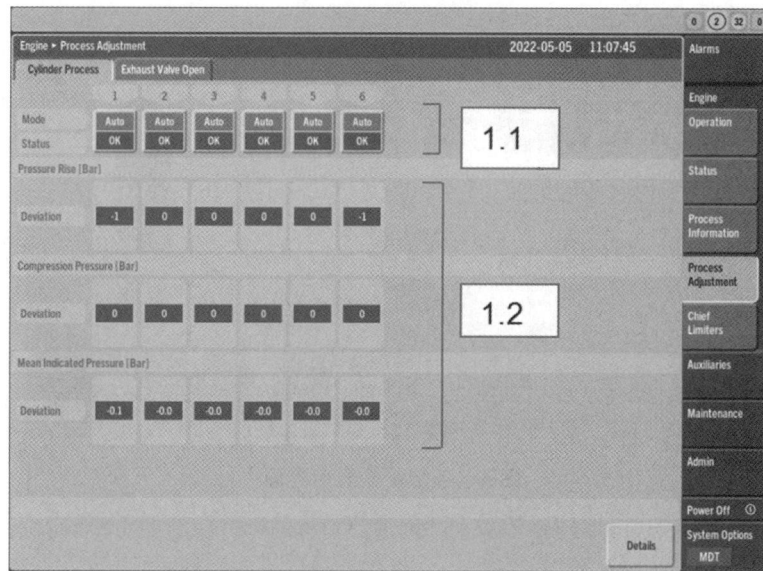

图 2  ACCo 系统在 ECS MOP 内的显示界面

图 3  模式选择控制界面

每个气缸的 ACCo 模式显示在按钮面上,可通过单击按钮来选择该模式,可供选择的模式如表 1 所示。

表1 可供选择的模式

| 模式 | 说明 |
|---|---|
| 自动模式 | ACCo 可用。该控制系统连续监测气缸的燃烧参数（$P_{rise}$、$P_{comp}$、$P_i$），如果这些压力参数偏离设定值,控制系统会自动校正 |
| 手动模式 | ACCo 不可用。操作者必须手动调整燃烧参数,以减小压力与设定值的偏离。切换到该模式之后,所有的偏移调整值临时锁定在进入手动模式前的状态,并且它的字段颜色切换为黄色 |

所选模式下的 ACCo 系统的运行状态也会显示在按钮面上,可以是以下状态之一(表2)。

表2 状态

| 状态 | 说明 |
|---|---|
| OK | ACCo 系统运行正常 |
| Error | 故障发生。一旦 ACCo 系统检测到故障,所有受影响的气缸上的偏移调整值都是最后锁定的,其字段颜色切换为红色 |

## 1.2 偏差显示界面(图4)

图4 中的这些区域显示了每个气缸相对于设定值的压力偏差。

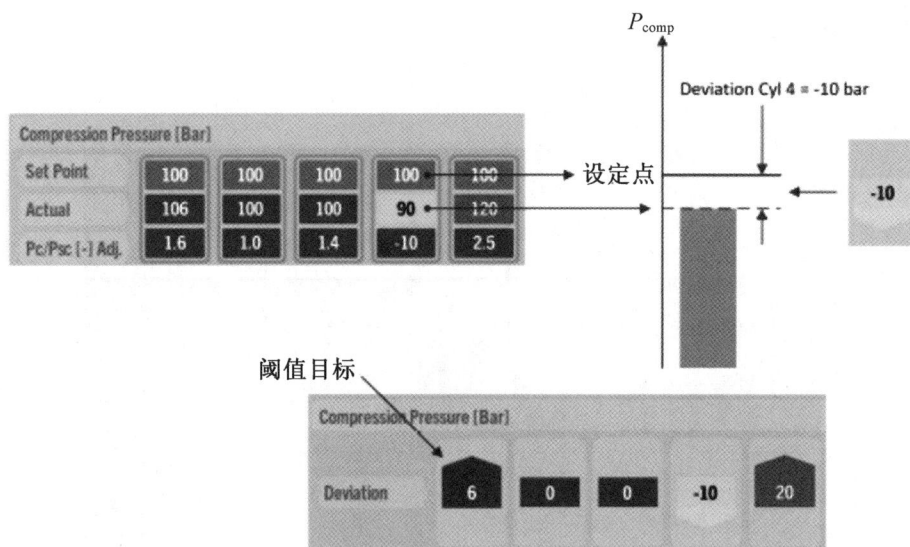

图4 各缸偏差显示界面

(1 bar = $10^5$ Pa)

阈值图标:当相对于设定值的压力偏差超过一定限度时,图标会改变颜色,这些限制取决于发动机配置参数,如表3所示。

阈值限制范围:图标指示向上说明实际压力超过设定值;如果实际压力低于设定值,图标指示向下。

表3 阈值偏差颜色与参数设置对应表

| 阈值图标 | 压力偏差/bar | | |
|---|---|---|---|
| | $P_{rise}$ | $P_{comp}$ | $P_i$ |
| ⬠ | ≥10.5 | ≥10.5 | ≥1.5 |

表3(续)

| 阈值图标 | 压力偏差/bar | | |
| --- | --- | --- | --- |
| | $P_{rise}$ | $P_{comp}$ | $P_i$ |
| | 6.5~10.4 | 6.5~10.4 | 1.0~1.4 |
| | 3.5~6.4 | 3.5~6.4 | 0.5~0.9 |
| | -3.4~3.4 | -3.4~3.4 | -0.4~0.4 |
| | -3.5~-6.4 | -3.5~-6.4 | -0.5~-0.9 |
| | -6.5~-10.4 | -6.5~-10.4 | -1.0~-1.4 |
| | ≤-10.5 | ≤-10.5 | ≤-1.5 |

## 2 ACCo 系统在 ECS MOP 内的详细显示

单击图 2 中的"Details"图标,显示每个柱面的设定点和实际的 $P_{rise}$、$P_{comp}$、$P_i$,如图 5 所示。

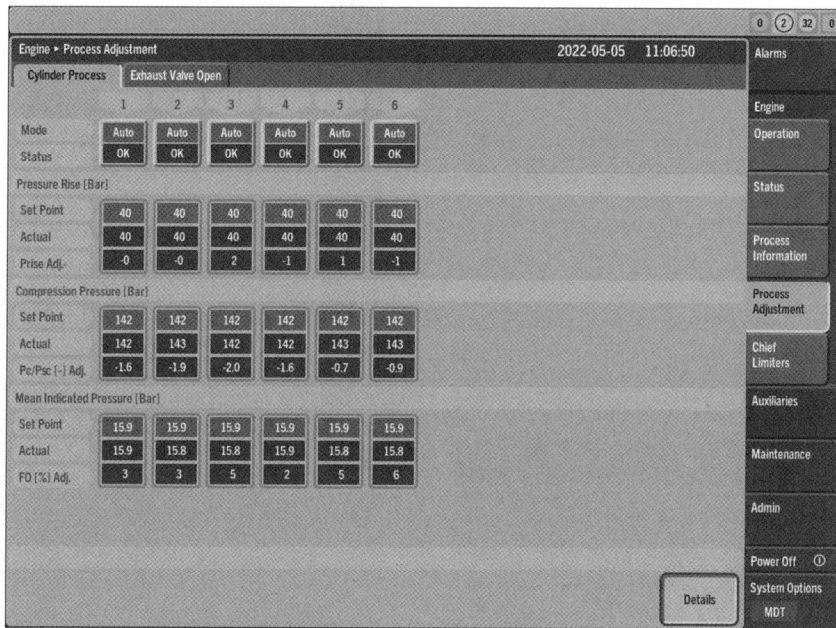

图 5 详细显示设定和实际的 $P_{rise}$、$P_{comp}$ 和 $P_i$

### 2.1 处理过程参数显示区域(图 6)

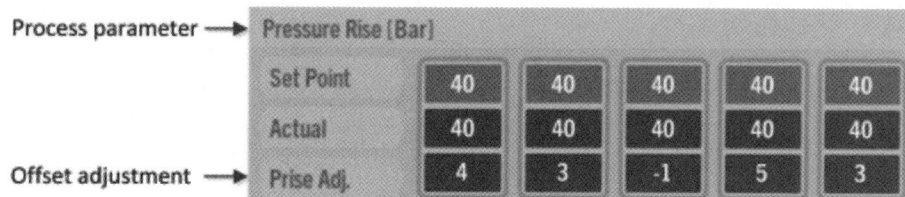

图 6 处理过程参数显示区域

### 2.1.1 过程参数

由 ACCo 监控的气缸过程参数有 3 种。

(1)压力升高差($P_{rise}$ 是 $P_{max}$ 和 $P_{comp}$ 的差值)。

(2)压缩压力($P_{comp}$)。

(3)平均指示压力($P_i$)。

### 2.1.2 设定点

设定点的压力值由控制系统确定。

### 2.1.3 实际值

实际值指根据气缸压力传感器的电流测量得到的处理数值,字段区域颜色将根据与设定值的偏差而改变颜色,并遵循表 3 偏移量调整是指所示的相同的限制。

### 2.1.4 偏移量调整

偏移量调整是指由控制系统(自动模式)或操作人员(手动模式)引入调整量,来修正实际压力朝向设定值,以减小压力偏差。当发动机停止时,偏移量调整复位为零。发动机正常运行时,如果出现错误,状态切换为"Error",调整值锁定在错误前状态,字段区域颜色切换为黄色。

## 2.2 平均指示压力显示区域

### 2.2.1 FO[%]Adj.

当发动机只使用燃油时,这些调整是有效的,当发动机过渡到使用第二种燃料运行时,这些数值被锁定。

### 2.2.2 SF[%]Adj.

当发动机使用第二种燃料运行时,这些调整是有效的,当发动机转回仅燃油运行时,这些值被锁定。

## 3 发动机运行期间 ACCo 在各个阶段的功能

### 3.1 发动机启动

负载小于 5% 时,由于发动机负载低于调整范围,ACCo 不激活。发动机刚启动时,默认情况下,ACCo 始终是激活(Auto)的,因为发动机之前是停止状态的,偏移量调整区域已重置为零,如图 7 所示。

### 3.2 发动机运行

负载为 5% 以上时,仅限 FO 运行,ACCo 被激活,FO 调整字段区域显示控制系统引入的实时校正值。由于发动机还没有开始使用第二种燃料,SF 修正域是无效的,如图 8 所示。

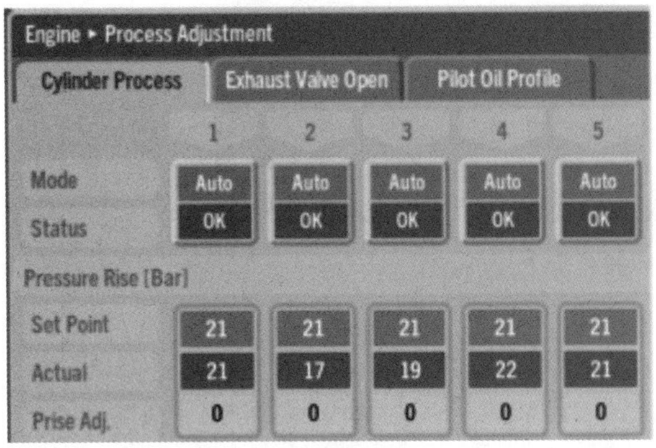

图 7 停车状态显示示例

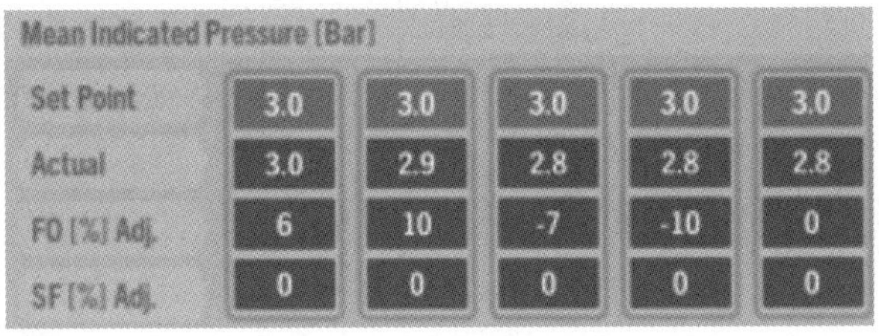

图 8 仅 FO 运行期间状态显示示例

负载达到 70% 时,仅 SF 运行。当发动机用第二种燃料运行时,SF 字段区域是激活的,并显示实时校正值,此时 FO 操作域已锁定,FO 域调整值锁定在最后燃料转化前状态,如图 9 所示。

负载在 20% 时,仅 FO 运行。当发动机再次恢复 FO 运行时,FO 调整字段区域显示实时校正值,此时 SF 调整设置锁定在最后一次,如图 10 所示。

| Mean Indicated Pressure [Bar] | | | | | |
|---|---|---|---|---|---|
| Set Point | 5.4 | 5.4 | 5.4 | 5.4 | 5.4 |
| Actual | 5.4 | 5.3 | 5.4 | 5.2 | 5.3 |
| FO [%] Adj. | 6 | 10 | -7 | -10 | 0 |
| SF [%] Adj. | 4 | 2 | -2 | -4 | 4 |

图 9　仅 SF 运行期间的状态显示示例

| Mean Indicated Pressure [Bar] | | | | | |
|---|---|---|---|---|---|
| Set Point | 3.2 | 3.2 | 3.2 | 3.2 | 3.2 |
| Actual | 3.2 | 3.1 | 3.2 | 3.2 | 3.2 |
| FO [%] Adj. | 6 | 10 | -7 | -10 | 0 |
| SF [%] Adj. | 4 | 3 | -3 | -2 | 4 |

图 10　恢复 FO 状态时的显示示例

负载低于 5%时,发动机运行在 ACCo 调整范围以下,所有调整设置锁定在前一时刻的最后状态,如图 11 所示。

| Mean Indicated Pressure [Bar] | | | | | |
|---|---|---|---|---|---|
| Set Point | 2.9 | 2.9 | 2.9 | 2.9 | 2.9 |
| Actual | 3.0 | 3.0 | 2.9 | 2.9 | 2.8 |
| FO [%] Adj. | 6 | 10 | -7 | -10 | 0 |
| SF [%] Adj. | 4 | 3 | -3 | -2 | 4 |

图 11　ACCo 调整范围外的显示示例

## 3.3　发动机停止

发动机停止后,所有调整设置在短时间的延迟后会复位到零,如图 12 所示。

| Mean Indicated Pressure [Bar] | | | | | |
|---|---|---|---|---|---|
| Set Point | 0 | 0 | 0 | 0 | 0 |
| Actual | 0 | 0 | 0 | 0 | 0 |
| FO [%] Adj. | 0 | 0 | 0 | 0 | 0 |
| SF [%] Adj. | 0 | 0 | 0 | 0 | 0 |

图 12　停止状态复位显示示例

## 3.4　故障状态

发生故障时,如气缸上的传感器故障,状态切换为"Error",如图 13 所示,因为输入的传感器数据是无效的,所以不显示实际值,该气缸的偏移量调整字段域的颜色变为黄色,其校正值是最后锁定的状态,其他气缸上的 ACCo 调节将不会受到影响。如有必要,操作者可选择受影响的气缸,并将之切换到手动模式,调整修正值。

| | 1 | 2 | 3 | 4 | 5 |
|---|---|---|---|---|---|
| Mode | Auto | Auto | Auto | Auto | Auto |
| Status | OK | OK | Error | OK | OK |
| Pressure Rise [Bar] | | | | | |
| Set Point | 31 | 31 | 31 | 31 | 31 |
| Actual | 32 | 32 | --- | 31 | 32 |
| Prise Adj. | -0 | 0 | -2 | 2 | 2 |
| Compression Pressure [Bar] | | | | | |
| Set Point | 81 | 81 | 81 | 81 | 81 |
| Actual | 80 | 81 | --- | 80 | 80 |
| Pc/Psc [-] Adj. | 3.5 | 3.4 | 3.6 | 4.5 | 4.5 |
| Mean Indicated Pressure [Bar] | | | | | |
| Set Point | 5.4 | 5.4 | 5.4 | 5.4 | 5.4 |
| Actual | 5.4 | 5.3 | --- | 5.2 | 5.3 |
| FO [%] Adj. | 6 | 10 | -7 | -10 | 0 |
| SF [%] Adj. | 0 | 0 | 0 | 0 | 0 |

图 13　故障时的显示状态

## 3.5 手动操作

自动模式默认是启用的,并且应该一直启用,然而如果出现异常情况,如怀疑活塞环断或气缸温度过高,操作者可能希望降低气缸的燃烧压力,为此可通过切换到手动模式的方式禁用可疑气缸的 ACCo 调节,并降低校正系数。

在改变修正因子时,如要改变气缸 1#的压力上升值,可按图 14 所示①～⑤的步骤进行。注意:在步骤③中,每次选择调整偏差量的一个按钮,系统将自动将校正值重置为零。

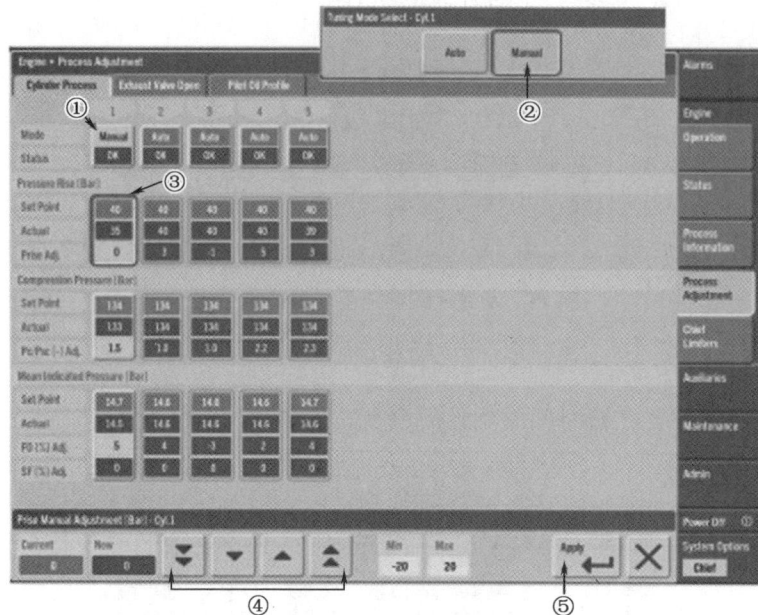

图 14　手动调整步骤

油门限制功能可用于限制气缸中的平均指示压力,如图 15 所示,对该气缸的 ACCo 操作将不间断地进行。利用这一特性可以替代将气缸的 ACCo 模式切换到手动模式并降低校正值。

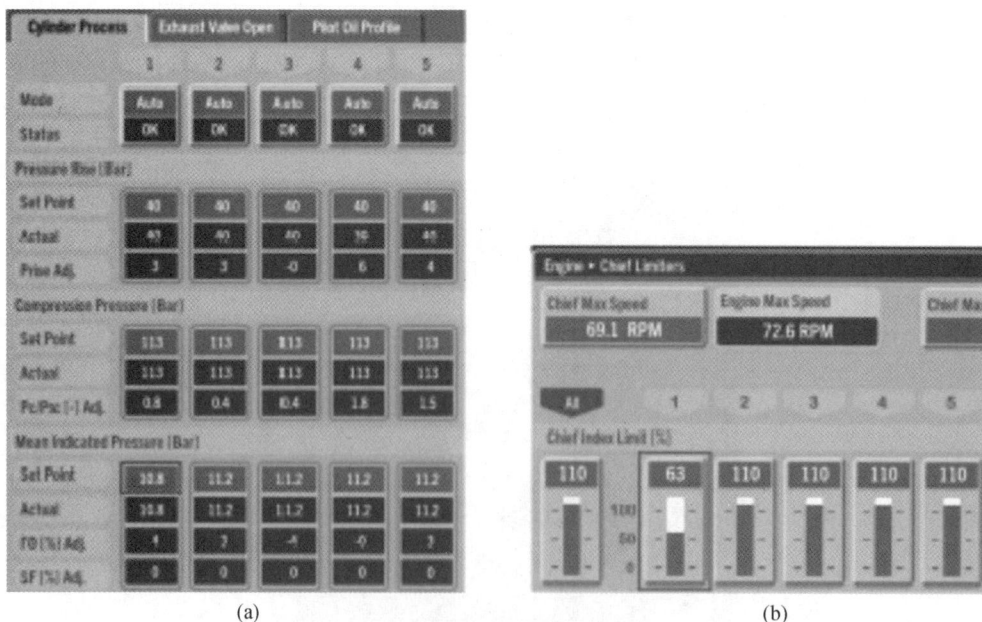

(a)　　　　　　　　　　(b)

图 15　调整油门指示限制

同样,主压力上升限制可用于限制气缸的压力上升,而不中断 ACCo 操作,如图 16 所示。该缸的 ACCo 操作不受影响,保持有效。

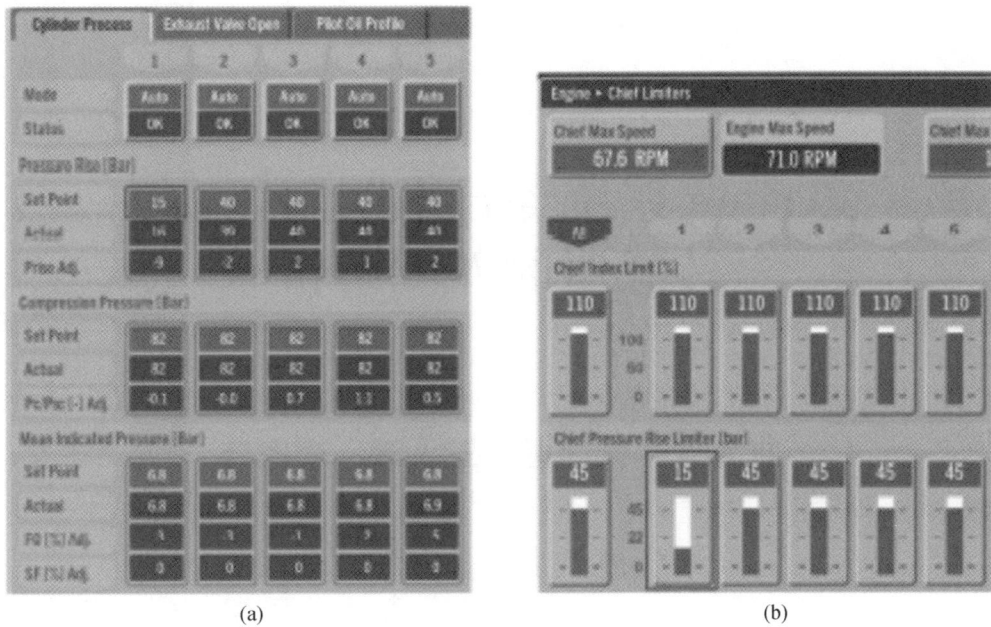

(a)　　　　　　　　　　　　　　　(b)

图17　调整压力上升限制

# 4　总结

　　ACCo 模式只适用于主机正车运转控制,因为倒车运转通常仅在码头进出港口短时用到,此时 PMI 传感器不显示缸内压力值。

　　ACCo 模式下的调整,优先满足主机各缸性能参数的平衡性。各缸排气阀后的排烟温度偏差通常都在正常范围内,如果个别缸排气阀后的排烟温度偏差较大,甚至接近允许的偏差报警范围,需要查找相关原因如喷油系统各部件是否正常工作等,ACCo 是无法自动调整的。

　　主机自动调整方式还包括 Auto tuning。这种方式可以同时调整主机指示压力 $P_\mathrm{i}$、压缩压力 $P_\mathrm{comp}$、爆发压力 $P_\mathrm{max}$,但这种方式无法实现实时调整,而必须在同时满足负载稳定(默认设置偏差为2%以内)、油门指示足够(默认设置最小为40%)、PMI 传感器工作正常的情况下才能实现。Auto tuning 无法实现 ACCo 模式的实时在线调整,这两种调整方式在使用时只能二选一,不能同时使用。目前,软件默认开通 ACCo 模式,这使在工厂内调整主机台架和给船舶提供运行服务更加方便、稳定、可靠,具有较高的优越性。

# Triton 系统与日本明阳压力传感器的匹配解析

## 崔克营　张明香　王　晖　李家玮

### （大连船用柴油机有限公司）

摘　要:根据车间测试及码头试验测试的实际情况,研究人员已经找到 Triton 系统的 1441 模块与日本明阳(MEIYO)压力传感器信号匹配失败的症结,使主机台架试验顺利进行,并总结了低速柴油机控制系统 Triton 的模块 1441 的信号接入失败及其他故障的原因。本文主要针对 Triton 系统与日本明阳压力传感器匹配的技术问题进行系统分析和研究,得出结论以供其他项目参考。

关键词:二冲程低速柴油机;Triton 系统;日本明阳压力传感器

## 0　前言

2021 年 12 月 7 日,车间反馈 6S60ME-C#98 主机的发动机控制系统(ECS)软件存在故障,数据不能写入,经检查发现 Triton 系统模块底层参数之一有更新,并且模拟量输入模块 1440 更换为模块 1441,但二者的外形及端口完全一致。为了解决软件无法安装的问题,工作人员把 Triton 系统软件更新到最新版本,这样 Triton 模板才能被写入程序。随着后续工作持续推进,在调试过程中,工作人员发现所有日本明阳压力传感器虽已接入 Triton 系统,但 Triton 系统无读数,对此进行如下检查工作。

(1)由于以前出现过接反等情况,因此把传感器的正/负信号对调,但故障仍未排除。

(2)把所有明阳压力传感器都接入 ECC1 通道,发现所有同样的故障问题。

(3)将液压油压力传感器(其他品牌)和明阳温度传感器(模拟信号相同)接入通道,通道显示正常,初步判断明阳压力传感器不匹配新模块 1441 的需求。

为了保证动车,采用其他主机的模块 1440 代替本台机的模块 1441(即有故障的 6 块模块),而保持其他位置的模块 1441 不变,结果显示一切正常,主机正常动车。

从设计及参数来看,已交机的多台主机不存在故障,那么,为什么更新软件后出现问题呢？经过多次的测量,最终得到了如下的分析结果及解决方法。

## 1　Triton 系统模块 1441 的故障分析及测量

2021 年 12 月 8 日上午,服务工程师开始逐步检查,具体如下。

(1)选用模拟量输入模块 1441 中的某一块,测试 ACU 2. X8 #2 起动风压力通道,主操作面板(MOP)显示的故障通道的具体情况如图 1 所示。

(2)回顾以往问题都是由接线错误造成的,但上面已经试验过,因此排除接线错误这一原因。现在切除电源的地端子或信号参考地端子进行试验,确认是否存在信号源问题。

①在端口处,短接 A/C,去掉 B,结果显示 MOP 处故障信号没有变化。

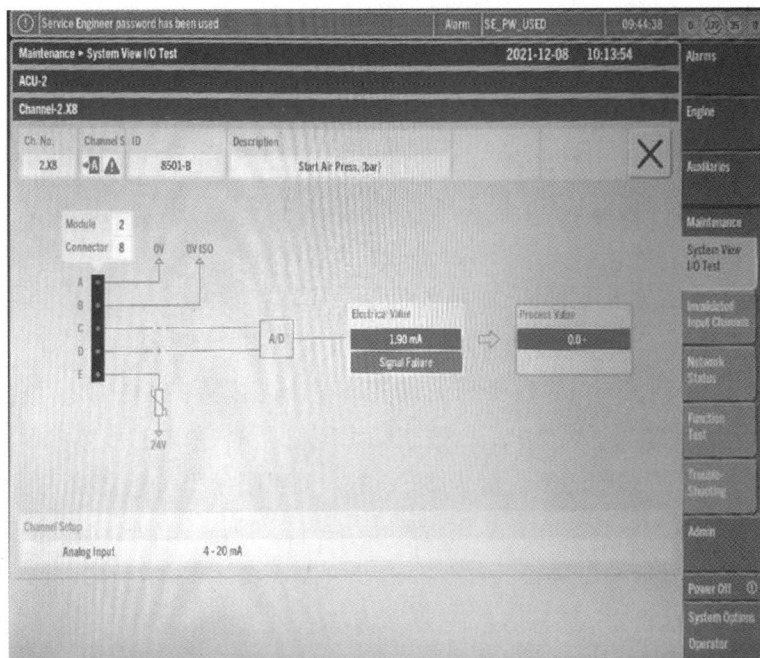

**图 1  MOP 显示的故障通道的具体情况**

②在端口处,短接 B/C,去掉 A,结果显示 MOP 处有信号,但信号不稳定且信号值小。如果显示正常则信号值应该略大于 4 mA(大气压力)。最终结果显示信号不正常。

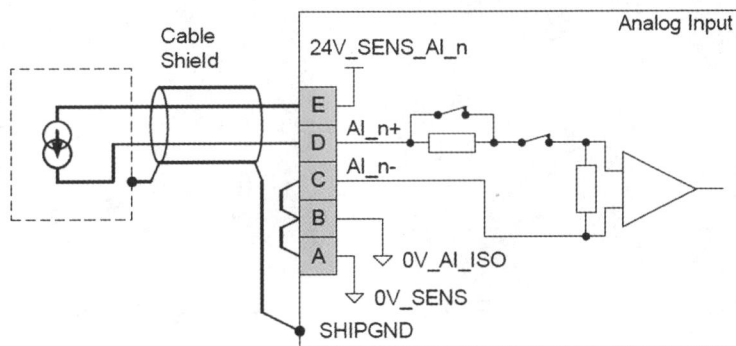

**图 2  模拟通道逻辑图**

(3)查验资料,比较模拟量输入模块 1440 和 1441 的模拟量的物理端口特性,得到如下结论。

①在模块 1440 和 1441 上,在端子 A 和 E 之间应能够始终测量到约 24 V 的电压(无论是否连接传感器),与 2021 年 12 月 7—8 日的测量情况一致。

②2021 年 12 月 13 日测量明阳压力传感器,在模块 1440 和 1441 上,在端子 C 和 D 之间测得的电压是 0 V,而传感器输出电流是 4 mA。对 DANFOSS 传感器进行测量,在端子 C 和 D 之间测得的电压是 1.5 V。

在模块 1440 上,在正常工作期间,当压力传感器的电流为 4 mA 时,端子 C 和 D 之间的电压必须约为 0.004 A×200 Ω=0.8 V。也就是说,200 Ω 是典型的输入电阻 $R_{in}$。那么,是否能在测量 0 V 电压的同时也测量 4 mA 的电流呢? 作者认为当时测量有误,对测量结果存有疑问。

在模块 1441 上,在正常运行期间,结果应与模块 1440 的测量结果相同。也就是说,对于 4 mA 的电流,模块 1441 上测得的电压也应该约为 0.8 V。如果模块 1441 上没有电流,则表明人工智能(AI)输入的安全开关被打开。

这些结果可能表明：模块 1441 上的软件可能存在错误。先前的 ECS 软件释放并打开了"低输入电流(小于 1 mA)"的安全开关，这在最新的 ECS 软件版本中已固化，因此模块 1441 上的安全开关仅在正过电流(即大于 24 mA)时打开。

在主机运行时，请工作人员仔细检查，并确认使用的是最新版本的 ECS。

③当压力传感器连接在模块 1440 或模块 1441 上时，在端子 C 和 D 之间测量，如存在大于 2 mA 的传感器电流，测得的电压结果应为 160 Ω(200 Ω 是典型阻值)的电流倍数。即对于 4 mA 的最小压力传感器的电流输出，应测得 0.004 A×160 Ω=640 mV。对于 20 mA 的最大压力传感器电流，应测得 0.020 A×160 Ω=3.2 V。

注：在模块 1440 上，当电流降至低值(小于 1 mA)时，输入切换为高阻抗。但在模块 1441 上的情况却并非如此。

④如果通过拆下压力传感器输入的接头，并且也断开了模块接口端子 A、B、C 的三联短接片(图 2)，则表现输入变为浮动，而且端子 D 和 E 之间的测量结果将处于波动状态且不一致。

⑤2021 年 12 月 8 日上午，在测试中，当将压力传感器连接在模块 1440 或模块 1441 上时，中央处理器(CPU)模块 1400 的屏幕显示电源电压为 27 V。大气压力下，压力传感器正常工作时的测量输出值也就略大于 4 mA，压降为 1 V 左右，同时负载侧的测量值为 26 V 左右。明阳压力传感器接入后，模块 1441 上瞬间有电流值，一段时间后测量到的电压为 0 V 或在 0 V 附近跳变，由于这种情况的驱动能力变小，输出端无法正常输出电流，因此模块 1441 上会有显示端口错误的红灯。对此推测为模块 1441 内部程序设置了阈值保护，一旦监测到外部输入不符合软件的默认设定，就会切断压力传感器输入端的电源电压，使压力传感器的输出电流为 0 mA。

相同情况下，将明阳压力传感器接入模块 1440，模块 1440 正常工作，测量输入、输出的相关数值，结果显示所有状态稳定。

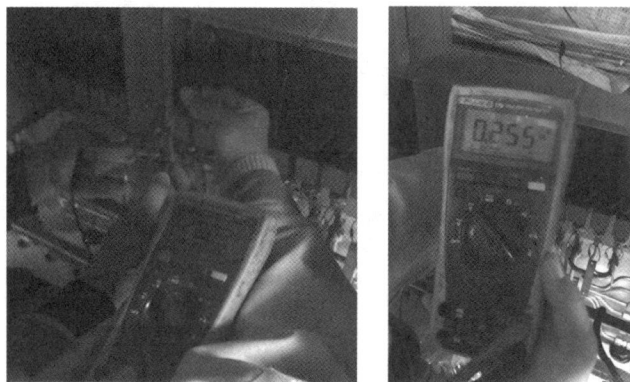

| (a) | (b) |
图 3 模块 1441 上拔插压力传感器时，电源电压的变化情况

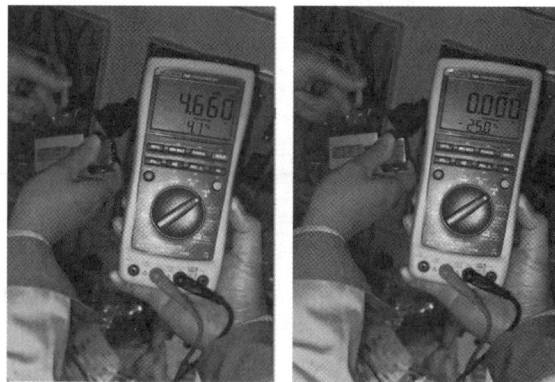

| (a) | (b) |
图 4 将压力传感器接入模块 1441 的瞬时，输出电流的变化情况

⑥2021 年 12 月 7 日晚，车间反馈：在传感器连接的模块 1441 上，如果测量模块处端子 D 和 E 之间的电压为 2 V，则表明模块端子 C 和 D 之间的电压约为 22 V。这不应该发生在模块 1441 板上，表明硬件端口错误或软件设定不正确。这类反馈信息应该是错误信息。同时，对于采用模块 1441 造成母型机软件和参数无法上传的情况，因为已更新最新版本软件，所以不是软件版本问题造成传感器故障。同时，工作人员于 2021 年 12 月 9 日上午再次测量模块 1440 和模块 1441 的输入、输出的相关数值，相同端口的几次测量结果都不同，作者认为这是因为模块底层软件存在问题造成模块输出不稳定(端口逻辑标定)；又测试了相邻的电源模块，输出端口也存在此类问题。落实以往情况：调试工程师反馈以前也存在此类问题。

(4)在模块 1441 上，经过仔细检查，发现明阳压力传感器的 EMI 功能(电磁兼容)的里面地和壳体地相连。使用新模块 MAN 时，刚开始正常输出电源，电流回到模块 1441，内部监测保护认为外部输入有问题，立即切断电源输出，进而信号电流变为 0 mA。为了验证该结论，测试其他品牌或型号的模拟传感器，具体情况如表 1。

DANFOSS 现场测试情况如图 5 所示。

**表 1　几种 4~20 mA 模拟量接入情况**

| 项目 | 厂家 | 型号 | 类型 | 静态阻值 | 备注 |
| --- | --- | --- | --- | --- | --- |
| 1 | 明阳 | SMP-MC1 | 0~4.0 MPa | 960 kΩ | 信号不通 |
| 2 | 明阳 | PTR-LN7A | 0~200 ℃ | | 信号采集正常 |
| 3 | DANFOSS | MBS5100 | 060N1037 | 292.3 kΩ | 信号采集正常 |
| 4 | DANFOSS | MBS5101 | 060G5517 | | 信号采集正常 |
| 5 | Trafag | 8244.76.2318 | 0~0.4 MPa | 961 kΩ | 信号采集正常 |

（5）如果判断假设成立,则把压力传感器不适用模块 1441 监测功能的信号隔离。采用模拟量信号隔离器,试验效果良好,具体原理如图 6 所示。

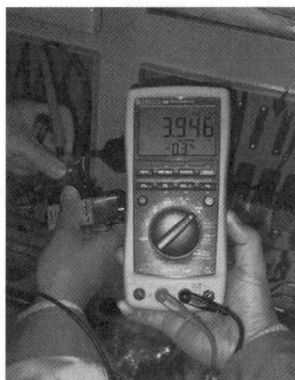

**图 5　DANFOSS 现场测试情况**

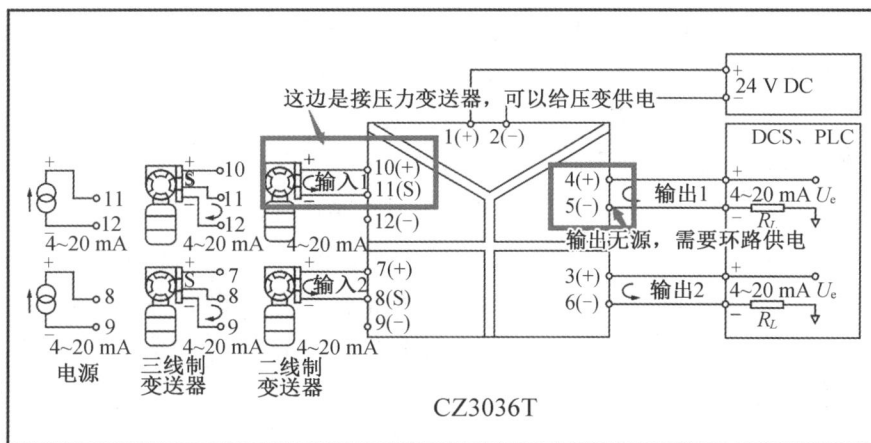

**图 6　隔离模块原理**

工作人员于 2021 年 12 月 8 日上午测试,增加一个隔离模块,将明阳压力传感器信号接入模块 1441 相应的通道,显示压力值正常。

受限于生产厂家产品匹配度未知及订货期长等问题,为了解决生产实际问题,本文暂时采用隔离模块的办法进行整改(图 7),待试验完成和得到最终决定之后,再履行相关手续以进行后续工作。

（6）采用其他供电方式的信号类型。修改环电流类型为外接电源方式,但作者担心该方式会造成主机绝缘低报警,决定放弃此方式,具体调整外接电源的接口类型的方法及原理如图 8 所示。

**图 7　隔离模块测试情况**

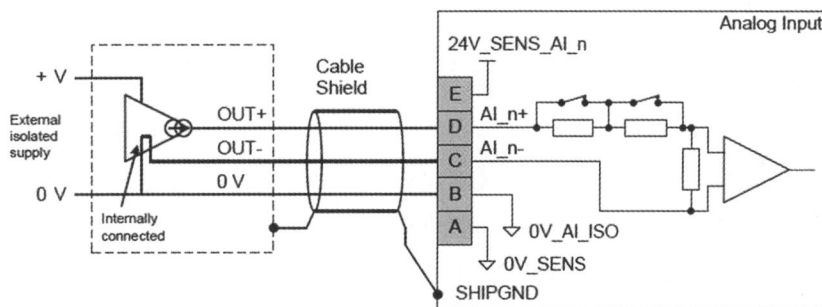

**图 8　调整外接电源的接口类型**

（7）模拟量输入模块 1440 和模块 1441 的物理端口特性如表 2 所示。

表 2　物理端口特性

| 符号 | 参数 | 最小值 | 类型 | 最大值 | 单位 | 备注 |
|---|---|---|---|---|---|---|
| $V_{ISO}$ | 0V_AI_ISO 和 SHIPGND 之间的电压 | −50 | | 50 | V | |
| $I_{IN}$ | 信号输出电流 | 2 | | 22 | mA | −4 V ≤ $V_{CM}$ ≤ 9.5 V 相对于 0 V_AI_ISO |
| $R_{IN}$ | 输入阻抗(工作) | | 200 | 250 | Ω | |
| $R_{IN\_OL}$ | 输入阻抗(超流保护) | | 670 | 1 000 | Ω | 仅适用 1 440 模块 |
| $X_{talk}$ | 串联干扰(直流到 2 kHz) | | | −60 | dB | 相同模块的 AI 通道之间 |
| ADC$_{RES}$ | ADC 分辨率 | | 16 | | bits | 涵盖的范围 0~25 mA |
| $F_S$ | 典型频率 | | | 200 | kHz | |
| Gain | 绝对精准增益 | −1 | | 1 | % | |
| Offset | 绝对精准偏差 | −30 | | 30 | μA | |
| $V_{24\,V\_AI}$ | 24 V_SENS_AI_n 端口输出电压 | 18 | | 32 | V | 过操作电压 |
| $I_{24\,V\_Ai}$ | 24 V_SENS_AI_n 输出负载电流 | | | 200 | mA | 每个通道 $I_{24\_SENS}$ 不能被超过 |

关于 HW 手册表 21 中显示的规格:$R_{IN}$ 是典型的 AI 输入电阻。对于模块 1440 和模块 1441,$R_{IN}$ 是 200 Ω。在过电流情况下,输入安全开关断开,只有在这种情况下,模块 1440 和模块 1441 的行为不同。

在模块 1440 上,"$R_{in\_OL}$"表示安全开关打开时的输入电阻,可增加到典型值(670 Ω)。当正过电流(大于 24 mA)或输入电流非常低(小于 1 mA)时,安全开关打开。

在模块 1441 上,当安全开关打开时,输入电阻为高阻抗(几兆欧姆)。在模块 1441 上,这仅发生在正过电流(大于 24 mA)时。当输入电流为 0 A 时,安全开关闭合。可以通过断开传感器并测量端子 C 和 D 之间的电阻来验证这一点,电阻必须约为 200 Ω。如果显示为高阻抗(几兆欧),则说明使用了错误的 ECS 软件。

(8)工作人员于 2021 年 12 月 14 日再次测量,按照以前得到最优结果的方法进行,获得最终真实有效的测量结果,具体如表 3 所示。

表 3　新方法的测量结果

| | 通道 | 1440 | | | 1441 | | |
|---|---|---|---|---|---|---|---|
| | | 电流(mA) D+E | 电压(V) C+D | 电压(V) D+E | 电流(mA) D+E | 电压 C+D | 电压(V) D+E |
| DANFOSS | 2. X3 | 4 | 0.8 | 24 | 4 | 0.8 | 24 |
| | 2. X4 | 4 | 0.8 | 24 | 4 | 0.8 | 24 |
| 明阳 | 2. X74 | 4 | 0.8 | 24 | 失败 | 20~24 | 0 |
| | 2. X84 | 4 | 0.8 | 24 | 失败 | 20~24 | 0 |

## 2　结论

日本明阳压力传感器和 MAN 更新的模块 1441 不匹配(包含软件更新配置)。6S60ME-C#99 首次采用新模块,为保证主机交验而更换 1440 模块。

由于 6S60ME-C#106 和 6G70ME-C#56 都是于 2021 年 12 月 21 日动车,6G60ME-C#25 于 2021 年 12 月 25 日动车,修改压力传感器类型无法满足要求,因此只能采用隔离模块方式修改,最终主机顺利交验。

出现问题后,工作人员反复同明阳压力传感器生产厂家探讨,并把问题现象及测量结果发给明阳压力传感器厂家,要求为 Triton 模块改进压力传感器设计。2022 年 3 月,本公司已经收到更改后的新样品 2 件,并在大连中远海运重工有限公司的 5G60ME-C#11 的主机上进行验证,效果良好。同时,邮寄明阳压力传感器样品给 MAN 总部,进行测量验证。最后,MAN 公司决定对 ME-ECS-SW-2105-2 以后的软件进行版本更新,更新后也可解决 Triton 系统与明阳压力传感器不匹配的问题。

# 电焊机信息采集系统研究

毕成龙　　庄纪美　　王振中　　宋　宁　　赫　鑫

（大连船舶重工集团有限公司）

**摘　要**：随着信息通信技术的快速发展，数字化、网络化、智能化日益成为未来制造业发展的主要趋势。船舶制造是典型的离散型生产，由于船厂空间尺度大、船舶建造周期较长、工艺流程复杂、物理尺寸差异大、作业环境恶劣，因此对数字化、网络化、智能化技术应用提出了特殊要求。本文主要对焊接信息采集系统的具体试验方案进行研究和分析，对现有的电焊机进行改装，使该系统实现对每台电焊机的实时数据进行监控，以及对电焊机信息的规范管理，监控焊接过程。

**关键词**：焊机管理；信息采集

## 0　引言

　　船舶焊接过程中需要记录电压、电流等焊接参数，常用做法是人工记录，主要通过观察电焊机的电压表和电流表进行，但记录的数值都是一个瞬间的值，不能体现整条焊缝整个焊接过程中每时每刻的参数值，记录的数据有一定的缺陷。同时由于船舶结构复杂，因此对焊缝不宜进行编码和统计、舱内不宜使用无线传播方式。现市场上已有基于网络系统的智能电焊机，可通过网络传输数据，实现对设备的监控和管理，进行工艺管理和生产管理，还可进行远程服务，但部分功能不适于实际应用，更换成本也较大。为此，本文研究了适用于现有电焊机和工作环境的信息采集系统，对焊接记录进行保存和分析，以提升质量管理。

## 1　电焊机信息采集系统设计

　　电焊机信息采集系统在现有电焊机的基础上进行改装，实现对每台电焊机的实时数据进行监控，通过二维码把焊件、工艺焊接要求及生产计划管理等信息连接在一起，通过焊接记录仪将采集到的电流、电压数据传送给服务器，进行数据显示、存储、统计分析，实现对电焊机信息的规范管理，监控焊接过程，监督焊接工艺纪律遵守情况，加强焊接质量控制，以减少造船风险并提高造船能力。图1是电焊机信息采集系统示意图。

## 2　系统构成

该系统主要由硬件系统和软件系统构成。

### 2.1　硬件系统

　　硬件系统包含电焊机、焊接记录仪、扫码装置、电流检测传感器、电源控制器、二维码卡片、移动存储设备，其组成如表1所示。

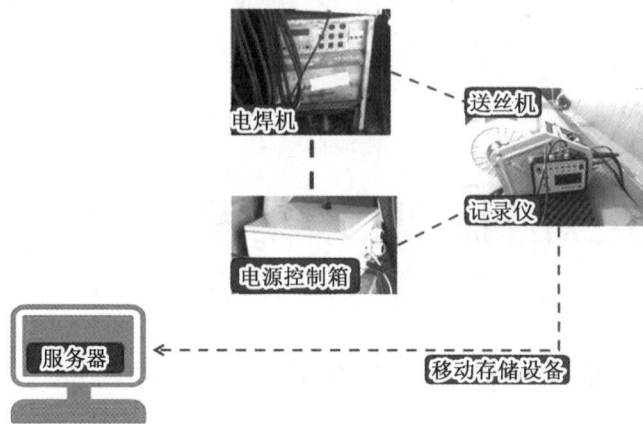

图 1　电焊机信息采集系统示意图

表 1　硬件系统组成

| 序号 | 组成部分 | 备注 |
| --- | --- | --- |
| 1 | 电焊机 | |
| 2 | 焊接记录仪 | 加装在电焊机前置自动送丝机上 |
| 3 | 扫码装置 | 加装在焊接记录仪上 |
| 4 | 电流检测传感器 | 加装在焊接记录仪上 |
| 5 | 电源控制箱 | 加装在电焊机上 |
| 6 | 二维码卡片 | |
| 7 | 移动存储设备 | |

（1）电焊机

电焊机是造船企业不可缺少的工具。焊接工艺水平直接决定着产品的最终质量。

（2）焊接记录仪

焊接记录仪可对电焊机在焊接时的实时数据进行监控,并形成相应的记录文件,可以记录焊工信息、焊缝信息、焊接开始/结束时间、焊接时电流电压和焊接工艺要求的电流及电压范围。

（3）扫码装置

通过在焊接记录仪上加装扫码装置,焊接操作人员可以通过扫码装置扫描焊接人员二维码、焊缝二维码,将焊接相关信息输入焊接记录仪并进行存储。

（4）检测传感器

检测传感器可采集焊接过程中的实时焊接电流。

（5）电源控制器

电源控制器对电焊机是在焊接记录仪管理模式下工作或是在非管理模式下工作进行控制。

（6）二维码卡片

二维码卡片分为焊工信息二维码卡片和焊缝二维码卡片。

（7）存储设备

存储设备用于将焊接记录模块的数据传输给软件管理模块。

## 2.2　软件系统

软件系统包括数据管理平台,能够导入焊接记录仪记录的焊接数据,可对数据进行存储、统计分析、显示及管理等;同时能管理编辑部门、人员、工艺、焊接信息等数据,为焊接提供保障;还可实现对焊接信息的规范管理,监控焊机焊接过程中的数据,监督焊机使用规范。数据管理平台登录界面如图 2 所示。

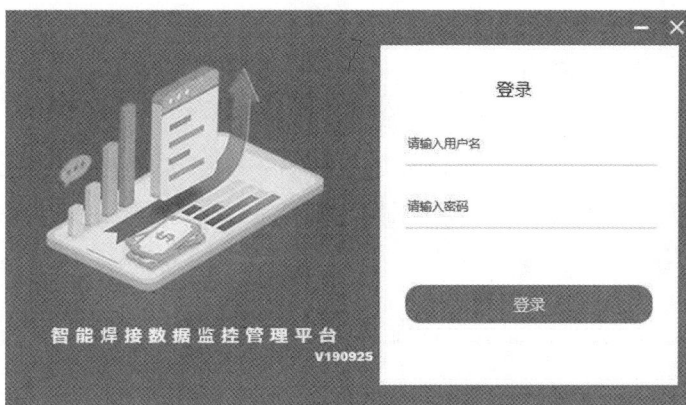

图 2　数据管理平台登录

# 3　二维码命名原则研究

在建立系统之前,应该建立完整的编码原则及标准卡片形式。二维码分为焊工信息二维码和焊缝二维码。焊工信息二维码内容为焊工姓名、身份证号信息,用于显示当前使用电焊机的焊工信息。

焊缝二维码内容为二维码序号、焊接位置及焊接方式、焊接工艺规程(WPS)编号,用于显示生产中电焊机生产任务的标识以及相关的 WPS 信息。

## 3.1　焊缝二维码的组成

焊缝二维码名组成:二维码序号+焊接位置及焊接方式+WPS 编号

(1)二维码序号:由 7 位编码组成,前 4 位记录焊缝所在总段号(合拢时采用后合拢的总段号)。第 5 位为施工阶段,使用字母 P 或 E,其中,P 代表总组,E 代表合拢。第 6 位和第 7 位表示焊缝的序号,为 01—99,该序号由设计人员指定。

(2)焊接位置及焊接方式:焊接位置用产生焊缝的相邻 2 个子分段号和船体的结构部位及方向明确。焊接方式需要考虑总组合拢的方式、分段的不同姿态,以此来确定是平焊、横焊、立焊、仰焊中的哪一种。

(3)WPS 编号:根据焊接方式,查找 WPS,确定对应的 WPS 编号。

## 3.2　焊缝二维码卡片编制流程

(1)设计人员根据生产计划编制二维码内容。相关人员应正确填写船号、分段号、施工阶段。在编制二维码内容时,应根据 WPS 编号填写 WPS 中具体的电流、电压要求。如表 2 所示,前 3 列为二维码卡片内容;后面部分为 WPS 参数,供制作二维码使用,不在卡片上显示。

表 2　二维码卡片及 WPS 参数

| 船号:XXXX　分段号:701C　施工阶段:总组 P | | | 打底 | | 填充 | | 盖面 | |
|---|---|---|---|---|---|---|---|---|
| 二维码序号 | 焊接位置及焊接方式 | WPS 编号 | 电流/A | 电压/V | 电流/A | 电压/V | 电流/A | 电压/V |
| 701C-P-01 | 701G/702G 上壁墩左舷-平焊 | 057 | | | | | | |
| 701C-P-02 | 701G/702G 上壁墩右舷-平焊 | 057 | | | | | | |
| 701C-P-03 | 701G/702G 上壁墩盖板-立焊 | 059 | | | | | | |

(2)在软件系统中打印出焊缝二维码实体卡片,并塑封。

## 3.3　焊缝二维码卡片形式

(1)尺寸及材料:原则上大小为 A4 纸的 1/8,双面打印,塑封。

（2）卡片内容

①正面:所记录分段的全部二维码列表,如图3所示。

②背面:具体的某一个二维码,供工人扫码用,如图4所示。

③若同一个分段有 N 道焊缝需要记录,就制作 N 张卡片。N 张卡片正面内容是相同的,背面按序号排列二维码。比如701C 段总组时有7道焊缝,就需要制作7张卡片,每张卡面的正面都是7道焊缝的二维码列表,背面则按序号打印对应的二维码。

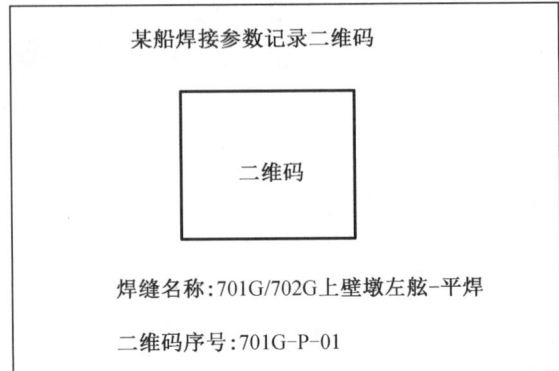

| 船号:XXXX 分段号:701C 施工阶段:总组P | | |
|---|---|---|
| 二维码序号 | 焊接位置及焊接方式 | WPS编号 |
| 701C-P-01 | 701G/702G 上壁墩左舷-平焊 | 0.57 |
| 701C-P-02 | 701G/702G 上壁墩右舷-平焊 | 0.57 |
| 701C-P-03 | 701G/702G 上壁墩盖板-立焊 | 0.59 |
| 701C-P-04 | 701G/702G 槽壁板对接-平焊 | 0.57 |
| 701C-P-05 | 701G/702G 下壁墩左舷-平焊 | 0.57 |
| 701C-P-06 | 701G/702G 下壁墩右舷-平焊 | 0.57 |
| 701C-P-07 | 701G/702G 下壁墩盖板-立焊 | 0.59 |

图3 卡片正面

某船焊接参数记录二维码

二维码

焊缝名称:701G/702G 上壁墩左舷-平焊

二维码序号:701G-P-01

图4 卡片背面

## 4 研究在实船上的应用情况

### 4.1 试验流程

（1）在焊接工艺设计完成后,形成焊接记录二维码,包含焊接工艺要求的焊接位置、焊接电流和电压范围等信息,以确保电焊工在焊接前通过扫码能够接收到焊接工艺要求,同时便于工艺纪律检查和记录。

（2）为具有上岗能力的电焊工发放有效的人员信息二维码、焊缝信息二维码,确保焊接任务与焊接产品实现链接。

（3）启动电焊机,按照操作流程进行操作,在开始焊接后记录实时的电压数据并存储。操作流程图如图5所示。

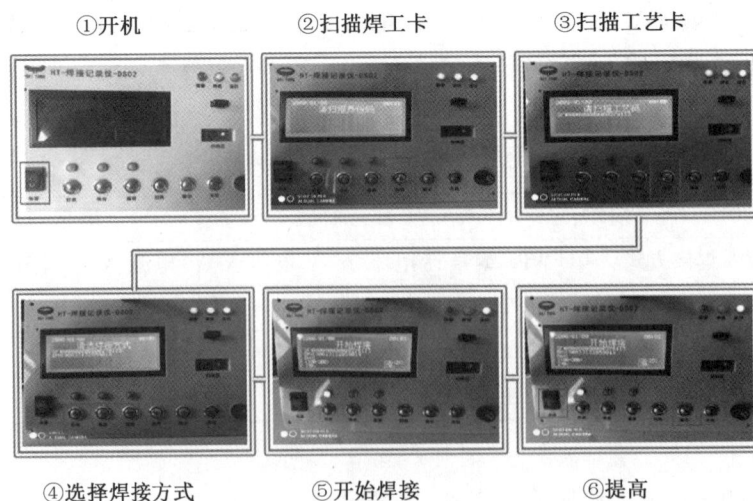

图5 操作流程图

（4）相关工作准备结束后,选定目标分段并进行试验,其间需要做好计划调整及质量控制预案,根据试验情况不断改进。在总组段上进行测试。

(5)试验过程中,使用有效仪器对电流、电压进行检测,并与记录仪上的实时数据进行对比,确定是否一致。

## 4.2 试验结果

(1)以 505G/505E 横壁墩舺口立焊为例,焊接记录仪采集的电流和电压数据经过导入操作后可由电焊机管理软件读取,在数据查询中可以查到具体的焊接信息。在管理软件数据统计模块中可以查看该焊缝焊接时的电流、电压统计图,通过统计图和图中标注的工艺设定范围线可以很清楚地看出焊接时的电流、电压的分布范围和工艺范围内电流、电压的数据的集中程度。焊接信息如图 6 所示。

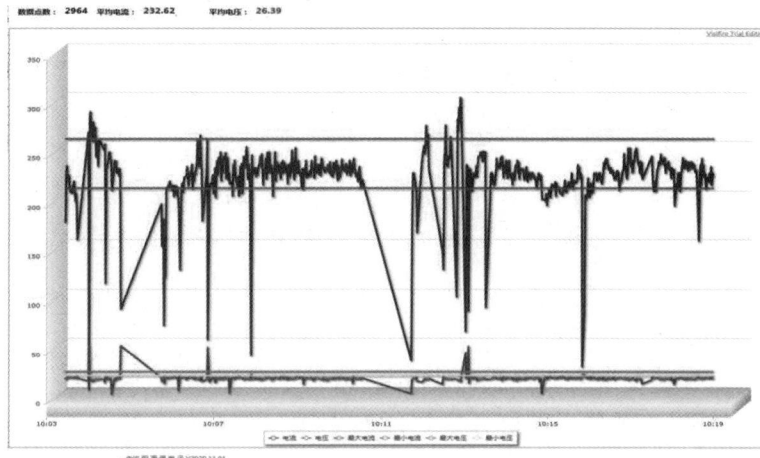

图 6 焊接信息

(2)在焊接管理软件的数据统计模块中,从数据分析栏中可以很清楚地看出焊缝焊接过程中电流、电压的数据合格率,这为提高焊接质量提供数据支撑。电流、电压的数据合格率如图 7 所示。

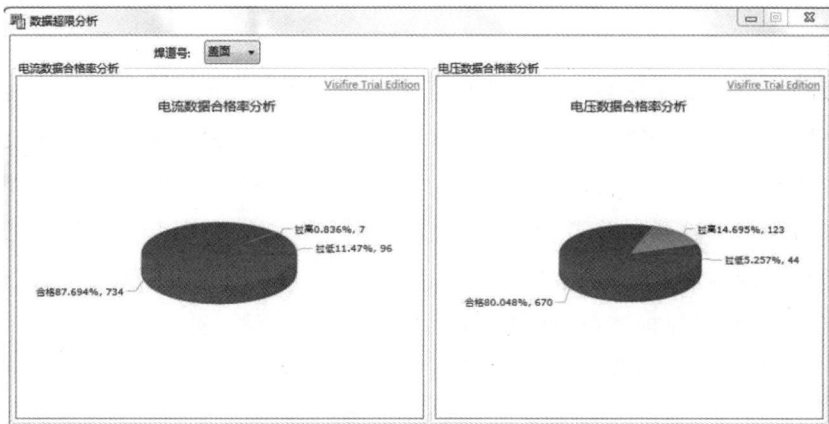

图 7 电流、电压的数据合格率

# 5 结语

电焊机信息采集系统通过焊机记录仪连接电焊机和送丝机,采集实时的电流及电压数据,采集频次为每秒一次。经过本次试验的反复调试和焊接测试,目前该系统的电流、电压采集功能运行正常,数据采集的精度为 -1%~1%,符合试验要求。数据在采集后,经 U 盘传入客户端电脑,由电焊机管理软件对其进行显示和分析。该系统可以稳定记录任务信息、人员信息、焊接方式信息,并可以将数据导入数据库,计算出平均有效焊接电流、电压,从而可以分析出焊接过程是否按照工艺标准执行,为质量管理提供了有力支持。

# 报验信息管理系统研究与开发

## 穆永鹏　蔡　艺　丛东日　周　会

### （大连船用柴油机有限公司）

**摘　要**：该论文通过对本公司传统报验流程出现的各项问题，结合各船级社、船东、船厂和专利公司要求以及公司各制造部、检验人员和检验主管的需求，对报验信息管理系统进行研究与开发，以解决目前报验出现的相关问题。

该论文运用 PDCA 的流程方法，首先根据公司的方针目标和考核指标，自发调查各方需求并确定研究方向。经过借鉴查新和各项能力分析，最终确定研究目标为成功开发报验信息管理系统，同时从硬件、软件、人员等方面进行了可行性论证。在确定方案的过程中，作者经头脑风暴等方法提出多种方案进行验证，最终经过试运行和各项因素考虑选择了最佳的方案。

**关键词**：质量管理；质量信息；信息管理；大数据；质量信息库

## 1　研究方向

### 1.1　研究背景

公司在零部件检验过程中，传统报验流程是检验员在接到车间递交的产品报验申请后通过电话、邮件、共享等方式告知检验主管，再按照各船级社、船东、船厂和专利公司要求的模板填写信息后发送给各相关方。

经调查统计，公司传统的报验信息管理有以下缺点：信息传递过程经常出现报验不及时，报验信息出错，修改烦琐，信息追溯困难等问题。这些报验过程中的问题不仅对公司的生产进程产生一定的影响，同时也使船东、船厂和船检的满意度下降，检验主管经常收到船东、船厂和船检因报验信息提交不及时的反馈。

公司在近几年不断完善质量目标体系，其中质量目标对专检和报验指标也进行统计，并对报验通过率进行考核。目前报验信息管理水平不高造成的漏报、补报或者报错等问题也制约了报验通过率这一考核指标。

### 1.2　需求调研

通过对现场各检验员调查、统计发现：检验人员希望能在检验办公现场直接提交报验，并且操作便捷、留有递票痕迹和可以多人同时操作是其较为热切需求的内容。

通过对各船级社调查发现：船级社均有各自的信息系统和报验提交模板，对提交报验信息能够按照模板要求准确提供信息。

通过对检验主管需求调查发现：检验主管迫切希望能够实现检验人员和船级社要求，同时对报验信息进行追溯管理。多数检验主管还提出是否可以对目前的报验模式进行研究，开发一种工具或流程，满足各方需求

### 1.3　借鉴查新

为保证论文研究方向的可实施性，作者调查了行业内其他单位的报验信息管理系统、网上类似的信息提交系统以及相关船检的报验信息提交系统，并对各系统进行了分析。

（1）调查案卷形式

对线上调查问卷等信息提交模式进行研究，该种模式是被调查者只需输入运行人员所要求的相关信息，即可提交，运行人员通过大数据导入即可获取被调查者填写的各项信息。

（2）行业内其他单位工作流程

通过网上了解，行业内其他单位是通过使用相关的软件或编程相关的程序，即可以达到检验人员在现场的工作电脑录入报验信息后提交，检验主管收集信息。经调查，个别船级社接收各单位的报验申请均通过线上完成。

（3）线上信息提交实现方法调研

目前公司管理人员工作软件主要是 OFFICE 和 PDF 等办公软件。通过查阅资料，他们在 Microsoft Excel 中使用 Microsoft Visual Basic 语言，设计适当的窗口并编制程序来实现线上信息提交等相应功能。

（4）工具借鉴

本文针对研究方向对近期大热的 Python 推广文案中，可实现各种自动化办公功能进行了研究，发现 Python 具有开发效率高、软件免费、应用范围广、简单易学等多项优点，经分析，可以在此次研究过程中考虑应用 Python。

1.4　确定研究方向

经过相关的调研，同时根据现有报验模式中报验方式不及时、报验信息出错、报验信息修改烦琐、报验信息追溯困难等问题确定了本次研究方向为报验信息管理系统研究与开发。

## 2　研究方向可行性论证

### 2.1　硬件支持

从"调查案卷形式"进行分析，线上提交需要网络设备实现，而公司所有检验人员都有工作电脑，都连接公司内网，硬件水平理论上可以实现检验人员在工作场所即可在工作电脑上提交报验信息。

### 2.2　软件支持

从"行业内其他单位工作流程"和"线上信息提交实现方法"分析，用程序或者软件进行相应的编程，公司电脑上安装有基本的 OFFICE 等办公软件，尤其是 EXCEL 软件理论上可以通过编程实现提交系统的设计。

### 2.3　人员支持

公司有计算机信息人员以及懂编程知识的人员，能够胜任计算机编程的设计。检验主管熟悉所有报验相关信息，与编程人员配合，设计提交系统。

## 3　提出并确定最佳解决方案

### 3.1　解决方案一

通过运用头脑风暴法，首先提出了以下解决方案：设计台账登记式提交方案，通过共享方式在 EXCEL 表中提交报验信息。

经分析发现该解决方案有以下问题。

问题一　在该解决方案中发现：（1）台账中无机号显示；（2）如某个报验项目需要提交报给多个报验方时，可能会出现遗漏的情况。

经分析研究对此问题找到了以下解决方案：（1）增加机号列；（2）将各报验方分开显示。

问题二　在该解决方案中发现：检验项目输入不规范，与 ITP（Inspection & Test Plan 检验试验计划）规定的表述不一致；各主机的报验方各不相同，查找不明晰。

经分析研究对此问题找到了以下解决方案：增加数据有效性筛选，即"检验项目"只能从下拉菜单选择输

333

入;显示各报验方具体名称。

问题三 解决以上两个问题后,在对设计的报验系统试运行过程中又发现以下问题:

(1)需要逐一查质量通知才能确认各检验项目的应提报验方,可能发生遗漏;

(2)发生取消、更改时,极易产生混乱,导致提票错误;

(3)无法多人同时递票。

对以上问题进行总体分析,发现该解决方案虽然设计和运行较为简易、便捷,但是仍存在很多在需求调研时反馈的问题没有解决,且在原方案上的优化仍无法解决。

经慎重研究后,考虑开发另一个解决方案。

## 3.2 解决方案二

经研究和验证解决方案一"台账登记式提交方案"仍然无法满足检验人员及检验主管的需求,作者经过论证讨论提出另一个解决方案:设计管理系统式提交方案,此方案可随时提交报验信息。结合此次研究方向需重点考量相关因素对两种解决方案的优缺点进行对比,具体内容如表1所示。

表1 两种方案对比

| 各提交方案优缺点对比项目 | | 台账登记式方案 | 管理系统式方案 |
| --- | --- | --- | --- |
| 总体方案项目 | 设计时间 | 设计时间短√ | 设计时间相对较长 |
| | 现有设计能力 | 可以满足√ | 可以满足√ |
| | 信息提交 | 无法多人同时提交 | 可以多人同时提交√ |
| | 信息溯源 | 无法准确溯源 | 准确溯源√ |
| | 信息修改 | 修改后难以辨别 | 修改可直接辨别√ |
| 相关人员诉求解决可能性 | 少跑腿(重要) | 可以实现√ | 可以实现√ |
| | 在检验组直接递票,保留所有编辑痕迹(重要) | 无法实现 | 可以实现√ |
| | APP或网页线上操作 | 无法实现 | 可能实现√ |
| | 操作便捷(重要) | 可以实现√ | 可以实现√ |
| | 智能识别报验方,无需逐个查质量通知(重要) | 无法实现 | 可以实现√ |
| | 可以多人同时操作(重要) | 无法实现 | 可以实现√ |

作者结合本课题研究方向需重点考虑的因素,根据实际情况对两种方案进行分析如下。

选择因素一:该课题需求主要以检验人员快速提交报验信息为主,现场检验人员较多,经常出现同时提交报验信息的情况。(平均冲突>5次/天)。

选择因素二:本部门人员现有能力虽暂不足,但有一定的编程基础,通过自学相关的编程知识能尽量压缩设计时间。

选择因素三:公司强调对质量信息可追溯性管理。报验信息因现场原因经常出现修改情况,修改过程经常导致提交信息混乱。公司尤其强调要对质量信息可追溯性管理。报验信息因现场原因经常出现修改情况,修改过程经常导致提交信息混乱。

## 3.3 解决方案的确定

综合以上三个重要因素,认为解决方案二,即"管理系统式提交方案"更适合本次研究目标的实现。

## 3.4 针对确定的总体方案提出分级方案

作者与相关人员再次运用头脑风暴法针对选定的总体方案提出了分级方案。

分级方案1:通过与外聘人员合作,设计手机线上提交方案。

分级方案2:通过与计算中心人员合作,设计通过万维网线上提交方案。

分级方案 3:相关合作人员自行运用编程,设计局域网提交方案。

分级方案从“设计费用、需求沟通难度、总完成时间、设计能力、使用便捷性、后期优化难度”进行对比,具体对比情况如图 1 所示。

| 分级方案1<br>通过与外聘人员合作，设计手机线上提交方案。 | |
|---|---|
| 设计费用 | 高 |
| 需求沟通难度 | 高 |
| 总完成时间 | 长 |
| 设计能力 | 胜任 √ |
| 使用便捷性 | 极高 √ |
| 后期优化难度 | 高 |

| 分级方案2<br>通过与计算中心人员合作，设计通过万维网线上提交方案 | |
|---|---|
| 设计费用 | 无 √ |
| 需求沟通难度 | 一般 |
| 完成时间 | 长 |
| 设计能力 | 胜任 √ |
| 使用便捷性 | 较高 |
| 后期优化难度 | 一般 |

| 分级方案3<br>本小组成员自行运用编程，设计局域网提交方案。 | |
|---|---|
| 设计费用 | 无 √ |
| 需求沟通难度 | 低 √ |
| 完成时间 | 一般 √ |
| 设计能力 | 胜任 √ |
| 使用便捷性 | 高 |
| 后期优化难度 | 低 √ |

**图 1　分级方案对比**

经对比认为:公司目前所有的费用花费预算考核非常严格,方案 3 从设计费用上最具优势,且极易于后期优化和维护。综合其他条件,认为分级方案 3 为最佳解决方案的拓展,即“自行运用编程,设计局域网提交方案”。

## 4　策划对策实施计划表

确定解决方案的具体流程后,根据确定的分级方案策划并制定了对策措施计划,以期望达到解决方案各对策的目标,具体信息如表 2 所示。

**表 2　对策实施计划表**

| 对策 | 目标 | 措施 |
|---|---|---|
| 收集所有使用人员的详细需求 | 需求率能达到 90% | 1. 与各船级社沟通,明确各船级社报验项目和报验提交模板;<br>2. 与各检验员沟通,明确各检验人员具体的需求;<br>3. 与检验主管沟通,在满足船级社和检验人员的需求下,需要实现的需求;<br>4. 整合所有的需求,分析哪些需求急需解决,需求满足率要达到 90% |
| 自主设计开发 | 开发设计信息提交方案,并 100%完成 | 1. 利用思维导图、头脑风暴确认详细需求;<br>2. 确认总体思路,检验人员单设填写页面,所有填写信息和修改痕迹都在另一个总表中记录,总表仅管理人员可编辑;<br>3. 根据需求设置填写页面格式;<br>4. 设置记录总表格式;<br>5. 编写 VBA 代码以实现所需求的各项功能 |
| 开发完成后调试 | 调试使用后无差错 | 1. 对检验人员电脑进行检查并维护;<br>2. 对检验人员进行现场电脑操作培训;<br>3. 设定调试时间,针对检验人员在调试期间提交信息进行统计;<br>4. 检验主管记录提交信息修改查询和信息溯源功能是否正常;<br>5. 针对各方在调试期间提出的问题进行漏洞查找和修改 |
| 投入实际使用 | 使用人员满意度 100% | 1. 统计报验人员漏检、漏报情况,做到及时提醒;<br>2. 统计报验信息和报验通过率;<br>3. 调查检验人员、船级社和检验主管对报验信息提交方式的满意程度 |

## 5　解决方案中各对策实施过程

### 5.1　收集所有使用人员的详细需求

首先相关人员深入各车间与检验员进行详细沟通,确定了检验人员的需求。考虑到各个船级社、船厂和船东的 ITP 各有不同,编制了 ITP 管理表。为查阅更加直观,将 ITP 管理表以"主机检验信息库"的形式输出,并使用复杂嵌套公式,保证各种可能下的正确返回值。

### 5.2　设计开发报验信息管理系统

通过对各需求进行整合,首先设计填写页面格式。通过之前的调查结果,对检验人员、检验主管、船东、船厂、船检等各需求进行整合,设计记录总表样式。经调试发现收集信息仍不完整,再次更新,最终得到总表样式如图 2 所示。

| | 状态 | 报验日期 | 报验时间 | 报验地点 | 验收结果 | 机型&序号 | 机号 | 提票人 | 报验项 | 船东 | 船厂 | 船级社 | 专利公司 | 备注 | 船号 | 特别说明 | Control |
|---|---|---|---|---|---|---|---|---|---|---|---|---|---|---|---|---|---|
| 702 | 变更 | 2022/5/13 | 13:30 | 钢构制造部-番炉塘 | | W9X | | 曹野 | 机座组立 | | | DNV | WinGD | ★[2022-5-5 10:56曹野-2022-5-13机座组立(输出班)番炉塘厂区] 2022-05-09~2022-05-13 2022-5-9机座组立(自由班)番炉塘厂区 | | 远程非WinGD ITP | |
| 703 | 正常 | 2022/5/9 | 13:30 | 钢构制造部-番炉塘 | | W6X | | 蒙天福 | 机架焊后 | | | CCS | WinGD | | | 非WinGD ITP | |
| 704 | 正常 | 2022/5/7 | 9:00 | 钢构制造部-质量 | | 6S60 | | 刘謇义 | 机架焊后 | | | ABS | MES | | | | |
| 705 | 正常 | 2022/5/7 | 9:00 | 钢构制造部-番炉塘 | | 5G60 | | 迟锐悦 | 机架组立 | | | CCS | MES | | | | |
| 706 | 正常 | 2022/5/6 | 13:00 | 钢构制造部-番炉塘 | | 5G60 | | 迟锐悦 | 机架组立 | | | CCS | MES | | | | |
| 707 | 正常 | 2022/5/12 | 13:00 | 钢构制造部-番炉塘 | | 6G70 | | 迟锐悦 | 机架圈定 | | | DNVGL | MES | | | | |
| 708 | 正常 | 2022/5/6 | 10:00 | 机械加工部新厂房 | | | | | 机架罩罩 | | | DNV | MES | 机架成品油漆报验 | | | |
| 709 | 正常 | 2022/5/11 | 9:00 | 总装制造部二区 | | 6S60 | | 监祥瑞 | 主机安装 | | | CCS | MES | 主机测排至5月11日、12日交机 | | | |
| 710 | 正常 | 2022/5/13 | 9:00 | 总装制造部二区 | | 6S60 | | 监祥瑞 | 主机拆检 | | | CCS | MES | | | | |
| 711 | 正常 | 2022/5/10 | 13:30 | 机械加工部老厂房 | | 6G70 | | 王鹏 | 进轩总克工 | | | DNV | MES | | | | |
| 712 | 正常 | 2022/5/10 | 14:00 | 机械加工部老厂房 | | 6G70 | | 王鹏 | 进轩总克工 | | | DNV | MES | | | | |
| 713 | 正常 | 2022/5/13 | 13:30 | 机械加工部新厂房 | | 6G70 | | 王鹏 | 缸休克工 | | | DNV | MES | | | | |
| 714 | 正常 | 2022/5/12 | 13:30 | 机械加工部新厂房 | | 5G60 | | 史照军 | 机架克工 | | | CCS | MES | | | | |

图 2　记录总表设计样式

根据公司质量合规部各检验科室需提交的相关信息,设计用户交互窗体,并编写 VBA 代码以实现所需求的各项功能。

### 5.3　开发过程所遇的难点问题

开发中遇到问题 1:主机应报验项自动生成,而若经手动修改,则原公式被删除,无法再次使用。

● 解决方法:每次导入应报验信息后,通过后台代码重新写入公式。

开发中遇到问题 2:有些相关方对个别检验项有特别要求,在主机信息库中以备注方式说明,但在提票时无法体现具体信息,例如,XX 船厂检验"机座水平"时还要检验平面度。并且在提票页面无任何特殊提示。

● 解决方法:用公式导出提示信息,并记入总表。

### 5.4　开发完成后调试

开发系统后,作者根据各检验人员的需求和实际操作能力编写培训课件,并亲自到各检验办公室进行培训。同时以图文并茂的方式清晰阐述该系统操作方法与管理要求,使检验人员容易理解、易于操作。

调试期间进行信息收集并修改。例如,报验提票信息输入后,不小心点击两次确认键导致信息重复记录。

● 解决方法:(1)增加重复判定公式;(2)每次点击确认键时,增加重复提交判定代码。

调试期间共收集反馈信息 85 条,均已全部做了优化处理。同时系统相关联的各表单均做了多次更新升级,其中报验申请登记表更新版本 11 次,检验信息库更新版本 12 次,管理系统操作页面更新版本 59 次。

### 5.5　投入实际使用

查询第三方要求的 ITP 执行进度进行跟踪,确保报验项目没有遗漏。通过系统统计对外报验通过率,如图 3 所示。

| W6X52 #主机检验信息总览 | | | | | | | | | | | |（此表仅供查看）| |
|---|---|---|---|---|---|---|---|---|---|---|---|
| 船东： 股份有限公司 | | | 船厂： 公司 | | | | 船型：49 | | 船号： | | | |
| 机型：W6X52 | | | 入级：CCS | | | | 检验组：检验一组 | | 计划交货期：2022/3/28 | | | |

图 3　主机检验信息图例

# 6 总结

报验信息管理系统的研究与开发成功后,在试运行后对各检验人员、检验主管、船级社、船东、船厂等相关方进行调查,发现该报验信息管理系统开发前反馈的问题:报验不及时、报验信息出错、修改烦琐、信息追溯困难,均得到有效解决,新系统具有报验方便、信息准确、修改简便、信息可查的优点。

报验信息系统的开发方面,对船检到厂报验次数进行整合,节省船检差旅等费用。同时还避免因错报、多报产生的额外费用。调查活动前 6G70MEC 船检费用约 59 万元,活动后 6G70MEC 船检费用约 57 万元,下降约 3.39%。

相关方满意度也有所提高提高:报验信息系统的开发能及时对船东、船厂及船级社的报验信息进行提交和管理,提高各相关方的满意度。调查活动前船东、船厂及船级社对报验提交的满意度为 86%,而活动后提高至 93%。

在报验信息管理系统的研究与开发过程中,通过对相关数据统计、提取和运用,达到了信息传递快捷的效果,该报验信息管理系统在公司内部进行了推广,目前已被多个部门效仿采用,提高了公司的信息管理水平。

# 船舶行业 VOCs 治理工艺可行性研究

## 陈　乐　尹海涛　王吉道

(中船大连造船厂产业发展有限公司)

**摘　要**：随着世界经济的高速发展,造船行业日益繁盛,与此同时,船舶建造与环境污染的矛盾则日益加剧,其中,船舶行业 VOCs 治理显得尤为重要。

"沸石浓缩转轮吸附+热氧化"VOCs 治理工艺是当下船舶行业分段涂装过程 VOCs 治理主流工艺,本文针对此工艺原理进行阐述,结合该工艺应用实例,分析此工艺在实际应用中的先进性、有效性、可靠性、经济性等问题,这对后续船舶行业 VOCs 治理工作的开展具有重大意义。

**关键词**：船舶行业;VOCs 治理;沸石转轮浓缩+热氧化

## 1　船舶行业 VOCs 治理概述

船舶建造是一个复杂又极其庞大的工程,主体环节由船舶设计、船体放样、采购及备料、钢材预处理、板材/型材加工、部件装配焊接、分段装配焊接、分段涂装、船台装配焊接、船体合拢和安装、密封性试验、船舶下水、码头舾装、试航和交船等多环节及其配套附属工程所构成。其中,分段涂装环节——船舶分段在涂装房内进行喷涂及晾干,涂装作业量尤为庞大,VOCs 年产量少则几百吨,多则成千上万吨,是船舶行业 VOCs 治理的重点。

为贯彻《中华人民共和国环境保护法》《中华人民共和国大气污染防治法》,防止环境污染、改善环境质量,打赢大气污染防治攻坚战,船舶行业作为 VOCs 治理的重点行业,近年来广受关注,各船厂亦积极响应国家及相关环保部门号召,优化改造企业 VOCs 治理设备,加强企业 VOCs 排放的控制和管理。

## 2　"沸石浓缩转轮吸附+热氧化"VOCs 治理工艺

涂装废气具有风量大,浓度较高且波动较大的特性,针对船舶行业分段涂装,采用"沸石浓缩转轮吸附+热氧化"VOCs 治理工艺对其进行治理。

此 VOCs 治理工艺为其中一种当下世界一流的先进工艺,该工艺为"吸附法"与"氧化分解"两种 VOCs 治理技术组合的复合型 VOCs 治理技术。在船舶行业中又衍生细分为两种"沸石浓缩转轮吸附+催化氧化"工艺与"沸石浓缩转轮吸附+蓄热燃烧"工艺。

### 2.1　沸石浓缩转轮吸附+催化氧化(CO)

沸石浓缩转轮吸附+催化氧化(CO)简称"转轮+CO",以沸石浓缩转轮与 CO 炉为核心,搭配风机、多级过滤器、换热器及管道阀门仪表等,组成的一套完整的 VOCs 治理工艺,如图 1 所示。

该工艺流程分为两条路线。其一为吸附路线,即利用沸石转轮表面积大和不同温度条件下分子间作用力不同的原理进行设计。低温条件下,大风量的有机废气在主风机的作用下通过沸石转轮,VOCs 分子吸附其表面,经过沸石转轮的废气可直接排放。另一条工艺路线是吸附有大量 VOCs 的沸石转轮部分进入转轮的高温脱附区,在脱附风机的作用下,利用小风量的高温废气将沸石转轮上的 VOCs 分子脱附出来,形成高浓度废气,送入后端的 CO 炉内进行催化分解,净化后的废气同吸附废气一同排放。

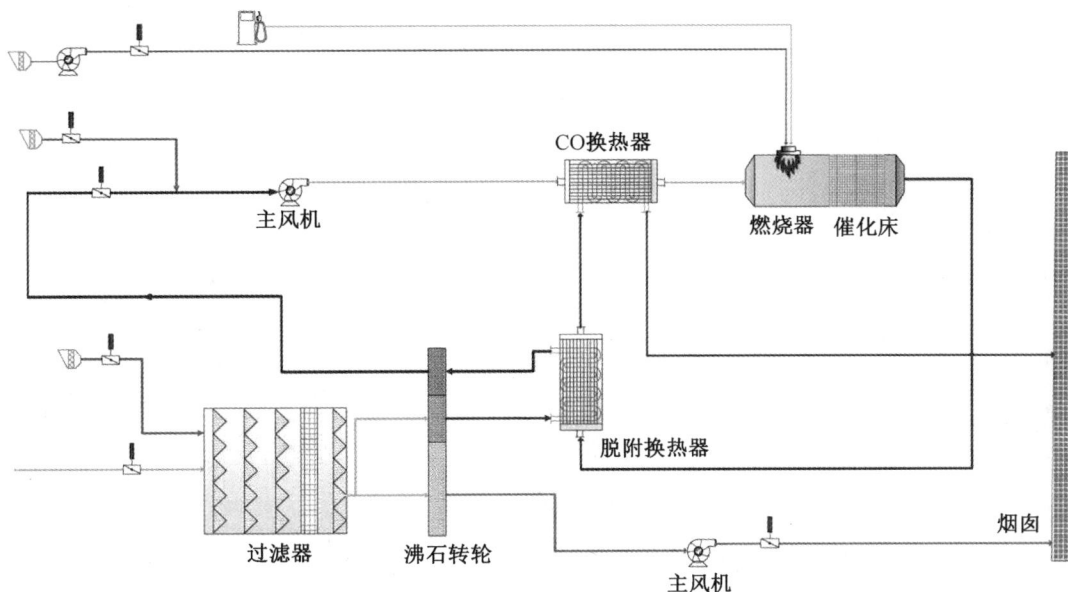

图 1  转轮+CO

核心结构介绍 1——沸石浓缩转轮,如下所述。

废气经多级过滤器过滤后,进入到沸石转轮吸附。沸石转轮分成三个区域:一个吸附区域,占整个面积的 5/6,有机气体被吸附在蜂窝沸石中,洁净气体排出;占转轮 1/12 的区域为脱附区域,是用高温加热将气体中的 VOCs 在高温下挥发出来;另占转轮 1/12 的区域为冷却区域,将常温废气通过转过来的高温区域进行冷却,产生的气体通过与换热器换热至 200 ℃进入脱附区域,形成脱附气体,进入 CO 催化燃烧设备进行处理。

沸石转轮作为吸附核心结构,其优点如下:转轮本体为无机硅酸盐材料,在其表面涂覆一层分子筛(人工合成的无机结晶体材料)而形成转轮本体不燃,防止类似活性炭高温脱附气体在吹脱下着火的隐患;可用约 200 ℃高温脱附气体持续吹脱,保证转轮效率稳定性;转轮运行过程中,持续自转进行吸附与脱附,稳定性高,脱附出口的浓度连续稳定。

核心结构介绍 2——催化氧化炉(CO 炉),如下所述。

从转轮脱附下的较高浓度的有机气体,经换热器后送入 CO 炉内。CO 炉内填充催化剂,借助催化剂,可使 VOCs 在较低的起燃温度条件下发生无焰燃烧,同时 CO 炉配置电加热或燃烧器,使得 CO 炉内温度始终保持在起燃温度以上,从而实现在较低温度(300~500 ℃)下,对 VOCs 进行氧化分解反应,生成 $CO_2$ 和 $H_2O$,这是一种节能高效的废气处理技术。

## 2.2  沸石浓缩转轮吸附+蓄热燃烧(RTO)

沸石浓缩转轮吸附+蓄热燃烧(RTO)简称"转轮+RTO",其主体工艺流程与"转轮+CO"相同,区别于催化燃烧(CO 炉)的不同点为其浓缩废气热氧化手段不同,为蓄热氧化技术,如图 2 所示。

核心结构介绍——蓄热燃烧炉(RTO 炉),如下所述。

蓄热氧化技术(RTO),把有机废气加热到 760 ℃以上,使废气中的挥发性有机物(VOCs)在燃烧室中氧化分解成 $CO_2$ 和 $H_2O$,净化效率高达 98%,热回收效率高达 95%。

RTO 炉多采用三床 RTO 炉形式,RTO 炉分为燃烧室与蓄热室两部分。燃烧室配置燃烧器,保持 RTO 炉内温度不低于设定燃烧温度,一般为 760 ℃或 760 ℃以上,蓄热室填充蓄热陶瓷,保证系统整体热回收效率,有效节能。经脱附的较高浓度的有机气体通过阀门切换,由进气床体进入 RTO 炉内,高温作用下分解成二氧化碳和水,达标排放。

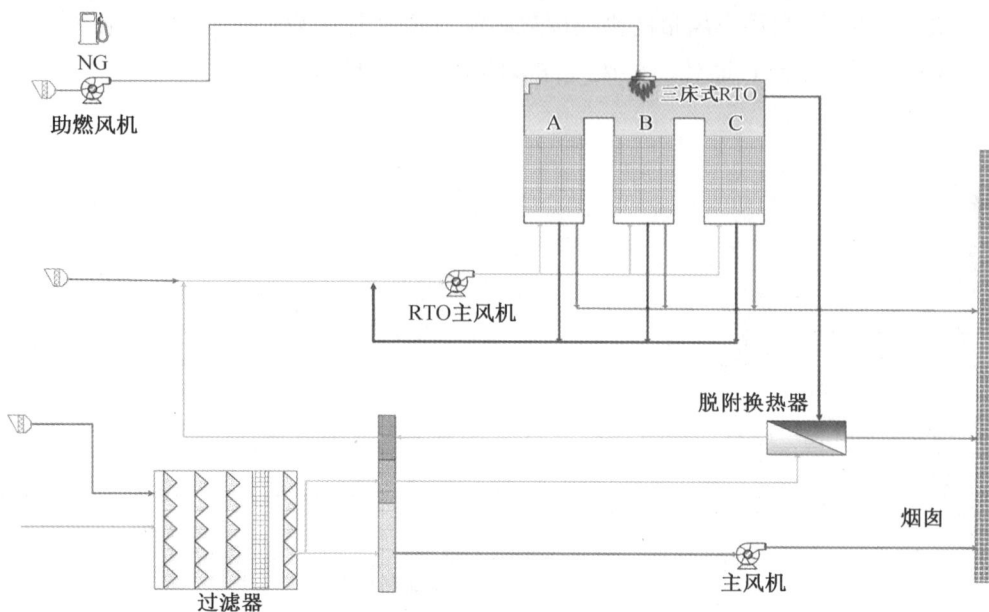

图 2　转轮+RTO

## 3　实际应用案例

### 3.1　案例1(转轮+CO)

某船企的 VOCs 治理改造项目为市区年度重点关注项目。在前期多方论证下,该船企最终选定工艺为"转轮+CO",新增工艺治理设备 20 多套,进出口配置先进的 FID 浓度检测装置,实时对设备进出口浓度进行监测。现已全部投产且运行近一年,设备处理效果达标且远低于地方标准,其间环保局、市人大、省人大、船舶行业等相关调研人员多次莅临,对设备外观、质量、安全及使用性能等给予一致好评。

### 3.2　案例2(转轮+RTO)

某船企,在项目治理工艺制定之初,考虑项目的重要性与影响性,为保证治理效果万无一失,相关部门及人员组织亦是对同行业各大船厂进行现场调研,收集各 VOCs 治理工艺特性、优劣势及实际推行后的情况信息,反复论证,以求最合适自己船厂的工艺路线,最终选定工艺为"转轮+RTO"并新增工艺废气治理设备多套。设备投产一年后,VOCs 治理设备出口 FID 在线监测设备实时记录的数据(第三方单位独立运维),出口浓度依旧达标排放,平均值约为 $20\ mg/m^3$,综合去除效率平均约为 98% 以上,VOCs 减量排放,远远高于相关规范要求。

### 3.3　工艺对比

催化氧化(CO)与蓄热燃烧(RTO),对比分析如表1所示。

表1　催化氧化与蓄热燃烧对比

| 对比项 | 催化氧化(CO) | 蓄热氧化(RTO) |
|---|---|---|
| 净化效率 | ≥98%(设计浓度下) | ≥98%(设计浓度下) |
| 系统维护 | 催化剂更换周期(3年) | 蓄热陶瓷更换周期(5年) |
| 占地面积 | 相对较小 | 略大 |
| 氧化温度 | 约300 ℃ | 约800 ℃ |
| 冷启动时间 | 约0.5 h | 约1.5 h |
| 投资成本 | 较低 | 中等 |
| 热回收效率 | 热回收效率~65% | 热回收效率~95% |

表1(续)

| 对比项 | 催化氧化(CO) | 蓄热氧化(RTO) |
|--------|-------------|---------------|
| 使用工况 | 适用间断性运行 | 连续运行 |
| 废气适用性 | 选择性 | 通用 |

两种工艺皆为成熟工艺,净化效率都可达到98%以上,可保证VOCs有效治理,废气达标排放。因此,在船舶行业中,两种工艺的选择,主要取决于实际使用需求及生产工况进行匹配选择,如果涂装作业比较间断,且每次使用时间亦不长,则建议选择催化氧化(CO)工艺,如果涂装作业比较连续或者使用的油漆中有特殊物质,则应考虑选择蓄热氧化(RTO)工艺。

# 4 工艺实际应用拓展

经以上对"沸石浓缩转轮吸附+热氧化"工艺的先进性、有效性及可靠性作出一定的阐述后,其VOCs治理设备实际投产使用的经济性,亦尤为重要,为有效减小设备运维成本,参考某公司实际项目应用案例,有如下措施。

## 4.1 智能云平台

通过VOCs智能监控云平台的搭设,运用数字化管理手段,可以实现远程监控VOCs设备的运行状态(图3)。通过大数据对能耗、排放及故障等进行分析,并对异常或故障告警通过微信推送和预判,监控中心依据处理预案,调配线上或线下资源,提供24小时全面的维护服务。

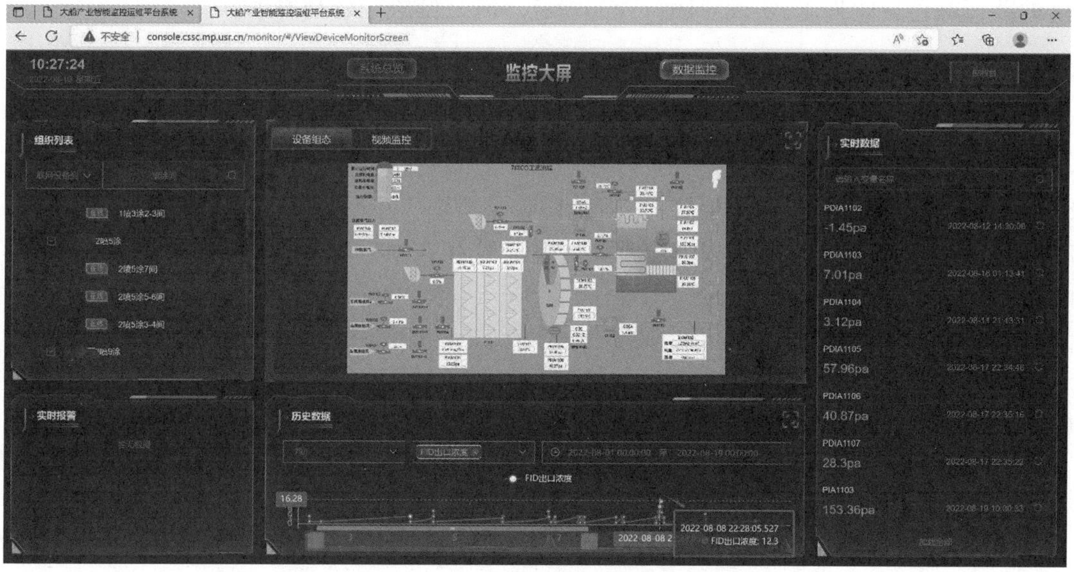

图3 智能云平台界面示例图

(1)能耗分析

可以对每次开机运行的数据进行分析,针对各个VOCs项目做出相应的报表,分析各个工序的能耗,进而更好分析能源的使用情况,做到能源的精细管理,达到节约耗能,减少损失,减少排放等目的。

(2)排放分析

实时记录VOCs设备的进口浓度、出口浓度、风量等数据,再进行云存储也可以导出到本地电脑。这样可以分析处理能力、处理效果等。

(3)故障分析

对设备的故障进行分析,对报警进行实时显示,可以推送给相关的运维和管理人员,以对设备的长期运行

提供保障

## 4.2 车间互通方案

在相邻两个涂装车间废气治理设备的排气管中间,增设一根互通管及控制阀门,使两套 VOCs 治理设备可联合使用,当两车间作业负荷低、排气 VOCs 浓度较低的情况下,通过阀门有效控制仅开一台 VOCs 设备,将两间喷涂间废气共同排入一台设备进行处理,这样有效降低了能耗。并且当其中一台设备维护保养或故障时,可用另一台设备进行应急废气处理。

## 4.3 间歇脱附方案

间歇脱附方案应考虑实际生产负荷极低的情况,结合多个船企实际设备应用经验,实现间歇脱附理念,节省能耗。

间隙脱附原理即系统设备在一定时间内仅吸附,不脱附,待达到程序设定条件后,对浓缩累积于沸石转轮上的 VOCs 废气进行脱附燃烧,这样可以明显节约电能及燃气能耗。某企业白天补涂亦要开启设备,造成运行能耗极大的浪费,在使用间歇脱附方案后,有效节约年度运行费用 70 余万元。

# 5 结语

船舶行业 VOCs 排放污染环节较多,且各环节中产生的 VOCs 形式特点、组分、浓度,所需处理废气风量皆不同。分段涂装环节在涂装车间内产生的 VOCs,其治理形式实为有组织 VOCs 治理,在"沸石浓缩转轮+热氧化"工艺的应用下,已得到有效治理。但与此同时,船舶分段合拢及密闭舱室涂装环节中的无组织 VOCs,也应结合实际现场生产工况与分段涂装中有组织 VOCs 治理经验,开发具有针对性、实用性、合理性、经济性的无组织 VOCs 治理设备,使船舶行业整体 VOCs 排放量的减排量再上一个台阶,提高船舶行业 VOCs 治理的综合水平,更大程度的践行绿色造船理念,实现船舶行业的绿色、环保、健康经营与发展。

## 参考文献

[1] 梁文英,杨姝宜. 工业 VOCs 治理技术研究[J]. 化工管理,2022(06):139-142.

[2] 吴晓东. 化工行业 VOCs 治理技术研究[J]. 化工管理,2021(33):26-27.

[3] 徐海红,赵晓宏,董振龙,等. 我国 VOCs 污染治理监管存在的问题及对策 [J]. 环境影响评价,2021,43(2):7-11.

# 基于大数据的船舶涂装 VOCs 治理设备智能运维平台的研究

## 陈 乐 刘新光 杜世兴 庞 林 卢俊杰

（中船大连造船厂产业发展有限公司）

**摘 要**：VOCs废气是有毒、有害的气体,释放在空气中不仅会造成严重的环境污染,而且人体若接触或吸入,将会给神经系统及造血功能带来严重危害,或者引发癌变及其他严重疾病甚至死亡。船舶企业一直以来是VOCs废气的排放大户,截至目前,中国船舶集团、中远海运重工等旗下各大船企已建设VOCs处理设备上千套。然而,VOCs废气处理设备的维护主要以传统的人工操作及巡检方式来实现。传统人工巡检下的设备运行数据记录不全面,无法预先发现潜在故障,运行能耗非常高,安全可靠性低,严重影响喷涂作业生产,这些问题亟待解决。本文提出以互联网、物联网、云计算等多种技术与传统的设备运维相结合的理念,实现VOCs废气处理设备的智能化运维。

**关键词**：物联网；云计算；智能运维；VOCs废气；大数据

## 0 引言

船舶涂装贯穿于整个造船过程,船舶的庞大与复杂,也给船舶涂装带来了许多问题。涂装管理的复杂性,涂装安全的重要性,涂料的多样性就要求涂装中的VOCs废气处理设备运行必须安全可靠,万无一失。传统的人工操作及巡检下的VOCs废气处理设备,运行成本非常高且安全可靠性极低。基于大数据的一体化智能运维平台,以一套通用平台为基础,解决运行及能源数据采集、现地PLC监控、现地视频智能识别、云平台数据分析、手机APP运维管理,五维一体的解决方案推动设备运维智能化。

## 1 传统运维与大数据运维的优缺点

运维管理的主要目的是保障VOCs废气处理设备运行的可靠性并降低风险,提高资产的利用率,降低能耗消耗和运维成本,提高运维服务水平以及环保设备的效率和效益。

### 1.1 传统运维存在的问题

传统运维存在的问题包括:日益增长的人力成本;运维管理标准化的诉求;运维服务效率低下;设备故障发现滞后,处理不及时、不到位,事后无诊断。

### 1.2 大数据运维系统特点

大数据运维系统特点包括:海量存储可以高效地存储、检索、调用任一时间采集的VOCs废气处理设备运行数据、报警信息及历史曲线;并联分析可以针对设备、指标、阈值等不同维度的数据进行关联性分析;阈值分析可以指定对任意指标进行,查看设置的管理策略是否合理,以及这些指标引起设备异常的概率;根源分析可以针对不同资源异常状态的根源分析,查看引起异常的指标类型及概率;健康评分可以对海量数据进行综合分析,给出每个资源的任一指标对于我们业务影响大小的量化参考值,并对资源进行健康度评分。

### 1.3 运维管理发展趋势

运维管理发展趋势包括以下几方面。经济性:资源如何有效利用,包括网络、空间、动力资源;如何缩减运行费用,包括能源、维护人员。灵活性:如何识别及降低过渡部署和冗余;如何灵活扩展容量(空间、风量和供电);如何更快响应业务。可用性:需要有效的数据分析以支撑决策和规划;如何实现系统一体化,统一协作、快速响应;如何满足大客户服务等级协议和自服务管理。

建设"集中化运维、一体化管理、智能化分析、流程化控制"的 IT 支撑系统,才能实现智能化运维的管理目标,减少运维人员和维护成本,优化资源管理,优化喷涂工况,优化控制工艺,从而提升运维效率。

## 2 智能运维系统结构

智能运维系统采用三层高可用的结构,既可以完成终端层数据采集,也可以完成现地数据采集,并可以将数据发送到云平台,如图1所示。

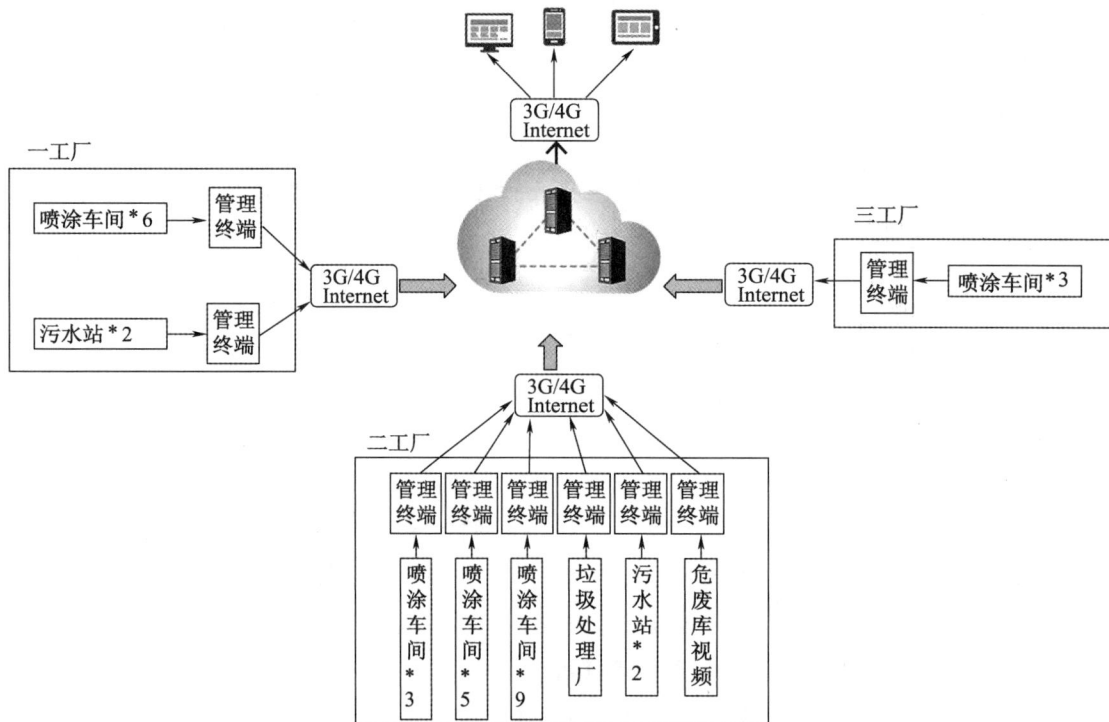

图1 智能运维系统结构示意图

### 2.1 数据采集结构

数据采集结构由三层模型构成,即设备数据采集层、云服务数据层和远程数据终端层。

设备数据采集层:设备侧模块式可组合测控方案,性价比高;测量信息全面,对运维工作可带来直接帮助;中国联通物联专网,通信网络稳定可靠。

云服务数据层:云端系统结构可扩展,性能不随系统规模扩大而下降;基于阿里云构建,可靠性高,扩展性强;利用大数据、云计算和现代互联网技术对 VOCs 设备进行远程智能监控服务。

远程数据终端层:各用户有独立的登录入口和界面;响应式设计,全面支持移动计算。

### 2.2 WEB 平台结构

WEB 系统结构分为数据感知层、通信服务层、数据处理层和数据展示层,如图2所示。

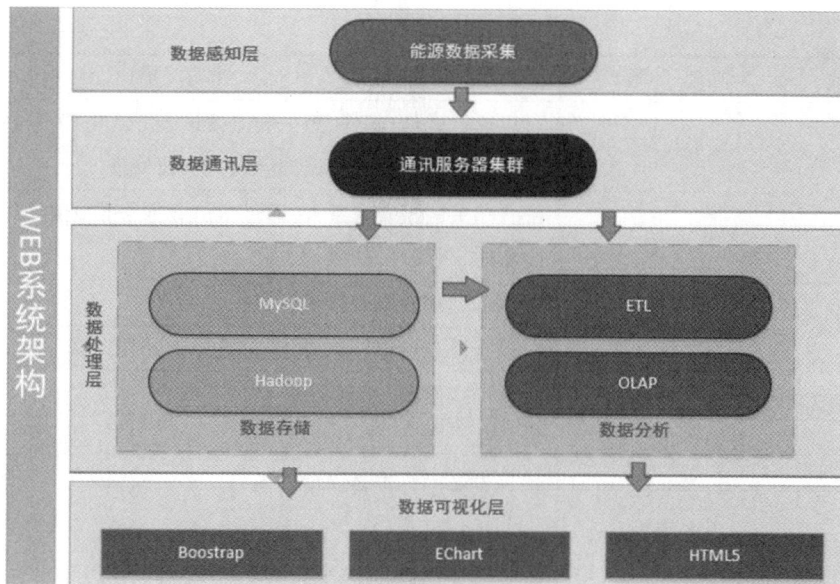

图 2　WEB 系统结构

## 2.3　平台功能结构

　　智能监控运维系统利用传感器技术实现故障预警,防患于未然;通过运行大数据分析,动态跟踪负载变化,分析减容空间,为用户提供个性化节能方案,提高用户用电效率;利用移峰填谷,智能电能质量分析,延长设备使用寿命,同时监控三相不平衡和漏电电流,优化工程质量,实现电能可视化,提高劳动生产效率,避免设备长期超负荷运转,可以达到现场无人值守,远程有人值班。具体功能如表 1 所示。

表 1　智能监控运维系统功能表

| 类别 | 功能模块 | 功能子项 | 功能描述 |
|---|---|---|---|
| 监控大屏 | 系统总览 | 地图 | 可以观察当前系统内所有的站点,以地图的形式显示站点的位置信息 |
| | | 组织列表 | 以列表的形式显示当前系统中所有站点的信息、站点名称和在线状态 |
| | | 联网设备统计 | 显示当前用户设备总数、在线设备数、离线设备数、报警设备 |
| | | 报警统计 | 显示今日报警数,已处理报警,今日未处理报警 |
| | 数据监控 | 设备组态 | 加载工艺流程图,工艺流程图与现场设备实时关联,实时在工艺流程图上反馈设备数据采集状态、设备运行状态、实时数据值和开关状态 |
| | | 视频监控 | 可以实时观看现场视频 |
| | | 实时数据 | 显示所有设备的实时采集值滚动刷新 |
| | | 历史曲线 | 实时采集的值,以曲线的形式显示 |
| | | 实时报警 | 实时显示当前站点已产生的告警数据和未处理的告警数据信息 |
| 数据中心 | 数据统计 | 设备在线统计 | 统计设备在线率 |
| | | 报表管理 | 可以选择变量选择循环周期按月、日、周导出表格 |
| | | 历史记录 | 实时采集的值,以曲线的形式显示,可以存储 1 年的数据 |
| | | 设备上下线 | 可以查看选定设备上线下线记录,上线下线时间 |
| | | 变量报警记录 | 查看近期设备报警、设备名称、报警变量、当前值、报警时间、当前状态、处理状态,点击处理可以选择是误报还是已处理,备注报警原因,方便以后报警查询记录 |
| | 系统日志 | 系统日志 | 可以记录所有账号的登录时间、登录事件、登录的设备,以便后期维护 |

表1(续)

| 类别 | 功能模块 | 功能子项 | 功能描述 |
|---|---|---|---|
| 数据中心 | 报警联动 | 报警配置 | 可以通过微信、邮件、短信和电话语音方式中的一种或多种发送报警通知,帮您及时得知监控数据的异常并快速处理 |
| | | 报警联系人 | 配置相关的报警联系人,通过微信服务号推送给相关的报警联系人,让其能实时了解设备状况 |
| 手机微信小程序 | 首页 | 今日未处理报警 | 展示未处理的报警数量 |
| | | 报警统计 | 可以查看今日报警数、报警总数和未处理报警 |
| | | 设备统计 | 查看离线设备、报警设备、设备总数 |
| | 管理 | 查看设备总数 | 选择设备进入设备详情页面 |
| | | 设备名称 | |
| | | 设备编号 | |
| | | 设备详情 | 数据模式:显示设备变量最后采集时间,可以手动立即采集选定变量<br>组态模式:显示与电脑端相同的显示画面 |
| | | 报警记录 | 显示当前设备的报警记录可以按指定时间筛选 |
| | | 历史数据 | 显示选定变量的历史数据 |
| | | 视频监控 | 可以实时查看当前设备间对应的实时视频 |
| | 通知 | 报警数 | 选定时间里当前账号下说以报警信息详情,对报警进行处理,输入报警原因与电脑端同步显示,方便以后报警导出和查询 |
| 微信公众号推送 | 报警等信息推送 | 信息推送 | 可以对需要报警信息的指定人推送报警信息,做到随时随地了解设备是否正常运行 |

# 3 智能运维系统优点

为了满足VOCs废气处理设备的运行要求,达到对设备的全方位监控,使运维人员做出反应,采取措施,并对相关设备进行集中监控、集中维护和集中管理。智能监控运维平台具备以下优点。

(1)标准化

整个监控系统的设计符合国家标准或国际标准。系统软件、硬件均采用标准化设计,提供开放的接口,可与不同供应商的设备及软件系统互联互通。

(2)稳定性

能源数据采集器采用嵌入式实时Linux操作系统和专用的硬件结构,其性能稳定可靠,可保证系统整体的稳定,尤其适合在环境比较复杂、可靠性要求较高的环境中运行。WEB系统平台采用J2EE业内专业级的开发框架,能满足大数据采集、大容量数据存储和高并发的数据访问请求。

(3)经济性

系统开发运行平台均采用当今最为通用的各种操作系统和开发工具,充分利用了我们在其他监控领域中成功应用的中间件和模块,大大减少了在系统平台方面的投入,具有极高的性价比。

(4)先进性

系统基于组态软件的设计理念,以一套通用平台为基础,解决了运行及能源数据采集、现地PLC监控、现地视频智能识别、云平台数据分析、手机APP运维管理。这种五维一体的解决方案推动设备运维智能化。

(5)扩展性

整个系统具有进一步扩展功能的能力,可以很好地适应现代智能管控的需求;保证用户在系统上进行有效的开发和使用,并为今后的发展提供一个良好的环境;可充分利用和保护现有网络资源便于当前以及以后的扩建;平台服务器具备扩展和堆叠能力,便于不同级别的中心整合与扩建,系统必须具有很强的监控点数、存储空间扩容能力。

(6)实用性

系统以实时数据库为依托,可多用户、多画面实时监控、远程控制,可连接多种报警设备完全满足用户的监控要求。

(7)安全性

控系统安全性在管理中是关键问题之一,安全性分为数据安全、信息安全和分级授权,在这三方面上有如下要求。

①数据安全:对数据进行多级别、分布式的存储,数据不容易受到破坏。数据的 AES 加密机制,设置专用防火墙,保证数据在网络传输过程中的安全,不会被截获、篡改和利用;

②信息安全:所有配置信息、管理信息、日志信息均存放在中心数据库,实行信息集中管理;

③分级授权:对下属管理员的应用功能、访问范围进行授权。由下属管理员对所属机构操作员的应用功能、访问范围进行授权和管理。

## 4 结束语

智能监控运维平台通过互联网、物联网、云计算等多种技术与传统的设备运维相结合,实现 VOCs 废气处理设备的智能化运维。智慧电力智能运维可以做到集中调度:通过云端、移动端的信息融合,远程集中调度运行维护人员,大幅提高信息知晓率、人员调度管理效率,缩短维修、抢修周期。设备管理:运行参数、运行环境、故障报警、设备参数、维修历史、人员信息、供应商信息等多种参数统一有机结合,支撑管理层制定针对性的投资、运营、管理策略,为客户创造出智慧修建的绿色消费力和价值。

## 参考文献

[1] 叶枝平,苏立伟,杨秋勇,等.基于大数据平台的营销监控自动化运维探索研究[J].电子世界,2019,580(22):32-34.

[2] 王元杰,张贺,杨宏博,等.基于人工智能和大数据分析的传送网智能运维模式研究与应用[J].通信世界,2020(31):33-35.

[3] 张树晓.基于大数据平台的新能源智能化运营监管技术[J].分布式能源,2022,7(01):74-82.

# VOCs 处理系统应用研究

## 郑晓明　孟　强　董静炜　魏宝华

（大连船用柴油机有限公司）

**摘　要**：为保护环境，满足国家环保要求，改善喷漆作业环境，大多数企业都会引进了 VOCs 挥发性有机物处理设备，用以处理喷涂作业产生的有机废气。本文从市面上先进的、常用的 VOCs 处理系统结构原理出发，详细地介绍了该系统的具体应用过程。

**关键词**：废气；环保；参数；控制；结构

## 1　前言

为达到国家及地方相关环保法规排放标准，同时最大限度减轻废气对环境的污染，我公司新增了一套 VOCs 处理系统及相应的配套设施，对喷涂作业产生的有机废气进行处理。为了该套设备能够最好适应作业工况，发挥其最好功效，本文从设备结构原理出发，对 VOCs 处理系统参数选定、处理工艺流程、结构布置等方面进行了全方面应用研究及探讨。

## 2　项目概述

### 2.1　项目介绍

我公司有机废气主要来源于船用低速柴油机的机座、机架的涂装作业，通过检测、测量计算，得出废气参数如表1所示。

表 1　废气参数表

| 序号 | 名称 | 数值 | 单位 | 备注 |
|---|---|---|---|---|
| 1 | 废气来源 | 低速柴油机的机座、机架涂装作业 | | |
| 2 | 废气流量 | 40 000 | Nm³/h | |
| 3 | 废气温度 | 25 | ℃ | |
| 4 | 废气组分 | 松香水、二甲苯、乙苯、正丁醇、轻芳烃石脑油 | | |
| 5 | 废气相对湿度 | 约80% | RH | |
| 6 | 废气浓度 | 约600 | mg/m³ | 设计浓度 |
| 7 | 入口静压 | 0 | Pa | 风机吸风 |
| 8 | 设备位置 | 室外 | | 非防爆区 |

## 2.2　环保要求

满足 DB21/3160-2019 辽宁省地方标准《工业涂装工序挥发性有机物排放标准》(表2)。

表 2　辽宁省地方标准 ( DB21/3160-2019 )

| 行业 | 车间/生产设施 | 项目 | 标准排放浓度 ( mg/m³ ) | 最高允许排放速率 ( kg/h ) | | | |
|---|---|---|---|---|---|---|---|
| | | | | 15 m | 20 m | 30 m | 40 m |
| 船舶 | 室内涂装 | 苯 | 1 | 0.3 | 0.7 | 1.8 | 3.2 |
| | | 甲苯 | 3 | 0.6 | 1.2 | 3.2 | 5.8 |
| | | 二甲苯 | 25 | 0.6 | 1.2 | 3.2 | 5.8 |
| | | 苯系物 | 45 | 1.5 | 3.0 | 8.0 | 15 |
| | | TVOCS | 90 | 3.6 | 7.2 | 19 | 35 |
| | | NMHC | 70 | 2.7 | 5.4 | 14 | 26 |

## 2.3　废气特点

我公司喷涂作业排放废气具有如图 1 所示的特点。

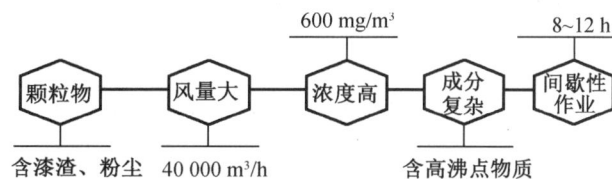

图 1　废气排放特点

## 3　废气处理工艺及设备参数选定

通过市场调研,同时结合我公司实际工况,最终决定所引进的 VOCs 处理系统采用先进的"沸石转轮吸附浓缩+脱附+催化氧化燃烧"的工艺,该工艺利用沸石表面积大和不同温度条件下分子间作用力不同的原理进行设计。低温条件下,大风量的有机废气通过沸石分子筛转轮,VOCs 分子吸附其表面,经过沸石转轮的废气通过烟囱直接排放。吸附有大量 VOCs 分子的沸石转轮部分进入高温脱附区,利用小风量的高温废气将沸石转轮上的 VOCs 分子脱附出来,形成高浓度废气,送入后端的催化氧化系统处理,净化后的废气由烟囱直接排放。

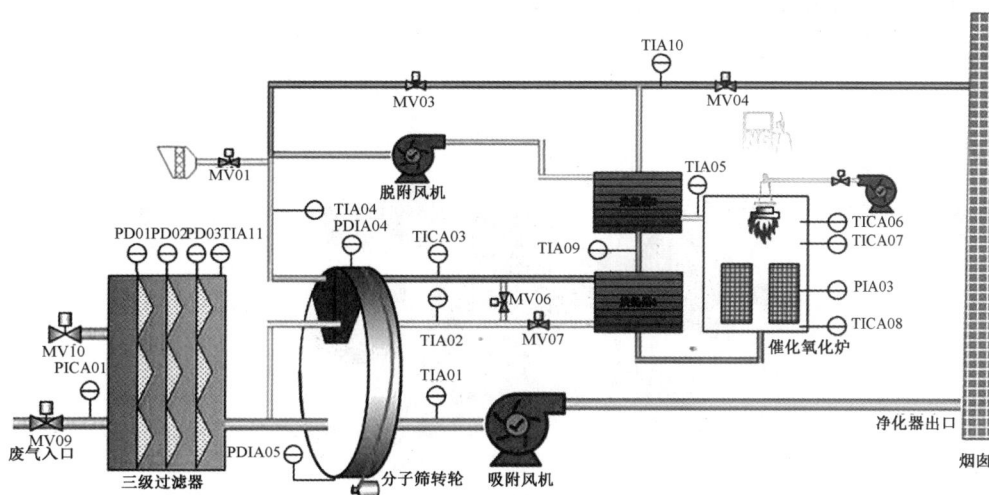

图 2　废气处理工艺简图

根据废气浓度、特点、环保要求、作业空间、作业时长等因素,最终确定 VOCs 处理系统参数如表 3 所示

表 3  涂装间 VOCs 治理设备技术参数表

| 序号 | 项目 | 单位 | 数值 | 备注 |
|---|---|---|---|---|
| 1 | 处理负荷 | $m^3/h$ | 40 000 | 设备室外放置 |
| 2 | 废气浓度 | $mg/m^3$ | 600 | 峰值 |
| 3 | 沸石转轮数量 | 套 | 1 | |
| 4 | 沸石转轮浓缩系统吸附效率 | % | 95 | VOCs 峰值浓度 |
| 5 | 燃烧治理系统净化效率 | % | 95 | VOCs 峰值浓度 |
| 6 | 工作时间 | h | 10~11 | 喷涂 2~3 h、晾干 8 h |
| 7 | 废气温度 | ℃ | ≤40 | 常温 |
| 8 | 催化氧化单元处理负荷 | $m^3/h$ | 3 000 | |
| 9 | 催化剂 | 组 | 1 | Pt/Pd 贵金属催化剂 |
| 10 | 电加热器功率 | kW | 140 | |
| 11 | 吸附风机功率 | kW | 55 | |
| 12 | 压缩空气 | MPa | 0.5~0.7 | 气动阀门 |
| 13 | 喷淋系统 | Bar | 2~3 | 转轮消防 |

## 4  设备构成

### 4.1  前处理单元

因喷涂废气中含有大量的漆雾,同时含有少量粉尘,这都会造成漆雾将在沸石转轮上积累,短时间内将降低沸石转轮的净化效率,所以就需要在转轮前加装前处理单元。前处理单元主要由多级干式过滤器组成,由于现场空间限制,该单元采用模块化设计,压差变送器报警,以便于安装及维护。

### 4.2  吸附浓缩单元

沸石转轮吸附浓缩系统利用吸附—脱附浓缩—冷却这一连续性过程,对 VOCs 废气进行吸附浓缩,如图 3 所示。其基本原理如下:沸石转轮分为吸附区、脱附区和冷却区三个功能区域,各区域由耐热、耐溶剂的密封材料分隔,沸石转轮在各个功能区域内连续运转。废气通过前置的过滤器后,送至沸石分子筛转轮的吸附区,在吸附区(吸附区面积为 S1)有机废气中 VOCs 被沸石吸附除去,有机废气被净化后从沸石转轮处理区排出。吸附在转轮中的 VOCs 分子在脱附区(脱附区面积为 S2)经过约 200 ℃小风量的热风处理而被脱附浓缩,再生后的沸石转轮在冷却区被冷却,经过冷却区的气体,经过加热后作为再生气体使用。

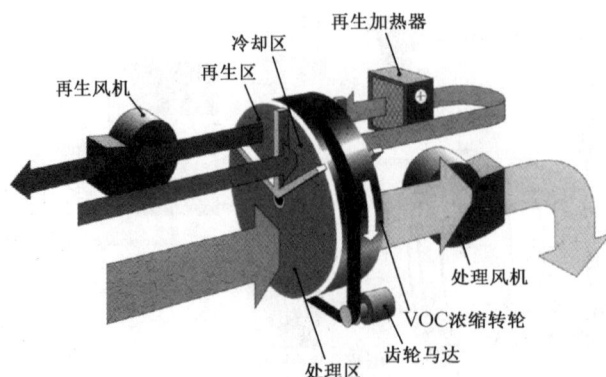

图 3  吸附浓缩单元

## 4.3 催化氧化单元

浓缩后的废气由脱附风机送入催化氧化单元,借助催化剂的催化燃烧技术可以在较低温度(300~500 ℃)下实现对 VOCs 95% 以上去除效率,反应完全,生成 $CO_2$ 和 $H_2O$,是一种非常节能和高效的废气处理技术之一。借助催化剂可使有机废气在较低的起燃温度条件下发生无焰燃烧,并生成 $CO_2$ 和 $H_2O$,同时放出大量热。其反应化学式为

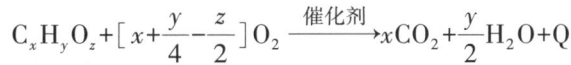

$$C_xH_yO_z + \left[x + \frac{y}{4} - \frac{z}{2}\right]O_2 \xrightarrow{\text{催化剂}} xCO_2 + \frac{y}{2}H_2O + Q$$

催化氧化炉结构如图 4 所示。

图 4  催化氧化炉结构示意图

## 4.4 安全系统

因废气中含有大量可燃物,因此 VOCs 处理系统中需要设计防火、防焖燃的安全系统以确保使用安全。安全系统主要由防火阀、转轮防火喷淋系统、催化氧化炉泄爆片组成。

## 4.5 控制系统

控制系统采用 PLC 控制,可实现全自动运行。HMI 触摸屏工艺实时显示系统阀门、风机状态、温度、压力等参数,可实现手动/自动切换、分权限进行参数设定、系统操作,同时具有提示报警、自动连锁、数据记录等功能,如图 5 所示。

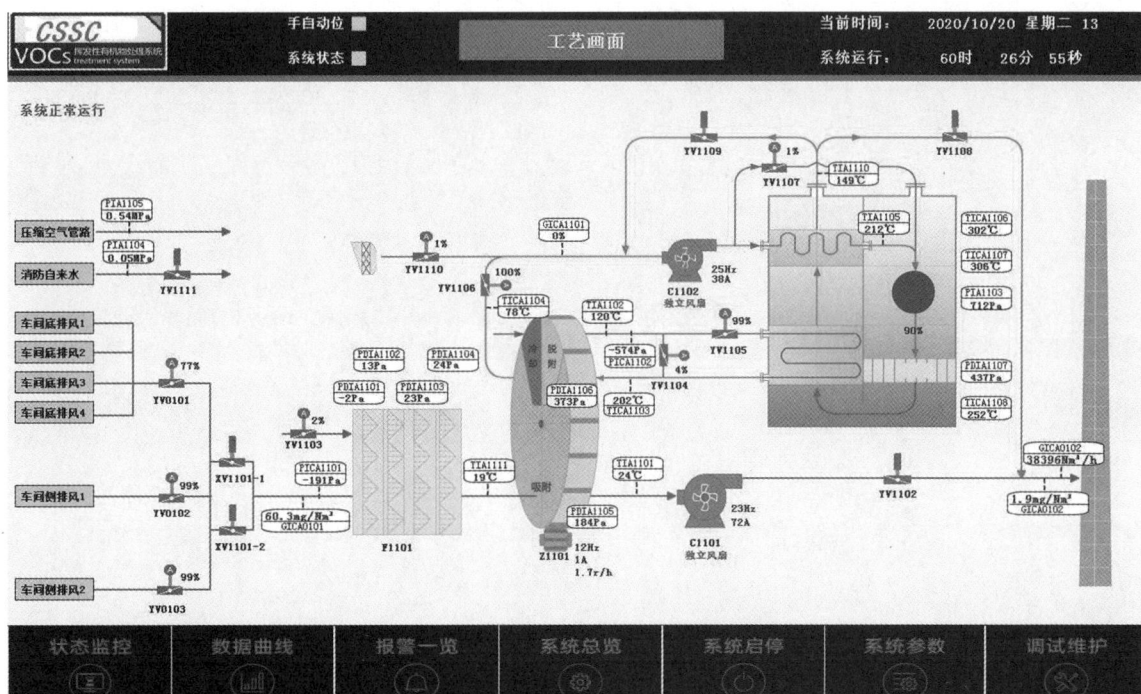

图 5  HMI 触摸屏工艺画面

## 5　结构布置

受场地空间限制,我公司 VOCs 处理系统采用双层模块化设计,下层布置前端过滤处理单元、沸石转轮吸附浓缩单元,上层布置催化氧化单元,车间内布置设备控制系统,有效地使用了现场可利用空间,整体上达到实用、美观的目的,如图 6 所示。

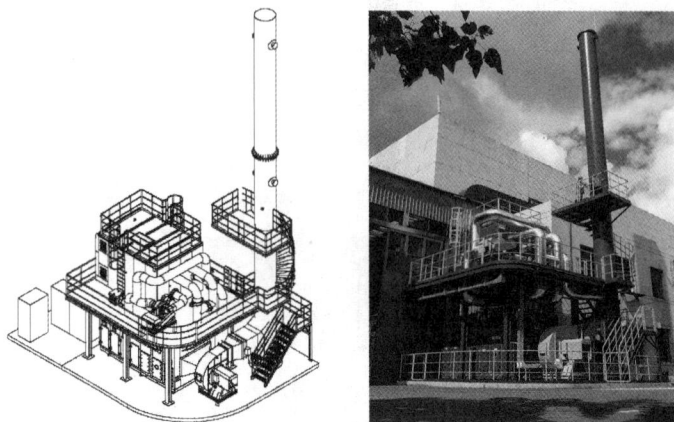

图 6　布置方案

## 6　结束语

通过对 VOCs 处理系统研究,可以最大限度地发挥引进设备的最大价值,使其规格参数、废气处理工艺、自控方式、布置方案等更加合理,达到了功能齐备、经济、节能、环保、节省空间等诸多目的。

# 基于沸石浓缩转轮和催化氧化的船舶涂装 VOCs 智能处理环保设备

## 刘新光　王　宇　姜传宝

（中船大连造船厂产业发展有限公司）

**摘　要**：打赢蓝天保卫战，是党的十九大做出的重大决策部署，挥发性有机物（VOCs）自 2010 年首次被提为国家层面大气污染治理的重点污染物，相关治理标准和治理工作的推动不断加速。船舶制造业中喷涂废气是造成大气污染的主要因素之一，本论文主要通过沸石浓缩转轮和催化氧化处理工艺，进行船舶制造厂喷涂废气的处理与优化，避免船舶喷涂过程对周围环境的破坏，还子孙后代一片碧海蓝天！

**关键词**：沸石浓缩转轮；催化氧化；智能云平台；VOCs 废气

## 0　引言

随着环保法规要求愈来愈严，我国对 VOCs 废气排放陆续颁布各项严苛的法律法规要求，在天津、上海、大连、扬州等地，要求企业对 VOCs 排放口安装在线检测设备，并与政府环保部门监测平台联网，实时监测企业 VOCs 排放情况。这就要求 VOCs 处理设备能高效、稳定地运行。本文主要针对船舶制造业大型船舶分段涂装车间、钢材预处理线、分段合拢外板涂装及船舶密闭舱室等 VOCs 废气处理设备——沸石浓缩转轮和催化氧化的一体化智能 VOCs 处理系统的工艺设计、外观设计及智能控制进行浅析，为同行提供借鉴。

## 1　VCOs 处理工艺

废气末端净化设备采用"沸石转轮浓缩+催化氧化"的工艺，利用沸石比表面积大和不同温度条件下分子间作用力不同的原理进行设计。低温条件下，大风量的有机废气通过沸石转轮，VOCs 分子吸附在其表面，经过沸石转轮的废气可直接排放。吸附有大量 VOCs 的沸石转轮部分进入高温脱附区，利用小风量的高温废气将沸石转轮上的 VOCs 分子脱附出来，形成高浓度废气，送入后端的废气氧化系统进行催化氧化处理，净化后的废气可直接排放。

### 1.1　VOCs 收集系统

车间 VOCs 排风口及收集风管重新设计，并设置压力传感器，采用"总风量+定静压控制法"的方式来控制车间的排风量，以保证喷漆房排风稳定、浓度可控。

### 1.2　多级漆雾过滤系统

由于废气中含有漆雾及粉尘等固体颗粒物，而沸石分子筛对废气的颗粒物的含量及粒径有严格的要求，因此要在沸石转轮之前设置过滤器。过滤材料采用多级中高效过滤器组成，使气体中，0.5 μm 以上的尘净化率≥99%。大船产业公司设计生产的过滤器属于模块化设计，它方便组合、安装拆卸，使设备具备良好的实施性。多级漆雾过滤系统如图 1 所示。

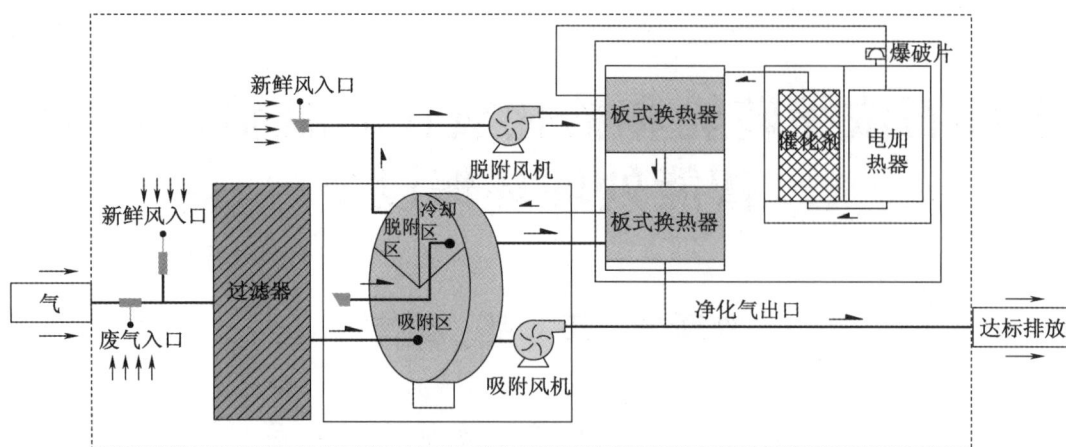

图 1　多级漆雾过滤系统

## 1.3　沸石转轮浓缩单元

废气经过滤后,进入到沸石转轮吸附。沸石转轮分成三个区域:一个吸附区域,占整个面积的 5/6,有机气体被吸附在蜂窝沸石中,洁净气体排出;占转轮 1/12 的区域为脱附区域,是用高温加热,将气体中的 VOCs 在高温下挥发出来;另占转轮 1/12 的区域为冷却区域,将常温废气通过转过来的高温区域进行冷却,产生的气体通过与换热器换热至 200 ℃进入脱附区域,形成脱附气体,进入 CO 催化燃烧设备进行处理。

## 1.4　催化氧化炉单元

经脱附的气体已形成较高浓度的有机气体,通过催化氧化分解后形成二氧化碳和水,以达标排放。

## 2　智能控制系统

沸石转轮浓缩系统吸附区进出口、脱附区进出口以及冷却出口设置温度在线监测,原始废气与焚烧系统电加热器供给连锁:当沸石转轮装置内温度高于设定值时,系统立即发出声光报警,并且自动进入新风模式,提醒操作人员对设备进行检查;当焚烧装置内温度超过设定最高温度时,立即发出报警信号,同时自动切断原始废气和焚烧系统电加热器,开启焚烧系统进入新风模式,温度控制采用 PID 方式,对控制的温度进行监测显示、控制,控制的范围可任意设定。

沸石转轮浓缩系统吸附区和脱附区设置压差在线监测,并设置两级报警,与原始废气和焚烧系统电加热器连锁。当压差达到一级报警值时,系统立即发出声光报警,提醒操作人员对该系统进行清洁;当压差达到二级报警值时,切断原始废气和电加热器,开启焚烧系统自动进入新风模式,系统停机。

沸石转轮浓缩系统转轮速度在线监测,确保转轮速度控制在设定范围,当转轮转速达到设定值时,系统立即发出报警信号,同时切断原始废气供给并切断电源使浓缩系统停止运行,开启焚烧系统自动进入新风模式,系统停机。提供转速限位器,当减速机扭矩过小时,可以将连接脱开,避免烧机。

沸石转轮浓缩系统 PLC 程序设置停车空脱和冷却程序。确保沸石转轮的安全性及吸附净化性能,沸石转轮在正常停车时,先对沸石转轮空脱一周(空脱温度和正常运行温度一致),然后进行冷却降温至设定温度。

沸石转轮浓缩系统吸附区出口、脱附区进出口设置水喷淋系统。确保沸石转轮的安全性,沸石转轮吸附区与脱附区温度超过安全设定值时,PLC 程序会自动开启水喷淋系统进行转轮保护。

沸石转轮浓缩系统入口设置新风阀。一是当进口废气温度、浓度过高时,通入新风以降低废气的温度。二是沸石转轮升温、空脱时抽新风。

沸石转轮外壁任意处温度 ≤ 环境温度+25 ℃,或≤50 ℃,如需布置隔热层,则隔热层折叠并捻缝,外保温有防风雨影响的措施。

沸石转轮系统出入口安装气动风阀,用于风量控制和切断,利用吸附风机变频调节吸附风量。

转轮脱附取自 CO 高温燃烧后的热风,能保证热侧温度不低于 300 ℃。脱附换热器选型分为两种工况:一是 300 ℃工况下保证转轮脱附温度;二是进废气后,热侧温度上升,通过脱附旁通阀调节脱附温度的稳定。此过程无需额外增加辅助热源。

沸石浓缩转轮出口排气较涂装房排气温度温升不大于 3 ℃。

## 3 智能云平台

大船产业智能云平台利用边缘采集器可以实现毫秒级采集上传,读取 PLC 的寄存器数据,可实现完全控制和所有运行数据的采集。大船产业智能云平台可以根据需要实现实时的报警推送、实时的运行数据展示等,为客户不同的需求提供定制,如图 2 所示。

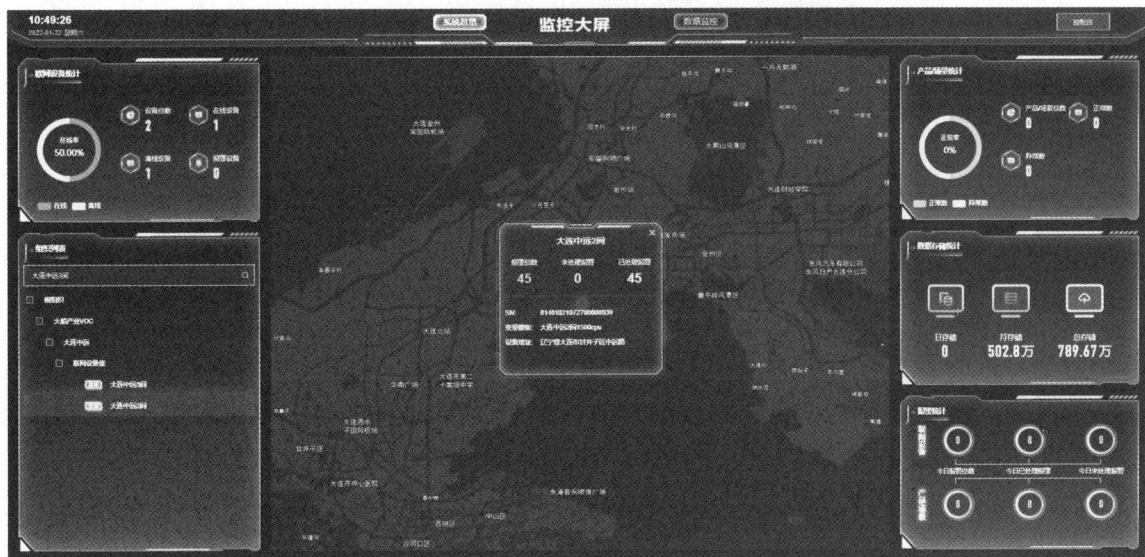

图 2 智能云平台监控

平台是将 VOCs 处理设备的信号接至云服务器,实现对站内设备运行情况的 24 小时实时监控,在设备出现问题时及时报警,并能有效消除隐患的维护方式。无人值守的智能维护模式也是今后的发展趋势。

### 3.1 能耗分析

平台对每次开机运行的数据进行分析,针对各个 VOCs 项目做出相应的报表,分析各个工序的能耗,从而更好地分析能源的使用情况做到能源的精细管理,达到节约耗能,减少损失,减少排放等目的。

### 3.2 排放分析

平台实时记录 VOC 设备的进口浓度、出口浓度、风量等数据,进行云存储也可以导出到本地电脑,可以分析处理能力,处理效果等。

### 3.3 故障分析

平台对设备的故障进行分析,对报警进行实时显示,并可以推送给相关的运维和管理人员,对设备的长期运行提供保障。

### 3.4 手机终端状态监控

平台支持微信小程序,可以随时查看报警状态、历史数据、视频监控、流程画面等。同时支持微信公众号推送报警信息,报警信息包括设备位置、设备名称、报警原因等。

## 4 优越的产品外观设计

不同颜色代表着不同的寓意和情感状态，针对船舶制造领域，蓝色象征着海洋的胸怀、海洋的美丽、海洋的宁静。因此，沸石浓缩转轮和催化氧化的一体化智能 VOCs 处理设备主色调为蓝色。黄色代表温暖、丰收和希望，同时在工程领域，黄色属于暖色调，比较显眼并具有警示作用，所以沸石浓缩转轮和催化氧化的一体化智能 VOCs 处理设备的安全通道，安全警示栏以及安全标识全部采用黄色设计。基于以上配色的设计理念，大船产业的 VOCs 处理设备受到甲方客户的一致好评，如图3所示。

图 3　产品外观

## 5 结束语

沸石浓缩转轮和催化氧化处理系统是目前较为先进和流行的处理喷涂工业废气的技术方案，广泛地应用于大型船舶分段涂装车间、钢材预处理线、分段合拢外板涂装及船舶密闭舱室等挥发性有机物（VOCs）治理。我们致力于为造船企业涂装 VOCs 排放治理提供最优方案，主推的"沸石转轮"吸附装置，以及"蓄热式氧化 RTO"和"催化氧化 CO"后端处理工艺，合理并有针对性地配置配套设备及智能化控制系统，设备应用后可将涂装作业产生的 VOCs 排放量降到最低限度，在国内造船领域取得了良好的应用效果，满足各地区环保排放最新标准；我们采用高效换热器，实现热能回收利用，更节能环保；我们采用 PLC 智能控制，基于自主开发的智能监控云平台大数据分析，优化参数设置，合理延长易耗品使用周期，降低设备能耗，有效节省运维成本。

## 参考文献

［1］　孔文杰，凌志斌. 沸石转轮吸附-热空气脱附催化燃烧在 VOCs 治理方面的应用［J］. 绿色环保建材，2019（1）：20-23

［2］　王国庆，孙剑平，吴锋，等. 沸石分子筛对甲醛气体吸附性能的研究［J］. 北京理工大学学报，2006（7）：643-646

［3］　刘相章，葛怀镇，王开锋，等. 浅谈高沸点有机物对沸石转轮的影响及应对措施［J］. 现代涂料与涂装，2019，22（12）：47-49

［4］　王汀，赵锋，邓晗. 工业产品的色彩设计特征［J］. 西北大学学报（哲学社会科学版），2010，40（02）：185-188.

［5］　杨振兰，王世昌. 论色彩的寓意与色彩词语的意义［J］. 山东行政学院学报，2019（05）：109-114

# 基于大箱船用低速柴油机两段曲轴连接及找正的关键技术研究应用

## 王清波　张军伟　郭书伟　张卫彬

（大连船用柴油机有限公司）

**摘　要**：本文通过 16 000TEU 大箱船应用的目标机型 9X92-B 主机在主机厂试验台应用的两段式曲轴采用找正、连接方案，详细介绍两段曲轴找正、连接方案的选择应用；重点进行方案选择的计算验证。其中，介绍首次采用液压紧配螺栓在两段式曲轴连接应用上的安装工艺的开发，为以后超大型主机两段式曲轴连接、找正提供了一个很好的技术应用方案，这不仅保证了超大型主机试车台的运行安全，而且保证了试车后拆卸两端曲轴紧配螺栓孔的完好，同时提高了生产效率。

**关键词**：两段曲轴；找正；连接；关键技术；研究应用

## 1　前言

近几年，集装箱船运价大幅提高，船东造船市场热情大幅提高，尤其是大型集装箱船。我公司承接了为 16 000 TEU 大型集装箱船配备的 9X92-B 船用主机的生产建造任务。为了能够更好地完成大箱船用低速柴油机的高质量建造，提升公司建造水准和公司的综合竞争力。我们积极寻求突破，针对大箱船主机的关键装配技术进行研究，尤其是主机曲轴试验台的装配找正技术。

曲轴是船用柴油机的关键核心重要部件，以往我司建造主机曲轴应用的是整体式。而将要建造为 16 000 TEU 大型集装箱船配备的 9X92-B 船用主机曲轴设计采用的是两段式的连接，对我公司来讲是首次。因此既要实现两段式曲轴在试验台装配找正连接，还要保证主机的试车安全运行、主机拆卸式的分段发运。同时，拆卸的过程中不能损伤两段曲轴连接的紧配螺栓孔以及两段式连接的法兰端面。专利公司设计的两段式曲轴连接是用 24 个紧配螺栓连接，这是针对船厂复装以及航运运行设计的，与我公司试验台的装配连接找正并不是完全相同的。为了保证两段式曲轴找正、连接能够高质量地完成，保证试验台主机安全运行，实现大箱船主机的高质量生产和建造，针对基于大箱船用低速柴油机两段曲轴装配及找正关键技术研究应用因此至关重要。

## 2　两段曲轴连接方案的选择

### 2.1　总体方案

通过详细解读 16 000 TEU 大型集装箱船配备的 9X92-B 船用主机技术规格参数、两段式曲轴的相关技术文件以及图纸等相关的技术要求，以掌握 9X92-B 船用主机两段曲轴连接的施工重点和施工难点，确定 9X92-B 船用主机两段曲轴连、找正方案，研制大箱船用低速柴油机两段曲轴装配找正工装和两段曲轴连接的液压紧配螺栓,使曲轴对中和连接。这不仅保证试验台的连接装配顺利进行,而且保证了主机的试车安全运。目标是实现装配试车,试车结束后拆除,并用于后续超大型柴油机的分段曲轴连接和试车;实现工序的合理细化和优化,最终研发形成紧密贴合现场实际生产的两段式曲轴装配连接工艺;有效地指导施工现场进行曲轴连接施工作业,清晰的展示两段式曲轴连接施工内容(曲轴连接要求,找正方法,连接方法,关键施工及技术要求)。这样就保证了大箱船主机试验台试车安全运行;提升了整个大箱船主机装配能力和装配水平;切实地提升公司的船用柴油机质量;提升公司的工艺水平;提升公司的软实力和综合竞争力。

## 2.2 具体应用方案

通过 9X92-B 船用主机两段曲轴连接方案进行确定,通过对连接的 24 组螺栓进行多种方案的分析,初步确定采用研发 8 组中间锥套式涨紧液压紧配螺栓和 16 组工艺螺栓,来确定是否满足主机传递功率和扭矩的需求。具体方案图如图 1 所示。

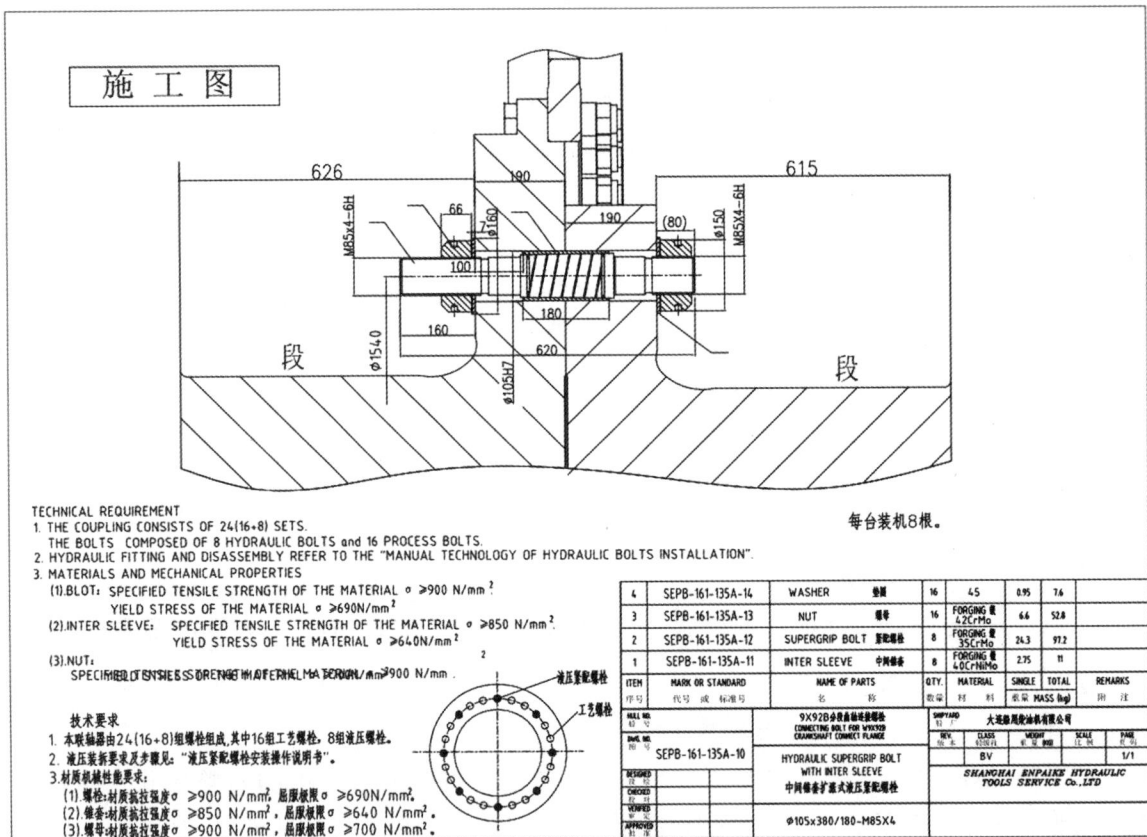

图 1　两段曲轴连接方案图

## 2.3 应用 8 组中间锥套式涨紧液压紧配螺栓和 16 组工艺螺栓方案的计算验证

按照 9X92-B 主机进行计算,计算如下:

### 2.3.1 计算参数

传动参数

主机最大极限功率:

$$N_e = 70\ 950\ \text{kW}$$

最大极限功率时轴转速:

$$n_e = 80\ \text{r/min}$$

极限转速下的扭矩:

$$T_0 = 9\ 550 XP/ne = 8.469 \times 10^9\ \text{N} \cdot \text{mm}$$

结构参数

液压紧配螺栓数：

$$Z_1 = 8$$

法兰连接孔中心节圆直径：

$$D = 1\,540\ \text{mm}$$

紧配螺栓螺纹：

$$D_{B1} = M85$$

紧配螺栓孔直径：

$$d_H = 105\ \text{mm}$$

紧配螺栓承受剪切面的数量：

$$m = 1$$

A 型紧配螺栓后端法兰孔与中间锥套最小配合长度：

$$l_1 = 84\ \text{mm}$$

工艺螺栓数：

$$Z_2 = 8$$

工艺螺栓直径螺纹：

$$D_{B1} = M95$$

技术参数

紧配螺栓材料抗拉强度：

$$\sigma_{b1} = 900\ \text{N/mm}^2$$

中间锥套材料抗拉强度：

$$\sigma_{b2} = 850\ \text{N/mm}^2$$

紧配螺栓材料屈服极限：

$$\sigma_{s1} = 690\ \text{N/mm}^2$$

中间锥套材料屈服极限：

$$\sigma_{s2} = 720\ \text{N/mm}^2$$

螺母材料屈服极限：

$$\sigma_{s3} = 700\ \text{N/mm}^2$$

中间锥套材料最大许用剪应力：

$$[\tau_{max}] = \sigma_{s2}/n \cdot 0.7, n\ \text{取}\ 1.2$$

$$[\tau_{max}] = \sigma_{s2}/n \cdot 0.7 = 720\ \text{N/mm}^2/1.2 \cdot 0.7 = 420\ \text{N/mm}^2$$

中间锥套材料最大许用比压：

$$[p_{max}] = 552\ \text{N/mm}^2$$

工艺螺栓材料抗拉强度：

$$\sigma_{b4} = 900\ \text{N/mm}^2$$

工艺螺栓材料屈服强度：

$$\sigma_{s4} = 690\ \text{N/mm}^2$$

工艺螺母材料屈服极限：

$$\sigma_{s5} = 639\ \text{N/mm}^2$$

中间参数

船用柴油机动力装置安全参数：

$$K = 2.8$$

联接法兰材料系数：

$$\alpha = 1.0$$

### 2.3.2 剪切载荷强度校核

由于本例的特殊工况,是通过8根液压螺栓承受部分横向剪切载荷和16根工艺螺栓组预紧后产生的端面摩擦力来传递扭矩。

(1)螺栓组承受的横向剪切载荷($R$)

$$R = [\tau_{max}] \cdot \pi d_{H2} \cdot \alpha / 4 = 3.636\ 8 \times 10^6\ N$$

所以,$R < R_{max}$,螺栓横向剪切载荷满足要求。

(2)中间锥套承受剪切载荷校核计算

中间锥套承受的剪切载荷由下式计算:

$$\tau = 4R / (m \cdot \pi d_{H2}) = 279.6\ N/mm^2$$

所以 $\tau < [\tau_{max}]$,中间锥套承受的剪切载荷满足要求。

(3)M85x4 液压螺栓组预紧力与预紧力矩

轴向预紧力:

$$F_1 = K_1 K_2 A \sigma_{s1} = 1\ 843\ 300\ N$$

式中　$K_1$——预紧力系数,$K_1 = 0.50 \sim 0.59$;

　　　$A$——螺栓标称受压面积。

所以 $F_1 = 1\ 843\ 300\ N$

理论预紧力矩:

$$T = 0.2 \cdot F \cdot D_B / 1\ 000 = 31\ 336.1\ N \cdot m$$

(4)紧配螺栓组传递的扭矩 $T_{s1}$

紧配螺栓组能传递的最大扭矩可由下式计算:

$$T_{S1} = Z_1 \cdot 0.5D \cdot (R_{max} + 0.15F_1)$$

曲轴紧配连接螺栓能承受的扭矩:

$$T_{S1} = Z_1 \cdot 0.5D \cdot (R_{max} + 0.15F_1) = 2.410\ 6 \times 10^{10}\ N \cdot mm$$

本例紧配螺栓所需传递的最大安全扭矩为:

$$T_{0max} = K \cdot T_0$$

曲轴液压紧配螺栓:

$$T_{0max} = K \cdot T_0 = 2.371\ 3 \times 10^{10}\ N \cdot mm$$

因此 $T_{S1} > T_{0max}$,所以在2.8的安全系数下,8组紧配螺栓组传递的扭矩满足要求。

### 2.3.3 工艺螺栓载荷强度校核

(1)M95x4 工艺螺栓组轴向预紧力

已知安装扭矩:$T_2 = 22\ 000\ N \cdot m$

预紧力系数:$K_3 = 0.14$

已知预紧力的螺纹副轴向预紧力:

$$F_2 = 1\ 000 \cdot T_2 / [(D_{B2} - 4 \cdot 0.649\ 5) \cdot K_3] = 1.700\ 6 \times 10^6\ N$$

(2)工艺螺栓组传递的扭矩 $T_{s2}$

工艺螺栓组预紧后曲轴法兰面产生的摩擦力,能传递的最大扭矩可由下式计算:

$$T_{S2} = Z_2 \cdot 0.5D \cdot (\mu F_2)$$

钢与钢摩擦系数 $\mu$ 取 0.15

工艺螺栓组能承受的扭矩:

$$T_{S2} = Z_2 \cdot 0.5D \cdot (\mu F_2) = 3.142\ 8 \times 10^9\ N \cdot mm$$

本例所有螺栓组可传递的最大扭矩为:

$$T_{Smax} = T_{S1} + T_{S2} = 2.724\ 9 \times 10^{10}\ \text{N} \cdot \text{mm}$$

极限工况分段曲轴扭矩为：

$$T_{0S} = T_0 = 8.469\ 0 \times 10^9\ \text{N} \cdot \text{mm}$$

所以 $S_{安} = T_{smax} / T_{0S} = 3.2$

由此可见，本例有 3.2 倍的安全系数，超过要求的 2.8 倍。

2.3.4　中间锥套承受挤压校核计算

中间锥套所承受挤压可由下式计算：

$$P = R_{max} / (d_H \cdot l)$$

因此，A 型法兰联结螺栓所承受挤压：

$$p_1 = 412.334\ 0\ \text{N/mm}^2$$

所以，$p_1 < [p_{max}]$，中间锥套承受挤压满足要求。

2.3.5　M95X4 螺母强度校核计算

（1）螺母相关术参数：

螺纹小径

$$d_1 = 90.67\ \text{mm}$$

螺距

$$t = 4\ \text{mm}$$

螺母内螺纹长度

$$L = 80\ \text{mm}$$

螺母内螺纹有效长度

$$H_1 = 74\ \text{mm}$$

螺母轴向预紧力

$$F_2 = 1\ 700\ 600\ \text{N}$$

螺纹牙根宽度

$$b = 3.48\ \text{mm}$$

螺纹有效旋合圈数

$$z = 18.5$$

螺纹牙公称工作高度

$$h = 2.165\ \text{mm}$$

（2）螺母螺纹强度校核计算：

①螺母螺纹剪切应力校核

例如，$F = 1\ 700\ 600\ \text{N}$，则

$$\zeta = F / (Kz \cdot \pi \cdot d_1 \cdot b \cdot Z) = 165.595\ 954\ 08\ \text{N/mm}^2$$

"$f$" 为允许抗剪强度系数；本例中，$f = 2.5$，则

$$[\zeta] = \sigma_{S5} / f = 255.65\ \text{N/mm}^2$$

因此，$\zeta < [\zeta]$，液压螺母抗剪切强度满足要求，是安全可靠的。

②螺母螺纹弯曲强度校核计算

本例中，$F = 1\ 843\ 300\ \text{N}$，则

$$\sigma_w = 3F \cdot h / (kz \cdot \pi \cdot d_1 \cdot b_2 \cdot Z) = 309.06\ \text{N/mm}^2$$

"$n$" 为螺母弯曲强度系数，本例中，$n = 1.35$，则

$$[\sigma_w] = \sigma_{s5} / n = 473.33\ \text{N/mm}^2$$

因此，$\sigma_w < [\sigma_w]$，螺母抗弯曲强度满足要求，是安全可靠的。

### 2.3.6 M85x4 螺母强度校核计算

螺母相关术参数：

螺纹小径

$$d_1 = 80.67 \text{ mm}$$

螺距

$$t = 4 \text{ mm}$$

螺母内螺纹长度

$$L = 66 \text{ mm}$$

螺母内螺纹有效长度

$$H_1 = 60 \text{ mm}$$

螺母轴向预紧力

$$F_2 = 1\ 843\ 300 \text{ N}$$

螺纹牙根宽度

$$b = 3.48 \text{ mm}$$

螺纹有效旋合圈数

$$z = 18.5$$

螺纹牙公称工作高度

$$h = 2.165 \text{ mm}$$

螺母螺纹强度校核计算：

①螺母螺纹剪切应力校核

例如，$F = 1\ 843\ 300$ N，则

$$\zeta = F/(Kz \cdot \pi \cdot d_1 \cdot b \cdot Z) = 248.814\ 429\ 9 \text{ N/mm}^2$$

"$f$"为允许抗剪强度系数；本例中，$f = 2.5$，则

$$[\zeta] = \sigma_{s5}/f = 280 \text{ N/mm}^2$$

因此，$\zeta < [\zeta]$，液压螺母抗剪切强度满足要求，是安全可靠的。

②螺母螺纹弯曲强度校核计算

本例中，$F = 1\ 843\ 300$ N，则

$$\sigma_w = 3F \cdot h/(kz \cdot \pi \cdot d_1 \cdot b_2 \cdot Z) = 464.382\ 104 \text{ N/mm}^2$$

"$n$"为螺母弯曲强度系数，本例中，$n = 1.35$，则

$$[\sigma_w] = \sigma_{s5}/n = 518.52 \text{ N/mm}^2$$

因此，$\sigma_w < [\sigma_w]$，螺母抗弯曲强度满足要求，是安全可靠的。

### 2.3.6 计算结论

通过剪切载荷强度校核、工艺螺栓载荷强度校核、中间锥套承受挤压校核计算、M95X4 螺母强度校核计算、M85X4 螺母强度校核计算，应用 8 组中间锥套式涨紧液压紧配螺栓和 16 组工艺螺栓方案计算验证，得出方案完全满足两段式曲轴连接应用的需要。

## 2.4 中间锥套式涨紧液压紧配螺栓的开发设计

### 2.4.1 锥套式涨紧液压紧配螺栓原理

液压压紧配螺栓即利用一锥形结构在轴向拉力的作用下，使螺栓和锥套在螺孔中产生过盈配合，完全消除螺孔间隙，达到精确定位。此外，利用强大液压拉力拉伸螺栓，按规范进行操作，可准确控制螺栓紧力，达到很高的连接精度。整个过程不出现任何强力扳动的局面，徒手即可拧紧螺母，不会对螺栓、螺母及螺孔造成任何损伤。只需两三个人、一天之内，完全可以安装或拆卸完一台机的连接螺栓。液压螺栓损坏的可能性非常小，这是因为锥套与联轴节螺孔的间隙初始值高达（0.08~0.10）mm，穿入螺孔非常轻松。而胀紧过盈后，每个螺栓承受均匀的载荷，不易受到过大的剪切力，即使长期运行后，也不会受到大的损伤。拆卸时，螺栓上有锥度，

很容易退出,随着锥套的收缩,恢复到初始间隙值,轻轻松松就可取出锥套。

　　2.4.2　锥套式涨紧液压紧配螺栓具体设计

　　通过对曲轴连接孔 105H7 应用方面进行设计,采用锥套式液压紧配螺栓,进行材料的选择、尺寸设计、强度方面设计校核等。具体强度的校核见 2.3 部分的具体内容,满足其要求。具体设计如图2、图3所示。

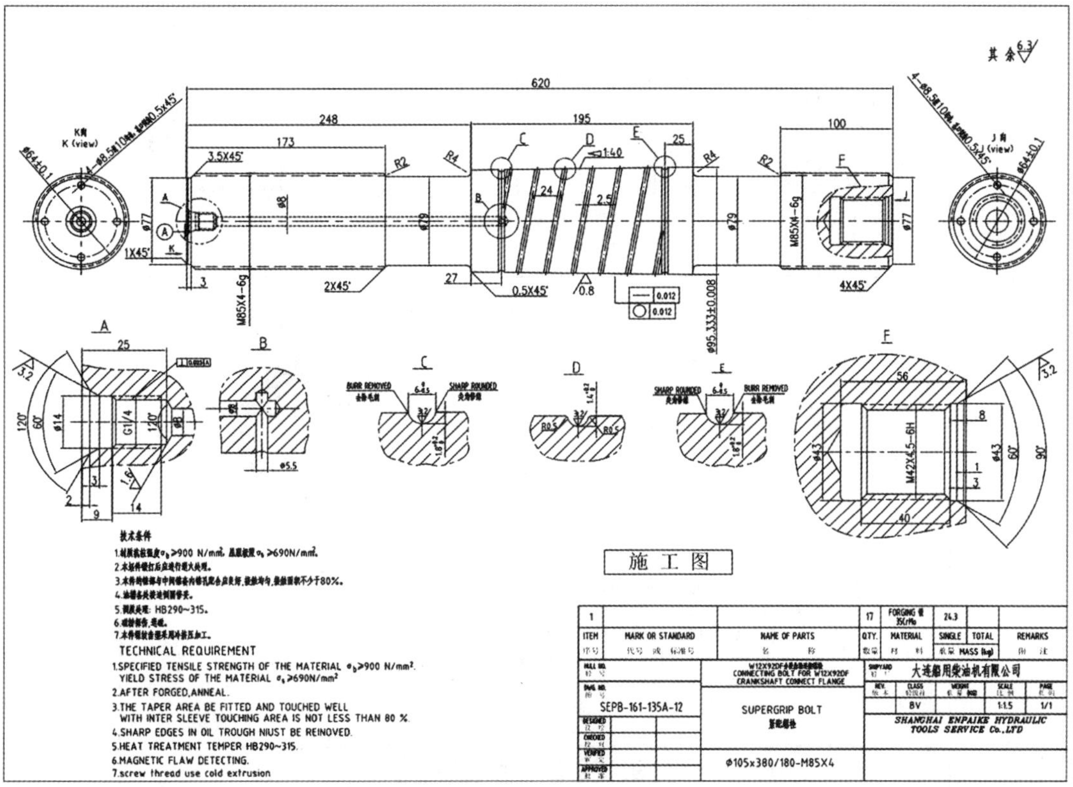

图2　液压紧配螺栓

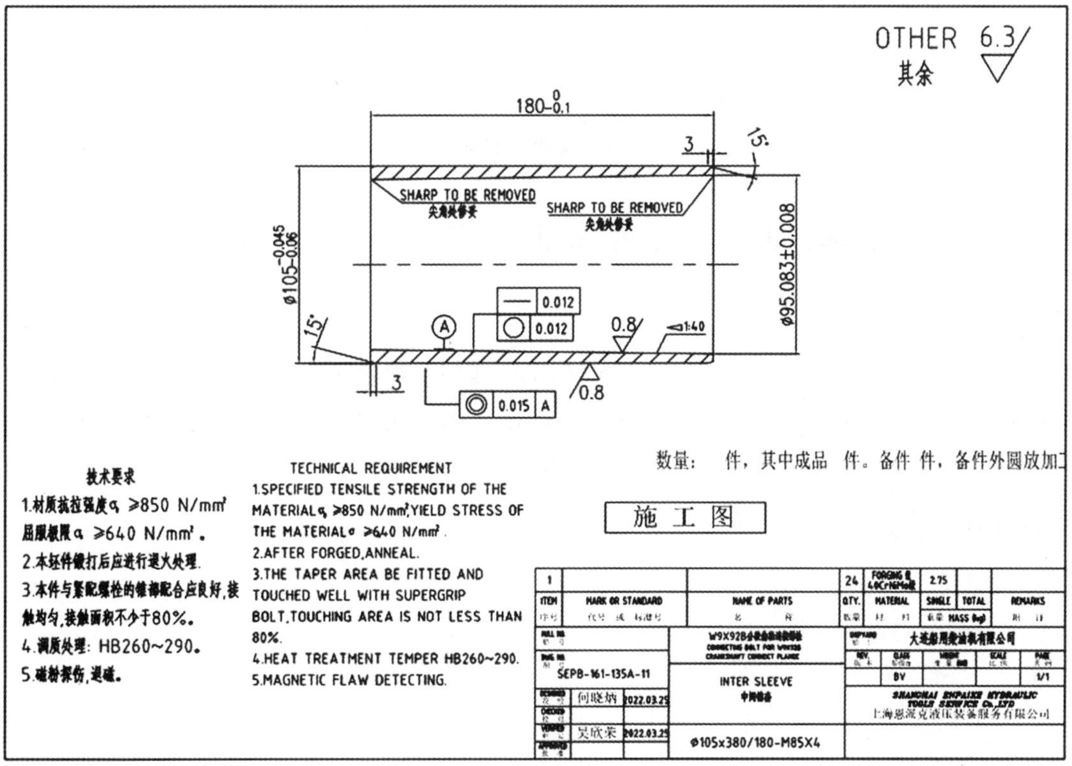

图3　液压紧配螺栓锥套图

### 2.4.3 普通工艺螺栓的具体设计

通过曲轴连接孔 105H7 应用方面进行设计,采用普通工艺螺栓,进行材料的选择、尺寸长设计、强度方面设计校核等方面来进行。具体强度的校核见 2.3 部分的具体内容,满足其要求。具体设计如图 4 所示。

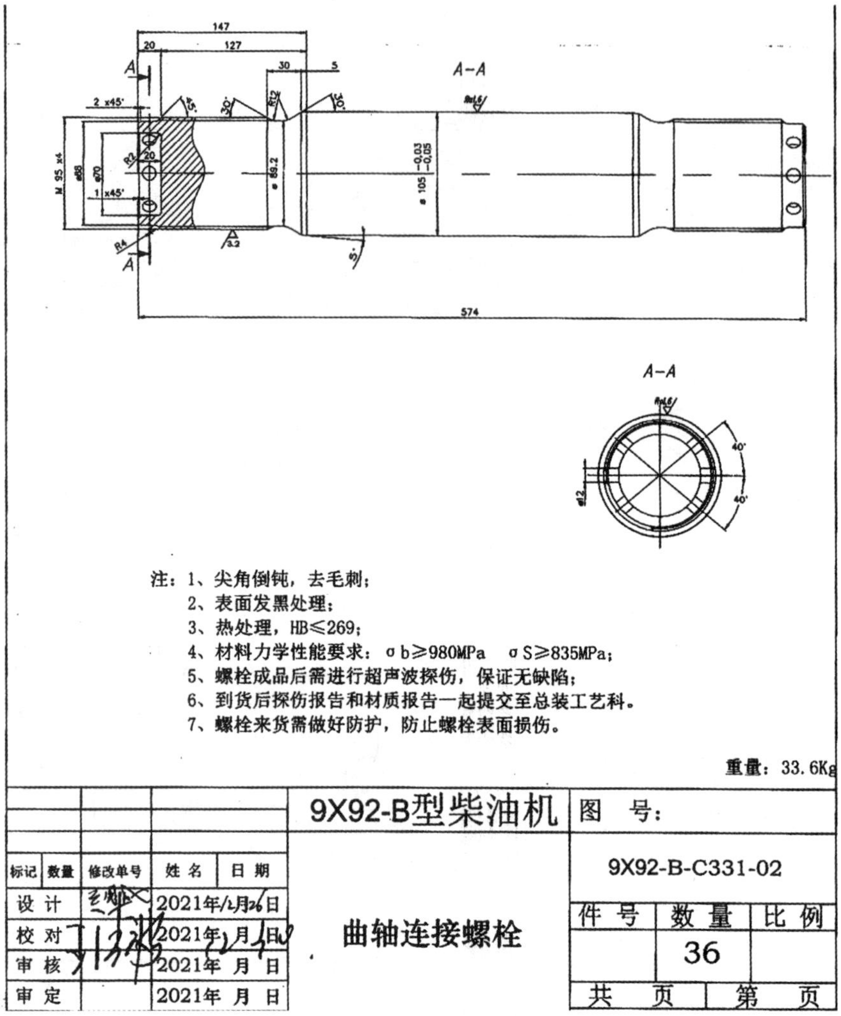

注:1、尖角倒钝,去毛刺;
　　2、表面发黑处理;
　　3、热处理,HB≤269;
　　4、材料力学性能要求:σb≥980MPa　σS≥835MPa;
　　5、螺栓成品后需进行超声波探伤,保证无缺陷;
　　6、到货后探伤报告和材质报告一起提交至总装工艺科。
　　7、螺栓来货需做好防护,防止螺栓表面损伤。

重量:33.6Kg

| 9X92-B型柴油机 | | | | | 图 号: | | |
| --- | --- | --- | --- | --- | --- | --- | --- |
| 标记 | 数量 | 修改单号 | 姓名 | 日期 | 9X92-B-C331-02 | | |
| 设计 | | | 乡岷 | 2021年12月26日 | 曲轴连接螺栓 | | |
| 校对 | | | | 2021年 月 日 | 件 号 | 数量 | 比例 |
| 审核 | | | | 2021年 月 日 | | 36 | |
| 审定 | | | | 2021年 月 日 | 共 页 | 第 页 | |

图 4　普通工艺螺栓

## 3　找正方案开发:研制两段式曲轴专用装配找正工装

### 3.1　原理

从打压口打入压力油,拉伸油缸柱塞带动拉伸楔轴向左移动,楔轴上的斜面驱使楔块向外移动,达到 2 个孔的对中目的。此机构把液压油缸的轴向拉力转换为楔块向四周的径向推力,使法兰孔转动可使 2 个法兰孔自动对中。楔块的径向调整范围:103-107 mm。具体设计如图 5 所示。

### 3.2　专用装配找正工装具体设计

3.2.1　拉力计算

液压对中工具的受力计算:

设曲轴重:

$$N = 270 \text{ t}$$

主轴承静摩擦系数:

$$\mu = 0.04$$

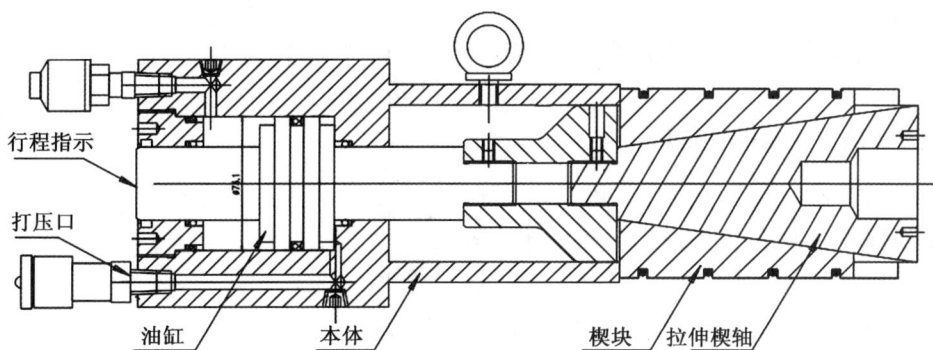

图5　找正工装示意图

DE 主轴承半径：

$$R_1 = 560$$

孔分度圆半径：

$$R_2 = 770$$

力矩计算：

$$F_1 \times R_1 = F_2 \times R_2$$
$$F_1 = \mu N = 10.8 \text{ t}$$

$F_2 = 7.86$ t 的推力使曲轴旋转。

液压对中工具设计时膨胀力应大于 7.86 t。

根据计算液压对中工具的远远压力大于 7.86 t，所以计算程序略。

3.2.2　具体图纸设计

具体设计如图6所示。

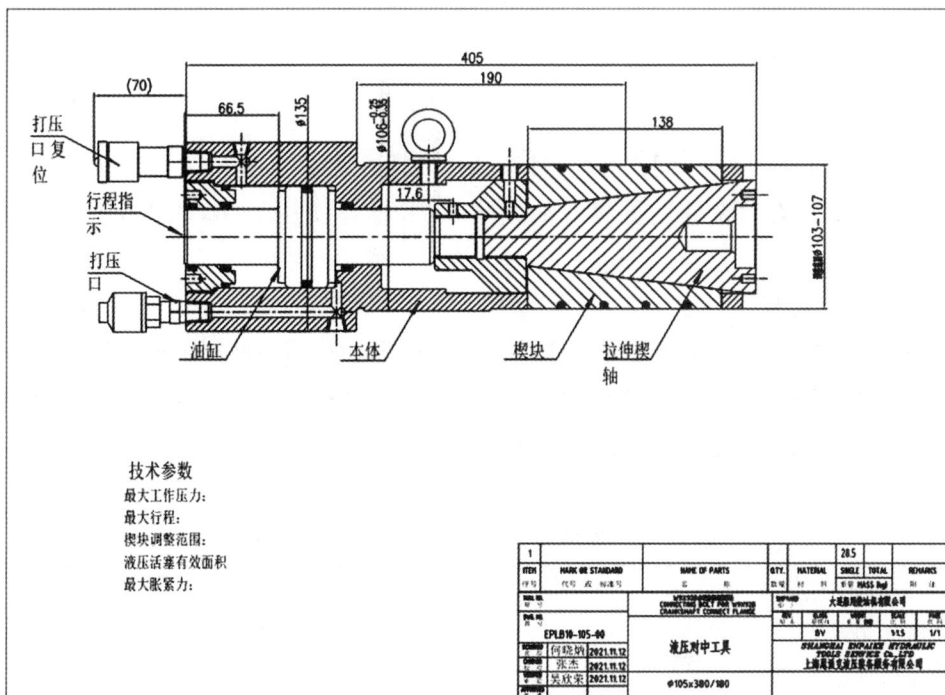

图6　找正工装总成图

# 4 研发了大型主机两段式曲轴装配找正连接工艺,保证了曲轴连接装配

## 4.1 两段式连接曲轴机上连接找正程序

(1)连接孔对中是安装液压紧配螺栓前必需的工序之一。

(2)在完成曲轴轴线对中工作,需进行分段曲轴的安装孔的对中工作。

(3)曲轴连接孔的对中。

①利用盘车机转动曲轴,使其与另一曲轴孔的同轴精度达到 1~2 mm 之内,选择对角线上合适的两个安装孔装入两个对中工具,连接油管,用手动泵打压,液压对中工具膨胀,使两曲轴的法兰孔对中。

②盘车:拆除油管后即可盘车。另外也可以根据实际需要在相邻的孔中装入一组液压螺栓并胀紧锥套,保持对中后的精度,拆除相邻的一个对中工具,并撤除另一个对中工具的油管,然后进行盘车,盘车 180°。在对角线对应的孔安装一组液压螺栓并胀紧锥套,即可撤出余下的一个对中工具,之后便可安装另外 6 组液压螺栓和 16 组工艺螺栓的工序了。

③对中工具的拆卸:接上油管,用手动泵换向打压,使对中工具楔块复位即可拆除对中工具。

(4)孔对中操作如图 7 所示。

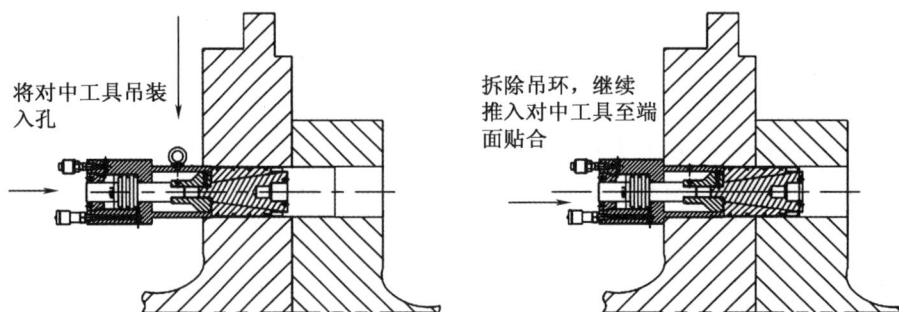

图 7 孔对中示意图

## 4.2 两段式连接曲轴机上液压螺栓连接程序

(1)准备工作

①用清洗剂清洗联轴节连接孔,中间锥套内、外圆和拉紧螺栓锥部等,配合部位应无油脂、杂物。

②在上述部件配合部位均匀涂抹适量润滑油或防咬剂,推荐使用 ISO-VG32-HM 级或以上等级抗磨液压油。

(2)确定相配之螺孔和螺栓

根据联轴节孔镗孔记录,与相配的液压紧配螺栓的中间锥套外圆的磨削加工尺寸间的间隙 $\Delta$,确定相配孔和紧配螺栓,尽量选推荐间隙控制值 $\Delta^*$ 范围内的孔和中间锥套相配使用。如表 1 所示,确定安装油压 $P$ 值。若无镗孔记录非常差说明,则紧配螺栓和联轴节连接孔均可互换之。

表 1 中间锥套膨胀与液压拉伸器油压函数表

| $\Delta^*$/mm | $P$/bar | $\delta$/mm |
|---|---|---|
| $0.055 \leq \Delta < 0.065$ | $100 \pm 0.5$ | |
| $0.065 \leq \Delta \leq 0.085$ | $115 \pm 0.5$ | $0.005 \sim 0.030$ |
| $0.085 < \Delta \leq 0.095$ | $125 \pm 0.5$ | |
| $0.095 < \Delta \leq 0.105$ | $140 \pm 0.5$ | |

(3)中间锥套胀紧拉伸

①用手将中间锥套套入螺栓,到位后一并放入所配装之螺孔中,如图 8 所示。

②如图 9 所示,在中间锥套沿拉伸方向前端放入止动板。紧配螺栓放入安装止动板,安装尼龙衬套,装上液压拉伸器。很重要的是安装止动板必须与曲轴法兰贴合,否则无法保证锥套的安装位置。

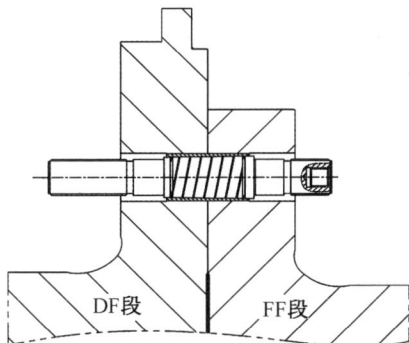

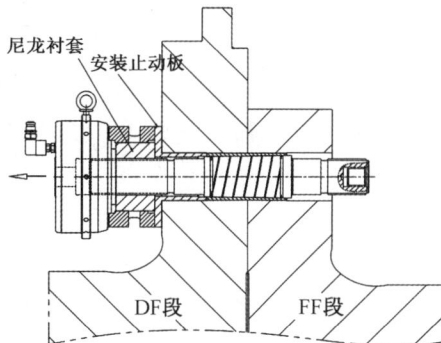

图 8                                    图 9

③接通高压油泵与液压拉伸器的油路,拉伸紧配螺栓,待轴向压力 P 到位后,拉伸即结束,记录下此时的压力 P 值,拆卸液压拉伸器和止动板,

(4)螺母预紧

①如图 10 所示,两端分别装上垫圈后,将螺母分别旋上左、右端后再用扳手棒旋紧,装上液压拉伸器,拉伸螺纹。待油压上升至规定之预紧压力值 Pn±5% 时,即泵压结束。

②用扳手棒旋紧左端(拉伸器)螺母。

③拆卸液压拉伸器,螺母预紧即结束,如图 11 所示。

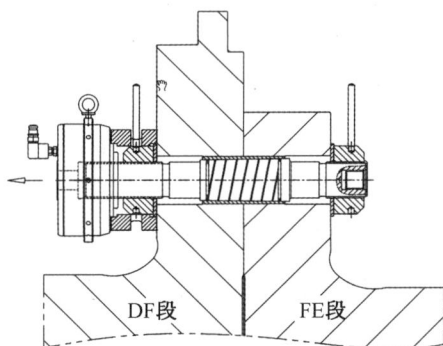

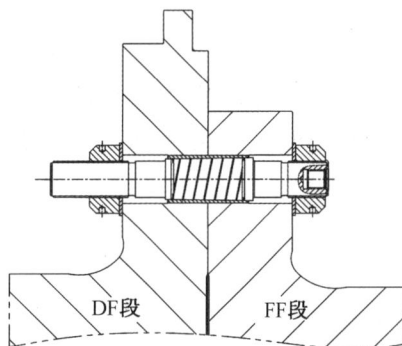

图 10                                    图 11

④螺母预紧压力 Pn:M85×4,1200BAR±5%。

⑤依次进行联轴节各孔液压紧配螺栓的拉伸安装和螺母预紧。

## 4.3　两段式连接曲轴机上工艺螺栓连接程序

剩余 16 组工艺螺栓应用液压扳手进行上紧,上紧力矩为 22 000 N·m,依次对角上紧。具体过程不再叙述。液压扳手具体使用方法如图 12 所示。

## 4.4　液压紧配螺栓、螺母、普通工艺螺栓拆卸

拆卸工艺规程在本文不做具体论述,可参考其他材料。

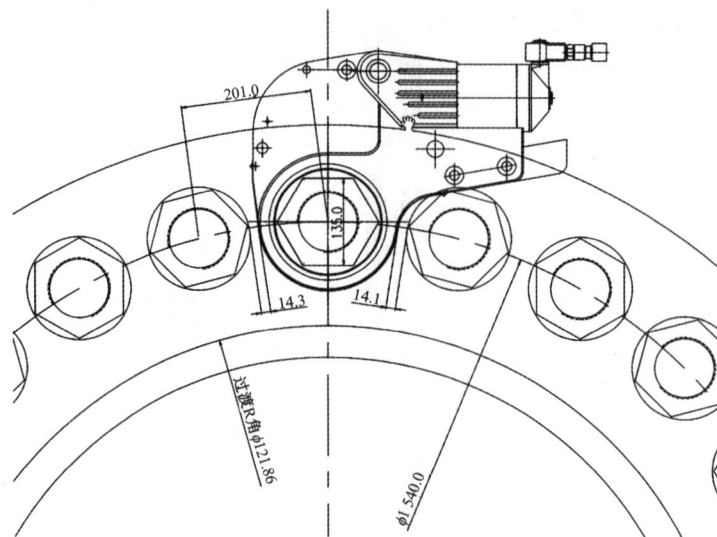

图 12    液压扳手应用示意图

## 5    结束语

通过针对大型主机两段式曲轴的连接要求、找正方法、连接方法、关键施工及技术要求的研究,保证大箱船主机试验台试车安全运行;提升整个大箱船主机的装配能力和装配水平;切实地提升公司的船用柴油机质量;提升公司的工艺水平;提升公司的软实力和综合竞争力。通过该项目的论证实施应用完成,能够有效地提升大型主机关重件装配质量和装配效率,提升公司声誉,为公司长远发展奠定良好的基础。

## 参考文献

[ 1 ]    成大先. 机械设计手册[ M ]. 5 版. 北京:化学工业出版社,2008.

[ 2 ]    李斌. 船舶柴油机[ M ]. 大连:大连海事大学出版社,2008.

# 基于梳齿铣刀加工十字头管螺纹工艺的研究

## 刘　胜　王培贺　王晨宇　崔茂策

（大连船用柴油机有限公司）

**摘　要**:低速柴油机十字头作为主机关重运动部件具有工序烦琐、加工周期长的特点,本文通过对比 MAN 机型十字头传统加工工艺流程和方法,采用先进刀具配合程序控制,提高生产效率,降低制造成本,取得了显著的成效。

**关键词**:工艺流程;成本分析;管螺纹;梳齿铣刀

## 0　引言

随着国际船舶市场的逐步复苏,低速柴油机订单市场也随之升温,船东船检时对主机产品的制造能力和工艺水平也提出了越来越高的要求。因此,通过对产品的加工工艺和方法进行研究并实施可行性改善和优化,在确保加工质量的前提下,可大幅度提高生产效率,降低制造成本,成为提升公司核心竞争力的有效途径。

## 1　现状调查

### 1.1　工艺流程

MAN 机型十字头加工工艺从毛坯至成品工艺流程如表 1 所示。

表 1　传统十字头加工工艺流程

| 序号 | 工序 | 施工内容 |
|---|---|---|
| 1 | 普通镗床 | 加工顶尖孔和粗开凹槽 |
| 2 | 数控卧车 | 粗车外径留磨量 |
| 3 | 加工中心 | 加工一侧端面和深孔导向孔成品 |
| 4 | 深孔钻床 | 加工中心深孔成品 |
| 5 | 平台划线 | 划两侧端面孔找正加工十字线 |
| 6 | 加工中心 | 加工中心加工两侧端面孔(其中 G2 和 G3 大直径管螺纹孔加工底孔成品) |
| 7 | 摇臂钻床 | 攻 G2 和 G3 管螺纹成品 |
| 8 | 钳工 | 安装磨削胎 |
| 9 | 加工中心 | 修正加工磨削胎顶尖孔 |
| 10 | 磨床 | 粗磨外径单边留量 0.25 mm |
| 11 | 平台划线 | 划外圆角度孔加工线 |
| 12 | 普通镗床 | 加工外圆角度孔 |

表1(续)

| 序号 | 工序 | 施工内容 |
|---|---|---|
| 13 | 加工中心 | 加工凹槽面及面上除螺栓孔外的孔成品 |
| 14 | 摇臂钻床 | 加工螺栓孔成品 |
| 15 | 钳工 | 打磨、清理并安装精磨压盖 |
| 16 | 磨床 | 精磨外径成品 |
| 17 | 钳工 | 拆卸磨削顶胎并清理 |
| 18 | 超精磨床 | 超精磨外径成品 |
| 19 | 钳工 | 拆卸精磨压盖并清理、保养、报验 |

从表1工艺流程可以看出,传统十字头加工流程达到19道工序,工艺流程非常烦琐。

## 1.2 机床布局

由于十字头的加工特点和作业现场机床布局等方面的限制,十字头从毛坯到成品的加工流程达不到流水线甚至半流水线的加工模式,多工序间存在长距离、往复吊装作业等问题,同时涉及半成品保养,成本较高。

## 1.3 大直径管螺纹加工

传统十字头大直径管螺纹的加工方法为镗床工序加工底孔,再由摇臂钻床攻螺纹成品,工件需要吊车进行三次翻转,不仅占用了大量的辅助时间,且进口内容屑丝锥价格高,刀具消耗量大,导致制造成本高,生产效率低。如图1所示为摇臂钻床加工大直径管螺纹过程。

图1 摇臂钻床加工大直径管螺纹

## 2 问题分析

### 2.1 工艺基准传递过程烦琐

首先,第一遍平台划线工序是为了给加工中心加工两侧端面孔时留下找正基准,仅仅为了一个基准的传递,就需要吊车工序进行反复转序吊装;其次粗磨工序实际上就是为后续工序提供找正和尺寸基准,最终目的就是保证外径母线与凹槽面的平行度以及外径与凹槽的深度。因为磨削胎的螺纹与60°接触面和顶尖孔不一定同心,或者是加工中心加工管螺纹底孔和60°倒角时没有严格按照大外圆两端基准和端面进行严格找正,所以,磨削胎的顶尖孔需要重复修正加工才能保证粗磨基准传递的准确性。

### 2.2 吊装、平台划线辅助工序耗时较长

受产品加工特点和作业现场机床布局等方面的制约,十字头的整个加工工序间的长距离往复吊装作业,限制了生产效率的提高。由于十字头两侧端面上都有大直径管螺纹需要加工,摇臂钻床在加工大直径管螺纹时,每个工件需要吊车进行3次翻转,以平均每台机6个工件计算,吊车需要进行18次吊装作业,按单次吊装10 min计算,每台机需要吊装工时为3 h。

## 2.3 大直径管螺纹加工刀具成本高

进口大直径管螺纹 G2、G3 内容屑丝锥市场均价约为 3 万元/支,且每支丝锥最多能够加工 5~6 台主机十字头,平均每台十字头的管螺纹加工刀具成本约为 5 000 元左右,刀具成本高。

# 3 解决方案

## 3.1 简化辅助工序

将第一遍平台划十字线找正基准工序与加工中心加工一侧端面和深孔导向孔工序进行合并,由加工中心在铣一侧端面成品后直接使用顶尖刻出十字线基准,为后续工序留下找正基准。

## 3.2 取消磨削胎顶尖孔修正加工工序

在原工装顶尖孔侧增加基准圆设计,同时保证磨削胎工装 60°顶尖孔、G3 连接螺纹和 60°装配接触坡口与基准圆的同轴度在 0.01 mm 以内,且保证每组胎具的基准圆尺寸相同(同组胎具打标记识别)。加工中心加工凹槽面成品时以基准圆的轴向和径向找正,同时检查是否与车削基准一致,确保磨削定位胎具安装后与车削、镗削的基准一致。因此可以取消顶尖孔的重复修正加工。如图 2 所示为工装修改后基圆找正位置。

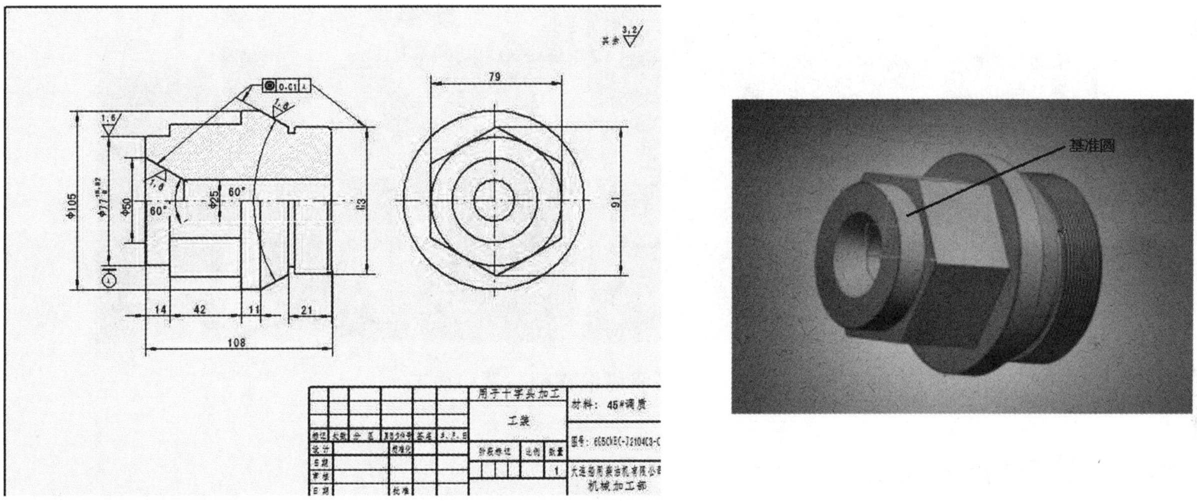

图 2　顶胎工装修改图

## 3.3 车削工艺优化

以精密车削替代粗磨工序,由数控卧车直接留磨削余量,同时控制十字头大外圆两端 20 mm 处直径尺寸公差在 0.01 mm 以内,并通过升级磨削胎具的定位精度,因此可以取消十字头粗磨工序,同时建立车削尺寸自检记录表,按相应炉号填写尺寸,为后续工序留出基准。自检记录表如图 3 所示。

## 3.4 创新大直径管螺纹的加工方法

根据机床、刀具调研和可行性评估,使用螺纹梳齿铣刀采取 CYCLE90 铣削方式替代镗攻方式加工大直径管螺纹孔,能够满足大直径管螺纹加工的技术要求。螺纹梳齿铣刀的特点是有效切削刃数量多,可以减少轴向进给距离,从而提高加工效率;刀具通用性好,一种直径规格的刀具可以加工现有刀具直径以上的不同规格、相同螺距、相同牙型角螺纹。十字头大直径管螺纹的加工过程分粗加工、半精加工、精加工工步,最后一刀转数提至 800 r/min,单边余量 0.05 mm,表面粗糙度可达到 Ra2.0,单孔加工成品约 7 min,单件(4 个螺纹孔)加工工时为 30 min。切削刀具和加工如图 4 所示。

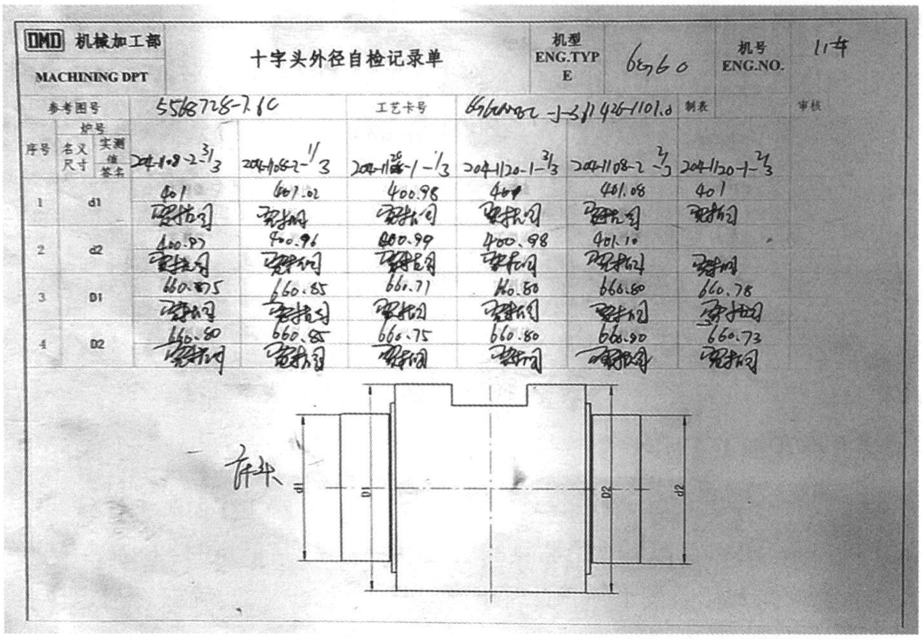

图 3　精密车削工序自检记录表

图 4　大直径管螺纹铣削刀具和加工

# 4　方案实施效果与经济效益

## 4.1　方案实施效果

　　通过解决方案的实施和验证,新工艺取消了一遍平台划线工序、磨削胎顶尖孔修正工序、摇臂钻攻丝工序和粗磨工序四道工艺流程。经自检和专检确认,十字头加工精度完全能够满足图纸技术要求。

## 4.2　经济效益

　　通过优化十字头加工工艺,每台机十字头可节省吊装辅助时间 12 h,每台机十字头可节省平台划线、摇臂钻攻丝、顶尖孔修正加工和磨床粗磨时间 24 h;通过以铣削方式替代传统的钻攻方式,刀具成本每台机可节省 5 000 元左右。按公司每年 50 台主机订单,运动部件班机床和辅助工序按保守平均小时单价 200 元计算,每年可降低制造成本约 60 余万元。同时,可以提高十字头加工效率 15% 左右,并能够保证十字头加工的形位精度,满足装配要求,创造了较高的经济效益和社会效益。

# 5　结论

　　通过对十字头加工工艺流程的对比研究,与固有加工设备进行有效搭配,进一步优化工艺设计,整个加工流程由 19 道工序缩短为 15 道工序,在保证加工精度的前提下,降低了制造成本,创造了经济效益。

**参考文献**

［1］　陈宏钧.机械工人切削技术手册[M].北京:机械工业出版社,2010.

［2］　李益民.机械制造工艺设计简明手册[M].北京:机械工业出版社,1994.

［3］　王玉梅.数控加工中心螺纹加工方法分析与应用[J].煤矿机械,2018,39(12):83-84.

［4］　常家东,邹聆昊.数控加工中心铣削加工内螺纹技术及应用[J].矿山机械,2005,33(9):107-108.

# W9X92-B 主机大型部件加工难点分析及解决方案

## 王贤辉　林发伟　刘春琎

（大连船用柴油机有限公司）

**摘　要**：W9X92-B 主机是大连船用柴油机有限公司 2022 年的重点建造项目，为世界首制机。该主机大型部件为分段式设计，其中机座、机架分别采用输出端 4 缸，自由端 5 缸的设计。机座、机架总体加工思路为先分段粗加工，然后合拢成品加工。而选择在该公司重点设备 S20 数控龙门铣床上加工，由于两段合拢总长约为 17 000 mm，宽 5 550 mm，而其中机架总高达 4 950 mm，超出机床加工范围。所以怎么保证"四段"工件顺利合拢，怎样解决特殊加工部位的问题，以及如何使超出机床加工范围的部位满足图纸要求，是重点、难点部分。

**关键词**：机座；机架；分段加工；合拢加工；超加工范围

## 1　前言

本文将从 W9X92-B 主机大型部件的工装准备、施工规程、刀具的选择、数控程序的编制等方面入手，逐一剖析 W9X92-B 主机的机座、机架在实际加工过程中遇到的问题及加工难点，以及对应的破解的方式。

## 2　工装准备

### 2.1　机座的装夹

目前我们在加工其他机型主机机座时，机座底面垫的垫铁均是单独的或是 2 个组合在一起的形式，其优点是使用方便、灵活，缺点是稳定性差、加工工件时易产生共振。通过计算，每个垫铁的重量将近 250 kg，如果吊装工件到机床上，而垫铁摆放位置不合适时，以 2 个人的力量很难将其移动，图 1 为机座精加工的工位状态。

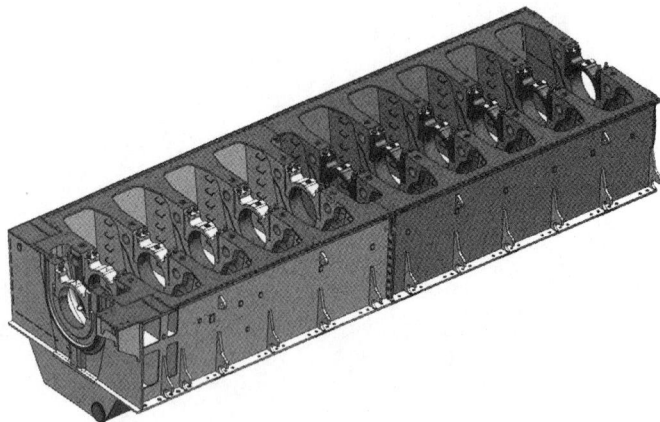

图 1　机座精加工的工位状态

所以，综合考虑各方利弊，我们使用专用垫铁进行装夹，在加工过程中我们发现，整体式等高垫的稳定性好，机座底面能够与等高垫完全贴合，机座铣削过程中工件相当稳定，不会出现"蹦刀""共振"等现象，能够得到很好的加工效果。

## 2.2　机座镗孔用加长刀轴

W9X92-B 机座 4 缸段主轴承瓦盖宽 404 mm，5 缸段主轴承瓦盖宽 384 mm，镗主轴承瓦孔用的浮动镗刀体长度为 130 mm，考虑镗孔时的安全距离及镗孔距离，须选用 300 mm 左右的加长轴方能实现镗孔成品。

图 2　W9X92-B 机座正在进行镗主轴承孔加工

目前，工作现场所使用的加长轴长度为 350 mm，但却是 ISO60 锥柄，而镗机座主轴承孔使用的是 S20 数控龙门铣的 37#铣头，该铣头是 ISO50 锥柄，所以不能满足要求。如果将 100 mm 与 180 mm 加长轴组合使用，那么缺点是铣头、加长刀轴、浮动镗刀体之间连接部分过多，容易产生"蹦刀"现象。所以，我们综合考虑，定制了长度为 300 mm 的加长刀轴，结合实际加工效果来看，其能够完全满足加工要求，图 2 为 W9X92-B 机座正在进行镗主轴承孔加工。

# 3　施工规程编制及难点分析

W9X92-B 主机的机座、机架均属于超大型部件，在加工过程中不仅要考虑到工件如何满足图纸要求、顺利组装成功等问题，还要考虑到工件的吊装翻转、尽量减少吊装次数、降低工件的形变量、减少吊挂人员的工作量等，这些问题都要在工件加工之前考虑周全。

## 3.1　机架施工规程

（1）工件上平面向上，S20 龙门铣粗铣上平面。

（2）工件翻转，底面向上，粗铣燃油、排气侧侧边，粗铣滑板、滑板侧条，粗铣链轮法兰面，粗铣底平面、结合面。

（3）结合面成品，滑板、侧条面、R3 圆根成品，燃油、排气侧侧边，输出端、自由端面成品。

（4）钻、扩底平面孔成品，底平面铣成品。

（5）结合面孔，输出端、自由端孔钻、扩成品。

（6）铣链轮法兰面成品，钻、扩链轮法兰面孔成品。

（7）铣燃油、排气侧斜法兰面成品。

（8）工件吊运至地面打磨、清理。

（9）工件翻转，回 S20 数控龙门铣，连接两段机架，结合面塞尺 0.03 mm 不入。

（10）粗铣滑板、侧条，粗铣上平面，粗铣燃油、排气侧各法兰面，钻、攻各法兰面孔成品。

（11）半精、精加工滑板面、侧条面、R3 圆根成品。

（12）钻上面孔成品。

（13）上平面铣成品。

（14）拆分机架，吊运至地面打磨、清理。

## 3.2 机座加工难点

（1）机座 $\varphi300^{+0.1}_{0}$ 贯穿孔的加工

W9X92-B 主机机座贯穿孔（图3）是目前加工的 WIN G&D 系列主机里直径最大、厚度最厚的，对于刀具耐磨度、抗冲击性要求较高。以往 WIN G&D 系列主机的贯穿孔的加工采用合金焊接镗刀粗镗，大昭和单刃镗刀镗削成品，这种方法效率高，也能获得较好的表面粗糙度。所以，W9X92-B 主机机座也采用此方法进行试切试验，但刀具损坏率高，一个孔没镗完刀具就坏了，而且"蹦刀"严重，不能满足图纸要求的 $Ra3.2$ 的表面粗糙度。

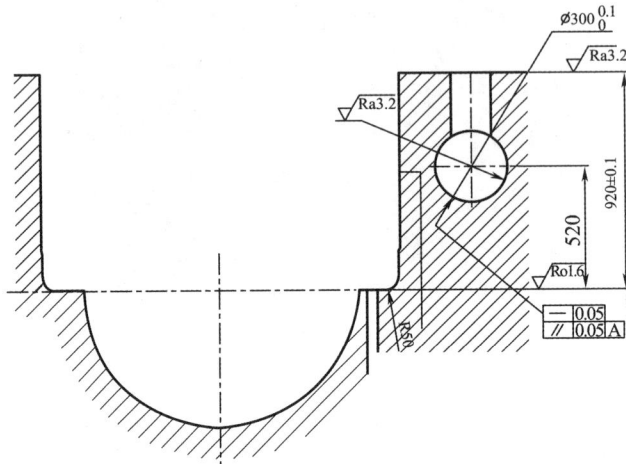

图 3　机座贯穿孔

经过仔细分析刀具结构及工件特点，我们发现"蹦刀"的原因是单刃镗刀与镗刀杆连接，而镗刀杆的刚性不好，由于中间体宽度达 404 mm，刀具的有效加工长度必须要在 420 mm 左右才能满足要求，可见一把又细又长的镗刀是很难满足加工要求的。经过研究，我们更换了镗刀杆，采用一体式镗刀杆，不使用大昭和单刃镗刀，而改用机夹车刀体，留有合适的加工余量，效果非常好，不仅节省了刀具，而且提高了加工效率。

（2）机座瓦口面压瓦螺钉加工

如图 4 所示，W9X92-B 机座的主轴承压瓦螺钉空刀孔不是整圆，瓦口面距上平面的距离为 920 mm，S20 龙门铣要加工此孔需用 980 mm 以上的加长钻杆，用麻花钻钻削成品，底部两齿铣刀铣平。因为不是整圆钻削，所以会存在将此孔钻偏的可能。

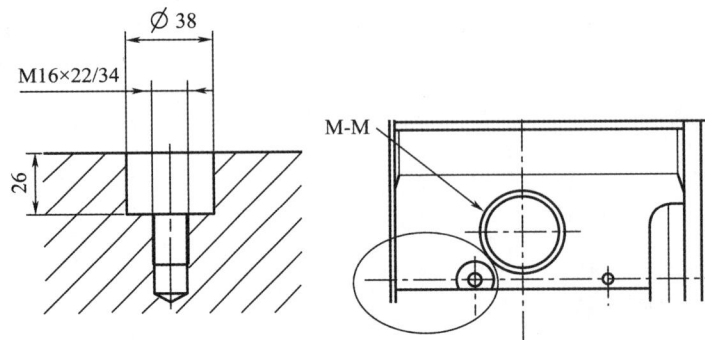

图 4　机座主轴承压瓦螺钉孔

针对此问题，我们考虑了两种解决方法。其一是机座瓦孔先不粗加工，保持毛坯状态，这样在钻削此孔时就能保证是一个整圆状态，待瓦口面孔全部钻完以后再将主轴承孔的余量加工掉。其二是主轴承孔正常进行粗加工，在钻压瓦螺钉孔时不使用加长钻杆，而是改用万向铣头进行加工，实测机座中间体宽度，其空间可以满足万向铣头的施工空间需求，刀具上则可以使用山特内冷钻头进行钻削，底部两齿铣刀铣平，即使不是整圆钻削也无妨。经过实际加工对比,我们采用了第二种加工方法,既保证了产品质量,又能提高工作效率,工序安排上也更加合理。

### 3.3　机架加工难点

（1）机架导板面的加工

W9X92-B 主机机架的高度达 4 950 mm,已经超出 S20 数控龙门铣的有效加工高度,因此其不能满足在一个工位上将导板面一次加工成品,只能采用对接的加工方式,在机架底面向上时需要将导板面加工成品一部分。这其中最大的难点是,工件翻身以后不出现接刀台阶,为了减小工件翻身形变对导板面尺寸的影响,须保证机架底面向上时导板的加工长度尽量小,且绝大部分导板面在上平面向上时加工成品。

经过仔细计算,机架底面向上时,导板面的加工长度为从底平面向下 460 mm,这个高度完全可以满足工件翻身以后将剩余导板面加工成品的需求。为防止工件翻身时发生形变,我们将导板面按上差尺寸加工成品。当机架上平面向上时,不再以燃油及排气侧侧边为找正、设零点基准,而是以成品的导板面为基准找正、设零点。导板半精、成品加工时随时观察接刀台阶,控制加工尺寸,确保接刀台阶在 0.01 mm 以内,后续钳工稍作研磨即可。

（2）机架燃油、排气侧斜方窗加工

W9X92-B 主机机架的燃油、排气侧分别有一个斜法兰方窗,由于机床铣头会干涉,所以机架合拢后无法加工此法兰,只能在分段加工时将此法兰加工成品。我们提出了两种加工方案:一种是在龙门铣工序时,将方窗铣出加工基准,待龙门铣工序成品后转镗床加工;另一种是直接在数控龙门铣上加工成品。

在镗床将此面加工成品的优点是可以节约数控龙门铣的时间,减轻龙门铣的生产负荷,缺点是两段机架铣完后无法确认是否会出现台阶,因为此时龙门铣工序已经合拢完毕,无法检查。经过再三斟酌,综合各种利弊,我们决定在龙门铣工序铣该方窗成品,待机架合拢后可以检查两段方窗面是否有台阶。为此,我们编制了专用的数控加工程序,严格按基准面返尺寸,通过 1#机 的合拢情况来看,效果还是令人满意的,完全能够满足总装装配要求。

### 3.4　机座、机架共同加工难点

在 W9X92-B 主机机座、机架加工过程中,两个部件共同的加工难点就是结合面的加工和各个加工面定位销孔的加工。由于设备受限,目前只能选择先分段加工,再合拢加工,然后再拆分的加工模式。实际上是 4 件零部件组装在一起,要想达到各个结合面没有间隙,各定位销孔定位准确,是非常困难的。

为了保证 4 个大型零部件能够顺利合拢,我们在各个零部件加工之初就制定了严格的施工流程。所有的结合面必须保证“先孔后面”的加工顺序,在各个面粗铣结束时,要松压板释放应力。在铣面成品的过程中,为了防止加工面变形,采用了小吃刀量、快进给的加工方式,减少热变形及切削变形。当结合面加工成品后,需要重新校正基准,确保各个销孔位置的正确性。另外,在加工销孔时保证每个销孔的公差在图纸要求范围内,确保后续合拢时销子的实用性。

## 4　结论

从最终总装装配的结果来看,我们的施工规程是正确的,是切实可行的。针对加工难点都有很好的解决方案,加工效率在理想范围之内。W9X92-B 主机机座、机架的加工,使我们积累了宝贵的加工经验,为后续加工此类型工件奠定了基础,使公司的加工能力得到了进一步的提升。

### 参考文献

[1]　机械设计手册编委会,机械设计手册[M].北京:机械工业出版社,2010.

# WinGD 超大缸径主机活塞杆双锥面车削工艺

## 栾金华 赵 涛 曲 冲 衣 莎

（大连船用柴油机有限公司）

**摘 要**：本文通过对机型 WinGD 主机活塞杆活塞头端孔口双锥面加工方法的具体描述，找出原加工方法中的缺点，通过创新设计一种复合防撞重型车削刀架，解决 W9X92-B 活塞杆双锥面车削严重振刀问题，实现高质高效加工。在中国新时代高质量发展背景下，对于企业"提质增效"具有重大的现实意义。

**关键词**：WinGD 活塞杆；孔口双锥面；主副刀架；复合防撞重型车削刀架

## 1 前言

活塞杆是船用低速柴油机主机关重部件，重要程度不言而喻，其加工质量将直接影响主机的装配精度和使用状况。因此，如何提高其各个部位车削的加工质量和加工效率，已经成为数控车床操作者日常工作中深入研究的重要课题。在这些车削部位中，活塞头端孔口双锥面是加工难点之一，因此，如何科学有效地完成活塞杆双锥面车削加工，俨然成为摆在部门车床操作者面前的一道棘手的难题。

## 2 WinGD 活塞杆双锥面简介

活塞杆双锥面位于活塞头端孔口位置（以 W6X52 机为例），其形状如图 1 所示。

## 3 W6X52 活塞杆双锥面车削加工工艺

WinGD 活塞杆孔口双锥面是以 Z 轴为基准偏置 20°和以 X 轴为基准偏置 10°的锥面连接而成的。车削时的装夹方式是采用夹持十字头端四方部位，活塞头端中心架支撑的工艺方法进行的。中心架支撑在工件杆径上，原则上距离双锥面越近，车削效果会越好。车刀的选择上，使用型号为 G93T25_T3K16 的 93°内孔车刀，安装 IC907 刀片，即能顺利完成 W6X52 活塞杆双锥面的车削加工任务，表面加工质量良好。

### 3.1 具体加工方案如下：

（1）采用平行于轴向装刀方式，刀刃向下，即车刀趴着安装。注意装刀时刀刃不能高于工件轴线，可等于或略低于工件轴线 0.5~1 mm。

（2）主轴转速控制在 100~110 转/分。

（3）−X 向分层进刀，背吃刀量 ap＝2.5 mm。

（4）编制数控宏程序车削双锥面直至达到锥面的精度要求。

在实际加工中，机床操作者起初使用的是主程序呼叫子程序的编程模式，车削过程中空切时间较长，为了减少空切时间，操作者对数控程序进行了优化，利用数学表达式编制一种全新的 R 参数赋值程序，此程序短小精悍,占用内存空间较小,更重要的是使用该程序大大缩短了走刀时间,同时大幅度提高了车削效率。

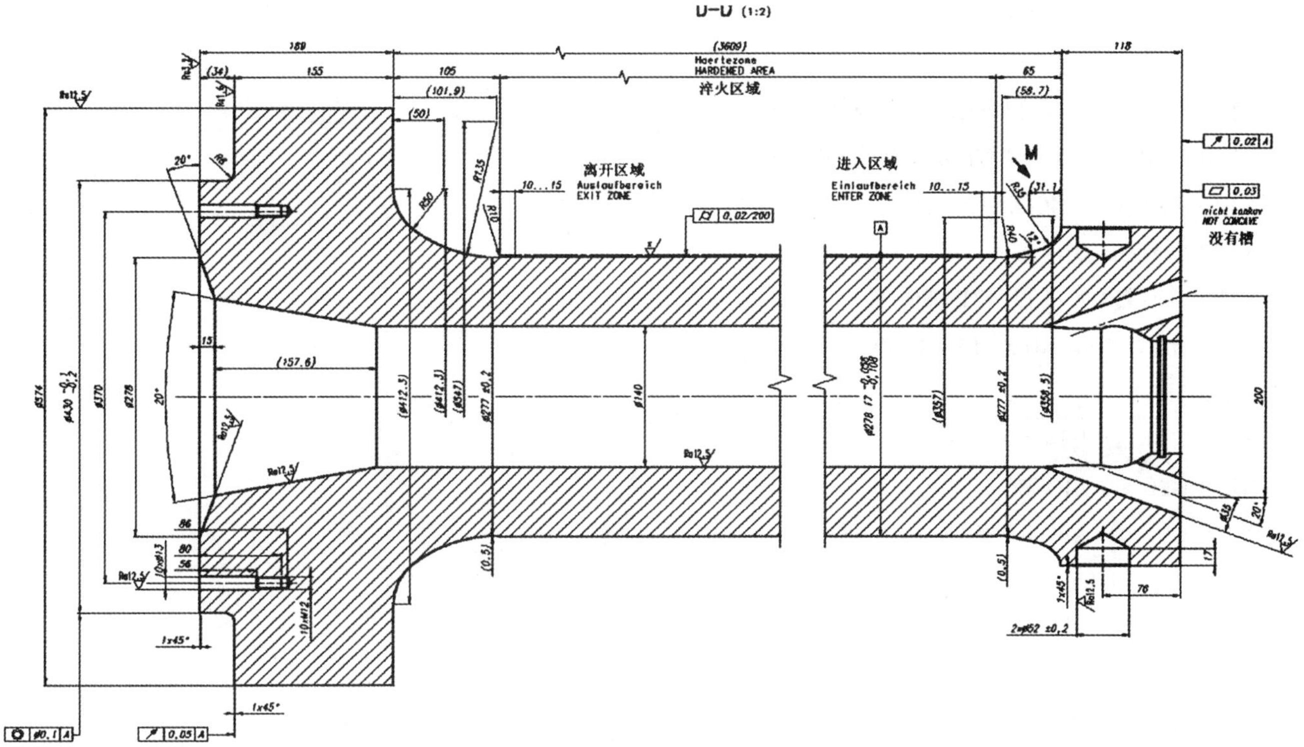

图1　W6X52 机孔口双锥面在活塞杆上的位置(红圈处)

图2　利用内孔车刀安装在主刀架上车削 52 活塞杆双锥面

## 3.2　R 参数赋值程序如下:

(1)$\phi$104 * 10°锥面

N10 R1=-104;-2 * 5 赋值

N20 R2=-108;2 * 14.178 赋值

N30 G90 G0 Z50 X-100

N40 M0

N50 G0 Z-13

N60 DD1:R1=R1

N70 X=R1

N80 R2=R2+14.178

N90 G90 G0 Z-13

N100 M3 S60

N110 G90 G1 Z＝R2+14.178 F3

N120 G91 G1 X5 Z-14.178 F5

N130 G90 G0 Z-10 M5

N140 M1

N150 IF R1>-134 GOTOB DD1 条件判断

N160 IF R1<=-134 GOTOF DD2 条件判断

N170 DD2：G90 G0 X-135.6

N180 GOTOB DD3

N190 G90 G0 X-135.421 S80

N200 DD3：G90 G0 Z-13

N210 M3

N220 G91 G1 X34.595 Z-98.1 F3

N230 G90 G0 Z10 M5

N240 G91 G0 X-34.595

N250 M2

（2）φ212＊20°锥面

N260 R4＝-209 赋值

N270 R5＝2 赋值

N280 G90 G0 Z2 X-100

N290 M0

N300 DD6：R5＝R5-2.5；5

N310 Z＝R5

N320 M3 S80

N330 G90 G1 X＝R4+13.737 F6；27.475

N340 G91 G1 X-13.737 Z2.5 F8；27.475

N350 G90 G0 X-100 M5

N360 R4＝R4+13.737；27.475

N370 IF R5>-18 GOTOB DD6 条件判断

N380 IF R5<=-18 GOTOF DD7 条件判断 0

N390 DD7：G90 G0 Z2

N400 X-223

N410 G90 G0 Z2

N420 M3 S80

N430 G91 G1 X93.414 Z-17 F3

N440 G90 G0 Z2 M5

N450 G91 G0 X-93.414

N460 M2

## 4 WinGD72B 和 WinGD82DF 主机活塞杆双锥面车削工艺改进

WinGD72 和 82 主机活塞杆双锥面从设计上看,形状和 52 机没有任何区别,只是由于主机缸径变大,其设计尺寸也随之增大,特别是双锥面的长度尺寸较之 W6X52 机有了明显的增大,如继续使用 93°内孔车刀,理论上是可以完成双锥面的车削加工,但装刀时须使刀体悬伸更长,进而会导致刀具系统刚性降低,车削时会出现较严重的振刀现象。因此针对这两种机型活塞杆双锥面车削加工,如果采用和 W6X52 机一样的车削工艺,显然是无法完成车削任务的。

## 4.1 增设副车削刀架

为了更好地完成车削任务,车床操作者经过认真研究,决定在车刀和机床主刀架之间增加一个过渡装置,使车刀、过渡装置、主刀架组成一个新的刀具系统。操作者把这个过渡装置称为车削副刀架。在本次工艺改进中,副刀架起到了非常重要的桥梁纽带作用(图3),而制作副刀架必须选择刚性非常好的材料,如 45#、40crmo 或 42crmo 调质钢,以达到车削状态下极好的刚度。副刀架的左侧应铣削成矩形剖面,便于和主刀架的垂直安装。

## 4.2 车刀选择与装刀方式

在副刀架参与车削的情况下,选择车刀的余地更大了,不但可以使用内孔车刀,75°、90° 或 95° 外圆车刀等都可使用。由于车削过程中车刀主偏角越接近 90°,其切削力越小,因此本工艺方法建议使用 90° 外圆刀。装刀方式为以径向反向安装,刀尖位置等于或高于轴线 1 mm 之内为佳,主轴反转,+X 向进刀,背吃刀量可提高至 $a_p = 3$ mm。

图3 利用主副刀架车削 82DF 活塞杆双锥面

## 4.3 程序的编制

编程时可参考 W6X52 机的 R 参数赋值编程模式,由于进刀方式为 +X 向,因此只需要将 X 值改为正值,坐标点以 CAD 制图得出的实际点为准。

工艺改进后的加工方法,针对内孔深度小于 300 mm 的轮廓车削,是非常有效的,也是非常合理的。不但保证了车削的稳定性,车削效率亦有相应提高,无疑是一种不错的加工方法。

## 5 WinGD W9X92B 活塞杆双锥面的车削加工

W9X92B 船用低速柴油机属超大缸径主机,为公司首制机型。在前期的技术准备中,车床操作者和技术人员一致认为,该机型双锥面车削采用 72、82 机的车削工艺,应该没有任何问题,因此并没有将此处列为加工难点。但初次实切时,却出现了相当严重的振刀情况,致使刀片崩碎,车削工作一度中断。通过分析发现,副刀架是通过螺栓固定在主刀架上的,是分体的,刚性和强度不足,是导致振刀的主要原因。如果将主、副刀架设计成一体的,刀架刚性和强度会有较大的提升,车削效果肯定要比分体刀架的效果好。鉴于这个思路,操作者创新设计了一种新型车削刀架,此种刀架,车削加工可包含工件内外圆、密封槽、端面、锥形中心孔及各种仿形加工。

新型刀架(复合防撞重型车削刀架)是一种结构简单、成本低廉、操作方便,同时满足 X、Z 向车削强度要求,并且可以兼容标准车削刀具的重型车削刀架。该刀架与以往的"I"型刀架不同,是创新设计的"L"型刀架;该刀架采用 90° 折弯设计,双向安装槽均可安装标准车刀具,安装槽设有 4 处 M16 螺纹孔,安装 4 个 M16 内六方螺栓紧固车刀体。刀架非工作面为实心结构,利于定位及增加强度。新型刀架在使用时,是将车刀装入复合车削刀架的安装槽中,整个刀具系统装夹在中拖班的刀座上,X、Z 轴两方向任意安装标准车刀,可以同时满足活塞杆的外径及内孔的车削加工要求,并且可以使中心架与基础刀座之间留出较大安全车削距离,在保证工件车削稳定性要求的同时,也有效避免了刀架基座与中心架发生车削干涉及人身安全风险。另外该刀架还可安装大部分非标车刀具,对于活塞杆之外有中心架支撑的标准及异型工件端头轮廓,亦能完成高质高效率加工。

实践证明,使用该型刀架车削 W9X92B 活塞杆双锥面,在沿用 72、82 机型车刀具和编程模式的情况下,车削平稳可靠,不仅不会发生振刀现象,反而切削速度可相对提高,使切削效率提高百分之三十左右,表面粗糙度也有明显提升,得到了船东船检的高度认可。

图 4  利用复合防撞重型刀架车削 W9X92B 活塞杆双锥面

## 6  经济效益

新型刀架的应用,在生产中节省大量的工时和刀具成本。根据统计,该创新技术自 2020 年以来,已经应用到 163 台主机活塞杆加工中,每台主机活塞杆数量按照 7 根、节约工时按照 2.4 小时/根、机床工时费用按照 350 元/小时计算,可节省工时费用:163×7×2.4×350 = 95.844(万元)。每台套活塞杆可节约 7 片山特 4325 型车刀片,刀片价格 270 元/片,可节省刀具费用:163×270×7 = 30.807(万元)。合计节省费用:95.844 + 30.807 = 126.651(万元)

## 7  社会效益

该技术创新在同行业内处于领先水平,实际应用中大幅度地提升了主机活塞杆的加工质量和生产效率,对公司有重大的影响和深远的意义。新的加工方式可以完全避免以前使用光刀和润滑液产生的环境污染,对环境保护有积极的意义。该技术已经在集团公司内进行推广使用。

本技术创新《一种复合防撞重型车削刀架》已获得国家实用新型专利授权(专利号:ZL 2020 2 1996285.0)。

## 8  总结

在实际车削工作中,操作者通常会遇到不同轮廓形状,不同技术要求的零件,在车削这些零件过程中,大概率会有不可预料的情况出现。当这些情况出现时,机床操作者必须冷静面对,保持从容不迫,通过认真思考问题的症结所在,不断从每次失败中总结经验,创造出更多更有效地加工方法,在满足零件图纸技术要求的基础上,努力提高车削质量和生产效率,顺应当代高质量发展的需求。

## 参考文献

[1]  陆建中、孙家宁. 金属切削原理及刀具[M]. 北京:机械工业出版社,2011.
[2]  张建中. 机械制造工艺学[M]. 北京:国防工业出版社,2009.

# 船舶柴油机活塞环常见故障的分析及处理

张　琦[1]　崔再峰[1]　王宇航[1]　殷　华[1]　邢为为[2]

（1. 大连船舶重工集团有限公司；2. 大连中车柴油机有限公司）

**摘　要**：二冲程柴油机中，活塞环和活塞、缸套、缸盖组成的燃烧室，是柴油机燃烧室的重要部分，在船舶柴油机的往复动作过程中，活塞环具有保持活塞与气缸套之间的有效密封作用，能够将活塞热量传递给气缸壁，保持气缸壁良好的冷却效果，同时具有随主机工况，调节气缸润滑的作用。伴随着船舶柴油机不断地往复运动，活塞环长期处于恶劣的工作环境中，导致活塞环成为柴油机的易损零件，其主要损坏原因有：过度磨损、折断、黏着、弹力丧失等。活塞环的工作性能直接影响气缸和柴油机的工作性能。因为活塞环为易损件，在船舶上损坏后一般采用换新处理，所以轮机员应注意活塞环的检修和日常维护管理工作。本文结合活塞环的具体实例，阐述了活塞环产生故障的原因和影响因素，以及应急处理方法，并对其日常运行维护提出了切实可行的管理建议。

**关键词**：活塞环；搭口间隙；损坏；维护管理

## 1　前言

　　活塞环在船舶柴油机燃烧动作中有着极其重要的作用。在整个柴油机做功过程中，活塞环的密封作用封闭燃烧室，保证在活塞运行达到气缸上止点时，燃烧室内的新鲜空气有足够的温度和压力，满足燃油油雾引燃的温度，并保证燃油燃烧迅速、及时、完善，切实保证气缸高压燃气膨胀做功而不发生泄漏，对燃油燃烧和柴油机的工作状态起着至关重要的作用。目前，柴油机活塞环一般采用合金铸铁（加硼、高硅）、可锻铸铁、球墨铸铁，而其发挥密封作用的关键是靠活塞环本身的弹性涨紧和在气缸内气体压力的作用下紧贴于气缸壁和活塞环槽平面来实现的。但是活塞环和缸套相对工作条件非常恶劣，它们之间的运动摩擦损失占到整个柴油机磨擦损失功率的 55 %~65 %，伴随着长时间使用，活塞环会出现黏着、折断、磨损和弹力丧失等故障，因此，加强对运行中的活塞环的管理和维护，对保证燃油燃烧的完善程度和柴油机的安全、可靠及经济运行尤为重要。

## 2　船舶柴油机活塞环简介

　　目前，船舶柴油机不论是四冲程还是二冲程，其活塞环主要形式都是相似的，只是根据缸径的不同及功用需要，对活塞环的尺寸等进行专船调整。根据活塞环所起的作用不同有压缩环（气环）和刮油环两种。

### 2.1　压缩环（气环）

　　压缩环主要是用来保证活塞和气缸之间在相对运动条件下的密封。十字头式柴油机气缸是采用注油润滑，一般只装压缩环（气环），在活塞裙比较长的活塞上还要装承磨环。

　　压缩环的主要作用是防止气缸中的气体漏泄，同时将活塞上的部分燃烧热量传给气缸，降低燃烧室负荷。

压缩环的密封方式是依靠本身的弹性和作用在它上面的以及漏到环的内侧的气体压力,使环紧紧贴合到气缸壁和环槽壁上,如图1所示。这样就阻止了气体通过活塞与气缸壁之间的间隙漏至气缸下部空间。

为了保证活塞环的良好密封效果,活塞环在气缸中要留有搭口间隙,因此正常工作的压缩环也不可能完全阻断燃气的漏泄,同时活塞环可能发生不可预估的失效,为了提升密封效果,一个活塞上要设多道压缩环。但为了减少摩擦损失,压缩环也不能设置过多,通常高速柴油机装2~4道,低速柴油机装4~6道。第一道环由于距离燃烧室最近,承受高温高压燃气的直接作用,因此其承受的负荷最大,在设计制作时,采用将第一道环加高加厚的形式,以提高其承载能力,并在环的外侧开设四至六道压力释放槽,以使作用其上的负荷更加均匀,延长活塞的使用寿命。

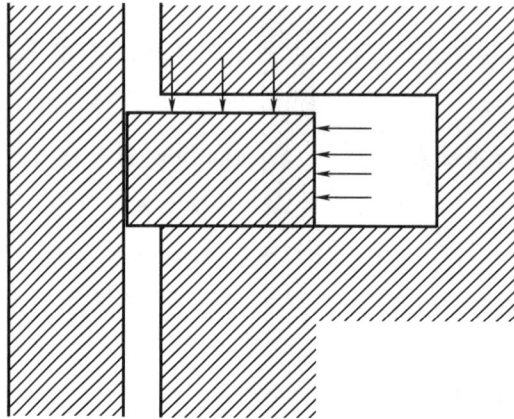

图1 压缩环的密封作用

## 2.2 油环

油环又称为刮油环。顾名思义,刮油环的作用是除去气缸套表面过多的滑油,通常用于筒形活塞式柴油机。在筒形活塞式柴油机中,做回转运动的曲柄销轴承把润滑油甩到气缸壁上。活塞和气缸套之间就是依靠这样飞溅来的油进行润滑的,因此称飞溅润滑。此外活塞环因在环槽中的运动产生的气体力、惯性力和摩擦力的影响下,润滑油被逐渐挤入燃烧室的运动工况,我们称之为气环的泵油作用。所以当飞溅到气缸壁上的滑油过多,气环会通过泵油作用把它泵入燃烧室,这不仅增加了冷却滑油的消耗量,同时还会严重地污染活塞、气缸、气阀和排气道,因此筒形活塞式柴油机要在气环下面装设1~2道刮油环。

## 2.3 承磨环

新建的船舶一般在活塞上会额外设置一道活塞环,用以进行活塞与气缸的磨合。在气缸磨合过程中,先是减磨金属与气缸磨合,待承磨环磨平后,磨合过的气缸再与活塞裙逐渐接触进行磨合。承磨环在运行过程中虽已磨平,但不必更换。如果发现缸套有不正常的磨损或擦伤,或当承磨环出现单边严重磨损或破裂时,在对缸套进行修整的同时应更换新承磨环。从承磨环的磨损情况也可分析出活塞的对中情况。

## 3 柴油机活塞环的主要故障

活塞环的主要故障有折断、黏着、弹力丧失和异常磨损等。当上述一种或多种故障发生时,一般会伴随着出现排气温度升高、排气冒黑烟及缸套冷却水温度升高等现象。

例如某轮主机为7G80ME型柴油机,在某次航行过程中发现柴油机第4缸和第5缸运行发生异常,导致主机启动困难,油门比正常情况下大了很多,同时伴有主机透平喘振现象,减速操作也未见明显的改善。通过对各缸示功图测量分析发现,第4缸和第5缸的压缩压力分别为5.18 MPa和5.16 MPa,而其他各缸的压缩压力则为6.10 MPa左右。吊缸时发现,第4缸除最下面一道油环还正常外,其余各道活塞环全部折断为碎块状,环的径向尺寸最大处为2.6 mm,最薄处仅为1.8 mm,活塞环槽严重烧损、变形。第5缸第一道活塞环黏着在环槽中,第二、三道活塞环则都发生了不同形式的断裂。

从上述故障可以发现,当活塞环由于故障而使其密封性能降低或丧失后,会发生不同程度的气缸窜气现象,气缸内的新鲜空气量明显减少,导致相应的气缸压缩压力降低、排气温度升高、冷却液温度升高,使整个柴油机功率降低。柴油机处于低转速、高负荷下工作时,吸入空气量的减少使燃烧恶化,废气的能量较正常情况下有明显的增加,增压器的转速升高,扫气压力升高,而柴油机的转速基本不变,柴油机空气消耗量也基本稳定,同时断环和黏着将会使燃气发生倒灌进入扫气箱,严重时将会发生扫气箱着火,这些因素造成了增压器的背压升高,使其在小流量、高背压的状态下工作,破坏了增压器正常的性能匹配,从而发生增压器喘振事故,甚至损坏增压器。

## 4　柴油机活塞环的故障分析

### 4.1　柴油机活塞环和缸套配合状况的原因

随着柴油机的长时间运行,缸套会产生不均匀的磨损,在气缸壁周向和轴向会分别产生不规则的圆度和圆柱度,活塞环在气缸内上下运动时,会进行周期性的张合运动,同时活塞环的圆度同缸套的圆度不可避免会有误差,特别是换用新活塞环后,在活塞环和缸套的密封配合面上会存在不同程度的漏光度,通常新的活塞环安装在气缸中时要求总的周向漏光度要小于90°,连续漏光度小于30°,在活塞环搭口两侧的30°范围之内不许漏光。但近年来受经济利益的驱动,很多船公司大量使用国产活塞环代替原厂家的备件。由于活塞环加工工艺的不同及制造上产生的较大尺寸误差,再加之自身材质不稳定性,导致活塞环漏光度过大,同时活塞环在高温下工作时弹性降低过大,当遇到环槽积碳卡滞时,漏光度就会增大,使高压的燃气从漏光处作用在环的外工作面上,使活塞环楔入环槽中,有可能使活塞环卡死在环槽中而产生抱环现象。当缸内气体压力降低时,原来被压入的活塞环在自身弹性的作用下重新弹出。这样周期性重复作用,经长时间累积,就会在活塞环强度薄弱处产生疲劳折断。实践证明,活塞环上述的压入现象是造成环断裂的主要原因。

### 4.2　柴油机活塞环搭口间隙的原因

活塞环的搭口可以保证活塞环在工作时有受热膨胀的余地,同时可以使活塞环在正常工作时产生一定的周向运动。当活塞环的搭口间隙过小时,会使活塞在工作时的热膨胀受到限制进而在搭口处产生挤压,从而容易在搭口的对侧发生环的折断现象。

由于活塞环和缸套在运行中会产生磨损,环的搭口间隙会逐渐增大。当搭口间隙过大时,会使活塞环的径向力严重不平衡,其径向力主要是环自身的弹力和气体作用在环背的气体力,搭口间隙的存在使气体力的合力的方向如图2所示。这样就会在搭口的对侧产生不均匀的磨损,严重时会造成活塞环的断裂,同时也会使活塞环的径向厚度减小,活塞环弹性降低,如果环槽结碳严重时,容易发生活塞环黏着故障。

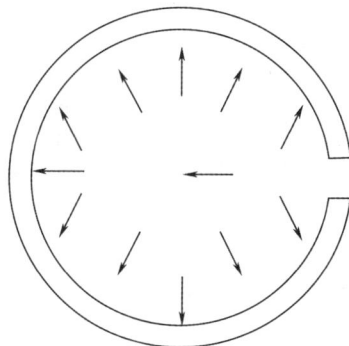

图 2　活塞环受力图

### 4.3　柴油机活塞环与气缸套润滑状况的原因

理想的全液体润滑,主要取决于运动副的运动形式、速度以及润滑油的性能等因素,而活塞环在缸套内的运动在全动作行程中的速度始终在变化,因在上下止点的运动速度为零,同时受到高温燃气的冲击作用,所以在两者之间很难形成良好的润滑,这是活塞环工作条件恶劣的重要原因,尤其是活塞在上止点附近时,润滑状态处于边界润滑状态,有时甚至是干摩擦状态。正常情况下,活塞头部同缸套之间不会产生摩擦,随着柴油机的运行,在活塞头的周围会产生积碳,这些积碳硬度大且难于清除,积碳的不断增多将会使活塞头部的直径增大,当活塞在气缸内运动时,头部的积碳同缸套之间产生摩擦,不但会使缸套的磨损率增大,同时会严重破坏气缸润滑油膜,使主机系统滑油消耗量和活塞环的磨损率都会明显增大。

### 4.4 柴油机活塞环和环槽配合情况的原因

活塞环槽的磨损主要是由于活塞环在槽中的扭曲作用引起的。由于长期使用,在活塞环的扭曲作用下,活塞环槽会产生各个方向的不均匀磨损。同时,活塞头部在正常工况时会受热变形,从而使活塞环槽的尺寸不断缩小且向下倾斜,这就导致了活塞环同环槽的正常配合出现问题,使环在环槽中呈倾斜状态。因此在吊缸检修时要仔细测量环槽的几何尺寸,如发现环槽倾斜过大或磨损过大形成了凸台时,应用手持砂轮将凸台进行磨平或送厂进行恢复性修理。

### 4.5 燃料油的影响

船上使用的燃油由于加油港经常变动,且不同国家、不同厂家的燃油由于其产地和冶炼工艺的不同,其性能指标也相差很大,如果使用统一的标准对燃油进行处理,例如根据分油机比重环直径的大小对不同比重的燃油,在不同加热温度下会有不同的要求,如果在净化燃油时不采取措施,将影响燃油处理的质量,燃油中的灰分过高,将造成活塞环和缸套间的磨损加剧,这些因素必然影响柴油机的燃烧过程,造成燃烧室内温度过高。同时由于某些柴油机长期在低转速、低负荷下工作或进出港频繁用车,而气缸注油量不作调整,造成气缸注油量增加,过多的气缸油由于泵油作用在环槽处形成积聚,当气缸内温度过高时积聚的滑油形成燃烧,增加了活塞环的黏着和折断等故障出现的概率。

### 4.6 营运中管理不当

由于气缸冷却不良,导致第一道环温度过高,活塞环局部被烧坏而失去弹性,润滑不良造成不正常磨损,最高爆炸压力过大,使环的机械应力增大,严重时会造成断环。

注油量过大,环槽中的滑油在高温下积碳,环槽底面硬的积碳使环受到的弯曲、变形影响,最终导致疲劳断裂,只要有一处断裂,漏气量增大,积碳就会更加严重,进而使环多处断裂,并使环槽磨损加剧。

活塞环安装时方向错误造成断裂。

## 5 柴油机断环现象分析及处理措施

断环一般多发生在第一道和第二道环,而这两道环对密封性能又起着关键的作用,所以断环时必造成燃烧室密封的破坏。

### 5.1 断环后的工作状况

气缸的压缩压力和爆炸压力明显降低、冒黑烟、排气温度升高。由于断环,气缸的密封性下降,造成压缩过程中大量气体的泄漏,使气缸的压缩压力、压缩终点温度明显下降,燃油滞燃期明显延长,燃烧点后移到上死点后,使爆压下降后燃严重。冒黑烟,排气温度升高,冷却水温度也可能升高,柴油机的指示功率下降,效率也明显下降。

滑油消耗剧增。由于第一道或第二道气环断裂使部分高温燃气直接进入下面几道环,滑油燃烧位置下移,活塞环泵油的距离明显变短,断环的刮油作用丧失,滑弛消耗大大增加,造成滑油的过量消耗。

扫气箱易着火。由于高温燃气漏入扫气箱,扫气箱温度升高,易引起下部积油着火。

柴油机起动困难,柴油机中有多缸同时发生断环时,由于受到起动时气缸温度偏低及压缩过程漏气的共同影响,柴油机达到发火转速时不能发火,导致起动失败。

## 5.2 断环判断和检查

出现断环现象时须确认是否发生断环,一般的方法是:对于运转中的柴油机,可通过测试压缩压力来判断,当测定的压缩压力小于规定值,并伴有扫气箱温度升高等现象时有可能是环漏气或断环。如果在柴油机运行时缸内有断续声响,随后消失,则可能是环被气口挂断。

## 5.3 断环时应急处理

断环的碎片可能冲入排气管甚至冲入废气涡轮增压器,打碎增压器叶片,造成严重故障,也可能损伤缸套并使活塞环槽的变形。因此,确认已断环时必须进行吊缸更换,以保证气缸的密封性,若当时情况不允许停车吊缸检修或无备件,则应降低转速,降低该缸的喷油量或停油,并保证故障缸的良好润滑,适当增大供油提前角,起动时换成轻油,密切注意断环缸有无异常声音,使柴油机安全运行到达港口进行修理。

# 6 日常维护管理应注意的事项

做好各项日常管理工作,对避免活塞环故障有重要作用。

(1)长期低负荷和超负荷运行都不是科学使用主机的方法。前者是消极被动管理,将会引起恶性循环;后者则是盲目开超速车,工作于超负荷区域,加快了活塞环的磨损。某轮主机制造厂规定,额定转速为 1 500 r/min,转速超过 1 650 r/min 即为超负荷,因此有时有些特殊情况需要加车,出于主机安全的考虑,也不能把转速调到 1 650 r/min 以上,并不能盲目的使主机超负荷。当然长期处于低负荷也是不行的,要适当调节负荷在合适的范围内。

(2)保证气缸油的供给量,值班人员应定期查看和维护气缸油泵工作状况,保证气缸油管路通畅。其实,除长期正常磨损的原因外,在补充气缸油日用柜时,将油柜出油阀关死,会导致供油中断,如果加上处理不及时,就很容易造成活塞环故障。在柴油机低转速、低负荷工作或频繁用车时,应适当增加气缸注油量,以改善活塞环的润滑状态,减少活塞头的周围积碳,使润滑油膜不易破坏,减少活塞环的磨损率。

(3)无论新船还是老龄船,适当延长磨合期,保证运行期的各参数在适当范围之内,对保证柴油机的正常运行和使用寿命,都至关重要。在柴油机换用新的缸套或活塞环后,一定要保持低速、低负荷下磨合足够的时间,同时在磨合期内要加大气缸油的注油量。这样可以避免在磨合期内,活塞环和气缸套表面由于形状和粗糙度等没有完全匹配,而使摩擦面过热发生过度磨损或拉缸。

(4)实际运行过程中,活塞环搭口间隙的大小是判断活塞环磨损状况的重要指标。因此在日常管理过程中,运行一定的时间后就应测量活塞环的搭口间隙,在柴油机停车时,进入到扫气室通过扫气口进行测量,同时可利用此机会检查活塞环的工作面状况及有无黏着现象,当发现有环黏着现象时,应在可能的时间内进行吊缸检修。测取搭口间隙的数值一是要同说明书中要求的数值进行比较,以判断搭口间隙是否超过极限;二是要同上一次测量的搭口间隙进行比较,以判断活塞环的磨损率,如果在一定的时间间隔内,环的磨损率突然增大,则应查找原因予以解决。通过每道活塞环的档案不但可以系统地分析活塞环的故障现象,还可以分析比较不同备件的质量、燃油以及滑油等对磨损率的影响。实践证明,虽然定期测量活塞环的搭口间隙会给轮机管理人员带来额外的工作量,但对柴油机的维护管理及故障预防可以起到事半功倍的作用。

(5)正常运行过程中要控制冷却水、冷却油等的温度和压力在要求的范围之内,同时要注意参数的比较,最重要的是各参数的变化速度。定期测量示功图,通过对压缩压力、最大爆炸压力、燃烧始点、负荷分配等进行分析,判断燃烧过程进行的好坏和气缸、活塞环等的工作状态,发现有故障预兆时要及时查找原因并采取相应处理措施。

# 7 总结

活塞环故障,原因是多方面的,必须综合分析,预防措施是必须采取规范维修和使用、增加监控设备、丰富监控手段。

随着现代柴油机监控技术的发展,如油液分析技术、磨损监控技术、缸套油膜监控技术等新技术已经在新船上得到应用,这为轮机员分析判断活塞环及缸内的工作状态提供了有利的依据。但是过分依赖检测系统提供的数据也是不可取的,只有将自己的判断与检测系统提供的数据结合起来综合分析,并通过适当拆检加以佐证,这样才能提高轮机管理人员的科学管理水平。

目前在船舶柴油机中使用的活塞环种类繁多,主要区别在于活塞环的材料、搭口形式、表面涂层和断面形状的不同。每种环都有其优点和不足,要根据柴油机的特点选择合适的环,以达到良好的密封效果。目前正在逐步得到应用的等离子喷镀技术使活塞环镀层中含有钛、钨、铬、钼等多种金属成分,大大改善了单一金属镀层的不足。使活塞环的耐磨性、抗腐蚀性、耐高温性有了明显的提高。随着纳米技术在船舶机械领域的应用,不久的将来,必将使活塞环的综合性能得到全面提高。

# 船用主机排烟系统补偿设计研究

董嗣朋　李皆伟　赵巍巍　潘铭鼎

（大连船用柴油机有限公司）

**摘　要**：主机的高温废气会对排烟管路系统造成一定的热膨胀，在设计初期必须要考虑消除这种热位移和热应力，否则会对主机本体和船体结构造成很大损伤。本文主要从排烟管路布置、热位移计算和管路热应力分析三方面，对主机排烟管路系统补偿进行了全方位的设计研究，借助 ANSYS 仿真软件，对所设计的方案进行校核优化，从而更加合理地制定补偿方案，保证主机排烟管路系统的可靠性和经济性。

**关键词**：船用主机；高温废气管路系统；应力；热膨胀；ANSYS 仿真分析

## 1 背景

金属波纹管（俗称"膨胀节"）是抵消高温管路热位移的常用组件，以往我司的膨胀节形式及技术特性大多是由厂家根据经验值进行设计，而厂家为保证膨胀节的使用寿命和排烟系统的补偿效果，通常会留有较大的补偿余量，这样虽然保证了排烟系统热位移补偿量，但膨胀节造价会高出很多，而且整个主机排烟系统管路刚度变小，会造成排烟管路振动过大。本文以 6G60ME-C9.5 HPSCR 项目为例，对主机排烟系统热膨胀和补偿设计进行全方位深入研究，该项研究在国内同行业中处于领先水平。

## 2 研究内容

### 2.1 主机排烟系统结构设计

排烟系统的结构是影响整个系统补偿设计的关键因素，它将决定热位移计算结果和膨胀节选型，这就要求排烟系统结构在设计阶段尽可能做到设计精确化。

2.1.1 管路材质

HPSCR 主机的废气温度最高可达 400 ℃，在 400 ℃环境下普通碳钢的屈服强度无法满足整个排烟系统的要求，所以这里使用耐高温锅炉钢 15CrMo。

2.1.2 管线路径设计

管线路径设计主要取决于机舱空间布置，要为膨胀节预留好足够的施工空间。此外，HPSCR 管路要求压损小于 18 mbar，所以应当尽量减少弯头的使用数量，尽可能降低排烟管路的压损。

2.1.3 膨胀节的节点布置

膨胀节的补偿效果主要体现在其轴向方向，所以当管路系统为非直线型时，必须将管路系统进行适当的分解，合理地分布膨胀节位置，从 X、Y、Z 三个方向对整个系统进行热膨胀补偿，如图 1 所示。

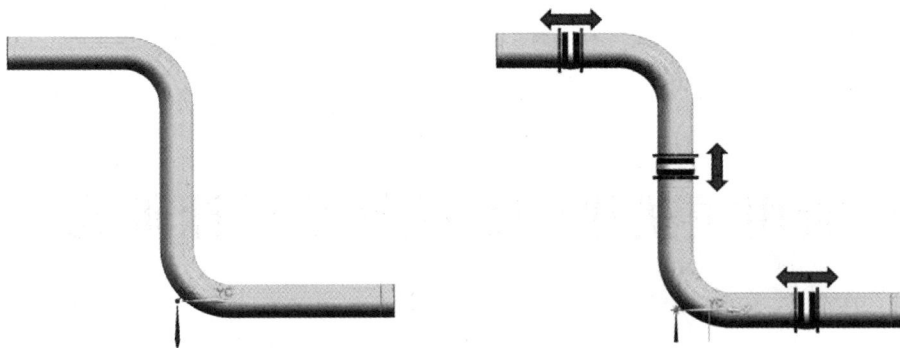

图1

## 2.2 管路支撑布置

高温管路系统由于热位移和热应力,会产生形变(如图2所示),所以管路支撑布置是否合理,将影响膨胀节和整个排烟系统的使用寿命。为了防止或降低系统的热变形,通常在膨胀节两侧分别增加1个固定支撑和1~2个滑动支撑,当同一直线上的管路由多条直管组合而成时,则每条直管段应分别配有一套膨胀节及支撑组件,如图3所示。

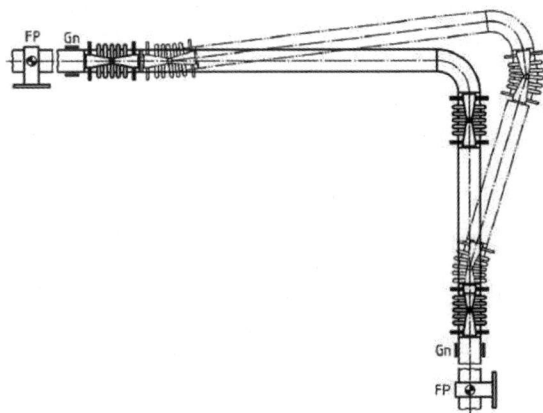

图2

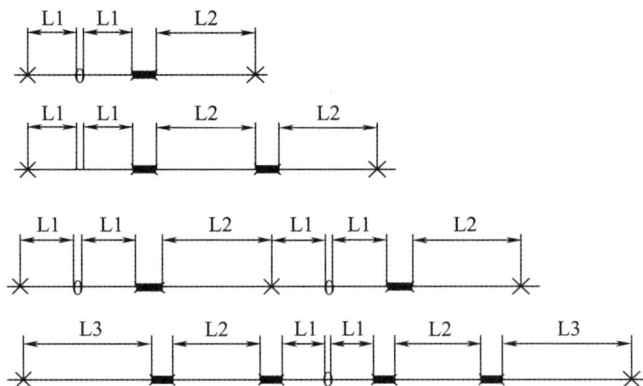

图3

综合上述因素,示例项目6G60ME-C9.5 HPSCR排烟系统结构设计最终如图4所示,管线中断开处为膨胀节安装位置。

## 2.3 膨胀节补偿量计算及膨胀节分类

### 2.3.1 膨胀节补偿量计算

膨胀节的补偿量,即为膨胀节对应节点处管路的热位移量。影响高温管路系统热位移的因素主要有3个,分别是材料、温度差、管路长度,具体经验公式如下:

$$\Delta L = L \Delta T a_{exp}$$

其中,$\Delta L$代表管路热膨胀量;$L$代表管路长度;$\Delta T$代表温度差(设计温度减去环境温度);$a_{exp}$代表所使用材料的热膨胀系数,该值为经验值,通过实验获得。

上述公式中的每个膨胀节所在的直段管路长度$L$,可通过排烟系统图纸测量而知;温度差$\Delta T$为475℃(设计温度500℃减去环境温度25℃);管路材质采用15CrMo,在500℃工况下15CrMo的热膨胀系数$a_{exp}$为14.2×10⁻⁶ mm/mm·℃。经计算,6G60ME-C9.5 HPSCR排烟系统各个节点的膨胀量如表1所示:

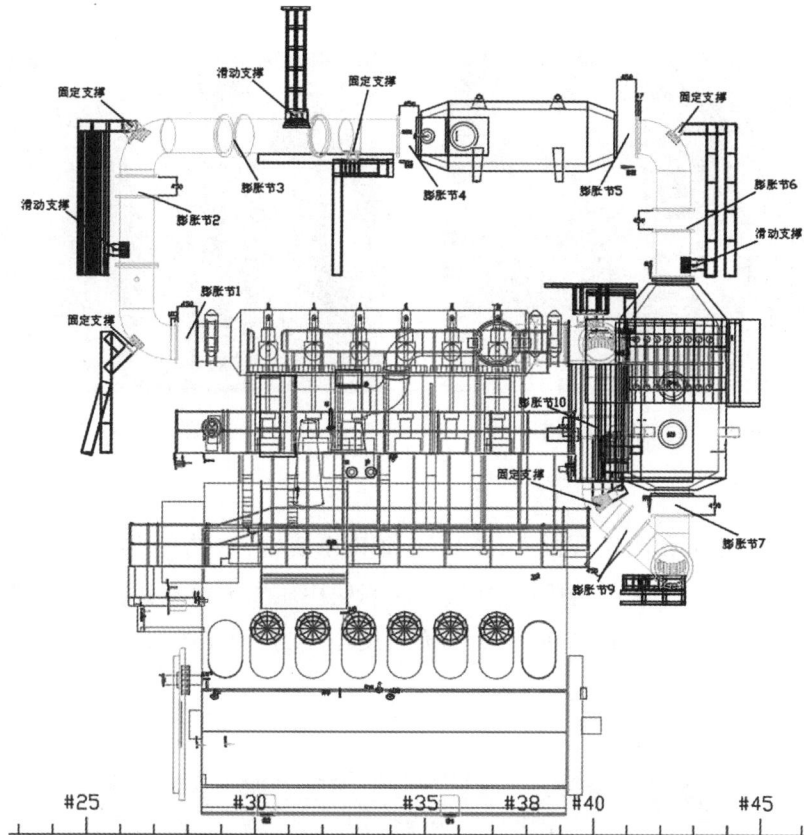

图 4

表 1　排烟系统各节点膨胀量

| 序号 | 膨胀节编号 | 管路通径 | 节点理论最大轴向补偿量 $\Delta X$ | 节点理论最大径向补偿量 $\Delta Y$ |
|---|---|---|---|---|
| 1 | 膨胀节 1 | DN800 | 34.4 mm | 10 mm |
| 2 | 膨胀节 2 | DN800 | 33.7 mm | 5 mm |
| 3 | 膨胀节 3 | DN800 | 38 mm | 5 mm |
| 4 | 膨胀节 4 | DN800 | 39.5 mm | 5 mm |
| 5 | 膨胀节 5 | DN800 | 21.6 mm | 5 mm |
| 6 | 膨胀节 6 | DN800 | 51.1 mm | 5 mm |
| 7 | 膨胀节 7 | DN800 | 22.1 mm | 5 mm |
| 8 | 膨胀节 8 | DN800 | 13 mm | 5 mm |
| 9 | 膨胀节 9 | DN800 | 15.6 mm | 10 mm |
| 10 | 膨胀节 10 | DN800 | 25.9 mm | 5 mm |
| 11 | 膨胀节 11 | DN800 | 15.4 mm | 5 mm |
| 12 | 膨胀节 12 | DN800 | 29.4 mm | 11.2 mm |

2.3.2　膨胀节分类

高温管路系统补偿所使用的膨胀节通常有三种形式,即单式轴向膨胀节、复式轴向膨胀节和压力平衡式膨胀节。

(1)单式轴向膨胀节

当高温管路系统比较简单,且热位移较小时,可采用单式轴向膨胀节(图5),这种膨胀节特点是价格比较低廉,性价比高,但是会产生一定的盲板力,所以使用这种膨胀节的前提是整个系统的支撑强度足够高。

(2)复式轴向膨胀节

复式轴向膨胀节(图6)使用条件与单式轴向膨胀节相同,但是补偿量会提高很多。

图 5  单式轴向膨胀节

图 6  复式轴向膨胀节

(3)压力平衡式膨胀节

由于单式和复式轴向膨胀节会产生盲板力,在高压 SCR 系统中,这种盲板力通常可达到几吨甚至十几吨的作用力。当整个系统支撑强度无法承受盲板力时,就应当使用压力平衡式膨胀节(图 7),这种膨胀节会通过自身的特殊结构消除盲板力,从而大幅度降低整个系统的反作用力,但是这种膨胀节造价昂贵,价格是普通膨胀节的几倍以上。

图 7  压力平衡式膨胀节

鉴于制造成本问题,首先考虑使用性价比高的单式轴向膨胀节,根据上文中所计算的各个节点的补偿量结果,现将示例项目 6G60ME-C 9.5 HPSCR 排烟系统各个膨胀节规格整理如下:

表 2  排烟系统各个膨胀节规格

| 序号 | 膨胀节编号 | 管路通径 | 膨胀节最大轴向补偿量 ΔX | 膨胀节最大径向补偿量 ΔY | 膨胀节形式 |
|---|---|---|---|---|---|
| 1 | 膨胀节 1 | DN800 | 35 mm | 10 mm | 单式轴向膨胀节 |
| 2 | 膨胀节 2/3/4 | DN800 | 40 mm | 5 mm | 单式轴向膨胀节 |
| 3 | 膨胀节 5/7/8/9/11 | DN800 | 25 mm | 10 mm | 单式轴向膨胀节 |
| 4 | 膨胀节 6 | DN800 | 55 mm | 5 mm | 单式轴向膨胀节 |
| 5 | 膨胀节 10 | DN800 | 30 mm | 5 mm | 单式轴向膨胀节 |
| 6 | 膨胀节 12 | DN800 | 30 mm | 12 mm | 单式轴向膨胀节 |

## 2.4  仿真分析及结构校核优化

### 2.4.1  仿真分析

按照上述补偿量订购膨胀节,待厂家提供详细图纸后,再对整个排烟系统进行 ANSYS 仿真计算,其目的是校核排烟系统在高温高压条件下是否有应力超标,同时验证每个节点的热位移是否超出相应膨胀节的最大补

偿量。本文对 ANSYS 模态分析不做详细介绍,其大致流程如下:

①建立模型;

②模型理想化;

③网格划分;

④输入约束、材料属性及边界条件等参数;

⑤执行运算,得出计算结果。

(1)应力仿真分析结果

通过 ANSYS 仿真软件对系统进行一次应力和二次应力计算,将各个节点的应力计算值与材料最大许用应力进行对比,应力计算值应低于材料最大许用应力,反之则应对系统管路进行优化。经多次优化校核,示例项目的各节点一次、二次应力均满足设计要求(如图8、9所示)。

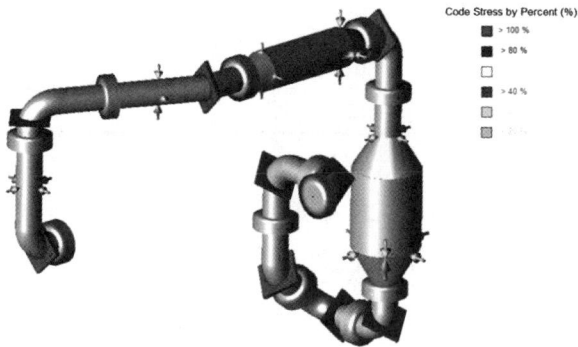
图 8　一次应力

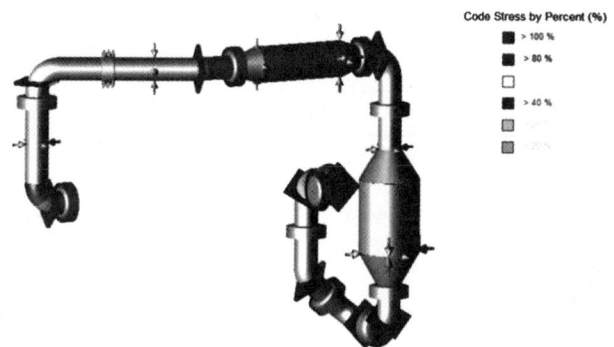
图 9　二次应力

(2)热膨胀量仿真分析结果

通过 ANSYS 仿真软件对系统进行热位移计算,各节点的热位移量应小于相应膨胀节的设计补偿量,反之则应修改膨胀节参数,直至满足要求为止。经过计算校核,示例项目各节点(图 10)热位移计算值均低于相应膨胀节的最大设计值,对比结果如表 3 所示。

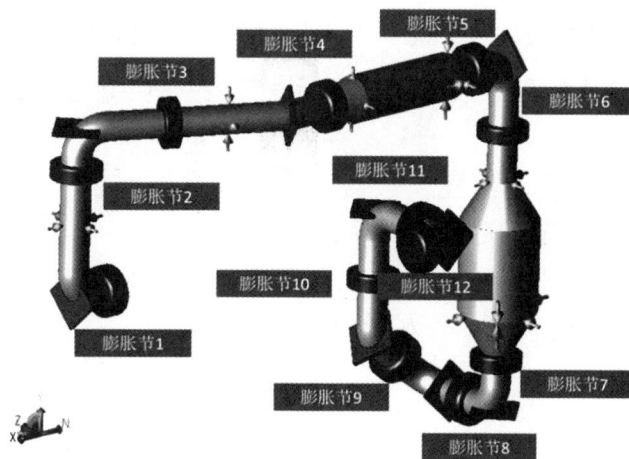
图 10　膨胀节节点分布

### 2.4.2　结构校核优化

校核高温管路系统是否满足强度要求,主要从应力值和热膨胀量两方面进行考虑,当系统管路应力值低于所用材料的安全许用应力,且各节点的热膨胀量小于相应膨胀节的补偿量时,才证明所设计的补偿方案可行。本文借助 ANSYS 仿真软件,通过对整个系统的应力和热膨胀量进行仿真分析,从而确定系统是否满足强度要求。

表3 各节点补偿量计算值与相应膨胀节设计值对比

| 编号 | 设计最大轴向补偿量(mm) | 计算轴向补偿量(mm) | 设计最大横向补偿量(mm) | 计算横向补偿量(mm) |
|---|---|---|---|---|
| 膨胀节 1 | 35 | 20 | 10 | 7 |
| 膨胀节 2 | 45 | 18 | 10 | 3 |
| 膨胀节 3 | 45 | 36 | 10 | 3 |
| 膨胀节 4 | 45 | 20 | 10 | 0 |
| 膨胀节 5 | 30 | 0.3 | 10 | 3 |
| 膨胀节 6 | 55 | 43 | 10 | 2.5 |
| 膨胀节 7 | 30 | 15 | 10 | 2 |
| 膨胀节 8 | 30 | 8 | 10 | 2 |
| 膨胀节 9 | 45 | 16 | 10 | 10 |
| 膨胀节 10 | 30 | 19 | 10 | 3 |
| 膨胀节 11 | 30 | 14 | 10 | 5 |
| 膨胀节 12 | 30 | 25 | 12 | 11 |

结论:综合应力和热位移两方面因素,示例项目 6G60ME-C9.5 HPSCR 排烟系统热应力小于所用材料 15CrMo 的安全需用应力,各个节点的热膨胀量小于相应膨胀节的最大补偿量,所以示例项目排烟系统补偿方案合理有效。

## 3 创新点及未来前景

本文中所涉及的研究方法和设计理念在国内同行业中处于领先水平,是我司首次对主机高温排烟系统进行量化计算,开发了高温管路系统热膨胀补偿设计方法,合理地确定补偿器、系统支撑形式及布置方法,借助 ANSYS 仿真分析技术对整个系统的热膨胀量和热应力进行校核计算,最终满足主机排烟系统补偿量和强度要求。

随着国际海事组织对船舶排放管控愈加严格,船用主机排烟后处理设备(比如脱硫、脱硝等)逐渐成为新造船的标配设备,为确保主机和船舶系统的可靠性,高温管路系统的热膨胀问题必须作为一个重点项目纳入设计范畴,所以本文对解决这种高温排烟管路系统会有一个很好的指导作用。

## 参考文献

张晓晴. 材料力学[M]. 北京:机械工业出版社,2021.

CAD/CAM/CAE 技术联盟. ANSYS 有限元分析[M]. 北京:清华大学出版社,2017.

周炬,苏金英. 有限元分析实例详解[M]. 北京:人民邮电出版社,2017.

# 关重设备实时监控系统开发

魏宝华　　邵建秋　　张祯帅　　郑晓明

（大连船用柴油机有限公司）

摘　要：为了保障公司关重设备的持续运转，提高生产效率，我司相关人员针对关重设备状态的实时监控及维修流程数字化进行了研究开发，进而从多方面对设备的性能状态进行掌控，用有效的数据指导生产、合理安排产能，不断提升设备的管理能力和水平。

关键词：关重设备；实时监控；维修流程数字化；数据；产能

## 1　概述

### 1.1　研究必要性分析

关重设备定义源于其对生产的重要性，一旦出现问题会严重影响生产进度，因此，我们必须要掌控关重设备的状态，做好预防性维护保养，及时高效地完成对故障的维修，这样，才能保障其持续稳定运转。那么，我们如何来实现？更为有效的办法就是开发实时监控系统。

### 1.2　国内外研究现状及发展趋势

目前，设备监控这个课题，是国内外许多公司重点研究的课题，尤其是在智能化制造 2025 和工业 4.0 中，都将其提上了一个相对高的层面，市场上相关产品也是五花八门，但总体来说，这是一个大趋势，是从生产设备层到企业管理层的必经之路。

### 1.3　研究目的及意义

通过对设备运行进行实时监控，采集到设备的运行状态和报警等数据并进行统计分析，为管理层提供生产精益化的参考和依据，进而减少设备不必要的停机时间，提高生产效率。同时实现设备的数字化和智能化管理，包括工单的无纸化下发、生产信息的回传、加工程序的数字化控制、维修的数字化管理、ERP 系统的统调等。

## 2　项目研究内容与技术方案

### 2.1　研究目标与技术指标

研究目标：实现对关重设备的状态的实时监控，维修的数字化管理。

技术指标：

(1)在外部设备能够实时观察机床界面及相关操作；

(2)增加机床状态监控界面；

(3)维修流程数字化软件开发应用。

## 2.2 主要研究内容与关键技术

（1）设备的实时监控，状态监控界面的开发、设备与外设实时连接；

（2）维修流程数字化软件开发应用，报修软件的开发、应用。

（3）建立机床与外设 PC 的有线连接，作为无线连接的基础。

## 2.3 总体技术方案及其实施过程与效果

### 2.3.1 维修流程数字化软件开发应用总体方案

为满足维修数字化管理（图1）要求，提出维修流程化软件开发应用的课题，提高维修效率，将维修信息数字化，有利于全闭环维修流程的进行，报修后自动流转至相关部门，高效率响应派工、维修、验收，保证流程闭环，确保问题迅速解决，进而提高维修效率。在数据分析上，保证工单概览、库存等信息及设备状态一目了然，分析回顾全生命周期表现，完善流程和人员管理。

采用宜搭软件开发工具，按一张报修单的流程管理要求，实现报修后自动流转，数据统计分析和提取，可实现 Windows 电脑系统、安卓手机系统和苹果手机系统的无障碍使用，实现软件可自行更新、更正等维护操作，以及不同人员的分级授权管理。

### 2.3.2 设备的实时监控总体方案

结合机床实际情况，研究开发多重手段进行监控，一方面，在机床本身人机交换界面上做出状态监控画面，对机床必要的状态进行监测，将问题及时反馈给操作人员；另一方面，研究实现机床与外部设备的实时通讯，可以将设备的状态实时在外部设备上显示，将该内容存储在硬盘中，可对设备的运行状态进行有效监控。

# 3 关键技术解决途径及其实施过程与效果

## 3.1 维修流程数字化软件开发关键解决途径

### 3.1.1 计划

对所要解决的问题进行总体定义，包括了解用户的要求及现实环境，从技术、经济和环境因素等3个方面研究并论证本软件项目的可行性，编写可行性研究报告，探讨解决问题的方案，并对可供使用的资源（如计算机硬件、系统软件、人力等）成本及可取得的效益和开发进度作出估计，制订完成开发任务的实施计划。

### 3.1.2 分析

软件需求分析就是对开发什么样的软件的一个系统分析与设想。它是一个对需求进行去粗取精、去伪存真、正确理解，然后把它用软件工程开发语言（形式功能规约，即需求规格说明书）表达出来的过程。

### 3.1.3 设计

软件设计可以分为概要设计和详细设计两个阶段（图2及图3）。实际上软件设计的主要任务就是将软件分解成模块，该软件的实现过程为，首先在办公软件下实名注册，建立企业机构或者是团队，该软件有一个公用的工作台，可以在工作台上发布自己编译的软件，发布之后，可以使该团队所有人使用发布软件，团队建设者即是管理者，给予团队内组织和人员软件使用的不同权限。根据使用要求，设计出软件报修流程图，设计流程图中各环节的表单数据。

### 3.1.4 编码

软件编码过程非常艰难，因为我们并非是软件编写的专业人士，最初计划是请专业人员合作开发，我们边学习，边开发，达到二次开发和软件维护的能力。经过咨询，软件编写及搭建运行需要高额的费用（近二十万人民币），只能是自行完成软件设计编写，尝试多种方式，最终采用宜搭软件的开发平台，完成软件的设计开发项目。

使用宜搭软件开发平台，运用了应用程序开发的模块化方法，在构建具有可重用组件的应用程序时，于不同的应用程序中使用现有组件，而不仅仅是原始开发应用程序，这里的组件是一个可重用的对象，它将一段代码转换为模块，这些组件可用于具有类似功能的不同应用程序中。通过将这些模块添加到新的应用程序中，可以避免针对类似的通用功能进行重复编码，这种灵活性极大地减少了测试和开发的工作量和时间。

设备维修流程图

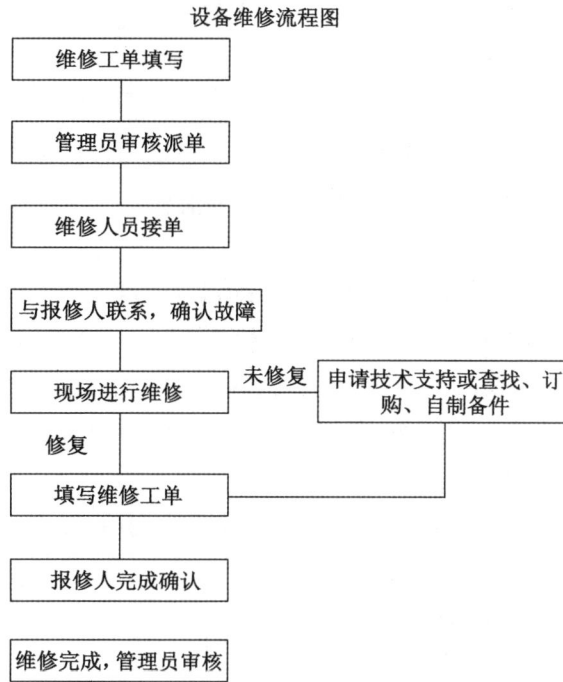

图 1　软件设计流程图

### 3.1.5　测试软件

测试的目的是以较小的代价发现尽可能多的错误。要实现这个目标的关键在于设计一套出色的测试用例,测试数据与功能和预期的输出结果组成了测试用例。根据使用要求,测试软件的数据链接提取,按设计流程图进行流转,进行系统兼容测试。该软件可以成功提取设备相关数据,根据设备编号,提取设备名称及型号,免于手动输入;可以按设计流程图进行正常流转,满足报修工单的工作程序;可实现 Windows 系统、安卓系统和苹果系统的无障碍使用,能够及时得到相关信息。

图 2　软件编写实例

图 3　数字化维修主界面

### 3.1.6　维护

因为软件完全自行编写,可以根据软件运行的情况,对软件进行适当修改,以适应新的要求,或纠正运行中发现的错误。随时进行升级、上线、下线、更新或删除操作,免除外部维护费用。

## 3.2　设备的实时监控

设备的实时监控分两个方向进行,达到对机床侧的设备状态监控和外部设备对机床的实时显示两个目的。

关键技术主要集中在状态字的提取和画面集成以及机床与外设之间如何实时传输状态。

### 3.2.1 机床的状态监控

(1)分析

分析机床的控制原理以及 PLC 逻辑,提取重要的信息作为状态监控的要点,这里以双柱立车为例,采集机床各轴的实时状态、车/铣主轴的运行条件、横梁的松开夹紧等信息。

(2)实施

选择合适的工具进行 HMI 的二次开发,这里选择 EasyScreen 的编译器设计开发相关界面,EasyScreen 采用 ASCII 文件配置的方式进行编写,可以理解为一种特有的语法格式。使用 EasyScreen 设计界面不需要特殊的软件,只需要 Notepad、Ultraedit 等工具即可。可添加元素如软键、变量、文本、图片等;可自由地调整画面结构;可执行操作如切换画面、输入变量值、点击软键等;可访问变量如 NC、PLC、用户变量等;可执行函数功能如预定义函数、PI 服务,用户访问级别限定。

在系统 CF 卡中建立 easyscreen.ini 和 ZK.com 文件,在文件中利用 EasyScreen 进行文件编制。

例如:

①登入软键定义(需要注意不能和已定义按键冲突)

```
//S(Start)
HS1=("车/铣监控"){水平第 SK1 按键}
PRESS(HS1)
  LM("ONE")
END-PRESS
//END
```

②画面编制:(车/铣监控)

```
;***********ONE:界面*********************
//M(ONE/"工作台监控"/)
DEF Edit1000=(S///,"<<—车主轴运行条件—><—铣主轴运行条件—>>",,/wr1///10,10,550///),
DEF Edit100=(IDB/*1="\\pic_green.png",0="\\pic_red.png"//,"机床启动完成",,/wr1//"Q3.7"/50,35,200/230,33,25,25//),
DEF Edit101=(IDB/*1="\\pic_green.png",0="\\pic_red.png"//,"外圈静压压力 7PS",,/wr1//"I12.2"/50,55,200/230,53,25,25//),
.....
//END
```

(3)成果展示(图4)

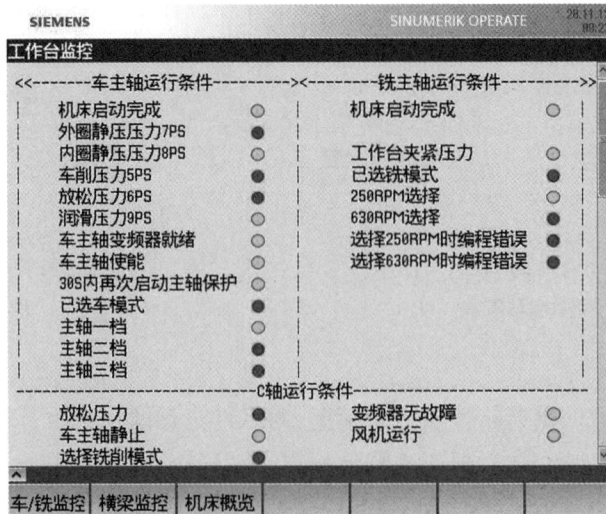

**图4 车/铣监控界面的"工作台监控"**

### 3.2.2 机床的状态实时显示

实时显示的关键技术在于如何实现机床的状态在外部设备上进行显示。为此,我们进行了许多实验,包括 Wincc、Operater 等,技术相对较为复杂,在短时间内难以实现,只能借助软件来实现,经过选择,我们尝试使用 VNCVIEWER,在机床和外部电脑均安装 VNCVIWER 软件,建立局域网后,使用该软件可成功将机床的状态展现到外部电脑上(图5)。

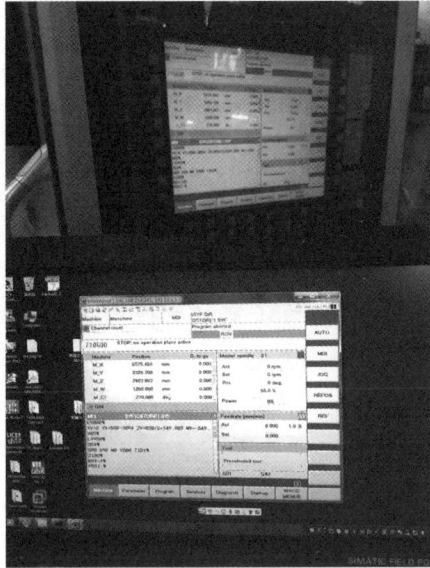

图5 设备程序运行状态监控

## 4 结束语

此项目取得的成果实现了我公司在该方面的首次突破,具有里程碑式的意义,尽管还存在一些缺憾,例如数据之间的关联性和可提取性不够灵活,但所选择的方式和结果将公司相关工作提升到了一个新的高度。项目起止点均在设备监控上,无论是设备的实时监控、实时显示还是维修流程的数字化,都将大大提高相关工作的效率,为预防性维护保养、数字化维修、工件程序的传输使用、生产的有序组织提供可靠的数据支撑,将推动设备管理上升到更高的层面,促进生产力的转化效率不断提升、产能的不断优化,为公司高质量发展和绿色造机事业建设添砖加瓦。

# 船用柴油机非加工钢制表面涂漆防腐技术简介

周锦闯　　崔新全　　李东超　　曲　侠

（大连船用柴油机有限公司）

**摘　要**：船用柴油机涂漆防腐至关重要，为了更好地提高涂漆防腐质量，本文针对涂漆防腐机理、油漆种类及油漆配套应用进行了详细介绍。

**关键词**：船用柴油机；涂漆防腐；油漆种类；油漆配套

## 1　前言

船用柴油机是目前船舶动力的主要来源，船用柴油机通常尺寸较大，生产建造至少需要 8 个月时间，而且船用柴油机安装在船上还需要至少半年时间调试，才能正式运转航行。船用柴油机98%以上部件是钢铁材料，这样的钢铁制部件在建造和调试期间长期处于海洋性气候或滑油、柴油、海水等侵蚀溅污状态，同时还伴随高温和震动服役状态，因此需要进行全面有效的防腐处理。

船用柴油机部分运动部件为机加工成品，机加工的部件表面通常采用长效防锈保养油进行防腐处理，有硬膜保养油 506 和软膜保养油 502 或亮光黄金甲保养油。短期防锈采用机油进行防护。还有部分加工表面采用化学热处理氮化、发黑、镀铬、钝化、热浸镀、堆焊金属及热喷涂金属等方式进行防腐处理。其余大部分非加工钢制表面一是采用不锈钢材料替代钢铁材料；二是采用酸洗、磷化、电镀、喷塑、热喷涂等技术；三是采用涂漆防腐处理。用涂料进行金属涂装防护是最为简单、经济且使用范围最广的方法，因此采用涂漆防腐处理是本文的关注点。

## 2　钢铁锈蚀原因及涂漆防腐机理

### 2.1　钢铁锈蚀原因

钢铁锈蚀内部因素是指钢铁本身的原因，即由于钢铁的成分、组织、结晶方向、残余应力、表面转化膜等的不均所致，使其内部有不同电位区域存在，因而形成微电池。

钢铁锈蚀外部因素是钢铁表面接触电解质溶液，也就是说钢铁锈蚀受环境的支配，环境中的水分、氧、温湿度以及污染物质的存在，这几方面的因素使钢铁表面更容易形成水膜或电解质溶液薄膜，而微电池在水膜尤其是在电解质溶液膜下的电化学反应加剧，从而加速了钢铁的锈蚀。

### 2.2　涂漆防腐机理

涂漆的防腐机理，恰恰在于其成膜后隔绝了外界腐蚀性物质对底金属的侵入，阻碍了腐蚀性原电池中阳极区与阴极区之间离子的移动，相当于等效地在腐蚀电池回路中串入高电阻，因此可以抑制腐蚀电流强度，从而减缓腐蚀速度。

## 3　防腐等级及船用柴油机服役条件简介

船用柴油机防腐等级共分为 6 级(表 1)。

**表 1　腐蚀性类别和要求**

| 防腐等级 | 要求 | 对应防护年限 |
| --- | --- | --- |
| C1 | 很低 | 1~2 年 |
| C2 | 低 | 2~5 年 |
| C3 | 中等 | 5~15 年 |
| C4 | 高 | 大于 15 年 |
| C5-I | 很高(工业级) | 大于 15 年 |
| C5-M | 很高(航运级) | 大于 15 年 |

船用柴油机不同的部位服役条件和面临的环境各不相同,有些需要耐油、耐酸、耐热、耐水等各种条件,所以对应着不同的防腐等级(表 2)。

**表 2　主机不同部位防腐等级**

| 标识符号 | 防腐等级 |
| --- | --- |
| A 机体内部接触油和空气的非加工表面 | C2 Medium |
| B 机体外表非加工面 | C2 Medium |
| C 受热部位表面 | C3 Medium |
| D 严重腐蚀条件下的工件表面 | C5M High |
| E 防滑部位 | C2 Medium |
| F 烟气通道表面 | C3 Medium |
| H 排烟部件 | C3 Medium |
| I 严重腐蚀条件下的工件表面 | C5M High |
| J 管系分色 | C2 Medium |
| K EGR 系统主机 | C5-M High |

表中 A、B 两项虽然防腐等级为 C2 标准,属于低级,但这两项是柴油机涂漆面积最大、出现问题次数最多的,也是我们在此领域关注的重点。根据 DMD 目前施工我们需要重点研究 A、B 两项,A、B 两项部位的漆膜经受滑油、柴油、水、80 ℃高温、震动、滑油冲击等多种服役条件因素的影响。A、B 两项主要是柴油机曲柄箱(机座、机架及其他附件)。其他项为特殊性能部位,目前 DMD 在这方面还是比较权威且有话语权的。

## 4　油漆种类简介、油漆厂家介绍

我国以主要成膜物质为基础的分类方法,将涂料分为十七类,第十八类为辅助材料。按成膜物质种类分类:有酚醛、醇酸、氨基、硝基、环氧、丙烯酸、聚氨酯、聚酯树脂涂料等。

现阶段的油漆行业还是以合资品牌为主导(图 1),特别是船舶涂料市场,排名前十品牌分别为:挪威佐敦 JOTUN(16.05%)、日本中涂(15.15%)、荷兰阿克苏诺贝尔(13.25%)、丹麦海虹(12.70%)、美国 PPG (12.00%)、韩国金刚化工(7.50%)、日本立邦涂料(7.00%)、美国宜伟(3.00%)、日本关西涂料(2.75%)、美国立帕麦(2.50%)。我司主要使用 HEMPEL 海虹牌环氧漆、醇酸漆。

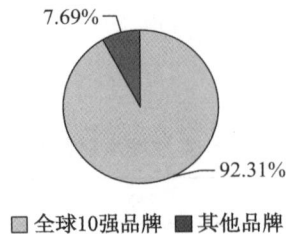

图1　2021全球十大船舶涂料品牌市占率情况表

MAN 推荐三家油漆分别为:国际牌、佐敦、海虹牌。

这三种油漆价格对比:海虹牌<佐敦<国际牌

合资品牌油漆价格对比:海虹牌≈关西<中涂<式玛卡龙<佐敦<国际牌

针对柴油机机座、机架内外表面常用的油漆种类、性能优缺点做一个简单介绍。

### 4.1　醇酸类(醇酸系列油漆属于低档涂料)

醇酸树脂是由多元醇、多元酸与脂肪酸通过缩聚反应得到的,其在涂料工业中是很重要的一类品种,特点主要有:漆膜干燥以后,形成网状结构,不易老化,耐候性较好;漆膜坚韧而牢固,抗矿物油性、耐溶剂性较好;施工方便,尤其是修补,漆膜流平性极好,低温状态漆膜可以固化;价格便宜。缺点是:由于靠氧化聚合反应来固化成膜,所以干结成膜虽然快,但完全固化时间则较长;耐水性差,不能耐碱;防盐雾、防湿热、防霉菌三防性能较差。

### 4.2　环氧类(环氧油漆系列属于中档涂料)

环氧树脂漆种类很多,根据其固化类型大致可分为胺固化型、合成树脂固化型、脂肪酸脂化型及其他类型,既有常温干燥的也有低温干燥的还有烘烤固化的,其性能特点概括如下:抗化学品性能优良,其耐碱性尤其突出;漆膜具有良好的附着力,特别是对金属表面附着力更强;漆膜保色性较好,因漆膜分子结构中苯核上的羟基已被醚化,性质稳定;漆膜具有较好的热稳定性和电绝缘性。不足之处:环氧涂料的耐候性较差,容易出现失光、粉化,不适应做暴露在阳光下的户外用面漆,但可运用于阳光不能照射到的面漆。

### 4.3　聚氨酯类(聚氨酯油漆系列配套属于高档涂料)

聚氨酯漆即聚氨基甲酸酯漆,是继环氧树脂漆后发展起来的一类性能优异的双组分涂料。其主要特点是:漆膜坚硬耐磨,具有优异的保护功能兼具装饰性,漆膜附着力强,具有较全面的耐化学品性,干燥迅速,在 0 ℃ 也能正常固化。聚氨酯漆亦存在不少缺点:成本较高,在制造及使用过程中严禁与水、酸、碱、醇类溶剂接触,否则易凝胶变质。聚氨酯涂料是一种反应性很强的涂料,对环境很敏感,漆膜性能与施工的关系也很密切,油漆桶应严格密封,以免吸潮变质。

## 5　油漆配套简介

### 5.1　油漆配套定义

油漆配套是指由技术部门规定工件涂漆种类,明确底漆和面漆具体厂家及牌号,需要涂几度(油漆度)漆,每度标准膜厚以及每度漆具体颜色等具有指导施工内容的技术文件。

### 5.2　油漆配套选择原则

油漆配套选择有四大原则,一是满足工件服役条件原则;二是满足施工环境原则;三是油漆种类一致性原则;四是底强上弱原则。

### 5.3　国内低速船用柴油机行业油漆配套

沪东重机油漆配套,地处上海。位于南方气温常年 5 ℃ 以上施工,内部油漆为 IP(国际油漆,属于阿克苏诺贝尔旗下品牌)EAG088/EAG089 环氧底漆+HEMPEL 海虹牌 15400 环氧面漆。外部 HEMPEL 海虹牌 56360 丙烯酸油漆。

青岛和宜昌原先采用湘江 SH-54-16 环氧聚氨酯油漆,现在采用 HFMPEL 海虹牌 45200 环氧饮水舱漆,施工条件均需 5 ℃以上条件,冬季温度低时需配套加温设施。

上述油漆配套不适宜 DMD 现有施工环境条件要求。

### 5.4 DMD 低速船用柴油机油漆配套发展过程

5.4.1 20 世纪 80 年代早期油漆配套(第一次低速船用柴油机油漆配套选择)

低速船用柴油机内外表面均采用国产大连油漆厂 S06 聚氨酯底漆和 S04 聚氨酯面漆,这两种脂肪族聚氨酯油漆属于高档配置,耐油、耐温、耐化学品、性能优良。具有较好保光保色性能,但也有不足,油漆沉淀较重,出现化学成分偏析,影响整体性能发挥,再则固化剂容易暴露于空气中吸收水分产生化学反应。底材处理要求更加苛刻,稍有忽视就会出现质量问题,高性能油漆需要配备高质量底材处理,价格偏高,DMD 施工环境满足不了油漆正常施工要求,尤其满足不了冬季温度和夏季湿度等条件要求。

5.4.2 20 世纪 90 年代中期油漆配套(第二次低速船用柴油机油漆配套选择)

第一次油漆配套曾有过油漆漆膜大面积脱落的经验教训,因此进行第二次油漆配套改进。我们分别对三家(IP、JOTUN、HEMPEL)著名合资品牌油漆进行调研,最终采用柴油机内外表面为 HEMPEL 厂家醇酸系列油漆配套。具体油漆配套为内部 1320 厚浆醇酸+5242 曲柄箱专用漆(醇酸),外部 1320 厚浆醇酸+5214 和机房醇酸磁漆。其价格便宜,可以满足冬季北方低温施工,油漆漆膜能够固化。属于低档配套,船舶停泊后柴油机拐挡内部产生昼夜温差,易产生结露,产生冷凝水,造成滑油中含有水分,内部油漆耐水性能差,造成油漆起泡。氧化聚合反应完全固化期限长,不耐切削液浸泡。未完全固化易产生漆膜变软,变黄现象。

5.4.3 2002 年后油漆配套(第三次船用柴油机油漆配套选择)

第二次配套曾有过油底壳油漆被切削液侵蚀剥落问题,为解决油底壳内部油漆耐切削液进行第三次更换油漆配套。柴油机内部采用海虹 45141/45143 环氧油漆配套,干膜厚度为 200 μm(100+100 μm)。柴油机外部油漆配套不变仍为 1320+5214 醇酸系列配套,干膜厚度为 120 μm(80+40 μm)这种柴油机内部环氧油漆+外部醇酸油漆的配套,在成本与历史比较来看,此内部配套处于中档水平。45143 环氧油漆配套可实现低温零下 10 ℃固化,充分贴合 DMD 现有涂装环境条件,与此同时,环氧油漆配套提升耐水性能,第三次调整后的油漆配套已经执行 20 余年,油漆质量稳定可靠。能够满足 DMD 现有施工环境条件需求,但外表面醇酸类油漆属于氧化聚合反应干燥类型油漆,完全固化期限略显较长,漆膜较软、不耐挂碰,机加工易造成漆膜损伤,需要进行补漆处理,但此漆优点修补效果比较好,易打磨平整,油漆流平性能极好。此漆为单组分,不受固化剂配比不当的影响,同时没有混合有效期限,可以重复利用。

5.4.4 2022 年争取实现柴油机外部油漆国产化(第四次油漆配套选择)

此次油漆配套调整背景是油漆材料普涨,独家供应形成垄断。此次油漆配套调整目的是实现双方案防止油漆商垄断,新方案既可作技术储备,又可增强企业采购话语权。

油漆配套调整、油漆国产化将围绕以下降本增效目标展开:落实柴油机外部表面油漆由醇酸系列向环氧系列油漆转变,突出体现缩短油漆完全固化期限,提升生产进度;就地就近采购,减少库存费用,方便库存管理;减少油漆种类,方便施工,减少油漆材料浪费。

通过试验验证低温固化效果、验证油漆气味、验证油漆漆膜耐水、耐冷却剂、耐滑油等性能,同时做相关附着力检验。根据试验情况,通过油漆性价比、厂家综合能力、售后服务保障能力等方面综合考虑油漆厂家及油漆产品。选择合适的油漆厂家及油漆产品进行非柴油机产品的试用,进行工艺评定并获得 LOD 认可(图2)。现有配套随时可以应用。

**MAN Energy Solutions**

LOD (List of Differences)  Page (1) of (1)

| Licensee information | | | |
|---|---|---|---|
| Licensee: | DMD | LOD No.: | DMD-LOD-078 |
| Engine type: | All engines | Info No.: | |
| Engine No.: | | Structure No: | |
| Description: | paint of outside engine | | |
| Design Spec.: | ☒ General or ☐ Specific Nos.: | | |

**MAN ES design** — Drawing No.:
According to MAN Production recommendation 0743357-9, Hempel's Hempalin primer 1205 and Hempel's final paint Hempalin enamel 5214 on components surfaces, outside engine, -"2 outside" indicated on page 4 of 0743357-9.
The alkyd paint films are very soft and cured time is very long. Application is difficult

**Licensee execution** — Drawing No.:
DMD plan to use epoxy paint on components surfaces, outside engine -"2 outside" indicated on page 4 of 0743357-9. DMD have the epoxy paint matching recommendation.
HEMPEL's Hempadur 45141/45143 epoxy primer and Baoshan Coating's BS-HD154 epoxy bottom integrated anticorrosive paint. Total NDFT is 120 μm
The epoxy paint films are hard and cured time is short. Application is easy. Excellent chemical resistance and water resistance, excellent corrosion resistance. During the COVID-19 pandemic, in order to get more paint principles, so we hope this epoxy paint matching recommendation is accepted.
Reference:
1. Product data sheet of Baoshan Coating's BS-HD154.
2. Product data sheet of HEMPEL's 45141/45143.
3. Workpiece test result of DMD.

Reason:
☒ Licensee's production  ☐ Subsuppliers production  ☐ Cost down  ☐ Tools
Interchangeability w. MAN ES design: ☒ Yes ☐ No
Non-conformity Report (NCR): (only MAN ES-DK) ☐ Yes
Certified by Licensee: Initials Liuxinfang  Date: 20220613

**MAN ES comments**
LOD: ☒ Accepted as alternative execution (MAN ES undertake responsibility) ☐ No objection (Licensee undertake responsibility) ☐ Not acceptable
NCR: ☐ Approved (For obtaining customers' formal acceptance) ☐ Conditionally approved (Licensee undertake responsibility) ☐ Rejected
Certified by MAN ES: Initials ASWA  Date: 2022/06/29
MAN ES ref.: EEEE1/ASWA/21489-2022  Date: 2022/06/29
Licensee ref.: Email  Date: 2022/06/13

---

**MAN Energy Solutions**

LOD (List of Differences)  Page (1) of (1)

| Licensee information | | | |
|---|---|---|---|
| Licensee: | DMD | LOD No.: | MAN-LOD-079 |
| Engine type: | All engines | Info No.: | |
| Engine No.: | | Structure No: | |
| Description: | paint of outside engine | | |
| Design Spec.: | ☒ General or ☐ Specific Nos.: | | |

**MAN ES design** — Drawing No.:
According to MAN Production recommendation 0743357-9, Hempel's Hempalin primer 1205 and Hempel's final paint Hempalin enamel 5214 on components surfaces, outside engine, -"2 outside" indicated on page 4 of 0743357-9.
The alkyd paint films are very soft and cured time is very long. Application is difficult

**Licensee execution** — Drawing No.:
DMD plan to use epoxy paint on components surfaces, outside engine -"2 outside" indicated on page 4 of 0743357-9.
Baoshan Coating's BS-HD153 epoxy primer and Baoshan Coating's BS-HD154 epoxy bottom integrated anticorrosive paint. Total NDFT is 120 μm
The epoxy paint films are hard and cured time is short. Application is easy. Excellent chemical resistance and water resistance, excellent corrosion resistance. During the COVID-19 pandemic, in order to get more paint principles, so we hope this epoxy paint matching recommendation is accepted.
Reference:
1. Product data sheet of Baoshan Coating's BS-HD153.
2. Product data sheet of Baoshan Coating's BS-HD154.
3. Workpiece test result of DMD.

Reason:
☒ Licensee's production  ☐ Subsuppliers production  ☐ Cost down  ☐ Tools
Interchangeability w. MAN ES design: ☒ Yes ☐ No
Non-conformity Report (NCR): (only MAN ES-DK) ☐ Yes
Certified by Licensee: Initials Liuxinfang  Date: 2022-06-13

**MAN ES comments**
LOD: ☒ Accepted as alternative execution (MAN ES undertake responsibility) ☐ No objection (Licensee undertake responsibility) ☐ Not acceptable
NCR: ☐ Approved (For obtaining customers' formal acceptance) ☐ Conditionally approved (Licensee undertake responsibility) ☐ Rejected
Certified by MAN ES: Initials GNKU  Date: 2022-08-29
MAN ES ref.: EEEE1/GNKU/21476-2022  Date: 2022-08-29
Licensee ref.: Email  Date: 2022-06-10

图 2  LOD 认可

# 6  总结

涂漆防腐技术涉及多方面因素,要想得到良好的漆膜质量,需要从多方面抓起,并根据实际需求不断完善油漆配套,保证产品质量。

# 船用低速柴油机预装模块装配效率和质量提升研究

陈连勇　张　勇　王国成　于金平

（大连船用柴油机有限公司）

**摘　要：** 船用低速柴油机的预装模块施工主要包括：连杆总成预装、活塞总成预装、铰链总成预装、HPS总成预装、空冷汽总成预装、缸盖总成预装。为了能够提升主机预装模块装配效率和质量，提高主机装配效率确保主机运行质量，本文将从加强新工艺的宣贯、合理规划施工场地、实现装配施工展示、促进工具更新迭代、提升职工职业素养五个方面探讨。通过一系列的优化改进，实现预装模块的整体质量提升，进而确保主机装配效率和装配质量的优化，为主机生产的顺利完成和主机安全运行提供保障。

**关键词：** 预装模块装配；装配效率提升；装配质量提升

## 1 背景

无论是MAN系列还是WIN G&D系列，其船用低速柴油机的预装模块装配质量效率和装配质量对于主机装配效率的提升和主机后期运行安全都起到了关键性作用。如果不能够高效、高质量地完成预装模块的施工作业，就会导致在主机运行过程中运动部件存在意外损伤的风险，严重影响主机运行安全。本文将结合现场实际情况从加强新工艺的宣贯、合理规划施工场地、实现装配施工展示、促进工具更新迭代、提升职工职业素养五个方面探讨。以期能够更好地完成预装模块施工作业，使得预装模块的施工效率和施工质量得到有效提升，实现"降本增效"，保证船用低速柴油的施工效率和施工质量，缩短预装、总装施工周期，提高生产效率，为主机安全运行奠定基础。

## 2 具体措施

为了能够更好实现最终研究目标，切实做好船用低速柴油机预装模块的装配效率和装配质量提升工作，实现预装模块的标准化、流水化施工，解决现场实际生产过程中遇到的一些瓶颈问题，以达到"降本增效"，提高生产效率的目的，有效地促进公司预装施工质量和效率的提升，我们主要进行了以下几个方面的优化整改。

### 2.1 加强新工艺的宣贯

为了能够充分利用现有的实际条件，实现生产效率的最大化，工艺人员不断优化更新工艺流程，并且大胆实现了工艺流程再造工作，为了使得施工人员能够更好地理解和执行新工艺，将新工艺、新技术有效地在生产过程中实现贯彻运用，一线班组总是在第一时间组织班组人员及时参加工艺组织的各种新工艺、新技术的宣贯讲座。并且为了更好地巩固宣贯效果，督促施工人员牢记和执行宣贯内容，在宣贯完成后会定期对班组人员进行复习检查和抽查，并通过组织如技能比武、技术心得交流会等丰富有趣的活动增强职工的参与感，在活动中加深印象。

## 2.2 合理规划施工场地

为了提升施工效率,改善施工现场环境,我们针对预装施工作业专门设立了专项作业区域,如连杆总成预装区、活塞总成预装区、铰链总成预装区、HPS 总成预装区、空冷汽总成预装区、缸盖总成预装区等。专用施工场地的合理、科学规划,对于预装施工效率和质量的提升都有着重要的作用,合理地规划专用施工场地不仅使得装配所需部件能够更好地在施工现场周围进行布置,缩短施工过程中的吊运部件、寻找部件的时间,还能很好地摆放施工完成后的部件,整理冗余部件,有效提升预装工作的施工效率,回收冗余部件,节省施工时间成本和零件成本。同时,专用场地的规划也有效避免了各部件之间的作业交叉污染,有效提升预装模块施工的施工质量。

例如,连杆总成预装区的建立(如图 1 所示),将连杆、十字头、轴瓦、瓦盖等相关部件进行有效的规划摆放。使得连杆清理、十字头清理、瓦盖清理、尺寸测量等工作可以同时进行,而且实现了零部件的分类型摆放,有效提升了装配效率。同时通过合理科学的场地规划,有效抵消了装配件到货周期不及时带来的施工延误,确保了装配施工节点和装配施工质量。

## 2.3 实现装配施工展示

纸面和电子版的工艺查看虽然方便,但是对于现场施工来说还是存在一定的不便之处,而为了能够使施工者能够更好、更直观、更加有效地理解和查看技术要求,工艺人员专门制作了工艺展板布置在了施工区域内。

施工工艺展板(图 2)的布置将施工部件进行立体化的布局展示;将施工内容、技术要求进行直观的展现;将施工区域、施工所需工具、工装、相关负责人等信息实现公开。使得任何人都能够随时查看施工重点、难点、区域范围、负责人等有效信息,对于整个预装模块的施工装配质量和装配效率的提升起到了关键作用。

图 1 连杆预装区

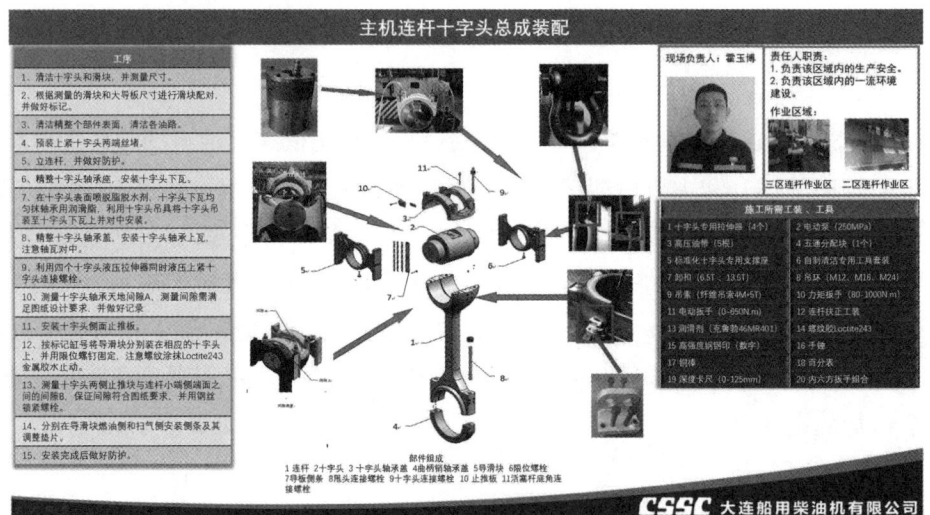

图 2 施工展板

## 2.4 促进工具更新迭代

工具就是职工手中的武器,没有便捷、高效的工具,提升主机装配效率和装配质量就无从谈起。为此,我们不仅更新并投入使用了电动扳手、电动手把钻、力矩扳手等常规的装配工具,而且还针对大型螺栓配备了液压扳手等液压工具。

例如,以前我们使用的都是风动工具,不仅施工时前期准备时间过久,需要来回地拖拽风带,而且风动工具在使用时还会因动力提供装置所需风带的限制导致部分位置无法使用。进而严重影响了预装模块施工效率。

另外,因为风带在长期使用过程中会不可避免地受到油、水的腐蚀,这就使得风带表面橡胶材质极易老化、掉渣,进而导致在使用风动工具进行上紧、钻孔等施工作业时会造成预装模块受到不必要的污染,进而对预装模块的施工质量产生影响。

　　为了解决这个问题,工艺人员总是能够紧跟潮流局势,选配适合现场生产实际、符合现场实际生产需求的合适工具,如目前基本实现了全系列电动工具,不仅能够满足现有装配技术要求,而且因为其轻便、高效,使其适用于各种环境下的使用需求,新工具的使用大大提升了施工效率和质量。

## 2.5　提升职工职业素养

　　无论工具配备的多么先进,工艺编制的多么科学,场地优化的多么合理,如果人的素养达不到要求就无法满足施工的需求,只有真正提升了职工的个人职业素养,才能够更好实现预装模块的效率和质量的提升,才能真正意义上的实现研究目标,实现预装模块的装配效率和装配质量的提升。

　　个人职业素养的提升,不仅仅是需要施工人员职业技能的提升,更是需要职工在思想觉悟上的提升,尤其是现在世界船市不稳定的当下更要职工肯吃苦、能静心、提升职业技能,为完成装配作业积累资本,奠定基础。

　　良好的习惯是决定事情成败的关键,在施工过程中施工者的经验在一定程度上能在预装模块的装配施工过程中起到一定的借鉴意义。但是这却不能够成为主要或者唯一的准则,要想高质量完成预装模块的施工作业,就必须要以技术要求为准。

　　为此,施工者在进行施工时要做到施工前仔细阅读图纸、施工中严格执行图纸、完成后按图细致检查,并且通过自检表格的填写形成自检、互检、专检的三检监察,有效提升预装模块的施工质量。

## 3　实际效果

　　通过一系列的优化和改进,我们现有的施工效率和施工质量有了很大提升。如,空冷器总成预装模块,通过现有改造实现了科学、合理的区域规划,也实现了空冷器所需要的螺栓、空冷器芯、垫、空冷器壳体等相关部件的集中、有序摆放。人员素质的提升和装配公益展板的有效使用,使得空冷器预装模块的装配效率和装配质量有了很大的提升,时间由原来的 3 天缩短到了 2 天,缩短了 30% 以上,且避免了原先的装配后漏风、漏水现象。空冷器预装施工展板如图 3 所示。

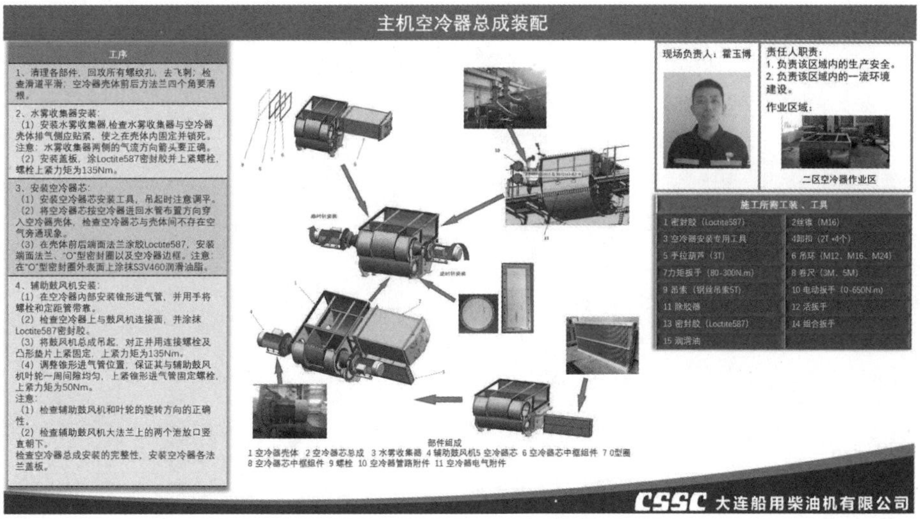

图 3　空冷器预装施工展板

　　以上的优化改进,不仅使空冷器预装模块施工过程中的装配效率和装配质量得到了提升,还基本上使连杆总成预装施工、活塞总成预装施工、铰链总成预装施工、HPS 总成预装施工、空冷汽总成预装施工、缸盖总成预装施工的施工效率能够平均节省 30% 以上。总装二区区域划分如图 4 所示。

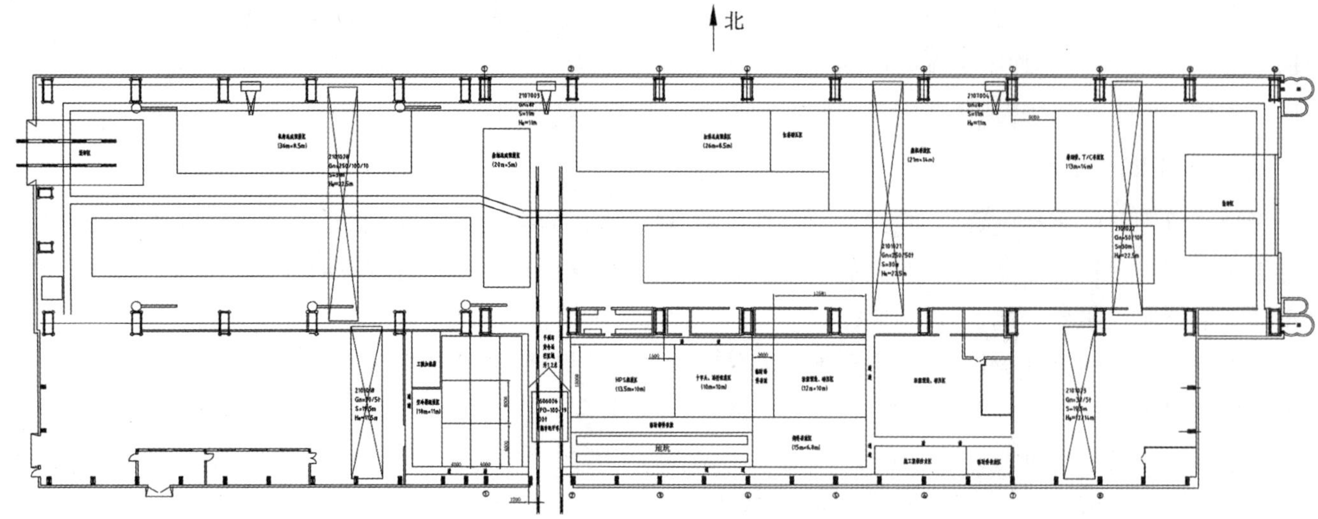

图 4 　总装二区区域划分示意

## 4　总结

在实际生产过程中,影响施工效率和施工质量的因素有很多,除了本文探讨的加强新工艺的宣贯、合理规划施工场地、实现装配施工展示、促进工具更新迭代、提升职工职业素养等五个方面因素外,还有很多如生产周期制定是否合理、部件到货周期能否按节点等。在后续生产过程中我们将联合其他部门针对其他问题进行不断的完善,以便在现有的基础上更好地提升预装施工的施工效率和质量,提升主机装配质量。

# MAN 低速大功率柴油机主轴瓦的配置

刘新芳　　张明香

（大连船用柴油机有限公司）

**摘　要**:主轴承瓦是低速柴油机的重要部件,主轴承的设计和涂层金属的选择对于柴油机的可靠的机械性能至关重要。

**关键词**:主轴承瓦;AlSn40 轴瓦;HMO7 轴瓦;BE 型轴瓦

目前低速大功率柴油机的主轴承瓦有两种内层材料,白合金(HMO7)和高锡铝(AlSn40)。相较而言,白合金轴瓦有较好的摩擦性能,例如抗咬合性能、吸入性、一致性等,因此材料使用更宽泛。另一方面,AlSn40 轴瓦有较好的负荷承载能力和抗疲劳能力,因此能够使用在更高负荷承载的轴瓦位置,避免出现疲劳变形的问题。

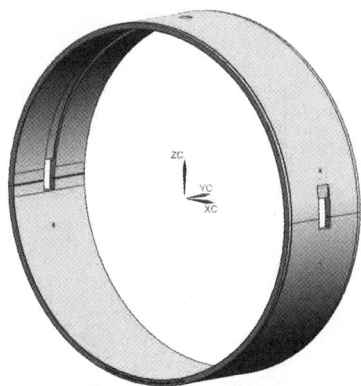

图1　白合金轴瓦　　　　　　　　　图2　BE 轴瓦

主轴瓦的设计标准取决于轴瓦的类型,主要含下列因素:

①轴瓦负荷;

● 静态

● 动态

②轴瓦负荷方向;

③轴径运行轨道;

④旋转;

⑤冷却方式;

⑥预期寿命;

⑦大修方面;

⑧空间方面。

对于 G50MEB 9.3/.5,和 G50MEC 9.5/.6 主机,下列两种类型的主轴承瓦可以应用:

① 带有曲边结构的百合金瓦,定义为:HMO7BE。

② 锡铝合金轴瓦,定义为:AlSn40

这两种轴瓦能够被互换,可以根据轴瓦的供应商的生产授权来决定使用哪种类型轴瓦。

近期在 6G50MEB 9 主机上出现 HMO7BE 类型的 1 号主轴承瓦损坏的案例,由于百合金疲劳受损的原因。在这些案例中,没有发现是哪些部件引起的轴瓦损坏(如果不是有规律地发生轴瓦损坏现象)。然而,经过研究总结出 1 号主轴承位置的 HMO7BE 轴瓦仅仅是由于制作轴瓦的偏差裕度比较小。

针对 G50MEC 9 主机,没有出现类似 G50MEB 9 主机上出现的问题。专利公司正在进行强度分析,目的是找出出现轴瓦损伤的根本原因。尽管目前仍旧没有最终的结论,但是专利公司发现相似的损伤问题可能会出现在 G50MEC 9 主机的 1 号 HMO7BE 型主轴承瓦上。

BE 型主轴承瓦在一些主机上已经被引进使用大约 20 年。通过弹性液压动态计算显示,如果使用普通轴瓦,轴瓦的边缘将承受超载负荷。

新的型号的主机,功率密度提高、冲程比提高,BE 型轴瓦逐渐应用广泛。例如,G70MEC 10 主机就规定所有位置的轴瓦都使用 BE 型轴瓦。同时,经验显示 BE 型轴瓦针对在小的几何缺陷方面造成的疲劳损伤有很大的对抗裕度。

为了预防上述情况发生,专利公司决定 G50MEC 9 主机引进下列新设计:

- 1 号主轴承瓦和备件配置 AlSn40 型轴瓦

专利公司经过几年研究及多年的实船使用经验,决定下列类型的主机所有位置的主轴承瓦使用 BE 瓦:G50MEC 9,G70MEC 9,G80MEC 9,G90MEC 10,G95MEC 9,S90MEC9/10,如图3、图4及图5所示。

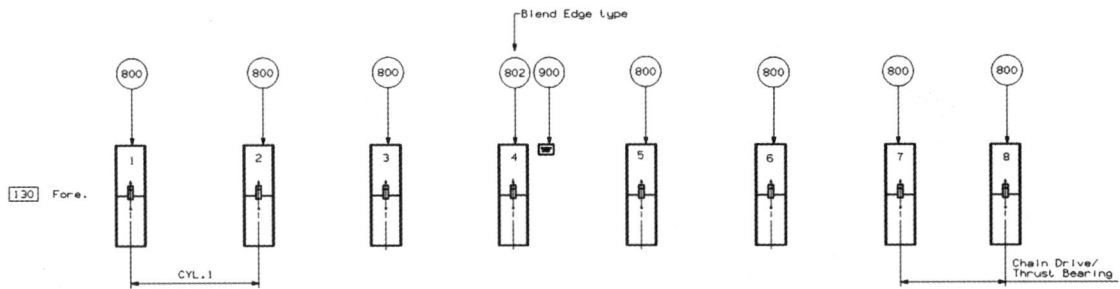

图 3  6G70MEC 9.5 主机主轴瓦的布置

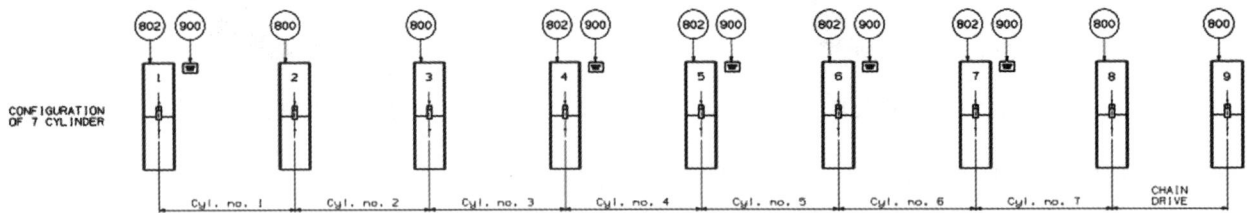

图 4  7G80MEC 9.5 主机主轴瓦的布置

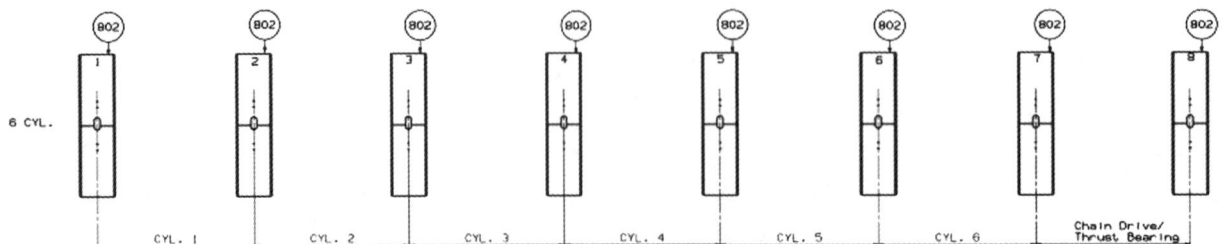

图 5  6G70MEC 10.5 主机主轴瓦的布置

迄今为止,11G90MEC 10 主机的 10 号位置的主轴承瓦可以不选择 BE 类型的轴瓦。然而最新的弹性液压动态计算显示 BE 类型的主轴承瓦能够被使用在这个位置。

对于 G50MEC 9 主机,AlSn40 轴瓦仍旧作为应用的选择。G50MEC 9 主机要求 1 号位置的主轴承瓦为 AlSn40 型轴瓦。

## 1 使用 BE 型轴瓦的实船案例

BE 型主轴承瓦在实船使用过程的效果非常明显。已经实船运行的 7G80MEC 9.5 主机,当船舶在锚地检修过程中,打开主机的 NO.8 主轴承检查,发现下瓦底部 75 cm 范围内出现大面积磨损,且底部靠后位置有脱铅发展的迹象,此位置安装的轴瓦为普通瓦,不是 BE 型轴瓦。根据实际情况反馈,已经连续有几台主机出现相同的主轴承瓦脱铅的情况发生,而且位置都是第 NO.8 主轴承瓦。由于该位置的轴瓦靠近主机自由端,位置承重较大,易磨损。考虑轴瓦的磨损情况,将该位置的轴瓦都更换为备件 BE 型轴瓦后,不再发生该位置轴瓦严重磨损的情况。

## 2 主轴瓦的磨损

在正常的使用条件下,主轴承瓦磨损可以忽略不计。过度磨损是由于润滑油的缺失或者腐蚀等原因,这将影响主轴径的粗糙度并增加主轴承的磨损率。主轴承磨损将会对柴油机造成严重的损坏,所以对主轴承瓦磨损进行监测,对主机保护起到了良好的作用。尤其是柴油机拆检时发现,柴油机内部的零部件因为主轴瓦磨损导致的金属脱落而污染其他部件的情况减少很多。

通常低速柴油机都将配置主轴承磨损监测装置。主轴瓦磨损监测装置的目的是在主轴承瓦的内表面被擦伤、刮痕、磨损、熔化或者疲劳磨损以及钢与钢接触之前能够检测到轴承损伤。该监测装置预期的效果不是保护主轴承瓦的本身,主要是为了防止在主轴承瓦严重磨损的情况下曲轴和机座中间体的间接损坏。

主轴瓦磨损监测的原理是测量十字头在下死点的垂直位置。如果主轴承磨损,该垂直位置的数值将反映出磨损的状况。磨损系统通过信号处理,在一个或者多个主轴承的宜昌磨损的情况下发出警报或降速信号,同时该系统连接到报警和安保系统。

螺旋桨的轴接地装置是一种避免柴油机主轴承和轴径之间出现所谓的火花腐蚀的保护系统。火花腐蚀现象是金属部件之间的电势差异产生的结果。在实船运行中,已经发生过船体和螺旋桨之间的这种电势差异引起柴油机主轴承瓦和轴径上的火花腐蚀。为了避免这种情况发生,必须建立螺旋桨和船舶结构之间的连续电路接地回路。为了减小螺旋桨轴和船体之间的电势,从而保护柴油机,要在中间轴上安装接地装置。

# 串油温度影响轴系校中数据变化规律的探索

## 郭兴鹏　于庆福　刘晓龙　张立强

### （大连船舶重工集团有限公司）

**摘　要**：本文结合多年的现场施工经验，通过对系列船只在主机串油期间轴系校中数据的变化情况进行分析研究，找到其变化规律，并通过其规律导出其反变化量范围，这样，就可以在主机串油期间同时进行轴系校中施工，并且能够保证该数据满足冷态的轴系校中数据范围。因此可以在保证施工质量的前提下大大缩短其轴系及主机的施工周期，从而缩短整船的水下施工周期。

**关键词**：统计数据；分析数据；实船验证

## 1　前言

　　轴系校中施工一直是船舶系泊阶段的重点施工项目，很大程度上决定了轴系能否长时间连续运转以及船舶的动力性能，因此在建造期间需要较长的时间进行校中数据的调整。船舶轴系的校中施工是在船只下水，艉吃水处于半浸状态48小时后，并要求机舱主滑油循环柜及周边的温度在自然温度的情况下进行的。轴系校中结束后，方可进行主机的串油工作。一般的轴系校中时间为20天左右，主机的串油时间为35天左右，这样就导致船只轴系及主机的水下施工至少在57天左右，严重影响其后续施工的进度。

## 2　可行性分析

### 2.1　项目的意义

　　按照传统的施工方法，轴系的校中施工和主机的串油施工是不能同时进行的。原因是在主机串油期间，由于油在管路内不断循环时会产生一定的热量（最高温度一般在50℃左右），会导致与主滑油循环柜相接触的钢板因受热而膨胀，其中就包括主机基座面板，而主机面板的热膨胀会使轴系校中数据发生一定变化，因此不允许这两项施工同时进行。但这种变化量应该是有规律可循的，如果掌握了这种规律，就可以将轴系校中施工和主机串油施工同时进行，可缩短轴系及主机的水下施工时间达20天左右。

### 2.2　制定方案

　　为了达到上述目的，我们多次咨询了有相关经验的老师傅以及MAN B&W的轴系校中专家，得到的结论是肯定的，此变化在同系列船中是有规律可循的。将所有意见归纳总结后，制定如下方案来寻找同系列船只校中数据的变化规律：

　　（1）船舶下水48小时后，进行轴系校中施工，施工结束后，准确记录所有校中数据，包括各轴承负荷数值、各主轴承间隙、各缸的曲臂差数据等，同时测量记录好机舱的环境温度以及主机基座面板的温度；

　　（2）主机串油期间，主机面板温度每升高10℃，测量一次所有上述数据，并做好记录；

（3）当温度达到最高温度时，需要稳定 48 小时后，再次进行所有数据的测量，并做好记录；

（4）串油结束后，当温度恢复到自然状态下并稳定 48 小时后，测量所有数据，并做好记录；

（5）上述测量时间要在同一时间段，如全部是在上午测量，或是全部都在下午测量；

（6）根据所测量的数据进行分析，找到其变化规律，根据此规律可以在主机串油期间进行轴系校中施工。

## 3 数据采集

根据上述拟定的方案，我们决定在 T300K 某系列船上实施。当该系列 1# 船下水 48 小时，轴系排正交验结束，且所有轴系连接结束后，对其轴系及主机的校中数据进行了测量并进行记录，同时记录当时的测量温度。

该船在通过三天时间的综合调整后，最终轴系校中各数据均满足图纸及工艺规程的要求，并得到 MAN B&W 公司专业人员的认可。

该船在轴系校中交验结束后，进行了主机树脂垫片的浇注以及中间轴承垫的研配工作，垫片交验结束后，按照图纸要求对主机的地脚螺栓以及中间轴承的地脚螺栓进行紧固，用时五天。地脚螺栓全部紧固之后，又对其轴系及主机的校中数据进行了测量并进行记录，同时记录当时的测量温度。

该船的轴系校中工作宣告结束，下一项将进行主机串油工作。在串油前，测量主机面板及周边环境温度均为 16 ℃。从串油开始到主机面板温度升高到 26 ℃时，串油时间为 2 个小时，及时对相关数据进行了测量并进行记录。

通过记录的数据进行综合分析，得出的结果是，只有 7# 缸的曲臂差变化了 0.005mm，变化量非常微小，可以忽略不计。测量结束后，接着进行主机串油，当主机面板温度升高到 35 ℃时，串油时间为 6 个小时，接着对相关数据进行了测量并进行记录。

从记录的数据可以分析出，尾管前轴承、中间轴承的负荷吨位均有下滑的趋势，主机 7#、6# 曲臂差也有相应的变化。结合多年的轴系校中调整经验可以得出结论，主机已经被整体抬高，其原因就是温度升高导致主机面板膨胀，使主机整体抬高。测量结束后，接着进行主机的串油工作，根据以往的施工经验，主机串油的最高温度一般不会超过 50 ℃，所以这次没有限定只升高 10 ℃，一直进行着串油工作，最终在 12 个小时后，主机面板的温度稳定在 48 ℃，当温度稳定了 48 小时后，对相关数据进行了测量并进行记录。

从记录的数据可以分析出，当主机面板温度稳定在最高温度时，主机的上下位置升高到一定的位置，最终使尾管前轴承负荷、中间轴承负荷、主机 9# 轴承负荷、主机 6# 及 7# 曲臂差、主机 9# 主轴承间隙均有一定程度的变化。

当主机串油结束并校验后，且主机面板温度恢复到自然环境温度 48 小时后，再次对各数据进行了测量并进行记录。

从记录的数据可以看出，当温度恢复到自然温度时，轴系校中的所有数据基本上是恢复到主机浇注后的交验数据。这说明上述所统计的轴系校中变化数值确实是由于主机串油产生热量使主机面板受热上拱所导致的。

## 4 数据分析

结合理论轴系校中数值与统计并计算出的在主机串油前后的校中数据最终变化值可以看出，尾管前轴承的负荷数值允许调整范围是 4.5 吨，而其实际变化量为 1.2 吨、中间轴承的负荷数值允许调整范围是 8.6 吨，而其实际变化量为 2.1 吨、主机 9# 轴承的荷数值允许调整范围是 80 吨，而其实际变化量为 0.3 吨、主机 6# 缸的上下曲臂差允许调整范围是 0.98 mm，而其实际变化量为 0.01 mm、主机 6# 缸的上下曲臂差允许调整范围是 0.19 mm，而其实际变化量为 0.025 mm、主机 9# 轴承间隙的允许调整范围是 0.33 mm，而其实际变化量为 0.03 mm。也就是说，所有有变化的校中数值，其变化量均在允许调整量之间，所以串油期间每升高 10 ℃的校中变化数值可以不用考虑，只考虑其校中数值的最大变化值即可。

从校中数值的变化趋势及变化量就可以看出，变化最大的就是尾管前轴承负荷数值、中间轴承负荷数值以及主机 7#缸的曲臂差,而且数值均呈变小的趋势,因此在主机串油期间,只要将这三个数值调整到理论要求范围的中间值以上就完全可以保证当主机面板回复到自然温度时,其校中数据也在要求调整范围内,因此可以给出串油期间的校中数值调整范围,通过计算得出串油期间调整范围。

## 5 实船验证

为了验证该数据的可靠性,在 T300K 同系列的第二条船轴系连接结束后,直接进行了主机串油,三天后进行了主机树脂垫浇注前的轴系校中交验,当时的环境温度是 28 ℃,主机面板的温度是 51 ℃。

当该船串油结束,且主机面板的温度恢复到自然温度 48 小时后,再次测量了其校中数据并进行记录。

从记录的数据来看,完全满足该船的轴系校中范围要求,且几乎全是要求范围中间合理值。可以说此项目宣告结束,此项目的完成为主机的水下施工节省了 20 天左右的时间,大大缩短了船只的水下施工周期。

## 6 结束语

此项目的意义在于,成功地将轴系及主机的校中工作和主机的串油施工同时进行,在不影响轴系校中质量的前提下,缩短了轴系及主机的水下施工时间达 20 天左右,为后续的调试工作赢得了充裕的时间,同时也为各项节点的完成做出了贡献。

## 参考文献

[1] 胡适军.船舶动力装置安装工艺[M].哈尔滨:哈尔滨工程大学出版社,2007.
[2] 姚寿广,肖民.船舶动力装置[M].2 版.北京:国防工业出版社,2012.

# 如何保障油轮电气设备安全运行

李宏飞　　郭兴鹏　　刘沛然　　孙得真

（大连船舶重工集团有限公司）

**摘　要**：本文从油轮的电气设计、电气建造、电气设备安全使用三个方面，详细介绍了如何保障油轮电气设备安全运行。

**关键词**：船舶；电气；安全

## 1　前言

船舶电气设备的工作环境要比一般陆地条件恶劣得多，船舶长期处于连续运动状态，不仅存在着机械振动和冲击，还经常处于倾斜和摇摆状态。船内一些处所不仅温度高、湿度大，空气中又含有盐雾、油雾等腐蚀和污染气体，都会对电气设备造成不同程度的损害，特别是 32 万吨超大型远洋油轮的环境条件是一般陆用电气设备难以承受的。一旦发生电气安全事故，造成的损失也是无法估量的。因此保障电气设备安全运行，关系到整个船舶正常航行及人员安全。

本文从油轮的电气设计、电气建造、电气设备安全使用三个方面，详细介绍了如何保障油轮电气设备安全运行。

## 2　船舶电气设计

船舶电气设计是整个电气设备安全运行中最重要的环节。设计质量的好坏，直接决定了将来电气设备的安全性、可靠性和维修方便与否。保障电气设备安全运行，设计人员必须注意以下三个方面，即电气设备的选择、电气设备的布置、电缆路径的布置。

### 2.1　电气设备的选择

船舶电气设备经常在恶劣环境下运行，因此所选择的电气设备必须符合船用标准，具有建造船级社颁发的证书才可以使用。选择电气设备时还应保证电气设备外壳满足相应处所的防护等级，例如存在滴水情况的控制室、配膳间等处所设备防护为 IP22 级，存在溅水情况的机舱、厨房等处所设备防护为 IP44 级，存在大量水浸入危险及海浪的露天甲板设备防护为 IP56 级。

另外在危险处所或危险区域中，除操作需要，以及为提高全船安全的照明、监测、报警或控制装置外，应尽可能不安装其他电气设备。在此处所或区域安装的电气设备，仅允许是合格防爆型设备，即按规定条件设计、制造，由专门主管机关签发合格证书，能在可燃性气体中安全运行的电气设备。易燃易爆区域选择电气设备防爆等级与所在防爆区域的等级见表 1。[1]

表1 各类危险区域对防爆设备的要求

| 危险区类 | 设备型式 |
|---|---|
| 0 | ia, s |
| 1 | 适用于 0 类区的及 ib, d, e, p, s |
| 2 | 适用于 1 类区的及 n, s |

## 2.2 电气设备的布置

电气设备的布置可以分为室内与室外两大部分,大部分配电和控制的设备属于室内设备,也是电气设备布置时的重点。

室内区域的配电板及控制板布置既要符合船级社标准规范,又要方便操作及维修。在设备上方和后方不应有油管、水管及蒸汽管线等可能泄漏的管线或热源。不可避免时要设置一定的防护措施。如增加绝缘及防护罩等。

室外区域应避免设置不必要的电气设备,不可避免时,应布置在船舶上层建筑的后方,或增加防护罩,以防止海浪的冲击。

## 2.3 电缆路径的布置

电缆路径的布置要考虑以下几个方面。

(1)确定电缆路径时,首先要确定好主干电缆的走向及通道,使之远离热源及油管线,如发电机排烟管、水蒸气管、电阻器及燃油管线等。避免因管线泄漏损伤主干电缆。

(2)电缆不可以与热管交叉,不可避免时,两者要保持一定的安全距离并采取一定的防护措施。如用钢板、镀锌钢管、软管等保护。

(3)无关电缆应尽量避免敷设在厨房、洗衣间、浴室、厕所、冷库等潮湿场所。避免电缆受潮影响绝缘。

(4)无关电缆应避免经过蓄电池室、油漆间、净油机室、燃油单元室等易燃易爆区域。

(5)用于重要设备和应急设备的电缆,应尽量避开机械处所和其他有高度失火危险的围壁处所和区域,但对必须向这些处所中设备供电的电缆除外。

(6)应急发电机室内设备之间的电缆应敷设在应急发电机室内,不可通过其他区域,如不可避免,需改用防火电缆。

(7)动力、控制及信号电缆要分开敷设,高压电缆与低压电缆要分开设置敷设路径。

(8)本安电缆与其他电缆也要分开设置敷设路径。

(9)应急电源电缆的走向尽量与主电源电缆分开敷设。

(10)到不同发电机去的电缆应至少分成两路分布,并远离敷设。同一台发电机的动力与控制电缆在主配电板处不能穿过同一个电缆筒子。

(11)到两个舵机电机的电缆,即两套及两套以上互为备用的重要设备的电缆在全部布线的整个长度上应远离敷设。[2]

## 3 船舶电气建造

电气建造是电气设备安全运行的基础,设备及电缆安装工艺决定了船舶电气设备的质量,电气建造阶段必须给予高度重视,严格检查施工中的每一个环节。电气建造有三个方面是要重点注意的,即电缆敷设、电气接线、设备安装。

### 3.1 电缆敷设

电缆敷设要严格按照设计路径执行,在敷设电缆时应该注意以下三点:

(1)船舶电缆敷设主要保证电缆"拖拉"和紧固不会被损伤,位置不会受到热源和机械的损伤。

（2）紧固在托架上的电缆应尽可能平列敷设，且不超过两层，厚度不超过 80 mm。保证电缆有充分的散热空间。

（3）不同外护套的电缆要分开紧固。如果分开有困难要一起紧固时，要能保证不至于相互损伤。特别是铠装在最外面的电缆与有外护套的电缆绑扎在一起时，避免铠装损伤外护套。

## 3.2 电气接线

电缆接线需要重点检验以下两点：

（1）电缆芯线的处理，检查当电缆进入设备后，接线的正确性、端头的处理、电缆和芯线的标记以及连接的牢固性。这是保证设备正常运行的基本条件和要求。

（2）电缆接地，检查电缆的金属保护层的接地。这里既有安全的需要，也有屏蔽的要求。安全需要包括人身安全和设备安全；屏蔽是为了防止设备本身干扰信号的外泄和外部干扰因素的影响。特别是单对屏蔽电缆的屏蔽铠装一定要连接在专用接地点上。

## 3.3 设备安装

电气设备安装需要重点检查以下两点：

（1）设备安装牢固性，由于震动可使电气设备的固定或连接部件松动，使结构部件损坏或失灵。因此在震动较大区域的设备要增加减震装置。

（2）设备接地，通过接地线、接地螺栓使设备金属结构与船体结构连接起来。接地点应尽量选择在便于施工、检修、不易受到机械损伤且没有油、水浸渍的地方。接地导体截面积应符合表 2 所列的要求。

表 2　电气设备接地导体截面积表

单位：mm²

| 设备电源线截面积 $S$ | 接地导体截面积 $Q$ |
| --- | --- |
| $S \leqslant 16$ | $Q = S$，且不小于 1.5 |
| $16 < S \leqslant 120$ | $Q = 0.5S$，且不小于 4 |
| $S > 120$ | $Q = 70$ |

# 4　船舶电气设备安全使用

船舶电气安全使用，最重要的是指防止人员触电事故的发生。电气设备长期处于温度高、湿度大，空气中又含有盐雾、油雾等腐蚀和污染气体的环境中，使设备绝缘材料的绝缘性能下降，很有可能造成绝缘击穿，或出现短路使设备带电。如果缺乏必要的日常维护和保护措施，那么危险事故肯定会发生。

## 4.1 防触电措施

（1）经常检查、维护电气设备的绝缘和外壳的安全接地，消除触电隐患。

（2）禁止带电检修设备，特殊情况下必须使用绝缘合格的工具盒护具进行带电操作，也应有技术等级相同的人员在场监护。

（3）由于非安全电压便携式电气设备及其电缆、插头等的绝缘容易损坏，使用前必须仔细检查。

（4）电气设备着火时，不应立即用水灭火，以防通过水柱触电。正确的做法是首先迅速切断着火电源，然后用二氧化碳或卤化烃（1211）灭火器等灭火。

（5）电气设备要严格按规程正确操作，相关人员必须持证上岗。

# 5　结束语

真正做到电气设备安全运行需要设计方、建造方、使用方严格遵守规范要求。当然船级社也需要根据各种事故不断地完善工艺规范。本文对从事船舶电气设计、生产、检验的工作人员具有一定的参考价值。

## 参考文献

[1] 中国船级社.钢质海船入级与建造规范(2012)第四分册[M].北京:人民交通出版社,2012.

[2] 中国船舶工业集团公司,中国船舶重工集团公司,中国造船工程学会.船舶设计实用手册(电气分册)[M].北京:国防工业出版社,2013.

## 参考文献

# 透平发电机组安装精度控制

## 郭兴鹍　刘晓龙　于庆福　张立强

### （大连船舶重工集团有限公司）

**摘　要**：透平发电机组属于新型产品，本文结合多年的现场施工经验，对透平机组施工前的工具及工装准备、安装过程中的监控，以及船只下水前后、试航前后对其产生形变规律的摸索，轴对中数据的变化测量及数据积累，最后得出船只在坞内建造期间，透平机组轴对中数据的最合理范围，并能保证在坞内期间只要数据在范围内，就能确保其在船只正常航行的状态下满足最佳运行状态，从而保证透平发电机组在船舶实际航运期间能够长时间稳定地运行。

**关键词**：数据统计、数据分析、数据优化

## 0　前言

透平发电机组是利用船用主机运行后排出的废热气带动透平机运转，再通过齿轮箱变速后带动发电机进行发电，其主要部件有透平机、齿轮箱、发电机、控制元件等。由于我们公司首次在船上安装使用透平发电机组，安装上会遇到一些未知的问题，为了保证透平发电机组的安装精度，就必须提前做好应对方案。透平发电机组效果图见图1。

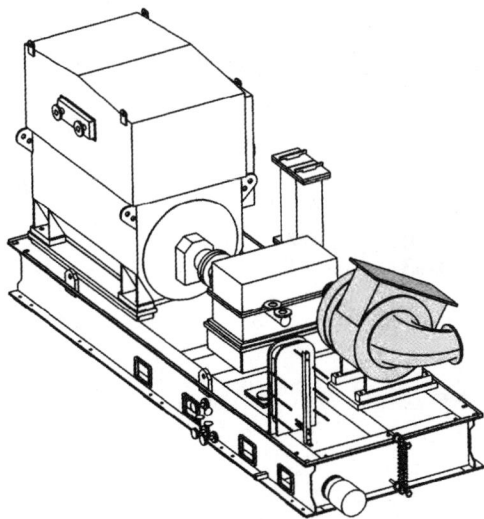

图1　透平发电机组效果图

## 1　编制施工流程

在透平发电机组施工前，我们仔细研究厂家提供的相关资料，并根据目前的现场施工状况和现有的工装设

备,编制适用于指导现场施工的《透平发电机组施工流程》。

## 1.1　透平发电机组安装说明

某集装箱船采用的主机废气透平发电机组是 ABB 公司生产的 PTL3200 型机组。机组由主机废气透平、减速齿轮箱、发电机三部分组成,具有公共底座。

## 1.2　透平发电机组到货后检查

(1)透平发电机组到货后,检查其证件是否齐全。

(2)所有附件、备件按照到货清单检查是否齐全,是否有损坏。

(3)检查透平发电机组本体是否有损坏或锈斑。

(4)外形尺寸是否与图纸资料相符。

## 1.3　透平发电机组上船安装前工作

(1)安装前,检查设备基座是否按照设计要求进行焊接和交验,同时检查基座与船体的加强筋板是否对位。

(2)检查基座上的地脚螺栓孔距及大小是否与图纸相符,基座是否已除锈及涂漆,焊接垫是否延外侧方向减少。

(3)安装前将设备上所有的易损件做装配标记后拆除,并进行相应的保管。

(4)易损件拆除后,及时将所有敞口进行临时、有效的封堵,防止杂物及灰尘进入机组中。

(5)设备就位后,及时进行必要的保护。

## 1.4　注意事项

由于废气入口管和排气管的条件很容易导致透平机的对中性变差,进而引起震动和轴承损坏,因此一定要避免这些管路受到外力的作用。

## 1.5　透平发电机组的调整安装

透平发电机组相关的安装数据必须严格按照厂家的推荐值来执行,再结合本部门的现有条件来完成安装。

(1)透平机组的校中调整必须在船只下水 48 小时后,当船体形变相对稳定后方可进行。

(2)首先要检查机组公共底座的直线度,利用调整顶丝将公共底座顶起,保证焊接垫与公共底座的间距为 25~35 mm 之间。注意公共底座的直线度和各个调整顶丝的受力情况(要求受力均匀),防止公共底座扭曲变形。

(3)机组的轴对中不是直线形式,而是折线形式(轴对中形式图见图2,轴对中详图见图3)。

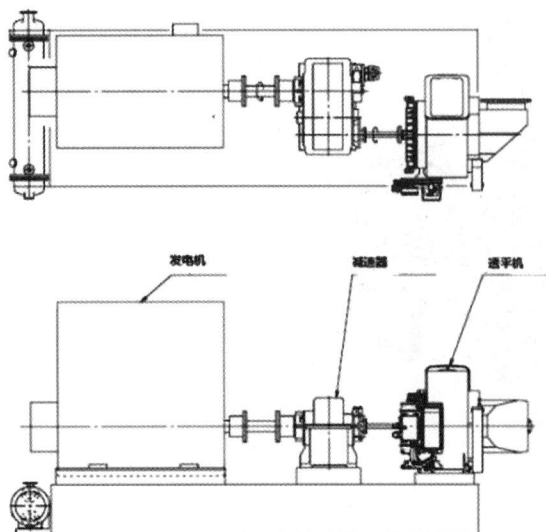

图 2　轴对中形式图

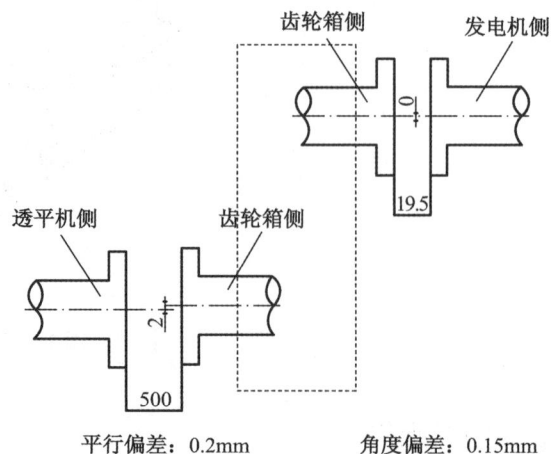

平行偏差:0.2mm　　　角度偏差:0.15mm

图 3　轴对中详图

（4）根据厂家资料检查透平机轴法兰与减速器轴法兰、减速器轴法兰与发电机轴法兰的各个平行偏差、角度偏差、轴线偏差和法兰间距偏差。

（5）如果数据超差，要以发电机输入端轴法兰为基准（发电机固定不动），测量减速箱输出端的轴法兰的轴对中情况，根据轴对中数据利用调整顶丝调整减速箱的上下及前后左右的位置，直至减速箱输出轴与发电机输入轴的轴对中数据满足要求范围，紧固减速箱的地脚螺栓。

（6）以减速箱输入端轴法兰为基准（减速箱固定不动），测量透平机输出轴法兰的轴对中情况，根据轴对中数据利用调整顶丝调整透平机的上下及前后左右的位置，直至透平机输出轴与减速箱输入轴的轴对中数据满足要求范围，紧固透平机的地脚螺栓。

注：需提前制作各个法兰间距测量块。

## 1.6　试航期间，检查轴对中数据的变化情况

## 2　安装用设备、工具、工装的准备

安装施工流程编制好之后，就要根据厂家及现场实际情况准备好各种相应的安装测量设备、工具、工装，以确保现场施工的顺利进行。经过仔细的现场调研，我们认为需要准备或制作以下工具和工装。

### 2.1　水准仪

透平发电机焊接座在焊接前后，需要对其进行水平度的检查，目的是尽量减少将来由于基座不平对各法兰之间的缝差、位移所带来的影响。

在经过研究之后，我们决定采用水准仪对基座的焊前、焊后进行水平测量检查。测量精度可达 1 mm，满足安装要求。

### 2.2　三防布罩子

透平发电机在分段坞内合拢期间就已固定在焊接基座上，下水 48 小时后方可对其进行的最终位置进行调整。由于放置时间过长，为了避免在坞内期间灰尘、杂物等进入透平发电机机体内部，根据透平发电机的外形尺寸制作三防布罩子进行适当保护。

### 2.3　激光仪器

船只下水后，由于状态与坞内不同，会产生一定变形，一般 48 小时后，船体形变会相对稳定。虽然透平发电机的基座大小与整个船体相比较是很小的，但也有一定变形，这样就会对其公共底座的强度产生影响。

为了避免这种影响，采用激光仪器对其基座上平面的平面度进行检查。激光仪器的测量精度可达 0.01 mm，完全可以满足公共底座的放置条件。

### 2.4　测量块

透平机轴法兰与减速器轴法兰、减速器轴法兰与发电机轴法兰，各法兰之间有一定的距离要求。为了保证其间距，根据厂家要求制作两个测量块，其使用面加工允差在 0.05 mm 以内。

### 2.5　百分表

根据厂家资料检查透平机轴法兰与减速器轴法兰、减速器轴法兰与发电机轴法兰的各个平行偏差、角度偏差和轴线偏差，这种偏差的测量方法可使用常规的百分表测量法。百分表测量法示意图见图 4。

### 2.6　刀口 R

由于废气入口管和排气管之间很容易出现偏差，进而引起震动和轴承损坏。为了保证其对中性，可用刀口尺检查其两法兰外圆平行度。

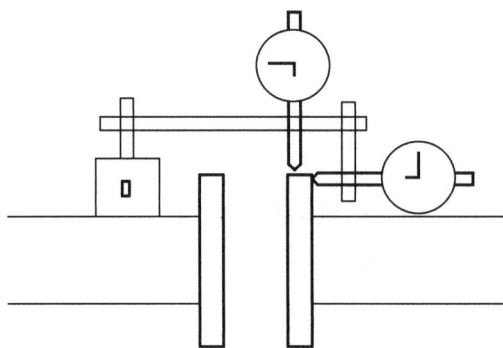

图 4　百分表测量法示意图

## 3　透平发电机组的现场安装

透平发电机组的安装分为四个部分:一、分段总组期间透平发电机组焊接基座的定位及地脚螺栓孔的定位及钻孔;二、分段合拢期间发电机组的安装及固定;三、船只下水48小时后,透平发电机组的轴系校中及最终定位;四、使用状态下(试航期间),轴对中数据的再次确认。

### 3.1　分段总组期间透平发电机组焊接基座的定位及地脚螺栓孔的定位及钻孔

(1)由于以前经常出现设备厂家提供的图纸与来货不符的现象,所以在设备到库后,实物测量与安装图纸比对,结果是与图纸完全不符。

(2)焊接基座按照图纸摆放到位后,及时检查焊接基座与船体加强肋骨的对位情况,发现有两处对位的情况超出标准范围,施工单位及时对其进行了修正。

(3)焊接基座在焊接前后,使用水准仪对其进行了水平监控,保证了焊接基座在焊接后的水平度在±2 mm以内,满足了公司的标准要求。

(4)按照公司标准,凡是按照图纸现场号地脚螺栓孔的设备焊接基座,在号孔后,需要测量其对角线,一般要求对角线的偏差小于2 mm。由于透平发电机组焊接基座不是标准的长方形,为了保证其号孔的准确性,现场决定,在地脚螺栓孔号完之后,测量多组对角线(如图5,对角线检查示意图中的红色部分),确认无误后,进行钻孔。当时的这个决定确保了透平发电机组后续工作的顺利进行。

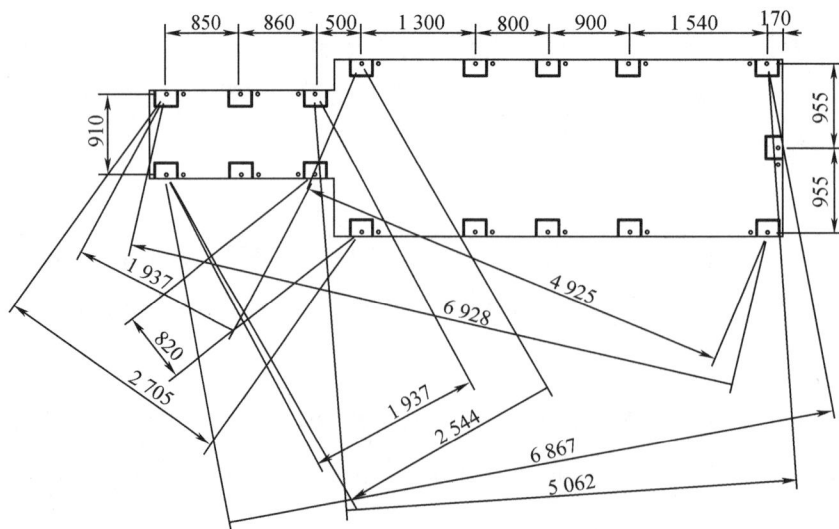

图 5　对角线检查示意图

(5)根据钻好的地脚螺栓孔位置,将焊接垫焊接在基座上,焊接时,注意其方向。焊接结束后,需要用平板对焊接垫的上平面进行着色研磨,研磨后的着色要求满足厂标要求。

（6）由于分段吊运总吨位的限制，透平发电机组需要在该分段坞内合拢后再安装在基座上，所以研磨后的焊接垫上平面需要均匀涂抹防锈油。

### 3.2 分段合拢期间发电机组的安装及固定

（1）分段合拢后，将透平发电机组放置在基座的焊接垫上，并用地脚螺栓将其临时固定。

（2）由于距船只下水时间较长，所以用提前准备好的三防布罩子将其保护好，同时将透平发电机组上的易损件做好标记后拆下，并妥善保管。

### 3.3 透平发电机组的水下轴系校中及最终定位

（1）船只下水48小时，船体形变相对稳定后，使用透平发电机组公共底座上自带的调整顶丝将其顶起，顶起的高度需满足将安装的调整垫的尺寸。

（2）在准备用激光仪器测量并调整其公共底座平面度时，厂家的服务工程师要求检查公共底座的水平度。设备的焊接基座在分段总组期间进行了水平调整及测量，但由于下水后，船体会有相对变形导致其焊接基座也会产生相对变形，因此不能以焊接基座与透平发电机组的相对位置来测量其水平度。同时，船只在水中是随着水流及波浪来回晃动的，单独使用水平尺来测量也是不准的。

为了解决此问题，我们请教了一些现场施工经验丰富的老师傅，最后决定使用四名框式水平仪，分别放置在公共底座的四个角，由四名施工人员在同一时间记录框式水平仪的水平刻度，根据记录的数据对其公共底座进行调整，最终得到了服务工程师的认可。

（3）满足四角水平度后，使用激光仪器检查并调整公共底座其他位置的平面度，使其最终满足安装要求。

（4）公共底座的水平度及平面度均满足要求后，测量公共底座与基座焊接垫之间的尺寸，并根据此尺寸对其调整垫进行加工，加工后进行着色研磨，并最终满足图纸要求。

（5）检查公共底座与焊接基座之间的地脚螺栓的紧固情况。确认全部紧固后，检查发电机与公共底座之间的地脚螺栓的紧固情况，确认全部紧固后，将发电机与减速器联轴节上方的保护盖拆除，使用提前制作的测量块和百分表，按照图纸的要求对其进行轴对中的检查及调整，使其最终满足图纸要求。

（6）满足发电机与减速器联轴节的轴对中数据要求，并用螺栓将减速器固定在公共底座后，将减速器与透平机联轴器上方的保护盖拆除，使用提前制作的测量块和百分表，按照图纸的要求对其进行轴对中的检查及调整，使其最终满足图纸要求，同时用螺栓将透平机固定在公共底座上。

（7）校中结束后，进行管路布置连接。特别需要注意的是主机废气入口管与排烟管之间的连接，在连接前，必须使用提前准备好的塞尺和刀口尺检查其缝差及位移，决不允许出现犟劲现象。

### 3.4 使用状态下（试航期间），轴对中数据的再次确认透平发电机组在船只耐久试验期间运行1小时后的轴对中测量数值并进行记录

通过实际验证，透平机和齿轮箱在运行受热膨胀之后，其偏移量已严重超出±0.2 mm的理论范围，长此下去将会大大缩短透平发电机组的使用寿命。通过与厂家服务工程师的多次讨论，服务工程师承认，厂家在计算反变型量时，没有考虑到船体甲板和焊接基座会因船体吃水变化而产生变化，也没有考虑到船体甲板和焊接基座会因受热而产生变形，只是根据透平机和齿轮箱自身的膨胀系数来设定的反变型量（即偏移量），这是不满足现场实际情况的。因此在试航期间，我们在服务工程师的现场指导下，将轴对中数据进行了相应调整，以保证透平发电机组在此状态下能够长期稳定地运转。

在服务工程师将现场的实际情况和我们的建议反馈给厂家后，厂家技术人员经过计算，重新给出了后续船只在建造期间透平发电机组轴对中数据调整范围。

## 4 结束语

以上就是从透平发电机组安装前的充分准备到现场施工时突发问题的解决，直到船只正常航行期间，轴对

中数据的变化检查过程。我们将相关问题及时反馈给厂家,不但得到及时解决,对方还对我们公司员工的这种工作态度给予了肯定和赞扬。我们在保证了透平发电机组的安装精度前提下,为其能够长时间地正常稳定运转提供了可靠的质量保障,并为后续船只以及其他系列船只的透平发电机组的安装精度提供了可靠的技术保障。

# 一种横向小、纵向大帆型板加工的工艺研究

## 王彦城　吴庆丰　李冬梅　赵佳佳　王维栋

（大连船舶重工集团有限公司）

**摘　要**：在船体建造中，水火弯板是一种技术性强、难度大、极具特色的经验型加工方法。水火弯板并不是一个单一的纵向加工过程，加工纵向会带动横向产生变化，而矫正横向同时也会影响纵向成型的趋势，实际加工中需要合理运用加工技巧和掌握相互之间作用的关系，才能加工出合格的产品。本文对当前集团承接的马士基油轮艏部的一种横向曲率小（30 mm 以内）、纵向曲率大（200 mm 以上）的帆型板加工进行了分析，由于板材随着加工焰道布置的不断增多出现横向增大的情况，形成后矫正困难，既浪费工时能源，又影响产品质量。

**关键词**：水火弯板；帆型板加工；横向超差矫正；TRIZ 创新方法

## 0　引言

在船体建造中，水火弯板是一种技术性强、难度大、极具特色的经验型加工方法。近几年国内外船厂都对弯板的智能化加工进行了研究，希望可以替代当前的人工操作，但是需要突破的难点较多，短时间内无法达到。

## 1　研究过程

### 1.1　项目研究的总体思路与主要特点

近几年，企业大力推广 TRIZ 创新方法，我们学习后发现水火弯板传统工艺与其中的发明原理产生较大共鸣，本技术报告主要针对集团当前承接的马士基邮轮艏部横向小、纵向大帆型板加工中，板材横向在水火弯加工出现增大、形成后矫正困难的问题运用创新方法进行研究，也是曲加工职工创新工作室针对帆型板技术创新的经典案例之一。帆型板进行纵向加工见图 1；超差后进行横向矫正见图 2；纵向加工后样板检测横向超差见图 3。

### 1.2　具体研究内容及方法

首先这种板型在当前主要集中在马士基邮轮的艏部，传统的工法一直是纵向加工后再进行横向矫正。学习 TRIZ 创新方法知识后，这种板型加工首先会让我最直接想到的发明原理是 TRIZ 创新方法[1]11，事先防范原理，施工者在加工时主要想如何快速得到需要的纵向，往往忽略纵向加工过程中横向的变化，纵向成型后，由于板材是双曲的状态，实质上横向矫正也就是纵向的加工过程，加工时如果再瞻前顾后，纵向加工就成为加工难点，因此在强调事先防范的同时必须找到合适的加工方法，分析横向增大是加热线密集引起的，因此借鉴 TRIZ 创新方法 17 空间维数变化原理，改水火弯加工焰道起点位置为交错布置，这样可以减小和延缓横向增大问题。

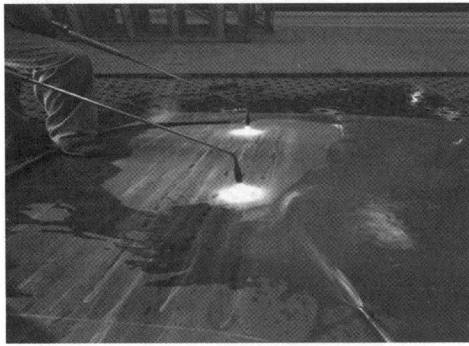

图 1 帆型板进行纵向加工　　图 2 超差后进行横向矫正　　图 3 纵向加工后样板检测横向超差

板材的纵向较大,随着水火弯焰道布置的增多,对于横向肯定是一个逐渐增大的过程,这时 TRIZ 创新方法 9 预先反作用力原理对我们最直观的指导是,可以在纵向加工前先进行横向矫正,让横向在纵向加工前处于不足状态,再利用水火弯加工带动横向产生变化的特点将不足部分逐步矫正回来。这种方法的构思非常巧妙,一正一反之间蕴含着传统思维的转变,看到这里,你是不是认为以上两种方法可以解决或完全防范横向超差呢?作为一名实际加工者,我的回答是:不能。如果只有这几种变化,是不会突出水火弯板复杂变化过程的。

运用以上的加工方法后,在实际加工中,板材的横向还会有一种变化,就是整体横向的增大,这也是纵向加工中,需要根据横向曲率小的特点,以通烧的加工方式,利用角变形获得纵向,也是 TRIZ 发明原理在水火弯加工中常用的原理,水火弯纵向加工起点错位见图 4;纵向加工前的背部横向矫正见图 5;水火弯和通烧的组合加工见图 6,纵向加工过程中利用水火弯和通烧的加工方法。一名经验丰富的加工者,在实际生产中必须要学会根据板材不同的变化,及时、合理地调整加工思路,不能完全局限于某一点上。通过运用创新方法解决帆型板横向矫正困难问题,避免了以往帆型板加工纵向后遗留的横向超差问题,提升了现场的加工质量和效率。

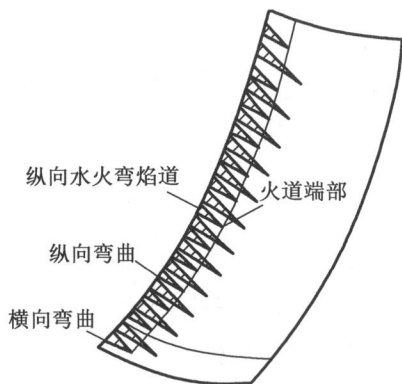

图 4 水火弯纵向加工起点错位　　图 5 纵向加工前的背部横向矫正　　图 6 水火弯和通烧的组合加工

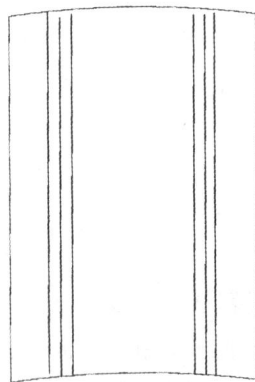

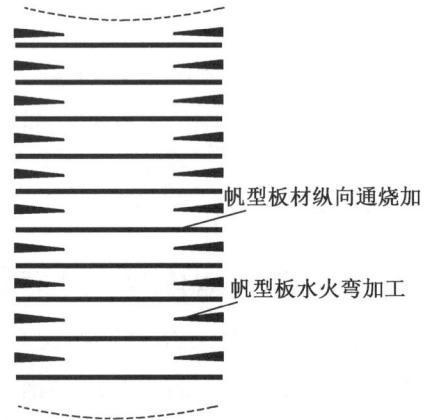

## 2 研究项目的创新性和先进性

水火弯板复杂的变形过程很难让加工者采用一种方法就能够解决一个加工难点。水火弯板当前能够达到直接进行双曲的设备很多,但是设备性能的局限性比较大,如横向曲率有大有小,以及纵向和扭曲度的不同,在实际加工中,板材应力和回弹等都难以控制,当前水火弯板工艺工法的技术创新仍是我们立足岗位、解决加工难点的最有效手段。

## 3 研究项目的经济效益与社会效益

本次针对马士基油轮艏部帆型板专项技术的应用实施,不仅有效解决了该类型帆型板纵向加工后横向矫正困难的问题,加工效率和质量较以往也有了很大提高,原先这种板型两人需要加工近 3 天,而改进后基本控制在 1 天半之内。此项技术当前已在集团承建的 P113K 系列船加工中得到了广泛的应用,从人力能源等方面计算节约资金 30 万元以上。这项创新课题目前已在大船讲比立项、创新方法大赛,以及大连市首届创新方法大赛和辽宁省赛上获得多项荣誉,同时也为大船集团下一步集中承接集装箱船后,船型的改变、艏艉柱复杂曲形外板的增多、及时推进水火弯板工法创新、促进传统工艺技术的提升,以及解决生产难点打下了坚实的基础。

## 4　研究项目的推广应用前景

水火弯板加工目前主要依靠的是人工操作,以人的实际加工经验为依托,需要融入创新思维和创新精神。水火弯板经过多年的发展,早已从以往此起彼伏的锤击声中转变到技术工人利用自己丰富的加工经验将板材应力释放于无形中,鞍型板的正向加工、帆型板剩余直边的火工矫正,一批颠覆性的新工艺被应用开发,工法创新将是技术工人永恒不变的主题。

## 5　结束语

利用创新方法武装自己,为水火弯板传统的经验型加工方法提供理论依据,开拓思路、化繁为简,将这门技术在今后的工作中传承发扬,培养更多优秀的技术人才,为大船集团的高质量发展做出贡献。

## 参考文献

[1]　中国 21 世纪议程管理中心.创新方法教程:初级 创新方法研究会[M].北京:高等教育出版社,2012: 108-150.

# TRIZ 创新理论在深海轴孔防腐施工上的应用

## 王银刚　张凌飞　李殿圣　黄延风

（大连造船厂工具实业公司）

**摘　要**：本文在深海轴孔防腐上如何应用 TRIZ 创新理论进行了较为深入的探讨，提出了应用 TRIZ 创新理论的步骤和方法，通过这些步骤和方法的综合应用，可以澄清和强调系统中存在的矛盾，并解决矛盾，获得最终的理想效果。运用 TRIZ 创新理论，可加快人们创造发明的进程，且能得到高质量的创新产品。

**关键词**：深海轴孔防腐；TRIZ 创新理论；矛盾；创新

## 1　创新方法，TRIZ 理论

党的十七大明确指出，落实科学发展观，提高自主创新能力，从源头上推进创新型国家建设，是提高综合国力的关键。"自主创新，方法先行"，创新方法是自主创新的根本，创新方法是创新活动的推进器、创新过程的催化剂，系统掌握、运用创新方法并不断发现新的创新方法是提升自主创新能力、实现跨越式发展的重要途径。创新方法工作是一项从源头推进自主创新的开创性、长期性和基础性工作。

TRIZ 创新理论是发明问题解决理论，其不仅提供了分析工程问题所需的方法，包括功能分析、资源分析和物场分析等，同时还提供了相应的问题求解工具，包括解决技术矛盾的发明原理、解决物理矛盾的分离原理、科学原理知识库和发明问题标准解法等。TRIZ 针对复杂问题的求解流程又提出了发明问题解决算法（ARIZ），同时 TRIZ 还包括了一些创新思维的方法，例如多屏幕方法、小人法、金鱼法等。

TRIZ 解决问题的一般流程是：首先将一个待解决的实际问题转化为问题模型；然后针对不同的问题模型，应用不同的 TRIZ 工具，得到解决方案模型；最后将这些解决方案模型应用到具体的问题之中，得到问题的解决方案。运用 TRIZ 解决问题的一般流程见图 1。

## 2　发现深海轴孔防腐施工存在的问题

深海轴孔防腐施工是"深海一号"项目系泊系统中出现的问题，其滑轮支架常年处于海水之中，因此不能进行表面防腐处理的轴孔在设计上采用了镍基不锈钢堆焊的方法，那么如何在有限的工期内完成非平面的环孔堆焊施工就是迫在眉睫的关键问题。有限的时间已经不允许我们采购专用设备来解决此问题，而采用最传统的人工进行手动焊接，其效果也是差强人意。

我们对人工手动焊接进行分析，得到了：（1）耗时长，工期紧张；（2）焊接接头多，质量不稳定；（3）打磨补焊多；（4）耗材用量大；（5）电焊弧光对人有一定伤害等问题。

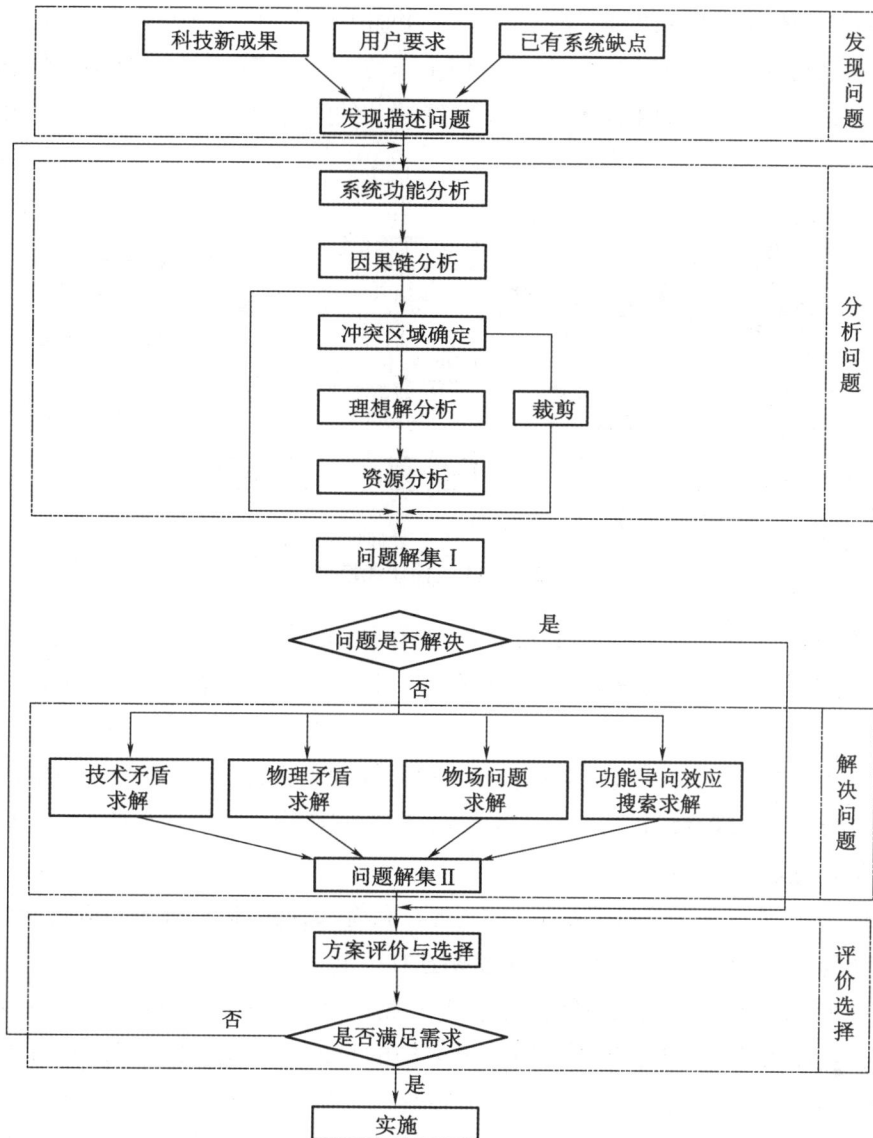

图1　运用 TRIZ 解决问题的一般流程

# 3　应用 TRIZ 工具

## 3.1　分析问题

首先,我们利用系统功能分析工具,对技术系统进行了定义,又通过 TRIZ 理论将技术系统中的问题进行了转化,得到施工效率低和成本高两个问题模型。针对问题模型,我们应用了不同的 TRIZ 工具,得到了解决方案模型。通过分析原系统,得到其组件、组件关系、组件功能列表,通过列表找到了需要解决的问题功能及参数,并做出系统组件功能模型,见图2。

原系统中有三处有害作用:(1)滑轮支架对吊车的拉拽作用;(2)焊枪对人体的挤压作用;(3)电弧对人体的烧灼作用。原系统还有三处不足作用:(1)吊车对滑轮支架的转动作用;(2)人体对焊枪的移动作用;(3)焊丝对滑轮支架的粘连作用。其中焊丝对滑轮支架的粘连不足是由于人体不能稳定移动焊枪造成的。

通过系统功能分析,我们确定了需要解决的问题功能及参数,下面是用因果链工具进行进一步分析的过程,通过查找根源,从而解决问题。

利用因果链工具对施工效率低的问题模型进行分析,我们发现工件断续转动、工人体力消耗大、工人焊接不稳定等三个问题可以解决,而为了解决工件断续转动问题,我们可以利用转盘,通过转盘夹持工件滑轮支架后转动,但制造转盘的成本非常高,这不符合 TRIZ 成本无限小的理念,因此不能采用;而采用机械机构代替工人可以有效地的解决工人体力消耗和焊接不稳定的问题,并且在实际生产中也多有应用,可以采用,所以使用其他 TRIZ 工具主要解决焊接无法连续转动的问题。但由于转动是相互的,工件连续转动或者焊丝绕轴孔中心连续转动都可以实现焊接连续转动,所以我们将工件断续转动的问题转化为焊丝断续绕轴孔中心转动的问题。

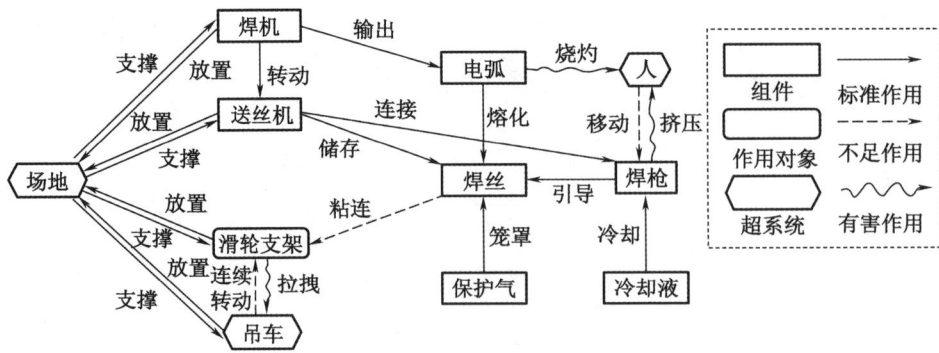

图 2 系统组件功能模型

通过最终理想解(IFR)工具,我们知道设计的最终目标是在轴孔上熔覆镍基不锈钢焊层,并且通过 IFR 的六个问题,我们得出创造最终理想解的资源是电动转盘和机械手。由于转盘成本高,不可取,这里将机械手作为方案提示,代替人进行焊接,确保焊接均匀、连续。

利用资源分析工具在物资、能量、信息、空间、时间、功能等六个方面,以及各个方面的派生资源来分析,并且选取了功能资源的派生资源螺旋线机构作为方案提示,利用螺旋线夹持机构夹持焊枪,移动焊丝来解决焊丝断续绕轴孔中心转动的问题。

利用九屏图工具,分析人工曲面焊接系统的过去、现在和将来,同时通过分析相应的子系统和超系统,我们得到了方案提示粘合剂,在一定条件下将不同的金属粘连在一起。

前面本项目的可用资源,现在将利用系统裁剪工具,去除有害的和不足的问题功能和参数,来达到精减组件数量、降低系统成本、优化功能结构、合理布局系统架构的目的。通过四次裁剪,共得到了四个方案提示:(1)使用摆动伸缩机构代替人移动焊枪施焊;(2)使用转盘代替吊车转动滑轮支架。但转盘制造成本高昂,拟用技术矛盾解决此问题;(3)使用旋转伸缩机构代替转盘完成焊枪和滑轮支架相对转动的功能,省去了制造转盘的高昂成本;(4)用旋转伸缩机构代替场地支撑送丝机,有效节约了场地。由于送丝机与焊接和保护气罐、冷却液箱连接,所以旋转伸缩机构不能充分移动焊枪,该问题拟用技术矛盾解决。经过四次裁剪后的功能模型见图 3。

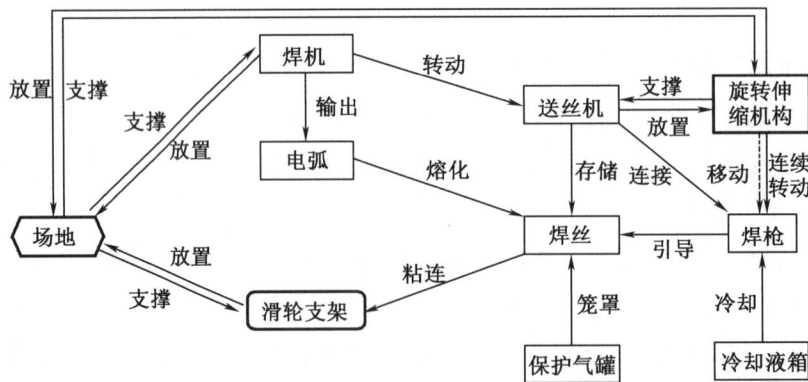

图 3 经过四次裁剪后的功能模型

### 3.2 解决问题

通过上述分析,我们可以知道,转盘的制造成本问题和使用旋转伸缩机构使得多种管路、线路相互缠绕等问题还没有解决,下面就使用 TRIZ 技术矛盾、物理矛盾、物场矛盾等工具解决问题进行分析。

技术矛盾一:使用转盘改善了焊接的连续性,提高了焊接质量,但是增加了设备的复杂程度,成本高昂。通过阿奇舒勒矛盾矩阵表找到创新原理并得到四个方案提示:(1)固定滑轮支架,让焊枪在轴孔表面圆周运动进行焊接;(2)采用液压泵站驱动,减少电动转盘能量损耗;(3)将焊丝提前均匀铺在轴孔表面,再施加电弧将焊丝熔化,从而形成熔覆层;(4)将轴孔从滑轮支架上分离开,提前在轴孔表面进行焊接,可有效减小转盘尺寸。

技术矛盾二:使用旋转伸缩机构改善了焊接的连续性,提高焊接质量,但是也造成多种线路、管路相互缠绕,独立性变差。通过阿奇舒勒矛盾矩阵表找到创新原理并得到七个方案提示:(1)寻找一个装置可以同时满足输出电动力、电信号并为水和气提供导向作用;(2)采用多功能接线,使其同时具备传输功能和旋转功能(自旋转线);(3)通过计算,先算出接线缠绕的圈数,将其事先进行反旋转缠绕;(4)工件进行螺旋线旋转,伸缩旋转机构不动;(5)将所有的接线与内部的传送物质分割开,外部连接线自由旋转不影响内部物质的正常传输;(6)降低要求,所有的接线要做得够多,即使卷绕或相互缠绕,只要不影响工件螺旋线旋转焊接就可以;(7)改变接线的柔度,使用不怕卷绕和相互缠绕的柔性材料。

本项目中,移动焊枪的旋转伸缩机构既需要在某些情况下变大,满足不同孔径的焊接要求;也需要在某些情况下变小,满足节省场地要求。通过物理矛盾的四个分离原理,得到五个方案提示:(1)可拆卸的结构,工作时固定焊枪实施焊接,不工作时拆除;(2)可伸缩的结构,在回转半径大的时候伸长,小的时候收缩;(3)在工作时固定焊枪实施焊接,不工作时自身折叠;(4)旋转臂沿螺旋线运动;(5)焊接机械手不需要旋转臂,自身可以旋转。

利用物场分析工具主要是解决旋转伸缩机构固定在有限的场地上,降低了场地重复利用的问题。通过图4,物场模型,可以清楚地知道固定场的演变过程,并得到三个提示方案:(1)通过机械构件将旋转伸缩机构固定在滑轮支架上;(2)通过磁铁将旋转伸缩机构固定在滑轮支架上;(3)通过增大旋转伸缩机构底座摩擦系数,利用自身重力将自身固定在滑轮支架上,以起到节省空间和快速固定的作用。

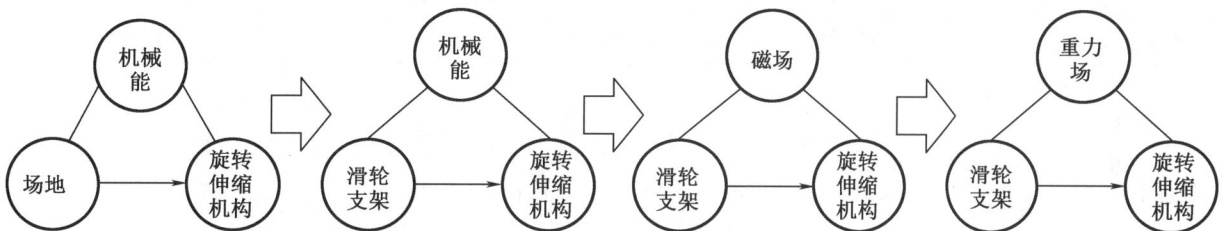

图 4  物场模型

### 3.3 评价选择

通过 TRIZ 工具的使用,得出了若干方案提示,然后根据这些方案提示进行归纳总结,得出方案并进行评价。方案评价表见表 1。

表 1  方案评价表

| 方案序号 | 解决方案 | 有效性 成本降低 | 经济性 预计费用(元) | 实施性 复杂程度 | 有无改造先例 | 可靠性 存在问题 | 时间性 制作安装时间 | 有效性 (25) | 经济性 (20) | 实施性 (25) | 可靠性 (25) | 时间性 (5) | 评分 |
|---|---|---|---|---|---|---|---|---|---|---|---|---|---|
| 1 | 四爪卡盘 | 低 | 8万 | 中 | 有 | 场地需求大 | 20天 | 12 | 20 | 22 | 17 | 4 | 75 |
| 2 | 焊枪支架 | 低 | 1万 | 易 | 有 | 生产效率提高不大 | 10天 | 10 | 20 | 25 | 10 | 4 | 69 |
| 3 | 螺旋运动夹持支架 | 高 | 40万 | 中 | 无 | 场地需求大 | 60天 | 25 | 10 | 20 | 20 | 2 | 77 |
| 4 | 熔化涂覆设备 | 高 | 80万 | 难 | 无 | 设计制作复杂难以自行完成 | 120天 | 25 | 3 | 5 | 5 | 0 | 38 |

表1(续)

| 方案序号 | 解决方案 | 有效性<br>成本降低 | 经济性<br>预计费用<br>(元) | 实施性<br>复杂程度 | 实施性<br>有无改造先例 | 可靠性<br>存在问题 | 时间性<br>制作安装时间 | 评估(权重)<br>有效性(25) | 经济性(20) | 实施性(25) | 可靠性(25) | 时间性(5) | 评分 |
|---|---|---|---|---|---|---|---|---|---|---|---|---|---|
| 5 | 转盘 | 低 | 10万 | 易 | 有 | 场地需求大 | 20天 | 15 | 20 | 22 | 20 | 4 | 81 |
| 6 | 旋转伸缩机构 | 高 | 2万 | 中 | 无 |  | 15天 | 25 | 20 | 20 | 23 | 4 | 92 |
| 7 | 旋转机构 | 中 | 25万 | 易 | 有 | 场地需求大 | 50天 | 20 | 10 | 22 | 20 | 2 | 74 |
| 8 | 液压转盘 | 低 | 15万 | 中 | 有 | 场地需求大 | 30天 | 15 | 18 | 15 | 20 | 3 | 71 |
| 9 | 电弧发生器 | 中 | 30万 | 难 | 无 | 设计制作复杂<br>难以和睦行完成 | 120天 | 20 | 10 | 10 | 5 | 0 | 45 |
| 10 | 小型转盘 | 低 | 5万 | 易 | 有 |  | 20天 | 15 | 20 | 22 | 20 | 4 | 81 |
| 11 | 滑环装置 | 中 | 1万 | 易 | 有 |  | 15天 | 20 | 20 | 25 | 23 | 4 | 92 |
| 12 | 线路计算 | 中 | 0万 | 易 | 有 | 每次根据工作量<br>进行计算 | 长期 | 18 | 20 | 22 | 15 | 0 | 75 |
| 13 | 廉价线路替换 | 中 | 1万 | 易 | 有 | 使用寿命降低 | 20天 | 18 | 20 | 22 | 18 | 3 | 81 |
| 14 | 柔性管路 | 中 | 1.5万 | 易 | 有 | 表皮寿命低,管路易堵 | 25天 | 18 | 20 | 22 | 15 | 3 | 78 |
| 15 | 拆卸式旋转机构 | 中 | 30万 | 中 | 有 | 拆卸困难 | 50天 | 20 | 10 | 22 | 22 | 2 | 76 |
| 16 | 伸缩式旋转机构 | 中 | 30万 | 中 | 有 | 结构相对复杂 | 50天 | 20 | 10 | 22 | 22 | 2 | 76 |
| 17 | 折叠式旋转机构 | 中 | 30万 | 中 | 有 | 结构相对复杂 | 50天 | 20 | 10 | 22 | 22 | 2 | 76 |
| 18 | 定位装置 | 高 | 0.5万 | 易 | 有 |  | 10天 | 25 | 17 | 19 | 23 | 4 | 88 |
| 19 | 磁吸式定位装置 | 高 | 0.1万 | 易 | 有 |  | 5天 | 25 | 20 | 22 | 23 | 5 | 95 |
| 20 | 快速定位装置 | 高 | 0.1万 | 易 | 有 | 意外撞击需重新定位 | 5天 | 25 | 20 | 22 | 17 | 5 | 89 |

根据方案综合评价,选定"旋转伸缩机构""滑环装置"和"快速定位装置"为实施方案。在开发过程中,我们将数字化生产理念也融入了实施的方案,通过 PLC 编程、校准输入等形式,加工生产完全按照设计、工艺所要求的参数进行,节约了耗材,减少了不必要的加工,将不确定性因素降到了最低。根据施工方案设计的轴孔焊接设备,在设备成本、节省时间、节约耗材等方面有极大的改善,在同类产品中具有巨大的竞争优势。

通过 TRIZ 理论得到的方案中,我们将焊接设备和定位形式申报了国家实用新型专利。

## 4 结语

利用 TRIZ 工具,通过分析深海轴孔防腐施工所遇到的问题,得出方案提示来解决问题,再通过归纳总结评价,得出可实施方案。该方案利用目前现有的资源和技术,从根本上解决了问题,并且达到了创新的目的。

# 浅谈 EPR 系统在船舶产业财务管理中的应用与思考

李冰清[1]    李玉洁[2]    宇    涛[3]

(1. 大连大立钢制品有限公司;2. 大连船舶重工集团有限公司;
3. 大连船用推进器有限公司)

**摘    要**:近年来,由于全球疫情对经济环境的影响,传统船舶产业的财务管理遇到了新的机遇与挑战。文章在阐述 ERP 内涵的基础上,结合船舶产业的发展特点,分析当前船舶产业财务管理控制所存在问题,就如何借助 ERP 来优化控制船舶产业的发展成本进行了探究。

**关键词**:船舶产业;财务管理;ERP 系统

## 0  引言

财政部 2021 年 12 月发布的《会计信息化发展规划(2021—2025 年)》提出:"十四五"时期,我国会计信息化工作的总体目标是,服务我国经济社会发展大局和财政管理工作全局,以信息化支撑会计职能拓展为主线,以标准化为基础,以数字化为突破口,引导和规范我国会计信息化数据标准、管理制度、信息系统、人才建设等持续健康发展,积极推动会计数字化转型,构建符合新时代要求的国家会计信息化发展体系。由此可见,深入推动船舶产业中业财融合和会计职能拓展是加快推进会计工作数字化转型的重要工作。ERP 系统作为先进管理思想和先进管理技术相结合的产物,有助于打破产业内外信息壁垒、实现业务流程重组,强化供应链战略联盟、优化资源配置效率。因此,在信息技术日新月异的今天,随着船舶产业中信息管理的深度和广度的不断延伸和扩展,ERP 系统作为融合了 IT 技术和先进管理思想的信息集成系统,顺应了时代发展的趋势,满足了现代船舶产业信息化建设的需求。

## 1  ERP 系统的特点

### 1.1  信息的集成性

相比传统财务管理,ERP 系统拥有更好的集成性。由于船舶建造周期长,空间跨度大,在传统财务管理模式下,船舶企业的信息管理工作在信息咨询接收上会存在较大的被动性;同时,接收到的信息往往过于片面、不够详细,这种情况下,很容易出现信息不够准确,导致管理层做出错误决策,影响企业后续发展。将 ERP 系统应用到实际工作中,财务人员可以通过 ERP 系统进行各种信息的收集,实现不同部门间信息的良好流通,从而使之成为管理层各项决策制定的重要依据,确保制定出的规划方案更为科学、精准的同时促进企业良好发展。相较传统财务管理,企业可以更加直观地看到实际与预算之间存在的差异,便于企业及时调整内部资源的分配,有利于后续管理工作的良好开展,推动企业稳步向前。在实际工作中,企业各部门可以将 ERP 系统与其他系统进行有机融合,例如成本会计与管理会计系统等,不同信息系统的良好融合可以更好地满足企业信息供给需求,同时,还会科学预测财务管理工作中潜藏的问题,对整体技术方案进行调整与优化,促进后续工作良好开展[1]。

## 1.2 信息的及时性。

ERP 系统建设的关键术语是"现实工作信息化",即将现实环境中的工作内容与工作方式,利用完全信息化处理的数字化手段来表现。相较传统财务管理模式,船舶企业在信息平台的应用下,可以实现各业务部门与财务人员的横向沟通,使其联系更为便捷、有效且协作更为紧密,实现业财结合并大幅度提升企业内部的运营管理绩效。同时,密切关注外部市场发展情况,及时从整体上把控企业内部信息,做好信息的全面收集工作,达到不同内容的有效整合。

## 1.3 信息的共享性

ERP 系统可以通过整合建立船舶企业全系统全模块数据监控平台,使采购、库存、生产、销售、人力、财力、物力等企业组织中各方面的资源进行动态化监管整合。企业通过开展经营分析例会,使经营者和管理者能够科学、合理、有序地配置、协调和利用资源,用数据指导经营,有效优化了企业价值链上下游活动的一体化运作流程。

## 2 ERP 系统在船舶产业财务管理中的应用

ERP 系统在船舶产业财务管理工作中的应用,可以实现 ERP 系统与财务信息的有机结合,进一步促进产业发展。其应用主要体现在以下方面:

### 2.1 能够提升财务会计管理水平,促进会计信息化建设

充分利用信息技术手段,保证 ERP 系统在产业中的良好应用。通过加强 ERP 系统与财务会计信息系统的协作,形成合力,更好地发挥出 ERP 系统的作用,满足产业经营发展需要。在提升企业经济效益的同时,还能有效提升产业整体的财务管理水平。

### 2.2 改变财务核算工作的内容及性质,减少财务人员的工作压力

现代船舶产业的财务工作重点正逐渐由传统模式下的事后"分析"转为事前预测,更加重视财务预算分析决策工作。同时,会计人员的职能上也发生了较为明显的改变。在现实工作中,财务人员不再依赖人工手动核算列支各项费用,而是在 ERP 系统中导入相关数据,当需要应用相关数据时,可以按照自身需求获取相应的财务数据信息,自动生成凭证。如财务人员通过确认销售出库单及采购发票,即可自动生成相关材料采购凭证,同时结转至相关产品及项目成本,减少错配率的同时使财务成本更加真实可靠。不同的船舶企业也可以根据自身业务体系通过完善各种原始单据里面的会计科目、核算维度等字段,设置凭证生成规则和模板,在相关业务单据审核后可自动生成会计记账凭证,高效快捷。

### 2.3 提升应收账款管理水平,加大资金流转速度

通过 ERP 系统,船舶企业中的管理人员可以对应收账款情况进行实时掌握,实时追踪客户动态,强化事中跟踪环节,避免问题逐渐变得严重,提升自身管理水平的同时,减少坏账、呆账的产生,增强企业持续发展的能力。

### 2.4 促进财务人员参与公司经营决策,提高会计信息利用率

通过 ERP 系统关联成本、利润、信用、收款等会计信息到相关业务单据,实现财务和业务数据的标准化,多系统内外部数据的互通整合,将财务部分职能转移至前沿业务部门。通过构建了多来源、多维度、标签化的大数据库,快速生成数据分析报表,提高了会计数据服务于价值创造的能力的同时,让数据能在期望的时间内以恰当的方式准确呈现,使财务数据价值得到有效发挥;同时也实现和完善了财务人员对业务的实时关注,更多地参与到了企业经营过程,使财务人员能够了解经营,理解业务,更有针对性地提升了对公司经营决策的财务支撑能力。

## 3 ERP 系统在船舶产业财务管理中的弊端

ERP 系统在船舶产业财务管理工作的实际应用中也存在着以下弊端:

### 3.1 无法打破网络壁垒

船舶产业与其他产业不同的是其企业需要依海、依水而建,导致地理位置相隔较远的母、子公司之间的财务信息不能及时相通,大部分船舶企业内部 ERP 系统大部分依托于局域内网,业务人员无法居家远程办公,从而出现财务信息"孤岛"的情况。同时,近几年是船舶行业的寒冬季,多数大型国有船舶制造企业手持订单总数的一半以上为军工产品,如使用互联网替代局域内网用来运行 ERP 系统势必带来网络安全隐患。互联网中的信息数据具有很强的共享性和开放性,在防御墙安全系数不够高的情况,一旦遭受不法分子的网络攻击,就可能造成企业或是国家重要数据的泄露或丢失,甚至会受到网络病毒的攻击,将极大地威胁到企业的正常运营和发展。

### 3.2 船舶产业财务管理人员专业技能有待提高

财务是企业信息化推行的前沿阵地,更是企业会计信息化的主导者,其认知和见识一定程度上影响着船舶产业 ERP 系统的推行进程。船舶企业的财务人员中,20 世纪 70 年代的人居多,缺乏新生力量军,很多财务人员受传统财务功能软件,甚至 EXCEL 的影响颇深,对业务流程缺乏理解,处在狭隘的会计核算和数据报表认知中。部分人员缺乏专业知识,观念陈旧也成为 ERP 系统在船舶产业财务管理工作的阻碍。

### 3.3 系统未达到真正全面化、智能化

船舶产业现有 ERP 财务管理系统的功能大多较为单一,缺乏联动性,侧重点仅为企业内部业务,无法与银行、税务等外部系统相关联。部分工作仍需人工录入,如银行余额表仍由人工调整核对,增大了资金风险;部分船舶制造企业还没有实现仓储信息系统、生产管理系统、销售系统,以及会计信息系统相互关联的状态,对于企业的人、财、物以及供、销、产等信息无法做出及时准确的监控,影响企业的整体运作效率,降低两金压降能力。

### 3.4 船舶产业中企业内部存在多套系统,相关性不强

部分船舶制造企业内部的存在多套 ERP 系统,承担各自的职责,多数业务需要先后在不同的平台经历多次重复流程,增大业务部门工作量的同时也会减缓成本归集速度。如企业内,差旅费审批需先在 OA 系统和财务系统分别提交,涉及审批流程与相关人员高度重合,延长差旅费的报销时间;由于企业内部研发部门产生的费用中,除人工成本外,差旅费占比最高,导致其成本归集滞后,相关财务数据失真。大型船舶制造企业中的母、子公司采用不同的财务管理系统,系统间的数据差异,难以兼容,也增大了财务信息的整合难度。

## 4 促进 ERP 系统在船舶产业财务管理中良好实施的策略

### 4.1 构建业财一体化平台,制定网络接入标准,打破网络栓梏,加速信息沟通

要想切实发挥 ERP 系统在船舶产业财务管理中的应用价值,船舶企业就要在内部构建一个业财一体化信息交换平台[2],并根据网络化运营管理要求制定严格的局域网和广域网接入标准,有关涉密单位还应当做好保密措施,做到会计信息化平台和企业管理平台的统一性,对业务及财务信息进行整合,实现业务部门与财务部门的良好融合,各项数据共享,以保证工作的顺畅和安全[3]。

### 4.2 加强船舶产业中企业内部的多层次管理和核算,提高企业的经营能力,以保证工作的顺畅和高效

当下 ERP 系统在船舶企业财务管理中运行,与传统模式下的工作模式和内容产生了较大变化,要求财务会计人员具备更高的专业能力及信息素养,实现从财务会计向管理会计的转变。这种环境下,企业应当聘请专家讲解相关内容,提高财务人员的实操能力;同时与船舶产业发展需求相结合,针对财会人员开展例如决策分析、绩效管理以及风险管理等各类专项工作的培训,完善健全管理会计知识,掌握实际工作中管理会计工具的

使用方法,解决具体问题,最终实现财务会计向管理会计的转变,在财务会计工作方面,充分发挥出 ERP 系统作用,促进产业的可持续发展[4]。

### 4.3　聚焦船舶企业财务内控制度,完善内控保障机制

运行 ERP 系统在财务管理的过程中,在评判当下企业各方面运行情况的同时,也要兼顾已实施的企业发展战略落实情况,全方位考虑多个主体实际所得效益,构建风险评判、全面预算、部门沟通、内部监督的闭环管理制度。树立财务人员穿透式管理理念,打破部门壁垒,严格把控资金安全[5]。

## 5　结语

综上所述,当前环境下,纵观船舶产业,各企业间竞争愈发激烈,特别是改革开放的推进,经济全球化给船舶产业的经营和发展带来了更大的压力,对船舶企业提出了更高的发展要求。财务管理是企业经营和发展的核心,通过 ERP 系统在船舶制造业财务管理中应用,提升人员综合素质,推动企业深入开展业财融合,充分运用各类信息技术,探索形成可扩展、可聚合、可比对的会计数据要素,提升数据治理水平,适应市场环境,提高企业的竞争力。

## 参考文献

[1]　李碧宇. ERP 系统在企业财务会计领域的实施探析[J]. 中国市场,2022(25):135-137. DOI:10.13939/j. cnki. zgsc. 2022. 25. 135.

[2]　曹洁. ERP 系统在业财融合实施过程中的应用与思考[J]. 今日财富,2022(14):115-117.

[3]　高海燕. 信息时代船舶制造企业财务管理创新思考[J]. 财会学习,2018(10):32.

[4]　夏小华,黎传熙. 数字化背景下基于 ERP 优化升级会计信息化流程再造研究:以 B 公司为例[J]. 国际商务财会,2022(13):43-50.

[5]　杨静林. 广电集团财务管理内部控制机制探究[J]. 财会学习,2022(25):170-172.

# 现代质量管理体系在舰船建造工作中的应用

李继生[1]　　赵焘元[1]　　稽冠南[2]

(1. 大连船舶重工集团有限公司; 2. 驻大连地区第一军事代表室)

**摘　要**: 本文探讨了现代质量管理体系对提高舰船建造工作质量和效率的必要性, 研究了在舰船建造工作中运用现代质量管理体系的思路和方法, 指出了舰船建造领域引入质量管理体系时应注意的具体问题和事项。

**关键词**: 舰船; 建造; 质量体系

## 1　舰船建造领域引入质量管理体系的必要性

ISO9001 国际质量管理体系在我国装备制造业已得到广泛应用, 为规范质量管理, 提高企业绩效和顾客满意度做出了实实在在的贡献。相对说来, 质量管理体系在舰船建造领域应用较晚, 与航空航天、电子、机械等制造业领域的企业相比还存在一定的差距。

通过对质量管理体系与舰船建造工作特点及两者之间关系的分析, 可以找到质量管理体系在建造领域应用的切入点, 使建造工作与质量管理体系实现高度融合, 更好地服务于现代舰船建造工作的实际需求, 从根本上提高舰船建造工作的质量和效率。

## 2　质量管理体系在舰船建造领域的建立与运行

要做好质量管理体系在舰船建造领域的应用工作, 必须结合舰船建造工作的特点, 深入消化质量管理体系内涵, 按 GJB9001B 的要求建立文件化的质量体系和相关制度, 使建造工作更加规范和高效。主要工作包括以下几个方面:

(1) 文件控制。文件控制是整个质量管理体系建立和运行的依据, 要确保文件中信息的准确性, 真正起到沟通意图、消除误解、规范流程、统一行动的作用。根据建造工作的特点和需要, 应以文件形式编制舰船建造质量方针、质量目标和必要的程序文件等, 同时还要建立文件评审、更新、作废制度, 确保文件的更改和现行修订状态得到有效识别和控制, 保证实际工作中获得适用、有效、最新的文件。

(2) 记录控制。客观、完整地记录是质量管理体系有效运行的保证。舰船建造过程记录, 实际上是对承担建造任务的总装船厂、配套厂所设计/建造过程的检查、纪实、分析、判断、留下过程证据的一个系统性工作。记录的正确性、全面性、真实性至关重要。记录做得好, 则有利于建造单位质量工作的落实和总结, 有利于对舰船建造质量控制进行系统性追溯和评价。要想做好记录控制工作, 需要明确记录的项目、内容, 要规范记录形式和要求, 要有评定记录准确性、合理性的手段和方法。

(3) 建造质量工作策划。质量策划是质量管理体系的重要组成部分, 完成质量目标的制定、规定必要的运行过程和相关资源, 为实现建造质量目标服务。建造质量工作策划主要包括: 长远目标策划, 如建造网络图, 制定长期质量工作目标、方针; 年度建造工作策划, 包括工作目标、任务分工、建造总体工作难点、重点的分析、相应措施制定等;单艘舰船建造策划,重点做好单舰装备状态分析和建造风险分析、重点难点工程策划、质量控制点设置、检查及验收流程编写等。

(4)质量过程管控。"产品是过程的结果",没有过程就没有产品,也就没有质量保证。要想确保建造质量,应从原材料采购、外包方确定、建造活动、验收等环节开始,大力加强过程质量管控。通过对建造质量过程中的节点、活动、流程、外包控制、管理方法、培训需求、设备、工艺、材料及其他影响要素的策划,实现最终的建造质量目标。

(5)注重开展舰船建造方内部质量体系审核。内部质量体系审核是检查质量管理体系运行是否符合规定要求的有效手段之一。通过审核可以及时发现质量体系运行中存在的问题,并采取针对性的纠正、预防措施,以便持续提高质量管理体系的效率和有效性,这是对公司内部工作、建造过程及质量管理体系进行自我"诊断"的有效方法。在内审时,公司及其各部门应重点对照职责分工查找存在的差距或问题,查找对舰船建造过程质量监督、产品实现过程、验收等方面存在的问题,并及时制定有针对性的改进措施,实现建造质量目标。

在内审时,还应重点关注风险管理、信息管理、不合格品控制、纠正措施、资源投入、预防措施等环节。建造领域质量管理体系的建立是一项长期的、需要持续改进和完善的过程,没有最好,只有更好。

## 3 在舰船建造业建立专业化的分工体系

过程方法是质量管理体系八项原则之一,将活动和相关的资源作为过程进行管理,可以更高效地得到期望的结果,其优点是对系统中单个过程之间的联系以及过程的组合和相互作用进行优化,可以发挥 $1+1>2$ 的综合效益。舰船建造是以过程为基础,按照职责分工的一组有序的整体活动,经过监视、测量、分析、改进等环节完成产品实现,最终把符合相关标准、符合要求的舰船建造出来,完成相关试验,交付部队使用。根据对过程方法实施要点的分析,为了有效完成建造过程质量监督和过程把关工作,应系统地识别和控制与舰船建造有关的过程,并在此基础上,改变目前单人负责全部专业的管理模式,实行专业化分工,从开工到交付全过程负责制。可按轮机、电气、电子、船体、管系、舾装、内装、航海、观通、武备等专业进行分工,实现建造过程、专业经验、管理经验的最佳组合,最终实现提高舰船建造质量的目标。

## 4 舰船建造工作引进质量管理体系时应重点把握的几个问题

一是加强建造队伍人力资源建设。目前,我们还没有建立一套较为完善的舰船建造人才队伍培训体系,建造人员主要来自民船建造队伍,他们熟悉民船建造管理,积累了民船建造方面的实际经验,但缺少新型军用舰船建造有关的知识、标准、经验。很多在重要岗位上工作的建造管理人员,对舰船建造、试验标准、规范、建造工艺等掌握得还不够全面、准确、深入,甚至有很大一部分人员刚毕业就来到军船建造岗位,对军用标准、规范、建造风险等一无所知,特别是从事一线检验验收的检查员,不但在标准、规范、工艺方面缺乏经验,有些连民船验收经验几乎也没有,但由于建造任务的紧迫性,他们在承担着非常关键的验收把关任务。针对上述情况,需要设立并优化军船建造队伍人才选拔培训机制,结合承担的建造项目,有针对性地确定培训项目和培训内容,建立并完善军船建造管理队伍考核上岗及淘汰机制,加大军船建造管理队伍日常培训和岗位考核力度。通过培训和定期考核,最大限度地减小军船建造队伍人才短板,降低人才队伍的风险,形成优胜劣汰的机制,最终形成一支技术过硬,管理先进的军船建造队伍,只有这样才能保证建造效率和质量。

二是要着眼长远,稳定军船建造人才队伍。为了确保军船建造质量和建造效率,应稳定军船建造人才队伍,提高建造队伍的专业化水平,为优秀的一线工人和技术人员创造拴心留人的氛围和工作环境,使优秀的人才在军船建造过程中实现自己的人生价值。要注重队伍专业化分工,针对分工梳理人才缺失的短板,要防止优秀人才流失。建议根据工作年限和实际贡献,逐年增加优秀人才的待遇。

三是注重沟通与协调,实现总装厂与相关厂、所进行高效接轨。质量管理体系在不同领域的应用,实质上就是结合工作实际,对体系进行吸收、消化、转化的过程。建造工作引入质量管理体系,首先要结合建造工作实际学习消化质量管理体系内涵,深刻领会质量管理体系的基本原则、要求、职责,以及资源管理、产品实现、测量、分析和改进等内容的精髓；其次要博采众长，广泛借鉴军内外质量管理体系应用较为成功的案例。加强与建造工作联系紧密的重点配套单位及科研院所、设备厂间的沟通与协调。按建造网络计划和实际工作需要，定期召开工作会议，及时协调建造所需的各方资源，提高建造工作的有效性、针对性。

四是加强组织，做好顶层策划。建造工作引入质量管理体系是一项系统性工程，可能对原有的建造方式产生一定的影响。原有建造职责分工有可能重新定位，一些依据文件可能需要重新修订，同时，还要做大量的调研、论证等基础性工作。为做好该项工作，需要组织人力结合本单位实际编制质量体系文件，并要避免文件与实际不符的现象发生。这些工作的开展需要顶层策划和组织指导。要尽早梳理出影响舰船建造质量的各种因素，找准建造工作与质量管理体系的切入点，尽早建立起与装备建造体系相适应的现代管理方法，使质量管理体系起到事半功倍的作用。

# 造船行业过程记录的作用及常见问题

## 陈玉阵　　盛玉智　　刘士滨

## （大连船舶工业工程公司）

**摘　要**：本文论述了船舶建造、检验和试验过程记录的作用、要求及特点，分析了船舶建造过程记录的常见问题，指出了过程记录是否规范对造船质量和安全性的长期影响，并针对造船业过程记录常见问题提出了预防措施。

**关键词**：造船；过程记录

## 1　船舶建造过程记录的意义和作用

过程记录是记载船舶建造中研制生产过程状态和过程结果的文件，是质量管理体系文件的重要组成部分。所谓过程状态是指船舶建造中质量的形成过程和体系的运行过程，而过程结果则是指体系运行效果和船舶建造中满足质量要求的程度。经验表明，记录在船舶建造质量管理中发挥着非常重要的作用。

（1）记录具有可追溯性，为船舶建造中技术归零和管理归零提供了重要依据。当船舶建造中出现问题或故障时，一般都要开展技术零和管理归零工作。而技术零和管理归零都离不开对过程记录的分析与研究。记录是否全面、准确直接影响着技术零和管理归零的效率与质量。重要的船舶建造生产记录要保存很长时间，有的甚至与船舶寿命相同。当船舶建造中出现问题时，一般都要追查原始记录，以尽快找到问题的根源。

（2）记录为后续型号船舶建造的研发、设计与工艺改进提供了重要的数据支撑。船舶研制具有继承性，任何船舶的发展都离不开对现有船舶建造和之前船舶建造中经验和教训的总结与提炼。通过总结分析，好的方面可以继承下去，不足的方面尽量避免。通过数据分析，还可以持续完善和改进工艺，进一步提高生产效率与质量。但这些改进和研发工作要想落到实处，离不开对船舶建造中记录的分析与研究，基于数据和事实的决策才是科学的、可靠的。

（3）记录为船舶维修保障提供了不可或缺的技术依据。现代船舶建造中技术保障特别强调精确和精准。目前，很多船舶建造过程都建立了信息化保障系统，而信息化保障系统离不开记录的支持。建立的信息化保障系统是否实用，取决于其能否真正吃透船舶建造过程中的保障过程和风险点，取决于其是否掌握了船舶建造中研制生产的过程记录。一个没有过程记录支持的保障系统就好比在沙地上建造的楼房，是难以发挥真正作用的。

## 2　船舶建造过程记录常见问题

虽然船舶建造中各类记录非常重要，但各行业、各单位，各部门在过程记录方面并没有统一的规定或要求，在记录的详细程度、记录格式、签署方式、保存方式、审档方式等方面千差万别。有的记录非常清晰、规范，有的却非常随意，甚至存在漏洞。下面列举一些记录中常见的问题。

（1）记录目的不明确。这体现在记录文件在设计时目的与功能不明确，重点不突出。有用的数据没有规划怎么记,没有用的数据却记了很多。

(2)记录的系统性差。对于系统试验以及与系统有关联的设备试验,需要相关配套设备、配套环境、配套系统充分配合,才能进行试验。但有些单位在记录文件的整体设置、表格的设计方面存在随意性,缺乏整体考虑,相关条件、相关配套参数、参试设备、配试设备等记录不全面、不准确、不规范。

(3)记录签署不完整。记录签署不完整问题在实际工作中经常发生,主要体现在相关参试方代表签署不完整、漏填记录时间、漏填检验时间、漏填试验条件、漏填参试设备、漏填被试设备、漏填监视测量设备编号与检定有效期、漏填环境参数、漏填试验执行的文件或标准等。

(4)记录的整理与保管不规范。由于船舶建造中的记录数量非常大,记录的整理、签署、审查、归档、保存等工作量也相当惊人。对于国营大单位,有专门人员负责此事,而对于一些小的单位和私营企业没有专职记录整理与档案管理人员,大多数都是兼职。这就给记录整理、归档的连续性、规范性带来了非常大的问题和压力。造成记录的整理、签署、审查、传递、归档、保存等各环节都会出现不同程度的问题,甚至有些重要的记录在需要时找不到,有些单位没有严格按保存期限进行归档保存。

## 3　船舶建造中过程记录注意事项

(1)确保记录的充分性和系统性。记录作为生产和试验过程的基础性和依据性文件,应尽可能全面地反映产品质量形成的实际过程和结果,以及质量管理体系的运行状态和实际结果。为达到这一目标,要从总体上评价记录的充分性与系统性,力求使原始记录完整、协调、统一,并且要在生产或试验开始之前就对记录的充分性和系统性进行策划,确保记录的质量。

(2)确保记录的真实性和准确性。只有真实、准确地记载建造或试验过程中的质量信息,为质量管理体系的有效运行并实现持续改进提供可靠的依据,使基于证据和事实的决策落到实处。因此,在确定记录的格式和内容的同时,还应考虑记录者填写的便捷性,保证在现有条件下准确地获取所需的质量信息。填写记录应实事求是、严肃认真,要体现真实性和准确性。

(3)确保记录的规范化和标准化。在设计记录文件时,应尽量采用国际、国内或行业标准,参考借鉴已有成功经验,以使记录更加规范化和标准化。建议对现行记录体系进行梳理,删除多余的记录,修改不适用的记录,增补缺失的、必需的记录。提倡记录表格向简洁、实用方向发展,表格或图表格式要有统一编号,这可以使各项记录更加系统、规范、协调统一。

(4)确保记录不得随意更改。无论任何人都必须尊重记录的真实性,不经审查和批准,任何人都无权更改记录。确需更改时,要写明更改理由并经过严格审查批准。实施时,先将错误的地方用一条横线划掉,然后在旁边写上正确的内容,同时在旁边进行签名,并写上更改日期。不准使用涂改液,也不能使用修正纸等进行更改,更不准用铅笔填写,一般不准用红色笔迹填写,尤其是签名。如果是数字错误,应将整串数字划掉,再写上正确的数字。更改签名时要写全名,不能仅写一个字或写某主任、某经理等。填写日期时要写全年月日。

## 4　船舶建造中过程记录的管理与控制

(1)记录的标识。记录应具有唯一的标识,为了便于归档和检索,记录应具有分类号和流水号。标识的内容应包括记录表格所属的质量管理文件的编号、版本号、表号、页号,没有标识或不符合标识要求的记录表格是无效的表格。

(2)记录的贮存和保管。记录应当按照档案要求立卷贮存和保管。对于有条件的单位,记录的保管应由专人或专门部门负责。应建立记录保管制度,保管方式应便于检索和存取,保管环境要适宜、可靠,应干燥、通风,并有必要的架、箱,做到防潮、防火、防蛀、防止损坏、防止变质、防止丢失。建议按照顾客要求或合同约定确定记录保存期限,重要的记录应长期保存。

(3)记录的检索。记录中包含了大量有用的体系运行证据和船舶建造中原始信息,要发挥其作用必须使其便于查找。一项质量活动往往涉及多项记录内容和记录表格。为了避免漏项,应当对记录进行编目,编目具有引导和路径作用,让查阅者对要查阅的过程记录能有一个整体的了解。最好一个项目建立一个总编目,按产品实现的进度进行排列。对于记录内容较多、质量活动联系复杂的记录,也可设置分项编目。记录经主管部门验收合格后方可归档,如果归档资料不全,负责归档验收的部门有权拒收。记录的查阅应纳入计算机管理范畴,编制电子索引,以提高检索和查阅的效率。

(4)记录的处置。超过规定保存期限的记录,应统一进行处理。对于重要的、含有保密内容的记录必须保留销毁记录。销毁要按档案销毁程序和要求进行。对于超过期限,但仍需保留的记录,应做出明确标识,并重新确定密级、保存期限等。

## 5　结束语

综上所述,建造过程记录是关系到船舶建造中当前质量和未来发展的重要文件之一,过程记录虽没有统一的格式和要求,但却是所有从事船舶建造中研制生产人员必须高度重视的工作之一,如何在保证记录真实性、系统性、可追溯性的同时,又能保持记录的规范性、简洁性、方便性是我们永恒追求的目标。每个单位、每个人在记录方面都会有一些好的经验和做法,也可能会存在一些不足之处。所以我们有必要加强在记录方面的沟通和交流,使我们的记录工作没有最好,只有更好。让我们通过良好的记录为船舶建造发展保驾护航、贡献智慧和力量。

# 美国军船入级成功案例及军事经济效益分析

## 杨斯文

（大连财经学院）

**摘　要**：本文介绍了美国军船入级策略产生的时代背景，列举了美国军船入级的系列成功案例，回顾了美国军船入级的探索之路及总体发展历程，探讨了美国军船入级的目的意义和长远目标，分析了军船入级产生的经济效益和军事效益，并在此基础上，指出了美国军船入级所带来的多方面的长期影响。

**关键词**：军船入级；成功案例；经济性

## 1　美国军船入级策略的时代背景

冷战结束后，美国的经济实力持续衰退，特别是近几年受新冠疫情、通货膨胀等因素影响，美国经济持续低迷，国债规模持续扩大。至2021年底，美国国债接近30万亿美元。随着通胀率持续攀升，舰船的建造维护费用也随之大幅持续攀升，但为了维持其在全球的军事地位，美国需要在舰船建造、维修、保障方面持续投入庞大的资源。拜登当选美国总统后，决心进一步加强海军能力建设，但受到美国经济不景气及债务规模持续扩大因素的影响，很难有大的作为。在这种情况下，美国要想继续保持海军力量，就要在提高舰船建造效率的同时，想方设法降低舰船的建造费用和保障费用，大力提倡并开展军民融合技术研究。在此背景下，美军高度重视军船入级这一战略选择。通过军船入级策略的实施，美军可以充分发挥美国船级社（ABS）的潜能，在舰船建造和全寿命维护过程中，提高规范性、专业性，同时大幅降低舰船建造费用和维护费用。通过军船入级策略的系统性实施，还能有效减少军用标准和海军现役人员的数量，提高舰船建造检验的效率和规范性，提高维修保障能力和效率，有效降低舰船全寿命期间的保障费用。

众所周知，船级社在服务的规范性、工作效率、经济性、覆盖面、综合资源、经验等许多方面都优于军方，这使军用舰船依赖遍布全球的船级社提供规范的技术服务和使用保障成为可能。通过实施军船入级战略，美军可以把武器载体（舰船平台）的研制检验、保障及安全问题交给更有经验的船级社来承担，而把海军有限的资源和精力投入更重要的领域，如新战法演练。实践表明，军船入级策略确实是一种非常明智的、双赢的战略性选择。

## 2　美国军船入级的模式及成功案例

### 2.1　美国军船入级的探索之路及初期合作

20世纪80年代，美国海军开始了与美国船级社（ABS）的技术合作，ABS当时为美国海军编制了相关技术规范。最初该规范主要应用于非战斗舰艇，如240英尺（1英尺≈0.3048 m）长的救生打捞船，目的是积累军船入级方面的初步经验。

1985 年，美国海军预置舰"波波"号顺利交付，标志着美国海军与 ABS 合作初见成效。该舰是同期设计与建造的 13 艘预置舰之一，主要用于支持美国军队的快速部署。"波波"级预置舰的前 5 艘是新建的，另外 8 艘则是通过对现有民用船舶的改装实现的。

21 世纪初，美国海军与 ABS 参考民用快艇的相关标准规范，共同编制了相关舰艇指南。该指南适用于在内河、近海，以及其他危险区域执行多种任务的高速舰艇。该规范已成功应用于海军高速巡逻艇、鱼雷回收艇、埃及海军导弹快艇的入级，在提高建造效率的同时，降低了舰船建造费用。

### 2.2 《海军舰艇规则》的编制及濒海战斗舰入级

2004 年，美国海军与 ABS 共同推出了《海军舰艇规则》(NVR)，随即得到了同年成立的"海军技术委员会"(NTC)的认可与批准。该规则主要涉及船体、机械与电子系统，还包含任务接口等方面的内容。该规则一经发布便应用到了美国海军濒海战斗舰(LCS)的设计与建造中，并在 LCS"自由级"首舰的入级过程中发挥了至关重要的作用。2007 年，作为第一艘正式在 ABS 入级的海军战斗舰船，濒海战斗舰(LCS)"自由"号在美国威斯康星河正式下水服役。

### 2.3 DDG 1000 型驱逐舰入级

2008 年，美国 DDG-1000 型驱逐舰的设计方案提交给 ABS 进行审批。该级舰的首舰"朱姆·沃尔特"号由美国密西西比船厂和通用钢铁厂共同开工建造。在 DDG-1000 型驱逐舰项目实施过程中，NVR 的应用经受了前所未有的考验与改进。例如，为了减少安装与调试船上电子设备消耗的时间和成本，首次使用了调试用电子模块箱(EME)。EME 是一种箱式结构，能够为非军用商业电子器件安装在标准支架上提供低振动的平稳环境条件。尽管此前 ABS 已将 NVR 成功应用于 DDG-1000 型驱逐舰项目中，但是在很多情况下，需要对规则进行适当的调整以满足某些特殊事项的要求。EME 就是其中一个引入全新概念的实例，必须就如何应用做出裁决。

在该项目实施的初期，由于 EME 中有支持控制自动化系统、导航系统与内部通信系统的电子设备，并符合 NVR 第四部分的要求，所以决定对 EME 与内部电子设备采用《海军舰艇规则》标准。而作战系统、军用传感器、军用外部通信等任务系统则不采用《海军舰艇规则》，仍采用军用标准。在所有按照《海军舰艇规则》建造的海军作战舰船中，DDG-1000 级驱逐舰是船型尺寸最大、采用先进技术最多的战舰。并且，DDG-1000 驱逐舰在交付部队使用后的整个服役期内将接受 ABS 的定期规范检验，并持续保留在 ABS 船级之内。这将为海军节省大量人力、物力、财力，其维护保障效率和规范性也会大幅度提高。

### 2.4 美国海军深潜救生系统入级

自从美国做出下一代海军潜艇救生系统将加入 ABS 舰级的决定后，ABS 就一直从事着美国海军 21 世纪"潜艇救生系统中的下潜与再压缩系统(SRDRS)"的设计、部署、操纵使用等相关工作。这项工作为如何整合 ABS 规范与新型海军设施技术要求的编写做出了具体示范。

美国海军 21 世纪潜艇救生系统按照海军相关标准进行认证。该标准为美国海军提供了一个新的选择，即用 ABS 装卸系统的组件取代之前美国海军海上系统司令部烦琐的认证。考虑到 SRDRS 的完整性和由 ABS 认证的诸多优点，美国海军决定将 SRDRS 的一些组件加入 ABS 船级，主要包括布放与回收系统(LARS)、增压救援舱、船体接口垫板装置及甲板吊架等。

在这一过程中，ABS 协助美国海军制定各组件的初始认证、持续认证，以及安装认证的技术要求与操作规程。另外，在日常训练、潜艇失事或潜艇沉没救生等事故期间，ABS 也能对 SRDRS 在母船上的调用许可做出相应安排。与此同时，由 ABS 从事结构、机械、管系与电气方面的工程师组成的工作小组负责 SRDRS 组件的设计评估；而由 ABS 验船师组成的工作小组负责世界各地不同场所的建造检验和船厂验收工作。

随着 SRDRS 海试的成功，ABS 为 SRDRS 组件颁发了入级证书，这为 SRDRS 最终获得美国海军认证并按时交付提供了有力支撑。目前，有人操纵的 SRDRS 已经获得了美国海军的认证。该救生艇接替了已经退出现役的"神秘"级深潜救生艇，成为美国海军潜艇救生的主力之一。目前，出于战略方面的考虑，美国海军将继续授权 ABS 为部署在世界各地的其他 SRDRS 组件(如布放与回收系统 LARS、增压救援舱、母船接口垫板装置及甲板吊架等)提供技术支持与入级服务。

## 3　结束语

ABS 与美国海军共同推动了军船入级这一战略性决策,并在多型军船入级过程中持续整合军船入级的方法和规范积累了非常宝贵的经验。从小型高速巡逻艇、鱼雷回收艇、濒海战斗舰、深潜救生系统,到新一代大型水面舰船 DDG-1000 的入级实践可以看出,美国军船入级的脚步在日益加快。在保证舰船作战性能的前提下,军船入级策略产生了巨大的经济效益和军事效益。军船入级策略不但降低了舰船设计、建造,以及全寿期费用,提高了建造质量和建造效率,增强了战争时期的国防动员能力,还有效支撑了美国国防部的标准化改革工作,有力地促进了军民标准及技术的广泛融合与实际应用,其带来的经济效益和军事效益无论在和平时期还是在战争时期,都是非常巨大的。实践表明,美国的军船入级策略确实收到了事半功倍的良好效果,有许多值得我们学习借鉴的地方。

# 国外微型智能式武器的特点及未来发展

## 张啸天

## （海军大连舰艇学院）

**摘　要**：在多数国家忙着发展大威力远程武器时，微型武器却越来越受到美军的青睐。相对于传统武器，微型武器的打击精度高，附带损伤小，方便无人机、无人潜航器、机器人和单兵携带，正成为反恐战争的新宠。本文对微型导弹及其在现代战争中的作用进行了剖析，指出了开展微型武器研究的重要性，探讨了微型武器的未来发展方向。

**关键词**：微型武器；制导；应用

## 1　无人机用微型智能武器

近年来，美军根据未来战争和反恐需求，越来越重视微型导弹的研制与开发。由于美国近年来在微电子学和材料学方面取得了技术进步，小型高科技武器的研制与开发成为一种可能。

21 世纪初期，美国航空环境公司开发出一种名为"弹簧刀"的小型无人机，并进行了成功的应用。该微型武器具有以下特点：

（1）"弹簧刀"无人机是一种依靠电池提供动力的小型无人机，携带监视仪器，可对移动目标实施跟踪监控。

（2）"弹簧刀"无人机上挂载一个小型弹头，一旦美军无人机操作手锁定目标开始攻击时，"弹簧刀"无人机就会收起机翼，瞬间变身成一枚小型巡航导弹，直接与其锁定的目标同归于尽。

（3）步兵能将"弹簧刀"无人机装入背包中携带，可以立刻投入战斗。此外，该公司还能生产出尺寸更大或是更小的"弹簧刀"无人机，以适应不同的任务需求。

（4）美军特种部队或是小分队可用"弹簧刀"无人机观察并掌握敌人的动向，在不暴露自身目标的情况下直接发动精确打击。

（5）弹簧刀微型武器附带伤害少，尤其适用于城市作战。可以认为，"弹簧刀"无人机也是一款操作简便的单兵航导工具。

20 世纪末，美国还研发了"长钉"微型导弹，以便为海军陆战队和海军特种部队队员提供更加高效的便携式精确打击武器。一套单兵用"长钉"发射装置包括 3 枚导弹、一套制导系统，总重量不超过 9.1 千克。"长钉"导弹外形尺寸非常小，长约 60 厘米，直径 6 厘米，重约 2.4 公斤，射程仅为 3 公里。其外形很像一个长条形面包，可以放到海军陆战队员的背包中，主要用于摧毁移动、低速且装甲不厚的陆上目标。在美国洛杉矶北部的莫韦夫沙漠中，研究人员曾进行过秘密试验，以研制更精确、更致命、更便宜的小型自动化武器。"长钉"导弹由一个小型固体火箭发动机驱动，采用电视摄像制导。摄像机可以对目标进行放大，每秒产生 30 帧图像，并可以实时更新目标轨迹。该技术并不是高新技术，早在 20 世纪 60 年代，电视制导炸弹就出现过，只是当时的摄像机尺寸很大，与计算机的显示器大小差不多，而今天的摄像机体积非常小，与一个火柴盒大小相当，成本也非常低,性能更加稳定、可靠。"长钉"导弹系统在作战时看不见火光,也看不见尾焰,发射时没有烟尘,这对射手来说非常安全、方便。另外,它还具有很大的作战灵活性——在导弹飞行过程中,移动控制站的操作人员可以改变要攻击的目标或者放弃对目标的攻击。

"长钉"不需要组装或维护,地面部队人员仅需 15 分钟的训练,就能掌握发射要领,且"长钉"导弹的精确制导功能能够减少附带损伤,是一种"傻瓜"式的精确打击武器。

"长钉"导弹及其发射架采用民用标准制造,在满足战术技术指标的前提下,大大降低了武器研制和生产费用。该型导弹每枚售价仅为 5 000 美元,而美军目前使用的最便宜的肩射"标枪"反坦克导弹,每套造价 7.5 万美元,重量约 23 千克;"毒刺"防空导弹每套造价为 12.8 万美元,重量为 15 千克。

由于"长钉"导弹价格非常便宜,可满足大量发射需求。据报道,这种导弹目前已经过了多次非常成功的发射,其中一次在 2 公里外准确击中一辆以 37 千米/小时速度移动的卡车。这种导弹的原型是肩扛发射式的,只需对火控系统进行简单改装,就可装到无人机上进行发射。2005 年公布的新版《无人机系统路线图 2005—2030》中描述,未来美军将继续研制多种型号、系统更加先进、可同时承担多种任务的全天候作战用无人机和无人机群。

"长钉"导弹还可以装备在水面舰艇、无人艇和辅助舰船上,以对付集群小艇、海盗船和轻型飞机。美军官员称,"长钉"导弹对散布面广的机动目标也有极大的杀伤力。试验表明,"长钉"导弹具有发现和击中诸如小艇、直升机、掩体和小型装甲车等目标的能力。

与"长钉"导弹不同的是"狮鹫"微型导弹,其已投入实战,目前该导弹性能仍高度保密,外界仅了解其长度约 1.1 米,直径约 13 厘米,装载该导弹后,美军"捕食者"无人机的载弹数量提高了 2 倍。

另外,美国军方还与某些军火公司研发了"蝎子"微型导弹,这种导弹重约 16 公斤,长约 54 厘米,直径约 10 厘米,能够装备 7.7 公斤的弹头。"蝎子"微型导弹是一种没有动力的滑翔导弹,最远射程约 19 公里,配备半主动激光导引头或能够透过雨雾发现目标的毫米波导引头,以及红外成像导引头等多种型号的制导系统,打击精度在 1 米以内。

21 世纪初,美国还研制出了"地狱火"小型导弹,该导弹导弹长 1.5 米,重 45 千克,主要由大型无人机携带。

## 2　未来机器人作战用微型智能式武器

美国陆军也研制了一系列微型导弹,供未来的作战机器人使用。每枚导弹的大小与大爆竹相仿。根据"未来作战系统"计划,美国陆军打算研制一系列尖端智能式装备。计划之一是研制多型作战机器人,包括自动机器人坦克和空中杀伤性机器人武器,后来由于预算紧张而暂时搁置。不过,有些研发内容保留了下来,包括微型飞行机器人 Class I 和自动化直升机。到目前为止,飞行杀伤性机器人装备的仍是普通机载武器,如"地狱火"激光制导导弹。空军的"食肉动物"无人驾驶侦察机、"收割机"无人机,乃至"阿帕奇"攻击直升机携带的仍是这种导弹。"地狱火"导弹重 45 千克,这对小型机器人来说太重了,而且对某些目标的打击也不需要如此大的威力。为解决这些问题,军方将研制一系列更加小巧轻便的智能式微型导弹。美国陆军针对杀伤非传统敌人的需求,要求所研制的导弹长度在 45 厘米左右,重约 1 千克,比 M72 轻型反坦克火箭弹还要小。机器人携带的新型微型导弹可以仅靠一个激光点进行跟踪。目前部分单兵便携式武器已能做到这一点,甚至能够追踪飞机散发的热量,但在小型化方面做得还不够。根据构想,这种制导导弹比装薯片的圆筒大不了多少,可以由新一代便携式、手掷式无声微型飞机承载。最新的热成像装置使这些新型微型导弹能够追踪人的热信号。据《国际飞行》周刊推测,未来会出现"一系列可以互换的弹头"用在微型导弹上,其中无疑会包括常用的燃料空气弹头和穿甲弹头。但目前武器设计者主要考虑的还是炸毁敌军的坦克,而要做到这一点,就需要传统的大而笨重的导弹。可以看出,美国未来可能会越来越多地为机器人军队生产武器,这将对未来武器的研制产生革命性的影响。

## 3 微型智能式武器的未来发展

美国军火专家曾设想：在今后 20 年里，无人机攻击编队将能像杀人蜂那样蜂拥而至敌人的阵地，发射如雨点般的各式导弹。如果这种情形真的成为现实的话，"长钉"等微型武器无疑是美军的首选：价格低、重量轻、威力大、精度高。

美军希望"微型炸弹"和"长钉"等微型导弹能在以下 3 个方面有所改进：一是满足有人驾驶战机或无人机携带更多武器的需求；二是与卫星制导的"JDAM 炸弹"相比，能在更远的距离上进行发射；三是装更少的炸药，但爆炸威力更大、命中精度更高。

美国国防部门曾投巨资研制"无人操作武器"，一种试验代号为 X-45 的无人战机已经进行了多次测试，并完成了实弹投放、空中加油、协同飞行试验。

综上所述，微型武器与传统武器有许多不同之处，无论在作战灵活性、携带方便性、使用经济性、杀伤范围可控性、应用广泛性等方面都有其独特的优势，因此必须引起我们的高度重视，并加大跟踪研发力度。

# 玻璃钢、复合材料、铝合金、钛合金等新材料在现代舰船中的应用

薛 飞[1] 郭明哲[2] 黄 鑫[2]

(1.大连船舶重工集团有限公司;2.大连船舶重工集团舾装有限公司)

摘 要:玻璃钢、复合材料、铝合金、钛合金具有传统船用材料所不具备的一些特殊性能,并在全球军用船舶和民用船舶上得到了广泛的应用。本文在分析基础上指出了这些新材料对舰船设计、建造及使用带来的重大影响,汇总了新材料在舰船建造中可能遇到的问题,提出了解决这些问题的思路和方法。

关键词:玻璃钢;复合材料;铝合金;钛合金;船舶应用

## 0 前言

世界上绝大多数船舶采用钢材建造,但一些具有特殊要求的船舶需要非钢材料,如扫雷舰、小型游艇、无人艇、水下无人潜航器等。即使是钢制舰船,其某些部位也可能需要采用非钢材料、如雷达罩、球鼻艏等。近年来,随着材料技术的飞速发展,非钢材料的性能大幅提升,加工制备技术日趋成熟,材料费及加工费大幅降低。这些明显的进步很好地满足了舰船设计与建造要求。非钢材料的低磁、轻便、防腐等性能是钢材所达不到的,这使其在舰船上得到了越来越多的应用。由于玻璃钢、复合材料、铝合金、钛合金等材料具备钢质材料所不具备的这些特殊优点,虽然其在舰船建造初期成本会高一些,但全寿期成本费用却远低于钢质材料。

## 1 玻璃钢材料在舰船上的应用

玻璃钢材料在造船领域的应用已有70余年的历史。早在2世纪40年代,美国就成功建造了世界上第一艘玻璃钢船。玻璃钢船具有强度高、质量轻、无磁性、耐腐蚀等诸多优点,还具有减震、降噪、隔音、雷达隐身等特殊性能,是建造高速、超高速舰船的理想材料。玻璃钢不但可用于民用船舶的结构材料,还可广泛用于军船建造。欧、美、俄、日等地区和国家均对玻璃钢建造的扫雷艇、猎雷艇、巡逻艇、交通艇、炮艇、导弹艇、海岸警卫艇、无人艇、水下无人潜艇器给予高度重视,并进行了大量应用。为了规范玻璃钢艇的建造,英国劳氏船级社于1962年就颁布了玻璃钢艇建造技术规范,法国、日本、俄罗斯、德国、波兰等国也先后颁布了玻璃钢艇建造技术规范。

1971年,英国建造了世界上第一艘玻璃钢猎雷艇"Wilton"号,1978年建造了"HMS"布莱肯号玻璃钢扫雷艇;20世纪90年代,挪威海军建造了9艘55米长的玻璃钢侧壁气垫猎雷艇,同时还建造了"Skjold"级隐身巡逻舰;同期,瑞典海军建造了72米长的"Visby"及全隐身护卫舰。

玻璃钢材料除了用于艇体结构外,还广泛用于舰船附件和装备壳体,如导弹发射装置、雷达天线罩、炮塔、弹药箱、上层建筑、桅杆等。

玻璃钢材料的结构分为单板加强结构、夹层结构、硬壳结构、波形结构等。制作工艺目前仍以手工糊制为

主,分为隐模法、真空袋压法、玻璃钢模法、分模法、阳模法、二次成型法、分段建造法等7种工艺方法。对于大型军用玻璃钢船,多采用层压、喷射、缠绕成型工艺。玻璃钢施工的缺点是材料的断裂延伸率小,塑性差,但通过结构设计、预埋件和复合材料的应用,可以解决这一问题。玻璃钢材料的另一个缺点是施工时对环境有一定的污染,必须加以控制。

## 2 复合材料在舰船上的应用

相同强度的复合材料结构重量只有钢材的一半,比铝合金结构轻25%左右。相比之下,复合材料的强度、重量比更高。若采用复合材料作为船体建造材料,船体自身重量会更轻,在燃油消耗、航速及隐身性等方面性能更优。复合材料既不导电,也无磁特征信号,可避免或减少磁感应水雷带来的威胁。虽然在舰船建造初期使用复合材料会使采购成本高一些,但由于复合材料不会产生疲劳、裂纹、腐蚀等常见问题,大大降低了舰船交付后的维护费用,从而降低了舰船全寿期费用。

另一方面,复合材料的加工方法也与钢质材料有着非常大的差异,但技术的进步使复合材料加工更加便捷、经济,可以根据需要被塑造成各种形状,而钢材做到这一点却非常困难。

美国密西西比州格尔夫波特船厂采用玻璃纤维、碳纤维增强材料,以及诸如巴尔沙轻木等夹芯复合材料建造了大型船体结构,主要用于海军扫雷舰建造项目。该船厂目前还在承担"圣·安冬尼奥"级(LPD-17)两栖船坞运输舰全封闭桅杆组件的建造。该船厂还运用新型复合材料参与了"朱姆·沃尔特"级(DDG-1000)驱逐舰机库的建造工作。

瑞典考库姆(kockums)公司有着非常悠久的舰船建造历史,其于1974年建造的复合材料扫雷舰曾作为潜水支援舰在瑞典海军服役。该公司最近几十年仍专注于非钢材料在舰船上的应用研究,1995年签订了首批2艘"维斯比"级导弹护卫舰的建造合同,之后又签订了3艘,先后完成了瑞典皇家海军5艘"维斯比"级导弹护卫舰的建造任务。皇家海军要求船体采用无磁性材料,且维护成本要低。考库姆公司在建造该型船时使用了碳纤维材料,较好地满足了海军提出的各项要求,强度和操纵性也很好。碳纤维材料制成的船体构件有效减轻了船体自身的重量,降低了约50%的重量。玻璃纤维夹层结构使船体重量降低了约30%。由于复合材料具有阻尼效应,在抗冲击性能方面比铝合金和钢材要好得多,其在红外辐射、水下噪声、磁信号等隐身性方面也非常出色。

考库姆公司近期向印度海军交付了2批用于建造轻型护卫舰上层建筑的复合材料,并向新加坡海军提供了用于8艘舰船上层建筑的复合材料。

## 3 铝合金材料在舰船上的应用及防护措施

与钢材相比,铝合金具有一些明显的优点,如比钢材更轻、更易于弯曲、更易于挤压成多种复杂的形状。缺点是铝合金的焊接难度更大、对焊工技术水平要求更高。这是因为铝合金比钢材的热膨胀系数更大、热传导性更高。与钢材相比,铝合金更易腐蚀,甚至是微量的氢气都会导致焊接时产生气孔;铝合金也极易氧化,因此,铝合金焊接作业时一般都采用惰性气体加以保护,以避免焊接电弧直接暴露在空气中;铝合金对焊接过程也有严格的时间要求。一般来说,钢材只需对10%的焊缝进行探伤检查,而铝合金则需要对100%的焊缝进行探伤检查。铝合金一般用着色法进行焊接质量检查,这种方法简单、高效。

由于铝是一种活性金属,暴露在空气中时,其表面会迅速产生一层氧化膜。在铝中过饱和地混入镁,可有效提高合金的机械强度,但在50℃以上的环境中,镁会从混合物中渗出并进入晶界,这就是所谓的"敏化"现象(晶间腐蚀)。敏化后的铝合金可能发生腐蚀断裂,这对舰船来说是极其危险的,所以应在舰船设计之初就考虑这一问题。船用铝镁合金材料应避免长时间暴露在高温或阳光直射的环境里,对于服役多年的铝合金船体及暴露在高温或阳光直射环境里的铝型材,可通过取样化验来判定其腐蚀程度。方法如下:提取腐蚀部位的样品放入酸性溶液中,通过计算消耗的质量来判断铝合金的腐蚀程度。如果确实腐蚀严重,必须换掉整张板材。如果腐蚀部位的裂纹长度超过400 mm,且周围有其他高敏感金属,也必须换掉整张板材。目前,美国BAE

系统船舶修造公司在处理铝合金材料敏化和裂纹问题方面积累了丰富的经验,并指出了产生敏化现象必须具备的 3 个主要条件:一是存在引起敏化反应的金属元素;二是承受较大的应力;三是处于腐蚀环境中。上述三个条件缺一不可。这就为防止敏化发生提供了技术支撑。例如可使用新型涂料预防敏化反应,这种涂料中含有活性缓蚀剂,可通过改变腐蚀环境来防止敏化反应发生。

要保证铝合金焊接质量,除了控制好设备和焊材外,焊接工人的技术水平也非常重要。挪威船级社非常重视铝合金焊接作业工人的技术培训,其培训目的是降低人工成本、减少返工和废料;BAE 系统船舶修造公司也非常重视铝合金焊接人员的培训工作,因为其许多修理工作都涉及铝合金焊接作业,为此 BAE 系统船舶修造公司投入巨资购买了一套新型铝材焊接培训设施,目的是提高培训效率和质量,有效提高从事铝合金焊接人员的施工技术水平。

## 4　钛合金材料在舰船上的应用

钛合金具有重量轻、强度大、抗腐蚀性好、寿命长等优点,被广泛应用于很多工业领域。目前,民用飞机机体约 15% 由钛合金组成,但在 20 世纪 90 年代时还只有大约 2%。而在战斗机中,钛合金所占重量比已达 25% 以上。在舰船领域,钛合金除了应用于船体结构、外板、上层建筑外,还应用于海水过滤、热交换和蒸汽轮机等领域,在有高温和重量限制的自动化设备中也使用广泛。

钛合金在水中黏附力较低,不易衍生海洋生物,无需像钢质船那样在外表面涂装价格昂贵的油漆和有毒添加剂,节省了油漆和涂装费用;舰船服役期内也不用像钢质船那样反复多次清理海洋生物,不用反复涂刷油漆,船体外板即使服役很长时间也不用更换,可大幅降低舰船全寿期费用。由于钛合金的上述特点,其在水中的摩擦阻力很小,在其他条件相同的情况下,舰船的航速更高、油耗更低、碳排放更少、对环境污染更小,更加符合环保要求。

美国的董平沙(Pingsha Dong)教授曾带领一个科研团队从事《钛合金实船尺度舱段制造工艺和结构性能研究》科研项目,该项目获美国海军研究局(ONR)的资助。该项研究旨在确定钛合金船舶构件的最佳建造方法。经研究发现,熔化极惰性气体保护焊和摩擦搅拌焊在钛合金焊接领域展现出了巨大的潜力。董平沙教授通过研究指出,要将钛合金广泛应用于舰船建造,其关键点在于研制出船用级钛合金板,因为航空级钛合金板材料成本较高,船用钛合金板的加工和维修要求与航空级钛合金板也有所不同。

据佛罗里达州圣露西港 Keystone Synergistic 公司的 Raymond M. Walker 介绍,将钛合金用于舰船设计与建造无需研发新技术,只需在现有航空级钛合金材料应用技术的基础上进行一些针对性的改进和调整。

美国德事隆海洋与陆地系统公司专家认为,钛合金初期成本确实较高,要比钢材和铝材贵很多。但钛合金废料、余料价值也很高,可有效抵消一部分初始成本。最重要的是,对于战斗舰艇来说,船体本身占总建造费用比例很低,一般只占总成本的 10% 左右。

综上所述,玻璃钢、复合材料、铝合金、钛合金等船用新材料的发展为其在舰船领域的应用提供了可能,同时,这些新材料也为特种舰船的设计建造及常规舰船的特殊结构设计提供了强大的技术支撑。

# 军民一体化保障模式及其在舰船行业的应用

## 盛玉智　陈玉阵　刘富刚

（大连船舶工业工程公司）

**摘　要**：本文探讨了军民一体化保障模式及其带来的长远影响，对舰船总装厂如何做好军民一体化保障工作进行了初步研究，提出了做好军民一体化保障工作的思路和策略，通过军民一体化保障模式的有效运用，可在现有保障资源不变的情况下，进一步提高军用舰船及配套设备的保障效率和质量。

**关键词**：舰船；一体化保障

## 0　前言

随着现代科学技术的飞速发展和模块化造船技术的推广应用，现代造船效率和质量比以前有了很大提高。由于现代舰船的技术含量越来越高，我们对从事维修保障工作的人员提出了越来越高的要求，舰船维修保障技术也随之发生了很大变化，舰船维修、保障方法和理念也有了很大变化，军民一体化保障模式逐渐受到重视并得到了空前发展。部分舰船的维修保障工作开始逐渐依托船舶总装厂及其配套厂进行。美国海军也在大力推进军船入级（加入船级社）进程，军船的建造验收、使用维护、日常保障、修理改装等工作逐渐由具有专业素质的船级社来承担。这些保障观念和模式的变化对维修保障策划、管理、协调、验收等提出了新的、更高的要求。如何在军民一体化保障模式下做好军用舰船的维修保障顶层策划和管理工作，是船舶行业必须认真研究和深入思考的重大问题，本文就新时期船舶行业如何开展舰船维修保障工作进行初步的研究和探讨。

## 1　如何做好军民一体化保障工作

### 1.1　必须做好顶层策划，建立与军民一体化保障模式相适应的组织机构

为确保新时期维修保障工作的质量和效率，船舶总装厂必须尽早建立与军民一体化保障模式相适应的组织机构，成立由军地双方共同参加的保障领导小组，明确军地双方的责任和协调机制。建议互设热线电话，并坚持 24 小时军地双方共同值班制度，以统筹协调基层部队、军方机关、总装船厂、相关工业部门和设备责任单位的工作，尽早建立并完善以总装船厂和相关配套厂为核心的维修保障体系。规划必要的保障资源，明确各层级的保障目标和工作节点。总装船厂和驻厂军事代表室应将保障领导小组工作纳入日常工作，并建立常态化机制，充分运用项目管理方法。在总装船厂工程项目组内，设立维修保障组，有组织地管理和推进舰船维修保障工作。有计划地超前开展军民一体化维修保障的论证和策划工作。

### 1.2　要共同开展军地双向调研，明确保障工作的重点和难点

舰船维修保障工作涉及的专业面广、行业多、厂所多、设备多、周期长、工作量大、风险高，是一项长期、复杂、艰巨的任务。维修保障工作的系统性、专业性、时限性都非常强，因此，要想做好舰船维修保障工作，仅凭一

时的冲动和热情是远远不够的,仅靠以前的经验也是无法高质量完成的,必须静下心来进行全面深入的调查研究,才能提出有针对性的保障方案。这就要求军地双方相关人员经常开展系统的、有针对性的双向调研工作。为确保各项工作能够顺利开展,承担舰船维修保障工作的船舶总装厂需了解和掌握海军舰船的维修保障计划、范围、对象、要求、存在的风险、工作中可能遇到的问题,了解保障后的验收要求和测试方法。只有这样,才能充分做好保障前的各方面准备。另一方面,承担维修保障管理工作的军方也必须了解和掌握船舶总装厂的物质资源、技术水平、人力资源、管理水平、对保障工作的态度、保障积极性和历史上承担过的保障任务完成的业绩等,通过对相关工业部门的走访调研,明确开展军民一体化维修保障工作的基本思路和工作方法,提前做好承担维修保障任务的总装船厂、相关工业部门的思想动员和保障准备确认工作。

### 1.3　要建立信息化维修保障管理系统,提高保障资源的综合利用效率

由于现代舰船科技含量高、专业性强、技术状态复杂、系统和设备的部件数量庞大,涉及的专业、技术、备件、保障用工辅具、责任单位众多,有关维修保障的信息量是非常巨大的,数据查询和保障管理所需的信息量也非常大。如果仍然按照传统方法查询,或以人工方式进行检索将无法满足新形势下的保障工作需求。必须建立以信息化为平台的维修保障管理系统,明确信息的分类和信息的格式及使用方法,从根本上提高已有保障信息和资源的利用效率,同时对与维修保障相关的技术信息、工艺信息、专家库信息、备品备件信息、常见故障排除信息、图纸资料信息等进行分类整理,为海军机关、工业部门、舰船使用维修部门在维修保障过程中进行数据查询提供方便迅捷的技术手段,真正实现维修保障决策和管理的动态化、信息化、智能化、精确化、实时化。在具体实施过程中,应以技术状态控制管理系统和全寿命维修技术保障综合管理信息系统为主,开展综合保障信息系统相关软、硬件的研制。

### 1.4　制定科学高效的保障实施方案是做好保障工作的前提和基础

每种舰船维修保障工作的目标和要求都是不同的,针对不同舰船的不同保障目标,需要制定周密、细致、有针对性的保障工作实施方案,具体包括以下几个方面:

(1)建立强有力的组织管理体系

建立与维修保障要求相适应的组织管理体系是开展维修保障工作的首要目标。这个管理体系包括技术体系、工程管理体系、质量管理体系和安全管理体系。维修保障管理体系的首要任务是确立组织结构,逐级确定人员及其职责,研究维修保障的工作程序和方法,编制维修保障管理文件,协调维修保障各项工作有条不紊地开展,逐步建立完善高效的现代维修保障体系。

(2)同步做好军地一体化保障技术基础工作

舰船军地一体化维修保障是一项具有创新性的工作,有许多基础性的工作需各方面同步进行,这些基础工作是维修保障的必要条件和基础平台。其中技术基础工作是所有基础性工作中最重要的一部分。内容包括:三维模型、兼顾各类舰船的维修与优化设计、有关维修的规范和标准、设备资料收集和录入、建立供货商名录、质量检验信息录入和处理、技术状态记录和管理、主要设备出舱方案和修复方案、出厂后首次坞修的技术方案、维修后的测试和试验等方面内容。

设备履历是设备的重要资料之一,是今后设备维修的主要参考资料和技术保障资料。在维修工作中,快速查询对于设备维修是至关重要的,因此有必要对设备信息进行收集和整理,建立目录和索引,以方便维修的技术准备工作。

质量检验信息是指设备、材料、器材的入厂时检验记录,入厂后加工和安装检验记录及调试、试验检验记录,既是重要的质量信息,也是判定故障,制订维修方案的基础性资料。质量检验信息对于维修过程中准确、迅速判定故障原因是不可缺少的基础性资料。对质量检验信息进行系统的收集、分类、整理、录入是一项必不可少的基础性工作。

舰船,特别是大型舰船的设备、材料、器材的种类、规格众多,型号复杂。在交舰后的维修保障工作中,物质、器材、备品备件能否及时准确地供应,直接影响着维修工作的效率和质量。建立供应商名录,对供应商进行

动态管理是建立物质快速供应渠道和机制的基础性工作之一。

在舰船设计和建造期间,维修保障部门和单位应派出技术骨干全程参与设计建造工作,并组织多方力量,同步编制出重要设备和系统的维修工艺文件。在建造舰船的过程中,我们将积累很多完善的工艺方案和操作经验。随着系泊、航行试验的进行,只要我们对这些方案和经验加以总结和完善,就能有针对性地形成该型舰的维修工艺文件。

(3)要为军地一体化保障规划足够的保障资源和条件

保障资源和保障条件是保障能力的重要组成部分,主要包括以下五个方面:

①船坞、码头及附属设备、设施、水、电、气、转运设备。

②检测设备。

③加工、修理设备。

④起重设备。

⑤专用工装、工具、备品、备件。

(4)要提前开展维修性策划与设计

舰船,特别是大型舰船舱室众多,不同舱室的要求也千差万别,舱室内管子、风道、电缆、各种设备在空间上纵横交错,纷繁复杂,牵一发而动全身。无论是在舱室内开展修理工作,还是出舱开展修理工作,都不可避免地存在大量牵连工事。因此在设计建造过程中,必须考虑交舰后修理的方便性和经济性,必须在前期就对设计方案进行维修性优化,应本着"优化布局、方便操作、减少牵连"的原则来开展方案设计和施工设计工作。该项工作必须与设计建造同步开展,融为一体。

(5)充分利用船级社的技术资源和管理经验

要加快我国军船入级的相关研究工作,尽早实现我国的军船入级转化。最大限度地利用好船级社的国内、国外保障资源,以进一步提高军船的保障质量和效率。特别要利用好船级社遍布全球的海外保障资源,为打击海盗护航的舰船及其他在国外执行任务的舰船提供日常维护和维修保障服务。

# 2 结束语

综上所述,军民一体化保障是一种全新的、高效的保障模式和策略,只要我们在思想上高度重视,成立精干、高效的组织机构,扎实做好军民一体化保障技术基础工作,加强军地双方的沟通与交流,并持之以恒地做好调研工作,就能在军船保障工作中达到事半功倍的效果。

# 美国海军舰艇全球保障网的建设与运行

陈　宇[1]　　杨斯文[2]　　徐悦晨[3]

(1.渤海造船厂集团有限公司;2.大连财经学院;3.新奥集团股份有限公司)

**摘　要**:无论美国海军舰艇在哪里,都离不开维护、修理和改装工作。2014年5月,美国海军为其位于欧洲和中东地区的第五舰队和第六舰队又增设了前沿部署区域维修中心(FDRMC),FDRMC通过与普通技术人员、承包商及国外海军基地的密切合作,在这两个舰队中完成了导弹驱逐舰、海岸巡逻舰、扫雷舰,以及滨海战斗舰等多型舰艇的部署保障与维修工作。该地区维修中心为美国海军各项任务的顺利开展发挥了非常关键的保障作用,不但完成了繁重的维修任务,还保证了维修效率和维修的经济性。

**关键词**:保障;修理;改装;区域维修中心

## 1　前沿部署区域维修中心成立的背景及意义

美国海军在位于欧洲地区的第六舰队和位于中东地区的第五舰队的责任区域(AOR)部署着多种类型的舰艇,这些是美国海军力量前沿部署的重要组成部分。这些海外部署的舰艇必须满足迅速、持久作战需求,这就要求配备与之相匹配的、强有力的维修保障力量。

其中,负责亚太地区的第七舰队舰艇主要依靠位于美国本土的海军维修厂(SFR)来进行维修保障。与第七舰队不同的是,第五舰队和第六舰队的维修保障工作由前沿部署区域维修中心负责。

前沿部署区域维修中心成立于2014年5月,在此之前,位于那不勒斯和巴林的2个基地由大西洋维修中心领导。该中心位于美国弗吉尼亚州的诺福克。成立前沿部署区域维修中心的目的有三个:

(1)美军在西班牙罗塔港建立了3个基地,并向该地区部署了4艘具备弹道导弹防御能力的宙斯盾级导弹驱逐舰(DDG)。

(2)部署在巴林海军基地的舰艇数量大大增加,包括4艘扫雷舰和10艘海岸巡逻舰。

(3)所有已部署的舰艇在航维修需求进一步增加。

在这种情况下,其维修保障需求急剧增加,急需为第五舰队和第六舰队区域的舰艇提供司令部级别的维修保障力量。

## 2　前沿部署区域维修中心的运行情况

FDRMC的总部设在那不勒斯海军基地,服务对象主要是美海军第五舰队和第六舰队,业务范围包括在罗塔基地和巴林基地驻扎的美海军舰艇。FDRMC在故障快速报告及质量技术问题整改方面卓有成效。该中心自成立以来,在执行任务和组织协调方面均取得了巨大进步。下面首先介绍FDRMC在罗塔基地和巴林基地的业务运行情况。

## 2.1 FDRMC 在罗塔基地的业务运行情况

西班牙罗塔海军基地地理位置优良,是一个理想的舰艇母港。北约在罗塔地区建有欧洲最大的燃油战略储备库,储存着 2.1 亿升各种类型的燃油,还建有大量武器弹药储存库,可储存包括标准 3 型导弹在内的多种类型弹药。

经过近 2 年的工作磨合,FDRMC 与罗塔基地维修保障团队的人员之间建立了成熟的业务关系,为承担更重大的任务奠定了基础。

2015 年 10 月,罗塔基地承担了 3 个计划中的、期限为 100 天的修理期任务,分别是"波特号驱逐舰(DDG-78)""卡尼号驱逐舰(DDG-64)"和"唐纳德·库克号驱逐舰(DDG-75)"。与罗塔基地之前多次承担的维修保障任务相比,此次承担的任务更重、也更为复杂。此次任务,罗塔基地除了承担正常的维修保障工作外,还承担这 3 艘舰的现代化改装任务,包括在驱逐舰上安装"海拉姆"舰空导弹武器系统等。为完成好该项繁重的任务,FDRMC 与美国海军海上系统司令部、海军大西洋舰队、第六舰队、综合战争系统项目执行办公室开展了大量的沟通协调工作。

在此期间,FDRMC 与罗塔基地还共同承担并完成了所属区域海军舰艇的舰员级、中继级维修任务,任务周期一般为 2~6 周。这些维修任务主要是在舰艇靠港期间完成的。维修重点是超出舰员级维修保障范围的项目,而基地级维修和现代化改装项目一般需要进入干船坞内进行。

## 2.2 FDRMC 在巴林基地的业务运行情况

巴林基地虽然较小,但却承担着美军第五舰队海军前沿部署用的扫雷舰和海岸巡逻舰,共 14 艘舰艇的维修保障任务,这些舰艇的保障任务是异常繁重的。受巴林基地空间狭小和人员数量的限制,许多保障任务都是由海岸巡逻队协助完成的。其中,部分维修任务是由驻扎在巴林的海岸巡逻队一中队(PCRON1)负责。

海岸巡逻队一中队的指挥官杰克·道格拉斯中校曾说过,因为不对这些舰进行舰员级以上的维修工作,因此大部分维修工作都是在港口内完成的。这些舰艇因为操作使用频率较高,维修保障工作量和难度都较大,只由 24 位舰员来承担如此多的维修任务显然是不合适的,所以现场指派了一名工程部人员和一名作战部人员来协助舰员完成维修任务。海岸巡逻队一中队不负责中继级维修任务,而是依靠位于巴林基地的 FDRMC 完成中继级和基地级维修任务。

FDRMC 每季度要完成约 10 艘舰艇的任务间隔期维修保障任务(CMAV)。每 3 年要执行 1 次阶段坞修(DPMA)任务。

维修保障中心能完成庞杂且高质量的维修工作,在这一过程中与舰员的协调配合也很关键,配合得好可大大提高维修工作效率。

未来美国海军第 5 舰队还要向巴林基地派驻濒海战斗舰(LCS),因此,该基地未来还要承担濒海战斗舰的维修保障任务,预计在 2018 年初,濒海战斗舰就将部署到位。为完成好这一新的使命,巴林基地必须加强与濒海战斗舰项目办公室和第 5 舰队之间的沟通与协调工作。与此同时,还要学习先期部署于第 7 舰队的 2 艘濒海战斗舰在维修保障方面所积累起来的实际经验。在此基础上,巴林基地还对新的维修保障方案进行了优化,并准备在未来 5~10 年把在巴林基地积累起来的 FDRMC 方面的经验和模式向其他地区推广。

与海岸巡逻队一样,濒海战斗舰的舰员配置也较少,不足以在舰艇靠港后承担大规模的维修任务。虽然海岸巡逻队有一支维修保障支援团队负责预防性维修,但濒海战斗舰的大部分维修任务是采用外协方式来完成的。

目前,美国海军已经在巴林基地建立了一支小型中继级维修保障团队。在此之前约 6 个月的时间,美国海军都是从位于美国本土诺福克的大西洋舰队维修中心派人到巴林基地执行中继级维修任务。该中继级维修团队有 10~15 名士兵,还有一些工业部门的技术人员。该团队特别需要技术优秀的技师,并准备从美国本土招募一些有丰富经验和工作能力的技术人员和工人。从 2016 财年开始,巴林基地被授权组建一支规模较大的永久性中继级维修团队。当区域维修中心的成员回到舰队母港时,还能对舰员提供一些培训服务。

## 3　工业部门在美国前沿部署区域维修工作中的作用

实践表明,本土船厂及相关工业部门在美军前沿部署区域维修工作中发挥着十分重要的作用。美国造船协会的高级顾问、退役海军少将杰夫·布鲁斯认为,美国海军大多数舰艇是在本土船厂首先完成主要的维修和改装工程,把维修中的重点和难点项目尽可能在美国本土船厂完成,舰艇状态满足要求后才能执行派遣任务。因为本土的船厂、维修基地和相关工业部门的基础设施和技术力量相对雄厚,维修与改装经验更加丰富,特别是私营船厂非常愿意承担海军舰艇的维修保障任务,并积累了十分丰富的经验,能够为各类舰艇提供全程、全方位的保障与服务。与此同时,在舰艇海外执行任务时,本土的服务保障团队还可以飞临现场执行临时抢修作业任务,提供修理、保障或工程支持。

这种军民融合的保障模式,可有效培育和锻炼国家工业部门的维修保障能力,持续提升其维修保障水平。这种模式是非常高效的,一方面可以减轻维修保障工作的压力,另一方面可增强战时民间保障能力。

## 4　结束语

由于美国海军执行的是全球战略,同一时期在海外执行任务的舰艇数量较多,保障工作负荷也非常大,相应的舰艇维修保障需求及压力也非常大。目前美军采取多种有针对性的措施来解决维修保障方面的迫切需求,如针对巴林基地即将部署更多的海岸巡逻舰和扫雷舰这一情况,将相应地派遣更多维修保障人员来完成好新增的维修保障任务;在那不勒斯基地,将通过与第 6 舰队和普通技术人员的军民融合合作,使维修保障工作效果达到最佳;在罗塔基地,美军通过扩大与西班牙海军基地的合作,同样可以高效地完成维修保障任务。因为西班牙海军基地的维修机构不但服务优良、技术先进,还具有修理方面的经验,在船舶维修保障技术方面优势明显。

总之,美国海军通过灵活务实的保障模式和遍布全球的保障网络,不但高质量、高效率地完成了维修保障任务,还最大限度地利用了当地资源,降低了保障费用和保障风险,达到了事半功倍的良好效果,因此有很多值得我们学习借鉴的地方。

# 库存冗余物资管控浅议

## 王珊珊　孙贵学　袁　勇　刘继远

### （大连船用柴油机有限公司）

**摘　要:**公司仓库在多年的生产经营过程中,积累存放了一定数量的冗余物资,这些物资占用了公司资金和仓储资源。本文尝试从库存管理角度分析冗余物资的形成原因,针对性地提出建立现代供应链体系,制订合理的物资需求计划,及时识别并处理冗余物资等解决方案。

**关键词:**冗余物资;降本;策略

## 0　前言

大连船用柴油机有限公司在2017年下半年正式设立集配中心,开始负责集中、统一管控公司的生产建造及办公生活所需物资。自该部门成立以来,陆续整合了原属各生产制造部与职能部门管理的多个仓库,逐步将生产消耗材料、装机材料、办公物资等进行集中统一管理,实施诸如集中申请采购、定额规范化管理等。由此,公司在精益管理、物料配送、预算管控等方面取得了明显成效,达到并实现了"集中"与"配送"的目的。但作为库存管理部门的集配中心,始终面临着如何有效管控、充分利用库内存放的冗余物资问题。

对于一个生产经营近40年的大型船配企业来说,出现库存冗余物资是不可避免的,也是正常的。但是,较多的冗余物资加大了仓储管理的难度,尤其是处理不及时会影响到企业资金的周转使用,且时间越长就会越贬值,更无益于企业的成本管理工作。优化库存管理,减少、利用、清除冗余物资,不仅可以为企业节省成本,提高企业在市场中的竞争力,还可以节约生产资料,为社会节省宝贵的资源,无论是对企业还是社会均有益处。因此,如何控制增量、降低存量,并且使可以利用的冗余物资效用最大化,为公司降本工程助力是仓储管理部门需要主动考虑和亟待解决的事项。

## 1　相关概念与判定方式

### 1.1　何谓冗余物资

冗余物资,就是指长期存在于库房中,难以或不能被使用的物资。这些物资有的存在于财务账面上,占用一定的资金;有的则已经完成了出库手续又被退回仓库,由于剩余或损坏而无法被利用,且未做退库处理,形成了"账外实物物资"。

### 1.2　判定方式

公司现行:必须是库龄3年以上,难以或不能被使用的物料。

在2022年之前,上级公司对库存物资统计的划分标准是:0~1年(含)为正常库存,账龄>1年的为呆滞库存(关于呆滞物料的相关论述,详见2021年的《呆滞物料的分析与利用》,其属于冗余物料范畴,本文不再赘述)。2022年年初,公司已经正式明确待处置的库存冗余物资必须为3年以上库龄。因此,本文所论述的"冗余物资"均为超过 3 年库存的相关物料。

据此并结合公司以销定产的生产经营特征进行判断,具有以下特征的物料即为冗余物资:

(1)状态良好的原材料、外购件及外协件。一旦存储期超过 36 个月,在后续生产过程中没有机会再使用或者极少使用的此类物料。

(2)凡是在制、在购或者制成后因客户取消订单、客户方企业破产变更等因素产生的成品、半成品,储存超过 3 年以上的物料。包含:有储存保质期,已到了保存期限的物料;工艺或者设计变更等原因形成的重复、多出、弃用物料;试验、试用等样品余量及其他在仓库存储超过 36 个月,且期间没有任何领用的非安全库存数量的公司物料。

公司在开展该项工作之初,即在 2018 年 7 月末,库存 3 年以上冗余物资账面价值总额为 XXX 万元(不含账外实物)。该金额约占当月月末库存总金额的 4.90%、年初总金额的 3.67%。

### 1.3 冗余物资分类

冗余物资大致可以分为 3 类:闲置物资、过剩物资、过期物资。

(1)闲置物资指库存量远多于耗用量,库存周转特别缓慢的物资。这类物资主要是设备备品、备件,维修时偶尔会被使用,但也有可能直到设备更新也不会被用到。比如目前设备备件库(原机动中心备件库)库存的各型号规格的进口轴承、桥式吊车刹车片、可控硅晶闸管等。

(2)过剩物资是指库存量多于需求量,会定期被消耗,但可能消耗周期较长的物资。这类物资多见于过量采购的大门压块、焊接刀具、标准件等物资。

(3)过期物资是指存放时间超过了存储期限、不能被正常使用或销售的物资。多见于有保存期限的原材料或生产成品,比如 BW 366 防锈油、各种胶等。

## 2 原因分析

(1)外部原因

①客户(船东、船厂等)更改或取消订单。

②专利公司技术修改更新、产品升级换代、国际标准变化。

③供应商、配套企业物料质量问题。

(2)内部原因

①工艺技术变更。

②不同时期的库存策略与方式改变(标准件)。

③正常的生产准备与船东、船厂等的实际变化。

④试验或主机发运后剩余。

(3)其他

## 3 策略与实施

深化精益管控,坚持效益优先,加强内部挖潜降本是公司的主要工作。集配中心在成立之初就肩负着整合库房、提高物资利用率的重要任务。经过近 5 年的探索与实践,我们提炼了如下几点成功经验和有效措施:

### 3.1 即时监管

自 2021 年开始,有序实施发机剩件、销售备件的库存监管工作,及时减少、避免库存物资的积压。每月向相关方追问剩件原因、统计价格,整理后向生产管理部门报送统计数据与原因分析,为及时解决生产管理问题、预防冗余物资的增加做好预防性工作。

### 3.2 适时处理

根据库容、生产节点及订货节奏等情况,适时对库存的冗余物资进行利用和最后的处理,即针对拟报废、淘汰的主机部件等物料,首先由仓储管理部门集配中心统计整理出清单向公司提出联合鉴定意见,经由技术中心、质量合规部、技术服务部、销售部、各相关制造部等联合鉴定后:

(1)对于已过保质期限,无法使用或没有利用价值部分,转由机动保障部进入判废处理程序。

(2)对于保存状态良好、符合使用要求的零部件,由集配中心整理成表,与各使用、管理部门共享数据,包括定期发送邮件、主动在工艺例会上通报等。为工装设计、部件采购、售后服务等提供便利信息,使之效用最大化。经此程序后,剩余部分转由机动保障部按照相关处理程序处理。

(3)积极组织人力、物力配合公司处置报废冗余物资,同时协助公司根据所利用冗余物资的价值情况,做好激励工作。

## 3.3 严控过程

首先,贯彻落实公司 2020 年第 18 次总经理办公会精神要求,实施定额预算双管控。完善通用消耗材料消耗定额,推进实施消耗材料集中统一管理。2020 年制定的《消耗材料划分规则》,将消耗材料划分为通用消耗材料和工艺消耗材料,并在此基础上扩大通用消耗材料的种类和规格,编制各制造部通用消耗材料定额。在统计 2018—2020 年各部门消耗材料实际消耗量的基础上,结合 2021 年生产任务和公司预算管控要求,编制了通用消耗材料消耗定额;建立完善消耗材料库存情况共享清单,涵盖申请、预算、到货、领用、库存等信息,由专人按职能分工维护,适时更新信息;按月收集、汇总、审核公司各部门物资需求,形成公司月度消耗材料采购申请,按流程办理业务审批、ERP 线上提交等。至 2022 年,公司消耗材料已全部由集配中心提交集中采购申请,达到了减少采购频次、保证适当库存、尽量减少形成冗余的目的。

第二,严格采购申请控制、定额发放。通用消耗材料根据定额数量,平衡各部门实际需求,在预算费用的框架下责成集配中心统一提交采购申请,按定额数量发放,个别共享调剂。工艺消耗材料根据三年实际消耗数据对各部门采购申请进行审核,汇总平衡,由集配中心按每季度一次的原则集中提交采购申请,增加一次采购量,降低采购频次,节约采购费用。工具量具优先使用库存,按公司《劳动工具配置手册》审查配置情况进行采购申请审核。刀具方面,理顺主机和多种经营的预算指标分配,定期向制造部反馈未返库刀具数量和预算执行情况,提醒和督促控制采购申请数量。

第三,创新管理方式,逐步发挥 ERP 管理效能。在生产组织过程中,积极支持、推行 ERP 系统管理。从 2021 年开始,主机物料按 ERP 模式配送,主机装配件和备件发运使用的标准件由 BOM 打包订货,技术通知修改、船厂和售后服务、缺损等需求,使用库存件,不足则由集配中心申请补货。

其间,集配中心协同总装制造部依据工艺路线表编制《标准件出入库表》,要求供应商按部套、按工序分拣装袋装箱,到货后可迅速清点、配送,成功地将物流配送链条延展至生产一线。该模式不但成功解决了各类生产服务需求多、库容有限和人手不足的矛盾关系,而且有效降低了库存冗余物资及其资金占用情况,成功地避免了 2021 下半年物价上涨带来的困扰和日后形成积压冗余的可能。同时,也极大程度避免了重复采购、数量错误和设计修改问题等带来的系列影响。

## 4 管控成效

通过上述的持续改进和逐步完善,以及每季度一次的库存盘查与分析工作,公司的冗余物资管理取得了明显成效。即使不考虑自然年份因素,库存的冗余物资账面金额已由最初的 XXX 万元降至 XXX 万元,累计下降率为 24.91%。其中,2019 年的下降率最高,达到了 51.97%,即使是最低的 2018 年也将近 5%。

之所以如此,主要是集配中心在公司相关部门的支持与配合下,以下 3 个方面的工作发挥了成效:

### 4.1 发机剩件监管措施得当,有效避免和极大降低后期形成冗余的可能

2021 年发运主机 40 台,平均每月发运 3.3 台。由于实施每月月末/下月初及时跟踪统计调查的过程控制措施,当年的主机发运剩件得到了及时、有效的处理,为减少库存、避免形成库存冗余局面发挥出关键作用。

## 4.2　销售备件库存处于低位

通过此方式对冗余物料的持续利用,截止至 2022 年 3 月,库存金额降低为 XX 万元。

## 4.3　双管控见成效

根据"连船柴办〔2022〕10 号——关于公司 2021 年四季度方针目标落实情况的通报"和"连船柴办〔2022〕11 号——2021 年度预算管理分析报告",公司成功完成并实施消耗材料定额管控和预算费用双管控工作任务,整体费用预算同比下降 5%。2021 年消耗材料较 2020 年下降了 27.18%,完成了公司要求的整体下降 5%的目标,81 项申请预算指标达到序时进度的 92.08%,达到保控要求,实现了集中统一申请采购、适当库存信息共享、避免重复采购出现剩余的目的。

# 5　建议

在降本工程工作中,提升库存管理水平、减少冗余库存能为公司节约大量资金和管理成本。因此,如果想更为有效地管控该项工作,需要站在企业的高度,贯彻执行好公司年度工作报告中有关深化精益管控、精细管理与创新驱动的重点工作要求,从供应链管理的整体角度去分析库存管理,进一步探求减少或消除冗余物资的方法:

(1)深化精益管控

在供应链管理方面,与船厂和配套企业密切配合,充分用好 ERP 管理模式,形成准确的订单并以订单化拉动生产,以"准时制"生产和"零库存"为最高努力目标。

(2)深化精细管理

在公司内部,要制订合理的物资需求计划和全面的生产考核机制,对冗余物资要坚决做到"控制增量、减少存量",继续执行利库节约激励政策,持续减少库存冗余占用,保障生产链条的平稳运行,促进企业可持续发展。

(3)深化创新驱动

注重存货周转率、生产计划准时率等指标在实际生产管理工作中的应用,运用新的工作方式方法加快冗余物资去库存和效用最大化,努力减少或实现零增量。

# 意大利镗床主轴故障分析与维修

## 李亚涛　邵建秋　张祯帅　韩家程　易　伟

（大连船用柴油机有限公司）

**摘　要**：公司三十里堡意大利落地式数控镗床在生产加工过程中发现主轴有异响，检测发现主轴轴向窜量大，定位缓量大，影响机床加工精度。机械加工部设备科与机动保障部组成临时攻关小组，参阅主轴相关资料，对主轴部分进行拆卸分解，重新调整轴承预紧，并重新制作主轴减速箱输出轴定位键块，安装调试后主轴恢复正常。

**关键词**：主轴；拆装方法；轴承预紧；主轴定位

## 0　前言

我公司三十里堡数控落地铣镗床是意大利 INNSE BERARDI 公司生产的 B10K01 型重型数控落地铣镗床，具有镗孔、钻孔、铣削、切槽等加工功能，配合铣头库、各种类型附件铣头，能够实现任意五轴联动加工，是加工重型机械、大型零部件加工的理想设备，适合加工单件小批量、形状复杂、精度要求高、切削余量大、具有难测量难控制进给尺寸、小型通用机床无法加工或很难保证加工质量的重型零件，一次装夹可完成铣、镗、锪铰或攻丝等工序。最近一段时间，主轴在运行过程中出现异响，检查发现主轴轴向窜量大，定位精度也不好，影响机床加工精度。由于该设备主轴部分图纸不全，而且结构紧凑复杂，原定由厂家派遣工程师到现场指导维修，因疫情影响，工程师无法到达现场，经过协商可以提供主轴部分图纸资料，设备科与机动保障部组成临时攻关小组，参考图纸资料，分析主轴轴向窜量可能是因为轴承预紧螺母松动引起的，主轴定位不好可能是由于定位键块磨损，机械传动链存在间隙引起的，最后研究决定通过对主轴进行拆卸分解来查明具体原因。

## 1　主轴拆卸

### 1.1　主轴结构简介

主轴部分是由主轴电机、减速箱、传动轴、轴承套筒、镗轴、松拉刀机构等几部分组成。参考主轴图纸资料制定拆卸步骤：

（1）拆卸主轴松拉刀机构。

（2）拆卸滑枕前端盖。

（3）拆卸前端轴承压盖。

（4）拆卸镗轴后端连接螺丝。

（5）拆卸主轴轴承温度传感器信号线。

（6）拆卸主轴总成。

## 1.2 松拉刀机构拆卸

首先需要拆除松拉刀机构,所需工具为专用 12 mm 内六方扳手一个、加长 14 mm 内六方扳手一个。参照图纸(主轴拉刀系统见图1)将松拉刀系统前两部分拆除即可,拆除所有螺丝后,向外顶拉刀机构,打开操作面板 OEM 界面观察松拉刀数据,拉刀状态为 20.10 左右,观察面板数据,当到达 35 时,此时别住主轴防止旋转,用 14 mm 加长内六方扳手加套管(开始比较紧,力量比较大)松开拉刀杆(右旋)的同时观察面板数值,到达 25 时继续重复上面操作,直至向外顶拉刀杆时面板数据不变,即为完全脱开。利用起重机辅助拆出。

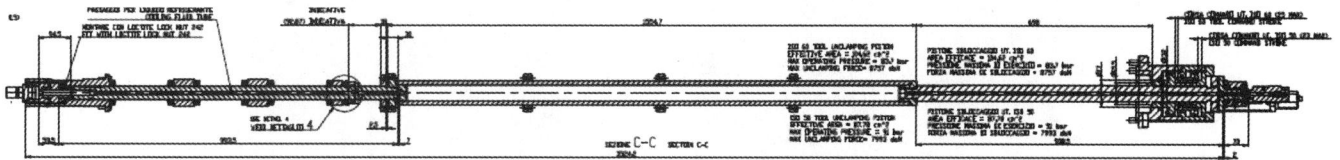

图 1 主轴拉刀系统

## 1.3 滑枕前端盖拆卸

拆卸前端盖板,工具准备:M30 吊环两个、17 mm 内六方扳手、M10 撞锤螺丝。垫两个 500 mm 垫保护盖板,滑枕开至其上端 2 mm 处保护盖板防止脱落,拆除盖板螺丝及两个直销后用拔销器往外拔至 20 mm,滑枕前端盖见图2。此处注意如图处头风管快速接头,需拆除风管后才能继续完成拆除。盖板拆后需跑位坐标 Y850、Z250 左右,之后断液压拆除上端方盖板及侧边圆盖板,以便拆除主轴轴套油管接头。

| 图 2 滑枕前端盖 | 图 3 主轴前端轴承盖 |

## 1.4 前端轴承压盖拆卸

拆除前端轴承压盖,所需工具:英制内六方扳手一套、M4/M8/M10 撞锤(拔销器)螺丝、小号孔用弹簧钳子。注意上端分油柱及下方分油块需先拆掉(英制内六方扳手),之后拆掉一圈 M8 螺丝配和撞锤后即可将压盖拆出,主轴前端轴承盖见图3。此时检查主轴旋转时部分轴承滚子不跟转,说明轴承预紧出现差错,需进一步进行拆卸。

## 1.5 后端镗轴连接螺丝拆卸

拆除镗轴后端连接螺丝,拆前用记号笔做好标记,方便安装。需要 12 条带胶 M12 螺丝、10 mm 内六方扳手及 10MM 内六方直头(40 mm 左右长)、10 mm 棘轮扳手(50 mm 左右长),镗轴后端连接螺丝见图4。拆卸时需要前端手动旋转主轴调整位置。拆完之后向外顶镗轴至 740 mm 左右,镗轴见图5。用于平衡前后端重量,防止拔出后偏重。之后需要将轴套与镗轴互相锁死,如图6,防止其前后窜动。

## 1.6 温度传感器拆卸

拆除滑枕西侧压线盖板,以及拆除三个 PT100 温度传感器。通过图纸发现分别在最前端、下端及中间位置,三个 PT100 温度传感器见图 7。下端及中间的两个传感器只需往外拔 10 mm 左右,不需完全拆出,最前端传感器需全部拔出。

图 4　镗轴后端连接螺丝

图 5　镗轴

图 6　轴套与镗轴互相锁死

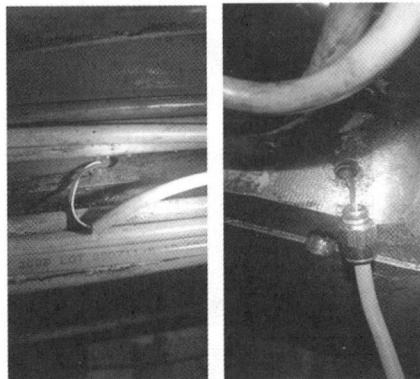

图 7　三个 PT100 温度传感器

## 1.7　主轴总成拆卸

拆主轴总成并分解修复。通过侧方观察孔(圆形)拆除轴套油管接头。所需工具:梅花 19 mm 套筒扳手、14 mm 叉口扳手。完全拆除后即可往外顶主轴总成。注意,拆前要对主轴、镗轴进行标记,以便安装时对准螺丝孔,同时测量套筒至滑枕端面距离并进行记录(测距见图 8),以便确认安装是否到位。拆除一圈螺丝后即可向外顶轴套。由于较紧,我们想到的办法是用垫块及压杠支撑在拉爪套筒上,用丝杆向外拉。待顶出 300 mm 时需用吊车挂布带挂起,并用斤不落辅助调整平衡(调整平衡见图 9),继续往外顶,待顶出来 600 mm 时前端用梯子辅助支撑一下并在里侧挂起另外一组布带。调整平衡并向外拔出,慢慢整体向外拔,注意吊车小车跟着同步走,直至完全拆出。注意滑枕断面与轴套间的密封圈要保存好。

图 8　测距

图 9　调整平衡

## 2　主轴分解

### 2.1　齿轮端拆解

需要将后端轴承预紧螺帽拆下(拆前测量好尺寸及做好标记),取出齿轮,按顺序将各个密封挡尘环拆除,记录顺序及方向。

### 2.2　镗轴与轴套分离

完成拆除后将总成竖起(竖起过程中注意吊车各勾配合好,防止脱落),支撑在三个 500 mm 垫上并用压杠固定,防止倾倒,之后便可以将镗轴拔出。当即将拔出时发现,由于轴承内环支撑套研伤,无法拔出镗轴,于是我们测量尺寸并做了一套工装,用于顶轴承内环支撑环,之后顺利拆除镗轴。

### 2.3　研伤处修复

处理内外研伤部分,确认能正常安装。见图 10 和图 11。

图 10　　　　　　　　　　　　　　图 11

## 3　恢复安装

### 3.1　主轴总成恢复

开始安装各处理好的部件,本着先拆后装,后拆先装的原则,对主轴套筒进行一步步安装,同样安装镗轴时需将轴套支撑在三个 500 mm 垫上,之后下落插入镗轴。需要注意安装时双键的方向,1 号和 2 号键位对好。主轴回装见图 12。

图 12　主轴回装

恢复到对称位置后同样进行锁定,防止镗轴窜动,找准之前做好的标记进行安装。由于距离较长,用长丝杆进行引孔,并向内挤压。待快到位时调整好方向保证螺丝孔与标记位置对应,安装螺丝,锁紧轴套并确认尺寸,保证对应拆前测量数据。之后将镗轴向内顶至后端插入,同样需要确认对好拆前做的标记。对好后顶靠,安装螺丝,注意螺丝需要打螺纹胶。安装轴套各油管接头,连接油管。恢复各 PT100 温度传感器。需要注意,轴承压盖上端有一个直销不要忘记安装,安装轴承压盖、分油块、油柱,锁紧螺丝,安装前面板。

## 3.2　松拉刀机构恢复

最后安装松拉刀机构(注意键号对应)。安装松拉刀机构时需要注意观察操作面板松拉刀数据,首先执行送到动作,之后拉紧。此时松拉刀杆由于没有碟簧向后推会处于前位,此时向内顶此机构直至数据变化,由 40 变小时说明此时松拉刀机构已经顶住李后端的油缸杆,继续向前顶至 35 左右,旋转机构当数据变大时说明螺纹已入扣,旋至 38 左右不能超过 40,继续往里顶至 25 左右,旋至 35 左右,周而复始直至螺纹上紧。最后将松拉刀杆螺丝上好。

## 4　总结

经过拆解检查,发现主轴轴承预紧螺母确实松动,造成主轴轴承产生轴向窜量;减速箱输出轴定位键块磨损严重,造成主轴定位精度差。主轴恢复调试后,机床恢复正常使用。

# 数字化技术在船海行业的应用及发展趋势

## 赵 锐

### （大连船用柴油机有限公司）

**摘 要**：随着大数据时代的到来与低碳经济的发展，数字化转型为航海行业赋予了新的商业模式，成为船海行业提高核心竞争力的关键因素和有效手段。然而，目前船海行业数字化转型发展还处于初、中级阶段，面临的最大问题是数字资源的隔离与浪费，无法形成统一的数据开放共享和数字化管理应用，导致船海行业整体效率不高。基于此，论文从智能船舶的建造、航程优化、能效履约、自动化机舱、日志记录、辅助推进系统、远程赋能等几方面论述了数字化技术对航海行业的重要性，并指出了当前数字化转型面临的主要问题及其解决方案，为国家大力发展数字经济，并推动数字经济和实体经济深度融合提供了参考借鉴。

**关键词**：数字化；低碳化；航海行业；

## 0 前言

在国际社会高度关注能效与环保的大环境下，供应链各环节都开始关注安全和效率；同时，各国政府也陆续出台了疫情后刺激经济复苏的相关政策，航运市场整体向好，港口作业效率持续回升，船舶周转效率加快。在此背景下，船海行业的商业模式正在发生变化，特别是有了数字化的加持，船海行业增加了产业升级的商业场景。

## 1 数字化技术对船海行业的重要性

数字化伴随着工业互联网的发展进入各行各业，数字化和低碳化是航运界业内公认的两大发展趋势，它们之间相互促进，协同发展。低碳化的基础就是数字化技术的应用，为实现航运业长期可持续发展，相互协作和数据交换是必不可少的。大数据时代下获取船海行业数据并加以分析应用，可以节约时间、减少对纸张的依赖、降低船舶营运成本，满足船海行业智能数字化和绿色低碳化渐进式协同创新发展的需求。

一般来说，航运绿色低碳化的最核心是替代燃料的应用。然而，世界经济论坛委托进行的一项研究显示，航运业脱碳所需的资本投资大约在 2 万亿美元，替代燃料相关的建设投资便占其中的 85%~90%。另外，替代燃料的应用需要面临着新造船的船壳、船舶动力及其辅助系统全面升级改造的漫长过程。相比而言，数字化技术在航运低碳化进程中能够发挥的作用更具经济性和可操作性，其发展速度比大多数人预计的要快得多！

世界各国政府航运部门、港口、海事主管机关、船级社、船东、管理公司、船配厂家以及海事软件、服务和数据分析提供商等，越来越注重有关船舶燃料消耗、天气、培训、备件等数据信息的采集、整合、交换、展示和分析，通过数字化和信息化协调船舶和岸上海事信息，以保障海上航行安全和保护海上环境。

数字化是航运业发展的重点方向，船海行业数字化主要研发领域包括自主航行及智能船舶的建造、航程优化、能效履约、自动化机舱、日志记录、辅助推进系统、远程赋能等。相关研究表明：单纯依靠数字化的解决方案,航运业便可以实现 38%的碳减排,温室气体减排方案及其减排潜力指数如图 1 所示,数字化技术在船海行业的应用及发展趋势值得所有从业者的关注。

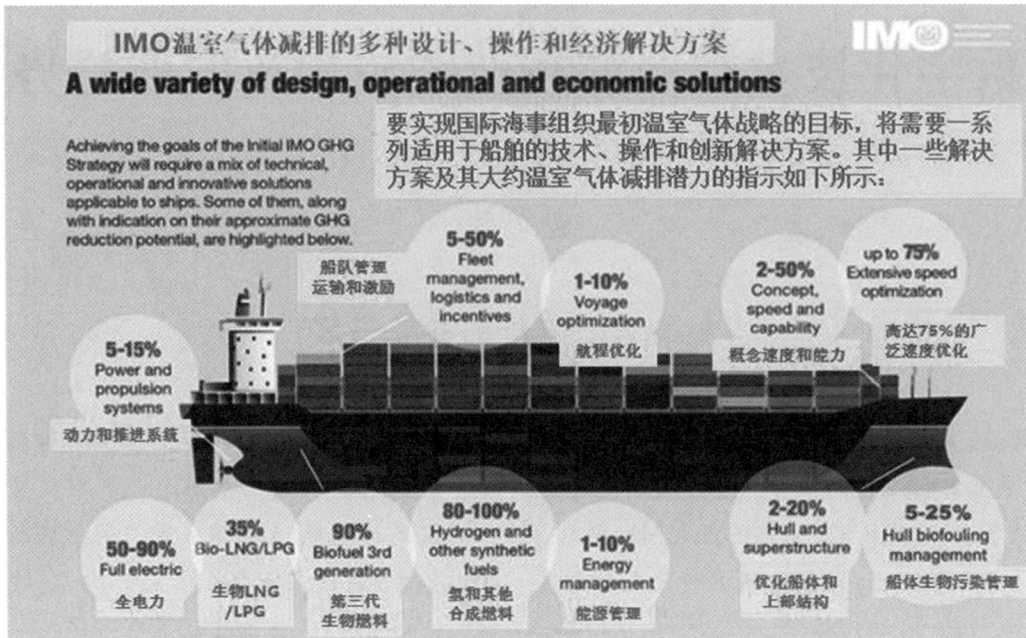

图 1　温室气体减排方案及其减排潜力指数

## 1.1　船舶设计建造

自 20 世纪 60 年代末计算机用于船舶线型放样开始,经过 60 多年的发展,以现代设计制造的工程方法和船舶设计建造过程的知识融合为基础,通过数字化模型、数据库、网络通信等数字化技术在建模仿真与优化过程中的应用,船舶设计建造正在向数字化与低碳化的方向发展。

智能船舶是国家政策明确支持的重点领域,是指以生产过程数字化为核心,利用新一代信息技术,使船舶具有自主感知内外环境、自主获取数据,并能自主处理和分析数据,实现船舶智能化航行、智能化运维和智能化运输等功能,具有安全可靠、节能环保和经济高效等特点。智能船舶的货物处理、靠离泊和远程管理系统可以有效减少货物装卸和清洁工作、减少靠离泊作业和机舱中的工作量并增强安全性等。

自主航行船舶在航行前,岸基利用船舶信息、航速和其他条件自动生成航行计划,按照航行计划和避碰计划进行航行,实现靠离泊的自动化,在完成安全检查和授权后,按照计划进入自主航行。船舶运营中心可实时收集与航行相关的所有数据(如气候和海况),并完全掌握船只位置以及自主系统采取的避碰决策。在自主航行的同时,能够实现包括陆上监视、态势评估和紧急情况下远程操纵等自动操作的综合系统,也可根据情况由陆上进行远程操控,在帮助解决航运业劳动力不足问题的同时,确保航行安全和保护环境。

数字化造船成为现代造船模式的核心:船舶企业通过传感器、5G 通信、物联网、互联网等技术手段,自动感知和获得船舶自身运行数据以及海洋环境、物流、港口等方面的信息和数据,进一步分析处理并反馈,实现船舶航行、管理、维护保养、货物运输等方面的全流程数字化和智能化。

## 1.2　航程优化

航程优化是一个在船舶节能减排过程中需要重点关注的问题,船舶运营成本中船用燃料的占比很大,约50%,以优化航程来减少燃油消耗是船舶节能减排的重要途径,也是体现船舶管理水平高低的判断依据。在实际的运营过程中,航程优化可以达到甚至超过 10%的温室气体减排效果。海德威—青岛远洋航程优化如图 2所示。

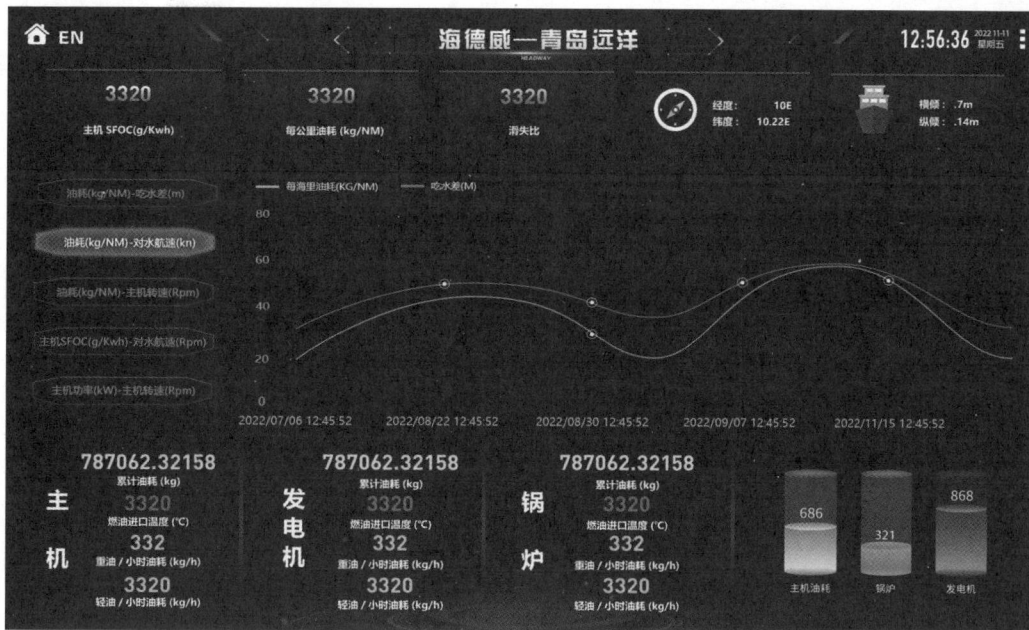

图 2　海德威—青岛远洋航程优化

所谓航程优化就是将以往的船舶航行路线、航速由船长的业务水平和经验来决定改成通过对港口及船舶的位置、船舶载货状态、动力装置性能、气象数据、租船合约等方面进行综合分析优化后，向船长提供建议，从而实现对营运船舶进行科学、精准的管理。

船舶航程优化主要是指船舶从一个港口到另一港口的航行过程中，通过速度的调整和航线的规划以实现最佳的船舶燃料消耗和及时到达模式（Just In Time Arrive），以此达到船舶运营节能减排的目的。

航程优化涉及的主要信息包括：

1. 港口地理位置：水下暗礁、冰封、浅水区域、狭窄水道、码头吃水限制、主航道以及航线交叉线情况等。

2. 航线天气因素：海风、海浪、海雾、洋流、雨雪、台风等。

3. 船舶性能参数：船舶常数、稳性、船舶吃水、污底情况、航行速度、燃料消耗率、滑失比、舵效等。

4. 航区限制条件：战乱区、疫区、海盗区、禁航区等。

5. 运营全局优化：在航程优化中，如果再将租约条款、目的港的装卸货速度及候泊情况等因素加以考虑，就可以实现及时到达模式下的船舶运营全局优化。

在国际海事组织 IMO 给出的建议中，航程优化是减少船舶运营过程中碳排放（降低碳强度，或者说提高 CII 的评级）的重要途径，与其他节能减排措施相比，往往需要新造船或者对船壳、推进系统和动力辅助系统进行大规模的改造和投资来实现，而航程优化则与现有船舶的运营过程以及船舶营运碳强度（CII）直接相关，不需要对船舶本身进行任何改变，而是直接参与到船舶运营过程中的快速有效节能减排措施中。

目前从事航程优化业务的主要有传统的航运气导公司、船舶软件系统服务商、船舶设备数据公司转型、大型航运公司自行设计开发，以及一些瞄准市场的初创科技公司。他们是通过收集包括起始港和目的港的地理位置、航行过程期间的天气因素（主要为海风和海浪）、船舶性能数据（船舶航速和油耗），以及诸如战区、海盗区等海上交通限制条件等信息，对船舶航程进行优化。在更进一步的航程优化中，还需要考虑到船舶能效管理计划（SEEMP）、现有船舶能效指数（EEXI）、船舶营运碳强度（CII）等概念、租约条款以及目的港的排队情况，以实现降低油耗、减少排放、及时到达、最大化利润模式下的船舶运营全局优化和提高船东的 CII 等级。

## 1.3　能效履约

2011 年起，国际海事组织（IMO）将船舶能效管理引入到 MARPOL 附则 VI 中，并出台了新造船舶能效设计指数（EEDI）、船舶能效管理计划（SEEMP）等强制性能效法规。

2022 年 6 月份的 MEPC 78 会议批准了对 MARPOL 附则 VI 附录 IX DCS 数据收集信息表和 DCS 相关决议的修正案，在 DCS 数据收集系统中纳入了更多船舶技术能效和营运能效相关信息，并通过了由 ISWG-GHG 12

先行审议的 EEXI、CII、SEEMP 等短期减排措施相关的技术指导性文件。其中包括关于 EEXI 的计算方法、修订的 SEEMP 和 CII 可能的修正系数等,这需要一个系统的数据收集、监管和反馈的过程,依靠数据来支撑,由此产生了船舶能效履约数字化。航运业温室气体减排目标如图 3 所示。

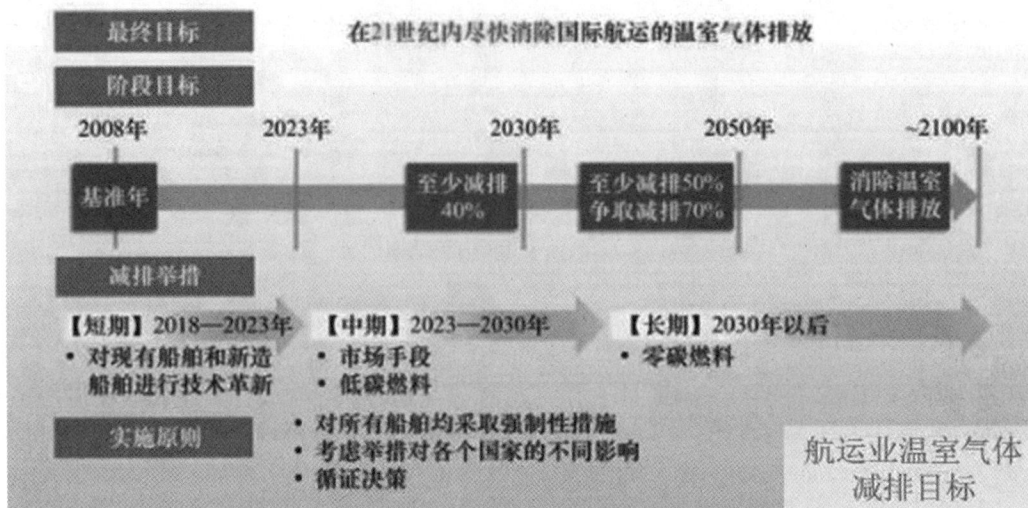

图 3　航运业温室气体减排目标

船舶使用燃料的种类、燃料消耗、航行距离、二氧化碳排放量等是在船舶经营过程中自然而然产生的,但在国际航运减排法规的要求下,需要一个系统的数据收集、监管和反馈的过程,这个过程需要各船公司和船队承担社会责任,采取相应措施,按照要求将在船舶运营过程中产生的船舶油耗、排放等数据收集起来,参与到决策者的经营决策中,对自身船队进行更加严格细致化管理、提高 CII 等级的同时,为国际航运减排法规提供数据支撑。

在此背景下,基于船舶能效大数据基础上的具有船舶数据分析、可视化操作、监督提醒、能效改进建议等功能的能效履约数字化应用应运而生。

## 1.4　自动化机舱

事实上,数字化技术的应用一直伴随着船舶自动化的发展。在 20 世纪 50 年代初,数字技术开始应用在便于船舶管理方面的监控数据,比如船舶燃油、滑油、淡水等数据的传感装置,这些数据在船上本身不难获取,汇聚到岸基管理部门只是方便船队的管理。

随着电子信息技术、数字化技术的应用,船舶机舱自动化监控设备(见图 4)和机电设备综合管理等数字化技术得到了快速发展,已由原来的单台计算机对机舱设备进行控制、集中型计算机监控系统、分散型控制系统发展到目前的数字化传感器与执行机构的网络型微机监控系统。

船舶机舱集中监控数字化技术建立在传感器的应用之上,目前越来越多的船舶选择在船上加装各类数字传感器装置,特别是对船舶主机、副机、锅炉等一系列能耗设备进行实时数据收集,经汇总后变成更加细致和规范的船舶运行数据,作为实现船舶节能减排业务决策的依据,甚至很多新的船舶配件和设备自身已经携带数字监控功能。

一些船舶设备技术公司,比如 Headway Technology、Kongsberg Digital、Wartsila Voyage,在原有的机舱自动化基础上将压载水处理系统、脱硫塔和燃料处理设备方面与 CII 管理系统集成在一起,精细优化船舶各方面的表现。机舱自动化系统如图 5 所示。

图 4　船舶机舱自动化监控设备

图 5　机舱自动化系统

## 1.5　船舶记录

　　船舶必须配备船旗国发行或认可的《航海日志》《轮机日志》和各种记录簿,它们是全面、真实、及时的记录,涉及船舶航行、停泊、货物作业、天气海况等信息,以及设备运行参数的原始记录和重要法定文件,也是航海文献不可分割的一部分。

　　按照有关规定,这些船舶原始记录必须以船旗国语言、英语或者船上工作语言填写并妥善保管。船旗国主管机关、港口国官员、船东、船舶管理人员和保险公司等可以通过查阅这些记录来对船舶进行有效检查和监督。

　　船舶数字化进程的另一项重大举措是通过综合船舶管理软件对数百年来均为手写的船舶航海日志、轮机日志,以及各种记录簿进行了数字化革新。

利用综合船舶管理软件,通过标准化条目对船舶航海日志和轮机日志进行高质量数字记录,这不但能够减轻船员工作量、改善驾驶台与机舱的船员资源管理、通过各种自动控制和可信机制将错误率降到最低、快速识别船舶特定限制的偏离情况、采取适当对策以防止记录错误,同时可以定期为岸基人员传送数据,推动数据的可用性与透明度,从而实现提高船舶的航行性能和效率,对船舶实行及时监督与指导,为船员提供适当的技术支持。

## 1.6 辅助推进系统

以辅助风帆为例。风力曾经是船舶推进的主要动力来源,旧时代帆船将风帆固定在一根桅杆上,以航海知识和实际经验作为支撑,需要人工根据风力风向来操控绳索以调整帆的状态。即便是高级的多桅多帆船也具有整帆质量大、扬帆需要大量人力、逆风则行驶困难等缺点。

为了节能降耗和减少 GHG 排放,现今使用安装在甲板上固定的翼帆(auxiliary sail propulsion system),利用马格努斯效应,经过数字化分析,将风帆的位置、角度、大小随海上实际风速和风向进行实时调整,在效率方面与传统风帆大不相同,具有更小的风阻面积,系统采用数字孪生和先进的自动化系统,能够根据风力自行感应和启用,更加有效地利用风能来降低主机负荷,减少船舶排放,相同的航速可以使船舶降低燃料成本多达20%,减少多达30%的二氧化碳排放。

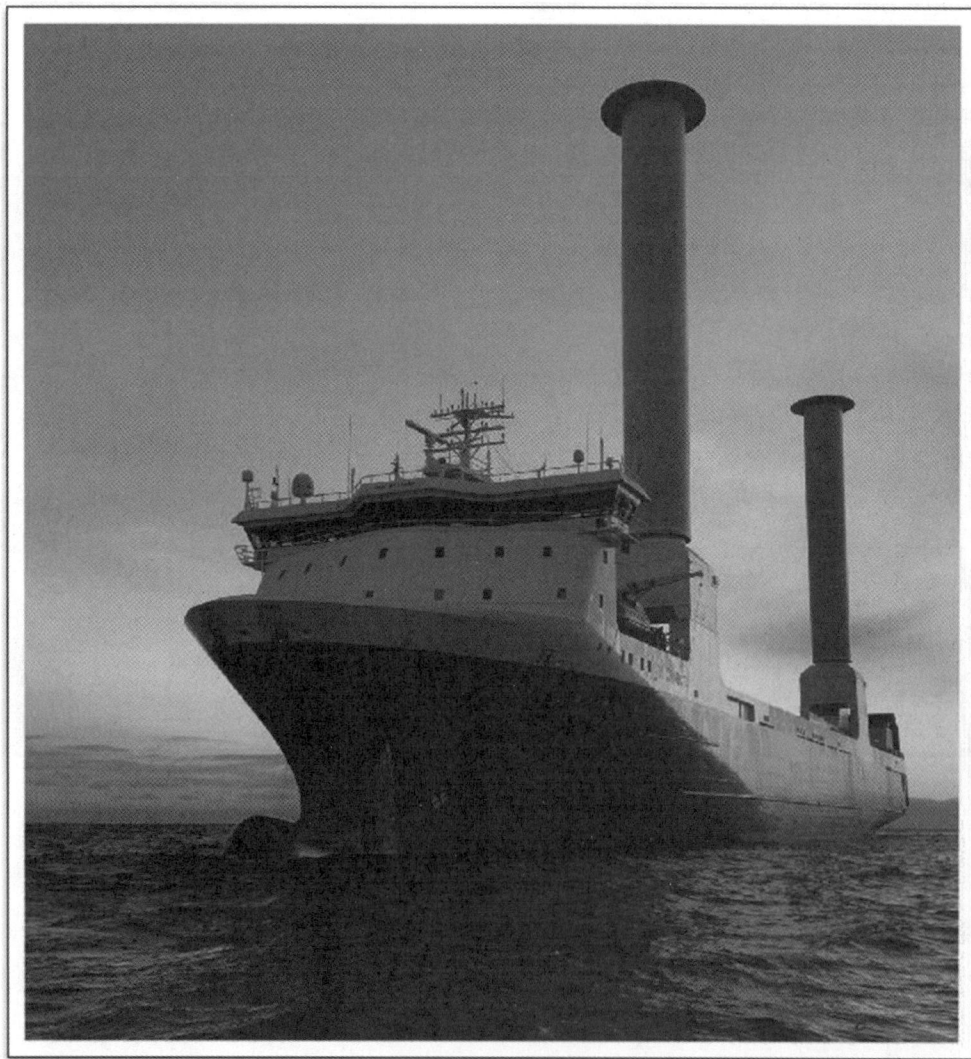

图 6 风帆助航船

风帆助航船(见图6)是基于高性能计算平台开展的风帆空气动力特性评估及翼型参数选择,可随航线上风速、风向角的变化,智能调节帆面受的风力攻角,使风帆产生最佳的助推效果,并排列风帆组合中各帆之间存在的相互影响,选取风帆布置的最佳位置。

## 1.7 远程赋能

随着5G、区块链、大数据、物联网、AR、数字孪生、元宇宙等新概念的提出、数字关键技术的突破,相关技术对船海行业的研发设计、生产制造、运营管理和售后服务等环节也将不断赋能,将船舶各项事物和虚拟的数字表达链接起来,成为提升航运业核心竞争力的驱动力,从而构建出全新的船舶管理和服务模式。

船海行业数字化的应用,赋能船员、服务工程师、船舶设计师、安检员、验船师、实验室检测员等不同人群,在远程监工、远程测绘、远程安检、远程指导、远程公证、远程访船、设备远程巡视等场景中得到应用,从而及时、全面、准确地将相应的数据记录下来。

远程监管:在海事局的远程安全检查方面,以"云登轮"为代表的船舶远程监管机制已经被广泛接受,同样也是疫情防控期间国际航行船舶最为主要的监管方式。董家口海事局"云登轮"安检创新工作室成立以来,以不见面的方式,和船上进行实时的沟通,达到执法人员登船检查同等效果的远程监管模式已经趋向成熟,可以采取包括使用"滞留"在内的强制性措施,具有了一定的行业知名度。

远程指导:对于船海行业来说,工程技术能力参差不齐,船舶设备种类繁多、管理成本高的问题都是传统船舶服务所面临的现状;船员之间的知识传递断层、标准化流程缺乏,以及船舶机舱通信信号差的问题也严重影响了船舶的现场作业流程和远程指导效率;利用数字化技术打造的远程专家系统,可以应用于船舶设备的远程故障排查和维修指导,确保船舶的航行安全。

远程校验:标准化校验流程,技术难度并不大,但需要有厂家授权的服务公司进行校验,采用数字化远程系统(AR头戴计算机)远程目击的方式,保证了校验流程的准确性以及公正性。

远程测绘:远程3D扫描测绘(如船舶加装脱硫、脱硝、脱碳装置、压载水处理系统等)在设计师无法登轮的情况下,需要船员配合来共同完成,通过数字化技术打造的远程专家系统,在岸端专家的指导下可以保质保量完成测绘工程。

远程公证:以船舶压载水检测为例,压载水检测出具的结果一旦不达标,实验室和设备厂家会各执一词,通过现场采样人员佩戴的头戴计算机,以及在实验室显微镜上安装的数字化传输设备,保证了压载水采样分析过程数据的可追溯性和不可篡改性;在实验室检测师无法现场采样时,可以利用数字化远程系统赋能现场人员进行压载水采样,并可协同海事监管人员、船级社人员一同远程目击,做到及时、有效、公开、透明。

远程检验:船级社基于数字孪生、虚拟现实、图像识别、人工智能等前沿技术开展船舶远程检验,其研发的船舶数字化管理、船舶数字化检验、船舶数字化运维等系统,在船舶检验领域得到了应用,提高了检验效率。

设备健康预诊和专家协助:借助数字化技术和科学的判断依据,比传统维保更早介入,比发生故障报警时,更提前发现故障隐患,辅助船员更主动作为,精准施策;以本地化的管理方式,赋能现场船员尽早对设备进行故障排查和维护,也可根据用户需求提供远程管理解决方案;结合AR头戴计算机终端,以数字孪生技术对设备运行状态进行实时展示,赋能船员进行设备现场巡视,在发现设备故障问题时,可以随时通过远程专家系统进行呼叫,寻求岸端专家的协助。

远程访船:船东可以通过数字化设备,实时访问每艘船舶的运营数据、船舶动态、船员信息、采购、环保性能、维护保养报告、船舶证书等,在任何时间和地点跟踪、监控和联系他们的船舶,了解相关情况。船舶管理公司机务可以通过数字化远程系统(AR头戴计算机)进行远程访船,可以节省大量人工成本、差旅成本、误工成本等。

数字孪生技术:可以把船舶海上航行时船体状态在网络空间再现。通过安装各种传感器来测量船体及船舶系统、设备数据的监测系统,获得船体产生的应力、海况等实时数据与系统、设备的各种参数,从而更加准确地掌握船舶在海上的实际情况,通过评估船体结构强度、安全航行相关信息和系统、设备的运行状态,为船员提供适当的技术支持。

## 2 船海数字化应用存在的问题

数字化在航船海行业应用目的是提高船舶的运营效率,减少温室气体排放,实现国际海事组织 2050 年的目标。目前船海行业的相关经济指标持续增长,但在船海数字化方面仍有较大发展空间。

数字化转型是新技术带来的系统性变革,具有开放共享的特性。船海行业数字化转型的最大的问题是数字资源的隔离与浪费。目前,港口、航运企业、船级社、技术服务公司、监管认证部门等单位都在一定程度上实现了数字化管理,但他们的发展程度和操作便捷性有很大的差别,甚至有些同一单位的部门之间各有各的数字化操作系统,无法形成统一的数据开放共享和数字化管理应用,由此而产生船海行业整体效率不高、数字资源的隔离与浪费,这是船海行业数字化应用过程中存在的最大问题,亟须加速企业内部管理数字化转型升级、加强船海行业各相关方的数字化应用合作,把船舶数字化应用与气象导航、技术服务公司、港口、船舶性能、监管认证部门等的数据进行整合和优化,利用优化后的数据作为船舶节能减排过程中的决策支撑。

除了船海行业各相关方数字技术协同应用能力较弱外,船海领域数字化应用还会面临诸如初始投资成本高、数字技术链不健全、数字化标准缺失、数字化创新机制缺乏、现有公约法规的适用性不强、数字决策支持能力不足、网络安全及技术缺乏可靠性等一系列问题的挑战。

## 3 结语

随着计算机技术、信息技术和网络技术的发展,以及数字化转型的需求拉动和技术推动,数字化已成为船海行业的新基建,创造赋能船海业务的新生态局面是船海行业提高核心竞争力的关键因素和有效手段。

目前船海行业数字化转型发展处于初、中级阶段,充分运用知识、经验和资源,大力发展数字经济,推动数字经济和实体经济深度融合是当前船海行业发展的重要方向。